KB143885

GB

한길그레이트북스

인 류 의 위 대 한 지 적 유 산

GB
한길그레이트북스

인류의위대한지적유산

이탈리아 르네상스의 문화

야코프 부르크하르트 지음 · 이기숙 옮김

한길사

GB
HANGILGREATBOOKS

Jacob Burckhardt

Die Kultur der Renaissance in Italien

Translated by Lee, Ki-sook

Published by Hangilsa Publishing Co., Ltd., Korea, 2003

야코프 부르크하르트

'역사의 세기'라고 불리는 19세기의 독일어권 역사가들 중 한 사람으로 손꼽히는 부르크하르트는
예술사와 문화사를 최초로 연구한 학자이다. 그는 방대한 양의 강의록과 편지 등을 남겼으나
생전에 출판한 책은 고작 네 편뿐이다. 그 가운데『이탈리아 르네상스의 문화』(1860)는 부르크하르트의
세번째 작품이자 문화사 서술로는 마지막 작품이다. 부르크하르트는 근대의 기원을 두 방향,
즉 예술사적 기원과 사유와 감정에서 본 문화사적 기원을 같이 추적한 책을 저술하고 싶어했으나
계획으로만 그치게 된다. 안타깝게도 부르크하르트는『이탈리아 르네상스의 문화』에서 그 시대를
문화사적으로만 접근했고, 예술사 부문에 대한 작업은 다른 형태로 진행시킨다.

부르크하르트의 서재

부르크하르트의 『이탈리아 르네상스의 문화』 출간은 세기적인 사건으로, 이 책을 모르면 1860년대 이후의
르네상스에 대한 연구성과를 이해할 수 없을 정도였다. 이 책은 주제를 나타내는 적절한 소제목을 이용하여,
르네상스 시대의 정치상황과 문화상황 그리고 종교와 사회풍습까지 다루고 있다. 부르크하르트가
이 책에서 주요과제로 삼은 것은 르네상스 시기 이탈리아인들의 내면 세계가 결국 유럽의 근대를 탄생시킨
주요 원동력으로 작용했다는 점을 밝힌 것이었다.

판테온 전경

기원전 27년 정치가 마르쿠스 비프사니우스 아그리파가 착공해 오늘날까지 온전한 형태로 남아 있는
로마 시대의 유일한 건물이다. 돔형의 지붕을 가진 판테온을 르네상스 시대에 부활시킨
건축의 선구자는 브루넬레스키이다. 그는 르네상스의 특징인 고대 부흥이 단순한 모방이 아닌 것처럼
로마 시대의 돔형을 그대로 복원하지 않고, 돔의 구조를 바꾼다. 로마 시대의 판테온은 지붕 꼭대기가
열려 있었지만, 그는 지붕 경사도를 높이고 이중 구조이며 닫힌 형태인 르네상스 양식을 재창조했다 .

15세기 무렵의 피렌체 전경

피렌체는 이탈리아 르네상스의 시기인 14~16세기에 예술과 상업 그리고 학문 발전의 중심지였다.
레오나르도 다 빈치나 미켈란젤로, 브루넬레스키, 단테, 마키아벨리, 갈릴레오와 메디치 가문이
이 도시를 중심으로 활발히 활동했다. 이 도시에 대해 부르크하르트는 이렇게 평가를 내리고 있다.
"피렌체의 역사에서 우리는 고도의 정치의식과 풍부한 발전형태가 어우러져 있음을 보게 된다.
이런 점에서 이 나라는 세계 최초의 근대국가라는 이름을 얻어 마땅하다.
예리한 지성과 예술성을 겸비한 놀라운 피렌체의 정신은 정치와 사회를 끊임없이 개혁하고
지속적으로 기술하며 평가해갔다."

DANTES DI ALEGERIS FLORENTIN

『신곡』의 작가 말리기에리 단테

단테는 피렌체의 끊임없는 개헌과 정치체제의 실험을 준엄하게 비판했고, 반항과 동경의 마음으로
조국을 논하여 피렌체인들의 가슴을 떨리게 만든 사상가이다. 그의 사상은 이탈리아 전체와 세계를 향해
뻗어 있었다. 단테가 품은 제국을 향한 열정은 비록 망상에 지나지 않는다 해도, 젊은이다운
몽상에는 시적인 위대함이 깃들여 있음을 인정할 수밖에 없다.

메디치 가문의 창시자 코시모 데 메디치

코시모 데 메디치는 1434년부터 1537년까지 피렌체를 지배한 메디치 가문의 중심 가계를 창시한 인물이다. 그는 당대 최고의 부자였으나, 경쟁 가문인 알비치 사람들에 의해 피렌체를 잠시 떠난다. 그러나 1년 뒤 다시 피렌체로 돌아와 메디치 가문 집권시대를 연다. 그는 고대 문헌들을 꼼꼼히 수집해 어떤 도서관에도 뒤지지 않는 자료를 소장했고, 이를 일반인에게 개방하여 학문 보급에 힘씀으로써 인문주의 운동의 주도자가 되었다.

르네상스 초기 베네치아 화파에 속한 카르파초의 그림

이탈리아 르네상스의 발전은 유럽의 여러 나라로 퍼져나갔다. 당시의 이탈리아 군주들은 북유럽
군주들과 달리 귀족들하고만 교류하지 않았다. 북유럽 귀족들은 자기들이 세상에서 유일하게
존경받을 수 있는 계급이라 여겼으므로 군주들까지 이 오만에 물들었다. 그러나 이탈리아 군주는
모든 사람을 사귀고 이용할 줄 알았으며 실제로 그렇게 해야 했다.

네덜란드 출신의 인문주의자 에라스무스

에라스무스는 북부 유럽 르네상스의 가장 위대한 학자로, 교부학과 고전 문학에서 중요한 인물이다.
그는 이탈리아 인문주의자들이 개척한 문헌학적인 방법을 이용했으며, 최초로 『신약성서』를 편집했다.
저서 『우신예찬』(1509)에서 형식주의적인 경건함에 대립하는 요소로서 마음 속에서 우러나는
선을 주장하는 인문주의의 윤리적 본질을 집약했다.

『데카메론』의 작가 조반니 보카치오

보카치오는 페트라르카와 함께 르네상스 인문주의의 토대를 마련하고,
속어 취급을 당하던 이탈리아어로 쓴 이탈리아 문학을 고대 고전문학의 위치로 끌어올렸다.
보카치오는 흑사병이 휩쓸던 당시 피렌체에서 있었던 삶의 다양한 단면들을 경험하고는
이를 『데카메론』이라는 작품으로 표현한다. 이 작품의 문체는 가장 완벽한
이탈리아 고전 산문의 본보기가 되었으며, 이 작품은 전 유럽의 르네상스 문학에 큰 영향을 미쳤다.
『데카메론』에서 그가 운명을 개척하고 그것과 싸우는 인간의 모습을 그리면서, 선과 운명이라는
이원론적인 범주를 제시한 것은 르네상스적인 사고에서 비롯된 것이라고 할 수 있다.

『군주론』의 작가 니콜로 마키아벨리

이탈리아 르네상스 시대의 작가이자 정치가·정치이론가인 마키아벨리는
현존하는 세력을 생명이 있는 활동적인 것으로 파악하고, 선택해야 할 길을 정확하고 훌륭하게
제시했다. 그는 민중을 위해서가 아니라 관리와 군주 그리고 자신의 친구들을 위해 글을 썼다.
『군주론』에서 목적만 정당하다면 수단은 아무래도 상관이 없다는 비윤리적인 발언을 하면서,
대의를 위해 소의를 잊는 비열한 사람으로 낙인 찍혔지만, 그가 시종일관 염려한 것은
조국의 안위였다. 그는 인간의 본성은 변하지 않는다는 원칙에서 역사순환론을 이끌어냈으며,
인간에 대한 인식을 정치학의 토대로 정립한 최초의 인물이다.

「로렌초 일 마그니피코와 화가들」

정치가이자 예술과 문학의 후원자로서 메디치 가문에서 가장 뛰어난 인물인 로렌초는 1469년부터
1492까지 피렌체를 다스렸다. 그는 입헌 공화정 안에서 자비로운 독재자의 통치체제를 유지하면서,
이런 독재에서 오는 불만을 해소하기 위해 사육제, 무도회, 마상시합, 화려한 연회 등을 열어 사람들을
달래주었다. 로렌초는 자신의 가문과 조국 그리고 학문과 예술 진흥을 위해 힘을 기울였고,
사람들은 그를 '일 마그니피코'(위대한 자)라 불렀다.

인류의 위대한 지적 유산

이탈리아 르네상스의 문화

야코프 부르크하르트 지음 · 이기숙 옮김

한길사

이탈리아 르네상스의 문화

차례

제1부 인공물로서의 국가

제2부 개인의 발전

제3부 고대의 부활

제4부 세계와 인간의 발견

제5부 사교와 축제

제6부 윤리와 종교

유럽 근대 문명의 기원에 대한 역사적 탐구

• J. 부르크하르트의 「이탈리아 르네상스의 문화」

최성철

이 작품은 이른바 '역사의 세기'라고 불리는 19세기의 독일어권 역사가들 중 한 사람으로 손꼽히는 야코프 부르크하르트의 대표작이다. 부르크하르트가 이 책을 저술하고 발표한 것은 1860년, 그의 나이 불혹을 막 넘어선 시기였다. 거의 평생을 바젤 대학의 강단에서 310여 개의 크고 작은 강의와 강연을 행하면서 방대한 양의 강의록과 편지 등을 남긴 그가 생전에 출판하여 책으로 남긴 작품은 고작 네 편뿐이다. 그 중 『이탈리아 르네상스의 문화』는 세번째 작품이자 문화사 서술로는 마지막 작품이다. 그나마 앞의 두 작품이 각각 정치사에 가까운 문화사와 예술사를 테마로 다루었고 마지막 작품 역시 예술사 작품이라는 점을 감안하면, 『이탈리아 르네상스의 문화』는 명실공히 부르크하르트의 대표적인 문화사 서술이라고 할 수 있다.

부르크하르트는 누구인가

부르크하르트(Jacob Christoph Burckhardt, 1818~97)는 스위스 바젤 출신의 역사가이다. 개신교 성직자 집안에서 태어난 그는 목사였던 아버지에게서 논리적이고 지성적인 능력을, 그리고 멀리 이탈리아에 본거지를 둔 어머니의 가계에서 감성적이고 예술적인 재능을 물려

받았다. 12살 무렵 집안에 창궐한 전염병으로 사랑하던 어머니를 잃은 뒤 부르크하르트는 "지상의 모든 것에 대한 무상함과 불확실함"에 전율하고 이후 생과 세계를 비관적인 색채로 바라보게 되었다.

인문계 고등학교를 졸업하고 아버지의 뜻에 따라 바젤 대학에서 잠시 신학을 공부한 부르크하르트는 곧 신학이나 철학이 자신의 길이 아님을 깨닫고 1839년 가을 당시 역사학 분야에서 명성을 떨치던 랑케(L. Ranke)를 찾아 베를린 대학으로 적을 옮긴다. 이곳에서 그는 1841년 여름 한 학기 동안 본(Bonn) 대학에 머무른 것을 제외하면 1843년 봄까지 랑케 · 드로이젠(J. G. Droysen) · 쿠글러(F. Kugler) · 그림(J. Grimm) · 뵈크(A. Boeckh) 등에게서 역사학 · 예술사 · 문헌학 · 고전학 수업을 듣는다.

특히 쿠글러와는 관심 분야가 같고 나이 차이도 적어 학문적인 사제 지간을 넘어 가까운 친구로까지 그 관계가 확대되지만, 랑케와는 이러한 관계를 맺는 데 실패하고 만다. 그 이유는 주지하다시피 연구 대상이나 방법, 지향점, 정치이념 등에서 두 사람이 너무나 뚜렷한 입장 차이를 보였기 때문이다. 상대방에게 비판적인 태도를 취하면서도 두 사람은 또한 서로의 업적과 능력에 대해 기본적인 예우를 갖추었는데, 이렇게 보면 양자는 일종의 '애증'(愛憎) 관계를 유지하고 있었던 셈이다.

1843년 고향 바젤로 돌아온 부르크하르트는 베를린 대학 재학시절 주로 랑케의 수업 결과물로 작성했던 몇 편의 중소 논문들을 바젤 대학에 제출하고 박사학위를 취득한다. 그 이듬해 초에는 역시 바젤 대학에서 「1444년 아르마냐크 원정 시기의 프랑스 상황에 대하여」(Über die Lage Frankreichs zur Zeit des Armagnakenzuges 1444)라는 제목의 취임 강연을 하고 교수 자격(Habilitation)을 취득한다.

그러나 특이하게도 1858년 바젤 대학의 역사학 정교수 자리에 앉을 때까지 부르크하르트의 학문적 행보는 결코 순탄하지 않았다. 보수 성향을 띤 『바젤 신문』(Basler Zeitung)에서의 편집일, 백과사전과 예술

관련 잡지 등에의 글 기고, 유럽 각지, 특히 이탈리아로의 잦은 여행과 시작(詩作) 활동 등 대학 졸업 후의 그의 생활은 자유 분방하면서도 매우 불안정하였다.

1848년의 3월혁명은 그의 개인적인 생애로 봐서도 하나의 커다란 전환점을 이룬 역사적인 사건이었다. 왜냐하면 이 사건을 계기로 그는 혁명적 자유주의 성향의 모든 친구들과 결별하면서 직업적 역사가로의 향후 거취와 현재비판적 보수주의라는 정치이념적 성향을 굳건히 다졌기 때문이다.

1852년 부르크하르트는 최초의 역사 대작 『콘스탄티누스 대제 시대』 (Die Zeit Konstantins des Großen)를 발표한다. 3년 뒤에는 고대부터 17세기까지의 이탈리아 예술사를 건축 · 조각 · 회화의 장르별로 정리한 『여행 안내서: 이탈리아 예술작품의 감상을 위한 안내서』(Der Cicerone: Eine Anleitung zum Genuss der Kunstwerke Italiens)가 발표되는데, 이 예술사 대작을 근거로 그는 1855년 신설된 지 얼마 안 된 취리히 연방 공과대학의 예술사 교수로 초빙된다.

그러다가 바젤 대학에서 역사학 정교수 제의가 온 것이 1858년, 그의 나이 만 40세 되던 해였다. 그는 이 제의를 기꺼이 수락하고 지체 없이 고향으로 돌아와 마치 신성한 의무를 이행하듯이 강단생활에 충실히 임한다. 그로부터 2년 뒤 부르크하르트는 오랜 기간 준비했던 기념비적 대작 『이탈리아 르네상스의 문화-시론』(Die Kultur der Renaissance in Italien. Ein Versuch)을 발표하는데, 바로 이를 계기로 그의 명성은 급속히 높아져간다. 1862년 키일 대학을 시작으로 예나, 하이델베르크, 콘스탄츠, 튀빙겐, 괴팅겐 등에 이어 결국 1872년에는 랑케의 후임으로 베를린 대학에서 교수직 제의가 있었지만, 그는 이를 모두 거절하고 1893년 퇴임할 때까지 바젤 대학을 떠나지 않는다.

세번째 작품이 발표되고 7년 후에 빌헬름 뤼프케(Wilhelm Lübke)와 공동저술한 『근대 건축 예술사』(Geschichte der neueren Baukunst)를 마지막으로 부르크하르트는 자신의 저작 출판에 회의를 느끼고 더 이상 어떠한 책도 발표하지 않는다. 그를 유명하게 만든 그밖의 책들, 즉 『세계사적 고찰』(*Weltgeschichtliche Betrachtungen*)이나 전 4권으로 된 대작 『그리스 문화사』(*Griechische Kulturgeschichte*) 등은 모두 문헌학자였던 그의 외조카 야코프 외리(Jacob Oeri)가 유고 (遺稿) 강의 노트들을 토대로 사후에 편집, 출간한 책들이다.

생전에 발표된 이 네 권의 책만을 근거로 우리는 부르크하르트의 학문적인 업적을 과소평가하기 쉽다. 그러나 그것은 전적으로 오산이다. 왜냐하면 그 네 권의 책은 그의 모든 업적에 비하면 빙산의 일각에 불과하기 때문이다. 장기간의 이탈리아 여행 등으로 강단생활을 일시 중단했던 1845년부터 1848년까지의 기간과 취리히 공과대학에 근무했던 1855년부터 1858년까지의 기간을 제외한 1844년부터 1893년까지 40여 년 동안 부르크하르트는 바젤 대학에서 단 한 학기의 휴가도 없이 모두 85학기에 걸쳐 총 165개의 크고 작은 유럽사·문화사·예술사 강의를 했고, 역시 같은 기간에 145개 정도의 교양 시민을 위한 학술적 공개 강연을 하였다.

이들 강의와 강연들을 위한 강의록·강연록 대부분이 현재 바젤 국립문서국(StABS)에 보관되어 있다. 그 중 일부는 이미 그의 제자들이 주축이 되어 1929년부터 1934년에 걸쳐 총 14권으로 발행된 그의 전집 안에 부분적으로 발췌되어 출판되기도 했고, 또 그후에도 문서작업을 거친 뒤 간간이 단행본으로 출판되고 있는 형편이지만, 그 양은 전체에 비하면 극히 미미한 수준이다.

평생 독신으로 검소하게 살았던 부르크하르트는 비록 일기나 회고록 등은 쓰지 않았지만, 친구나 스승, 제자 등 주변 사람들에게 엄청난 분량의 편지들을 썼다. 바젤의 슈바베(Schwabe) 출판사에서 1949년부터 1986년까지 총 10권 분량으로 출간된, 그의 정신과 개성을 한눈에 볼 수 있는 이 편지들은 오늘날 단지 개인적인 생활기록의 차원을 넘어 그 시기의 정치·사회·경제·문화적인 시대상이나 이에 대한 그의 견해와 전망들이 상당히 비판적이면서도 비관적인 분위기로 서술된 중요한 역사기록으로 평가받고 있다.

　바로 이 편지들과 『세계사적 고찰』을 근거로 부르크하르트는 20세기에 들어와서 산업화와 정치혁명들로 얼룩진 19세기의 한복판에 살면서 대중사회, 대중문화, 세계대전, 자본주의와 공산주의 사이의 충돌 등 미래를 내다볼 줄 알았던, 시대를 앞서간 현재비판적 역사가이자 사상가로 재평가되기에 이르렀으며, 그와 그의 작품들에 대해서는 현재까지도 여러 각도에서 해석이 계속되고 있다.

『이탈리아 르네상스의 문화』의 탄생 배경

　부르크하르트가 죽기 2년 전인 1895년 한 교황사가(敎皇史家)와의 대담에서 밝힌 내용에 따르면, 작품 『이탈리아 르네상스의 문화』에 대한 최초의 구상은 1847년 로마에서 비롯되었다고 한다. "처음에는 예술 작품에 집착했습니다. 심오한 역사적 연구에는 아직 이르지 못했지요. 그러다가 1847년 로마에서 베스파시아노 다 비스티치(Vespasiano da Bisticci)의 전기(傳記)들을 빌려 읽을 기회가 있었는데, 그것이 나에게는 매우 의미심장한 사건이 되어버렸습니다. 이탈리아 르네상스에 대한 최초의 생각이 떠올랐던 것입니다."

　그런데 왜 하필이면 르네상스 시기의 대작가 반열에 끼지도 못하는 베스파시아노의 전기들이었을까? 이러한 독자들의 의문은 베스파시아노에 대한 부르크하르트의 애정이 각별했고, 실제로 『이탈리아 르네상스의 문화』 안에서 부르크하르트가 베스파시아노를, 물론 대작가는 아니지만 당시 전체의 시대적 조류를 알고 있었고, 그에 대한 정신적 중요성에 대해서도 심오한 감각을 지닌 인물로 평가한 사실에 이르면 쉽게 풀린다. 결국 부르크하르트는 자신의 주저(主著)에 대한 최초의 작품 구상을 비스티치의 전기들을 손에 넣었을 때 하게 된다.

　이미 1847년 이전부터 이탈리아가 부르크하르트의 생애에서 매우 중요한 역할을 했다는 점은 익히 알려진 사실이다. 어린 시절의 인형극에 나온 이탈리아 정원들, 이탈리아를 테마로 한 청소년기의 서정시들, 이탈리아에 대한 묘사를 담고 있는 괴테와 플라텐 책들의 탐독, 대학시절 이탈리아를 다룬 강의 청강 등등에서 그 모습들을 엿볼 수 있다. 특히 1837년부터 1838년 사이에 처음으로 이탈리아를 여행하면서 받은 강렬한 인상은 독일에 열광하던 대학시절 사라지기는커녕 줄곧 그를 따라다녔으며, 마침내 그를 이탈리아에 대한 연구로 이끌었다. 가톨릭 종교개혁, 무리요(Murillo), 이탈리아 국가문서들에 나타난 스위스의 이미지 등에 대한 그의 연구들은 단지 1847년에 이탈리아 르네상스의 문화를 연구하기로 한 그의 결심을 돕는 부수적인 요소들에 불과하였다.

그러나 흥미로운 사실은 훗날 기념비적인 대작이 된 이 작품이 애초에 르네상스 시기를 겨냥해서가 아니라 원래는 고대부터 시작하여 중세를 거쳐 르네상스로 끝나는 일련의 그의 방대한 연구 계획의 일환으로 고안되었다는 점이다. 이 점을 부르크하르트는 한 편지에서 다음과 같이 밝히고 있다. "만일 내 책(최초의 대작『콘스탄티누스 대제 시대』를 말한다)이 출판된 직후인 1852년 현재의 이 자리를 상실하지 않았더라면, …… 나는 아마도 중세부터 이어지는 그런 일련의 문화사 작품들을 써내려갔을 것입니다. 물론 르네상스의 문화는 그 마지막에 해당되었겠지요." 더불어 이 책에서 다룬 시기에 대한 명칭도 애초에는 '르네상스'가 아니라 '라파엘로의 시대'였음이 그의 한 편지의 기록에서 밝혀졌다.

이러한 일련의 사실들을 통해 우리는 다음과 같은 세 가지 특이한 점을 발견할 수 있다.

첫째, 르네상스에 대한 특별 연구 계획은 중세 문화사와의 관련에서 등장했다는 점, 즉 그 연구의 '종결판'으로서 고안되었다는 점이다. 따라서 이 유명한 대작에 언제나 따라다니는 수식어, 즉 '근대인의 기원과 형성의 역사'라는 키워드는 이 작품을 오직 근대사의 관점에서 읽고 이해하도록 독자들을 오도(誤導)해온 결과라고 할 수 있다.

둘째, '라파엘로의 시대'라고 명명된 이 애초의 연구 계획에서는 '문화'니 '르네상스'니 하는 용어들이 등장하지 않는다. 이 용어들은 1848년 이후에야 비로소 서서히 전면에 드러나기 시작한다.

셋째, 이러한 원래 계획에서 초점은 문화사적인 라파엘로가 아니라 예술사적인 라파엘로였다는 점이다. 예술사로부터 문화사의 분리는 그 계획이 고안에서 실행에 옮겨지기까지의 긴 역사를 통해 볼 때 상대적으로 훨씬 나중에야 이루어진다. 더 정확히 말해, 그러한 분리는 1858년에서 1860년 사이, 즉 『이탈리아 르네상스의 문화』의 원고를 한창 작성하고 있을 때 완성된다. 그나마 이러한 단순화 작업도 순전히 작업 진행상의 편의를 위해, 즉 작품 내용과 직접적으로 관련되지 않은 외부적인 이유로 인해 이루어진 것이다. 결국 이 작품은 원래 예술 부문에 초점이 맞추어져 고안된 것이고, 따라서 이 최초 기획의 중심부에는 '르네상스의 인간'이 아니라 '르네상스의 예술'이 서 있었다.

그렇다면 문제는 부르크하르트가 과연 언제 '르네상스의 문화'를 중세사에서 분리했고, 그 자체로 독립시켰는가 하는 점이다. 이에 대해서도 역시 그의 발언들을 토대로 대답이 가능한데, 그 과정 또한 여러 단계를 거친다.

1848년부터 1849년 사이에 부르크하르트는 중세의 문화에 대한 강의들을 하는데, 바로 이 시기에 독일어권 지역에서는 유산된 혁명으로서의 3월혁명이 일어난다. 이 사건은 부르크하르트에게 커다란 정신적 상흔을 남기며 종결되는데, 이 자유주의 혁명의 참상과 좌절을 계기로 그는 결정적으로 자유주의적 보수주의자(liberal-conservative)로 돌아서게 된다. 더불어 그는 자유주의 이념과 혁명적 이상에 사로잡혀 있던 독일의 모든 친구들과 절연하고 바젤에 은거하다시피 하면서 역사 연구에만 몰두하게 된다.

이 시기를 전후로 '독일'과 '중세사'가 아니라 이제 '이탈리아'와 '르네상스'가 서서히 그의 관심을 사로잡기 시작한다. 그래서 부르크하르트는 1850년 10월 대주교 안드레아스 폰 크라인(Andreas von Krain)에 대한 강연에서 최초로 '르네상스의 문화'를 짤막하게 스케치해나간다. 그러나 이 무렵 르네상스에 대한 그의 상은 아직 부정적이었다. 이러한 부정적인 상은 그가 이탈리아를 여행하고 그곳에서 몸소 생활하면서 점차 탄력적이고 긍정적으로 바뀌어간다. 그 최초의 결실이 바로 『여행 안내서: 이탈리아 예술작품의 감상을 위한 안내서』였다.

르네상스 개념의 형성이나 르네상스기의 문화에 대한 연구가 물론 부르크하르트에 의해 최초로 이루어진 것은 아니었다. 가령 동시대의 프랑스 역사가 쥘 미슐레(Jule Michelet)는 16세기의 유럽, 특히 이탈리아가 아닌 프랑스를 중심으로 한 북방 유럽을 문화적으로 새로운 시대라 하여 처음으로 '르네상스'(Renaissance)라는 용어를 역사적 시대개념으로 사용했고, 1850년대에 그에 대한 연구서를 발표하였다. 그밖에 보편사적 이념에 입각한 문화사적 연구가 행해지던 계몽주의 시대에 이미 볼테르(Voltaire)나 시스몽디(Sismondi) 등은 14~15세기에 이탈리아에서 학문과 예술이 부활했음을 밝혀나갔다.

그러나 르네상스에 대한 부르크하르트의 연구에 직접적인 자극을 주었던 것은 뜻밖에도 이들이 아니라 무라토리(Muratori)였다. 무라토리는 모데나(Modena) 출신의 사서(司書)로서, 17세기에 수많은 텍스트를 모아 『이탈리아 사료집』(*Rerum italicarum scriptores*)을 편찬했던 인물이다. 이 업적을 통해 그는 근대의 모든 사료 편찬작업의 기념비적인 전범을 만든 사람으로 평가받는다. 부르크하르트는 이미 취리히 시절부터 이 거대한 사료집을 도서관에서 한 권 두 권 빌려다가 채록해두었다. 그의 연구는 바로 무라토리의 업적이라는 기초 위에 자기 집을 쌓아올린 경우라고 할 수 있다.

그밖에 부르크하르트의 르네상스 연구에 직접적인 동기를 부여해준 사료집으로, 1842년부터 1851년 사이에 완간된 16권 분량의 『이탈리아 역사 문서집』(*Archivio storico italiano*)을 들 수 있다. 이 문서집 역시 부르크하르트로 하여금 새로운 연대기, 연감, 여러 인물의 전기 등을 통해 새로운 사실을 알게 해준 중요한 자료였다. 에네아 실비오 피콜로미니(Enea Silvio Piccolomini)나 레온 바티스타 알베르티

(Leon Battista Alberti) 같은 르네상스기의 작가들도 부르크하르트에게 커다란 자극을 준, 적어도 그에게는 매력적인 인물들이었다.

바젤 대학의 역사학 정교수 자리에 초빙되기 1년 전인 1857년, 부르크하르트는 그해에 사망한 베를린 시절의 은사이자 친구였던 쿠글러가 못 다 이룬 예술사 작업을 마무리해달라는 내용의 편지를 친구인 파울 하이제(Paul Heyse)로부터 받는다. 그러나 부르크하르트는 비록 1867년 뤼프케와 공동 저술한 『근대 건축 예술사』를 통해 자기 스승의 대작업의 일부를 완성하기는 하지만, 무엇보다 바젤 대학의 역사학 교수라는 무게 있는 자리와 사람들의 엄청난 기대에 부응하기 위해, 그리고 "하루에 8시간이 아닌 16시간"을 작업하고 자기 건강을 돌보지 않음으로써 사망에까지 이른 불쌍한 쿠글러의 전철을 밟지 않기 위해 결국 친구 하이제의 제안을 거절한다.

그와 더불어 부르크하르트는 또 하나의 중요한 일, 즉 르네상스에 대한 책의 서술을 포기하고 만다. 만일 1858년 여름에 부르크하르트가 원고 작성을 끝냈더라면 아마도 그 책은 몇 편의 글을 짜깁기한 논문집 정도로, 그리고 제목은 그 자신이 한 편지에서 썼듯이 『르네상스-단상들』(Renaissance-Fragmente)이 되었을 것이다.

이처럼 어쩌면 짤막한 논문집으로 끝나버릴 수도 있었을 이 책의 운명이 오늘날 전해지는 바와 같이 온전한 형태로 되살아날 수 있었던 결정적인 계기는 부르크하르트에게 보내진 바이에른 국왕 막시밀리안 2세(Maximilian II)의 격려편지였다. 1858년 5월 21일 뮌헨에서 발송된 것으로 소인이 찍힌 이 편지에서 바이에른 국왕은 수신인이 "오랫동안 연구해온 르네상스와 로코코 양식의 역사"에 관한 책이 "그 동안의 예술사와 문화사의 공백을 메워줄" 업적으로 판단되기에 반드시 출판되기를 바란다고 적고 있다.

전혀 예기치 않았던 이 짤막한 국왕 친서의 배후에 부르크하르트는 가이벨(Geibel)·하이제·블룬츨리(Bluntschli)·지벨(Sybel)·릴(Riehl) 등 자신을 잘 아는 주변의 친구와 저명한 학자·역사가들이 있을 것이라고 추측하였다. 하여튼 이를 계기로 부르크하르트는 르네상스 연구에 박차를 가했고, 그에 대한 어떤 신성한 의무감과 더불어 자신감도 갖게 되었다. 지금은 소실되었지만 바젤 국립문서국에 보관되어 있는 바이에른 국왕에게 보낸 부르크하르트의 답신 초안 가운데 중요한 부분을 발췌하면 다음과 같다.

새롭고 유익하며 매우 많은 노고가 들어가는 일들에 몰두하다 보니 낼 수 있는 자유로운 연구 시간이 협소해져버렸고, 저는 자연히 제 임무를 겨우 제한된 규모로 또 오래 지체된 연후에야 이행할 수 있게 될 것입니다. 이 멋진 주제는 연구자의 능력을 미혹시킬지도 모릅니다. 형상을 만들어내는 데서나 생각하고 느끼는 데서도 근대인의 어머니이자 고향인 르네상스는 서술되어야만 합니다. 이 두 개의 큰 방향을 하나의 멋진 평행선 안에서 취급하는 일, 즉 예술사와 문화사를 혼합시키는 일이 어쩌면 가능한 것처럼 보였습니다.

이 편지에서 드러나고 있듯이 부르크하르트가 르네상스를 연구하고 서술하면서 애초부터 염두에 두었던 것은 바로 근대의 기원을 두 방향에서, 즉 형식과 스타일을 형성하는 데서의 예술사적 기원과 사유와 감정에서의 문화사적 기원을 동시에 추적하는 일이었다. 이 문화사와 예술사의 혼합 문제는 『이탈리아 르네상스의 문화』의 출판 이전뿐 아니라 이후에도 저자 자신에 의해 기회만 닿으면 늘 제기되었던, 하지만 결코 풀리지 않은 쟁점이었다. 취리히 공과대학의 예술사 교수 자리에 지원하기 위한 편지에서나 그 대학에서의 첫 취임 강연을 위한 예고 편지에서부터 부르크하르트는 르네상스 시기의 예술사와 문화사를 융합시키려 했으나, 이제는 그러한 구상이 그저 말 그대로 '계획'으로만 남고 결국 포기되고 말았던 것이다.

하지만 이 기본구상은 그뒤에도 언제나 부르크하르트의 마음 한구석에 남아 그를 유혹하게 된다. 가령 바젤 대학에서 행한 강의들을 훑어

보면 한 학기에 문화사와 예술사를 동시에 주제로 삼는 경우가 자주 눈에 띈다. 그러나 부르크하르트는 일단 순전히 책의 출판을 위해서 이 방대한 계획은 마음 한구석에 접어두기로 한 것이다.

결국 부르크하르트에 의한 르네상스 시기의 문화사와 예술사의 접합 시도는 포기되고 오로지 문화사 서술만이 남아 1860년에 책으로 출판 된다. 르네상스 시기의 예술사 부문에 대한 그의 방대한 자료 수집과 채록 작업의 흔적은 결국 이 책과는 달리 매우 기구한 운명을 맞게 된 다. 예술사 부문을 크게 회화 · 조각 · 건축 분야로 나눠보았을 때, 먼저 건축 분야는 앞서 밝힌 대로 1867년 뤼프케와 공동 저술한 『근대 건축 예술사』로 빛을 보게 되지만, 회화 분야는 1898년, 즉 부르크하르트가 죽고 난 다음해에야 비로소 그의 제자였던 한스 트록(Hans Trog)에 의 해 『이탈리아 예술사 논문집』이라는 제목으로 출판된다. 조각과 관련된 유고는 이보다 더 늦게, 즉 1934년 『부르크하르트 전집』이 간행될 당시 그의 제자였던 하인리히 뷜플린(Heinrich Wölfflin)이 전 14권 중 제 13권 안에 『르네상스 조각에 대한 주석(註釋)』이라는 제목으로 펴냄으 로써 세상에 알려지게 된다.

원래 계획과는 달리 뿔뿔이 흩어지고 산산조각난 동일 주제에 대한 연구 결과물들의 이 기구한 운명을 저자 스스로도 생전에 벌써 어느 정 도는 예상했던 모양이다. 책이 출판되고 나서 얼마 뒤인 1860년 9월에 자기 친구에게 보낸 한 편지에서 부르크하르트는 이 책을 '역경에서 태 어난 아이'(Schmerzenskind: 이 말은 직역하면 '어머니를 고통스럽게 하고 태어난 아이'라는 뜻으로, '고심작'이라는 비유어로도 쓰이지만, 여기서는 부르크하르트가 이 작품이 하나의 책이라는 형태로 빛을 보 게 되기까지 어떠한 험난한 과정을 거쳤는지 함축적으로 보여주기 위 해 사용한 표현으로 보인다)라고 부름으로써 이 책과 이 책에서 다루지 못한 다른 작업 결과들의 운명을 예고하고 있기 때문이다.

취리히 시절부터 줄곧 해온 자료 수집과 채록 과정을 빼고 단지 원고 를 작성하는 작업만 염두에 두었을 때 이 책은 약 2년에 걸쳐 완성된다.

그 기간을 정확히 추적하면, 1858년 여름방학이 시작될 때부터 출판사와의 계약이 완료되는 1860년 4월 말까지로 21개월이다. 그 사이에 바젤 대학에서의 여러 강의, 겨울방학마다 정기적으로 행한 일반 청중을 위한 학술 강연, 1858년 12월 부친의 사망으로 인한 정신적 충격 및 휴식 등을 감안하면 실제로 원고를 써내려간 기간은 불과 몇 개월밖에 안되었을 것으로 추정된다. 아무리 그 이전의 사전 준비작업을 계산에 넣는다 하더라도 실로 엄청난 작업속도가 아닐 수 없다.

그 오랜 우여곡절 끝에 드디어 출판사와의 계약서상에 예정된 날짜보다 조금 앞당겨진 1860년 9월, 이 불후의 명작 제1판이 완성된다. 또한 책제목도 결국 『이탈리아 르네상스의 문화』로 결정된다. 뮌헨에 있던 부르크하르트의 친구들은 몇 개월 동안 이 책에 대한 언급이 전혀 없었기 때문에 이 작품이 당연히 사장되는 줄로만 알고 잊고 있었는데 갑자기 책으로 나온다는 소식을 접하고 매우 놀란다. 고등학교 때 은사였던 아버지뻘 되는 친구 하인리히 슈라이버(Heinrich Schreiber)에게 보낸 한 편지에는 부르크하르트가 이 작품에 얼마나 많은 열정과 애정을 쏟았는지가 구구절절 잘 표현되어 있다.

인쇄가 완료되면 선생님께 한 권 보내드리겠습니다. 친애하는 저의 오랜 친구인 선생님께서는 아마도 이 작품의 딜레탕티즘(아마추어리즘)에 미소짓고 고개를 절레절레 흔드실 겁니다. 하지만 저자가 노고와 땀을 아끼지 않았다는 점에 대해서는 인정하실 수밖에 없을 겁니다. 이 책은 기존의 그 어떤 것에도 의존하지 않은, 마치 거친 들에 피어난 야생화와도 같습니다. 저는 선생님께 직접 칭찬을 듣고자 합니다. 즉 저자가 상상력을 충분히 발휘할 기회를 가졌고 사료의 기록을 멋지게 활용하고 있다고 말입니다.

1860년 8월 말 드디어 책의 출판과 관련된 모든 일이 마무리지어졌고, 9월 16일 부르크하르트는 마침내 막 인쇄된 책 한 권을 친구 하이제에게 보낼 수 있었다. 그리고 그후 10월 초에는 가을방학을 이용해 런던에서 그 동안의 피로를 푸는 여유를 보인다.

부르크하르트 이전의 르네상스론

부르크하르트의 이 작품은 세기적인 사건이 되었다. 그의 책을 모르고서는 1860년 이후의 르네상스에 대한 연구성과들을 제대로 이해할 수 없게 되었기 때문이다. 오늘날 페트라르카(Petrarca)에서 현재에 이르는 르네상스 이념의 역사를 서술하려는 서양의 학자들은 한결같이 르네상스 개념의 긴 역사를 구분하는 기준으로 부르크하르트를 잡는 데 이의를 제기하지 않는다. 즉 그를 기준으로 그 이전과 그 이후를 구분해서 논의해야 한다는 것이다. 그만큼 그는 이 주제에 관한 한 고전적인 인물로 자리잡고 있다. 가령 콘라트 부르다흐(Konrad Burdach)는 부르크하르트야말로 르네상스 개념을 가장 먼저 학술용어로, 또 일반적인 교양언어로 만든 사람이라고 주장하였다. 이 견해는 오늘날에도 보편적으로 받아들여지고 있다.

그러나 사정은 그렇게 자명하지도 또 단순하지도 않다. 부르다흐에 따르면, 부르크하르트는 르네상스라는 표현을 미슐레가 아니라 쿠글러에게서 수용했다는 것이다. 즉 부르크하르트는 자기 스승이자 친구인 쿠글러의 예술사 사전 편찬작업을 도와주다가 이 개념을 알게 되었고, 따라서 원래는 예술사적인 개념을 결국 문화사적인 개념으로 전용(轉用)했다는 것이다.

이러한 부르다흐의 주장은 어느 정도 타당성이 있기는 하지만, 어디까지나 독일어권 지역에 한정해서만 인정될 수 있을 뿐이다. 르네상스는 범유럽적인 개념이다. 또한 아무리 르네상스가 그 말이 형성되는 마지막 단계에서 프랑스로부터 큰 영향을 받았다 하더라도 르네상스 이념의 고향은 어디까지나 이탈리아이다.

부르크하르트 이전에 이 개념을 형성하는 데 결정적으로 기여한 몇

몇 선구자로 우리는 바사리(Giorgio Vasari), 마키아벨리, 에라스무스, 클로드 졸리(Claude Joly), 볼테르, 괴테 등을 꼽을 수 있다. 바사리는 『예술가 열전』을 쓴 르네상스 시기의 예술사가로, 이 책 안에서 13세기 말 치마부에(Cimabue)와 조토(Giotto)부터 시작되어 미켈란젤로에 이르러 완성된 고전고대 미술의 부활을 '레나시타'(renascita: '재생'이라는 뜻)라고 불렀다. 바로 여기에서 르네상스 이념이 하나의 구체적인 역사용어로 등장하게 된 것이다.

마키아벨리도 자신의 시대에 고대인들의 전쟁기술이나 국가정책 등이 부활되기를 원했고, 그밖에 로렌초 발라를 비롯한 15세기의 인문주의자들은 고대 로마어가 복원되기를 꿈꾸었다. 이러한 이탈리아의 경험은 북유럽으로 전해져 세대에 세대를 거치면서 계속 전달되었다. 이 초기의 북방 르네상스 운동의 한복판에 에라스무스가 있었고, 다음 세대에는 초기 백과전서파에 속하는 졸리가 르네상스 개념의 형성에 지대하게 공헌한 인물로 흔적을 남긴다. 또한 『역사 비평 사전』을 저술하여 다음 세대 계몽주의의 등장을 사상적으로 예비했던 피에르 벨(Pierre Bayle)도 이 연관에서 빼놓을 수 없는 인물이다.

문학과 예술에서의 르네상스 개념을 다음 세대에 전달한 장 르 클레르(Jean Le Clerc)를 지나면 드디어 볼테르가 등장한다. 볼테르는 르네상스 개념을 유럽의 18세기에 정착시킨 인물이다. 『제(諸) 민족의 관습과 정신에 관한 고찰』(*Essai sur les mœurs et l'esprit des nations*)에서 『철학사전』에 이르기까지 여러 저작에서 번득이는 사상의 편린 속에서 르네상스 개념은 확고한 상(象)과 강렬한 이미지를 부여받는다. 특히 계몽사상가인 볼테르에게서 발견되는 특이한 점은 토스카나의 정신, 구체적으로는 토스카나 지방 출신의 천재들과 토스카나의 민족정신이 그 새로운 문화운동을 일으킨 창조자라는 초기 낭만주의적 견해를 피력했다는 사실이다. 훗날 네덜란드의 역사가 호이징가(J. Huizinga)는 이와 같이 르네상스의 시대적 분위기에 정통했던 볼테르가 『르네상스의 시대』 또는 그와 유사한 제목의 역사서를 쓰지 않았다는 사실에 놀라움을 표시하였다. 그러나 볼테르가 르네상스 시기의 역사를 쓸 수 없었던 이유는 그가 당시의 시대적 분위기는 잘 알고 있었는지는 모르지만 이탈리아에 대해서는 거의 모르고 있었기 때문이다. 그럼에도 불구하고 볼테르가 시대 개념이자 상태 개념으로서의 '르네상스'의 기본적인 윤곽을 잡아놓았던 것만은 분명해 보인다.

볼테르와 더불어 괴테도 역시 거의 르네상스의 역사를 쓸 뻔했던 인물 가운데 한 사람이다. 비록 그가 그 시기에 대한 자신의 생각을 구체적으로 전개시키지는 않았지만, 역사적 성격을 띠는 그의 대부분의 주요작품, 이를테면 『타소』(Tasso) · 『에그몬트』(Egmont) · 『파우스트』(Faust) 등은 한결같이 16세기를 배경으로 하고 있다. 특히 벤베누토 첼리니(Benvenuto Cellini)를 다룬 괴테의 글은 부르크하르트의 『이탈리아 르네상스의 문화』와 아주 밀접한 관계에 놓여 있음이 간과되어서는 안 될 것이다.

이제 부르크하르트가 살던 시대로 눈을 돌려보자. 여기서 가장 먼저 눈에 띄는 사람은 이미 언급했던 미슐레이다. 두 인물 사이에, 또 르네상스에 대한 그들의 개념 사이에는 많은 차이가 있지만, 한 가지 결코 부정할 수 없는 사실은 부르크하르트가 자신의 책에서 사용한 '세계와 인간의 발견'이라는 주제어가 이미 1855년에 발표된 미슐레의 책에서 유래했다는 점이다. 부르크하르트 자신도 이 점을 『이탈리아 르네상스의 문화』 제2판의 해당 부분에서 따로 주(註)를 달아 분명히 밝히고 있다. 1860년의 제1판에서는 그 내용이 누락되었는데, 이유는 불분명하다.

그러나 부르크하르트가 미슐레에게서 넘겨받은 것은 이처럼 몇몇 외적이고 형식적인 것에 불과하며 실제 내용에서는 대부분 궤를 달리한다. 그 구체적인 차이들을 살펴보면, 먼저 『프랑스사』(Histoire de France, 1833~62)의 제7권 「르네상스」(La Renaissance, 1855)의 서문에서 미슐레는 16세기를 대표하는 역사적 인물들로 루터 · 칼뱅 · 뒤물랭 · 퀴자 · 라블레 · 몽테뉴 · 셰익스피어 · 세르반테스 등을 열거한 반면, 이탈리아의 유명한 예술가·인문주의자·정치가 등은 단 한 사람도 언급하지 않고 있다.

더구나 그는 르네상스의 기점을 16세기로 잡고 있으며, 그로부터 거꾸로 중세시대를 개략적으로 훑고 지나간다. 즉 이미 중세가 서서히 끝나가고 있던 12세기를 거쳐, 13세기에는 기독교의 번성, 14세기에는 단테의 『인간적 희극』(Comédie humaine), 15세기에 이르면 인쇄술, 인문주의, 아메리카 대륙으로의 항해 등이 이어지고 16세기에 이르러서야 비로소 르네상스의 꽃이 활짝 핀다는 것이다.

또한 당시 이탈리아의 정세나 문화적 상황에 대한 서술도 도서관이나 문서국에서 제대로 된 사료작업을 거치지 않고 순전히 경제적인 이유에 쫓겨 가장 필요한 부분만 간추려서 급조하여 완성했다는 인상을 준다. 부르크하르트의 작품에서는 찾아볼 수 없는 이러한 결핍요소들은 미슐레의 개인적인 역량 부족 때문이 아니라 주변 상황이 그를 압박한 결과이거나, 아니면 더 궁극적으로는 르네상스의 개념에 대한 양자 간의 견해 차이에 기인한 것으로 보인다.

『이탈리아 르네상스의 문화』의 독창성과 관련하여 상황을 더 모호하고 곤란하게 만든 것은 미슐레의 책이 아니라 독일 역사가 게오르크 포크트(Georg Voigt)의 『고전 고대의 부활 또는 인문주의의 첫 세기』(Die Wiederbelebung des classischen Alterthums oder das erste Jahrhundert des Humanismus)라는 제목의 작품이다. 포크트의 이 책이 베를린에서 처음 발표된 것은 1859년, 즉 부르크하르트의 책이 발표되기 1년 전이었다.

르네상스에 대한 자신의 글이 이미 탈고된 상태에서 포크트의 책을 한 권 입수한 부르크하르트는 자신의 책 후기의 맨 마지막 쪽에 다음과 같은 고충을 적고 있다. "이 책의 인쇄가 한창 진행되고 있을 때 『고전 고대의 부활』이라는 포크트의 적절한 책 한 권을 접하게 되었다. 이 책은 내가 제3부에서 아주 간략하게 암시할 수밖에 없었던 정신적 운동의 여러 상황을 다방면에 걸쳐 서술하고 있다." 이는 독자에 대한 아주 친절한 배려이다.

그러나 이러한 배려에도 불구하고 우리는 이 책과 부르크하르트 작품 사이의 대립에 가까운 차이를 눈여겨볼 필요가 있다. 나중에 뮌헨과 라이프치히에서 역사를 강의하기도 한 쾨니히스베르크 출신의 문헌학자이자 도서관 사서였던 포크트의 이 작품은 계몽된 헤겔주의적 관점과 민족주의적 입장 또는 루터주의적 정서에서 인문주의의 역사를 풍부한 사료를 곁들여 교과서적으로 풀어나간 책이다. 그러다 보니 르네상스 시기의 아주 다양한 이탈리아인들의 생활은 경직된 모습으로 그려지고 있으며, 이 책에 대한 평가도 양극단을 오갔다. 설령 이 책이 1859년보다 훨씬 더 전에 출판되었다 하더라도 거기에서 부르크하르트는 자신의 작업을 중단할 어떠한 이유도 찾지 못했을 것이다.

『이탈리아 르네상스의 문화』의 구성과 내용

"르네상스에 대한 우리의 관념은 야코프 부르크하르트의 창조물이다." 독일에서 편찬된 『세계사 대계』(*Propyläen Weltgeschichte*)의 이탈리아 르네상스 부분을 집필한 카를 브란디(Karl Brandi)가 자기 글을 시작하면서 썼던 이 웅변적 문장은 약간 과장된 면도 없지 않지만, 그뒤 학계에서는 하나의 정설로 통념화되어왔다. 자기보다 이전에 살다 간 선각자들에 의해 형성된 르네상스 개념과 이념을 전체적으로 종합한 부르크하르트는 자신의 독특한 연구와 서술 방법을 이용하여 그 자체로 하나의 고전적인 전범이 될, 이른바 부르크하르트적 르네상스의 상(象)을 형성해갔다.

물론 당연한 얘기가 되겠지만, 부르크하르트 자신이 애초에 이러한 결과를 의도했거나 예견했던 것은 아니다. 르네상스 시기의 예술사와 문화사를 결합하고자 했던 원래 의도와는 전혀 다르게 구성되고 서술된 이 작품에 부르크하르트는 '시론'(Ein Versuch)이라는 부제를 달았다. 이로써 그는 아마도 이 작품이 일종의 미완성이라는 점을 암시하고

자 했던 듯하다. 더구나 동시대의 역사가들이 전문적인 세부 연구에 몰두하는 것을 비판적으로 바라보고 언제나 스스로 비전문가임을 자처하면서 전체에 대한 조망 능력을 지닌 '딜레탕티즘'을 강조했던 그의 성향으로 보아 아무리 그가 예술사까지 포괄한 책을 내놓았다 하더라도 이것이 그 자체로 완벽한 역사서라거나 하나의 대학교재용 저술이라고 생각하지는 않았을 것이다.

이 책은 크게 6개의 부(Abschnitt)로, 또 각 부는 적게는 4~5개에서 많게는 10여 개의 장(Kapitel)으로 구성되어 있다. 6개 부의 구성 내용을 보면, 제1부는 '인공물로서의 국가'라는 제목 아래 당시의 정치상황을, 제2부에서 제5부까지는 '개인의 발전' '고대의 부활' '세계와 인간의 발견' '사교와 축제' 등 문화상황을, 마지막으로 제6부 '관습과 종교'에서는 사회풍습과 종교상황을 다루고 있다.

이들 각 부의 개별 내용에 대한 설명에 앞서 한 가지 특기할 점은, 부르크하르트는 이 구성을 통해 자신이 『세계사적 고찰』에서 제시한 포텐츠론(Potenzenlehre), 즉 역사는 국가·종교·문화라는 세 개의 잠재력들(Potenzen) 사이의 규제·견제·대립·포괄·보완 등 변증법적 상호작용 속에서 하나의 통일적인 상을 형성해간다는 내용의 역사이론을 자신의 역사 서술에 충실히 반영시키고 있다는 점이다. 순서는 다를지 모르지만 그는 다른 작품들에서도 마찬가지로 정치·문화·종교를 핵심 구성요소로 배치하고 그 구성에 따라 해당 내용을 서술해나간다. 즉 이론과 실제를 일치시키려는 부르크하르트의 이러한 노력과 실천적인 모습은 그의 모든 작업에서 일관되게 나타난다.

그러나 이 책의 핵심내용 또는 이 책을 유명하게 만든 테제들이 담겨 있는 부분이 제2부에서 제5부까지의 내용이라는 것은 두말 할 여지가 없다. 인간의 자아와 세계의 발견, 개성의 성장, 자유주의와 인문주의의 발전 등 우리가 르네상스에 대해 흔히 갖고 있는 모든 기본 상들이 바로 여기에서 집중적으로 조명되고 주제화되고 있기 때문이다. 하지만 그렇다고 해서 이 책의 적어도 3분의 1 정도를 차지하는 제1부와 제

6부를 단지 당시의 문화상태의 이해를 돕기 위한 부수적인 요소로 간주하고 넘겨버리는 우를 범해서는 곤란하다.

가령 약 130쪽 분량의 제1부 '인공물로서의 국가'는 교황과 황제의 대립이라는 당시 이탈리아의 특수한 정치상황 속에서 그 지역의 많은 군소국가들이 어떻게 인위적·계산적·의식적인 창조물로 등장하고 발전하고 쇠퇴하고 소멸해갔는지를 마치 그림 그리듯 서술하고 있어 그 자체로서 하나의 완결된 정치사 작품으로 이해되어도 손색이 없다. 마찬가지로 약 150쪽 분량의 제6부 '관습과 종교'에서도 수많은 사건과 사실들의 예시를 통해 개인주의, 이기주의, 비도덕적 성향, 종교에 대한 세속화된 관념 등 당시 이탈리아의 전반적인 사회 분위기와 정신적인 풍토가 서사적 양식에 설명을 가미한 방식으로 묘사되어 있기 때문에 역시 그 자체로 하나의 조그마한 사회사 서술로 간주되어도 무방하다.

제목이나 구성이야 어떻든 부르크하르트가 이 책에서 주요과제로 삼은 것은 르네상스 시기 이탈리아인들의 내면세계가 결국 유럽의 근대를 탄생시킨 주요 원동력으로 작용했다는 점을 밝히는 것이었다. 부르크하르트는 이 점을 제2부에서 제4부까지의 서술에서 집중적으로 밝혀나가고 있다.

제2부의 핵심 테제는 르네상스 시기의 이탈리아가 근대 또는 현대 유럽의 본향이었고, 이탈리아인이야말로 유럽 최초의 근대인이었다는 것이다. 물론 이러한 견해 자체가 부르크하르트에 의해서 최초로 제기되었던 것은 아니다. 볼테르나 헤겔·포크트 등도 단테나 페트라르카에게서 최초의 유럽 근대인의 모습을 보려고 했던 사람들에 속한다. 그러나 저명한 르네상스 연구자인 퍼거슨(W. K. Ferguson)의 올바른 지적처럼, 르네상스의 개인주의에 대한 관념을 그 시대 문화의 여러 국면과 관련지어 그처럼 충분하게 설명한 사람은 부르크하르트 이전에는 없었다.

정치권력의 획득과 사회적 신분 상승의 전통적 수단이 상실된 르네상스 시기의 혼란한 사회 속에서는 개인이 권력을 얻고 사회적으로 성공하려면 자신의 능력과 재능에 의식적으로 의지할 수밖에 없었을 것이다. 이로써 형성된 새로운 자율적 도덕성, 전통적 기준이나 권위로부터의 해방 등은 바로 개인주의가 싹트고 성장할 수 있는 비옥한 토양이었다. 즉 인격에 대한 높은 의식이 강조된 결과 수많은 재능인과 개성 넘치는 다양한 인간들이 자신을 충분히 표현할 수 있는 기회와 자극이 주어졌던 것이다.

제3부 '고대의 부활'에서도 부르크하르트의 통찰력과 서술방식이 화려하게 빛을 발한다. 여기서 부르크하르트는 현명하게도 고전 문예 전통의 부활이 르네상스의 핵심내용이라는 전통적인 견해를 정면으로 반박하고 나선다. 즉 그에 따르면, 비록 고대가 여러 가지 방식으로 르네상스 문화에 영향을 끼쳤던 것은 사실이지만 르네상스 발전의 핵심적 요소는 아니었다는 것이다. 비록 그 이전에 헤겔·하겐·미슐레 등도 고전의 부활이 르네상스의 한 부분에 지나지 않았다는 견해를 내세우기는 했지만, 부르크하르트는 그것이 르네상스 문화의 원인이 아니라 결과였음을 구체적으로 입증함으로써 그들보다 진일보한 모습을 보여준다.

부르크하르트는 더 나아가 이미 앞 부에서 개성의 발전이 이탈리아의 민족정신과 결합하여 유럽의 근대가 열렸다고 주장했듯이, 여기서는 "고대와 함께 병존하며 끈끈한 유대를 맺고 있던 이탈리아의 민족정신도 서양 세계를 사로잡았다"고 설파함으로써 편향된 시각을 지양하고 탄력적인 입장을 견지하려는 모습을 보인다. 다시 말해 르네상스 시기에 유행하던 고전 부활의 진정한 의미는 고전 문예의 '단순한 모방'이 아니라 과거의 전범들을 토대로 한 새로운 환경 속에서의 새로운 문화의 '생산적 재창조'에 있었던 것이다.

'세계와 인간의 발견'이라는 제4부의 제목은 앞서 보았던 대로 부르크하르트가 미슐레에게서 차용한 개념이다. 세계의 지리적 탐험 외에 자연적 미의 발견과 모든 자연과학의 진보가 새로운 내용으로 추가되기는 했지만, 제4부에서는 제2부 '개인의 발전'에서 주된 대상으로 삼았던 주제와 내용이 변형적으로 반복되어 나타난다. 다양한 조건과 상태에서의 개성의 구체적 표현양태에 대한 탐구가 바로 이 책의 또 하나의 커다란 주제라는 점을 감안한다면, 결국 제5부 '사교와 축제'에서 다루는 주된 내용이 다시 사회적 지위와 관련되어 묘사된 개인이라는 점은 별로 놀랄 일이 못 된다.

부르크하르트 이후의 르네상스론

이러한 부르크하르트적 르네상스의 상은 1860년 이래 거의 반세기가 지나도록 아무런 저항이나 비판 없이 수용되었고, 이 주제에 대한 하나의 고전적 해석으로 확고하게 자리매김되었다. 그러나 시대의 변화와 새로운 환경에 의한 자극에 따라 부르크하르트의 고전적 르네상스 상도 수정을 강요받는 강력한 도전을 받았다. 즉 그의 르네상스는 '개인·인간 및 세계의 발견'을 모토로 중세와의 단절적인 이미지를 너무 지나치게 강조한 나머지 실제와는 다른 하나의 허구적인 모습을 만들어내었다는 것이다.

이러한 비판의 층위도 매우 다양하다. 일각에서는 르네상스의 뿌리를 더 소급해 12세기, 즉 중세의 한복판에서 찾으려는 르네상스의 기원 확대론적 시각부터 르네상스 시기를 중세의 말기로 보아야 한다는 중세주의적 해석, 나아가 역사상 여러 차례의 르네상스가 있었다는 다원주의적이고 상대주의적인 주장에 이르기까지 다양한 수정주의적 견해들이 제시되어왔다. 그 비평가들 중 대표적 인물인 『중세의 가을』의 저자 호이징가에 따르면, 부르크하르트가 주제로 삼은 르네상스는 바로 중세의 황혼기에 해당하고, 따라서 이 시기는 근대의 시작이라기보다 근대로 이행하는 시기 또는 두 시대 사이의 과도기로 이해하는 편이 더 옳다는 것이다.

물론 이러한 비판들이 나름대로 상당한 설득력이 있음은 부정할 수 없는 사실이다. 그러나 우리는 부르크하르트의 본래 의도, 즉 그의 주장의 이면을 한번 짚고 넘어갈 필요가 있다.

먼저 '르네상스기의 이탈리아가 유럽 근대의 출발점이었다'는 그의 테제부터 살펴보자. 이 주장은 부르크하르트가 애초에 의도했던 것이 아니라, 연구가 진행되는 동안 원래 마음속에 지녔던 심증이 더욱더 확실하게 굳어지게 된 연구결과의 산물로 보는 편이 더 타당하다. 다시 말해 부르크하르트는 근대의 뿌리를 추적하기 위해 르네상스의 상을 형성한 것이 아니라, 반대로 르네상스 시기 이탈리아인의 정신세계를 탐구하다 보니 중세와의 단절적 모습을 보게 되었고, 더 나아가 개인주의와 자유주의, 또는 민족주의와 산업적 시민사회로 특징지어지는 자신이 살던 시대의 출발점으로서의 의미를 이 새로운 시대에 부여하지 않을 수 없었던 것이다.

이것은 사실상 부르크하르트의 르네상스 상에 대한 기존의 해석과 통념을 깨뜨리는 주장이다. 이 새로운 주장에 설득력을 주기 위해서 우리는 부르크하르트의 『이탈리아 르네상스의 문화』에서의 중심 테제와 그의 『세계사적 고찰』에서의 역사이론들을 연관지어 더 자세히 고찰할 필요가 있다.

「역사 연구에 대하여」라는 강의록을 근간으로 그의 사후에 출판된 『세계사적 고찰』을 통해 단순히 역사가로서만이 아니라 역사이론가, 나아가 역사철학자로서의 입지도 굳힌 부르크하르트가 역사를 관찰하고 해석하는 데서 가장 중시한 개념은 바로 '연속성'(Kontinuität)이다. 평생 유럽의 전 시대를 연구하고 강의했던 그로서 연속성이란 기본적으로 다양하지만 특징적이었던 서양의 과거 전통을 단절 없이 잇는 역사적 연장과정을 의미하였다.

구체적으로는 그리스 고전 문화의 전통이 로마 시대의 친(親)그리스 (Philhellenismus)적 분위기에 편승해 고전 그리스-로마 문화가 탄생하였고, 이 전통이 게르만 민족의 이동이라는 사회적 혼란 속에서도 새로운 게르만-기독교적 문화와 결합하면서 중세 유럽이 형성되었으며,

변증법적으로 종합된 새로운 문화 전통은 다시 고전 문예의 부활을 지향하던 르네상스와 원시 기독교로의 회귀를 꿈꾸던 종교개혁운동과 맞물리면서 근대의 절대주의 시대와 혁명의 시대를 거쳐 오늘날에 이른다는 것이 부르크하르트의 이른바 '역사적 연속성' 개념의 기본골자이다.

이 거시적이면서도 지극히 유럽적인 관점에 입각해서 볼 때, 부르크하르트의 르네상스는 중세와의 단절이 아니라 오히려 연속, 그것도 과거의 전통을 이어가고 그 전통을 다음 세대에 이어주는 아주 끈끈한 연속체 안에서의 한 계기로밖에 해석되지 않는다. 다시 말해, 비록 부르크하르트 자신이 자세히 명시하지는 않았지만, 그의 르네상스는 결국 근대를 향한 전혀 새로운 '단절적 출발'이 아니라 고대에서 출발해 중세를 거쳐 현대를 향해 나아가는 일종의 '연속적 기점'이었던 것이다.

『이탈리아 르네상스의 문화』에 대한 평가와 이 작품의 역사적 의의

이러한 기본 내용과 더불어 지금껏 여러 평자들에 의해 부각되었거나 비판받아온 부분 이외에 여러 이유에서 흔히 간과되어왔던 이 작품의 장단점이 아울러 지적되어야 할 것이다. 이 책은 흔히 문화사 쓰기의 전범으로 간주되어왔다. 문화사란 어떻게 연구되고 어떻게 서술되어야 하는가에 대한 답변은 이 작품을 보여주는 것으로 대신해도 된다고 많은 사람들이 주장해왔던 것이다.

그러나 우리가 이러한 고정관념을 깨뜨리고 다시 현대적 시각에서 이 작품을 찬찬히 뜯어보면 그 안에 전혀 새로운 모습이 담겨 있음을 발견하게 된다. 가령 오늘날의 사회사나 일상사, 역사적 인간학에서 다루는 주제나 소재들이 이 책 곳곳에 스며 있다. 언어 · 관습 · 축제 · 가족 · 결혼 · 출생 · 어린이 · 음식 · 질병 · 죽음 등 일상생활과 관련된 신문화사적 · 일상사적 · 미시사적 소재들은 말할 것도 없고, 청소 · 화장 · 화장실 · 청결 등의 위생사적 문제나 각 사회계층간의 서열과 이동 등의 사회사적 문제, 도시와 농촌에서의 주거형식이나 거주습관과 관련한 역사적 인구학(historical demography)의 문제 · 대학 · 학교 · 도서관 · 교회 등의 사회적 조직과 사회제도의 문제 등이 그 예이다. 그밖에 범죄 · 사랑 · 도덕 · 종교 등 평범한 문화사적 소재들도 부분적으로 당시의 일반 민중 또는 하층민과의 연계 속에서 취급되고 있다는 점에서 이른바 '아래로부터의 역사'를 추구한 20세기 사회사의 앞선 모델을 보는 듯한 인상도 준다.

또한 특기할 점은 제1부에서 당시 피렌체와 베네치아의 경제적 규모를 예시하면서, 또는 제3부에서 고대 문헌 수집가의 수집 규모를 설명하면서, 그밖에 필요하다고 생각되는 부분에서는 언제나 당시의 통계를 제시하고 있다는 점이다. 물론 일정한 도표나 그래프까지 이용한 것은 아니지만, 그래도 통계수치를 적극적으로 활용하고 있다는 점은 분명 오늘날의 사회-경제사에서의 통계-계량적 방법을 '부분적으로' 선취하고 있다는 사실을 의미한다.

더 나아가 르네상스기의 상층부 여성과 소녀 · 매춘부들을 별도의 장에서 취급하고 있는 이 책은 여성사나 젠더의 역사 분야에서도 충분히 주목할 만한 가치를 지닌 작품으로 평가받을 수 있다. 이 부분은 특히 별도의 연구가 필요한데도 거의 주목받지도, 또 그래서 제대로 평가받지도 못하고 있는 실정이다. 이미 여러 분야에서 시대를 앞선 사상가로 평가받고 있는 부르크하르트가 언젠가 뛰어난 페미니스트적 감각을 지닌 역사가이기도 했다는 새로운 평가가 나오기를 기대해본다.

끝으로 이 작품이 안고 있는 문제점을, 지금껏 누차 지적되어왔고 여전히 논쟁을 벌이고 있는 르네상스 해석과 관련한 부분이 아니라 약간 다른 시각에서, 즉 이 작품을 포함한 그의 문화사 자체가 안고 있는 몇 가지 문제점을 짚고 넘어가고자 한다.

우선 부르크하르트는 자신의 문화사가 다른 일반 역사와 개념적 · 방법적으로 차별성이 있다고 주장하지만 실제로 그의 역사 서술에서는 그 차이가 거의 드러나지 않는다. 이러한 혼란은 일차적으로 그의 문화사가 전통적인 의미의 제도적 정치사를 배제하지 않았기 때문에 나타난 현상일 것이다.

더 나아가 그의 문화사학은 나름대로 새로운 연구와 서술 방법을 제시하고 또 지향하고 있으면서도 전통적인 해석학적 연구방법과 서사적 서술방식을 완전히 탈피하지 못했다는 비판에서 결코 자유롭지 못하다. 20세기의 사학이 이 한계들을 꽤 많이 극복해나간 모습을 보면 어쩌면 이러한 문제점들은 시대적 한계인지도 모르겠다.

이러한 방법과 이론상의 한계보다 더 심각한 문제는 그 주제와 내용상의 한계, 구체적으로는 부르크하르트의 사상과 이념상의 한계이다. 프랑스 혁명과 산업화로 열린 19세기 근대 산업사회의 모든 폐해, 즉 권력국가의 등장, 배타적이고 폭력적인 민족주의, 물질만능주의, 경제지상주의, 과격한 사회주의와 공산주의, 급진적 민주주의 사상들, 저급한 대중문화 등의 불안한 현실과 불확실한 미래, 즉 혁명시대의 이러한 총체적 위기 앞에 부르크하르트는 구 유럽의 고전 문화와 그 전통의 수호를 유럽 지식인의 시대적 사명으로 간주하였다.

그가 서양 역사상 문화적으로 가장 번성했던 기원전 5세기의 아테네와 르네상스기의 피렌체를 "위대한 정신적 교합장소"로 이상화하고, 그들의 역사적 재구성 작업에 몰두했던 것은 그 점에서 별로 놀랄 일이 못 된다. 그 심정이야 이해 못할 바도 아니지만, 어쨌든 자기 학문 구성의 궁극적인 목표를 과거의 찬란했던 전통에 맞추는 행위는 자칫 복고적 또는 반동적 보수주의라는 협소하고 위험한 정치이념적 틀을 생산해내고 그 안에서 안주할 우려가 있다. 거기에서 파생될 수 있는 여러 문제에 대해서는 더 이상 논급할 필요조차 없을 것이다.

이념상의 한계와 관련된 문제점이 한 가지 더 지적될 수 있다. 정치사가나 사회사가 등 특수한 영역의 역사를 연구하고 서술하는 사람들에게서 대체로 나타나는 일반적인 현상이겠으나, 부르크하르트에게서도 문화나 예술이 인간 삶의 다른 그 어떤 영역보다도 상위에 놓이고,

경우에 따라서는 거의 절대적인 가치를 부여받는다. 문제는 특정 영역에 대한 과도한 선호 자체가 아니라, 그러한 현상으로 인해 자칫 본말이 전도될 수 있는 위험성이다. 즉 문화나 예술은 정치나 경제와 마찬가지로 인간의 삶 또는 인간 사회를 구성하는 여러 영역 가운데 일부에 불과하다. 하지만 그것이 지나치게 무비판적으로 강조될 경우 문화나 예술 자체가 마치 인간의 삶 자체인 양 인식되고 취급될 수 있다. 특정 영역에 과도한 가치가 부여됨으로써 나타날 수 있는 이러한 문제점은 그에 대한 예리한 자기반성적 인식이 전제되지 않는 한 쉽게 극복되지 않는다. 부르크하르트는 이러한 문제점을 적어도 그의 역사 서술 안에서 냉철하게 통찰하거나 반성하고 있다는 인상을 거의 주지 않기 때문에, 그에게서 문화와 예술에 대한 절대적 가치 부여에 따른 가치 전도의 위험성은 상존한다.

그러나 이러한 비판들은 오늘날에도 퇴색하지 않고 여전히 빛을 내뿜고 있는, 그래서 꾸준히 재해석되고 재평가되고 있는 부르크하르트의 위대한 업적에 비한다면 한낱 계란으로 바위 치기에 불과하다.

부르크하르트의 위대한 업적의 한복판에 바로 대작 『이탈리아 르네상스의 문화』가 자리잡고 있다. 해석이나 그에 따른 여러 문제점이야 어떻든 분명한 점은 부르크하르트의 이 주저(主著)에 대한 수많은 비판과 수정 제의에도 불구하고, 그럼으로써 그의 르네상스 상이 오늘날 전체적으로든 부분적으로든 많이 거부되고 있음에도 불구하고, 아직까지 포괄적으로 수용되는 어떤 다른 해석이 등장하여 그 자리를 차지하지는 못했다는 사실, 즉 이 책을 대신할 만한 그 어떤 권위 있는 연구서가 아직 등장하지 못했다는 사실 하나만으로도 이 작품이 주목받아야 할 이유와 가치는 충분하다.

야코프 부르크하르트

이탈리아의 르네상스 문화-시론(試論)

일러두기

이 책은 부르크하르트가 직접 검토하고 보완한 마지막 판인 제2판의 원문 (Leipzig, 1869)을 바탕으로 발터 괴츠(Walter Goetz)가 발행한 판(Stuttgart, 1922 ; Leipzig, 1926)을 사용하였다.

괴츠의 업적을 베르너 케기(W. Kaegi)는 이렇게 평가한다. "괴츠 덕분에 부르크하르트의 저술은 다행히 역사서에서 탈피하였다." 케기가 편찬한 부르 크하르트 전집과 별도 단행본으로 나온 괴츠 판과의 차이점은 각주에 명시하 였다.

각주에 대하여

각주에서 네모괄호 〔 〕 안의 주석은 선행 편집자인 가이거(Geiger)와 괴츠 (Goetz)의 주석이고, 꺾쇠괄호 〈 〉 안의 주석은 이 간행본의 편집자인 콘라 트 호프만(Konrad Hoffmann)의 주석이다. 이 책을 발행할 때 호프만이 새로 첨가한 주석에는 a를 붙여 구분하였다.

※ 역주는 * 표를 붙이거나, 본문에서는 괄호 안에 '―옮긴이' 라고 표시하여 원주와 구별하였다.

　부르크하르트의 생존시부터 『여행 안내서: 이탈리아 예술작품의 감상을 위한 안내서』와 함께 그의 대표서로 손꼽혀온 『이탈리아 르네상스의 문화』는 후대 사람들에게 문화사 기술의 전범이 되었다. 이 책의 명성은 한편으로 탁월한 사고의 전개와 언어적 기술력이라는 문학적인 능력에 근거하고 있지만, 다른 한편으로 이 책의 영향력은 그 매력적인 주제에서도 비롯된다.

　하나의 단위로 인식되는 14세기에서 16세기까지의 이탈리아 문화는 근대 의식의 출발기와 맞닿아 있다. 부르크하르트는 6부에 걸친 광범위한 지면을 통해 그가 다룬 주제의 핵심적인 면들을 기술해놓았다. 그는 도시공화국과 군주제가 보여준 정치, 근대적 개성으로 이해되는 개인의 발달, 인문주의 안에서 다양한 형태로 펼쳐진 새로운 고대 연구, 여행과 자연 탐구와 향토 연구 및 전기문학과 시라는 장르를 통해 이루어진 '세계와 인간의 발견', 사교와 축제와 모국어의 역할과 여성의 지위 그리고 마지막으로 풍속과 종교에 관해 기술하고 있다.

　부르크하르트의 관찰이 이렇게 광범위한 영역으로 뻗어 있는 것은 근대 인간과 개인 의식의 기원을 찾겠다는 근본문제를 풀기 위해서였다. 그러나 그는 자료를 수집하면서 문화의 핵심분야인 미술을 배제했다. 이는 그가 바로 미술 쪽에서 '르네상스 인간'의 표본인 피렌체의 금세공사 벤베누토 첼리니를 만났다는 것, 즉 괴테가 번역한 첼리니의 자서전을 읽고 그를 알게 되었다는 것을 생각하면 의외라고 할 수 있다.

원래 부르크하르트는 이 책에서 문화사와 미술사를 접목하려고 계획했다. 그가 이 계획을 포기한 이유는 자료의 방대함과 점점 세분화해가는 두 분야의 방법론 때문이었다. 이 상황은 현 시대로 오면서 더욱 극단화했다. 따라서 오늘날 우리가 이탈리아 르네상스의 문화를 논한 이 부르크하르트의 책을—당초의 원전대로—읽는 이유는 거기에 들어 있는 개별적인 연구성과 때문이 아니라 그 근본적인 문제 제기의 중요성 때문이다.

부르크하르트의 저술은 오늘날 문화사에 대한 폭넓은 관심과 마주하고 있다. 사건 중심의 역사나 발전을 추적하는 종단적(縱斷的)인 역사서와 달리 이 책은 한 시대와 사회를 횡단하여 그 전경을 파노라마처럼 펼쳐서 보여준다. 당대의 사료를 바탕으로 국가·종교·문학·철학이 하나의 역사적인 인간유형을 만들어낸 형태로 기술되어 있다. 또한 주제는 이탈리아 도시국가들의 성향과 생활방식에서 시작하여 일상의 현실에서 볼 수 있는 다양한 현상(축제·풍습)에까지 뻗어 있다.

부르크하르트의 관심은 "우리 문화에 가장 가까운 전범으로서 아직까지 영향을 미치고 있는 문화"에 있었다. 그러나 이 책의 탄생과 파급력을 결정짓고 동반했던 르네상스 숭배와 르네상스 비판은 요즈음 중요성을 상실했다. 오늘날 우리가 주목하는 것은 우리 문화의 전범이나 정당성, 또는 그 조상이나 이상과 같은 논란의 여지가 있는 대상이 아니다. 오히려 우리의 관심은 부르크하르트가 제시한 문화사의 방법적인 모델에 있고 더불어 그가 광범위한 자료를 토대로 일구어낸 화수분 같은 '고전'에 있다.

사실 '르네상스 인간'은 부르크하르트 이후로 (그리고 특히 니체 이후로) 정신사적인 용어로는 미심쩍은 개념이 되었다. 콘라트 부르다흐는 이미 1920년경에 이 '르네상스 인간'을 가리켜 "자의적이고 오도적인 명칭이며……모든 보헤미안 같은 존재, 즉 파렴치한 죄를 지으며 불경 속에 빠져 있는 자유분방하고 천재적인 개성, 부도덕한 미학을 대변하는 전형적인 인물, 교만하고 공명심과 권세욕에 물들어 만족할 줄 모르는 향락 인간, 종교를 경멸하는 뻔뻔한 자, 그러면서도 대중을 현혹하는 데 없어서는 안 될 수단으로 보고 교회와 그 시녀들과는 화친을 맺는 존재, 이런 보헤미안 같은 존재들의 기쁨"이라고 공격한 바 있다.

부르크하르트는 이 책에서 개개인의 다양성을 무리하게 유형화하고 역사적인 삶의 현실을 자의적으로 재단했다는 비판을 받았다. 특히 그가 세부 사실에서 오류를 범했을지 모른다는 우려의 소리가 높았는데, 이러한 우려는 다시 '학문적 사실주의'라고 비판받았다. 따라서 학문의 방법론은 개개의 사실보다 더 차원 높은 관점에서 출발해야 한다는 요구가 새로운 연구 방향을 결정짓게 되었다. 이에 따라 부르다흐가 위기, 가능성, 인공물로서의 국가, 르네상스 인간, 그리스 인간 등과 같은 부르크하르트의 개념과 유형을 가지고 논박했던 것과 달리 지금의 우리는 그에게 면밀성이 부족했다는 점을 지적할 수 있다.

현재의 변화된 연구 관점에서 볼 때 우리가 지난 19세기의 문화사가에게서 아쉽게 느끼는 것은 역사구조에 대한 분석적인 천착이 없다는 점이다. 여러 현상을 한데 묶어 하나의 상으로, 하나의 관념으로 종합해내는 것은 부르크하르트의 방법론에서 직관이 우위에 있다는 것을 증명하지만, 우리는 그러한 이론체계들이 눈에 보이지 않는 전제에 의해 뒷받침되고 인과성과 상호의존성을 보여주는 기원(起源)적이고 총체적인 체계에 뿌리를 두고 있기를 기대한다.

이 같은 날카로운 문제의식을 가지고 오늘날의 문화사는 다시 부르크하르트의 주제에 손을 뻗었다. 곧 서구 사회의 보편적인 합리화과정에서 르네상스가 차지하는 역할과 의의를 연구하기 시작한 것이다. 막스 베버는 이 합리화 과정을 경제사적 관점에서는 근대의 자본주의로써 그리고 정신사와 사회심리학적인 관점에서는 신교의 청교도주의가 보여준 종교적 태도로써 설명하려고 했다.

반면 노르베르트 엘리아스는 『문명화과정』이라는 그의 명저에서 프로이트를 출발점으로 삼아, 절대주의 체제와 근대 국가들에서 서로 얽혀 있던 사회적인 여러 기능이 어떻게 충동규제와 자기억제장치로서 점차 현대인의 일상적인 삶의 조건 속으로 침투했는지를 밝혀내었다. 그의 책에 있는 '르네상스 시대의 행동 변화'라는 표제어는 그가 문화사적인 관점에서 출발하고 있다는 구체적인 표시이다. 이러한 현대의 시도 속에는 이미 부르크하르트의 주된 관심사였던, 인간의 문화를 지탱해주는 성찰이라는 개념이 밑바탕에 자리잡고 있다. 마찬가지로 학문사도 일반적인 합리화과정이라는 테두리 안에서 부르크하르트의 『이탈리아 르네상스의 문화』를 두고 지지와 거부라는 상반된 태도를 동시에 드러내었다.

요즈음의 전문가들과 달리 부르크하르트는 그 자신이 15세기의 인물들을 본보기로 삼아 제시한 '만능인'(uomo universale)의 특성을 가지고 있을지 모른다. 그렇다고 이것이 그의 르네상스관(觀)에서 두드러지게 표출되어 있는 향수에 젖은 이상화를 변호하려는 것은 아니다. 오늘날 우리가 부르크하르트를 읽을 때 받게 되는 낯선 느낌은 독일의 문화이상주의라는 전통 속에서 '고전주의'의 개념과 규범들이 역사 기술에 사용되고 있는 데서 비롯된다. 이 같은 비유적인 기술에서 문화는 자칫 삶의 대안으로 흐르거나 현실에서 유리되어 미학의 영역으로 자리를 옮기기가 쉽다.

부르크하르트 이래로 독일의 교양 시민층이 20세기의 첫 사반세기 동안 자신을 르네상스에 비추어 바라보았던 문화사적인 자기 투영은 양차 세계대전 사이에 일어난 사회질서의 동요와 함께 무너졌다. 그러나 이 경우에도 부르크히르트의 저술에 관한 연구는 현실 통찰에 자극제가 될 수 있다. 그의 역사 연구는 사료 연구로서 시대 비판까지 담고 있다. 근대 '세계와 인간의 발견'을 논한 그의 글에서는 지금도 자유와 해방의 목소리가 뚜렷이 들려온다.

그는 프랑스 사람 라블레가 묘사한 '자유의지의 수도회' 속에서 "18세기 후반기를 고무하여 프랑스 혁명에 길을 터놓았던 바로 그 인간 본성의 선함에 대한 믿음이 작동하는 것을 보았다." 또 그가 이탈리아 통일운동을 경험하면서, 교황권이 이탈리아에서 차지했던 역할과 관련해 "교황권은 그 스스로 통일을 이루지는 못하면서도 그를 좇는 추종자들과 지지세력을 가짐으로써 미래의 어떠한 통일도 방해할 만큼 강력했다"고 기술한 대목에서는 당대 정치의 실상을 명확하게 평가했다는 것이 느껴진다.

부르크하르트의 저술은 또 그것대로 후대 사람들에게는 시대 비판의 도구로 이용되었다. 1928년에 에리히 로타커는 『이탈리아 르네상스의 문화』의 간행에 부쳐 이렇게 적었다. "외국의 은밀한 기쁨 속에 최근 몇 년 동안 우리의 엄격한 학문은 겉모양만 그럴듯한 모조품과 심오함의 탈로 가장하고 마치 삶에 직접 파고드는 듯이 보이는 성급한 수사학으로 기울고 말았다. 그러나 이제 우리는 부르크하르트의 『이탈리아 르네상스의 문화』를 통해 이러한 허깨비들을 모조리 날려버릴 무기를 갖게 되었다."

이탈리아 르네상스의 문화를 논한 부르크하르트의 글이 현재 유행하는 지식유형에 대해 어떤 식으로 조정작용을 하든, 이 책이 일구어낸 역사적 기억의 도전적인 힘은 그것을 읽는 독자와 관찰자에게 전달될 것이다. 로타커도 말했듯이, "그의 글에는 삶을 숙고하는 모든 이들에게 인간사를 이해하게 만드는 더할 수 없이 풍부한 보고(寶庫)가 들어 있기 때문이다."

튀빙겐, 콘라트 호프만

제1부

인공물로서의 국가

들어가는 말

이 책에는 진정한 의미에서 시론(試論)이라는 부제가 붙어 있다. 나 또한 범용한 자질과 능력으로 지극히 커다란 과제에 도전했다는 것을 잘 알고 있다. 설령 내가 당당한 자신감을 가지고 내 연구를 대한다 해도 전문가들의 갈채를 받기는 쉽지 않을 것이다. 한 문화기의 정신적인 윤곽은 보는 이에 따라서 모습이 달라질 것이고, 특히 그것이 우리의 문명과 가장 가까운 전범으로서 아직까지 영향을 미치고 있다면 그것을 기술하는 저자나 읽는 독자에게 매순간마다 주관적인 판단과 감정이 끼어들 것이다. 우리가 항해해가는 드넓은 바다 위에서 선택할 수 있는 길과 방향은 여러 개이다. 또한 내가 이 저술을 위해 수행한 연구들이 다른 연구자의 수중에서는 전혀 다르게 이용되고 취급될 수 있을 뿐만 아니라, 근본적으로 전혀 다른 결론으로 이어질 수도 있다.

그러나 이 책의 주제 자체는 무척 중요하기 때문에 앞으로 많은 개정 작업이 필요할 것이고 다른 관점을 지닌 연구자들의 논의도 이끌어낼 수 있을 것이다. 나는 한 사람의 독자라도 인내심을 갖고 이 책에 귀 기울이고 이 책을 하나의 전체로서 이해한다면 거기에 만족하겠다. 문화사에서 근본적으로 가장 어려운 부분은, 어떻게든 하나의 커다란 정신적인 흐름을 기술하기 위해 그것을 때로는 자의적으로도 보이는 세부 범주로 나눠야 하는 일이다──이 책의 최대 미비점을 나는 『르네상스

의 미술』이라는 별도의 저술을 통해 보완하려고 했지만 이 계획은 일부만 실현되었다.[1]

교황과 호엔슈타우펜 가의 황제들이 벌인 투쟁으로 인해 이탈리아는 서유럽의 다른 나라들과는 본질적으로 판이한 정치적 상황에 놓여 있었다.* 프랑스·에스파냐·영국은 봉건제도가 끝나면서 통일된 군주국으로 바뀌고 있었고 독일에서는 봉건제도가 외형적으로나마 제국의 통

---

1) Franz Kugler, *Geschichte der Baukunst*(『건축사』)의 제4권 전반부에서 "Geschichte der Renaissance"(「르네상스의 역사」, Leipzig, 1868)라는 제목으로 이탈리아 르네상스의 건축과 장식을 다룬 부르크하르트의 글.
* 프랑크 왕국의 카롤링거 왕조로 거슬러 올라가는 역대 독일 황제와 교황의 협력 및 알력 관계는 11세기 후반 성직서임권을 둘러싼 투쟁에서 교황 그레고리우스 7세가 황제 하인리히 4세를 굴복시켜 교황권의 우월을 확인시킨 뒤에도 계속되었다. 그후 1152년 독일에서 왕위에 오른 호엔슈타우펜 가의 프리드리히 1세 바르바로사는 로마 제국을 부흥시키려는 야심을 품고 황제권을 회복하고자 이탈리아 원정에 나섰으나, 교황권의 우위를 주장한 교황과 자치권의 상실을 우려한 북부 이탈리아 도시들과 충돌을 일으켰다. 그는 북부 이탈리아 도시들이 맺은 롬바르디아 동맹군에 패하고 결국 1183년의 콘스탄츠 강화조약에서 이 도시들의 자치권을 인정해주면서 황제의 지상권을 유지할 수 있었다. 호엔슈타우펜 가의 이탈리아 지배는 프리드리히 1세의 아들인 하인리히 6세가 노르만 왕국의 상속녀와 결혼하면서 공고해지는 듯이 보였고, 하인리히 6세도 아버지의 계획을 이어받아 이탈리아 원정에 나서서 시칠리아 왕위를 얻었으나 젊은 나이에 사망했다. 이탈리아의 남과 북으로 황제의 지배권에 둘러싸인 교황 인노켄티우스 3세는 이 같은 포위상황을 뚫고 교황권의 우위를 다시 확립하고자 했지만, 하인리히 6세의 아들 프리드리히 2세의 왕권을 인정하지 않을 수 없었다. 프리드리히 2세는 시칠리아 왕국의 지배자로 절대왕권을 장악하면서 중앙집권적인 독재정치를 폈고 북부 이탈리아에서의 지배권도 확대하려 들었다. 그러나 그 역시 교황과 몇 차례 갈등을 빚고 파문된 뒤 사망했으며, 그가 통치한 노르만 왕국도 샤를 앙주 공에게 정복당했다. 이 같은 교황과 신성로마제국 황제들의 대립은 이탈리아에서 교황당과 황제당의 분열을 야기하여 지속적인 정치적 혼란의 요인이 되었다. 또 북부 이탈리아에서는 자치도시들이 난립하고, 중부에서는 교황을 중심으로 한 교회국가가 있었으나 그 휘하의 여러 귀족세력이 분열해 있었으며, 남부에서는 나폴리와 시칠리아 왕국이 외국세력의 간섭과 침략으로 혼란스러운 상태였다. 이런 분열과 혼란은 유력한 당파 지도자나 용병대장에게 강력한 전권을 위임하여 내부의 안정을 찾으려는 소망으로 이어졌고, 그에 따라 서서히 전제군주들이 등장하여 자치를 누리던 도시공화국들은 군주국으로 변해갔다.

일성만큼은 유지해주었지만, 이탈리아는 이 제도와 완전히 동떨어져 있었다. 14세기의 신성로마제국 황제들은 더 이상 최고의 봉건군주가 아니라 잘해야 기성의 권력을 강화해주는 지도자 정도로 대접받았고 또 그렇게 인식되었다. 그러나 교황권은 그 스스로 통일을 이루지는 못하면서도 그를 좇는 추종자들과 지지세력을 가짐으로써 미래의 어떠한 통일도 방해할 만큼 강력했다.[2] 그 둘 사이에 도시국가와 전제국 같은 수많은 정치형태가 이미 생겨났거나 새롭게 부상하고 있었는데, 그 존재는 실질적인 권력에 기반하고 있었다.[3]

근대 유럽의 국가정신은 바로 이러한 정치형태들 속에서 처음으로 그 내부의 원동력을 좇아 등장하였다. 이들 국가는 때로 일체의 법을 비웃고 모든 건전한 문화를 싹부터 잘라버리는 난폭한 이기심을 여지없이 드러내었다. 또한 이러한 경향이 극복되거나 어떤 식으로든 안정된 곳에서는 새로운 생명체가 역사의 전면에 등장하였다. 타산과 의식의 산물, 즉 인공물로서의 국가가 바로 그것이었다. 이 새로운 정치체제는 도시국가와 전제국에서 다양한 모습으로 전개되면서 그곳의 내정은 물론이고 대외정책까지 결정했다. 이 가운데 우리는 전제국에서 볼 수 있는 좀더 완벽하고 뚜렷한 유형의 정치체제를 살펴보겠다.

전제군주가 지배한 국가의 내부적인 상황을 단적으로 보여주는 유명한 예는 황제 프리드리히 2세가 개혁을 단행한 후의 남부 이탈리아와 시칠리아 지방의 노르만 왕국이다.[4]* 사라센 사람들과 근접해 살면서

---

2) Machiavelli, *Discorsi*, L. I, c. 12.
3) 지배자와 피지배자를 함께 일컬어 'lo stato'라고 했는데, 이 명칭은 그뒤 영토 전체를 뜻하는 말이 되었다.
4) Höfler, *Kaiser Friedrich II.*, p.39 이하.〔지금은 시대에 뒤진 이 책보다 Ernst Kantorowicz, *Kaiser Friedrich der Zweite*, Berlin, 1931를 보는 것이 좋다.〕
* 비잔틴 제국과 아라비아인이 지배하던 남부 이탈리아와 시칠리아는 11세기 중반에 이곳에 용병으로 들어와 살던 노르만 사람들에게 정복당한 뒤 1130년 루제로 2세에 의해 왕국으로 통일되어 전성기를 맞았다. 이후 1186년 루제로 2세의 상속녀가 호엔슈타우펜 왕가의 하인리히 6세와 결혼하면서 노르만 왕국은 1194년에 호

모반과 위험 속에서 성장한 프리드리히 2세는 일찍부터 사물을 객관적으로 판단하고 처리하는 데 익숙해 있었고 왕위에 있는 인물로는 최초의 근대 인간이었다. 그는 사라센 국가의 내부사정과 행정에 정통했으며, 교황과의 사활을 건 투쟁에서는 교황들 못지않게 모든 가능한 수단과 여력을 전장으로 끌어모았다.

프리드리히는 1231년에 헌법을 제정했다. 봉건제를 완전히 타파하고 국민을 저항 불능의 무력한 대중으로, 그러나 최고의 납세력을 가진 민중으로 만드는 것이 그 목표였다. 그는 당시까지 서구에서는 전례가 없는 방식으로 사법권 전체와 행정을 중앙집권화했다. 그 어떤 관직도 국민의 선거로 채울 수 없었고 이를 위반할 때는 해당 지역을 초토화하고 그곳 주민을 노예로 삼았다. 광범위한 토지대장을 근거로 이슬람 국가의 관례에 준해 징수한 조세는 잔인하고 고통스러운 방법으로 거둬들였다. 이렇게 하지 않으면 동방의 신민들에게서 세금을 징수할 수 없었기 때문이다.

이곳 사람들은 국민이 아니라 통제 가능한 신민의 집단이었다. 특별 허락 없이는 국제결혼도 할 수 없었고 외국 유학은 절대로 불가능했다. 나폴리 대학은 지금까지 알려진 바로는 최초로 학업의 자유를 제한한 곳이었다. 여기에 비할 때 동방 국가들은 최소한 학업의 자유만큼은 보장해주었다. 프리드리히는 또 지중해 전체를 무대로 삼아 무역을 하고 수많은 상품을 독점하고 신민들의 교역을 방해했는데, 이것이야말로 철저히 이슬람적이라고 할 수 있었다.

한편 파티마 왕조*의 이슬람 군주들은 기독교 불신앙의 비교(秘敎)를 갖고 있으면서도 (최소한 지배 초창기에는) 신민들의 종교에 관대했

엔슈타우펜 왕조로 넘어갔다. 하인리히 6세의 아들인 프리드리히 2세의 중앙집권적 통치를 거친 노르만 왕국은 호엔슈타우펜 가의 마지막 군주인 만프레드와 콘라딘이 샤를 앙주에게 패한 뒤 앙주 가의 지배를 받았다.

* 북아프리카의 튀니지에서 생겨나 이집트를 지배한 이슬람 왕조(909~1171)로, 시아파의 이슬람 교도가 세운 최초의 국가이다.

던 반면, 프리드리히는 이단 심문소를 설치하여 자신의 통치체제를 장식하였다. 그가 자유사상을 가진 도시민들을 이단으로 몰아 박해한 것을 생각하면 이 심문소는 더더욱 비난받을 소지가 커 보인다. 또 그는 시칠리아 섬에서 루체라와 노체라 지방으로 이주해온 사라센 사람들을 국내 경찰과 대외 병력의 핵심으로 삼았다. 이들은 그 어떤 비탄의 소리에도 귀를 틀어막았고 교회의 파문에도 무감각한 사람들이었다. 무기를 잡아보지 못한 노르만 왕국의 신민들은 훗날 만프레드의 패망과 샤를 앙주의 왕국 점령을 무기력하게 지켜볼 수밖에 없었다. 앙주는 나중에도 이곳의 통치체제를 그대로 답습했다.

중앙집권화를 달성한 프리드리히 2세 외에 또 한 명의 독특한 찬탈자가 등장했다. 그의 대관(代官)이며 사위인 에첼리노 다 로마노*였다. 에첼리노는 북이탈리아의 동부지역 패권싸움에 몰두해 있었으므로 통치와 행정의 대표자라고는 할 수 없지만, 후대에는 그의 비호자인 프리드리히 못지않게 이상적인 정치가로서 중요시된 인물이다. 중세에 있었던 정복과 찬탈은 모두 실제적인 또는 명목상의 상속권과 여타 권리 때문에 발생했거나 무신앙자와 파문된 사람을 대상으로 일어난 것이었다.

그러나 에첼리노 때에 와서 왕권의 건설은 처음으로 대량학살과 끝없는 만행에 의해, 즉 목적만을 위해 모든 수단을 동원하는 방식으로 이루어졌다. 잔인한 범법성으로 보자면 후대의 어느 누구도 에첼리노를 넘어서지 못했고 체사레 보르자도 그에게 미치지 못했다. 그러나 이미 선례는 남겨졌다. 따라서 에첼리노의 몰락은 민중에게 정의를 세우

---

*Ezzelino III. da Romano. 1194~1259. 이탈리아 황제당의 지도자로서 1236년부터 베로나와 비첸차를 통치하는 참주(Signore)가 되었고, 나중에는 파도바·벨루노·펠트레·트렌토도 통치했다. 1238년 프리드리히 2세의 사생녀와 결혼한 그는 프리드리히가 교황에게 파문당한 뒤 1259년 손치노에서 교황당에 패배하고 옥사했다. 잔인성으로 악명 높은 에첼리노는 이탈리아의 민간설화에서 '악마의 자식' 또는 '신의 채찍'으로 전해져오고 있으나, 전형적인 르네상스 군주의 선구자로도 이상화되어 있다. 문학작품에서는 사탄과 악령의 특성을 가진 전제군주로 그려진다.

는 기회가 되지 못했고 후일의 독재자들에게도 경고가 되지 못했다.

이러한 시기에는 프리드리히 2세의 신하로 태어난 토마스 아퀴나스*의 입헌군주론도 무기력하였다. 그에 따르면 군주는 자신이 임명한 상원과 국민의 선거로 뽑힌 대표자들의 지지를 받아야 하지만, 이런 것들은 강당에서만 공허하게 울려퍼졌을 뿐 프리드리히와 에첼리노는 여전히 13세기 이탈리아의 위대한 정치상이었다. 이 시기에 처음으로 편찬이 시작된『토스카나 백선집』5)에서는 이미 절반은 전설처럼 전해내려온 두 사람의 인물상이 핵심내용을 이루고 있다. 이 소설집에서 에첼리노는 공포에 가까운 경외심으로 묘사되어 있는데, 이는 그가 남긴 강한 인상의 결과일 것이다. 목격자들이 쓴 연대기부터 절반은 신화적인 비극에 이르기까지 모든 문학작품은 에첼리노를 소재로 삼았다.6)

프리드리히와 에첼리노가 몰락한 뒤에는 주로 교황당과 황제당 사이의 투쟁을 통해 전제군주가 다수 등장했는데 대개는 황제당의 지도자들이었다. 그들이 등장한 과정과 조건이 서로 다르기는 하지만 우리는 거기에 내재한 불가피성을 간과할 수 없다. 그들은 상대편이 먼저 그들을 궤멸하고 추방하고 거주지를 파괴한 뒤에 스스로도 모든 수단을 동원해 대응했다.

---

* Thomas Aquinas. 1224~74. 나폴리의 귀족 출신으로 남이탈리아의 로카세카에서 태어나 20세에 도미니쿠스 수도회에 들어갔다. 쾰른에서는 알베르투스 마그누스의 지도 아래 철학과 신학을 연구했고, 1256년부터 파리 · 나폴리 · 로마의 대학에서 강의하며 저술에 전념했다. 리옹에서 열린 종교회의에 참석하러 가는 도중 사망했다. 그는 기독교의 교리와 아리스토텔레스의 철학을 종합하여 스콜라 철학을 집대성한 중세 기독교의 최대 신학자였다. 그는 이성과 신앙, 철학과 신학은 엄밀히 구별되지만 양자가 결코 모순되는 것은 아니며 모든 진리의 원천인 신에게서 오는 것으로, 필연적으로 조화된다고 생각했다.『신학대전』과『철학대전』등을 저술했다.

5) *Cento novelle antiche*, ed. 1525. 프리드리히에 관한 부분은 소설 2 · 21 · 22 · 23 · 24 · 30 · 53 · 90 · 100이며, 에첼리노는 31과 84편에 나와 있다.

6) Scardeonius, *De urbis Patav. antiqu.*, in: Grävius, *Thesaurus* VI, 3, p.259.

1 14세기의 전제정치

14세기에 등장한 크고 작은 전제국들은 이 같은 인상이 잘못되지 않았음을 분명히 보여준다. 하늘을 찌를 듯이 울려퍼진 그들의 만행은 역사가 상세히 기록하고 있다. 그러나 이 전제국들은 독립된 국가로서, 또한 그것을 목표로 삼은 국가로서 한층 더 우리의 관심을 끈다.

모든 수단을 의식적으로 계획하고 강구하는 것, 당시 이탈리아를 제외한 다른 나라의 군주들은 생각지도 못했던 이러한 행동은 전제국 내부의 절대권력과 결합하여 아주 독특한 군주들과 생활방식을 등장시켰다.[1] 현명한 전제군주가 생각하는 통치의 제일가는 요체는 되도록 조세를 원래 상태대로 놔두거나 그들이 처음에 제정한 상태대로 유지시키는 것이었다.

조세에는 토지대장을 근거로 한 토지세, 특정 종목의 소비세, 수출입에 따른 관세, 지배층의 사유재산에서 거둬들이는 수입 등이 있었다. 세수입을 늘리는 유일한 방법은 공공의 부와 상거래의 증가였다. 반면 도시국가에서 볼 수 있는 공채는 존재하지 않았다. 전제군주들은 이슬람 군주의 방식을 따라 최고 재무관리를 해임하고 그 재산을 빼앗는 등, 그것이 국가 전체의 안녕을 뒤흔들지 않는 한도 내에서 주도면밀한

---

1) Sismondi, *Hist. des rép. italiennes* IV, p.420 ; VIII, p.1 이하.

무단정치를 자행했다.[2]

군주들은 이렇게 해서 얻은 수입을 그들의 소규모 궁정과 친위병과 용병과 관리, 그리고 군주 개인에게 소속된 어릿광대와 재사(才士)들에게 들어가는 비용에 충당했다. 부당하게 얻은 왕권은 끊임없이 군주를 위협하고 고립시켰다. 전제군주가 맺을 수 있는 최고의 영예로운 동맹은 출신성분에 관계없이 오로지 뛰어난 정신적 재능을 가진 자와의 동맹이었다. 13세기의 북유럽 군주들은 기사계급에게만, 특히 군주를 섬기고 그 앞에서 노래하는 귀족에게만 관용을 베풀었다. 그러나 포부와 명예욕이 웅대했던 이탈리아의 군주들은 그와 달리 재사가 필요하였다. 그들은 시인이나 학자와 더불어 있을 때 새로운 입지를 얻은 듯했고 새로운 정당성마저 확보한 듯이 느꼈다.

이런 점에서 유명한 사람이 베로나의 전제군주인 칸 그란데 델라 스칼라였다. 그의 궁에서 부양한 유명한 망명자 중에는 이탈리아 전체를 대표하는 사람들이 많았다. 문인들은 전제군주에게 감사하는 마음을 품고 있었다. 이런 군주들의 궁을 드나들어 거센 비난을 받은 페트라르카는 14세기 군주의 이상형을 그려보였다.[3] 그는 자신의 후원자인 파도바의 군주에게 여러 가지 큰 요구를 했지만, 그것은 군주가 능히 그것을 실천할 수 있으리라는 신뢰에 바탕을 둔 요구였다.

당신은 신민의 군주가 아니라 나라의 아버지가 되어 신민을 당신 자식처럼,[4] 당신 수족처럼 사랑해야 합니다. 무기와 친위병과 용병

---

2) Franco Sacchetti, *Novelle* 61, 62.
3) Petrarca, *Epistolae seniles*, lib. XIV 중에서 카라라의 군주 프란체스코에게 보낸 1373년 11월 28일의 편지. 이 편지는 *De republica optime administranda*라는 제목으로 여러 번 별도의 책으로도 간행되었다. 특히 1602년의 베른 판 참조.
4) 군주비까지 국모로 대접받은 것은 100년 뒤의 일이었다. L. A. Muratori, *Rerum italicarum scriptores* XXV, Col. 429에 수록된 비앙카 마리아 비스콘티에 대한 히에로니무스 크리벨리스의 조사(弔辭) 참조. 볼라테라누스는 이것을 풍자적으

은 적을 향해서만 사용해야 하며 당신의 신민에게는 자비로움 하나
로 충분합니다. 물론 내가 일컫는 신민이란 현 상태를 사랑하는 사람
을 말합니다. 날마다 변화를 꾀하는 자는 반역자이고 국가의 적이므
로 이들은 엄격한 정의로 다스려도 좋습니다!

이어서 실로 근대적인 모습을 한 가상적인 만능 국가의 밑그림이 세
부 항목에 걸쳐서 기술된다. 군주는 만사를 배려해야 하는바, 교회와
공공건물을 지어 보존하고, 지방 경찰을 세우고,[5] 늪에 배수시설을 하
고, 포도주와 곡식을 관리하고, 조세를 공평하게 부과하고, 오갈 데 없
는 자와 병자를 보호하고, 뛰어난 학자에게 후원과 교류를 베풀어 그들
이 군주의 이름을 널리 알릴 수 있게 해야 한다고 했다.

그러나 개개 군주의 장점이 무엇이고 그가 쌓은 치적이 무엇이건 간
에, 14세기는 벌써 이러한 대다수 전제정치의 단명함과 불확실성을 깨
닫고 있었다. 이 같은 정치체제들은 내부적인 이유에 따라 영토 면적에
비례해서 견고해지기 때문에 강대한 전제국은 언제나 약소국을 집어삼
키려는 경향을 보였다. 그 무렵 비스콘티 가문* 하나 때문에 희생당한
소군주가 얼마나 많았는가! 이 외부적인 위험과 나란히 내부적으로는
예외없이 분란이 일어났으며 이는 다시 군주의 정서에 심각한 악영향
을 끼쳤다. 한편으로는 불의로 얻은 절대권력과 향락과 이기심을 채우

로 비꼬아 교황 식스투스 4세의 누이를 '교회의 어머니'라고 불렀다(Muratori,
XXIII, Col. 109).
5) 이와 함께 파도바 도로변에서 돼지를 치면 보기에 좋지 않고 말들도 놀라므로 금
지하면 좋겠다는 희망이 적혀 있다.
* 11세기 이후에 등장한 롬바르디아 지방의 귀족 가문으로, 밀라노의 대주교이자
황제당의 지도자이던 오토네 비스콘티가 1277년 교황당의 델라 토레를 누르고 시
뇨리아 체제를 확립했다. 비스콘티의 후예들은 14세기에 롬바르디아 지방과 북부
이탈리아로 지배권을 확대했고, 잔갈레아초(Giangaleazzo Visconti)는 1395년
공(公)의 작위를 얻었다. 비스콘티 가계는 1447년 필리포 마리아 대에 와서 끊어
졌으며, 그의 딸 비앙카 마리아가 후일 밀라노를 계승한 프란체스코 스포르차와
결혼했다.

려는 욕구가 있었고, 다른 한편으로는 적과 모반자들이 있었으니, 이것들은 모두 군주를 가장 사악한 종류의 폭군으로 만들 수밖에 없었다.

최소한 피를 나눈 가까운 친족만이라도 믿을 수 있다면 얼마나 좋았을까! 그러나 모든 것이 불법인 곳에서는 왕위 계승이나 재산 분배를 막론하고 확실한 상속권이 생길 수 없었고, 급박한 위기의 순간에는 가문의 안위를 위해서 과단성 있는 사촌이나 백부가 미성년의 또는 유약한 왕자를 밀어냈다. 서자의 배제나 인지와 관련해서도 끊임없이 분쟁이 일어났다. 이렇게 해서 가문의 대다수 사람들은 불만과 복수심에 사로잡힌 친족에게 시달렸고, 이는 다시 공공연한 역모와 가족끼리의 골육상쟁으로 비화할 때가 적지 않았다.

한편 국외에서 망명생활을 하던 사람들은 인내심을 가지고 사태를 냉철하게 관망했다. 일례로 가르다 호반에서 어망을 던지며 살고 있던 비스콘티 가의 한 사람[6]이 그러했다. 그는 적의 사신이 언제 다시 밀라노로 귀향할 생각이냐고 대놓고 묻자, "적의 악행이 내가 저지른 범죄를 능가한 뒤"라고 대답했다. 때로는 친족들이 대의를 짓밟은 군주를 희생시켜서 가문을 구하기도 했다.[7] 이렇게 통치권이 가문 전체의 수중에 들어갈 때가 있었으므로 그 우두머리는 가문의 조언에 매이지 않을 수 없었다. 그러나 이 경우에도 재산과 영향력의 분배는 종종 격렬한 투쟁의 불씨가 되었다.

당시에 활약한 피렌체 작가들의 글에서 우리는 이러한 체제에 대한 철저하고 뿌리깊은 증오를 만난다. 자신의 허영심을 만족시키기보다는 민중의 환상에 불을 지피려고 차려입은 군주들의 화려한 복장과 행렬은 작가들의 비웃음을 샀다. 특히 피사의 신임 통령 아넬로처럼 벼락출세한 자가 이 작가들 손에 걸리면 피할 길이 없었다(1364년). 아넬로는

---

6) Petrarca, *Rerum memorandar.* liber III, p.410. 이 사람은 마테오 1세 비스콘티이며, 적은 당시 밀라노를 지배한 구이도 델라 토레를 가리킨다.

7) Matteo Villani, *Chroniche* V, 81: 마테오 2세 비스콘티가 형제들에게 살해당한 사건.

황금 홀을 가지고 말을 타기 일쑤였으며, 집에 돌아오면 금박 양탄자와 쿠션에 몸을 기댄 채 "마치 성인 유물을 내보이듯이" 창문에서 몸을 드러냈다. 그에게 시중을 들 때도 교황이나 황제에게 하듯 무릎을 꿇어야 했다.[8]

그러나 초기의 피렌체 작가들은 진지하고 비장한 어조로 탄식할 때가 더 많았다. 단테는 신임 군주들의 물욕과 권세욕의 저속함과 통속성을 알아보고 그것을 빼어나게 지적했다.[9] "그들이 울려대는 나팔과 종과 호각과 피리는 무엇을 말하고 있는가. '이리로 오너라, 형리들이여, 육식조들이여!' 바로 이 뜻이 아니던가."

전제군주의 성은 높은 곳에 외따로 있고 지하감옥과 도청관(盜聽管)[10]으로 가득한 악과 불행의 터전으로 생각되었다. 어떤 작가들은 전제군주를 섬기는 자는 모두 화를 당할 것이라고 예언했고,[11] 마지막에는 전제군주까지 거론하면서 그가 모든 선인과 성실한 사람의 적이고, 어느 누구도 믿어서는 안 되며, 신하의 얼굴에서는 그의 몰락을 바라는 낌새를 읽을 수 있다고 탄식했다. "전제군주가 나타나 성장하고 강건해지면서 그들 내면에서도 혼란과 멸망을 초래할 요소가 은밀히 더불어 성장하고 있었다."[12]

그러나 정말로 심각한 대립은 뚜렷이 드러나지 않았다. 그 무렵 피렌체는 개성이 가장 풍부하게 발달한 곳이었지만 그곳의 전제군주들은

---

8) Filippo Villani, *Istorie* XI, 101. 페트라르카도 전제군주들이 '축제일의 제단' 처럼 말쑥하게 치장했다고 얘기했다. 카스트라카네가 루카에서 벌인 고대식 개선 행렬은 테그리모가 쓴 카스트라카네의 전기(Muratori, XI, Col. 1340)에 자세히 묘사되어 있다.

9) Dante, *De vulgari eloquentia* I, c. 12: "고상하지 않고 속되게 자랑거리를 뒤쫓는 사람들……" 등등.

10) 이 이야기는 15세기 문헌에 처음 등장하는데 이전 사람들의 상상에서 나온 것이 분명하다. L. B. Alberti, *De re aedif.* V. 2. —Franc. di Giorgio, "Trattato", in: Della Valle, *Lettere sanesi* III, 121.

11) Franco Sacchetti, *Nov.* 61.

12) Matteo Villani, *Chroniche* VI, 1.

자신과 자신의 측근 신하를 제외하고는 그 누구의 개성도 인정하지 않았기 때문이다. 개인 통제를 여권제도에 이르기까지 철저하게 실시한 나라가 이곳 피렌체였다.[13]

이러한 섬뜩하고 타락한 모습은 많은 군주가 갖고 있던 악명 높은 점성 신앙과 무신앙 때문에 당대인들의 뇌리에 한층 더 특별한 색채로 부각되었다. 카라라 가*의 마지막 군주가 페스트로 황폐해진 파도바에서 베네치아 군사들에게 포위당해 더 이상 성벽과 성문을 방어할 수 없게 되었을 때(1405년), 그의 근위병들은 밤중에 그가 악령을 향해 죽여달라고 부르짖는 소리를 들었다.

14세기의 전제국 중 가장 완벽하면서 많은 교훈을 주는 국가는 조반니 대주교가 죽은 뒤(1354년)의 밀라노의 비스콘티 가문일 것이다. 특히 베르나보는 로마 황제 중에서 가장 사악했던 황제들과 일맥상통하는 면이 있었다.[14] 국가의 최고 중대사는 군주의 멧돼지 사냥이었다. 그것을 방해하는 자는 무참하게 처형당했고 공포에 사로잡힌 국민은 군주를 위해 5천 마리의 사냥개를 사육하면서 그 건강까지도 빈틈없이 책임져야 했다.

조세는 가능한 모든 강제수단을 동원해 징수했고, 군주의 일곱 딸들에게는 각기 금화 10만 굴덴의 지참금이 주어졌으며 상당한 양의 재물도 거둬들였다. 베르나보의 아내가 사망했을 때(1384년) 신민들에게 내린 포고령에는, 슬픔도 예전의 기쁨처럼 군주와 함께 나누고 1년 동안 상복을 입어야 한다고 적혀 있었다. 베르나보가 조카인 잔갈레아초에게 장악되면서 당한 기습은 당시의 특성을 있는 그대로 보여주었다

---

13) 14세기 중반 파도바의 여권 사무소는 Franco Sacchetti, *Nov.* 117에 'quelli delle bullette'라고 표기되어 있다. 개인 검열이 엄격하게 실시된 프리드리히 2세의 통치기 최후 10년 동안에는 여권제도가 벌써 상당히 발달해 있었다.

* 11세기 초 파도바 남쪽에 자리잡은 카라라에서 일어난 가문. 14세기에는 파도바 공화국을 통치했으나, 1405년 가문의 마지막 군주가 베네치아에 포로로 끌려가 교살당했다.

14) Corio, *Storia di Milano*, p.247 이하.

(1385년). 성공한 역모 가운데 하나인 이 사건은 뒷날 그것을 기록한 역사가들의 간담까지 서늘하게 만들었다.[15)

잔갈레아초는 웅장한 포부를 가진 진정한 전제군주의 모습을 유감없이 발휘한 인물이었다. 그는 금화 30만 굴덴을 들여 거대한 제방을 축조했다. 필요에 따라 민치오의 강물을 만토바에서, 브렌타 강물을 파도바에서 유도시켜 이 도시들을 무방비로 만들기 위해서였다.[16) 그가 베네치아 초호(礁湖)의 물까지 빼내려 했으리라는 것도 불가능한 상상은 아니다. 그는 "모든 수도원 중에서 가장 아름다운" 파비아의 체르토사 수도원과, "규모와 화려함에서 기독교 국가의 모든 교회를 능가하는" 밀라노 대성당을 세웠다.[17) 아버지인 갈레아초 대에 시작되어 그에 의해 완성을 본 파비아의 궁전도 당시 서구에서 가장 화려한 군주궁이었다. 잔갈레아초는 그곳으로 자신의 유명 장서와 그가 특별히 숭배해온 성인 유물 수집품을 옮겨놓았다.

이러한 기질이 있는 군주가 정치에서도 최고의 자리에 손을 뻗지 않았다면 오히려 그것이 이상한 일일 것이다. 잔갈레아초는 로마 왕 벤첼에 의해 공작에 봉해졌으나(1395년), 병을 얻어 사망할 때까지(1402년) 그가 바란 것은 다름아닌 이탈리아의 왕위나 황제위였다.[18) 속국들

15) 파올로 조비오도 그 역사가 중의 한 명이었다. Paulus Jovius, *Elogia virorum bellica virtute illustrium*, Basel, 1575에 실린 잔갈레아초의 전기 참조.
16) Corio, *Storia di Milano*, p.272, 285.
17) Cagnola, *Archivio storico italiano* III, p.23.
18) Corio, *Storia di Milano*, p.286. Cf. Poggio, *Hist. Florent. pop.* IV, in: Muratori, XX, Col. 290. 황제위에 대한 잔갈레아초의 계획은 Cagnola의 앞의 책과 Trucchi, *Poesie ital. inedite* II, p.118에 나오는 소네트가 얘기하고 있다.

롬바르디아의 도시들을 당신에게 바치려고
열쇠를 쥐고 서 있었습니다……
로마가 당신을 부릅니다. 나의 새 황제여
나는 벌거벗었지만, 영혼은 생기에 넘칩니다.
당신의 외투로 나를 덮어주십시오.

은 한때 그에게 1년 동안 정규조세인 금화 120만 굴덴 외에 추가로 80만 굴덴을 특별보조금으로 지불한 적이 있다고 한다. 그가 갖은 폭력을 써서 통일을 이룬 국가도 그의 사후에는 분열되었고 과거의 영토마저 보존되지 못했다.

잔갈레아초의 아들 조반니 마리아(Giovanni Maria Visconti, 1412년 사망)와 필리포 마리아(1447년 사망)가 자기들 가문에 관해서는 알지 못한 채 다른 나라에서 살았다면 어떤 사람들로 성장했을까? 그러나 이들은 이 가문의 후계자로서, 세대를 거치며 축적되어온 잔인함과 비겁함이라는 막대한 자본까지 함께 계승하였다.

조반니 마리아는 그가 사육한 개들로 유명하다. 그것은 사냥개가 아니라 사람을 물어뜯게 훈련된 개였고, 로마 황제 발렌티니아누스 1세가 기른 곰들처럼 지금까지 그 이름이 전해져오고 있다.[19] 아직 전쟁이 계속되던 1409년 5월, 굶주린 민중이 거리에서 조반니 마리아에게 "평화! 평화!" 하고 외치자 그는 용병을 시켜 200명의 사람을 죽이게 했다. 그후 교수형을 내세워 '평화'와 '전쟁'이라는 말을 발설하지 못하게 금했고, 사제들에게도 "우리에게 평화를 주소서" 대신 "고요를 주소서"라고 말하라는 명령을 내렸다.

마침내 모반자 몇 명은 이 미치광이 군주의 용병대장인 파치노 카네가 파비아에서 와병인 틈을 이용해 조반니 마리아를 밀라노의 성 고타르도 교회에서 살해하였다. 같은 날, 임종을 맞던 파치노는 장교들에게 후계자인 필리포 마리아를 지지하도록 맹세시켰으며 아내에게는 자기가 죽으면 필리포와 결혼하라고 권했다.[20] 그의 아내 베아트리체 디 텐다는 이 권유를 곧 실행에 옮겼다. 필리포 마리아에 관해서는 나중에 얘기하겠다.

---

19) Corio, *Storia di Milano*, p.301 이하. Cf. Ammianus Marcellinus, XXIX, 3.
20) Paulus Jovius, *Elogia*, pp.88~92에 실린 필리포 마리아에 관한 부분과 *Vitae XII vicecomitum*, pp.175~189 참조.

이러한 때에 콜라 리엔치는 로마의 타락한 시민들이 품고 있던 무기력한 열광에 편승하여 이탈리아를 지배할 새로운 국가 수립의 꿈을 꾸었다.* 그러나 지금까지의 군주들에 비하면 그는 애초부터 길을 잘못 든 어리석은 인간이었다.

---

*교황청이 아비뇽으로 옮겨가고 귀족들의 전횡과 싸움으로 어지러웠던 로마에서 콜라 디 리엔치(Cola di Rienzi)는 고대 로마의 전통을 재건하고자 로마의 호민관제를 부활시키고 스스로 호민관이 되어 1347년에 실권을 장악했다. 그러나 곧 민중의 반발에 부딪쳐 실각하고 망명하였다.

2 15세기의 전제정치

　15세기의 전제정치는 변화한 모습을 보여주었다. 많은 약소 군주들
이나 스칼라와 카라라처럼 그보다 큰 국가의 군주들은 몰락했지만, 강
대국들은 영토를 확장하면서 내부적으로도 나름의 독특한 성장을 이룩
하였다. 특히 나폴리는 신(新)아라곤 왕조를 통해 막강한 힘을 과시하
였다. 15세기는 용병대장이 독립된 지배권, 나아가 군주위까지 노렸다
는 것이 그 특징이었다. 이는 순수하게 현실성만 추구하는 태도가 일보
전진했음을 말하는 것이며 재능과 뻔뻔함이 높은 보상을 받았다는 것
을 의미한다.

　약소 군주들은 든든한 배경을 얻기 위해 자진해서 강대국에 봉사하
고 그곳의 용병대장이 되었다. 그렇게 해서 돈도 벌고 많은 비행을 저
질러도 면죄받았으며 더구나 영토까지 넓힐 수 있었다. 전체적으로 볼
때 군주들은 대국가나 소국가를 막론하고 더 많이 노력해야 했으며, 좀
더 신중하고 타산적으로 행동하면서 대량학살 같은 것은 삼가야 했다.
또한 여러 만행을 저질러도 그것이 그들의 목적 달성에 이바지한다는
것이 증명되어야 했으며, 그런 만행이라면 국외자들도 용서해주었다.
서구 정통 군문(君門)들의 유용한 기반이 되어주었던 민중의 충성심은
이제 흔적도 찾아볼 수 없었으며, 기껏해야 도시민의 인기를 얻는 데
불과하였다.

이탈리아의 군주들은 본질적으로 재능과 냉철한 타산이 있어야 성공할 수 있었다. 따라서 난폭한 열정에 빠져 아무 소용없는 목표를 위해 절치부심한 샤를 용맹공* 같은 사람은 이탈리아인들에게 수수께끼 같은 존재였다. "스위스 사람들은 농민에 불과하다. 그들을 모두 죽여보았자 그것이 전장에서 기꺼이 전사하고 싶은 부르고뉴 귀족들에게는 위안이 되지 못한다. 또 부르고뉴의 공작이 아무 저항도 받지 않고 스위스를 차지해도 그의 1년 수입은 5000두카토를 넘지 못할 것이다."[1]

이탈리아인들은 샤를 공의 기사도적인 환상이나 이상과 같은 중세적인 특성을 이해하지 못했다. 그가 장교들의 뺨을 때리면서도[2] 계속 자기 수하에 두고, 패전의 징벌로 군대를 학대하고, 군사들 앞에서 추밀고문관에게 모욕을 주는 것을 본 남유럽의 외교관들은 두 손을 들지 않을 수 없었다. 이에 비해 프랑스의 루이 11세는 정치에서는 자기 고유의 스타일을 가진 이탈리아 군주들을 능가했고 무엇보다 프란체스코 스포르차의 숭배자로 자처한 사람이었다. 그러나 교양에서 그는 그의 통속적인 수준 때문에 이탈리아 군주들과는 한참 거리가 멀었다.

15세기의 이탈리아 국가들에서는 선과 악이 이상할 정도로 혼재해 있었다. 군주들의 인격은 완숙에 달했고 때로는 그들의 위치와 임무에 걸맞은 의미심장한 면도 보였기 때문에[3] 이에 대해 도덕적인 판단을 내리기가 쉽지 않다.

권력의 토대는 늘 그렇듯이 비합법적이었고 한번 내린 저주는 풀릴

---

* Charles le Téméraire. 1433~77. 당대 가장 강력한 군주의 한 사람이었으며, 북으로는 네덜란드와 남으로는 부르고뉴로 이어지는 부르고뉴 왕국을 지배했다. 그 뒤 로렌 지방까지 점령했으나 그의 독립왕국 건설의 꿈은 프랑스 왕 루이 11세의 정책에 밀려 실현되지 못했다.

1) De Gingins, *Dépêches des ambassadeurs milanais*, Paris/Genf, 1858, II, p.200 이하(N. 213). Cf. II, 3(N. 144) ; II, p.212 이하(N. 218).

2) Paul. Jovius, *Elogia*, p.156 이하.

3) 역량과 재능의 결합을 마키아벨리는 '힘'(virtù)이라고 불렀고 악행과도 조화될 수 있다고 보았다. Cf. Machiavelli, *Discorsi* I, 10에서 로마 황제 셉티미우스 세베루스에 관한 부분.

줄을 몰랐다. 황제의 재가나 봉작(封爵)도 상황을 바꾸지는 못했다. 신
민들은 자기네 군주가 먼 타국 땅 어디에서, 또는 국내를 여행하는 외
국인 황제에게서 한 조각의 증명서를 사들여도 거기에 관심을 두지 않
았기 때문이다.[4] 만일 황제들이 조금이라도 힘이 있었다면 이렇게 전
제군주들이 등장하도록 내버려두지는 않았으리라는 것이 아무것도 모
르는 상식적인 사람들의 논리였다.

카를 4세(1355년에 즉위한 신성로마 황제—옮긴이)의 로마 원정 이래
로 황제들이 이탈리아에서 한 일이라고는 자기들과 무관하게 탄생한 전
제국을 재가하는 것이었고 그것도 문서에 의한 보증이 고작이었다. 이탈
리아에서 카를의 행적은 낯뜨거운 정치 희극의 한 장면이었다. 마테오
빌라니의 글을 읽으면[5] 그가 어떻게 비스콘티 일가의 호위를 받으며 밀
라노를 돌아다니다 나왔는지, 그가 얼마나 시장 상인처럼 자기 물건(특
권 등)을 팔아 돈을 벌려고 동분서주했는지, 로마에는 또 얼마나 한심스
러운 모습으로 나타났는지, 그리고 결국에는 어떻게 칼 한번 휘두르지
않고 돈보따리를 안은 채 다시 알프스를 넘었는지 알게 된다.[6]

---

4) Franc. Vettori, in: *Arch. stor.* VI, p.293: "독일에 살면서 로마 황제라는 허울
   좋은 이름만 갖고 있는 자에게서 봉토를 받는다고 그것이 악한을 진정한 도시 군
   주로 만들지는 못한다."
5) M. Villani, *Chroniche* IV, 38, 39, 44, 56, 74, 76, 92; V, 1, 2, 14~16, 21,
   22, 36, 51, 54.
6) 카를 4세에게 또 한번 성지로 십자군원정을 떠날 것을 요구한 사람은 이탈리아 사
   람인 파치오 델리 우베르티였다(*Dittamondo*, L. VI, c. 5, 1360). 아래의 시는
   이와 관련된 시들 중에서 가장 뛰어난 대목의 하나이며 다른 면에서도 주목할 만
   하다. 우베르티는 어느 완고한 투르크인에 의해 성지의 묘지에서 쫓겨났다.

   고개를 숙이고 느릿느릿 앞으로
   걸어나가며 나는 말했다. 이것은 기독교도의
   수치가 아닌가, 사라센 사람을 여기에 놓아두는 것은!
   그러고 나서 양치기(교황)를 향해 꾸짖었다.
   그리스도의 대리인인 당신은 자리를 지키고 서서
   당신의 형제들과 함께 썩은 시체를 살찌게 하려는가?

그래도 지기스문트(카를 4세의 아들로 1433년에 즉위한 황제—옮긴이)가 처음으로 이탈리아에 왔을 때(1414년)에는 자신이 소집한 종교회의에 교황 요한 23세를 참석시키려는 가상한 뜻을 품고 있었다. 그와 교황이 크레모나의 높은 탑에 앉아 롬바르디아의 광경을 즐기고 있을 때, 그들을 영접하던 이 도시의 전제군주 가브리노 폰돌로에게 두 사람을 아래로 떨어뜨리고 싶은 마음이 들었던 것도 이때의 일이었다. 그러나 두번째로 이탈리아에 왔을 때 지기스문트는 완전히 모험가의 모습이었다. 그는 마치 감옥에 들어앉은 채무자처럼 반년 이상을 시에나에서 보내다가 나중에 가까스로 로마에서 대관식에 참석할 수 있었다.

프리드리히 3세(1452년에 즉위한 황제—옮긴이)는 또 어떠했는가? 그의 이탈리아 방문은, 황제에게서 자신의 권리를 문서로 확약받으려는 자들과 그를 거창하게 대접하여 허영심을 채우려는 자들의 비용으로 이루어진 휴가여행이나 요양여행과도 같았다. 한 예로 나폴리의 왕 알폰소는 황제의 방문에 금화 15만 굴덴을 들였다.[7] 프리드리히는 두 번째 로마 방문에서 귀국하던 도중(1469년) 페라라에서 하루 종일 방 속에 틀어박혀 80여 개의 작위 수여로 소일했다.[8] 그는 기사 · 박사 · 백작 · 공증인들을 임명하였다. 백작에도 여러 종류가 있어서, 궁정 백작, 다섯 명 이내의 박사 임명 권한을 가진 백작, 서자를 적자로 인정하

마찬가지로 보헤미아에서 포도와 무화과나무를 심으며
귀중한 정복사업에는 관심이 없는
저 궤변가(카를 4세)에게도 말했다.
무엇을 하고 있는가? 당신은 왜
초기 로마 황제들을 따르지 않는가?
왜 오토와 콘라트와 프리드리히를 따르지 않는가?
왜 황제권만 지키고 있는가? 아우구스투스 황제가 될 용기가 없다면
왜 황제권을 거절하고 사라지지 않는가?

7) 자세한 것은 Vespasiano Fiorentino, ed. Frati, I, 88, 89; II, 153 참조. 〔가이거의 주석: Cf. Panormita, *De dictis et factis Alphonsi*, lib. IV, No. 4.〕
8) *Diario Ferrarese*, in: Muratori, XXIV, Col. 217 이하.

고 공증인을 임명하고 부정한 공증인을 정식공증인으로 인정할 수 있는 권한을 가진 백작 등 다양했다. 또한 황제의 서기관은 해당 면허장 작성의 대가로 페라라로서는 과도한 사례를 요구했다.[9] 자신의 비호자인 황제가 이처럼 증서를 남발하고 자신의 소규모 궁이 작위로 넘치는 것을 본 보르소 공작이 이때 어떤 생각을 했는지는 전해지지 않는다.

그때의 여론을 주도하던 인문주의자들은 각기 이해관계에 따라 두 갈래로 양분되어 있었다. 한쪽[10]은 제정 로마기의 시인들처럼 황제에게 관례대로 환호를 보내며 찬양한 반면, 포조 같은 사람은 말하기를,[11] 옛날에는 승리한 개선장군만이 월계관을 쓰고 황제가 될 수 있었는데 지금의 황제 대관식은 도대체 무엇을 의미하는지 모르겠다고 했다.

신성로마제국 황제의 이탈리아 정책은 막시밀리안 1세(프리드리히 3세의 아들로 1508년에 즉위한 황제―옮긴이) 때에 이르러 외세의 일반적인 간섭과 함께 새로운 국면을 맞는다. 그러나 루도비코 일 모로*가 불쌍한 조카를 제거하고 공작에 봉해지면서 시작된 사태는 결코 축복스럽지 못했다. 근대의 간섭이론에 따르면 두 나라가 한 나라를 분할하려고 할 때는 제3자가 나타나 자기 몫을 차지할 수 있는데, 이에 따라 신성로마제국 황제도 자신의 지분을 요구할 수 있게 되었다.

그러나 정의 따위를 운운할 성질은 못 되었다. 1502년 프랑스 왕 루이 12세의 제노바 입성이 예상되고 있었을 때, 그리고 통령궁 정면에 걸려 있던 제국의 독수리 문장이 제거되고 온통 백합 그림(프랑스 부르

---

9) "그들 집단으로부터 폭리를 취하려고 했다."
10) *Annales Estenses*, in: Muratori, XX, Col. 41.
11) Poggio, *Hist. Florent. pop.*, L. VII, in: Muratori, XX, Col. 381.
* Ludovico il Moro. 1452~1508. 밀라노를 지배하던 비스콘티 가문이 끊긴 뒤 새로 밀라노 공작이 된 프란체스코 스포르차의 둘째 아들. 까무잡잡한 피부와 검은 머리카락 때문에 어릴 때 '일 모로'(무어인)라는 별명을 얻었다. 그는 아버지에 이어 새 통치자가 된 형 갈레아초 마리아를 섬기다가 1476년 형이 살해당하자 1480년 조카인 잔갈레아초의 후견인 역을 자처하면서 섭정하였다. 훗날 1494년에 황제 막시밀리안 1세한테서 밀라노를 봉토로 받고 공작 칭호를 받음으로써 그의 찬탈행위는 합법화되었다.

봉 왕조의 상징—옮긴이)으로 뒤덮였을 때, 역사가 세나레가[12]는 묻기를, 수많은 혁명에도 끄떡없이 살아남은 그 독수리는 대체 무엇을 의미하며 신성로마제국은 과연 제노바에 대해서 어떠한 권리가 있느냐고 했다. 그 누구도 '제노바는 제국의 국고'라는 옛날 문구 외에는 알지 못했고, 이탈리아에서 이 문제에 확실한 답을 줄 수 있는 사람은 아무도 없었다.

결국 카를 5세(막시밀리안 1세의 손자로 1530년에 즉위한 황제—옮긴이)가 에스파냐와 신성로마제국을 동시에 거머쥐고 나서야 그는 에스파냐 병력을 이용해 황제의 권리를 관철시킬 수 있었다. 그러나 주지하듯이 그가 쟁취한 것들은 에스파냐에만 유익했을 뿐 제국에는 조금도 도움이 되지 못했다.

15세기 전제국들의 정치적 비합법성은 적출(嫡出)에 대한 무관심과 관련이 있었다. 코민* 같은 외국인들은 이것을 이상하게 여겼지만 이탈리아에서는 쉽게 볼 수 있는 현상이었다. 가령 북유럽의 부르고뉴 가와 같은 곳에서는 서자에게 일정 한도의 영지나 주교령(主敎領)을 나누어주었고, 포르투갈에서는 서출의 후손들이 왕위를 보존하려면 비상한 노력을 기울여야 했다.

그러나 이탈리아에는 종손 가운데 적출이 아닌 후손이 없거나 그런 후손을 대범하게 인정하지 않은 군문이 하나도 없었다. 나폴리의 아라곤 왕조 군주들도 그 가문에서는 서출이었다. 아라곤을 계승한 것이 알폰소 1세의 형제였기 때문이다. 우르비노의 페데리고 공작도 어쩌면 몬테펠트로 가계가 아니었을지 모른다. 교황 피우스 2세가 만토바 종교회의에 갈 때(1459년)는 페라라의 에스테 가에서 여덟 명의 서출이 말을

---

12) Senarega, *De reb. Genuens.*, in: Muratori, XXIV, Col. 575.

* Comines. 1447~1511. 프랑스의 연대기 작가, 정치가. 샤를 용맹공, 루이 9세, 샤를 8세의 중신(重臣)으로 활약하면서 중세 말기 프랑스 정치의 내막을 관찰할 수 있는 기회를 얻었다. 이 경험이 그의 방대한 『회상록』(1489~98)에 기록되어 있다.

타고 그를 영접하러 나왔다.[13] 거기에는 보르소 공작은 물론이고 그의 전임 군주이자 이복형제인 레오넬로의 서자도 두 명 있었다. 레오넬로에게는 정실 아내가 있었는데 그녀도 나폴리 군주 알폰소 1세와 아프리카 여인 사이에서 태어난 사생녀였다.[14]

이렇게 서자들이 용인된 이유는 적출의 소생이 미성년이어서 급박한 위험이 도사리고 있기 때문이었고, 그에 따라 적서에 구별을 두지 않는 일종의 장자상속제가 등장하였다. 개인 자체와 그 개인의 재능을 인정하는 이 실용 위주의 태도는 이렇게 이탈리아 도처에서 서구 다른 나라의 법이나 관습보다 더 큰 위력을 발휘하였다. 당시는 교황의 아들들까지 군주국을 세우던 때가 아니던가!

그러나 16세기가 되면서 외국의 영향과 그 무렵 시작된 가톨릭 종교개혁의 영향으로 사람들은 이 문제를 좀더 엄격히 보게 되었다. 바르키는 적자 상속이야말로 "이성이 명하는 바이며 고래부터 이어진 하늘의 뜻"[15]이라고 보았다. 이폴리토 메디치 추기경이 피렌체 지배권을 요구하면서 내세운 근거는 자신이 적법한 결혼에서 태어났다는 것, 또는 자신은 최소한 귀족 여성의 아들이지 알레산드로 공작처럼 하녀의 자식이 아니라는 것이었다.[16] 그뒤로 과거 15세기에는 윤리적 · 정치적인 이유 때문에 거의 생각할 수 없었던 연애를 통한 귀천 상혼*의 풍습이 시작되었다.

15세기에 비합법성의 극치이자 놀라움의 대상이 된 것은 출신성분에

---

13) *Diario Ferrarese*, in: Muratori, XXIV, Col. 203에 열거되어 있다. Cf. Pius II., *Commentarii*, ed. Rom, 1854, II, p.102.

14) Marin Sanudo, *Vita de' duchi di Venezia*, in: Muratori, XXII, Col. 1113.

15) Varchi, *Stor. Fiorent*. I, p.8.

16) Soriano, "Relazione di Roma 1533", in: Tommaso Gar, *Relazioni della corte di Roma*(In: Alberti, *Relazioni degli ambasciatori veneti*, II. Ser., III. Vol., p.281).

* 왕족의 남성과 비천한 신분의 여성이 결혼하는 것을 말하며, 이 여성과 그 자식은 왕족으로서의 대우를 받지 못했다.

관계없이 군주위에 오른 용병대장들이었다. 11세기에 남부 이탈리아가 노르만인들에게 점령된 것도 근본적으로는 이와 다르지 않았다. 하지만 이러한 야욕은 앞으로 이탈리아 반도를 지속적인 불안으로 몰아넣기 시작하였다.

용병대장을 고용한 군주가 돈이 없어서 그 대가로 토지와 군사를 보수로 주면 그는 찬탈에 의하지 않고도 군주로 정착할 수 있었다.[17] 용병대장은 당분간 자기 군사의 대부분을 해고하더라도 어쨌든 동영(冬營)을 하고 필요한 군수품을 저장할 안전한 장소가 필요했다. 이런 식으로 하사받은 최초의 용병대장은 교황 그레고리우스 11세에게서 바냐 카발로와 코티놀라를 얻은 존 호크우드였다.*

그러나 알베리고 다 바르비아노가 이탈리아 군대와 사령관들을 이끌고 등장한 뒤로는 군주국을 획득할 가능성, 나아가 용병대장이 이미 일국의 전제군주일 경우에는 기존의 영토를 확장할 수 있는 가능성이 더 많아졌다. 이 무력에 바탕한 정권욕이 가장 적나라하게 드러난 최초의 사건은 잔갈레아초가 죽은 뒤 밀라노 공국에서 일어났다(1402년). 잔갈레아초의 두 아들은 주로 이 호전적인 용병대장 출신 독재자들을 소탕하는 일에 통치기간을 다 보냈다. 그 중 가장 강력했던 파치노 카네는 그의 미망인 베아트리체 디 텐다와 그가 지배한 몇 개 도시와 금화 40만 굴덴을 비스콘티 가문에 넘겨주었고, 베아트리체는 여기에 전 남편의 군사들까지 데리고 왔다.[18] 이때부터 정권과 용병대장 사이에서는 상상을 초월한 비도덕적인 관계가 형성되어 15세기의 한 특징으로 자리잡았다.

---

17) 이어지는 내용은 *Arch. stor.* 제15권 서문에 나오는 Canestrini의 글 참조.
* John Hawkwood. 영국 출신의 용병대장. 이탈리아에서는 조반니 아쿠토라고 불렀다. 백년전쟁에서 싸운 뒤 1361년 소수의 병사를 이끌고 이탈리아로 와서 교황과 피렌체를 위해 복무했다. 전사와 고문으로서 이탈리아에서 큰 명성을 얻은 사람이다.
18) Cagnola, in: *Arch. stor.* III, p.28: "그리고 필리포 마리아는 베아트리체에게서 많은 재산과 그녀에게 복종하는 파치노의 모든 군사를 받았다."

사실일 수도, 또 사실이 아닐 수도 있는 예부터 전해오는 일화 하나가 이 관계를 다음처럼 보여준다.[19] 옛날 어느 도시에——시에나라고 전해지지만——그곳 시민들을 적의 억압에서 해방시킨 장군이 있었다. 시민들은 그에게 어떻게 보답해야 할지 날마다 의논했다. 그러나 자신들이 할 수 있는 범위 내에서의 어떤 보답도 충분하지 않으며, 설사 그를 도시의 군주로 모셔도 충분하지 않다는 결론을 내렸다. 결국 한 사람이 일어나 말하기를 그를 죽여 도시의 성인으로 숭배하자고 했고, 사람들은 고대 로마의 원로원이 로물루스에게 했던 것처럼 그대로 따랐다고 한다.

사실 용병대장이 가장 많이 경계해야 할 대상은 다름아닌 그의 고용군주였다. 로베르토 말라테스타가 교황 식스투스 4세에게 승전을 안겨준 뒤에 그랬듯이 용병대장은 전쟁에서 승리해도 위험인물이 되어 제거되었고(1482년),[20] 베네치아 사람들이 카르마뇰라에게 그랬듯이 처음 당하는 패배일지라도 그로 인한 보복을 당했다(1432년).[21] 용병대장들이 아내와 자식을 볼모로 맡기면서도 신뢰를 얻지 못하고 반대로 자신도 안심할 수 없었던 것은 당시의 도덕적인 상황을 잘 대변해준다.

그들이 마음속에 깊은 증오를 쌓지 않으려면 체념의 달인, 즉 벨리사리오스* 같은 성정의 인물이 되어야 했고 악도가 되지 않으려면 완벽

---

19) Infessura, ed. Tommasini, 105. 마키아벨리가 승리를 거둔 용병대장에게 제시한 양자택일에 관해서는 *Discorsi* I, 30 참조.
20) 〔부르크하르트의 이 견해는 잘못되었다. Pastor, *Päpste* II, p.553에도 증명되어 있듯이, 말라테스타는 열병으로 죽었다.〕
21) 베네치아인은 과연 1516년에 알비아노도 독살했으며, 그것을 옹호하려고 내세운 이유도 정당한 것이었을까? *Arch. stor.* III, 348에 있는 Prato의 진술 참조. 베네치아는 용병대장 콜레오니로 하여금 자신을 그의 상속자로 지정하게 한 뒤 1475년 그가 죽은 후에 정식으로 재산을 몰수했다. Cf. Malipiero, *Annali Veneti*, in: *Arch. stor.* VII, 1, p.244. 베네치아 공화국은 용병대장들이 돈을 베네치아에 투자하는 것을 좋아했다. 같은 책, p.351.
* Belisarios. 505?~565년 사망. 동로마 제국의 장군. 유스티니아누스 1세 때 로마의 군사적 전통을 마지막으로 장식한 중요 인물이다. 제국 군대를 이끌고 페르

한 내면의 선을 갖추어야 했다. 그러나 신성한 것에는 조소로 일관하고 인간에 대해서는 잔인한 행동과 배신을 일삼는 악한들을 우리는 용병 대장들 중에서 얼마든지 만나볼 수 있다. 이들은 교황에게 파문당하여 죽더라도 개의치 않을 사람들이었다.

하지만 그 가운데에는 인격과 재능이 달인의 경지에까지 이르러 군사들에게 인정받고 경탄을 받은 이들도 있었다. 이것이야말로 지휘관의 개인적인 신망이 군의 원동력을 이루어내는 근대 최초의 군대였다. 그 대표적인 사례를 프란체스코 스포르차의 일생이 보여준다.[22] 그는 신분에 대한 편견이 없었던 덕분에 모든 이들에게서 개인적인 인기를 얻었고 난관에 처해서도 그 인기를 유효적절하게 이용할 수 있었다. 모두 그를 '무인의 아버지'로 여겼기 때문에 적들조차 그를 보면 무기를 내던지고 모자를 벗어 경의를 나타내는 일이 있었다.

이 스포르차 가문이 흥미를 끄는 이유는 그들이 애초부터 군주국 건설을 위한 준비를 하고 있었음이 느껴지기 때문이다.[23] 그 행운의 밑바탕은 이 일문의 다산(多産)이었다. 프란체스코의 아버지이며 원래부터 유명했던 야코포에게는 스무 형제가 있었다. 이들은 모두 자기네 가문과 파솔리니 일가 사이에서 벌어진 로마냐풍의 끝없는 원수갚음을 보며 파엔차 인근의 콘티뇰라에서 거칠게 자랐다. 집 전체는 무기저장고이자 초소였고 어머니와 딸들까지 호전적이었다.

야코포는 나이 열세 살에 몰래 집을 떠나 먼저 파니칼레에 있는 교황의 용병대장 볼드리노에게 갔다. 볼드리노는, 죽은 뒤 방부 처리된 그

시아의 사산 왕조, 북아프리카의 반달 왕국, 이탈리아의 동고트 왕국과 싸웠으며, 콘스탄티노플에 대한 이민족의 침략을 물리쳤다. 그러나 여러 전투에서 찬란한 승리를 거둔 그의 인기가 높아지는 것을 본 유스티니아누스 황제로부터 왕위를 노릴지 모른다는 의심을 사서 냉대를 받기도 했고 나중에는 황제 암살음모에 가담했다는 의혹까지 받았다.

22) Cagnola, in: *Arch. stor.* III, p.121 이하.
23) 파올로 조비오가 쓴 전기 가운데 가장 흥미로운 *Vita magni Sfortiae*, in: *Viri illustres*에는 그렇게 적혀 있다.

의 시신이 안치된 천막에 깃발이 꽂히고 그 안에서 군령이 내려짐으로써 적당한 후임자가 나타날 때까지, 죽어서도 군대를 지휘한 사람이었다. 여러 곳에서 복무하며 서서히 출세길에 오른 야코포는 친족들을 불러모았다. 바로 이 친족들을 통해 그는 수많은 군주들이 누린 혜택을 똑같이 누릴 수 있었다. 그가 나폴리의 카스텔 누오보에 잡혀 있었을 때 그의 군사들을 결속시킨 것도 친족들이었다. 그의 누이는 나폴리 왕의 사절을 직접 포로로 잡아 그를 인질로 해서 야코포를 죽음에서 구해냈다.

야코포가 금전문제에서는 지극히 확실하여 패전 후에도 은행가들의 신용을 얻고, 곳곳에서 군사들의 방자한 행동으로부터 농민을 보호하고, 정복한 도시의 파괴를 원하지 않고, 또 자기의 소실이며 프란체스코의 생모인 루치아를 다른 사람에게 시집보내어 군주국과의 결혼동맹의 길을 터놓은 것, 이 모든 것이 벌써 그의 원대한 포부와 지속성을 암시해준다. 그의 친족의 결혼도 일정한 계획 아래 진행되었다. 야코포는 다른 용병대장들이 보여준 부도덕과 방탕한 생활을 멀리했다. 그가 아들 프란체스코를 세상에 내보내며 일러준 세 가지 교훈은, 남의 아내에게 손대지 말고, 너의 병사를 때리지 말며 만약 때렸을 때는 그를 멀리 보내고, 고집센 말과 편자를 잘 잃어버리는 말은 타지 말라는 것이었다.

특히 그는 위대한 장군은 아니더라도 위대한 무인의 됨됨이는 갖추고 있었으며, 다방면에서 단련된 건장한 체구와 친근한 농민의 얼굴 그리고 몇 년에 걸쳐 모든 군사들과 그들의 말(馬)과 봉급 사정을 꿰뚫고 기억하는 등 기억력이 비상했다. 그는 이탈리아어밖에 할 줄 모르는 교양의 소유자였으나 여가를 이용하여 역사를 공부했고 자기가 사용하기 위해 그리스와 라틴 작가들의 저작을 번역하게 했다.

아버지 야코포보다 더 유명했던 프란체스코는 처음부터 대권에 확실한 뜻을 품고 뛰어난 군사작전과 가차없는 반역으로 대도시 밀라노를 움켜쥐었다(1447~50년).

그가 남긴 전례는 모방자들을 낳았다. 에네아스 실비우스[24](훗날의 교황 피우스 2세−옮긴이)는 이 시기에 대해 이렇게 말한다. "아무것도 확실한 바 없고 옛날의 왕권은 존재하지 않는 이 변화무쌍한 이탈리아에서는 종들도 쉽사리 왕이 될 수 있다." 이때 모든 이탈리아인의 흥미를 끌어모은 한 사람이 있었다. 니콜로의 아들이며 스스로 '행운아'라고 자칭한 자코모 피치니노였는데, 그 역시 군주국을 세울 수 있을지 어떨지가 초미의 관심사였다. 강대국들로서는 당연히 그것을 막아내야 분명한 이득이 될 것이었고, 프란체스코 스포르차도 용병대장이 독립된 군주로 입신하는 일은 자기에게서 끝나는 것이 좋다고 생각했다.

그러나 피치니노가 시에나를 점령하려고 할 때 그것을 막기 위해 파견된 군대와 장교들은 그를 지지하는 것이 자기들에게 유익할 것임을 깨달았다.[25] '만일 피치니노가 죽으면 우리는 다시 밭을 갈게 될지도 모른다.' 이렇게 그들은 생각했다. 그래서 그들은 피치니노를 오르베텔로에서 포위하고 있는 동안 양식을 넣어주었고 그는 당당히 그 곤경에서 빠져나왔다. 하지만 피치니노도 결국에는 자신의 운명을 벗어날 수 없었다. 그가 밀라노의 스포르차를 방문하고 나폴리의 페란테 왕에게 갈 때(1465년) 이탈리아 사람들은 앞으로 일어날 일을 두고 내기를 걸었다. 페란테는 수많은 보증과 긴밀했던 관계에도 불구하고 스포르차의 동의를 얻어 카스텔 누오보에서 피치니노를 살해했다.[26]

---

24) Aen. Sylvius, *De dictis et factis Alphonsi*, in: *Opera*, ed. Basil., 1551, p.475.
25) Pius II., *Comment.* I, 46, Cf. 69.
26) Sismondi, *Hist des rép. italiennes* X, 271.−Corio, *Storia di Milano*, p.412 에서는, 피치니노가 무인으로서 누린 인기로 인해 자기 자식들에게 위험이 닥칠 것을 두려워한 스포르차도 죄가 있다고 보았다. (가이거의 주석: 스포르차가 공범이라는 사실은 D. Gianpietro, in: *Arch. stor. delle prov. napol.* VII에서도 증명됨으로써 최근에 제기된 반론을 뒤엎었다.) Cf. *Storia Bresciana*, in: Muratori, XXI, Col. 902. 1466년 사람들이 베네치아의 대용병대장인 콜레오니를 어떻게 유혹했는지는 Malipiero, *Annal. Veneti*, in: *Arch. stor.* VII, 1, p.210에 적혀 있다.

상속으로 나라를 얻은 용병대장들도 불안을 느끼기는 마찬가지였다. 로베르토 말라테스타와 우르비노의 페데리고가——전자는 로마에서, 후자는 볼로냐에서——같은 날 사망했을 때(1482년), 그들은 임종을 맞으며 각기 자신의 나라를 상대방에게 의탁했다.[27] 수많은 악행을 저지른 계층에 대해서는 역시 악행으로 일관해도 무방한 것처럼 보였다. 프란체스코 스포르차는 젊은 날 칼라브리아 지방의 부유한 상속녀이자 몬탈토 백작부인인 폴리세나 루포와 결혼하여 딸을 하나 두었으나 백모가 이 모녀를 독살하고 상속권을 손에 넣었다.[28]

피치니노가 죽은 뒤부터 용병대장이 세우는 새로운 국가의 출현은 더 이상 좌시할 수 없는 심각한 문제로 인식되었다. 나폴리 · 밀라노 · 교회국가 · 베네치아의 4대 강국은 어떤 혼란도 허용하지 않는 세력균형을 이루고 있는 것처럼 보였다. 과거에 용병대장을 지냈거나 여전히 그 위치에 있는 소군주들이 준동한 교회국가에서는 식스투스 4세 이래로 교황의 친족들이 독재자의 자리를 독점했다.

그러나 조금이라도 정세가 불안해지면 다시 용병대장들이 등장했다. 한번은 교황 인노켄티우스 8세의 불행한 치하에서 과거에 부르고뉴에서 복무했던 보칼리노라는 장군이 그가 점령한 오지모 시와 함께 투르크인들에게 넘어갈 뻔한 일이 있었다.[29] 그러나 다행히도 그는 로렌초 마니피코의 중재로 돈을 받고 되돌아왔다.

1495년, 프랑스의 샤를 8세가 일으킨 전쟁으로 이탈리아 전역이 혼란해지자 이번에는 브레시아의 용병대장인 비도베로가 들고 일어났다.[30] 그는 전에도 수많은 귀족과 시민을 죽이고 체세나 시를 점령했으나 성곽이 견고하여 후퇴한 적이 있었다. 그러나 이제 그는 앞에서 애

---

27) Allegretto, *Diarii Sanesi*, in: Muratori, XIII, p.811.
28) *Orationes Philelphi*, ed. Venet., 1492, p.9에서 프란체스코에게 부친 조사에 나옴.
29) Marin Sanudo, *Vite de' Duchi di Venezia*, in: Muratori, XXII, Col. 1241.
30) Malipiero, *Ann. Veneti*, in: Arch. stor. VII, 1, p.407.

기한 로베르토의 아들이자 베네치아의 용병대장인 리미니의 판돌포 말라테스타라는 또 한 명의 악도가 넘겨준 군대를 이끌고 라벤나의 대주교에게서 카스텔 누오보 시를 빼앗았다.

더 큰 사태를 염려한 베네치아는 그렇지 않아도 교황의 압박을 받던 차에, 기회를 보아 친구를 체포하라는 '호의적인' 명령을 판돌포에게 내렸고 판돌포는 '고통스러운' 심경으로 비도베로를 잡아들였다. 곧이어 그를 교수형에 처하라는 명령이 내려졌지만 판돌포는 그를 감옥에서 먼저 교살시킨 뒤 사람들에게 내보이도록 배려하였다. 이러한 찬탈의 마지막 사례는 파비아 전투가 끝나고(1525년) 밀라노가 혼란한 틈을 타 코모 호반에서 일거에 패권을 잡은 무소의 성주였다.

3 소전제국

일반적으로 15세기의 전제정치에 관해서 말한다면 극악무도한 비행이 주로 약소 국가에서 일어났다고 할 수 있다. 특히 각 구성원이 모두 신분에 걸맞은 삶을 살려고 했던 많은 가문에서는 자연히 상속권 분쟁이 일어날 수밖에 없었다. 카메리노의 베르나르도 바라노는 두 형제를 없애고(1434년) 그 유산을 자기 자식들에게 넘겨주었다.[1]

일개 도시의 군주에 불과한 자가 실용적이고 온건하며 평화적인 치세로 두각을 나타내고 더불어 문화에도 열의를 보이면 대개 그는 대가문의 일원이거나 그러한 가문의 정치에 좌우되는 것이 보통이었다. 대(大) 프란체스코의 형제이자 우르비노의 페데리고의 장인인 페사로의 군주 알레산드로 스포르차(1473년 사망)가 그런 사람이었다.[2] 오랜 전사생활을 끝내고 뛰어난 행정가이자 공정하고 친근한 통치자로서 평온한 치세를 펼친 그는 방대한 양의 도서를 수집하고 학문과 종교적인 대화로 여가를 보냈다. 마찬가지로, 에스테 가와 스포르차 가의 정치에 영향을 받은 볼로냐의 조반니 2세 벤티볼리오(재위 1462~1506년)도 여기에 속한다.

---

1) *Chron. Eugubinum*, in: Muratori, XXI, Col. 972. 〔가이거의 주석: Cf. Feliciangel, in: *Giorn. stor.* 13, p.1 이하.〕
2) Vespasiano Fiorent., I, p.326 이하.

이에 반해 카메리노의 바라노 가문, 리미니의 말라테스타 가문, 파엔차의 만프레디 가문 그리고 페루자의 발리오니 가문에서 우리는 얼마나 많은 피흘림을 볼 수 있는가. 특히 15세기 말 발리오니 가에서 일어난 사건들에 관해서는 그라치아니와 마타라초[3]의 연대기 같은 뛰어난 역사서들이 생생하게 전해주고 있다.

발리오니 가는 정식 군주국으로 성장한 것이 아니라 그저 도시의 실력자로서 거대한 가문의 부와 관리 임명에서 실질적인 영향력을 정권의 기초로 삼은 집안의 하나였다. 가문 내부에서는 한 사람이 수장으로 인정됐지만, 여러 종파의 구성원 사이에는 보이지 않는 깊은 증오가 도사리고 있었다. 발리오니 가에 맞선 반대파는 오디 가를 선두로 한 귀족 일파였다.

1487년 페루자 시는 전쟁터로 변하면서 유력자들의 집은 모두 자객으로 들끓었고 날마다 폭력이 난무하였다. 피살당한 어느 독일 대학생의 장례식을 기화로 두 대학이 서로 무장한 채 대치하였다. 어떤 때는 여러 가문의 자객들이 광장에서 혈투를 벌이기도 했다. 상인과 수공업자들이 탄식해도 소용없었고 교황의 총독과 친족들은 침묵하거나 도망을 쳤다. 결국 오디 가는 페루자에서 후퇴했고, 시는 발리오니 일가의 절대독재 아래 포위된 요새처럼 되었으며, 대성당까지 발리오니 사람들의 병영으로 이용되었다.

모반을 꾀하거나 습격을 감행하는 자는 무시무시한 보복을 당했다. 발리오니 사람들은 1491년에 시로 쳐들어온 130명의 침입자를 전멸시키고 관청 앞에서 교수형에 처했다. 또한 그곳에 붙은 저주를 씻기 위해 광장에 제단 35개를 설치하여 사흘 동안 미사를 올리고 행진을 했다. 교황 인노켄티우스 8세의 친족 가운데 한 명은 백주노상에서 칼에 찔려 숨졌으며, 사태 진정을 위해 파견된 교황 알렉산데르 6세의 친족 한 명도 공공연한 비웃음만 샀다. 그 대신 가문의 두 수장인 구이도와

---

3) *Arch. stor.* XVI, parte I et II.

리돌포는 도미니쿠스회의 수녀로서 기적을 행한다는 리에티의 성녀 수오르 콜롬바와 여러 차례 회담을 가졌다. 그녀는 앞으로 큰 재앙이 닥칠 수 있다며 강화를 권했으나 역시 소용이 없었다.

그래도 연대기 작가들은 이처럼 살벌한 시기에 경건하고 신앙심 깊은 페루자 사람들이 있었음을 지적한다. 1494년 프랑스의 샤를 8세가 침입해오고 있었을 때 발리오니 사람들은 아시시 부근에서 진을 치고 있던 추방자들과 전투를 벌였다. 계곡의 집들은 모두 파괴됐고, 논밭은 황폐하게 방치됐으며, 농부들은 대담한 도둑과 살인자로 변했다. 무성한 수풀 속에는 '기독교인의 살'이라 불리는 전사자의 시체를 먹는 늑대와 사슴들이 득실거렸다. 교황 알렉산데르 6세는 나폴리에서 돌아오는 샤를 8세를 피해 움브리아로 후퇴하던 중(1495년) 페루자에 이르러 발리오니 일가를 영원히 없앨 수도 있겠다는 생각을 하게 되었다. 그래서 그는 이 일가를 한 곳에 모이게 할 요량으로 무술경기나 그 비슷한 종류의 축제를 열자고 구이도에게 제안하였다. 그러나 "페루자의 무장 군인 전체를 집결시켜서 구경하는 것이 제일 볼 만하다"는 구이도의 의견에 교황은 자신의 계획을 포기하였다.

그후 얼마 안 있어 다시 추방자들이 습격해왔다. 이때 발리오니 가문은 한 개인의 영웅적인 행위 덕분에 승리를 거둘 수 있었다. 그때 18세이던 시모네토 발리오니는 소수의 군사로 수백의 적을 맞아 광장에서 싸우다가 스무 군데가 넘는 부상을 당하고 말에서 떨어졌다. 그러나 아스토레 발리오니가 도움을 주러 달려오자 그는 다시 몸을 일으켜 금박의 갑옷과 매 장식이 달린 투구를 갖추고 말에 오른 뒤 "군신 마르스의 모습과 행동으로 혼잡한 사람들 속을 향해 달려나갔다."

이 무렵 라파엘로는 피에트로 페루지노의 문하에 있던 열두 살 소년이었다. 어쩌면 이때의 인상들이 그의 초기 소품인 「성 게오르기우스」와 「성 미카엘」 속에 승화되었는지 모르고 그의 대작인 「성 미카엘」에도 이 인상의 일부가 살아 있는지 모르겠다. 혹 아스토레 발리오니가 이상화된 장면이 있다면 그것은 「헬리오도로스의 추방」에 나오는, 천상

에서 내려온 말 탄 자의 모습일 것이다.[4a]*

발리오니 가의 적 가운데 일부는 죽고 일부는 놀라 퇴각하여 이후로는 더 이상 그런 공격을 감행하지 못했다. 얼마 후에는 부분적인 화해가 이루어져 추방당한 사람들도 귀환할 수 있었다. 그렇다고 페루자 시가 더 안전해지거나 평온해진 것은 아니었다. 오히려 발리오니 가 내부에서 불화가 일어나 무시무시한 사건으로 폭발하였다. 구이도와 리돌포 및 그 아들들인 잔파올로·시모네토·아스토레·지스몬도·젠틸레·마르칸토니오 등에 맞서서 조카의 아들인 그리포네와 카를로 바르칠리아가 결탁한 것이다. 카를로는 카메리노의 군주 바라노의 조카였으며 옛날 추방자 가운데 한 명인 제로니모 달라 펜나의 처남이었다.

불길한 예감이 든 시모네토는 펜나를 죽이게 해달라고 백부인 구이도에게 무릎꿇고 애원했으나 소용이 없었다. 구이도는 허락하지 않았다. 음모는 1500년의 한여름, 아스토레와 라비니아 콜론나의 결혼식에서 갑자기 무르익었다. 잔치가 시작되어 음울한 전조 속에서 며칠이나 계속되었는데, 이 시시각각 고조되는 불안을 마타라초가 빼어나게 묘사해놓았다.

잔치에 참석한 바라노가 사람들을 집결시켰다. 사악하게도 그는 그리포네에게 일인지배의 기대감을 심어주었고 그의 아내 제노비아와 잔파올로의 있지도 않은 관계를 꾸며내 들려주었다. 모든 가담자는 각기 일정한 희생자를 배정받았고(발리오니 사람들은 지금의 성곽이 있는

4a) 오늘날의 견해에 대해서는 Jörg Traeger, "Raffaels Stanza d'Eliodoro und ihr Bildprogramm", in: *Römisches Jahrbuch für Kunstgeschichte*, 13, 1971, pp.29~99, 31~34 참조.

* 헬리오도로스는 고대 시리아의 왕 셀레우코스 4세의 재상이었으며 유대인에게서 공물을 받아내려 한 까닭에 미움을 샀다. 성서 외전(外典)인 「마카베서」 제2권 3장에 따르면, 그는 예루살렘 성전으로 쳐들어가 그곳에 있는 재물을 빼앗으려 했으나, 하느님이 보낸 말 탄 자와 두 사람이 휘두른 채찍에 맞고 쓰러져 쫓겨났다. 라파엘로는 바티칸 궁에 있는 '헬리오도로스의 방'에 이 이야기를 소재로 한 프레스코 벽화를 그렸다.

자리에 서로 다른 거처를 쓰고 있었다), 미리 고용해둔 자객 중에서 15명씩 할당받았다. 나머지 사람들은 보초를 서게 했다. 7월 15일 밤, 문이 부서지면서 구이도와 아스토레 · 시모네토 · 지스몬도는 살해당하고 나머지는 도주하였다.

아스토레의 시신이 시모네토의 시신과 나란히 길 위에 놓여 있을 때 그것을 구경하던 사람들, "특히 외국에서 온 대학생들"은 아스토레를 고대 로마인에 비유하였다. 그 정도로 그의 모습에는 위엄과 기품이 있었다. 그들은 또 시모네토의 모습에서 죽음조차 어쩌지 못한 대담함을 발견하였다. 승자들은 가문의 지기를 찾아다니며 인사하려 했지만 모두 눈물을 흘리며 시골로 떠나려는 사람들뿐이었다.

그런데 도주했던 발리오니 사람들이 도시 밖에서 병사들을 규합하여 다음날 잔파올로를 앞세우고 시내로 쳐들어왔다. 얼마 전까지 바르칠리아한테서 죽음의 위협을 당하던 다른 한 패도 여기에 가세하였다. 잔파올로는 성 에르콜라노 교회 근처에서 그리포네를 잡아 그의 처단을 부하들에게 맡겼다. 그러나 바르칠리아와 펜나는 이 유혈극의 주모자인 바라노가 있는 카메리노로 도주하였다. 이로써 잔파올로는 손실도 거의 입지 않고 일거에 도시의 지배자가 되었다.

여전히 젊고 아름다운 그리포네의 어머니 아탈란타는 그 전날 며느리인 제노비아 그리고 잔파올로의 두 아이와 함께 시골에 가 있다가 그곳으로 뒤따라온 아들에게 욕을 퍼부으며 쫓아보냈는데, 이제 다시 며느리를 데리고 죽어가는 아들을 찾아왔다. 사람들은 두 여인이 지나가는 것을 보고 모두 옆으로 몸을 피했다. 그리포네의 살해자로 지목되어 그 어머니의 저주를 받고 싶지 않았기 때문이었다. 하지만 그것은 오해였다. 어머니는 그를 죽게 만든 사람들을 용서하라고 아들에게 간청했고 아들은 그녀의 축복 속에서 숨을 거두었다. 사람들은 두 여인이 피로 얼룩진 옷을 입고 광장을 걸어가는 모습을 경외심으로 바라보았다. 훗날 라파엘로가 세계적으로 유명한 「그리스도의 매장」을 그린 것도 바로 아탈란타를 위해서였다. 이로써 그녀는 자신의 슬픔을 지고하고 성스러운 성모의 아픔에 바친 것이다.

비극의 대부분을 가까이에서 지켜본 대성당은 포도주로 씻긴 후 새로 봉헌되었다. 또한 개선문도 아스토레의 행적을 담은 그림과 이 모든 것을 우리에게 이야기해주는 마타라초의 송시를 간직한 채 결혼식 이후 오늘날까지 그대로 서 있다.

발리오니 가의 전력에 관해서는 이 참상을 반영해주는 다음과 같은 전설적인 이야기가 생겨났다. 예부터 이 가문 사람들은 비참한 죽음을 당했다고 하는데 어떤 때는 한꺼번에 27명이 죽은 적이 있다고 한다. 또 한번은 이들의 집이 철거되어 거기에서 나온 벽돌로 도로를 포장했다는 말도 있다. 실제로 이들의 궁전은 교황 파울루스 3세 때 헐렸다.

한동안 발리오니 사람들은 자기네 일파에 질서를 세우고 악덕귀족들로부터 관리를 보호하는 등 훌륭한 결심도 했다. 그러나 저주는 겉으로만 잦아든 불길처럼 훗날 다시 타올랐다. 잔파올로는 교황 레오 10세 때인 1520년 로마로 유인되어 참수당했다. 그 아들 가운데 하나인 오라치오는 역시 교황에게서 위협받던 우르비노 공작의 지지자로서 페루자 시를 점령한 뒤 한동안 폭력을 휘두르며 지배했으나 또 한번 가문 내에서 잔인한 유혈극을 일으켰다. 그가 백부와 사촌 세 명을 살해하자 우르비노의 공작은 이제 그만하면 됐다는 전갈을 그에게 보냈다.[5] 오라치오의 형제인 말라테스타 발리오니는 피렌체의 장군으로 있다가 1530년의 모반으로 불멸의 악명을 떨쳤고, 말라테스타의 아들 리돌포는 1534년 교황의 사절과 관리들을 죽이고 비록 짧은 기간이지만 페루자에서 공포정치를 편 가문의 마지막 사람이었다.

리미니의 전제군주들은 앞으로 우리가 여러 대목에서 자주 접하게 될 것이다. 그런데 시지스몬도 말라테스타(1467년 사망)처럼 포악함과 타락과 무인적 재능과 수준 높은 교양이 한 인간 속에 결집된 경우는

---

5) Varchi, *Stor. fiorent.* I, p.242 이하.

드물었다. 그러나 이 가문이 그랬듯이 악행이 쌓이면 그 무게가 재능을 눌러 군주들을 나락으로 내몰았다. 시지스몬도의 손자이며 앞에서도 얘기한 판돌포가 일신을 유지할 수 있었던 이유는, 아무리 지독한 만행을 저지른 용병대장이라도 베네치아가 그들을 포기하지 않았기 때문이었다. 판돌포의 부하들이 그럴 만한 이유가 있어서[6] 리미니의 성에 있던 그에게 폭격을 가한 뒤 도망치도록 했으나(1497년), 형제를 죽이고 갖가지 비행으로 얼룩진 이 판돌포를 베네치아의 한 위원이 다시 데려왔다. 말라테스타 일가는 30년 뒤에 비참한 망명자가 되었다.

1527년을 전후한 시기는, 체사레 보르자의 시대처럼, 소국가들로서는 역병과 같은 시대였다. 살아남은 국가는 소수에 불과했고 그것도 행운이라고 할 수 없었다. 1533년 피코 가의 소군주들이 지배한 미란돌라에는 릴리오 그레고리오 지랄디라는 가난한 학자가 있었다. 로마의 약탈을 피해 손님 접대가 융숭한 나이 많은 조반 프란체스코 피코(그 유명한 조반니 피코 델라 미란돌라의 조카)의 궁에 빈객으로 와 있던 사람이었다. 프란체스코 피코가 자신을 위해 미리 마련해두려던 묘비에 관해 얘기가 오가면서 이것을 계기로 한 편의 논문이 탄생했고[7] 그 헌사는 그해 4월부로 되어 있었다. 그러나 슬프게도 그 후기(後記)에는 이렇게 적혀 있었다. "같은해 10월, 이 불행한 군주는 한밤중 조카에게 살해되어 생명과 주권을 빼앗겼다. 나 역시 비참한 가운데 겨우 도망쳐 나와 목숨을 부지하였다."

아무 특성도 없는 반(半)전제정치, 일례로 판돌포 페트루치가 당파로 분열된 시에나에서 1490년부터 펼쳤던 정치 같은 것은 자세히 논의할 가치가 별로 없다. 범용하지만 사악했던 그는 법학 교수와 점성가의 도움을 받아 통치했으며 곳곳에서 살인을 저질러 공포감을 확산시켰다.

---

6) Malipiero, *Ann. Veneti*, in: *Arch. stor.* VII, 1, p.498 이하.

7) Lil. Greg. Gyraldus, "De sepulcris ac varia sepeliendi ritu", in: *Opera*, ed. Bas., 1580, I, p.640 이하. 이 군문에서는 이미 1470년에 소규모 참사가 있었다. Cf. *Diario Ferrarese*, in: Muratori, XXIV, Col. 225.

그는 그것이 어디에 떨어지건 또 누구에게 맞건 개의치 않고 돌덩이를 아미아타 산에서 굴려떨어뜨리는 것으로 낙을 삼으며 여름을 보냈다. 가장 교활한 자조차 실패한 일에 성공한 그였으나—그는 체사레 보르자의 간계에서 벗어났다—뒷날에는 그도 버림받고 경멸당하며 죽어 갔다. 하지만 그의 아들들은 일종의 반(半)주권자 형태로 오랫동안 명맥을 보존하였다.

4 대전제국

 강대국들 가운데 아라곤 왕조는 별도로 관찰할 필요가 있다.* 이탈리아에서는 남부의 교회국가와 몇 군데 지방을 제외하면 단순한 토지 소유권만 인정되었을 뿐 더 이상의 권한은 상속되지 못했지만, 나폴리에서는 노르만 왕조 이래 제후들의 영주권(領主權)으로 존속한 봉건제도가 이 나라에 독특한 색깔을 부여하였다. 1435년부터 나폴리를 손에 넣은 대(大) 알폰소(1458년 사망)는 그의 실질적인 또는 명목상의 후손들과는 전혀 다른 인물이었다. 뛰어난 풍모에다 민중에게서는 두려움을 사지 않고, 사람들과의 교류에서는 호의를 베풀며, 루크레치아 달라냐를 향한 만년의 열정에서조차 비난보다는 찬미를 받은 알폰소──하

---

 * 1268년 호엔슈타우펜 가가 몰락한 뒤 남이탈리아의 나폴리와 시칠리아는 샤를 앙주의 지배 아래로 들어갔으나, 샤를과 프랑스 관리들에 대한 이곳 주민들의 증오가 1282년에 '시칠리아의 학살'에서 폭발했다. 여기에 에스파냐 아라곤 가의 페드로 3세가 개입하여 호엔슈타우펜 가의 상속자임을 내세워 시칠리아를 점령함으로써 시칠리아는 나폴리에서 분리되었고 나폴리는 앙주령으로 남았다. 그뒤 1435년에 프랑스의 앙주 가계가 끊어지면서 아라곤의 알폰소 5세가 나폴리 계승권을 주장하였고, 마침내 1442년 나폴리와 시칠리아를 통합하여 지배하면서 알폰소 1세라고 칭했다. 1494년 이탈리아를 침공한 프랑스의 샤를 8세는 앙주 가의 상속권을 내세워 이듬해 나폴리를 정복했으나 1504년에 다시 아라곤의 페르난도 2세에게 빼앗겼다. 이후 나폴리와 시칠리아는 1707년까지 에스파냐의 부왕국(副王國)이 되었다.

지만 그에게는 낭비벽이라는 악습이 있었고[1] 이로 인해 피할 수 없는 사태가 일어나고 말았다.

초창기에는 악덕 재무관리들이 전권을 휘둘렀으나 훗날 파산에 처한 왕은 그들의 재산을 빼앗았다. 그는 십자군원정을 떠나겠다고 설파하면서 그것을 구실로 성직자들에게 과세하였다. 아브루치에서 대지진이 났을 때는 생존자들이 사망자들의 세금까지 내야만 했다. 사정이 이런데도 알폰소 왕은 지체 높은 빈객들에게 당대 최고의 환대를 베풀었고 (78쪽), 모든 이에게, 심지어는 적에게까지 쉴새없이 기부를 즐겼으며, 특히 문학적인 노력에 대해서는 정도를 벗어난 사례를 했다. 한 예로 포조는 크세노폰의 『키루스 대왕의 교육』을 라틴어로 번역한 대가로 금화 500냥을 받았다.

알폰소에 뒤이어 등극한 그의 아들 페란테[2]는 에스파냐 여인이 낳은 서자로 알려져 있지만 그보다는 발렌시아 지방의 마라노 여인*에게서 태어난 것으로 보인다. 그를 음울하고 잔인한 성격의 사람으로 만든 것은 혈통일 수도 있고 생존을 위협하는 제후들의 음모일 수도 있지만, 여하튼 그는 당대 군주들 중에서 가장 두려운 존재였다. 끊임없는 활동가이며 뛰어난 정치적 두뇌의 소유자로 손꼽히면서도 방탕아는

---

1) Jovian. Pontan., *Opp.*, ed. Basileae, 1538, T. I: "De liberalitate," cap.19, 29: "de obedientia," I, 4. Cf. Sismondi, X, p.78 이하.

2) Tristano Caracciolo, *De Fernando qui postea rex Aragonum fuit ejusque posteris*, in: Muratori, XXII, coll. 113~120. Jovian. Pontanus, "De prudentia," 1, IV: "de magnanimitate", 1, I: "de liberalitate," cap.29, 36: "de immanitate," cap.8 — Cam. Porzio, *Congiura de' Baroni del regno die Napoli contra il re Ferdinando I*, Pisa, 1818(Stanislao D'Aloe가 1859년 나폴리에서 새 판을 출간함). Comines, *Charles VIII*, chap.17에는 아라곤 왕가의 일반적인 특징이 기술되어 있다.

* 마라노(Marrano)는 15세기에 포르투갈과 에스파냐에서 살던 유대인을 가리킨다. 이들은 유대인 박해 때 기독교로 강제 개종당하면서도 은밀히 유대교를 신봉했다. 기독교 교리에 따라 이단으로 몰린 마라노들은 에스파냐와 포르투갈에서 추방당했고, 추방을 피한 사람들은 북아프리카와 이탈리아·남프랑스·투르크 등지로 이주했다.

아니었던 그는 원한을 잊지 않는 기억력과 고도의 위장술에 이르기까지 전력을 다해 적들을 섬멸해갔다. 제후의 지도자들이 그와 인척관계에 있으면서도 그의 외부 적들과 동맹을 맺는 바람에 일국의 군주가 맛볼 수 있는 치욕은 모두 맛본 그는 극단적인 사태에도 일상사인 양 익숙해졌다.

제후들과의 투쟁과 외적과의 싸움에 들어가는 경비는 프리드리히 2세가 썼던 이슬람 방식으로 조달하였다. 곡물과 기름은 국가 전매품이었다. 페란테는 모든 선주(船主)를 휘하에 거느린 대상(大商) 프란체스코 코폴라에게 무역 전반을 맡기고 그와 이윤을 나누어 가졌다. 그밖의 경비는 강제 공채, 사형을 통한 재산 몰수, 노골적인 성직 매매, 종교단체에서 빼앗은 재물로 조달하였다.

페란테는 정신없이 사냥에 몰두했지만 그밖에도 그는 두 가지 도락에 빠져 있었다. 적을 산 채로 견고한 감옥에 넣거나 아니면 죽여서 방부 처리를 한 뒤 생전에 입던 옷을 입혀[3] 곁에 두는 것이었다. 그는 측근 신하들과 포로들 이야기를 할 때면 키득거리며 웃었고 미라 수집품이 있다는 사실도 숨기지 않았다. 희생자는 거의 모두 남자였는데, 반역 때문이거나 또는 국왕 연회석에서 체포된 사람들이었다.

그러나 정말로 악마적이었던 것은 늙어 병들 때까지 봉직한 재상인 안토넬로 페트루치에 대한 그의 처사였다. 그는 페트루치가 연일 죽음의 공포에 떨고 있을 때도 끊임없이 그에게서 진상품을 받아냈으며, 결국에는 얼마 전에 있었던 제후들의 모반에 가담한 낌새를 잡아 그것을 구실로 그를 코폴라와 함께 잡아들여 처형하였다. 이 사건의 전말을 묘사한 카라촐로와 포르치오의 필치는 머리털까지 곤두서게 만든다.

페란테의 아들 중에서는 장남인 칼라브리아의 공작 알폰소가 훗날

---

3) Paul. Jovius, *Histor.* I, p.14에 있는 한 밀라노 사절의 연설. Cf. *Diario Ferrarese*, in: Muratori, XXIV, Col. 294. [Gothein, *Kulturentwicklung Süditaliens*, p.525, Fn.1에 따르면 이렇게 옷을 입혀 매장하는 것은 페란테의 유별난 비인간성 때문이 아니며, 지금도 나폴리 사람들이 즐겨 따르는 풍습이라고 한다.]

아버지와 더불어 공동통치를 했다. 야만적이고 잔혹한 방탕아에다 대범함에서는 아버지를 능가한 그는 종교와 종교적인 관습을 서슴지 않고 경멸하였다. 당시의 전제정치에 나타나던 활기차고 우수한 특성들은 이 군주들에게서 찾아볼 수가 없다. 이들이 당시의 예술과 교양에서 섭취한 것은 사치와 외양뿐이었다.[4] 순수한 에스파냐 사람들도 이탈리아에 오면 예외없이 타락한 모습을 보였다.

결국 이 마라노 가계의 사람들은 종말을 맞으면서(1494년과 1503년) 혈통상의 결함을 여지없이 드러내고 말았다. 페란테는 정신적 불안과 고통으로 죽었고, 알폰소는 친형제이자 가문의 유일한 선인인 페데리고에게 역모 혐의를 씌워 가장 비열한 방법으로 모욕했다. 더욱이 그는 그때까지 이탈리아에서 가장 용감한 장군 가운데 하나로 손꼽혔지만 경솔하게 시칠리아로 도망치는 바람에 아들인 소(小) 페란테를 프랑스 군대와 국내 모반자들의 희생물로 내주었다. 이 같은 통치를 한 왕조가 그 자식과 후손들이 국가 재건의 기대를 품게 하려면 최소한 목숨만은 값어치 있게 내던졌어야 했다. "이보다 더 잔인한 인간들은 없었다"는 코민의 말은 일방적이기는 해도 전체적으로 타당한 지적이었다.

15세기의 경향에서 볼 때 진정으로 이탈리아의 특색을 보여준 국가는 밀라노 공국이었다. 이곳 군주들은 이미 잔갈레아초 때부터 고도로 성숙한 절대왕정의 통치를 과시하였다. 특히 주목할 인물은 비스콘티가의 최후 군주인 필리포 마리아(Filippo Maria, 재위 1412~47년)로, 다행히 그에 관한 이야기들이 뛰어난 기록 속에 묘사되어 있다.[5] 비상한 재능을 가지고 높은 지위에 앉아 있는 사람이 공포에 사로잡히면 어떻게 변할 수 있는지는 수학적으로 완벽하다 할 만큼 그에게서 드러난다. 국가의 모든 수단과 목표는 필리포 마리아 개인의 안전이라는 한

---

4) [Müntz, *Hist. de l'art. pend. la Renaissance*, I, 116, 119에는 이들이 로렌초 메디치의 영향을 받아 진정한 예술 애호가가 되었다고 적혀 있다.]

5) Petrus Candidus Decembrius, *Vita Phil. Mariae Vicecomitis*, in: Muratori, XX.

곳에 집중되었다. 단지 그의 잔혹한 이기주의가 피에 굶주린 만행으로 이어지지 않았을 뿐이다.

그는 호화로운 정원과 정자와 운동장이 있는 밀라노의 성곽 안에 살면서 시내에는 수년간 나가지도 않았고 행차라야 화려한 별궁이 있는 지방 도시로 가는 것이 고작이었다. 민첩한 말들이 이끄는 작은 배가 그를 태우고 특별히 만든 운하 위로 운행했는데, 이 배는 모든 예식을 거행할 수 있도록 꾸며져 있었다. 성곽에 발을 들여놓는 사람은 도처에서 감시를 당했다. 또 바깥을 향해 신호를 보낼 수 없도록 하기 위해 창가에 서 있는 것도 금지시켰다. 군주의 측근 신하가 될 사람들에게는 까다로운 시험을 부과하였다. 그러면 필리포는 이들에게 최고의 외교관 자리와 시종직을 맡겼다. 이곳에서 이 두 직책은 똑같이 영예로운 자리였기 때문이다.

필리포는 몇 년에 걸쳐 고된 전쟁을 치렀고 계속해서 정치적으로 중요한 사건들을 처리하였다. 다시 말해 그는 폭넓은 전권을 가진 사절들을 각지로 끊임없이 파견해야 했다. 이런 와중에서 그의 안전이 유지될 수 있었던 것은 그의 신하들이 서로가 서로를 믿지 못했기 때문이었다. 즉 용병대장들은 첩자들 때문에, 교섭인과 고급관리들은 교묘하게 조장된 반목 때문에, 다시 말해 매번 선인과 악인을 짝지어놓아 서로 혼란에 빠지고 불화를 일으켰기 때문이었다.

필리포는 내면의 믿음에서도 상반된 세계관을 통해 안정을 찾았다. 그는 별자리와 맹목의 필연성을 믿는 동시에 온갖 신에게도 기도를 드렸고, 고전을 읽으면서 프랑스의 기사소설도 탐독하였다. 죽음이라는 말은 한사코 들으려 하지 않고[6] 그 누구도 자신의 행복한 성 안에서 죽지 못하게 하려고 빈사의 총신(寵臣)마저 성 바깥으로 운반해내게 한 그였지만, 막상 자기가 입은 상처는 봉하고 방혈을 거부하여 의도적으로 죽음을 재촉함으로써 품위와 위엄 속에서 숨을 거두었다.

---

6) 필리포는 '언젠가는 죽지 않으면 안 된다'는 생각 때문에 불안해했다.

필리포 마리아의 사위이며 종국에는 그의 후계자가 된 행운의 용병대장 프란체스코 스포르차(Francesco Sforza, 재위 1450~66년, 85쪽)는 어쩌면 모든 이탈리아인 가운데 15세기에 가장 잘 들어맞는 인물일지 모른다. 천부적인 재능과 개인적인 능력의 승리가 그보다 더 찬란하게 빛난 인물은 어디에도 없었다. 혹 이것을 인정하고 싶지 않은 사람이라도 그가 행운의 총아라는 것만큼은 경모해 마지않을 것이다. 밀라노는 최소한 이런 유명 군주를 얻은 것을 영광으로 생각하였다. 그가 도심으로 들어올 때 빽빽이 몰려 있던 군중은 그가 말에서 내릴 틈도 없이 그대로 밀고 대성당으로 향했다.[7] 프란체스코 스포르차의 일생 결산서를 이 같은 일에 정통한 교황 피우스 2세가 내미는 글을 통해 들여다보기로 하자.[8]

1459년, 공작이 만토바 군주회의에 왔을 때 그의 나이 60세(실제로는 58세)였다. 말을 탄 모습은 청년과 같았고, 자태에는 고귀함과 당당함이 넘쳤으며, 얼굴은 근엄했고, 대화할 때는 온화하고 겸손했으며, 모든 행동거지가 군주다웠다. 심신의 재능이 합일을 이룬 그 모습이 이 시대에는 필적할 만한 자를 찾지 못하고 전쟁에서는 패할 줄 모르는 이 사람, 이 사람이 바로 비천한 신분에서 일국을 지배하는 군주로 입신한 인물이다. 그의 아내는 미모와 부덕을 겸비했고 자식들은 하늘에서 내려온 천사처럼 우아했다. 그는 질병이라고는 알지 못했고 바라던 간절한 소원은 모두 이루어졌다. 하지만 그에게도 어느 만큼의 불행은 있었다. 아내가 질투심으로 남편의 애인을 죽였고, 전우이자 친구인 트로일로와 브루노로가 그를 버리고 알폰소 왕에게로 넘어갔다. 한번은 그의 형제 알레산드로가 프랑스인들을 선

---

7) Corio, *Storia di Milano*, p.400; Cagnola, in: *Arch. stor.* III, p.125.
8) Pius II., *Comment.* III, p.130; Cf. II, 87, 106. 스포르차의 행운을 약간 암울하게 평가한 글은 Caracciolo, *De varietate fortunae*, in: Muratori, XXII, Col. 74이다.

동하여 그에게 대항한 적이 있었고, 그의 아들 한 명은 아버지를 향해 음모를 꾸미다 구금당했다. 전쟁에서 정복한 변경 땅 앙코나를 다시 전쟁에서 잃기도 했다. 그러나 한번도 흔들림과 맞서 싸우지 않을 만큼 원만한 행복을 누리는 사람은 없다. 불운이 적은 사람이 행복하다 할 것이다.

행복에 대한 이 소극적인 정의를 끝으로 박식한 교황은 글을 마감한다. 하지만 그에게 미래를 내다보는 혜안이 있었다면 또는 무제한한 군주권의 말로를 논할 의사가 있었다면, 그도 이 군문의 덧없음이라는 하나의 일관된 인식을 놓치지는 않았을 것이다. 천사처럼 아름다웠고 다방면으로 세심한 교육을 받은 프란체스코 스포르차의 자식들은 성년이 되면서 거침없는 이기주의자로 타락해갔다.

갈레아초 마리아 스포르차(Galeazzo Maria Sforza, 재위 1466~76년)는 외모에 꽤나 신경을 쓴 사람이었다. 그는 자신의 아름다운 손과, 그가 지불하는 높은 액수의 봉급과, 그가 얻은 금전상의 신용과, 200만 금화에 이르는 재산과, 그를 둘러싼 유명인들과, 그의 군대와, 사냥에 쓰려고 기른 새들을 자랑으로 여겼다. 그는 자신의 말소리를 듣는 것을 좋아했다. 그 자신이 달변이었기 때문인데, 아마 베네치아 사절에게 모욕을 줄 때 가장 유창한 말솜씨를 발휘했을 것이다.[9] 뿐만 아니라 그는 하룻밤 새에 방에다 여러 인물의 그림을 그리게 하는 괴팍한 사람이었다. 측근에게는 잔인하게도 행동했고 무분별한 방탕에도 빠졌다.

갈레아초가 폭군의 모든 특성을 갖고 있다고 여긴 몽상가 몇 명은 그를 살해하고 나라를 그 형제들 손에 넘겨주었다. 그 가운데 한 명인 루도비코 일 모로는 후일 감옥에 갇힌 조카를 무시하고 전권을 거머쥐었다. 이 찬탈로 인해 프랑스의 간섭이 뒤따랐고 이탈리아 전토는 불행한 운명에 빠져들었다.*

---

9) Malipiero, *Ann. Veneti*, in: *Arch. stor.* VII, 1, p.216 이하, pp.221~224.

일 모로는 당대에 가장 완벽한 유형의 전제군주로서 우리가 미워할 수 없는 자연의 산물처럼 보인다. 그는 자기가 취한 수단이 부도덕의 극치였는데도 그 수단을 사용할 때는 너무나 태연하였다. 만일 누가 그에게 목적만이 아니라 수단에도 윤리적인 책임이 존재한다고 설파했더라면 그는 이것을 매우 의아하게 여겼을 것이다. 또한 되도록 모든 사형선고를 피해보려고 했던 자신의 태도를 특별한 덕목으로 내세웠을 것이다.

그는 이탈리아 사람들이 자신의 정치력에 대해서 보여준 신화에 가까운 존경심을 당연한 공물처럼 받아들였다.[10] 1496년에도 그는 여전히 교황 알렉산데르가 자신의 전속 사제이고, 막시밀리안 황제는 자기의 용병대장이며, 베네치아는 회계관, 프랑스 왕은 그의 명령에 따라 오가는 사절이라고 뽐냈다.[11] 그는 최후의 궁지에 몰리면서도(1499년) 놀랍도록 신중하게 모든 가능한 결말을 저울질했으며 인간 본성의 선량함을 믿는 존경할 만한 일면을 보여주었다.

그는 동생 아스카니오 추기경이 밀라노 성곽에 남아 항전하겠다고 했으나 그전에 서로 격렬한 싸움을 했던지라 이렇게 거절하였다. "추기경님, 나쁘게 생각하지 마십시오. 비록 우리가 형제지간이라고 하지

---

* 1494년에 조카를 제치고 밀라노 공작이 된 일 모로는 자신의 지위를 확보하고자 조카의 지지기반이던 나폴리를 공격하기 위해 프랑스의 샤를 8세에게 원군을 요청했다. 이에 샤를 8세가 앙주 가의 상속권을 주장하고 출병하여 나폴리를 정복했으나, 이탈리아 도시들이 동맹을 맺고 여기에 에스파냐와 막시밀리안 황제까지 가세하여 1495년 프랑스 군대를 몰아냈다. 샤를 8세에 이어 프랑스 왕이 된 루이 12세는 앙주 가의 후계자로서는 나폴리 상속권을 주장했고, 밀라노 공국으로 출가한 조모를 들어 밀라노 상속권도 주장하면서 1499년 원정에 나섰다. 그는 조세 부담에 눌린 밀라노 국민과 베네치아의 지지를 얻어 순식간에 밀라노를 점령한 뒤 1500년 일 모로를 포로로 잡았고 에스파냐의 페르난도 2세와 동맹하여 나폴리를 분할점령했다. 일 모로는 잠시 도망쳤다가 밀라노를 탈환하기 위해 다시 귀환했으나, 1508년 프랑스 군대에 체포되어 프랑스에서 옥사했다.

10) *Chron. Venetum*, in: Muratori, XXIV, Col. 65.
11) Malipiero, *Ann. Veneti*, in: *Arch. stor.* VII, 1, p.492. Cf. 482, 562.

만 나는 당신을 믿지 못하겠습니다." 대신 그는 '자신의 귀환의 보증
물'인 성곽을 지킬 사람으로 이미 사령관 한 명을 물색해놓은 상태였
다.[12] 이 사람은 항상 일 모로에게서 호의를 입었으면서도 나중에는
성곽을 팔아넘겼다.

일 모로는 마음속으로 선정과 유익한 정치를 하려고 노력했고 특히
밀라노와 코모에서 누리던 자신의 인기를 믿었다. 그러나 통치 만년
(1496년부터)에는 국민의 납세력에 과도한 부담을 주었고 크레모나에
서 새로운 과세에 반대한 어느 명망있는 시민을 득이 되지 않는다는 이
유로 몰래 교살시켰다. 그후로 그는 사람들을 접견할 때 횡목을 설치하
여 거리를 두고 앉았기 때문에[13] 그와 교섭하려면 큰 소리로 얘기해야
했다. 일 모로의 궁은 부르고뉴의 궁들이 모두 사라진 터라 이제 유럽
에서 가장 화려한 궁이었지만 패륜이 횡행한 곳이었다. 아버지가 딸을
팔았고, 남편은 아내를, 형은 누이를 희생시켰다.[14]

그러나 적어도 군주는 여전히 활동에 분주했고, 이렇게 활동을 중시
하는 자신이 역시 나름의 정신적인 자산으로 살아가는 학자와 시인과
음악가와 예술가들과 비슷하다고 보았다. 그는 학술원[15]도 설립했으나
그것은 학생들을 가르치기 위해서가 아니라 그 자신을 위해 존재한 곳
이었다. 그가 필요로 한 것은 학자들의 명성이 아니라 그 학자들과의
교류와 그들의 업적이었다.

---

12) 일 모로가 사령관과 마지막으로 나눈 주목할 만한 대화는 Muratori, XXIV, Col.
   567에서 Senarega가 전해준다.
13) *Diario Ferrarese*, in: Muratori, XXIV, 336, 367, 369. 국민들은 그가 보물을
   모아두고 있다고 생각했다.
14) Corio, *Storia di Milano*, p.448. 이 사태의 후유증은 특히 반델로가 모아놓은
   밀라노 관련 소설집과 서문에 뚜렷이 나타나 있다. 〔Malaguzzi Valeri, *La corte
   di Lodovico il Moro, La vita private e l'arte*, Milano, 1913, p.126 이하는 이
   런 범죄가 특히 밀라노 궁에서 빈발했다는 점에 이의를 제기한다.〕
15) Amoretti, *Memorie storiche sulla vita ecc. di Lionardo da Vinci*, pp.35,
   83. 〔가이거의 주석: 그러나 이 학술원은 실제로 존재하지 않았다. Cf. *Giorn.
   stor.* XXIX, 534, XXXVII, 414.〕

브라만테*는 처음에 이곳에서 약소한 보수밖에 받지 못했지만[16] 레오나르도 다 빈치는 1496년까지 그에 합당한 대우를 받았다. 만일 그가 자진해서 이 궁에 머무른 게 아니라면 도대체 무엇이 그를 이곳에 묶어 두었을까? 당시 세계는 다른 사람에게는 몰라도 레오나르도 다 빈치에게만큼은 문을 활짝 열어놓고 있었다. 만일 모로에게 어떤 고상한 면이 살아 숨쉬고 있었음을 증명하는 게 있다면, 그것은 바로 이 불가사의한 거장이 오래도록 그의 곁에 머물렀다는 사실일 것이다. 훗날 레오나르도 다 빈치가 체사레 보르자와 프랑수아 1세에게 봉사한 것도 그들의 비상한 품성을 높이 산 까닭이리라.

일 모로가 몰락한 뒤 남의 손에서 열악한 교육을 받은 그의 아들 가운데 형 마시밀리아노는 아버지와는 전혀 다른 인물이었다. 그러나 동생 프란체스코는 최소한 재기의 능력만은 갖고 있었다. 그 무렵 빈번한 군주의 교체로 끊임없는 고통에 시달리던 밀라노는 반동의 기운만큼은 막아보려고 했다. 1512년 에스파냐 군대와 마시밀리아노[17]에게 퇴각당하던 프랑스 군**은, 밀라노 시민들이 자신들의 퇴각에 관여하지 않았다는 것과 아무 반란 없이 새 정복자에게 복종할 것이라는 각서를 넘겨주었다.[18] 이 같은 변환기에는 불행한 도시가——나폴리에서 아라곤 군주들이 도망할 때처럼——흔히 악도의 약탈에 희생당하고 만다는 것은 정치적으로도 주목할 만한 일이다.

15세기 후반기에 특히 질서가 잡히고 유능한 군주의 통치를 받았던

---

* Donato d'Angelo Bramante. 1444~1514. 이탈리아의 건축가이자 화가로 이탈리아 르네상스기의 고전적인 건축물들을 남겼다. 1479년부터 루도비코 일 모로에게 봉사했으며, 1504년부터는 교황 율리우스 2세 밑에서 일하면서 성 베드로 대성당의 개축 때 설계를 맡았다.

16) 1884년 Beltrami가 밀라노에서 펴낸 브라만테의 소네트 참조.

17) 〔신성동맹과 황제 막시밀리안 1세의 군대를 말한다.〕

** 1511년 교황 율리우스 2세가 이탈리아에서 프랑스를 몰아내고자 스위스 연합군, 베네치아, 에스파냐, 막시밀리안 황제와 맺은 신성동맹으로 인해 프랑스의 루이 12세는 노바라 전투에서 패한 뒤 밀라노를 포기하고 퇴각했다.

18) Prato, in: *Arch. stor.* III, 298, cf. 302.

곳은 곤차가가 지배한 만토바와 몬테펠트로가 지배한 우르비노였다. 곤차가 가문은 가족들부터가 매우 화목한 사람들이었다. 이곳에서는 오래 전부터 암살이라고는 없었기 때문에 그들은 사람이 죽어도 당당히 세상에 내보일 수 있었다. 프란체스코 곤차가(Francesco Gonzaga) 후작[19]과 그 아내 이사벨라 데스테는 때로는 방종한 면도 있었으나 품격과 화합을 갖춘 부부였고, 작지만 중요한 자신들의 나라가 큰 위험 속에서 흔들릴 때도 자식들을 행복하고 성공적인 인물로 키워냈다.

프란체스코가 군주와 용병대장으로서 지극히 올곧고 성실한 정책을 펴나가야 한다는 것은 당시 황제나 프랑스 왕이나 베네치아도 원하지 않았고 기대는 더더욱 하지 않았을 것이다. 그러나 프란체스코는 적어도 1495년의 타로 전투* 이래 무인의 명예라는 면에서는 자신이 이탈리아의 애국자라고 생각했고[20] 이 신념을 아내에게도 알렸다. 이후로 그녀는 용맹스러운 충성이 발휘된 행동들, 가령 체사레 보르자에게 맞서서 파엔차를 방어한 일 같은 것을 이탈리아의 명예 회복으로 느꼈다.

우리는 이사벨라에 대한 판단의 근거를 얻기 위해 이 미모의 후작부인이 베푼 예술 후원의 보답으로 그녀에게 찬사를 아끼지 않은 예술가나 작가들의 말을 빌릴 필요가 없다. 그녀 자신이 써놓은 편지들이 벌

---

19) 1466년에 태어나 1480년 여섯 살의 이사벨라와 약혼하고, 1484년 군주위에 오른 뒤 1490년에 결혼하고 1519년에 죽었다. 이사벨라는 1539년에 사망했다. 두 사람의 아들로는 1530년에 만토바 공작이 된 페데리고(1519~40)와 유명한 페란테가 있다. 본문에 이어지는 내용은 *Arch. stor. ital.* Append. Tom. II에서 d'Arco가 전하는 이사벨라의 편지와 부록에 의거하였다. 〈Cf. D. Chambers-J. Martineau(Ed.), "Splendours of the Gonzaga," in: Ausstellungskatalog Victoria-Albert Museum London, 1981.〉

* 1494년 이탈리아에 침입하여 나폴리를 점령한 프랑스의 샤를 8세가 에스파냐, 막시밀리안 황제, 이탈리아의 각국 군주들이 맺은 동맹 때문에 나폴리를 떠나 북이탈리아로 퇴각하면서 치른 전투이다. 프란체스코 곤차가도 이 동맹에 가담하여 싸웠다. 이 전투에서 샤를의 군대는 패하고 프랑스로 돌아갔다.

20) 〔실제로 프란체스코 곤차가는 아내와는 반대로 프랑스와 밀라노 사이에서 주저하고 있었다.〕

써 침착한 여인의 모습을, 그러나 관찰에서는 익살맞고 사랑스러운 모습을 충분히 그려내고 있기 때문이다. 벰보, 반델로, 아리오스토, 베르나르도 타소는 비록 만토바 궁이 보잘것없고 무력하고 국고는 바닥날 때가 많았어도 자신들의 작품을 이곳으로 보냈다. 예전의 우르비노 궁이 없어진 뒤(1508년)로 이 만토바 궁보다 더 세련된 사교계는 어디에도 없었다. 페라라 궁도 활동의 자유라는 근본적인 면에서는 여기에 미치지 못했다. 이사벨라는 미술통이었다. 그녀가 정선하여 모아놓은 수집품 목록은 그 어떤 예술 애호가라도 감동 없이는 읽지 못할 것이다.

그가 정말로 몬테펠트로 가계 출신이건 아니건 간에 상관없이, 우르비노의 대 페데리고(Federigo Montefeltro, 재위 1444~82년)는 뛰어난 군주정치의 대표자 가운데 한 명이었다. 용병대장으로서 그의 정치적 도덕성은 대부분의 용병대장들과 똑같았다. 그것은 절반의 책임밖에 지지 않는 도덕성이었다. 하지만 소국가의 군주로서 그는 밖에서 벌어들인 돈을 국내에서 소비하고 자국민에 대한 과세는 되도록 최소화하는 정책을 폈다. 페데리고와 그의 두 후계자인 귀도발도 및 프란체스코 마리아에 대해서 이런 말이 전해진다. "그들은 건물을 지었고 농업을 장려했으며 해당 지역에 살면서 많은 사람들에게 봉급을 주었으니 국민이 그들을 좋아하였다."[21]

그러나 국가뿐 아니라 궁도 모든 면에서 타산에 따라 조직적으로 만들어진 인공물이었다. 페데리고는 500명의 관리를 거느리고 있었다. 궁의 관직체제는 다른 대규모 궁에서도 별로 볼 수 없을 만큼 완벽하게 정비되어 있었지만 낭비란 볼 수 없었다. 모든 일에는 목적이 있었고 철저히 통제가 실시되었다. 이곳에는 유희나 비방이나 과시도 없었다. 궁이 다른 대귀족 자제들을 위한 군사교육기관이었던 까닭이고 이들의 교육에 공작의 명예가 걸려 있었기 때문이다. 페데리고가 건립한 궁전

---

21) *Arch. stor.* Append. Tom. VI, p.321에 있는 Franc. Vettori의 기록 참조. 페데리고에 관해서는 Vespasiano Fiorent., p.132 이하 참조.

은 화려하지는 않았으나 그 완벽한 설계로 볼 때 고전적이라고 할 수 있었다. 그는 이곳에 자신의 최고재산인 유명 장서들을 모아놓았다.

누구든 그의 치세로 덕을 보고 일자리를 얻었으며 걸인은 하나도 없는 나라였기에 페데리고는 아무런 신변의 위협도 느끼지 않았다. 따라서 그는 언제나 무장하지 않고 나다닐 수 있었고 호위병도 없을 때가 대부분이었다. 무방비로 정원을 산책하고, 공개된 홀에서 리비우스의 글이—단식절에는 기도서가—낭독되는 가운데 검소한 식사를 한 그의 행동은 누구도 흉내낼 수 없었다. 또 그는 같은 날 오후에는 고대에 관한 강의를 들은 뒤 클라라회 수녀원으로 가서 대화 격자를 사이에 두고 수녀원장과 종교에 관한 담화를 나누었다. 저녁이면 전망 좋은 성 프란체스코 교회 옆의 초원에서 궁에 소속된 젊은이들의 신체 단련을 즐겨 지도했고 그들이 몸놀림을 배우는 것을 자세히 관찰했다.

페데리고는 언제나 겸손하려고 노력했고 국민에게 가까이 가고자 애썼다. 그래서 자신을 위해 일하는 사람들의 작업장을 방문했고 끊임없이 사람들을 접견했으며 각 사람의 민원을 되도록 그날그날 처리했다. 그러니 그가 길을 갈 때면 사람들이 무릎을 꿇고 앉아 "전하께 신의 가호가 있기를!" 하고 말한 것도 놀랄 일은 못 된다. 사려 깊은 사람들은 그를 이탈리아의 빛이라고 불렀다.[22]

페데리고의 아들 귀도발도는 고귀한 품성의 소유자였으나 갖은 질병과 불행에 시달리다가 결국 나라를 자기 조카이자 교황 율리우스 2세의 친족인 프란체스코 마리아의 안전한 손에 넘겨주었다(1508년). 이로써 프란체스코는 최소한 나라를 외세의 지속적인 지배에서 막아낼 수 있었다.

여기서 흥미로운 것은 귀도발도가 체사레 보르자에게 그리고 프란체스코 마리아가 교황 레오 10세의 군대에 굴복하고 도주했을 때 가졌던 확신감이다. 그들은 국가가 소득 없는 방어로 인한 고통을 적게 받을수록 자신들의 귀환은 그만큼 더 수월해지고 환영받으리라 생각했던 것

---

22) Castiglione, *Cortigiano*, L. I, cap. 2.

이다. 만일 루도비코 일 모로도 그런 계산을 했더라면 그는 자신에게 불리하게 작용했던 수많은 다른 증오의 원인을 잊을 수 있었을 것이다.

귀도발도의 궁은 발다사레 카스틸리오네 덕분에 세련된 사교의 장으로 불후의 명성을 얻었다. 그는 「티르시」라는 전원시를 지어(1506년) 궁정 사람들 앞에서 낭독하여 격찬받았고, 나중에는 교양 많은 엘리자베타 곤차가 공작부인의 사교모임을 자신의 『궁신』속 대화무대로 삼았다(1508년).

페라라와 모데나와 레조를 지배한 에스테 일가는 독특하게도 폭압과 명망의 중간책을 택했다.[23] 궁 내부에서는 끔찍한 일들이 벌어졌다. 어느 군주의 부인은 의붓아들과의 간음 혐의로 참수당했고(1425년), 궁을 떠난 적출과 서출 왕자들은 그들을 추적하여 외국까지 따라온 암살자들에게서 살해 위협을 받았다(1471년). 게다가 바깥으로부터는 끊임없이 모반이 일어났다. 어느 서자의 서자는 유일한 적통 후계자인 에르콜레 1세에게서 정권을 탈취하려 했고, 에르콜레 1세는 훗날 아내가 그 오빠인 나폴리 왕 페란테의 부탁을 받고 자신을 독살하려 했다는 것을 알고는 도리어 그녀를 독살했다고 전해진다(1493년). 이 비극의 대미를 장식한 사건은 두 명의 서출이 자신들의 형제이자 통치군주인 알폰소 1세와 이폴리토 추기경을 향해 일으킨 모반이었으나(1506년) 때마침 발각되어 그들은 종신형에 처해졌다.

한편 이 나라의 재무제도는 고도로 발달해 있었다. 그도 그럴 것이, 이곳은 이탈리아의 강대국과 중견국들 틈에 끼어 가장 심각한 위협을 받았고 그에 따라 대규모 군비와 축성이 필요했기 때문이다. 물론 납세력이 상승하면 거기에 맞추어 국가의 자연적인 부(富)도 늘려야 했고, 니콜로 후작(1441년 사망)도 자기 신민들이 그 어느 나라 국민보다 부유해지기를 간절히 소망했다. 만일 급격한 인구의 증가가 실제로 이룩

---

23) 본문에 이어지는 내용은 *Annales Estenses*, in: Muratori, XX 그리고 *Diario Ferrarese*, in: Muratori, XXIV에 의거했다.

된 부의 증거라면, 1497년 당시 극도로 팽창된 이 나라의 수도에서 임대할 수 있는 집이 하나도 없었다는 것은 아주 중요한 사실이다.[24]

페라라는 유럽 최초의 근대 도시였다. 군주의 지시에 따라 처음으로 균형잡힌 대규모 시가지가 조성되었고 관직의 집중과 인위적으로 일으킨 산업으로 인해 도시민들이 모여들었다. 부유한 망명자들이 이탈리아 전역에서 몰려왔는데 특히 피렌체 사람들이 이곳에 정착하여 대저택을 지었다. 그러나 간접조세는 이렇다 할 발달을 이루지 못한 듯하다. 페라라의 군주들은 갈레아초 마리아 스포르차를 비롯한 당대의 여러 군주처럼 구호정책을 실시했다. 기근이 들면 먼 곳에서 곡물을 들여와[25] 무상으로 나눠주었다. 그로 인한 손실은 평상시에 꼭 곡물이 아니더라도 다른 식료품의 전매를 통해 보충했다. 여기에는 절인 고기와 생선, 과일, 페라라 성벽 부근에서 정성껏 재배한 채소가 있었다.

그러나 가장 중요한 수입원은 해마다 새로 임명하는 관직을 팔아 얻는 수입이었다. 이는 이탈리아 전역에 퍼져 있던 관습이었으나 페라라와 관련해서는 아주 자세한 내용이 전해진다. 한 예로 1502년 새해에 대다수 사람들은 터무니없이 비싼 가격에 관직을 사들였는데, 여기에는 관세 징수원, 국유지 관리인, 공증인, 도시 장관, 법관 그리고 지방도시를 책임지는 군주 소속 관리에 이르기까지 다양한 직책이 열거되어 있다. 관직을 비싼 값에 사들이고 국민한테서는 '악마보다 더한' 미움을 산 이 '식인종' 가운데 티토 스트로차라는 인물이 거명되고 있으나 제발 그 유명한 라틴 시인이 아니기를 바랄 뿐이다.[26] 또 해마다 이맘때쯤이면 공작이 친히 페라라 시를 순회하는 이른바 '행운의 순방'이

---

24) *Diario Ferr.* 1. c. Col. 347.

25) Paul. Jovius, *Vita Alfonsi ducis*, in: *Viri illustres*.

26) 〔가이거의 주석: 티토 스트로차는 이런 공격을 방어하려고 다음과 같은 말을 했다. "내가 공무를 집행하고 국사를 돌보는 동안 그 어떤 치욕적인 불명예로 공직과 내 깨끗한 손을 더럽힌 적이 없다." Coel. Calcagninus는 이 시인에 대한 시민들의 증오가 부당하다는 것을 밝히려고 했다.〕

라는 관례가 있어서 최소한 부유층에게서 선물을 받았다. 하지만 그것
은 돈이 아닌 농산물이었다.

페라라 공작은 자기 병사들과 대학 교수들이 제날짜에 봉급을 받고,
병사들은 결코 시민과 농민들에게 함부로 굴지 않으며, 페라라가 난공
불락의 도시이고, 성곽 안에는 엄청난 양의 금화가 비축되어 있음이 온
이탈리아에 알려지는 것을 자랑으로 여겼다.[27] 재무장관은 궁실 재상
도 겸했으므로 양쪽의 회계를 별도로 나눌 필요는 없었다.

보르소(재위 1430~71년)와 에르콜레 1세(재위 1471~1505년)와
알폰소 1세(재위 1505~34년)는 수많은 건축물을 세웠지만 그 규모는
대개 작았다. 이는 아무리 사치를 즐겼어도——보르소는 금박의 옷과
보석을 걸치지 않으면 사람들 앞에 나가지 않았다——결코 무분별한 지
출은 하지 않는 군문이었음을 알게 한다. 알폰소는 그늘진 정원이 딸린
누각과 아름다운 프레스코 벽화와 분수가 있는 몬타나 같은 자신의 우
아한 별장들이 언젠가는 대변란을 당하리라는 것을 알고 있었는지도
모른다.

끊임없이 계속되는 위협은 군주를 능력있는 인물로 발전시켰다. 이
러한 인위적인 세계에서는 수완 좋은 대가만이 성공할 수 있었고 따라
서 누구든지 자기가 정권을 잡을 만한 인물임을 입증해야 했다. 페라라
의 군주들은 모두 성격상 단점이 있었지만 이탈리아인들이 이상으로
삼는 덕목도 어느 정도는 갖추고 있었다. 당시 유럽의 어느 군주가 알
폰소 1세처럼 자기 수양을 위해 그토록 노력했는가?

그의 프랑스와 영국과 네덜란드 여행은 이 나라들의 상공업에 관한
정확한 정보를 얻게 해준 사실상의 견문 여행이었다.[28] 그가 휴양기간

---

27) Paul. Jovius, 1. c.
28) 교황 레오 10세가 추기경 시절에 했던 여행도 이 기회에 언급해둘 만하다. Cf.
Pau. Jovius, *Vita Leonis X.*, L. I. 그의 여행 목적은 진지한 것이라기보다는
기분을 전환하고 세계에 대한 지식을 얻으려는 지극히 근대적인 여행이었다. 그
무렵 북유럽의 어느 누구도 이런 목적으로 여행하지 않았다.

을 이용하여 선반작업을 했던 사실을 들어 비난한다면 옳지 못하다. 그
것은 그가 대포 주조술에 일가견이 있었기 때문이고, 각 분야의 대가들
을 주변으로 불러모으는 그의 편견 없는 태도와도 일맥상통하는 점이
었다.

당시의 이탈리아 군주들은 북유럽 군주들과 달리 귀족들하고만 교류
하지 않았다. 북유럽 귀족들은 자기들이 세상에서 유일하게 존경받을
수 있는 계급이라 여기고 군주들까지 이 오만에 물들게 했다. 그러나
이탈리아 군주는 모든 사람을 사귀고 이용할 줄 알았으며 실제로도 그
렇게 해야 했다. 마찬가지로 이탈리아 귀족들도 출신상으로는 특별한
존재였지만 사교생활에서는 계급이 아닌 개인적인 가치에 따라 대우받
았다. 이에 관해서는 나중에 더 얘기하겠다.

페라라 사람들이 에스테 군문에 품었던 감정에는 내심의 공포와 이
탈리아 특유의 타산적인 태도와 근대적인 신하의 충성심이 기묘하게
뒤섞여 있었다. 개인적인 열광은 새로운 의무감으로 돌변하였다. 1451
년, 페라라 시는 10년 전에 사망한 군주 니콜로를 위해 광장에 청동기
마상을 건립하였다. 보르소도 그 옆에 주저없이 자신의 청동좌상을 세
웠다(1454년). 뿐만 아니라 시는 보르소의 통치가 시작되자마자 그를
위한 '대리석 승전 기념주(記念柱)'를 세우라는 포고령을 내렸다. 국
외—베네치아—에서 보르소를 공공연히 비방한 어느 페라라 사람은
귀국하면서 밀고당하여 추방과 재산 몰수 판결을 받았는데, 하마터면
법정에서 한 충성심 깊은 시민의 칼에 찔릴 뻔한 일도 있었다. 그는 목
에 밧줄을 걸고 보르소 공작을 찾아가 용서를 빌었다.

페라라는 정탐꾼제도가 잘 정비되어 있었다. 공작은 몸소 매일같이
외국인 숙박객 명단을 검사했고 숙박업주는 반드시 이 명단을 제출해
서 보고해야 했다. 보르소의 경우는 이것이 중요한 여행객을 소홀히 해
서 보내지 않으려는 향응정신과 관련이 있었지만[29] 에르콜레 1세는 이

---

29) Jovian. Pontanus, "De liberalitate," cap.28.

것을 안전조치로 이용하였다.[30] 당시 조반니 2세 벤티볼리오가 통치하던 볼로냐에서도 그곳을 통과하는 모든 외국인은 한쪽 성문에서 표를 끊어야 다른 쪽 성문으로 나갈 수 있었다.[31]

군주가 인기를 얻는 비결은 강압적인 관리를 불시에 해임하는 것이었다. 보르소가 일등 추밀고문관들을 직접 체포했을 때, 에르콜레 1세가 몇 년 동안 국민의 혈세를 빨아들인 세리 한 명을 치욕을 주어 파면했을 때, 국민들은 축하의 횃불을 켜들고 종을 울려댔다. 그러나 에르콜레 1세는 '정의의 장관'이라고도 불린 경찰 총수인 루카 출신(이 관직에는 내국인이 적당하지 않았으므로)의 그레고리오 참판테만은 눈감아주었다. 참판테 앞에서는 공작의 아들과 형제들까지 두려움에 떨었고 그가 물린 벌금은 수백 수천 두카토에 이르렀다. 그는 심문도 하기 전에 고문을 가했고 돈 많은 범법자에게서 뇌물을 받고 거짓 보고를 올려 공작의 사면을 받아내주었다. 공작이 이런 신과 사회의 공적(公敵)을 파면만 했어도 신민들은 그에게 1만 두카토가 아니라 그 이상도 기꺼이 바쳤을 것이다. 하지만 에르콜레는 참판테를 자기 아이들의 대부로 삼고 그에게 기사 작위까지 주었다. 참판테는 해마다 2000두카토를 착복했다. 그는 집에서 재배한 포도만 먹고 궁수(弓手)와 경찰 없이는 거리에 나서지 않았다.

그러다가 마침내 참판테를 없앨 수 있는 기회가 왔다. 1496년, 그에게 심한 모욕을 당한 대학생 두 명과 개종한 유대인 한 명이 집에서 낮잠 자던 그를 죽인 후, 미리 준비해놓은 말을 타고 시내를 돌면서 "모두들 나오시오, 우리가 참판테를 죽였소이다" 하며 노래를 불렀다. 이들은 벌써 가까운 국경을 넘어 안전한 곳으로 달아났기 때문에 뒤따라온 추적자들이 손을 쓰기에는 너무 늦어 있었다. 당연히 이 사건을 빗댄 풍자문들이 홍수를 이루었는데, 그 중에는 소네트도 있었고 칸초네도

---

30) Giraldi, *Hecatommithi* VI, Nov. 1.
31) Vasari, XII, 166, *Vita di Michelangelo*.

있었다.

한편으로 군주가 유능한 신하에게 품고 있는 존경심을 궁과 국민들에게까지 강요한 행동은 이 군문다운 발상이었다. 1469년 보르소의 추밀고문관인 루도비코 카셀라가 사망하자 그의 장례일에는 법정도 시내의 상점도 대학의 강당도 문을 열 수 없었다. 공작이 장례행렬에 참가할 예정이었으므로 다른 사람들도 모두 카셀라의 유해를 따라 성 도메니코 교회로 가야 했다. "에스테 가문에서는 처음으로 신하의 장례에 참가한" 보르소는 검은 상복을 입고 눈물을 흘리며 관 뒤에서 걸어갔고 그 뒤를 카셀라의 친족들이 한 명씩 궁정 사람들의 인도를 받으며 따라갔다. 이 일개 시민의 유해는 귀족들에 의해 교회에서 회랑으로 운구된 뒤 그곳에 묻혔다. 이렇게 군주의 정서를 국민이 함께 나누는 것은 이탈리아 국가들에서 처음 있는 일이었다.[32]

물론 그 내면에는 아름답고 인간적인 가치가 자리잡고 있을 수도 있지만 이 감정이 특히 시인들의 입을 통해 표현될 때는 대부분 이중의 의미를 담고 있었다. 아리오스토의 초기 시[33] 중에는 에르콜레 1세의 부인인 아라곤 가의 리아노라의 죽음을 애도한 시가 있다. 거기에는 어느 시대에나 있게 마련인 조사(吊辭) 외에도 실로 근대적인 특성을 보여주는 구절들이 있다. "이 여인의 죽음은 페라라에 오랫동안 극복되기 힘든 충격을 안겨주었다. 지상은 이 자비로운 여인에게 어울리지 않기에 그녀는 이제 하늘에서 기도자가 되어 있다. 죽음의 여신은 우리 같은 범속인에게 그러하듯 피 묻은 낫을 들고 그녀에게 다가선 것이 아니라 모든 두려움이 사라지는 온화한 얼굴과 예의바름으로 다가왔다."

하지만 우리는 이와는 전혀 다른 종류의 공감도 접할 수 있다. 군문의 총애를 중시하여 거기에 기대를 걸고 있던 단편소설가들은 군주들의 연

---

32) 그 이전의 사례는 베르나보 비스콘티에게서 볼 수 있다. 이 책 70쪽 참조.
33) 때로는 *Capitolo* 19라고 씌어 있고, *Opere minori*, ed. Polidori, Firenze, 1857, Vol. I, p.245 이하에는 *Elegia* 17로 나와 있다.

애사건을 이야기로 남겨놓았고 그 중 어떤 것들은 군주의 생존시[34]에 나온 것들이다. 그 이야기 방식도 몇 세기가 지난 지금에 와서 보면 비밀 누설의 극치이지만 당시에는 악의 없는 찬사로 생각되었다.

뿐만 아니라 서정시인들은 정식결혼을 한 지체 높은 군주들의 한순간의 열정적인 연애도 노래불렀다. 안젤로 폴리치아노는 로렌초 마니피코의 열정을, 조반니 폰타노는 칼라브리아의 알폰소의 열정을 독특한 색채로 그려냈다. 특히 폰타노의 시는 본의 아니게 이 아라곤 군주의 추악한 영혼까지 폭로하고 있다. 알폰소는 이 방면에서도 최고의 행운아였음에 틀림없다. 그렇지 않고 그보다 더 행복한 자가 있다면 화를 당할 것이니! 레오나르도 다 빈치 같은 위대한 화가들도 당연히 자기 군주의 애인 모습을 그림으로 그렸다.

그러나 에스테 가문은 남의 찬양을 기다릴 것도 없이 자기네가 스스로를 찬미했다. 보르소는 스키파노야 궁에 있는 역대 군주들의 초상 옆에 그의 모습을 그려넣게 했고, 에르콜레는 자신의 즉위 기념일에 성체축일과 견줄 만한 행렬을 개최해 축하했다. 모든 상점은 일요일처럼 문을 닫았고 행렬 중간에서는 서자를 포함한 모든 에스테 가문 사람들이 금박 옷을 입고 행진했다. 모든 권력과 위엄은 군주에게서 나오고 개인의 명예도 군주에게서 비롯된다는 이 군문의 이념은 벌써 오래 전에[35] 황금 박차의 훈장으로 형상화되었다. 그러나 이 훈장은 중세의 기사도와는 관련이 없었다. 에르콜레 1세는 이 훈장에 더하여 검과 금박 자수의 외투와 하사금까지 내렸는데, 그 대가로 정규적인 봉사를 요구했음은 물론이다.

페라라 궁을 세계적으로 유명하게 만든 예술 후원정책은 이탈리아에

---

34) Giraldi의 *Hecatommithi*에서 I *Nov.* 8, VI *Nov.* 1 · 2 · 3 · 4 · 10은 에르콜레 1세, 알폰소 1세, 에르콜레 2세를 다루고 있으며 모두 알폰소 1세와 에르콜레 2세의 생존 중에 씌어졌다. 반델로도 생존해 있는 군주의 이야기를 많이 남겼다.

35) *Polistore*, in: Muratori, XXIV, Col. 848에 보면, 이미 1367년에 노(老) 니콜로와 관련된 일이 언급되어 있다.

서 가장 완벽한 대학의 하나인 이곳 대학을 대상으로 실시되었고 일부
는 궁정관리나 국가관리들에게 베풀어졌다. 그러나 거기에 특별히 많
은 돈을 쓰지는 않았다. 부유한 지방귀족이자 고위관리였던 보이아르
도*도 이 혜택을 받았다. 아리오스토**가 두각을 나타낼 무렵 진정한
의미의 궁은 밀라노에도 피렌체에도 우르비노에도 없었고 나폴리는 더
말할 것도 없었다. 아리오스토는 알폰소에게 고용되기 전까지는 이폴
리토 추기경 밑에서 추기경의 음악가·마술사들과 같은 지위에 만족해
야 했다. 반면에 후일 토르콰토 타소***의 처지는 달라서, 페라라 궁은
그를 차지하려고 시기심까지 드러냈다.

---

* Matteo Maria Boiardo. 1440~94. 이탈리아의 시인이자 인문주의자이며 고전
  작가들의 글을 번역한 그는 페라라의 에스테 가에 등용되어 보르소와 에르콜레
  1세 치하에서 봉사했고 레조의 총독을 지냈다. 대표작은 기사도를 예찬한 장편
  서사시 『사랑에 빠진 오를란도』(1476~83)인데, 8행 운시(韻詩)의 60곡으로 이
  루어져 있다. 아서 왕 이야기와 카롤링거 왕조의 로맨스 전통을 결합한 이 작품
  으로 그는 인기를 잃어가던 기사서사시에 새로운 활력을 불어넣었다. 아리오스
  토의 『성난 오를란도』는 이 작품의 속편이라고 할 수 있다.
** Ludovico Ariosto. 1474~1533. 이탈리아의 시인이며 페라라의 에르콜레 1세
  의 궁정에서 성장했다. 에스테 가문의 이폴리토 추기경 밑에서 오랫동안 봉사했
  고 1518년부터 에스테 가의 알폰소 1세 곁에서 활동했다. 이폴리토 추기경에게
  『성난 오를란도』를 바쳤다.
*** Torquato Tasso. 1544~95. 이탈리아의 시인. 우르비노 궁에서 교육받은 뒤
  법률·철학·웅변술 등을 공부했다. 1565년 페라라의 루이지 추기경에게 시종
  기사로 고용되었으나 1572년에 알폰소 2세에게로 갔다. 정신병에 시달린 그는
  수도원과 정신병원에 수용되기도 했다.

5 전제정치의 대항자들

나라 안에서는 군주의 권력 집중에 대항하는 그 어떤 힘도 무력했다. 도시공화국 건설에 필요한 요소들은 벌써 영원히 사라진 뒤였고 모든 것은 권력과 폭력을 향해 치달았다. 어딘가에 봉토를 가지고 있더라도 정치적으로는 무력했던 귀족들은 교황당과 황제당으로 나뉘어 각기 자기네 자객들로 하여금 모자에 깃털을 달게 하거나 정강이받침을 댄 바지를 입게 하는 등[1] 복장을 달리 했다.

마키아벨리[2]처럼 사려 깊은 사람들은 밀라노나 나폴리가 공화국이 되기에는 너무 '부패' 했음을 잘 알고 있었다. 오래 전부터 폭력의 그늘 밑에서 넝쿨을 타고 올라간, 케케묵은 가문 사이의 증오에 불과한 이 허울 좋은 두 당파에 대해서는 이해 못할 심판도 내려졌다. 어느 이탈리아 군주는 네테스하임의 아그리파[3]에게서 당쟁을 근절하라는 권고를 받자, 그들의 싸움으로 해마다 자신에게 1만 2000두카토의 벌금 수입이 들어온다고 대답했다.

1500년 루도비코 일 모로가 잠시 고국으로 귀환했을 때 토르토나의

---

1) Burigozzi, in: *Arch. stor.* III, p.432.
2) *Discorsi* I, 17.
3) *De incert. et vanitate scientiar.*, cap.55.

교황당은 황제당를 없애려고 인근에 있던 프랑스 군의 일부를 도시로 불러들였다. 프랑스 군은 당연히 황제당을 약탈하고 공격했지만 곧이어 토르토나가 완전히 쑥밭이 될 때까지 교황당 쪽에도 약탈과 파괴를 자행했다.[4] 갖은 잔학행위와 복수가 끊이지 않던 로마냐에서도 교황당과 황제당이라는 두 이름은 정치적인 의미를 완전히 상실하고 말았다.

뿐만 아니라 교황당은 프랑스와, 황제당은 에스파냐와 결탁하고 있다는 것이 가련한 민중의 정치적인 환상이었다. 이 환상을 악용했던 사람들이 그로써 어떤 특별한 득을 보았다고는 생각되지 않는다. 프랑스는 이탈리아에 대해 수많은 간섭으로 일관했지만 종국에는 다시 포기하지 않으면 안 되었고, 에스파냐가 이탈리아를 파괴한 뒤 어떻게 되었는지는 우리 모두 잘 알고 있다.

다시 르네상스의 군주제로 돌아오자. 모든 권력은 하느님에게서 나오고 따라서 군주들을 선의와 충성으로 지지하기만 하면 그들은 서서히 선량함을 되찾고 그들의 폭력적인 근원도 틀림없이 사라지리라— 그 시대 순수한 영혼의 소유자들이라면 이렇게 생각했을지 모르겠다. 그러나 불 같은 열정을 타고난 광신적인 환상가들에게 이 같은 사고를 기대하기는 어렵다. 이들은 징후만 없애면 병이 낫는다고 믿는 형편없는 의사들처럼, 군주를 죽이면 자유는 저절로 얻어진다고 믿었다. 아니, 그 정도까지는 생각지도 못했고, 그저 그들은 일반인 사이에 퍼져 있는 증오감을 발산시키거나 가족의 불행 또는 개인적인 모욕 때문에 복수하려고 한 것뿐이었다.

군주권이 절대적이었고 일체의 법적인 속박에서 자유로웠듯이 그 대적자들도 수단과 방법을 가리지 않았다. 보카치오는 다음처럼 노골적으로 얘기한다.[5] "폭군을 왕이라고, 군주라고 부르면서 나의 왕으로 모시듯 충성을 바쳐야 하는가? 그럴 수는 없다! 그는 공적(公敵)이다. 나

---

4) Prato, in: *Arch. stor.* III, p.241.
5) *De casibus virorum illustrium*, L. II, cap.5.

는 그에게 대적하여 무기, 모반, 간첩, 복병, 술수, 그 어느 것도 사용할 수 있다. 이것은 신성하고 불가피한 일이다. 폭군의 피보다 더 유쾌한 희생은 없다."

이와 관련한 사건들의 전모를 여기에서 다 얘기할 필요는 없겠다. 마키아벨리는 『로마사론』의 저 유명한 한 장에서,[6] 고대 그리스의 참주시대에서 시작하여 고금의 모반사건을 다루면서 그것들을 다양한 특성과 결과에 따라 냉철하게 평가해놓았다. 여기에서는 예배 때 일어난 시해사건과 고대가 끼친 영향만 이야기하겠다.

삼엄한 경호를 받는 전제군주에게 접근하기란 교회에서 예배를 볼 때 외에는 거의 불가능했다. 게다가 군주의 온가족이 한자리에 모이는 것도 이때가 유일했다. 1435년, 파브리아노 사람들[7]은 미리 약속해놓은 대로 "그리고 사람으로 되셨도다"라는 문구를 암호로 삼아 대미사가 진행되는 동안 키아벨리 일가를 살해했다. 밀라노의 조반니 마리아 비스콘티 공작은 성 고타르도 교회 입구에서 살해당했고(1412년), 갈레아초 마리아 스포르차 공작은 성 스테파노 교회에서 살해당했다(1476년). 루도비코 일 모로가 보나 공작부인 추종자들의 비수를 피할 수 있었던 것은 그가 성 암브로조 교회로 들어설 때 저들이 기다리고 있던 곳과는 다른 문을 이용한 덕분이었다(1484년).

모반자들의 행동에 특별히 하느님에 대한 불경한 의도가 있었던 것은 아니었다. 갈레아초 마리아의 살해자들은 거사에 앞서 도시의 성인을 모셔놓은 교회에서 기도를 드렸고 첫번째 미사에도 참석했다. 그러나 로렌초 메디치와 줄리아노 메디치에 대한 파치 일가의 모반(1478년)이 일부 실패로 끝난 것은 자객 몬테세코가 연회석에서의 살해는 수락했지만 피렌체 대성당에서의 시해는 거부한 데에 한 원인이 있었다.

---

6) *Discorsi* III, 6. 이것과 *Storie fior.*, L. VIII, cap.1을 비교하라.
7) Corio, p.333. 본문에 이어지는 내용은 같은 책 pp.305, 422 이하, 440에 의거했음.

그를 대신하여 일을 떠맡은 사람은 "성소(聖所)에 익숙하고 따라서 꺼릴 것이 없던"[8] 성직자들이었다.

고대가 당시의 도덕과 정치에 끼친 영향은 앞으로 자주 이야기하겠지만, 이 부분에서는 먼저 군주들이 국가관이나 행동거지에서 고대 로마제국을 이상으로 삼아 스스로 본보기를 보였다. 마찬가지로 군주의 적대자들도 교묘한 이론으로 무장하고 일에 착수할 때는 고대의 폭군 살해자들을 전례로 택했다. 그들이 핵심사안에서, 즉 거사를 향한 결심 자체에서 이 전례의 영향을 받았는지는 알 수 없으나 고대를 이상으로 삼은 것이 단순한 허사(虛辭)나 수사는 아니었다.

이는 갈레아초 마리아 스포르차를 살해한 람푸냐니 · 올지아티 · 비스콘티를 통해 가장 확실하게 드러난다.[9] 세 사람에게는 모두 지극히 개인적인 살해동기가 있었지만 그 결심은 훨씬 더 일반적인 이유에서 나왔을 것이다. 인문주의자이며 웅변술 선생인 콜라 데몬타니는 일군의 젊은 밀라노 귀족들에게 명예심과 조국을 위한 위업이라는 막연한 욕망의 불을 지피다가 마침내 밀라노를 해방시키겠다는 자신의 속내를 람푸냐니와 올지아티에게 드러냈다. 그는 곧 혐의를 받고 추방당했지만 젊은이들은 격정적인 광신에 몸을 내던졌다.

거사 열흘 전 그들은 성 암브로조 수도원에 모여 엄숙하게 선서했다. 올지아티가 말했다. "그후 나는 외딴 방에서 성 암브로조 성상을 바라보며 그에게 우리와 그의 온 민중을 도와달라고 간청했다." 천상에 있는 밀라노의 수호성인에게 거사의 지지를 요청한 것이었다. 그들은 나중에 거사가 일어난 성 스테파노 교회의 성인인 스테파노에게도 기도를 올렸다. 모반자들은 다른 사람들까지 여럿 끌어들여 매일 밤 람푸냐니의 집에서 모임을 가졌고 단도집을 이용하여 살인연습을 했다.

---

8) Muratori, XXIII, Col. 282에 있는 A. Gallus의 글에서 인용.
9) Corio, p.422. — Allegretto, *Diari Sanesi*, in: Muratori, XXIII, Col. 777.

거사는 성공했으나, 람푸냐니는 현장에서 갈레아초 공작의 수행원들에게 살해되었고 나머지는 체포되었다. 비스콘티는 후회의 심정을 드러냈지만 올지아티는 갖은 고문을 당하면서도 자기들의 행위가 하느님의 뜻에 맞는 희생이라는 주장을 굽히지 않았고, 사형 집행인이 그의 가슴을 내리치는 순간에도 이렇게 말했다. "담대하라, 지롤라모! 사람들은 너를 오래도록 기억할 것이다. 죽음은 쓰라리지만 영광은 영원하다."

목적과 의도가 아무리 이상적이었어도 여기서 역모가 진행된 방식을 보면 모든 모반자 가운데 가장 사악한 인물이자 자유와는 거리가 멀었던 카틸리나*의 모습이 비처나온다. 『시에나 연감』은 이들이 살루스티우스**를 연구했다고 강조하는데, 이는 올지아티 본인의 고백에서도 간접적으로 밝혀지고 있다.[10] 카틸리나라는 끔찍한 이름은 앞으로 다시 접할 테지만, 모반 가운데—그 목적은 별도로 친다면—카틸리나의 모반만큼 매력적인 사례는 없었다.

메디치 일가를 몰아내려 했고 실제로 여러 차례 몰아낸 피렌체 시민들은 폭군 살해를 일반인이 인정하는 이상으로 생각했다. 1494년 메디

---

* Lucius Sergius Catilina. 기원전 108~기원전 62. 고대 로마 말기의 음모가. 명문 출신이지만 많은 빚을 지고 몰락한 카틸리나는 기원전 64년과 63년에 집정관 선거에 입후보했다. 그는 대규모 부채 말소안을 공약으로 내걸고 자신과 비슷한 처지의 몰락귀족과 이탈리아 내의 불평분자들을 규합하여 선거운동을 벌였으나 떨어지자 무력으로 정부를 전복하려는 계획을 세웠다. 그러나 집정관이던 키케로에게 모반 계획이 발각되어 에트루리아로 도망한 뒤 병사들을 다시 모았지만, 기원전 62년 피스토야에서 전사했다.

** Gaius Sallustius Crispus. 기원전 86~기원전 34. 고대 로마의 역사가. 다년간 재무관, 호민관, 아프리카 총독 자리에 있다가 카이사르가 죽은 뒤에는 정치에서 물러나 역사서 집필에 들어갔다. 『카틸리나의 전쟁』『유구르타 전쟁』 등의 저작이 있다.

10) Corio의 글에 나오는 올지아티 본인의 고백 중 다음 문장을 보자. "우리들 각자는 되도록 많은 가담자와 수많은 다른 사람을 유혹하고 위협했으며, 이 사람은 저 사람에게 친절한 척하기 시작했다. 누군가에게 작은 선물을 하고, 동시에 저녁을 먹고, 술을 마시고, 밤을 새우고, 우리의 전재산을 약속했다……."

치 일가가 도주하자 사람들은 그 궁에서 도나텔로의 청동 군상인「홀로
페르네스의 목을 든 유딧」상[11]*을 들고 나와 지금은 미켈란젤로의「다
비드 상」이 서 있는 시뇨리아 궁 앞에 갖다 놓고 '국가 안녕의 본보기로
시민들이 세우다. 1495년'이라는 제명을 붙였다. 피렌체 시민들은 특히
로마제국을 배신한 죄로 단테의 작품[12]에서 카시우스와 유다스 이스카
리오(예수의 제자 유다를 가리킨다—옮긴이)와 함께 지옥의 나락에 빠
진 것으로 묘사된 브루투스를 이상으로 삼았다.

메디치 가의 줄리아노 · 조반니 · 줄리오에 대해 모반을 꾀했으나 실
패한(1513년) 피에트로 파올로 보스콜리도 브루투스에게 열광한 인물
인데, 대담하게도 그를 모방하려는 야심을 품고 카시우스와 같은 인물
을 찾고 있던 중 아고스티노 카포니를 동지로 얻었다. 피에트로가 감옥
에서 행한 마지막 연설[13]은 당시의 종교 상황을 보여주는 중요한 문헌
이다. 이것을 보면 그가 기독교 교도로 죽기 위해 얼마만한 노력으로
고대 로마의 환상에서 탈피했는지 알 수 있다. 그의 친구 한 명과 고해
신부는 성 토마스 아퀴나스가 무릇 모든 모반을 응징한다는 사실을 피
에트로가 알아듣도록 설명해야 했다. 하지만 고해 신부는 나중에 이 친
구에게 은밀히 고백하기를, 성 토마스도 여기에 구분을 두어서 민중의

---

11) Vasari, II, 405에 있는『도나텔로 전기』에 대한 주석.〈청동군상의 해석과 관련
   해서는 H. W. Janson, *The Sculpture of Donatello*, Princeton, 1963,
   pp.198~206을, 미켈란젤로의「다비드 상」에 대해서는 F.-J. Verspohl,
   Michelangelo und Machiavelli, Städel Jahrbuch, NF, 8, 1981, pp.204~ 246
   참조.〉

 * 피렌체에서 활동한 조각가 도나텔로가 성서 외전 중「유딧서」에 나오는 이야기를
   소재로 만든 조각이다. 기원전 2세기경 이스라엘 지방의 베툴리아 시가 아시리
   아 군에 포위되었을 때, 유딧이라는 미망인이 도시를 구하고자 아시리아 군의 총
   사령관인 홀로페르네스의 진영으로 들어가 미인계로 그의 목을 베어 베툴리아
   시민들이 아시리아 군을 물리치게 했다.

12)「지옥편」XXXIV, 64.

13) 연설을 직접 들은 Luca della Robbia가 기록하여 *Arch. stor.* I, p.273에 전해지
   고 있다. Cf. Paul. Jovius, *Vita Leonis X.*, L. III, in: *Viri illustres.*

의지와는 반대로 폭력으로 억압하는 폭군에 대한 모반은 허용했다고 말했다.

로렌치노 메디치가 알레산드로 공작을 죽이고 도망했을 때(1537년)는 그의 것으로 보이는, 아니면 적어도 그의 의뢰에 따라 작성된 것으로 보이는 변명서[14]가 출현했는데, 그는 이 글에서 폭군 살해 자체를 훌륭한 행적으로 찬양했다. 그는 알레산드로가 정말 메디치 가문 사람이고 따라서 비록 멀지만 자기와는 친족이라는 가정 아래, 애국심에서 형제를 죽인 티몰레온에 자신을 비유했다. 어떤 이들은 그를 브루투스에 비유하기도 했다. 미켈란젤로도 훗날 이 같은 생각을 품고 있었다는 것이 우피치 미술관에 있는 그의 브루투스 흉상에서 추측된다. 그의 대다수 작품들이 그러하듯 이것도 그는 미완성으로 남겨놓았지만, 그것은 그 흉상 밑에 붙어 있는 2행시가 말해주듯 카이사르 살해로 인해 마음이 무거워진 때문은 아니었다.[15)a]

뒷날 근대 왕정에 대항하여 일어난 민중적 급진주의를 이 르네상스의 군주국들에서 찾는 것은 소용없는 일이다. 사람들은 모두 내심으로는 군주권에 저항했을지 몰라도 여기에 힘을 모아 대항하기보다는 오히려 인내로 순응하거나 거기에서 이익을 얻으려 했다. 따라서 민중이 지배자의 일문을 제거하거나 몰아내려는 기도를 하게 될 때까지는 당시 카메리노와 파브리아노와 리미니에서와 같은(94쪽 이하) 상황이 전개되어야 했다. 또한 사람들은 이것이 그저 군주만 교체할 뿐이라는 것을 너무도 잘 알고 있었다. 공화국의 별은 결정적으로 기울어가고 있었다.

---

14) 1723년 처음으로 바르키(Varchi)의 『피렌체사』에 부록으로 실렸고, Roscoe, *Vita di Lorenzo de' Medici*, Vol. IV에 부록 12로 간행된 후 여러 차례 인쇄되었다.

15a) D. J. Gordon, "Gianotti, Michelangelo and the Cult of Brutus," in: Gordon (Ed.), *Fritz Saxl, 1890~1948. A Volume of Memorial Essays from his friends in England*, London, 1957, pp.281~296.

6 공화국–베네치아와 피렌체

한때 이탈리아의 도시들은 도시에서 국가로 성장할 수 있는 커다란 힘을 기른 적이 있었다. 여기에는 도시들이 대동맹으로 연합하는 길밖에 없었는데, 이는 이런저런 다양한 형식을 취하면서 이탈리아에서 반복적으로 등장한 정책이었다. 실제로 12세기와 13세기의 전란 중에는 군사적으로 힘이 막강한 대도시연맹이 결성되었다. 시스몽디(스위스의 역사가–옮긴이)는 롬바르디아 동맹이 바르바로사 황제에게 대항하여 최후의 무장을 했던 때(1168년부터)가 바로 통일적인 이탈리아 연방이 결성될 수 있었던 순간이었다고 믿고 있다.

그러나 강대한 도시들에서는 벌써 이것을 불가능하게 하는 특성들이 자라고 있었다. 이 도시들은 상업상의 경쟁자로서 극단적인 수단을 써서 상호 대립했고 주변의 약소 도시들을 예속시켜 무력화(無力化)했다. 다시 말해 이 도시들은 자기네 각자가 독자적으로 성장할 수 있으므로 동맹의 도움은 필요하지 않다고 생각했으며, 이를 통해 저마다 전제정치의 토대를 마련해갔다.

전제정치가 등장한 배경을 보면, 귀족들끼리의 당파싸움이나 귀족과 시민들의 투쟁으로 인해 강력한 정부에 대한 소망이 싹트고, 한쪽으로 기운 당파 지도자들이 일반 시민군은 쓸모가 없다고 여긴 뒤[1] 기존의 용병대가 돈만 되면 무슨 일에든 뛰어들면서 전제정치가 나타난 것이다. 전제군주들은 대부분의 도시에서 자유를 박탈했다. 때로는 민중이 그들을 몰아내기도 했지만 절반의 성공에 그치거나 한순간에 그쳤을 뿐 전제정치는 계속 부활했다. 내부적으로 거기에 맞는 조건이 갖추어져 있었고, 그에 대항하는 세력도 사라졌기 때문이었다.[2a]

독립을 유지한 도시들 중에서 인류사에 커다란 의미를 주는 두 도시가 있다. 끝없는 격동의 도시로서 300년 동안 격동에 휘말린 개개인과 시 전체의 사상과 목표를 기록으로 남긴 피렌체 그리고 외면적으로 볼 때는 정치적인 침묵과 정체의 도시인 베네치아가 그곳이다. 우리는 두 도시가 보여준 것보다 더 선명한 대립은 생각할 수 없다. 또한 두 도시는 세상의 어느 곳과도 비교할 수 없는 도시이다.

베네치아는 예부터 자신이 인간의 지혜가 아닌 다른 무엇이 작용한 불가사의하고 신비스러운 창조물이라고 생각했다. 이 도시의 장엄한 건설에 관해서는 다음과 같은 전설이 전해오고 있다. 413년 3월 25일 정오, 파도바에서 온 이주민들은 야만인에게 유린당한 이탈리아에 난공불락의 성스러운 피난처를 세우기 위해 리알토에 초석을 놓았다. 후대 사람들은 이 건설자들에게 앞으로 베네치아의 융성함을 예견하는 힘을 부여했다.

일례로 베네치아의 건설 과정을 6운각의 유려한 시로 찬미한 안토니오 사벨리코는 도시 봉헌을 수행한 사제로 하여금 하늘을 보고 이렇게 외치도록 만들었다. "언젠가 우리가 위업을 행할 날이 오면 그때 번영을 주소서! 지금은 초라한 제단 앞에 무릎꿇고 있으나, 신이여, 우리의 기원이 헛되지 않다면 언젠가는 이곳에서 대리석과 황금으로 만든 수백 개의 신전이 당신을 향해 솟아오를 것입니다!"[3]

15세기 말경 이 수상도시는 마치 세계의 보석상자 같았다. 오래 전에

---

1) Cf. Jac. Nardi, *Vita di Ant. Giacomini*, Lucca, 1818, p.18.

2a) Cf. Hans Baron, *The Crisis of the Early Italian Renaissance. Civic Humanism and Republican Liberty in an Age of Classicism and Tyranny*, 2 Vols., Princeton, 1955.

지어진 반구 지붕의 교회와 사탑과 정면에 대리석을 입힌 건물이 있고, 도금한 지붕도 구석의 임대 건물과 조화되는 이 집약된 화려함의 도시 베네치아를 앞서 말한 사벨리코[4]는 말 그대로 보석상자로 묘사한다. 그는 우리를 사람들로 붐비는 리알토의 성 자코메토 교회 앞 광장으로 이끈다. 이곳은 고성과 절규가 아니라 다양한 인간들이 낮은 목소리로 영업하는 곳이다. 주변의 회랑[5]과 인접한 골목에는 환전상과 수많은 금세공사가 앉아 있고 그들 머리 위에는 가게와 창고가 끝없이 늘어서 있다.

사벨리코는 다리 건너편에 있는 독일인들의 대규모 무역관도 묘사한다. 그곳 창고 안에는 무역관원들과 상품이 있고 무역관 앞 운하에는 언제나 배가 늘어서 있다. 거기에서 계속 위로 올라가면 포도주와 기름을 실은 배들이 있고, 짐꾼이 몰려 있는 해안에는 배와 나란히 상인들의 창고가 줄지어 있다. 리알토에서 성 마르코 광장까지는 향수가게와 숙박업소들이 즐비하다.

이렇게 사벨리코는 독자를 이곳저곳으로 안내하다가 마지막에는 두 군데의 병원으로 데리고 간다. 공익기관에 속하는 이곳은 베네치아에서만 이렇게 발달해 있었다. 평상시와 전시를 가리지 않고 실시한 시민 후생제도는 베네치아의 특색 가운데 하나이며, 적의 부상자에게도 베푼 간호는 다른 도시민들에게 경탄의 대상이었다.[6]

---

3) 사벨리코의 시 중에서 베네치아의 탄생을 노래하는 시. Cf. Sansovino, *Venezia citta nobilissima e singolare, descritta* in 14 libri, Venetia, 1581, p.203 — 가장 오래된 베네치아 연대기[또는 그 중의 하나]인 Joh. Diaconi, *Chron. Venetum et Gradense*, in: Pertz, *Monum*. SS. VII, pp.4, 6은 베네치아의 건설을 롬바르드 왕국 때로, 리알토의 건설은 그보다 후일로 잡고 있다.

4) 「신탁으로 기록된 베네치아의 장관을 찬양하는 송시」.

5) 그후 이 지역 전체는 16세기 초 새 건물들이 들어서면서 변모했다.

6) Alex. Benedictus, "De rebus Caroli VIII", in: Eccard, *Scriptores* II, Col. 1597, 1601, 1621. *Chron. Venetum*, in: Muratori, XXIV, Col. 26에는 친절, 소박, 깊은 자애심, 경건함, 아량 등 베네치아 사람들의 정치적 덕목이 열거되어 있다.

공공시설이라고 이름할 수 있는 것은 모두 베네치아에서 본보기를 찾을 수 있다. 연금제도도 체계적으로 실시되어 유족을 위한 제도까지 마련되었다. 부와 정치적인 안정과 세계에 대한 지식이 이러한 것들을 배려하는 사고를 성숙시킨 것이다. 금발과 호리호리한 몸매, 조용하고 신중한 걸음걸이와 사려 깊은 말투의 이곳 사람들은 복장과 태도에서 서로 차이가 나지 않았다. 그들은 아내와 딸들을 장신구로, 특히 진주로 치장시켰다.

그 무렵 베네치아는 투르크인들 때문에 큰 손실을 입었지만* 여전히 번영일로에 있었다. 축적된 에너지와 유럽 각국이 보여준 편견에 가까운 호의는 후일에도 베네치아가 인도 항로의 발견이나 이집트의 맘루크 조**의 몰락 그리고 캉브레 동맹전*** 같은 커다란 타격도 이겨낼 수 있는 충분한 힘을 주었다.

티볼리 지방에서 태어난 사벨리코는 당대 고전학자들 특유의 기탄없는 화법에 익숙한 사람이었다. 그는 자신의 아침 강의를 들은 젊은 귀족들이 도대체 그와는 정치적 토론을 나누려 하지 않았다고 다른 문헌[7]에서 놀라움을 섞어 이야기한다. "내가 그들에게 이탈리아에서 일고 있는 이런저런 움직임을 사람들이 어떻게 생각하고 이에 대해 어떤

---

* 아드리아 해 연안의 이스토리아와 달마치야·모레아를 비롯한 동부 지중해에 많은 영토를 갖고 있던 베네치아는 서진하는 오스만 투르크에 대항해 지중해 상권을 지키고자 했다. 그러나 1453년 콘스탄티노플이 함락된 후 투르크와 수 차례에 걸쳐 전쟁을 치르고 조약을 맺어 많은 영토를 내주었고 공물까지 바쳤다.

** 투르크 출신의 '노예 군인'을 뜻하는 맘루크는 이슬람교로 개종한 후 이집트와 시리아의 아이유브 조에서 친위군으로 복무하였다. 그뒤 서서히 국사에도 관여하다가 1250년 아이유브 조의 말기에 맘루크의 장군들이 정권을 탈취하여 이른바 '노예 왕조'를 열었고, 1516년 오스만 투르크에 정복될 때까지 이집트를 지배하였다.

*** 중부 이탈리아에 압력을 가하고 있던 베네치아에 대항하여 교황 율리우스 2세가 황제 막시밀리안 1세, 프랑스의 루이 12세, 에스파냐의 페르난도 2세와 함께 1508년에 맺은 동맹이다. 고립에 빠진 베네치아는 교황과 에스파냐 왕에게 로마냐와 프리울리 지방에서 점령한 땅을 되돌려준다는 조건으로 화해했다.

7) *Epistolae*, lib. V, p.28.

애기들을 하며 어떤 기대를 하느냐고 물으면, 그들은 모두 한 목소리로 아무것도 모른다고 대답하였다."

그러나 국가적인 단속이 있었는데도 타락한 귀족들을 적절히 매수하기만 하면 그들에게서 많은 것을 알아낼 수 있었다. 15세기의 마지막 25년 동안에는 고위관리 중에 배신자가 나타났다.[8] 교황, 이탈리아 각지의 군주들, 심지어 베네치아 공화국에 봉사하는 이류 용병대장들까지도 정보원을 두고 있었고, 때로는 그들에게 정규 봉급을 지불하였다. 마침내 사태는 10인 위원회가 정치적으로 중요한 정보를 원로원에 숨기는 것이 좋다고 여길 지경에 이르렀고,* 밀라노의 루도비코 일 모로가 원로원에서 일정 수의 투표권을 좌우한다고 생각하게 되었다.

배신자를 밤중에 교살하거나 밀고자에게 두둑한 보상을 하는 것(가령 60두카토의 종신연금 지급)이 효과가 있었는지는 말하기 어렵지만, 어쨌든 사태의 주요 원인이었던 다수 귀족들의 빈곤은 갑자기 없앨 수 있는 것이 아니었다. 1492년에는 아무 관직도 얻지 못한 가난한 귀족들의 위로금으로 국가가 매년 7만 두카토를 지출해달라고 두 명의 귀족이

---

8) Malipiero, *Ann. Veneti*, in: *Arch. stor.* VII, 1, pp.377, 431, 481, 493, 530; II, pp.661, 668, 679.—*Chron. Venetum*, in: Muratori, XXIV, Col. 57.—*Diario Ferrarese*, Ibid., Col. 240.

* 베네치아의 통치기구로는 통령(Duce), 대회의(Maggior Consiglio), 소회의 (Collegio, 나중에는 Signoria), 원로원(Pregadi), 10인 위원회(Consiglio dei Dieci) 등이 있었다. 통령은 귀족과 성직자들에 의해 선출되었고 초기에는 군사권과 사법권을 쥔 단독 실권자였으나 나중에는 10인 위원회의 통제와 감시를 받았다. 대회의는 12세기 말에 생긴 최고 의사 결정기관이다. 간접선거로 뽑힌 의원들로 구성되어 13세기에는 300~500명, 후에는 900~1200명의 의원이 있었으나, 1297년 대회의가 처음 폐쇄된 뒤에는 특정 귀족 가문 출신으로 자격이 제한되었다. 원래는 통령의 권한을 제한하는 기구로 등장했지만 그 밑의 소회의(Collegio)와 더불어 곧 입법·행정·사법상의 권한을 쥐었다. 비대한 조직으로 인해 차츰 권력을 잃다가 결국 권한을 소회의와 40인 회의와 원로원에 잃고 말았다. 원로원은 입법기관이었다. 10인 위원회는 1310년에 처음 설치된 비밀 사법기관으로 모반의 타도 등 국가 안녕과 풍기 단속의 책임을 졌고 정치분야에서도 감시역을 맡아 최고의 실권을 누렸다. 대회의 의원이 일부 귀족들로 제한되고 10인 위원회가 설치됨으로써 베네치아에서는 귀족들에 의한 과두정치체제가 공고해졌다.

동의안을 제출하였다. 이 안이 대회의에 상정되어 다수의 찬성표를 얻을 수 있는 찰나에 마침 10인 위원회가 개입하여 두 귀족을 영구히 키프로스 섬의 니코시아로 추방해버렸다.[9]

같은 시기에 소란초 가문의 한 사람은 성물절도범으로 국외에서 처형당했고 콘타리니 가의 한 사람은 가택침입죄로 쇠사슬을 찼다. 이 가문의 또다른 한 명은 1499년 시의회에 출석하여 말하기를, 자신은 몇 년 동안 아무 관직도 얻지 못하고 16두카토의 수입만 있을 뿐이고, 자식은 아홉에다 빚이 60두카토이며, 장사하는 법은 알지도 못하고 최근에는 길거리를 헤맨다고 한탄하였다. 일부 부유한 귀족들이 가난한 귀족들을 위해 무료로 집을 지어 살게 한 것도 다 이유가 있었다. 이러한 무료 주택 건축은 자선사업으로서 유언장에도 등장하였다.[10]

만일 베네치아의 적들이 이 같은 피폐한 상황을 근거로 어떤 진지한 희망을 품었다면 그것은 착각이었을 것이다. 어찌 보면, 아주 미천한 사람에게도 풍부한 노동의 수익을 보장한 상업의 번영과 동부 지중해의 식민지들이 베네치아의 위험세력들을 정치에서 눈을 돌리게 했다고 생각할 수도 있겠다. 하지만 제노바 역시 이와 비슷한 유리한 상황에 놓여 있었어도 정치적으로는 격동의 세월을 보내지 않았는가?

베네치아의 정치적인 안정은 다른 곳에서는 볼 수 없는 제반 여건이 서로 맞물려 작용한 데에 원인이 있었다. 지리적으로 난공불락이었던 이 도시는 예부터 냉철한 타산 아래 외교를 펼쳤고, 다른 나라들에 있던 당파체제는 생각지도 않았으며, 동맹은 한시적으로, 그것도 되도록 많은 대가를 노리고 맺었다. 따라서 자긍심을 갖고 타도시를 경멸하는 고립의 정신이 이곳의 기본정서가 되었으며, 여기에 나머지 이탈리아 국가들의 증오감까지 가세하여 내부적으로는 강한 연대감이 형성되었다.

---

9) Malipiero, *Ann. Veneti*, in: *Arch. stor.* VII, 2, pp.691, 694, 713; VII, 1, 535.

10) Marin Sanudo, *Vite de' Duchi*, in: Muratori, XXII, Col. 1194.

도시 내의 주민들은 식민지뿐 아니라 이탈리아 본토 안의 속지*에 대해서도 강력한 공동체적 이해관계를 구축하였다. 그래서 베르가모를 위시한 본토의 속지 주민들은 베네치아에서만 매매할 수 있었다. 이 같은 인위적인 방식으로 얻어진 이익은 내부의 안정과 화합을 통해서만 유지될 수 있었고 베네치아 사람들도 물론 이 사실을 잘 알고 있었다. 따라서 모반자들이 활동하기에는 별로 좋은 곳이 못 되었다. 혹 불만을 품은 자가 생겨도 귀족과 시민들이 분리된 상태에서는 어떠한 접근도 하기 힘들었다.

귀족 중에서 위험인물이 될 소지가 있는 사람, 곧 부유한 귀족들은 대규모 무역이나 여행 그리고 반복되는 투르크와의 전쟁에 참가함으로써 모든 모반의 근원인 안일을 멀리할 수 있었다. 사령관들은 때로 법을 어겨가면서 귀족들의 참전을 면제해주었는데 이를 두고 베네치아의 카토** 격인 한 사람은 말하기를, 만일 귀족들이 이렇게 정의를 희생시켜가며 서로 해를 입히지 않으려는 기피현상이 계속된다면 정권은 몰락할 것이라고 예언하였다.[11]

어쨌든 자유로운 바깥세상에서 이루어진 이런 대규모 활동은 대체로 베네치아 귀족들에게 건전한 성향을 심어주었다. 만약 질투심을 발산

---

* 이것을 테라 페르마(Terra ferma)라고 불렀다. 해상국으로 발전한 베네치아는 동부 지중해의 레반트 연안에 무역기지를 설치하고 12세기에는 아드리아 해 유역까지 손에 넣었다. 이때까지는 이탈리아 반도에서 고립되어 내륙에서는 영토와 상업권을 얻지 못하다가, 14세기 말부터 본토로 진출해 파도바와 밀라노에 위협을 가하며 영토를 확대하기 시작했다. 오스만 투르크의 진출로 동방무역이 좌절되고 레반트 연안의 무역기지를 잃으면서부터 이탈리아 본토 안의 영지는 베네치아의 중요한 경제적 기반이 되었다.

** Marcus Porcius Cato Censorius. 기원전 234~기원전 149. 고대 로마의 정치가겸 저술가. 집정관과 재무관을 역임한 그는 포에니 전쟁 이래 많은 전쟁에 종군하여 공을 세웠다. 로마로 파급되는 헬레니즘 문화의 영향을 배척하고 고대 로마의 소박 간소함으로 복귀하고자 했다. 라틴 산문문학의 시조라고 불린 그는 로마와 이탈리아 역사를 기술한 『기원론』과 『농업론』 등을 지었다.

11) *Chron. Venetum*, in: Murat., XXIV, Col. 105.

하고 명예욕을 채워야 할 필요가 생기면 그에 적당한 공식적인 희생물이나 관료나 합법적인 수단이 존재하였다. 프란체스코 포스카리 통령(1457년 사망)이 몇 년에 걸쳐 베네치아 시민들 앞에서 당한 도덕적 고문은 어쩌면 귀족사회에서만 가능한 가장 끔찍한 복수의 사례일 것이다.

10인 위원회——만사에 간섭하고, 생사 여탈권과 재정과 군령에 관한 절대권을 휘두르고, 그 안에 심문소를 두고, 포스카리를 위시한 많은 권력자들을 실각시킨 이 10인 위원회는 통치조직이던 대회의에 의해 해마다 새로 선출되었으며, 따라서 대회의의 가장 직접적인 대변자였다. 이 선거에서 별다른 음모가 있었던 것 같지는 않다. 임기가 짧고 나중에까지 책임을 져야 하는 그 직책의 성격상 별로 인기가 없었던 까닭이었다.

여하튼 이 10인 위원회를 비롯한 여러 정부기관의 처사가 아무리 은밀하고 폭력적이었어도 진정한 베네치아 시민은 그것을 피하지 않고 당당히 앞에 나섰다. 이는 베네치아 공화국의 영향력이 상당해서 당사자를 잡지 못하면 그 가족을 대신 괴롭혔기 때문이기도 하지만, 그보다는 정부가 잔혹함보다는 최소한 사리에 따라 일을 처리했기 때문이었다.[12]

일찍이 이 나라만큼 타국에 사는 국민에게까지 커다란 도덕적 위력을 행사한 국가는 없었다. 가령 원로원 의원 가운데 배신자가 생겨도 타국에 사는 베네치아 사람들이 각기 본국을 위해 첩보자 노릇을 했기 때문에 그 손실은 충분히 보상되었다. 로마에 있는 베네치아 추기경들이 교황이 주재한 비밀 추기경 회의의 내용을 본국에 알린 것도 당연한 일이었다. 도메니코 그리마니 추기경은 아스카니오 스포르차 추기경이 그의 형 루도비코 일 모로에게 보내는 전보를 로마 근방에서 낚아채 베

---

12) *Chron. Venetum*, in: Murat., XXIV, Col. 123 이하와 Malipiero, Ibid. VII, 1. pp.175, 187 이하에는 그리마니 제독 같은 대표적인 사례가 언급되어 있다.

네치아로 보냈다(1500년). 당시 중죄로 기소되어 있던 추기경의 아버지는 대회의에서, 즉 온 천하를 앞에 두고 이 아들의 공적을 내세워 유효적절하게 이용하였다.[13]

베네치아가 용병대장을 어떻게 대우했는지는 앞에서(88쪽) 언급하였다. 베네치아가 용병대장들의 충성을 확보하는 어떤 특별한 방책을 썼다면, 그것은 용병대장의 수를 늘림으로써 모반을 어렵게 만들고 그 발각도 쉽도록 했다는 점이다. 베네치아의 병적부를 보면 이렇게 잡다한 병사들로 구성된 군대에서 어떻게 공동작전이 가능했을까 하는 의문이 생긴다.

1495년 전쟁의 병적부[14]에는 1만 5526명의 기마병이 소부대로 나뉘어 등재되어 있는데, 그 중 만토바의 곤차가가 1200명의 기마병을, 조프레도 보르자는 740명을 거느린 것으로 되어 있다. 또 6명의 장군이 600∼700명의 기마병을, 10명의 장군이 400명을, 12명의 장군이 200∼400명의 군사를, 14명의 장군이 100∼200명을, 9명의 장군이 80명을, 6명의 장군이 50∼60명의 기마병을 지휘하였다. 이 가운데 일부는 베네치아의 기존 병력이었고 일부는 베네치아의 도시 귀족과 지방 귀족 휘하의 병사들이었다. 장군들은 대부분 이탈리아의 군주와 도시의 통치자와 그 친족들이었다. 여기에, 그 징집과 지휘 방식에 관해서는 아무 언급이 없지만, 2만 4000명의 보병과 3300명의 특수무기를 갖춘 부대도 있었다. 평상시에는 본토에 있는 복속도시들에 전혀 수비대를 두지 않거나 믿기 힘들 정도로 소수의 수비병만 주둔시켰다.

베네치아는 복속도시들의 충성이 아닌 사려분별에 기대를 걸었다. 잘 알려진 대로 캉브레 동맹전(1509년)에서 베네치아는 복속도시들을 충성의 맹세에서 해제시키고, 이들로 하여금 적의 점령이 주는 편리함

---

13) *Chron. Ven.* 1. c. Col. 166.
14) Malipiero, 1. c. VII, 1, p.349. 비슷한 종류의 또다른 목록은 Marin Sanudo, *Vite de' Duchi*, in: Muratori, XXII, Col. 990(1426년), Col. 1088(1440년) 및 Corio, pp.435~438(1483년), Guazzo, *Historie*, p.151 이하에 실려 있다.

과 베네치아의 온건통치를 서로 비교하게 만들었다. 복속도시들은 베네치아를 배신할 이유가 없었고 따라서 어떠한 처벌도 두려워할 필요가 없었으므로 다시 헌신적으로 과거의 지배자 밑으로 돌아왔다.[15] 덧붙여 말하면, 이 전쟁은 베네치아의 영토 확장욕에 반대하여 100년간 지속되어온 절규가 분출한 결과였다.

베네치아는 때로 영악한 인간이 빠지는 과실을 범하여, 자기들이 볼때 경솔하고 비합리적인 행동은 적들도 하지 않으리라 생각하였다.[16] 어쩌면 귀족정치 특유의 사고방식일 수도 있는 이 낙관론 속에서 베네치아는 메메드 2세의 콘스탄티노플 점령을 위한 전쟁 준비와 샤를 8세의 출정 준비도 완전히 간과했고 드디어는 예기치 않았던 사태가 일어나고 말았다.[17] 캉브레 동맹전도 이와 똑같은 사건의 하나이지만, 여기서는 그 주모자인 프랑스 왕 루이 12세와 교황 율리우스 2세의 이해와는 반대 방향으로 사태가 흘러갔다. 교황의 마음속에는 정복자 베네치아에 대해 전 이탈리아가 품어온 증오가 쌓여 있었기 때문에 외세의 진입에도 그는 눈을 감았다.

또 베네치아로서는 프랑스 왕과 앙부아즈 추기경*의 이탈리아 정책과 관련해 진작에 그들의 사악한 의도를 깨닫고 경계했어야 했다. 그밖의 나머지 국가들은 대부분 질투심에서 동맹전에 가담했는데, 이 질투가 부와 권력에는 효과적인 징벌수단일지 모르지만 그 자체로는 초라한 것일 수밖에 없다. 베네치아는 이 동맹전에서 영예롭게 물러났으나

---

15) 〔Manfren, *Del preteso scioglimento di sudditanza dopo la battaglia di Agnadello*, in: *Arch. veneto*, 1872에서는 이것이 허구임이 증명되어 있다.〕

16) 구이차르디니(*Ricordi*, N. 150)는, 정치적인 보복욕이 그 개인의 이해관계까지 잊어버리게 만들 수 있다고 말한 최초의 사람일 것이다.

17) Malipiero, 1, c. VII, 1, p.328.

* Georges d'Amboise. 1460~1510. 프랑스의 추기경이며 정치가. 루이 12세의 장관으로서 프랑스의 정치를 좌우한 그는 교황 알렉산데르 6세에 의해 추기경에 임명되었다. 1499년 루이 12세로 하여금 밀라노를 정복하게 했고, 1508년에는 베네치아에 대항하는 캉브레 동맹에 참가했다.

손실이 없지 않았다.

기초가 이토록 복잡하고 활동과 이해 범위가 넓은 지역에까지 뻗어 있는 나라는 국가 전체를 대단위로 조망하지 않고는, 즉 국력과 부채와 이익과 손실에 관한 지속적인 결산서 없이는 생각할 수 없다. 베네치아는 근대 통계학의 산실로 자부해도 좋을 듯하다. 여기에 견줄 만한 곳이 피렌체이고, 그뒤를 이탈리아의 발전된 군주국들이 잇고 있다.

중세 봉건국가에서는 기껏해야 군주의 영주권과 수익(토지대장)을 적은 총목록만이 존재하였다. 이때는 생산을 고정된 것으로 이해했고 또 생산이 근본적으로는 토지에서 나왔으므로 대체로 타당한 생각이었다. 이에 반해 도시들은 상공업과 관련해 이루어지는 생산을 예부터 유동적인 것으로 인식하고 그에 상응하여 취급했으나, 이것 역시—한자동맹의 전성기에서조차—일면적인 상업적 결산서에 지나지 않았다. 따라서 함대나 병력, 정치적인 압력과 영향력 따위를 단순히 상인이 하는 식으로 대차대조표란에 기록하는 것이 고작이었다.

그러나 이탈리아에서는 정치의식이 발달하고 이슬람식 행정의 전범과 예부터 지속된 활발한 생산과 무역이 결합하여 처음으로 진정한 의미의 통계학이 이룩되었다.[18] 황제 프리드리히 2세가 통치한 남부 이탈리아의 전제국(61쪽 이하)은 존망이 걸린 싸움 때문에 권력을 한 곳으로 집중시킨 체제였다. 그에 반해 베네치아는 권력과 삶을 향유하고, 선대에게서 물려받은 자산을 계속 육성하고, 수익성 많은 산업을 축적하고, 새로운 판로를 개척하는 것이 국가의 궁극적인 목표였다.

이에 관해 당시의 저술가들은 진솔한 기록을 남겨놓았다.[19] 1422년

---

18) *Manipulus florum*, in: Muratori, XI, 711 이하에 나온 1288년도 밀라노 관련 통계는 한정된 범위에서 작성되었지만 아주 중요한 통계이다. 여기에는 호구, 인구, 병역복무가 가능한 사람, 귀족들의 주랑, 수목, 난로, 선술집, 정육점, 어물전, 곡물의 수요, 개, 사냥용 새, 목재와 포도주와 소금의 가격, 재판관, 공증인, 의사, 교사, 필사생, 병기 공장, 편자 철공소, 병원, 수도원, 자선시설, 종교 단체 등이 열거되어 있다.—*Liber de Magnalibus Mediolani*, in: Heinrich de Hervordia, ed. Potthast, p.165에는 좀더 오래된 통계가 있다.

베네치아의 인구는 19만 명에 이르렀음을 알 수 있는데, 인구를 세대수나 병역 복무가 가능한 자의 수 또는 자기 다리로 걸을 수 있는 사람의 수로 헤아리지 않고 머릿수에 따라 계산하여 이것을 그밖의 다른 통계의 중립적인 기초로 삼은 것은 아마 이탈리아가 처음일 것이다.

그 무렵 피렌체가 밀라노의 필리포 마리아 비스콘티에게 대항하기 위해 베네치아와 동맹을 맺고자 했을 때 베네치아는 이것을 거절하였다. 밀라노와 베네치아 사이의 전쟁, 다시 말해 구매자와 판매자 사이의 전쟁은 모두 바보짓이라는 면밀한 상업적 계산에 바탕을 둔 뚜렷한 확신이 있었기 때문이었다. 밀라노의 공작이 군대를 증강하면 이 나라는 곧 조세가 가중되어 바람직하지 않은 소비자가 될 터였다. "차라리 피렌체 사람들이 패하도록 내버려두자. 그러면 곤궁에 빠졌던 루카 시민들이 그랬듯이 자유시의 생활에 익숙한 저들도 저들의 비단직조공장과 모직공장을 갖고 우리에게 건너올 것이다."

여기에서 눈길을 끄는 것은 임종을 맞던 모체니고 통령(1423년)이 소수의 원로원 의원들을 병상으로 불러 들려준 얘기이다.[20] 거기에는 베네치아의 전체 국력과 자산에 관한 아주 중요한 통계들이 있었다. 나는 이 난해한 문서를 풀어놓은 자세한 설명서가 존재하는지, 또 존재한다면 어디에 있는지는 알지 못하지만 단지 귀중한 사료로서 다음의 사항을 인용하겠다.

그때 베네치아는 400만 두카토의 전쟁공채를 갚고 나서도 여전히 국채가 600만 두카토에 달했다. 무역 총액은 1000만 두카토였던 것으로 보이고 본문대로라면 400만 두카토의 이윤을 냈다. 3000척의 소선(小船)과 300척의 대선(大船) 그리고 45척의 갤리선에 각각 1만 7000명, 8000명, 1만 1000명의 선원이 승선했고(갤리선 한 척당 200명 이상),

19) 특히 Marin Sanudo, *Vite de'Duchi di Venezia*, in: Muratori, XXII의 여러 대목이 그러하다.
20) Sanudo, Ibid., Col. 958~960. 무역에 관한 부분은 이 책에서 인용되어 Scherer, *Allg. Geschichte des Welthandels* I, 326 A에 전해지고 있다.

그밖에 1만 6000명의 조선공이 있었다. 베네치아 주택들의 가격은 700만 두카토로 평가되었고 임대를 통해 50만 두카토를 벌어들였다.[21] 70~4000두카토의 수입이 있는 귀족이 1000명 있었다. 다른 문서에서는 같은해에 국가의 정규수입을 110만 두카토로 추정하고 있다. 그러나 전쟁에 따른 무역 손실 때문에 15세기 중반에 국고는 80만 두카토로 줄었다.[22]

베네치아는 이와 같은 타산과 실용적인 응용을 통해 근대 국가의 중요한 일면을 가장 먼저 완벽하게 보여주었지만, 이탈리아에서 가장 중시되던 문화면에서는 몹시 뒤떨어져 있었다. 이곳에는 전반적으로 문학적인 자극이 없었고 특히 고전 시대를 향한 열광이 없었다.[23] 사벨리코에 따르면 베네치아 사람들의 철학적인 재능과 웅변술은 무역과 국정에서 나타난 재능만큼이나 대단했다고 한다. 트라브존(투르크의 도시─옮긴이)의 게오르기오스는 이미 1459년에 플라톤의 법률서를 라틴어로 번역하여 통령에게 바쳤고 연봉 150두카토의 철학교사로 임용되었으며 『수사학』을 지어 시의회에 헌정하였다.[24]

프란체스코 산소비노가 그의 유명 저서[25]에 부록으로 덧붙인 베네치아 문헌사를 훑어보면, 14세기에는 오직 역사서와 더불어 신학과 법률과 의학 전문서만 있을 뿐이고 15세기에 와서도 인문주의자로는 에르몰라오 바르바로와 알도 마누치를 제외하면 이 도시의 중요성을 감안할 때 별로 내세울 만한 사람이 없다. 베사리온 추기경이 국가에 유증

---

21) 이것은 국가 소유의 주택들뿐 아니라 가옥 전체를 가리킨다. 물론 국가 소유의 주택들은 때로 어마어마한 이윤을 냈다. Cf. *Vita di Jac. Sansovino*, in: Vasari, XIII, 83.

22) Sanudo, Col. 963. 1490년의 국가 회계는 Col. 1245 이하 참조.

23) 이 고전에 대한 혐오는 베네치아 출신의 교황 파울루스 2세의 마음속에서 증오로까지 발전했다. 그는 인문주의자들을 싸잡아 이단이라고 불렀다. Cf. Platina, *Vita Pauli II.*, p.323.

24) Sanudo, Ibid., Col. 1167.

25) Sansovino, *Venezia*, Lib. XIII.

(遺贈)한 장서도 분산과 파손을 면하지 못했다. 학술적인 것이라면 오히려 파도바 시를 들 수 있다. 이곳에서는 국법과 관련된 전문 의견을 저술하는 법학자와 의학자들이 최고 수준의 봉급을 받았다.

베네치아는 이탈리아 순수문학에서도 오랫동안 참여도가 미미하다가 16세기에 들어와서 그때까지 등한시한 것을 겨우 만회하기 시작했다. 르네상스의 예술정신마저도 이 나라는 외부를 통해 받아들였고, 15세기 말에 와서 처음으로 독자적인 힘을 발휘하며 그 움직임에 동참하였다. 그러나 여기에도 정신적인 정체(停滯)는 여전히 뚜렷하게 남아 있었다.

베네치아는 성직자들을 자기 세력 안에 두고, 모든 요직의 임명권을 장악했으며 수 차례씩 교황청에 반항한 나라이지만, 공적인 신앙에서는 아주 특별한 색채를 보여주었다.[26] 투르크인들에게 정복된 그리스에서 발견된 성체와 유물들을 막대한 비용을 들여 구입한 뒤 통령이 성대한 행렬을 벌이며 맞이한 것이다.[27] 1455년에는 무봉(無縫)의 성의(聖衣)* 를 구입하기 위해 1만 두카토까지의 지출이 의결되었으나 손에 넣지는 못했다. 이런 것들은 민중의 열광에서 나온 것이 아니라 고위관리들이 내린 은밀한 결정이었기 때문에 세간의 이목을 끌지 않고도 중지시킬 수 있었고, 아마 피렌체라면 똑같은 상황에서는 중지했을 것이다. 일반 대중의 신앙심과 그들이 교황 알렉산데르 6세의 면죄부에 대해서 가졌던 확고한 믿음에 대해서는 논의하지 않기로 한다.

그러나 베네치아는 그 어느 나라보다 열심히 교회를 흡수한 뒤에는 종교적인 요소를 갖춘 국가가 되었다. 국가의 상징인 통령은 12번의 대행렬[28]이 있을 때마다 성직자에 가까운 기능을 수행하였다. 이러한 행

---

26) Heinric. de Hervordia ad a. 1293 (p.213, ed. Potthast).
27) Sanudo, Ibid., Col. 1158, 1171, 1177. 성 누가의 유해가 보스니아에서 왔을 때는 이미 이 유해를 보유하고 있다고 믿은 파도바의 성 주스티나 수도원의 베네딕투스 수도사들과 싸움이 벌어져 교황이 결단을 내려야 했다. Cf. Guicciardini, *Ricordi*, No. 401.
* 십자가에 달린 예수 그리스도가 입었던 호지 않은 속옷. 요한복음 19장 23절 참조.
28) Sansovino, *Venezia*, Lib. XII.

사는 순전히 정치적인 사건을 기념하는 축제들이었고 대규모 교회축제와도 경쟁을 벌였다. 이 가운데 가장 화려했던 것은 매년 예수 승천 대축일에 거행된 그 유명한 해신(海神)과의 결혼이었다.

피렌체의 역사에서 우리는 고도의 정치의식과 풍부한 발전형태가 어우러져 있음을 보게 된다. 이런 점에서 이 나라는 세계 최초의 근대국가라는 이름을 얻어 마땅하다. 군주국에서는 일개 가문이 담당했을 일을 이 나라에서는 국민 전체가 수행하였다. 예리한 지성과 예술성을 겸비한 놀라운 피렌체의 정신은 정치와 사회를 끊임없이 개혁하고 지속적으로 기술하며 평가해갔다. 따라서 피렌체는 정치적 학설과 이론, 실험과 도약의 산실이며, 베네치아와 더불어 통계학의 발상지이고, 지구상 모든 나라에 앞선 근대적 의미의 역사 기술의 선구자였다.

여기에는 고대 로마에 대한 조망과 그 역사가들에 관한 지식도 일조하였다. 조반니 빌라니는 자신이 1300년의 로마 기념제 때 대작을 집필할 자극을 받았고 귀향 직후 이 작업에 즉시 착수했다고 고백한다.[29] 같은해에 로마를 방문한 20만 명의 순례자 가운데 빌라니와 재능과 성향이 비슷한 사람은 많았겠지만 그 중 자기 나라의 역사를 쓴 자는 없었다. 다음과 같은 말은 아무나 할 수 있는 것이 아니었기 때문이다. "로마는 저물어가지만 나의 조국은 솟아오르며 대업을 이룰 준비가 되어 있다. 이것이 바로 내가 내 조국의 과거를 기록하려는 이유이다. 나는 현재는 물론이고 내가 모든 사건을 경험하는 날까지 쉬지 않고 기록할 것이다." 피렌체는 자국 역사에 대한 기록 외에도 그 역사가들을 통해 또다른 것을 얻었다. 이탈리아의 그 어떤 나라가 누린 것보다 더 큰 명성을 누린 것이 바로 그것이었다.[30]

그러나 우리의 과제는 이 중요한 국가의 역사를 논하는 것이 아니라, 이 역사를 통해 피렌체 사람들의 가슴에 일깨워진 정신적인 자유와 객

---

29) G. Villani, VIII, 36. 1300년은 『신곡』에서도 확정된 연도이다.
30) 이는 1470년경 Vespasiano Fiorent., II, p.258 이하에서 확인되어 있다.

관성을 몇 가지 설명하는 일이다.

1300년경 디노 콤파니는 그 무렵 피렌체에서 벌어졌던 투쟁들을 기술해놓았다. 여기에는 피렌체의 정치상황, 각 당파를 움직인 내적 동기, 지도자들의 성격 등, 말하자면 사건의 근인(近因)과 원인(遠因) 및 그 결과가 뒤얽힌 전체적인 모습이 묘사되어 있는데, 이를 통해 우리는 피렌체인의 탁월한 판단력과 묘사력을 손에 잡힐 듯이 느끼게 된다.

이 위기의 최대 희생자이며 조국과 망명지를 통해 성숙한 단테 알리기에리는 또 어떤 정치가였는가! 그는 끊임없는 개헌과 정치체제의 실험을 준엄한 3행시로 비웃었다.[31] 당시와 비슷한 정치상황이 또 발생한다면 이 시는 아마 속담처럼 인구에 회자될 것이다. 그는 반항과 동경의 마음으로 조국을 논하여 피렌체인들의 가슴을 떨리게 했다. 하지만 그의 사상은 이탈리아 전체와 세계를 향해 뻗어 있었다. 제국을 향한 그의 열정이 망상에 지나지 않는다 해도, 이제 갓 태어난 그의 정치사상에 담긴 젊은이다운 몽상에는 시적인 위대함도 있었음을 인정하지 않을 수 없다. 그는 자신이 이 길을 걸어간 최초의 사람임을 긍지로 여겼다.[32]* 비록 아리스토텔레스의 도움을 받기는 했지만 그래도 그는 나름의 독자적인 행보를 내디뎠다.

단테가 생각한 이상형의 황제는 공정과 박애의 정신을 갖고 오직 하느님에게만 종속된 최고의 판관이었으며, 정의와 자연과 신의 뜻으로 인정받은 로마제국의 계승자여야 했다. 로마의 세계 정복은 합법적인

---

31) 『신곡』「연옥편」6의 마지막.

32) De Monarchia, L. 1.

* 피렌체에서는 교황당과 황제당의 투쟁 외에도 교황당 내부가 흑당과 백당의 두 당파로 분열해 있었다. 단테가 소속되어 있던 백당은 황제당과 화해를 원하는 쪽이었다. 1300년 백당과 흑당 사이에 싸움이 벌어지고 승리는 귀족과 부유 시민들이 속해 있던 흑당에 돌아갔다. 백당의 지도자 가운데 한 명인 단테는 1302년 공금횡령죄로 흑당 정부에 의해 국외로 추방당했다. 그는 독일 신성로마제국의 황제 하인리히 7세를 조국의 "해방자"라고 부르면서 그에 의해 로마의 세계 지배가 이룩되기를 기대했다.

것이고 로마와 다른 민족 사이에 내려진 하느님의 심판이었기 때문이다. 하느님은 로마제국 치하에서 사람이 됨으로써, 즉 탄생시에는 아우구스투스 황제의 인구조사를 받고 사망시에는 본디오 빌라도의 재판을 받음으로써 이 제국을 인정한 것이다. 우리가 이러한 논리를 따르기는 어려워도 그의 열정만은 언제나 마음을 사로잡는다.

단테의 서간문[33]들을 읽다 보면 그가 최초의 정치평론가 중 한 명이었음을 알 수 있다. 어쩌면 그는 정치성이 담긴 글들을 편지 형식을 빌려 독자적으로 발표한 최초의 아마추어였을 것이다. 그는 이 일을 일찍부터 시작하였다. 베아트리체가 죽은 뒤 그는 피렌체의 상황을 적은 소책자를 '세계의 유력인사들'을 향해 발행하였다. 뒷날 망명시절에 쓴 공개서한도 순전히 황제와 군주들과 추기경들을 겨냥한 것이었다. 이 서간문들과 『속어론』에서 단테는, 추방된 자는 조국 밖에 있더라도 결코 빼앗길 수 없는 자신의 언어와 문화 속에서 새로운 정신적 고향을 찾을 수 있다고 말하면서 고통의 대가로 얻어낸 감정을 다양한 형태로 끊임없이 표현하고 있다. 이 점에 관해서는 나중에 다시 이야기하겠다.

두 사람의 빌라니, 즉 조반니 빌라니와 마테오 빌라니가 우리에게 남긴 것은 심오한 정치적 고찰이기보다는 참신하고 실용적인 판단, 피렌체 통계학의 기초 그리고 다른 국가들에 관한 중요한 정보들이다. 상공업은 피렌체에서도 정치사상과 국가경제사상을 일깨웠다. 금융사정 전반에 관해 이곳만큼 정확한 정보를 갖고 있던 곳은 세계 어디에도 없었다. 교황 요한 22세가 사망할 때 아비뇽의 교황청이 금화 2500만 굴덴이라는 막대한 재산을 보유했다는 것도 이처럼 권위있는 사료[34]가 아

---

33) C. Witte의 주석이 딸린 단테의 서간집, Padova, 1827. [Cf. Fraticelli, *Opere minori di Dante* III, 1862; Moore, *Opere di Dante*, 1904.] 단테는 황제도 교황도 이탈리아에 두고 싶어했다. 이에 관해서는 1314년 카르팡트라에서 교황 선출회의가 열렸을 때 씌어진 편지 35쪽 참조.

34) Giov. Villani, XI, 20. Cf. Matt. Villani, IX, 93. [M. Villani는 2400만이라고 얘기한다.]

니었다면 믿기 어려웠을 것이다. 또 영국 왕이 피렌체의 바르디 가와 페루치 가에서 얻은 어마어마한 차입금에 관해서도 알 수 있는데, 두 가문은 자기 재산과 조합의 돈을 합쳐 금화 135만 5000굴덴의 손실을 보았지만(1338년) 다시 재기하였다.[35]

그러나 가장 중요한 것은 이 시기의 피렌체와 관련한 여러 정보이다.[36] 금화 30만 굴덴을 넘는 국가 수입과 지출, 피렌체 시의 인구(이것은 1인당 빵 소비량에 따라 9만 명으로 산출한 불완전한 수치였다)와 전국토의 인구, 해마다 세례를 받는 5800~6000명의 세례아 가운데 남아의 초과수가 300~500명이었다는 것,[37] 취학아동 중 8000~1만 명이 읽기를 배우고 1000~1200명이 여섯 군데의 학교에서 계산을 배웠으며, 600명 정도의 학생들이 네 군데 학교에서 라틴 문법과 논리학을 배웠음이 밝혀진다. 이어서 교회와 수도원과 병원에 관한 통계가 나오는데, 병원은 모두 1000개 이상의 병상을 보유하였다. 모직공업에 관해서도 아주 귀중한 세부 정보가 들어 있고 화폐와 시의 식량공급과 관직에 관해서도 기술되어 있다.[38] 그밖에 1353년 새로운 국가연금제도가 만들어졌을 때 프란체스코 수도회는 찬성을, 도미니쿠스 수도회와 아우구스티누스 수도회는 반대 설교를 했다는 것이 부수적으로 드러난다.[39] 페스트가 경제에 미친 영향을 피렌체처럼 관찰하고 기술한 나라는 서구 어디에도 없었고 여기말고는 있을 수도 없었다.[40]

다음의 사실들은 피렌체인들만이 전해주는 내용이다. 사람들은 인구

---

35) 이와 관련된 기록은 Giov. Villani, XI, 87, XII, 54 참조.
36) Giov. Villani, XI, 92, 93. —Machiavelli, *Stor. fiorent.*, lib.II에는 다른 수치가 나와 있다.
37) 신부는 남아는 검은 콩으로, 여아는 흰색 콩으로 구분해놓았는데, 이것이 조사의 전부였다.
38) 튼튼한 건물로 지어진 피렌체에는 벌써 상설 소방대가 있었다. Cf. Ibidem XII, 35.
39) Matteo Villani, III, 106.
40) Matteo Villani, I, 2~7, cf. 58. —페스트가 만연한 시기에 관해서는 무엇보다 보카치오의 『데카메론』 도입부에 나오는 유명한 묘사가 있다.

가 감소하면 물가가 하락할 것으로 기대했지만 그와 반대로 생필품 가격과 임금은 배로 올랐다. 하층민들은 처음에는 전혀 일은 하지 않고 편하게만 살려고 했으며, 도시에서는 높은 급료를 지불해야 하인과 하녀를 얻을 수 있었고, 농부들은 기름진 땅만 경작하고 메마른 농지는 거들떠보지도 않았다. 페스트가 돌 무렵에는 빈민들을 위해 큰 액수의 유증이 있었으나 나중에는 그 빈민들의 일부가 죽고 일부는 더 이상 빈민이 아니었으므로 쓸데없는 짓으로 생각되었다. 한번은 자식이 없는 어느 자선사업가가 시의 모든 걸인에게 1인당 6데나르를 남기는 큰 유증이 있었는데, 이때 피렌체 걸인에 대한 광범위한 통계조사[41]가 실시되었다.

사물을 통계로 파악하는 피렌체 사람들의 태도는 그뒤 다양한 형태로 발전되었다. 그런데 여기서 대단한 것은 이 통계들이 역사·문화·예술과의 관련성을 꿰뚫어보게 해준다는 점이다. 1422년에 나온 한 기록[42]은, 메르카토 누오보 주변에 있던 72개 환전소와, 금화 200만 굴덴에 달한 현금거래액과, 새로 일어난 금사공업과, 비단직물업과, 고대 건축물을 다시 땅 속에서 끌어낸 필리포 브루넬레스키와, 피렌체 공화국의 서기이며 고전문학과 웅변술을 소생시킨 레오나르도 아레티노와, 마지막으로 정치적으로 안정되어 있던 이 도시의 전반적인 번영과 외국 용병대를 떨쳐낸 이탈리아의 행운아 피렌체를 동일한 필치로 묘사하고 있다.

물론 앞서 인용한(138~139쪽), 거의 같은해에 나온 베네치아의 통계에는 훨씬 많은 재산과 산업과 활동무대에 관한 정보가 들어 있다. 베네치아는 오래 전부터 배를 띄워 바다를 지배했지만 피렌체는 1422년에 처음으로 갤리선을 알렉산드리아로 내보냈다. 그러나 피렌체의 기록 속에서 더 수준 높은 정신을 보지 못할 사람이 과연 있을까? 이곳

---

41) Giov. Villani, X, 164.
42) "Ex annalibus Ceretani," in: Fabroni, *Magni Cosmi vita*, Adnot. 34, Vol. II, p.63.

에서는 이러한 기록들이 매 10년마다, 그것도 일람표로 정리되어 나왔다. 반면 다른 나라에서는 기껏해야 개별 기록만 존재하였다.

초기 메디치 가문의 재산과 사업에 관해서도 우리는 다음과 같은 대략의 사실을 알게 된다. 이들은 1434년부터 1471년까지 자선, 공공건물 비용, 세금 등의 명목으로 금화 66만 3755굴덴 이상을 지출했고, 이 가운데 코시모 한 사람이 낸 돈이 금화 40만 굴덴을 넘었다.[43] 로렌초 마니피코는 돈이 이렇게 지출되는 것을 즐거워했다.

1478년 이후에는 다시 시의 상공업에 관해 아주 일목요연하게 정리된 중요한 통계[44]가 나왔다. 그 중 몇 가지 통계는 절반 또는 전체가 미술과 관련된 것으로, 금사와 은사와 문직물(紋織物), 목재 조각과 상감세공, 대리석과 사암(砂岩)에 새긴 당초(唐草) 조각, 밀랍 초상, 금세공과 보석세공술을 기술해놓았다.

이렇게 외부적인 생활을 계산하는 피렌체 사람들의 천부적인 재능은 가계부와 영업장부와 농업장부에서도 드러나며, 이것들은 15세기 서구의 다른 나라 장부들보다 훨씬 뛰어나다.[45] 물론 이 가운데 몇 개가 발췌되어 간행되기 시작했으나 여기에서 명확한 일반적인 결론을 도출하려면 아직도 많은 연구가 필요하다. 어쨌든 이 기록들을 읽으면, 임종을 맞는 아버지가 유언장에서 만일 자기 자식들이 정규 직업에 종사하지 않으면 금화 1000굴덴의 벌금을 물리라고 국가에 청원한[46] 그런 나

---

43) "Ricordi des Lorenzo," in: Fabroni, *Laur. Med. magnifici vita*, Adnot. 2, 25.—Paul. Jovius, *Elogia*, p.131 이하에서 코시모에 관한 대목.

44) Fabroni, Ibid., Adnot. 200에 실린 Benedetto Dei의 통계.—로도비코 게티라는 사람의 재정안과 중요 관련 기록은 Roscoe, *Vita di Lor. de' Medici*, Vol. II, Beilage 1 참조.

45) *Arch. stor.* IV. 〔가이거의 주석: 주목되는 문헌으로 *Il libro segreto di Gregorio Dati*, ed. by Carlo Ghargiolli, Bologna, 1869가 있다. 1384년부터 1431년까지를 다룬 이 문서의 저자는 1362년에서 1435년까지 생존한 저명 상인이다.—그 밖에 피스토야에서는 『로스필료시의 가계부』가 나왔고, 1908년 L. Staffeti가 펴낸 『치보 가의 가계부』도 있다.—*Arch. stor. lomb.* XXXV에 나온 1366년의 『베르나보 비스콘티의 지출 장부』 참조.〕

146

라였음을 알 수 있다.

16세기 전반에는 세계의 어느 도시도 바르키가 지은 피렌체 관련의 기술[47]만큼 뛰어난 기록을 보유하지 못했다. 자국의 자유와 위대함이 스러지기 전, 피렌체는 다른 여러 분야에서 그랬듯이 기술적(記述的)인 통계에서도 다시 한번 모범을 보여주었다.[48]

46) Libri, *Histoire des sciences mathém.* II, p.163 이하.
47) Varchi, *Stor. fiorent.* III, p.56 이하, 제9권의 마지막 부분. 몇 가지 잘못된 숫자는 오기와 오식 때문이다.
48) 이탈리아의 일반적인 화폐가치와 부에 대해서는 더 이상의 자료가 없기 때문에 여기서는 몇 군데에서 우연히 발견한 몇 개의 산발적인 자료만 모아놓았다. 과장이 뚜렷한 수치들은 생략했다. 아래에서 얘기하는 금화들은 두카토, 제키노, 피오리노 도로, 스쿠도 도로 등이다. 가치는 대략 비슷하고 스위스 화폐로 치면 11~12프랑크에 해당한다.
　　1475년 베네치아에서는 17만 두카토를 갖고 있던 안드레아 벤드라민 통령이 큰 부자로 통했다(Malipiero, 1, c. VII, 2, p.666).
　　1460년대에는 20만 두카토를 소유한 아퀼레이아의 대주교 루도비코 파타비노가 '전 이탈리아에서 거의 최고의 갑부'라고 일컬어졌다(Gasp. Veronens., *Vita Pauli II.*, in: Muratori, III, 2, Col. 1027). 다른 문헌에는 믿기 힘든 수치들이 나온다.
　　안토니오 그리마니는 아들 도메니코를 추기경으로 세우는 데 3만 두카토를 들였다. 안토니오 자신은 현금만 10만 두카토를 보유한 것으로 추정되었다(*Chron. Venetum*, in: Muratori, XXIV, Col. 125).
　　베네치아의 곡물 거래와 시장가격은 Malipiero, 1, c. VII, 2, p.709 이하 참조 (1498년의 기록).
　　1522년경에는 베네치아가 아닌 제노바가 이미 로마 다음으로 이탈리아에서 최고 부유한 도시로 떠올랐다(이는 프란체스코 베토리의 권위 있는 문헌으로 인해 신빙성을 얻는다. Cf. Vettori, *Storia*, in: *Archiv. stor.* Append. Vol. VI, p.343). Bandello, Parte II, *Nov.* 34, 42에는 그 무렵 제노바에서 가장 부유한 상인이었던 안살도 그리말디가 언급되어 있다.
　　프란체스코 산소비노는 1400년에서 1580년 사이에 화폐가치가 반으로 떨어졌다고 보고 있다(*Venezia*, p.151 이하).
　　롬바르디아 지방의 곡물가격은 15세기 중반과 19세기 중반을 비교할 때 3 대 8의 비율로 보는 것이 일반적인 견해이다(*Sacco di Piacenza*, in: *Archiv. stor.* Append. Vol. V, 편집자 Scarabelli의 주석). 보르소 공작 치하의 페라라에는 5만~6만 두카토의 재산을 가진 부자들이 있었다(*Diario Ferrarese*, in: Muratori, XXIV, Col. 207, 214, 218; Col. 187에 나오는 수치는 믿을 수가 없다).

외부생활의 통계와 함께 진행된 것이 앞에서 언급한 정치상황에 관한 지속적인 묘사이다. 피렌체는 다른 이탈리아 나라들 또는 서구의 여러 자유국들보다 훨씬 다양한 정치체제와 명암을 경험했을 뿐만 아니라 그에 관한 설명도 이들과는 비교되지 않을 만큼 풍부하다. 따라서 그 기록들은 여러 계층과 개개인이 변화하는 일반 정세와 맺고 있던 관계를 비춰주는 완벽한 거울이다.

프루아사르(14세기의 프랑스 역사가―옮긴이)가 그려낸 프랑스와 플랑드르에서의 시민 선동의 모습이나 14세기의 독일 연대기에 나오는 이야기들도 물론 중요한 기록들이다. 그러나 정신적인 완벽함이라든가 사건 전개에 관한 다면적인 논증에서는 피렌체인들이 훨씬 앞서 있다. 귀족정치, 전제정치, 중산층과 무산계급의 싸움, 완벽한 민주주의, 절충적 민주주의, 사이비 민주주의, 문벌정치, 사보나롤라의 신권정치, 그리고 메디치 가의 전제정치의 토대를 마련한 여러 혼합형태에 이르기까지 모든 것이 관련자들의 내밀한 동기마저 폭로될 정도로 묘사되어 있다.[49]

피렌체와 관련해서는 평균적인 결론을 내릴 수 없는 아주 예외적인 자료가 있다. 일례로 외국 군주들이 차관을 얻어갔다면서 한 가문 또는 몇 개 가문의 이름이 나오지만, 실은 대규모 상업조합에서 빌려간 것이었다. 힘없는 당파에 막중한 과세를 했다는 것도 마찬가지인데, 1430년부터 1453년까지 77가구가 금화 487만 5천 굴덴을 냈다고 한다(Varchi, III, p.115 이하).

1428년 조반니 메디치가 사망할 당시의 재산은 금화 17만 9221굴덴이었다. 그의 두 아들 코시모와 로렌초 가운데 로렌초는 1440년 사망 당시 23만 5137굴덴을 남겼다(Fabroni, *Laur. Med.*, Adnot. 2).

14세기에 베키오 다리 위에 있던 44개의 금세공 점포들이 1년에 금화 800굴덴을 나라에 임차금으로 냈다는 것은 영업의 전반적인 호황을 말해준다(Vasari, II, *Vita di Taddeo Gaddi*). 부오나코르소 피티의 일기(in: Delécluze, *Florence et ses vicissitudes*, Vol. II)에 가득 적혀 있는 수치들은 일반적으로 모든 물건값이 비싸고 화폐가치가 낮다는 것만 증명하고 있다.

로마에는 교황청의 수입이 있었지만 유럽 전역에 걸친 것이라 그것을 기준으로 삼을 수는 없다. 교황의 재물과 추기경의 재산에 관한 자료도 별로 신빙성이 없다. 유명한 은행가인 아고스티노 키지는 1520년 80만 두카토에 이르는 전재산을 남겼다(*Lettere pittoriche*, I, Append. 48).

끝으로, 마키아벨리는『피렌체사』에서 1492년까지의 자기 조국을 하나의 생물체로 보고 그 발전과정을 개체의 자연적인 과정으로 파악하였다. 이러한 견해를 가진 사람은 근대 인간 중 그가 최초였다. 그가 카스트루초 카스트라카네의 전기에서 전제군주의 전형을 멋대로 윤색해 놓았다는 것은 잘 알려져 있지만 혹 그가『피렌체사』에서도 자의적인 곡필을 가했는지, 또 그랬다면 어느 부분이 그러한지를 연구하는 것은 우리의 논제를 벗어난다.『피렌체사』의 각 행마다 어떤 이의를 제기할 수도 있겠지만 전반적으로 수준 높은 이 책의 독자적인 가치는 그것과 상관없이 엄연히 존재한다.

마키아벨리의 동시대인이자 계승자였던 사람들, 곧 야코포 피티,[50] 구이차르디니, 세니, 바르키, 베토리는 또 얼마나 고귀한 이름들이며 이 거장들이 기술한 역사는 또 얼마나 위대한가! 피렌체 공화국의 마지막 수십 년의 역사, 그 잊을 수 없는 장엄한 드라마가 이들을 통해 완벽한 모습으로 우리에게 전해진다. 세계에서 가장 독특한 삶을 영위한 피렌체의 몰락을 전하는 이 방대한 기록들 속에서 어떤 사람은 진귀함의 집대성 외에는 보지 못할 것이고, 어떤 사람은 악마적인 기쁨으로 고귀하고 숭고한 자들의 파산을 확인할 것이며, 또 어떤 사람은 그것을 하나의 대심판으로 해석할지 모르겠다. 여하튼 이 기록은 세상 최후의 날까지 신중한 논의의 대상으로 남아 있을 것이다.

피렌체의 상황에 끊임없이 먹구름을 일게 한 근본적인 불행은, 왕년에는 강대했던 피사와 같은 적국을 정복하여 지배한 것이었으며, 그 필연적인 결과로 지속적인 강압정치가 나타날 수밖에 없었다. 사보나롤라만이 관철시킬 수 있고 그것도 특별한 행운이 따라야만 가능했을 유

---

49) 코시모(1434~64)와 그 손자 로렌초 마니피코(1492년 사망)의 내정에 대해서는 어떤 판단도 내리지 않겠다. 이들에 대한 중요한 비판은 Giov. Cazzoni, in: *Arch. stor.* I, p.315 이하 참조.

50) 〔Alc. Giorgetti, *Miscellanea Fiorentina* I, 1866에는 피티가 주로 바르톨로메오 체레타니를 표절한 사실이 언급되어 있다.〕

일한 영웅적인 해결책은 토스카나 지방을 제때에 자유도시들의 연합으로 해체하는 것이었다. 이 생각은 훗날 때늦은 환상이 되어 루카의 한 애국자를 단두대로 보냈다(1548년).[51]

이 같은 불행과 함께 피렌체 사람들이 외국 군주에게는 교황파의 입장에서 치명적인 호의를 보였고 그로 인해 외국의 간섭에 익숙해졌다는 것도 뒷날 이어진 불행의 원인이 되었다. 그러나 과거의 모든 역사는 복수와 말살만 가르쳤어도, 성스러운 사제의 지도 아래 정복한 적을 언제나 당당히 관용으로 대하는 선례를 이탈리아 최초로 남긴 피렌체 사람들을 누가 찬미하지 않겠는가?

애국심과 윤리적이고 종교적인 갱생을 하나로 녹아들게 만든 불꽃은 멀리서 보면 이내 사그라든 것처럼 보인다. 하지만 그 가장 찬란했던 마지막 불꽃은 1529~30년의 기념비적인 농성기간 중에 다시 새롭게 타올랐다.* 피렌체에 이 폭풍우를 몰고 온 장본인들은, 구이차르디니

---

51) 루카의 신교도들의 수장인 미켈레 부를라마키의 아버지 프란체스코 부를라마키. Cf. *Arch. stor. ital.*, Ser. I, tom. X, p.435 이하, documenti, p.146 이하. 〔Cf. *Giorn. stor. degli archivi toscani* IV, 1860, p.309 이하.〕 밀라노가 11세기에서 13세기까지 자매도시들을 가혹하게 대함으로써 대전제군주국의 성립을 촉진시켰다는 것은 잘 알려져 있다. 1447년 비스콘티 가문이 멸망할 때도 밀라노는 동등한 권력을 가진 도시들의 연합을 외면하여 북부 이탈리아의 자유를 잃게 했다. Cf. Corio, p.358 이하.

* 자치도시인 피렌체에는 황제당과 교황당의 싸움뿐 아니라 귀족, 도시의 부유층인 포폴로 그라소, 소시민인 포폴로 미누토 사이에 지속적으로 갈등과 투쟁이 있었다. 1378년 '치옴피의 난'이 발생하여 한때 하층 노동자들이 자치도시의 대표직을 맡아 시정에 참여했으나 곧 수공업자와 대상인층에 의해 무력으로 진압되었다. 그뒤로 부유 상인층에 의한 과두정치가 이어져 알비치 가문이 지배했고, 1434년부터는 노(老) 코시모 메디치가 실권을 잡았다. 피렌체는 형식상으로는 자치도시를 유지하면서 실질적으로는 메디치 가문이 통치하는 체제였다. 노 코시모의 손자 로렌초 대에 이르러 피렌체는 다른 이탈리아 국가들과 세력 균형을 이루며 대내적으로도 전성기를 맞았으나, 1494년 샤를 8세가 침입하면서 프랑스 군에 점령되었고 메디치 가는 추방당했다. 시민들은 국가를 재건하기 위해 도미니쿠스회의 수도사인 사보나롤라의 지도 아래 단합했다. 그러나 피렌체에 신정정치를 도입하려던 사보나롤라는 1498년에 화형당하고, 메디치 가는 1512년에 다시

가 적고 있듯이, "우매한 자들"이었을지도 모른다. 그러나 그 역시 인정하듯 이들은 불가능하다고 생각되던 것을 해냈다. 구이차르디니는 말하기를 현자들이라면 이 화를 면할 수 있었을 것이라고 했는데, 이 말은 결국 피렌체가 명예를 버리고 조용히 적의 손에 넘어갔어야 했다는 뜻이다. 만약 그렇게 되었다면 피렌체의 화려한 교외와 정원과 수많은 시민들의 생명과 번영은 유지되었겠지만, 그 대신 가장 위대한 기억 하나를 잃고 말았을 것이다.

피렌체 사람들은 여러 위대한 분야에서 이탈리아와 근대 유럽인들의 모범이었고 그 최초의 대표자였지만, 이것은 그늘진 면이라고 다르지 않았다. 단테는 끊임없이 헌법을 개정하는 피렌체를 고통에서 벗어나려고 쉴새없이 자세를 바꾸는 병자에 비유하여 이 나라 정치의 본질적인 특성을 표현하였다. 인간이 헌법을 만들 수 있다는 생각, 현재의 국력과 방향을 계산하여 헌법을 새로 제조할 수 있다는 근대의 대오류[52]는 피렌체가 격동에 처할 때마다 매번 등장했고 마키아벨리도 이 오류에서 자유롭지 못했다.

그리하여 권모술수가가 나타나 권력의 인위적인 이동과 분할, 엄선된 선거방식, 유명무실한 관직 등을 통해 지속적인 상황을 도모하고 부자와 빈자를 똑같이 만족시키거나 기만하려고 했다. 이들은 순진하게도

복귀했다. 이후 메디치 가 출신의 교황 클레멘스 7세가 신성로마제국 황제 카를 5세에게 대항하여 1526년 프랑스의 프랑수아 1세, 베네치아, 밀라노 등과 코냑 동맹을 맺어 전쟁을 개시했고 메디치 가는 다시 추방당했다. 공화국 정부를 재건하려던 피렌체는 교황과 대적하던 황제 카를 5세의 군대에 포위되어 항전하다가 1530년에 항복했다. 그 결과 메디치 가의 알레산드로가 카를 5세에 의해 피렌체 공작에 봉해지면서 피렌체는 공국이 되었고, 공화제를 수립하려던 피렌체인들의 희망은 물거품이 되었다.

52) 1494년 강림절의 세번째 일요일에 사보나롤라는 새 헌법을 만드는 방식에 대해 다음처럼 설교했다. 시의 16개 중대가 각각 한 가지씩 초안을 만들면 행정 장관들이 그 중 가장 좋은 것을 네 개 골라내고, 여기에서 다시 시의회가 최상의 것을 선택한다는 것이었다. 그러나 상황은 달라졌으며, 그것도 설교자인 사보나롤라의 영향 때문이었다.

고대를 전범으로 삼아 여기에서 '오티마티'와 '아리스토크라치아'[53]*
와 같은 당명을 공식적으로 차용하였다. 이때부터 사람들은 이 이름에
익숙해지면서 이후 유럽에서 통용되는 전통적인 의미를 부여하였다.
반면 그전까지의 모든 당명은 해당 국가에서만 사용되었고, 그것이 가
리키는 사물을 직접 지칭하거나 아니면 우연히 붙여진 것이었다. 이름
이란 이렇게 사물에 색채를 주기도 하고 본래의 색채를 탈색시키기도
하는 것인가!

그러나 국가를 만들어낼 수 있다고 믿었던 사람 가운데 타의 추종을
불허한 사람은 마키아벨리였다.[54] 그는 현존하는 세력을 언제나 생명
이 있는 활동적인 것으로 파악했고, 선택해야 할 길을 정확하고 훌륭하
게 제시했으며, 자신은 물론 타인도 속이려 하지 않았다. 그에게서는
허영이나 분식(粉飾)의 흔적을 조금도 찾아볼 수 없다.

마키아벨리는 민중을 위해서가 아니라 관리와 군주와 자신의 친구들
을 위해 글을 썼다. 그의 위험성은 결코 그의 잘못된 천재성이나 잘못
된 개념 창출에 있는 것이 아니라, 그 자신도 애써 억제했던 강렬한 상
상력에 있었다. 물론 그의 정치적인 객관성은 공포스러울 만큼 솔직하
다. 하지만 그 객관성은 인간이 더 이상 정의를 신뢰할 수도 없고 공정
성도 기대할 수 없는 지극히 위험한 시기에 생겨난 것이었다. 여기에
도덕적인 분개를 퍼붓는다고 그것이 좌우에서 여러 세력이 활동하는
것을 보고 있는 지금의 우리에게는 별다른 감동을 주지 못한다.

마키아벨리는 적어도 대의를 위해 소아를 잊을 수 있는 사람이었다.
비록 그의 저술들에——몇 가지 표현을 제외하면——직접 파고드는 열

---

53) '아리스토크라치아' 라는 말은 메디치 가가 축출당한 뒤 1527년에 처음 사용되었
    다. Cf. Varchi, I, p.121 이하.
 * ottimati는 라틴어의 optimates에, aristokrazia는 그리스어의 aristokratia에 해
    당하는 이탈리아어로서, 전자는 '벌족파'(閥族派) 또는 '최선(最善)의 사람들',
    후자는 '귀족제' 또는 '귀족정치' 라고도 번역한다.
54) Machiavelli, *Storie fior.* III, cap.1. '현명한 입법자' 는 피렌체를 구할 수 있을
    것이다.

정이 없고 피렌체 사람들조차 결국에는 그를 범법자로 생각했어도,[55] 엄격한 의미에서 마키아벨리는 애국자였다. 그의 언행이 대부분의 사람들과 똑같았다고는 하지만 그가 시종일관 염려한 것은 바로 조국의 안위였다.

피렌체의 신국가 조직에 관한 마키아벨리의 완벽한 계획안은 교황 레오 10세에게 바친 건의서[56]에 들어 있다. 이것은 그의 『군주론』을 헌정받은 우르비노의 공작 소(小) 로렌초 메디치가 죽은 뒤(1519년) 씌어진 것이다. 하지만 때는 이미 늦어 상황은 돌이킬 수 없는 지경에 이르렀고 그가 제안한 수단과 방법도 모두 도덕적이지는 않았다. 하지만 그가 공화국을 세워 메디치 가를 계승시키고자 한 것, 그것도 온건한 민주주의를 실현시키고자 한 것을 관찰해보는 것도 무척 흥미롭다. 교황과 그의 특별한 추종자들과 피렌체의 각종 이해관계에 대해 이보다 더 정교히 만들어진 방책은 생각하기 힘들다. 마치 시계의 내부 구조를 들여다보는 느낌이다.

그밖에 그가 피렌체를 위해 제안한 많은 원칙과 세부적인 설명과 비유와 정치적인 관측은 『로마사론』에 나오는데, 거기에는 찬란한 섬광과 같은 탁견들도 있다. 예컨대 그는 단속적(斷續的)이나마 진보를 계속하는 공화국의 발전법칙을 인정하면서, 국가는 유동적이고 변신의 능력이 있어야 한다고 말했다. 그래야만 갑작스러운 사형선고나 추방을 피할 수 있기 때문이라는 것이다. 비슷한 이유에 따라, 다시 말해 개인의 폭력과 외국의 간섭 ("모든 자유의 죽음")을 차단하려면 미움받는 시민을 대상으로 하는 사법상의 고소제도가 도입되어야 한다고 말했다. 피렌체에는 지금까지 그 자리를 대신해 비방만이 있었다. 그는 또 공화국들이 위기에 처했을 때 큰 역할을 하는 부득이하고 때늦은 결단도 빼어나게 기술한다.

---

55) Varchi, *Storia fior.* I, p.210.
56) "Discorso sopra il riformar lo stato di Firenze," in: *Opere minori*, p.207.

때로 그는 상상력과 시대의 압박에 굴복하여 무조건의 민중 예찬에
도 빠졌다. 그는 민중이야말로 그 어느 군주보다 훌륭하게 관리를 뽑을
수 있고 "설득을 하면" 오류를 멀리할 수 있는 사람들이라고 했다.[57] 토
스카나 지배권과 관련해서는 이곳이 자신의 조국 피렌체에 속한다는
것을 의심하지 않았고, 다른 글에서는 피사의 재정복을 사활이 걸린 문
제로 보았다. 1502년의 반란 후 아레초를 존속시킨 것도 그는 애석하게
여겼다. 나아가 그는 이탈리아 공화국들이 외부의 공격을 받지 않고 내
부적으로도 안정을 꾀하기 위해서는 스스로 밖을 향해 활발한 활동을
전개하고 영토를 확장해도 좋다고 했다. 그런데 피렌체는 언제나 본말
을 전도시켜서 피사와 시에나와 루카와는 예부터 철저히 원수가 되었
고 "형제처럼 대우받은" 피스토야는 자진해서 피렌체에 복종했다고 얘
기한다.

15세기에 존재한 나머지 소수의 공화국들을 이 이탈리아 정신의 산
실이자 근대 유럽 정신의 산실인 피렌체와 나란히 놓고 논하는 것은
적절하지 않다. 시에나는 심각한 체제상의 단점으로 시달린 나라이다.
산업과 예술에서 이룩된 비교적 높은 수준의 번영도 이 단점을 가리지
못한다. 에네아스 실비우스[58]는, 재산과 유산이 몰수당하지 않고 폭
압적인 관리도 없으며 정치적 파벌 때문에 생활이 파괴되지도 않는 신
성로마제국의 '즐거운' 도시들을 고향 시에나에서 동경의 눈으로 바라
보았다.[59]

제노바는 우리의 논의 대상에서 제외시키겠다. 왜냐하면 이곳은 안

---

57) 이 견해는 몽테스키외의 글에서도 발견되는데, 마키아벨리의 글에서 차용한 것
이 틀림없다.
58) *Aen. Sylvii apologia ad Martinum Mayr*, p.701. ― Machiavelli, *Discorsi* I,
55; *Storia fior.*, I, p.210에도 비슷한 견해가 적혀 있다.
59) 근대의 얼치기 교양과 탁상공론이 어떻게 정치에 끼어들었는지는 1535년의 당
파싸움이 보여준다. 리비우스의 글과 마키아벨리의 『로마사론』에 자극받은 수많
은 소매상인들이 귀족과 관리의 실정(失政)에 대항하여 호민관과 같은 로마 시
대의 관리체제를 진지하게 요구했다. Della Valle, *Lettere sanesi* II, p.317.

드레아 도리아의 시대 전까지는 르네상스에 동참한 바가 별로 없기 때문이다. 따라서 리비에라 사람이라고 하면 이탈리아에서는 고급문화의 경멸자로 통했다.[60] 이곳에서는 당쟁이 극심하여 삶 전체를 혼란에 빠뜨렸다. 때문에 제노바 사람들이 무수한 혁명과 점령을 겪은 후 어떻게 다시 생활이 가능한 상태로 돌아올 수 있었는지 이해가 가지 않는다. 어쩌면 이는 국정에 참여한 모든 사람이 거의 예외없이 상인으로도 활동한 때문일 것이다.[61] 부와 대규모 상업이 어느 정도까지 동요를 견뎌낼 수 있는지, 원격지에 식민지를 두고 있다는 것이 국내 상황과는 어떻게 조화를 이룰 수 있는지, 이것을 제노바가 놀라운 방식으로 가르쳐 준다.

루카는 15세기에 별로 비중을 차지하지 못했다. 이 도시가 귀니지 일가의 반(半)전제정치 하에 있던 15세기 초엽 루카의 역사가인 조반니 디 세르 캄비오가 쓴 의견서가 전해오는데, 공화국이 이런 종류의 군문 치하에서 겪는 일반적인 상황을 아주 생생하게 전해주는 기념비적인 저술이다.[62]

여기에는 다음과 같은 내용이 들어 있다. 도시와 영지에 있던 용병대의 규모와 분포가 적혀 있고, 관직은 일부 선택된 추종자들에게만 배분되었다고 한다. 민간 소유의 무기는 모두 등록되었고 의심스러운 자들은 무장해제당했다. 추방자들은 재산 몰수라는 협박을 통해 지정된 망명지를 벗어나지 못하게 감시했고, 위험한 폭도들은 은밀히 폭력으로

---

60) Pierio Valeriano, *De infelicitate literatorum*, p.384에 나오는 바르톨로메오 델라 로베레 관련 대목. (1527년에 쓰어진 이 발레리아노의 글은 그뒤부터는 Mencken판 *Analecta de calamitate literatorum*, Leipzig, 1707에 따라 인용되고 있다.)

61) Senarega, *De reb. Genuens*, in: Muratori, XXIV, Col. 548. 제노바의 동요기에 대해서는 Muratori, XXIV, Col. 519, 525, 528 이하 참조. 1464년 프란체스코 스포르차에게 나라를 넘겨줄 때 사절들이 행한 솔직한 연설은 Cagnola, in: *Arch. stor.* III, p.165 이하 참조.

62) Baluz., *Miscell.*, ed. Mansi, Tom. IV, p.81 이하.

제거하였다. 국외로 이주한 상인과 사업가들은 강제로 귀국조치당했다. 12명 또는 18명의 추종자로 이루어진 위원회를 설치하여 일반 시민의 집회를 해산시켰다. 이 나라는 용병대가 없으면 계속되는 위험 속에서 살아야 하고 평상시에도 용병대를 두지 않으면 안 되었으므로 국가의 모든 지출이 용병대 위주로 편성되어 제한되었다. 마지막으로 당시에 닥쳤던 비상사태가 언급되어 있다. 특히 견직업을 비롯한 각종 산업과 포도주 양조업의 몰락이 적혀 있으며, 그 구제책으로 외국 포도주에 대한 높은 관세 부과와 식료품을 제외한 모든 물품을 시에서만 구매하게 하는 등, 농촌에 대한 강제조치들이 제안되어 있다.

이 진기한 논문은 우리의 연구를 위해서도 더 자세한 해석이 필요할 것 같다. 여기서 이 논문을 언급한 이유는 일관성 있는 정치적인 성찰이 북유럽보다는 이탈리아에서 일찍부터 발달했다는 수많은 증거 가운데 하나로 보여주기 위해서이다.

7 이탈리아 국가들의 외교정책

대다수의 이탈리아 국가들이 내부적인 면에서도 인공물이었듯이, 즉 성찰에 의존하고 정확한 계산에 따라 눈에 보이는 토대 위에 세운 의식의 산물이었듯이, 이들 나라의 상호관계나 외국과의 관계도 역시 인위의 산물이었다. 그 무렵 이탈리아의 국가들 대부분이 얼마 전에 일어난 찬탈의 결과였다는 사실은 국내 상황은 물론이고 대외관계에도 악영향을 미쳤다. 그 어느 나라도 상대방 나라를 기탄 없이 인정할 수 없었다. 자기들이 정권을 세우고 공고히 할 때 감행했던 도박을 상대 국가라고 하지 말라는 법은 없었다. 전제군주가 평온하게 자리를 유지하게 될지 아닐지는 결코 그 혼자에게만 달린 일이 아니었기 때문이다.

영토를 확장하고 밖으로 뻗어나가려는 욕구는 모든 비합법적인 국가들 특유의 현상이었다. 따라서 이탈리아는 '외교정책'의 발상지가 되었고 이 정책은 서서히 다른 나라에서도 공인된 법률적 지위를 얻게 되었다. 외교문제를 편견이나 도덕적인 숙고에서 벗어나 철저히 객관적으로 다루는 자세는 종종 세련되고 위대해 보일 정도로 완벽성에 도달하였다. 그러나 전체적으로 보면 끝없는 심연이라는 인상을 주고 있다.

당시 이탈리아의 외부적인 역사는 음모·동맹·무장·매수·배신 등으로 점철되어 있었다. 특히 베네치아는 각 나라를 서서히 멸망시켜서 차례로 수중에 넣거나 이탈리아 전체를 정복하리라고 오래 전부터 사람들의 원성을 사고 있었다.[1] 그러나 자세히 보면 이 원성은 민중에 게서 나온 것이 아니라 신민들에게 미움받던 군주와 정권 주변에서 흘 러나왔다. 반면 베네치아는 온건한 통치로 국민의 신망을 받고 있었 다.[2] 여러 복속도시를 거느리면서 원망을 산 피렌체도 베네치아와— 상업상의 질시와 베네치아의 로마냐 진출을 제쳐놓고라도—거북한 관계에 있었다. 결국 캉브레 동맹(135쪽)은 전 이탈리아가 힘을 모아 지원했어야 할 베네치아를 도리어 약화시키고 말았다.

그밖에 다른 나라들도 자신의 못된 양심으로 미루어 생각한 대로 각 기 상대방 국가가 최악의 행동을 저지를 것이라고 믿고 언제나 극단의 사태에 대비하고 있었다. 소국가는 물론이고 밀라노의 루도비코 일 모 로, 나폴리의 아라곤 군주들 그리고 교황 식스투스 4세는 이탈리아 전 토에 위험천만한 소요를 몰고 왔다. 이 끔찍한 상황이 이탈리아에만 국한되었다면 얼마나 좋았을까! 하지만 사태의 본질상 외국의 간섭과 도움을 구할 수밖에 없었으며, 그것도 주로 프랑스와 투르크가 개입하 였다.

처음에 사람들은 전적으로 프랑스 편이었다. 피렌체는 몸서리가 쳐 질 만큼 어리석게도 옛날부터 교황파의 입장에서 프랑스를 호의로 대 했다.[3] 실제로 샤를 8세가 알프스 남쪽에 나타났을 때 전 이탈리아 사 람들은 그와 그의 군대조차도 이상하게 여길 만큼 그를 환호하며 맞았 다.[4] 이탈리아 사람들의 환상 속에는 위대하고 현명하며 정의로운 구

---

1) 훨씬 후일 Varchi, *Stor. fior.*, I, 57에도 그렇게 적혀 있다.
2) 갈레아초 마리아 스포르차는 1467년 베네치아 대리인에게 정반대의 얘기를 했지 만, 그것은 우스개삼아 말한 허풍에 불과했다. Malipiero, *Annali ven.*, in: *Arch. stor.* VII, p.216 이하. 각 도시와 지방은 기회 있을 때마다 자진해서 베네치아에 복종했는데, 대개는 전제군주의 손아귀에서 벗어나려는 나라들이었다. 반면 피렌 체는 자유에 익숙한 주변의 도시공화국들을 내리누르지 않을 수 없었다. Cf. Guicciardini, *Ricordi*, N. 29.
3) 그 대표적인 사례가 1452년 샤를 8세에게 가는 사절에게 내린 지령 속에 있다. Cf. Fabroni, *Cosmus*, adnot. 107, Vol. II, p.200 이하.

원자와 통치자의 이상형이 살고 있었는데(사보나롤라를 생각해보라), 그것은 단테가 생각한 것처럼 황제가 아니라 카페 왕조의 프랑스 왕이 었다. 물론 샤를 8세가 퇴각하면서 이 환상도 깨졌다. 그러나 샤를 8세 와 루이 12세 그리고 프랑수아 1세가 프랑스의 대(對)이탈리아 관계를 완전히 오판했다는 것, 또한 그들이 사소한 동기에 따라 움직였다는 것 을 이탈리아 사람들이 깨달을 때까지는 많은 시간이 걸렸다.

민중과는 달리 이탈리아 군주들은 프랑스를 이용해보려고 했다. 영 국과 프랑스 사이의 백년전쟁이 끝났을 때도, 루이 11세가 그의 외교망 을 사방에 던져놓았을 때도, 부르고뉴의 샤를 공이 무모한 계획에 빠 져 있던 그때에도 이탈리아의 각국 정부는 프랑스 군주들을 환대하였 다. 이러니 프랑스의 간섭은 나폴리와 밀라노에 대한 요구권이 아니었 어도 조만간 일어날 수밖에 없었다. 오래 전에 제노바와 피에몬테에서 그랬던 것처럼 말이다. 베네치아는 이미 1462년에 이 사태를 예상하고 있었다.[5]

밀라노의 갈레아초 마리아 스포르차 공작이 부르고뉴 전쟁에서 루이 11세와 샤를 용맹공 양쪽과 동맹을 맺고 두 진영으로부터의 공격을 우 려해야 하는 상황에서 얼마나 무시무시한 죽음의 공포를 견뎌냈는지는 그의 편지[6]가 여실히 보여준다. 로렌초 마니피코가 생각한 이탈리아 4 대 강국의 세력균형은, 피렌체의 무모한 실험정치와 교황파적인 미신 에서 벗어나 최선의 것을 희망했던 밝은 낙관주의자의 가설에 불과하 였다. 그는 나폴리의 페란테 왕과 교황 식스투스 4세를 상대로 한 싸움

---

4) Comines, *Charles VIII.*, chap.10. 사람들은 프랑스인들을 성인처럼 생각했다. — Cf. Ibid., chap.17. — *Chron. Venetum*, in: Muratori, XXIV, Col. 5, 10, 14, 15. — Matarazzo, *Chron. di Perugia*, in: *Arch. stor.* XVI, 2. p.23. 그밖의 여 러 문헌은 구태여 언급할 것도 없다.

5) Pius II., *Commentarii* X, p.492.

6) Gingins, *Dépêches des ambassadeurs milanais* etc. I, pp.26, 153, 279, 283, 285, 327, 331, 345, 359, II, pp.29, 37, 101, 217, 306. 샤를은 이미 밀라노를 오를레앙의 젊은 루이에게 내주겠다고 얘기한 적이 있다.

에서 루이 11세가 병력 지원을 제안하자 이렇게 말했다. "나는 아직 내 자신의 이익을 앞세워 전 이탈리아에 위험을 안겨줄 수는 없습니다. 바라건대 프랑스 왕들이 그들의 무력을 이 땅에서 시험해볼 생각은 하지 말았으면 좋겠습니다. 그렇게 되면 이탈리아는 끝장입니다."[7]

이와는 반대로 어떤 군주들은 프랑스 왕을 공포의 수단이자 때로는 공포의 대상으로 생각하였다. 그래서 어떤 곤경에서 빠져나올 적절한 수단을 찾지 못하면 프랑스 왕을 내세워 위협을 가했다. 게다가 교황들은 자기들은 아무런 위험에 처하지 않고도 프랑스를 이용할 수 있다고 믿었다. 인노켄티우스 8세는 자신이 불만스럽게 북유럽으로 후퇴하더라도 결국에는 프랑스 군을 이끌고 정복자가 되어 이탈리아로 귀환할 수 있다고 생각하였다.[8]

그러니까 사려 깊은 사람들은 벌써 샤를 8세의 원정이 있기 훨씬 전부터 외세의 침략을 예견하고 있었다.[9] 그리고 샤를이 다시 알프스를 넘어 되돌아갔을 때에야 비로소 사람들은 간섭의 시대가 시작되었음을 분명히 깨달았다. 그뒤로 불행은 불행을 몰고 왔다. 프랑스와 에스파냐의 두 주요 간섭국이 그 사이 근대적인 강국이 되었다는 것도, 그들이 이제는 표면적인 복종에 만족하지 않고 이탈리아에서 세력과 영토를 차지하기 위해 사생결단으로 싸울 것이라는 것도 사람들은 너무 뒤늦게 알아차렸다.

두 나라는 중앙집권화한 이탈리아 국가들과 똑같아지기 시작했고 나아가 그들을 대규모로 모방하기 시작하였다. 한동안 영토 약탈과 영토 교환 따위의 책략이 무제한으로 난무했다. 그 결과는 주지하다시피 에스파냐의 압도적인 우세로 끝났고 에스파냐는 가톨릭 종교개혁의 칼과 방패가 되어 교황까지 오랫동안 자기 세력 안에 두었다. 이런 상황에서

---

7) Niccolò Valori, *Vita di Lorenzo*.

8) Fabroni, *Laurentius magnificus*, Adnot. 205 이하.

9) 조비아노 폰타노의 『카론』이 그러하다. 글의 마지막 대목에서 그는 통일국가를 기대하고 있다.

는 철학자들의 비통한 반성도, 그저 야만인을 불러들인 사람은 모두 비참한 종말을 맞는다는 것을 증명하는 게 고작이었다.

15세기에는 투르크와도 거침없이 동맹을 맺었다. 이것도 정치행위의 한 방편이라고 생각한 것이다. '서구 기독교 세계'라는 연대적(連帶的)인 개념은 이미 십자군원정 때 심각하게 흔들렸고 프리드리히 2세도 벌써 이 관념에서 탈피했던 것으로 보인다. 그러나 동방 국가의 재진출과 그리스 제국의 곤경과 몰락은 유럽인의 옛 정서를—그 열정은 아니더라도—부활시켰다.

하지만 여기에서도 이탈리아는 예외였다. 투르크로 인한 공포와 현실적인 위험이 아무리 컸어도 당시 이탈리아의 유력 국가라면 거의 모두 한 번쯤은 메메드 2세나 그 후계자들과 무법으로 결탁하여 다른 나라들에 대항했다. 혹 그렇지 않은 나라라고 해도 상대 국가는 능히 그러리라 생각했다. 그래도 이것은 나폴리의 왕위 계승자인 알폰소가 베네치아 저수지에 독을 탔다고 하여[10] 베네치아가 그에게 죄를 물은 것보다는 나은 경우였다. 시지스몬도 말라테스타 같은 악도는 투르크를 이탈리아로 불러들이리라는 것밖에는 기대할 것이 없는 사람이었다.[11] 나폴리의 아라곤 군주들도—다른 이탈리아 국가들의 선동에 휘말린[12]—메메드에게 오트란토를 빼앗겼다가 나중에 바예지드 2세를 부추겨 베네치아를 공격하게 했다.[13]

밀라노의 루도비코 일 모로도 같은 죄악을 저질렀다. "투르크와 싸우

---

10) Comines, *Charles VIII.*, chap.7. — 전쟁 중 알폰소가 어떻게 적을 대화 도중에 사로잡으려고 했는지는 Muratori, III, 2. Col. 1073에서 Nantiporto가 얘기해 준다. 알폰소는 체사레 보르자의 진정한 선구자였다.

11) Pius II., *Comment.* X, p.492. 1467년 밀라노의 갈레아초 마리아가 베네치아 대리인에게 한 얘기는 그저 허풍에 불과했다. Cf. Malipiero, *Ann. veneti,* in: *Arch. stor.* VII, 2, p.222. 보칼리노에 관해서는 이 책 87쪽 참조.

12) Porzio, *Congiura dei baroni,* liber I, p.4. 여기에 로렌초 마니피코가 관여했다는 것은 믿기 힘들다. (M. Brosch, *Julius II.*, pp.17~20에는 베네치아가 술탄을 사주했다는 사실이 뚜렷한 증거로 나와 있다.)

13) *Chron. Venetum,* in: Muratori, XXIV, Col. 14, 76.

다 죽은 사람들의 피와 투르크의 포로가 된 사람들의 탄식소리가 신을 향해 오르면서 일 모로에게 복수하라고 외쳐댄다"고 밀라노의 연대기 작가는 말한다. 베네치아는 이 모든 것을 알고 있었고 루도비코 일 모로의 사촌이며 페사로의 군주인 조반니 스포르차가 밀라노로 가는 투르크 사절에게 숙소를 제공했다는 것도 알고 있었다.[14]

15세기의 교황 중에서 가장 존경할 만한 니콜라우스 5세와 피우스 2세는 투르크인들 때문에 깊은 시름에 잠겨 죽었으며, 특히 피우스 2세는 그가 지휘하려고 했던 십자군원정 준비 도중에 세상을 떴다. 그런데도 그 후임자들은 모든 기독교 국가에서 모금한 투르크 원정금을 횡령했고 원정을 위해 만들어진 면죄부도 자신들의 금전 투기에 악용하였다.[15] 인노켄티우스 8세는 피신 중인 투르크 왕자 젬*의 교도관 노릇을 떠맡으면서 그 대가로 젬의 형인 바예지드 2세에게서 연봉을 받았다. 교황 알렉산데르 6세가 투르크의 베네치아 공략을 지원하려는 루도비코 일 모로를 콘스탄티노플에서 돕자(1498년) 베네치아는 종교회의 소집을 무기로 삼아 교황을 위협하였다.[16] 이렇게 보면 프랑스의 프랑수아 1세와 투르크의 쉴레이만 2세가 맺은 악명 높은 동맹도 결코 새삼스럽지 않으며 전대미문의 것도 아니었다.

더구나 이탈리아 사람들 중에는 투르크에 항복하는 것도 그리 대수롭지 않게 여기는 이들이 간혹 있었다. 이것이 억압적인 정부를 위협하

---

14) Malipiero, Ibid., p.565, 568.

15) Trithemius, *Annales Hirsaug.* ad a. 1490, Vol. II, p.535 이하.

* Djem. 동로마 제국을 멸망시킨 오스만 투르크의 술탄 메메드 2세의 아들. 형 바예지드 2세와 황제위를 다투었으나 패하고 로도스 섬의 요한 기사단으로 피신한 뒤 프랑스를 거쳐 교황 인노켄티우스 8세에게 넘겨졌다. 인노켄티우스는 젬을 억류해 두는 대가로 바예지드 2세에게서 연금을 받았다.

16) Malipiero, Ibid., pp.152, 161. 투르크 왕자 젬을 샤를 8세에게 인도한 부분은 같은 책 145쪽 참조. Burcardus에 나온 문헌은 위조일지 모르지만, 말리피에로의 글은 알렉산데르와 바예지드 사이에 치욕적인 내용의 편지가 오갔음을 명확히 밝혀냈다. 〔그러나 Burcardus의 문헌이 진본이라는 증거는 *Zeitschrift für Kirchengeschichte* V, p.511 이하에 나와 있다.〕

는 수단에 지나지 않았어도 이는 벌써 사람들이 그 같은 사고에 꽤나 물들어 있었음을 보여주는 증거라 하겠다. 1480년경에는 벌써 아드리아 연안의 대다수 주민들이 자기네가 투르크에 넘어가리라는 것을 예견했으며 특히 앙코나는 그것을 희망했다고 바티스타 만토바노가 분명히 전해준다.[17] 로마냐 지방이 교황 레오 10세에게 압박을 느끼고 있을 때 라벤나의 어떤 의원은 교황의 사절인 줄리오 메디치 추기경의 면전에서 이렇게 말했다. "추기경님, 베네치아 공화국은 교회와 반목할 것이 두려워 우리를 받아들이려 하지 않습니다. 만일 투르크 군이 라구사로 오면 우리는 그들에게 투항할 것입니다."[18]

그 무렵 이미 시작된 에스파냐의 이탈리아 압제에 직면하여 이제 나라가 적어도 투르크의 지배로 인한 야만화는 피하게 됐다는 생각은 비록 억지스러워도 근거 없는 위안은 아니었다.[19] 군주들이 할거한 이탈리아로서는 독자적으로는 그러한 운명을 피할 길이 없었을 것이다.

지금까지의 얘기를 바탕으로 이탈리아의 정치력에 대해 뭔가 좋은 점을 얘기해야 한다면, 그것은 공포나 열정이나 악의에 흔들리지 않고 여러 문제를 객관적이고 편견 없이 다루었다는 점일 것이다. 이탈리아에는 북유럽처럼 인위적으로 파생되는 권리가 따르는 봉건제도가 없었다. 오히려 누구라도 실질적으로 가지려고만 들면 가질 수 있는 권력이 존재하였다. 또 군주에게 빌붙어서 그의 마음속에 추상적인 체면 의식을 심어주고 괴상한 결론을 내리게 만드는 귀족도 없었다.

이탈리아의 군주와 그 조언자들은 오로지 상황과 이룩해야 할 목표

---

17) Bapt. Mantuanus, *De calamitatibus temporum*. 제2권의 마지막 부분에서 바다의 정령 도리스가 투르크 함대를 위해 부르는 노래.

18) Tommaso Gar, *Relazioni della corte di Roma* I, p.55.

19) Ranke, *Geschichte der romanischen und germanischen Völker.*—투르크인들이 이탈리아에 머물렀다면 서구화했을지도 모른다는 미슐레의 견해(*Réformeé*, p.469)는 내가 볼 때 설득력이 없다.—에스파냐의 운명은 페르난도 가톨릭 왕의 부지아(Bugia) 점령을 축하하기 위해 1510년 페드라 잉기라미가 율리우스 2세 앞에서 행한 축하연설에 처음으로 암시되어 있다. Cf. *Anecdota litteraria* II, p.149.

에 따라 행동한다는 점에서 똑같았다. 그들은 자기들이 이용하는 인간과 자기들이 동맹을 맺은 사람에게는 그 출신이야 어떻든 간에 사람을 위축시키는 계급적인 오만을 부리지 않았다. 출신은 전혀 문제가 되지 않았던 용병대장이라는 신분이 벌써 실질적인 권력의 소재를 충분히 말해주고 있다. 끝으로, 교양 있는 전제군주가 통치한 이탈리아 국가들은 북유럽과는 비교가 안 될 만큼 자국과 인근국에 관해 정확히 알고 있었고, 아군과 적군의 능력을 경제와 도덕적인 면에서 세부 항목까지 계산하고 있었다. 중대한 과실에도 불구하고 그들은 마치 타고난 통계가처럼 보인다.

이러한 사람들이라면 협상도 할 수 있고 설득도 가능하였다. 다시 말해 현실적인 근거를 내세워서 마음을 움직여볼 수 있는 것이다. 나폴리의 대 알폰소가 필리포 마리아 비스콘티의 포로가 되었을 때(1434년) 그는 자기 대신 앙주 가가 나폴리를 지배하면 프랑스를 이탈리아의 지배자로 만드는 격이라고 비스콘티를 설득하였다. 그러자 비스콘티는 몸값도 받지 않고 알폰소를 풀어주었고 그와 동맹까지 맺었다.[20] 북유럽의 군주라면 이렇게 행동하기 어려웠을 것이다. 또한 사실 도덕적인 면에서도 비스콘티만한 북유럽 군주는 없었다.

로렌초 마니피코는 신의 없는 나폴리의 페란테를 방문하여 피렌체 사람들을 경악시킨 적이 있는데,* 이것도 현실적인 이유에 근거한 권

---

20) Corio, p.333. 스포르차에 대한 태도는 p.329 참조.
* 1478년 피렌체의 귀족 가문인 파치 일가가 로렌초 마니피코와 그의 동생 줄리아노를 살해하려고 음모를 꾸몄다. 이 음모는 원래 교황 식스투스 4세의 조카인 리아리오 가 사람들이 벌였고 파치 가는 거기에 가담한 것이었다. 이 모반으로 줄리아노는 피렌체 대성당에서 살해당했으며, 로렌초는 부상을 입고 살아남았다. 파치 가의 모반이 실패로 돌아가고 자신의 심복들은 모반죄로 처형되었다는 소식을 들은 식스투스 4세는 피렌체에 선전포고를 했다. 그리고 나폴리 왕 페란테를 비롯해 이탈리아 여러 나라들에 자기 편이 되어 싸워달라고 요청했다. 이 전쟁에서 피렌체는 수세에 몰렸고 약 2년이 지나 전세가 극도로 불리해지자 로렌초 마니피코는 나폴리로 향했다. 나폴리 왕 페란테를 만나 전쟁 대신 외교로 담판을 지을 생각이었다. 그는 탁월한 외교술을 발휘하여 페란테에게 이탈리아 정세

력에 대해 확고한 믿음이 있었음을 증명하는 유명한 사례이다. 물론 페란테는 로렌초를 포로로 억류하고 싶은 유혹에도 빠졌고 그렇게 하지 못할 선인도 아니었다.[21] 왜냐하면 샤를 용맹공이 페론에서 프랑스의 루이 11세에게 그랬듯이(1468년), 강력한 군주를 잡아놓고 그에게서 이런저런 서명을 받아내거나 심한 모욕을 준 뒤 다시 살려 보내는 것은 이탈리아 사람들에게 어리석은 짓으로 생각되었기 때문이다.[22] 따라서 로렌초는 영영 귀환하지 못하거나 아니면 명성에 휩싸여 돌아오리라고 예상되었다.

이 당시에는 특히 베네치아 사절들이 정치적인 설득술을 과시하였다. 알프스 너머의 국가들은 이탈리아 사람들을 통해 처음으로 그 기술이 어떤 것인지를 알게 되었다. 하지만 이것을 인문주의자들의 현학적 수사학에 속하는 공식적인 환영사로 판단해서는 안 된다. 외교협상은 대개 세련된 예법을 통해 진행되었지만 그렇다고 거칠고 솔직한 면이 없었던 것은 아니다.[23] 『사신론』에서 드러나는 마키아벨리의 모습은 감동적으로까지 느껴진다. 충분한 지령도 못 받고 변변찮은 보수에다 하급 사절로 대우받았지만, 그는 자유롭고 수준 높은 관찰정신을 잃지 않았고 생생한 보고를 한다는 기쁨도 잃은 적이 없었다.

를 설명한 뒤 그의 마음을 돌려놓는 데 성공했다. 결국 페란테는 피렌체가 잃었던 영토를 되찾게 해준다는 내용의 조약을 체결했고, 나머지 국가들도 교황과 맺었던 동맹에서 하나씩 떨어져나감으로써 교황도 피렌체와 평화조약을 맺지 않을 수 없었다.

21) Nic. Valori, *Vita di Lorenzo.* —Paul. Jovius, *Vita Leonis X.*, L. 1; 후자의 글은 수사법을 구사하고 있지만 믿을 만한 원전에 의거하고 있다. —[Cf. Conti, I, 89. 로렌초는 먼저 왕에게서 신뢰를 받았거나 아니면 불가피하게 위험한 협상을 좇았을 것이다. 대개 믿음을 받으면 믿음을 줘야 하기 때문이다. Cf. Landucci, p.33 이하.]

22) 코민이 이 경우를 포함한 여러 사례에서 어느 이탈리아인 못지않은 객관적인 관찰과 판단을 하고 있는 것은 그가 이탈리아 사람들, 특히 안젤로 카토와 맺었던 교분에서 비롯된다.

23) Cf. Malipiero, Ibid., pp.216, 221, 236, 237, 478, etc.

이탈리아는 정치적 '훈령'과 '보고'의 나라였으며 앞으로도 그러할 것이다. 물론 다른 나라에도 탁월한 외교협상은 있었지만 일찍부터 수많은 외교기록을 남겨놓은 곳은 이탈리아뿐이다. 불안에 떨던 나폴리의 페란테 왕이 죽기 몇 주일 전(1494년 1월 17일)에 폰타노가 작성하여 교황 알렉산데르 6세의 내각에 보낸 전보가 이러한 국가문서의 진면목을 보여준다. 이것은 폰타노가 작성한 수많은 전보 속에 끼여 부수적으로 전해오는 것이다.[24] 15세기 말과 16세기 초 그리고 그후에 다른 나라에서 씌어진 문서 중에는 또 얼마나 비중 있고 생동감 넘치는 비슷한 기록들이 숨어 있을 것인가? 이탈리아 사람들이 외교관계와 더불어 수행한 인간에 관한 연구, 민족과 개인에 관한 연구는 장을 달리하여 논하겠다.

---

24) Villani, *Storia di G. Savonarola*, vol. II, p.XLIII의 기록에는 다른 면에서도 눈길을 끄는 정치적 서한들이 있다. ─15세기 말에 관한 다른 문헌은 Baluzius, *Miscellanea*, ed. Mansi, vol. I 참조.

8 인공물로서의 전쟁

  이번 장에서는 전쟁은 또 어떤 식으로 인공물의 성격을 띠었는지 간단히 이야기하고 넘어가겠다. 중세 유럽에서는 일반적인 무장체제 안에서 개개 전사들이 완벽하게 양성되어 있었고 천재적인 축성술과 공성술(攻城術) 발명가도 있었다. 그러나 병역의무의 특성과 기간상의 제약 그리고 귀족들의 명예심 때문에 전술과 용병술의 발달은 많은 지장을 받았다. 특히 귀족들은 적과 마주하여 선두다툼을 벌이거나 만용만 발휘한 까닭에 크레시 전투와 모페르튀 전투 같은 중요한 싸움을 망쳐놓았다.

  반면 이탈리아에서는 이와는 전혀 다른 용병제가 일찍부터 널리 시행되었다. 화기(火器)의 조기 발달도 전쟁을 민주화하는 데 일조하였다. 그것은 아무리 견고한 성이라도 포격 앞에서는 무너질 수밖에 없었고, 기술자와 주포공(鑄砲工)과 포병들이 시민들에게서 전수받은 숙련된 솜씨가 전면에서 큰 역할을 했기 때문이다.

  그러면서도 한편으로 사람들은 개인의 가치가 침해당하는 것, 즉 뛰어난 훈련을 받은 이탈리아 소규모 용병대의 정신이 원거리에서 작용하는 무기 때문에 침해받는 것을 고통스럽게 느꼈다. 때문에 용병대장 중에는 그 얼마 전 독일에서 발명[1]된 소총의 도입을 결사 반대한 사람도 있었다. 일례로 파올로 비텔리[2]는 대포를 합법적인 무기로 인정하고 사용했으면서도 포로로 잡힌 적군 사병(射兵)의 눈을 도려내고 두 팔을 절단하게 했다.

그러나 전반적으로 신무기들은 널리 인정받아 사용되었다. 그에 따라 이탈리아는 공격무기와 축성 분야에서 전 유럽의 선구자가 되었다. 특히 우르비노의 페데리고와 페라라의 알폰소는 이 방면에서 전문적인 지식을 습득하였다. 이에 비하면 황제 막시밀리안 1세의 지식은 피상적인 것에 지나지 않았다. 군사(軍事)와 병법에 관해 처음으로 체계적인 학문이 수립된 나라는 이탈리아였다. 또한 올바른 작전 자체에서 중립적인 기쁨을 느낀 나라도 이탈리아였다. 이는 빈번한 당파의 교체와 용병대장의 객관적인 행동방식에 어울리는 태도라고 할 수 있다.

1451년과 1452년에 밀라노의 프란체스코 스포르차와 베네치아의 야코포 피치니노 사이에 전쟁이 벌어졌을 때, 포르첼리오라는 문필가는 나폴리의 알폰소 왕에게서 이 전쟁의 보고서3)를 작성하라는 위임을 받고 베네치아 사령부를 따라 종군하였다. 순수하지는 않아도 유려한 라틴어로 씌어진 그의 보고서는 그 시기 인문주의자들 특유의 과장된 문체를 보이고 있는데, 전체적으로는 카이사르를 모방하여 곳곳에 연설과 기사(奇事) 따위를 삽입해놓았다.

게다가 100년 전부터 세간에서는 대 스키피오 아프리카누스와 한니발 중 누가 더 위대한지가4) 심각한 논쟁거리가 되어왔기 때문에 책 전체를 통틀어 피치니노는 스키피오로, 스포르차는 한니발로 불리게 되었다. 또 밀라노 군에 대해서도 공정하게 보고해야 했으므로 궤변가였던 포르첼리오는 스포르차에게도 나타났다. 그는 대열을 둘러보고는

---

1) Pius II., *Commentarii*, L. IV, p.190 ad. a. 1459.
2) Paul. Jovius, *Elogia*, p.184. 자신의 도서관에 인쇄본을 소장하고 있는 것을 "수치로 생각했을" 우르비노의 페데리고가 연상된다. Cf. Vespasiano Fiorentino.
3) Porcellio, *Commentaria Jac. Piccinini*, in: Muratori, XX. 1453년의 전쟁에 관해서는 같은 책, XXV에 계속된다.
4) 포르첼리오는 노(老) 아프리카누스를 "에밀리아누스"라고 잘못 부르고 있다.

모든 것을 입에 침이 마르도록 칭찬하면서 자기가 본 것을 후세에 전하겠다고 약속하였다.[5]

이밖에도 이탈리아에는 전쟁을 묘사하고 전략을 기술한 문헌이 풍부하여 전문가와 일반 교양인들이 이용하고 있었다. 이에 반해 당시 북유럽에서 나온 디볼트 쉴링의 『부르고뉴 전쟁』 같은 보고서들은 일정한 형식 없이 그저 사실만 충실하게 나열하여 연대기의 체제만 갖췄을 뿐이었다. 사상 최고의 아마추어이며 전술에서도 역시 아마추어로 등장한[6] 마키아벨리도 이때에 『전략론』을 집필하였다.

한편 전사 개개인의 역량이 유감없이 발휘되는 경우는 한 조 또는 여러 조로 나뉘어 진행되는 장엄한 결투였다. 이 같은 결투는 저 유명한 바를레타 결투(1503년)*가 있기 훨씬 전부터 풍습으로 전해내려왔다.[7] 결투에서 이긴 승자는 시인과 인문주의자들의 찬사를 한몸에 받는 등, 북유럽에서는 보기 힘든 명예도 안았다. 또 결투의 결과는 더 이상 하느님의 심판이 아닌 개인의 승리였다. 더불어 참관자들은 자국의 군대와 국가의 명예에 대한 만족감을 얻는 동시에 긴장된 내기의 결말도 체험했다.

이렇게 전쟁을 합리적으로 다루게 되면 경우에 따라 정치적인 증오감이 작용하지 않아도, 이미 약속해놓은 약탈을 지켜주기 위해서 무자비한 만행으로 이어질 수 있었다. 스포르차가 그의 군사들에게 허락하고 말았던 40일간의 피아첸차 시의 파괴가 끝나자(1447년) 이 도시

---

5) Simonetta, *Hist. Fr. Sfortiae*, in: Muratori, XXI, Col. 630.

6) 마키아벨리는 아마추어로 취급되었다. Cf. Bandello, Parte I, *Nov.* 40.

* 1503년 프랑스 군이 침공했을 때, 이탈리아와 프랑스의 양쪽 진영에서 선발된 각 13명의 기사가 전투를 벌여 이탈리아군이 승리를 거두었다.

7) Cf. "De obsidione Tiphernatium," in: *Rer. italicar. scriptores ex codd. florent.*, Vol. 2, Col. 690. 여기에는 1474년에 일어난 매우 주목되는 사건이 기록되어 있다. 1406년 부시코 장군과 갈레아초 곤차가가 벌인 결투는 Cagnola, in: *Arch. stor.* III, p.25 참조. ─식스투스 4세가 자기 근위병들의 결투를 얼마나 높이 샀는지는 Infessura가 얘기해준다. 식스투스 이후의 교황들은 결투를 금하는 교서를 발표했다. Sept. Decret. V, Tit. 17.

는 한동안 인적이 끊겨 강제로 다시 사람들을 이주시키지 않으면 안 되었다.[8]

그러나 이러한 불행도 뒷날 외국 군대가 이탈리아에서 저지른 만행에 비하면 대단한 것이 아니었다. 그 중 특히 심했던 것은 에스파냐 병사들이었다. 어쩌면 동방의 피가 섞인 그들의 혈통이, 또는 종교재판의 참상에 익숙한 그들의 심성이 인간 본성의 악마적인 면을 발휘했는지도 모른다. 그들이 프라토와 로마 등지에서 저지른 만행을 알고 있는 사람이라면, 자기 군대의 광포함을 알면서도 그대로 방치한 가톨릭 왕 페르난도나 그 외손자인 황제 카를 5세에게 훗날 대단한 관심은 보이기 힘들 것이다. 이 군주들의 내각에서 나와 점차 세상에 알려진 다량의 문서들은 중요한 역사적 사료로 남을지는 모르나, 여기에서 생동감 있는 정치사상을 기대할 사람은 없을 것이다.

---

8) 자세한 내용은 *Arch. stor.*, Append. Tom. V 참조.

9 교황권과 그 위험

지금까지 우리는 이탈리아 국가들의 일반적 성격을 논의해오면서 교황권과 교회국가[1]와 같은 아주 예외적인 현상은 부수적으로 언급하는 데 그쳤다. 이탈리아 국가들을 흥미롭게 만든 특성, 즉 권력수단의 의식적인 증진과 집중을 교회국가에서는 별로 찾아볼 수 없다. 그것은 모자라는 세속의 권력을 언제나 종교적인 권력이 덮어주고 대신했기 때문이었다.

이러한 체제의 국가가 14세기부터 15세기 초까지 얼마나 가혹한 시련을 견뎌내었던가!* 교황권이 남프랑스로 끌려가 억류되어 있었을 때

---

1) 이와 관련한 결정적인 문헌으로는 Ranke, *Päpste*, Vol. I과 Sugenheim, *Geschichte der Entstehung und Ausbildung des Kirchenstaates*를 참조하라. 〔Pastor, *Geschichte der Päpste*, Vol. I~III도 거명할 수 있겠다.〕

* 교황의 세속군주들에 대한 우위권과 보편적인 지배권 요구는 호엔슈타우펜 가의 황제들이 몰락한 뒤에도 계속되었으나, 교황 보니파키우스 8세 때는 많은 저항에 부딪쳤다. 유럽의 왕들은 이제 교황에게 복종하려 하지 않았고 교회의 치외법권적인 특권도 인정하려 하지 않았다. 특히 황제권이 쇠하였던 독일과 달리 왕권이 강화되고 있던 프랑스에서는 필리프 4세가 성직자들에게 과세하여 교황과 정면 충돌했다. 교황 보니파키우스 8세는 1302년의 대칙령에서 교황의 수장권을 요구하는 비타협적인 성명을 발표하며 맞섰으나 볼모로 잡혀 있다가 사망했다. 곧이어 프랑스인이 교황에 올라 클레멘스 5세가 되어 1309년 교황청을 아비뇽으로 옮겼다. 그뒤로 70년 동안 기독교 세계의 중심은 로마가 아닌 아비뇽이 되었다. '바빌

처음에는 모든 것이 엉망이었다. 그러나 아비뇽에는 재력과 군대가 있었고 교회국가를 다시 완전히 장악한 에스파냐의 알보르노스라는 위대한 정치가이자 군인이 있었다. 하지만 교회가 분열하기 시작하고 로마 교황도 아비뇽의 교황도 재차 몰락한 교회국가를 다시 장악할 만한 충분한 여력을 갖지 못하면서 결정적인 붕괴의 위험은 한층 높아갔다. 교회국가가 다시 평정된 것은 교회가 통일된 후 마르티누스 5세 때였고, 그뒤 에우게니우스 4세 치하에서 또 한 차례 위기를 겪은 뒤 다시 한번 평정되었다.

교회국가는 이탈리아 국가들 가운데 완전히 이례적인 존재였다. 로마 시 안팎에서는 콜론나·사벨리·오르시니·앙궐라라 같은 대귀족 가문들이 교황권에 도전했다. 움브리아와 변경 지방과 로마냐에서는 한때 교황권에 충성을 바쳤으나 교황에게서 별 보답을 받지 못한 도시 공화국들이 거의 사라지고 없었다. 그 대신 크고 작은 군문들이 무수히 존재했으나 그들의 복종과 충성심은 그리 대단하지 않았다. 그들은 자력으로 존재한 국가들이었기 때문에 그들 나름의 특별한 이해관계가 있었다. 이와 관련해서는 앞에서(86쪽 이하, 107쪽) 중요한 국가들을 논한 바 있다.

그럼에도 우리는 이제 교회국가를 하나의 전체로 파악하여 간단히 논의하지 않을 수 없다. 15세기 중반부터 이탈리아의 정치사상이 각 방면에서 휘몰아쳐 교회국가까지 장악하고 자기 논리에 따라 이 나라를 끌고 가면서 교회국가에는 새로운 위기와 위험이 닥쳐왔다. 이 가운데 비교적 경미한 위험은 나라 바깥이나 민중에게서 왔지만, 더욱 더 심각한 위험은 교황들 자신의 성정에 그 원인이 있었다.

먼저 알프스 너머의 외국들은 논의에서 제외해도 좋을 듯하다. 이탈

론의 유수'라고도 불리는 이 시기는 교황이 보편적 지배권을 상실해가는 시대였다. 교황이 로마로 귀환한 뒤에도 혼란은 계속되었다. 1378년 로마에서는 우르바누스 6세가, 아비뇽에서는 클레멘스 7세가 각기 교황으로 선출되어 이후 1417년까지 서구 기독교의 대분열 시대로 들어갔다.

리아에서 교황권이 치명적인 위협을 당하더라도 루이 11세 치하의 프랑스나, 이제 막 장미전쟁에 돌입한 영국이나, 혼란에 빠져 있던 에스파냐나, 또 바젤 종교회의에서 배신당한 독일이나 별다른 도움은 주지 못했을 것이고 줄 수도 없었을 것이다.

한편 이탈리아 내부에는 교황권이 이탈리아에 있다는 것을 일종의 국민적 자부심으로 여기는 교양인들 또는 무지한 사람들이 상당수 있었고, 그 중 많은 이들은 특정한 이해관계 때문에 교황권이 종래대로 존속하기를 희망했다. 또한 여전히 교황의 영력(靈力)과 축복능력[2]을 신봉하는 사람들도 아주 많았다. 그 중의 하나가 비텔로초 비텔리라는 악인이다. 그는 교황 알렉산데르 6세의 아들 명령으로 교살당하면서도 교황에게 면죄부를 간청한 사람이었다.[3] 그러나 이런 호의적인 태도를 모두 합쳐보았자 그것이 현존하는 증오와 질시를 이용할 줄 아는 단호한 적대자들에게서 교황권을 보호하지는 못했을 것이다.

이렇게 외부로부터는 구원 가능성이 희박한 상황에서 가장 큰 위험은 바로 교황권 내부에서 전개되고 있었다. 교황은 본질적으로 이탈리

2) 에우게니우스 4세의 축성 의식이 피렌체에서 준 인상은 Vespasiano Fiorent., I, 39 참조. ─ 니콜라우스 5세가 행한 존엄한 의식에 대해서는 Infessura (ed. Tommasini, p.46)와 J. Manetti, *Vita Nicolai V.*, in: Muratori, III, 2, Col. 923 참조. ─ 피우스 2세가 누린 충성은 *Diario Ferrarese*, in: Muratori, XXIV, Col. 205와 Pius II., *Comment.* IV, 201, 204, XI, 562 참조. 전문적인 살인자들도 교황에게는 해를 입히지 않았다. ─ 겉치레를 좋아한 파울루스 2세(Platina, 1, c. 321)와 식스투스 4세는 대규모의 축성 의식을 아주 중요하게 취급했으며, 특히 식스투스 4세는 다리 통풍에도 불구하고 부활절의 미사를 앉아서 집전했다(Jac. Volaterran., *Diarium*, in: Muratori, XXIII, Col. 131). 특이하게도 민중은 축복에 있는 마력적인 힘과 축복하는 사람의 무자격을 구분했다. 1481년 식스투스 4세가 승천일의 축성 의식을 거행할 수 없게 되자 민중은 투덜거리며 그를 저주했다(Ibid., Col. 133).

3) Machiavelli, *Scritti minori*, p.142에서 시니갈리아의 참사를 다룬 유명 논문. 물론 에스파냐인과 프랑스인이 이탈리아 군사들보다 더 열심히 면죄부를 간청했다. Paul. Jov., *Vita Leonis X.*(L. II)에서, 라벤나 전투가 있기 전 에스파냐 군대가 기쁨의 눈물을 흘리는 교황 사절에게 몰려들어 면죄를 청하는 장면 참조. 같은 책에는 밀라노에 있던 프랑스 군대에 관해서도 적혀 있다.

아 세속군주들의 사고방식에 따라 생활하고 행동했기 때문에 필연적으로 그 어두운 면까지 접하게 되었지만, 교황권 자체의 고유한 특성은 또다른 종류의 그림자를 드리웠다.

먼저 로마 시부터 이야기하자. 예부터 교황들은 로마 시의 소요를 별로 두려워하지 않는 듯한 태도를 보였다. 시민들의 반란으로 쫓겨난 많은 교황들이 언제나 되돌아왔고, 로마 시민들도 자기들의 이익을 위해 교황청의 존속을 바랄 수밖에 없었기 때문이었다. 그러나 로마에서는 때때로 반교황적인 과격주의[4]가 일어났을 뿐만 아니라, 심각한 모반사건의 경우에는 외부에서 보이지 않는 손이 작용할 때도 있었다.

일례로 로마 시에 막대한 이익을 안겨준 교황 니콜라우스 5세에 대한 스테파노 포르카리의 모반이 그러했다(1453년). 교황권 전반의 타도를 목표로 삼은 포르카리에게는, 이름은 거명되지 않았지만 분명히 어느 이탈리아 정부에 속해 있었을 유력한 공모자들이 있었다.[5] 같은 교황 치하에서 로렌초 발라는 콘스탄티누스 대제의 증여를 부인하는 유명 연설을 끝맺으면서 그 말미에 교회국가의 조속한 세속화를 희망사항으로 덧붙였다.[6]*

피우스 2세가 맞서 싸웠던(1459년)[7] 카틸리나 류의 폭도들도 자기

---

4) 진정한 교황은 그리스도의 청빈을 특징으로 갖고 있어야 한다고 믿은 캄파냐의 이단자들은 그저 단순한 발도파 교도였으리라고 추측된다.

5) 이 시대의 한 사람은 그것이 나폴리의 알폰소라고 추측했는데, 새로 발견된 문서에서 그럴 가능성이 높은 것으로 밝혀졌다.

6) "교황은 그리스도의 대리인으로만 그치고 카이사르의 대리인은 되지 않기를……. 그러면 그는 성스러운 아버지, 만인의 아버지, 교회의 아버지라고 불릴 것이며 실제로도 그럴 것이다."

* 「콘스탄티누스 기증장」은 750년부터 850년 사이에 등장한 위조문서이다. 내용에 따르면, 콘스탄티누스 대제가 콘스탄티노플로 천도할 때 로마의 주교인 실베스테르와 그 후임자들에게 황제권과 라테란 궁을 양도하고 로마와 모든 속주에 대한 지배권을 넘겨주었다고 되어 있다. 이 문서는 교황의 세속 지배권을 정당화하는 근거로 이용되다가 인문주의자인 로렌초 발라에 의해 위조문서임이 입증되었다.

7) Pius II., *Commentarii* IV, p.208 이하. [Cf. G. Voigt, *Enea Silvio* III, p.151 이하.]

들의 목표가 성직자 정치 전반의 타도라는 것을 숨기지 않았다. 주모자인 티부르치오는 이 목표가 바로 그해에 실현된다고 말했다는 예언자들에게 죄를 전가시켰다. 로마의 귀족들, 타란토의 군주, 용병대장 야코포 피치니노도 티부르치오의 공모자이자 후원자였다. 돈 많은 고위 성직자들의 저택에 얼마나 많은 약탈물이 있었나를 생각할 때(음모자들은 특히 아퀼레이아의 추기경을 노렸다), 거의 무방비상태였던 로마에서 이런 종류의 기도가 더 자주 성공적으로 일어나지 않았다는 것이 오히려 이상할 정도였다.

피우스 2세가 로마가 아닌 다른 곳을 거처로 삼은 데에는 이유가 있었고, 파울루스 2세도 사실 여부야 어떻든 간에 이 같은 모반이 일어났다고 하면 격심한 공포에 떨어야 했다(1468년).[8] 결국 교황은 언제고 한번은 이러한 습격을 받거나 아니면 약탈자들을 비호하고 키우는 대귀족의 도당을 힘으로 내리누르지 않으면 안 되었다.

이 일에 착수한 사람이 잔혹한 식스투스 4세였다. 그는 먼저 콜론나 일문을 탄압한 뒤 로마와 인근 지방을 완전히 장악했다. 그 결과 그는 교황권에서는 물론이고 이탈리아 정치에서도 대담하게 반항적인 태도로 나오면서 서구 전체에서 일어난 불만이나 종교회의를 내세운 위협도 무시할 수 있었다. 여기에 필요한 자금은 성직매매를 통해 조달했다. 때문에 성직매매는 갑자기 무한대로 증가했으며 추기경 임명부터 사소한 사면과 윤허에 이르기까지 손길이 닿지 않은 분야가 없었다.[9] 식스투스도 뇌물이 아니었으면 교황 자리에 오를 수 없었다.

이렇게 보편화한 매관매직은 언젠가는 교황의 자리에 불행을 몰고

---

8) Platina, *Vita Pauli II*. [Cf. Pastor, II, p.310 이하. 이 글에서 저자는 자세한 연구 끝에 모반이 있었는가의 문제에 대해서 결론을 유보하고 있다.]

9) Battista Mantovano, *De calamitatibus temporum*, L. III. "아라비아인들은 향을 팔았고 티루스인들은 보라색 도포를, 인도인들은 상아를 팔았다. 교회·사제·제단·성물·왕관·성화(聖火)·유향·기도가 우리에게는 매물이었고 천국도 신도 매물이었다."

올 것이었지만 그것은 아직 요원한 먼 훗날의 얘기였다. 이와 달리 족벌주의는 교황권 자체를 한순간에 뿌리부터 뒤흔들 소지가 있었다.

교황의 인척 가운데 처음에는 피에트로 리아리오 추기경이 식스투스에게서 독점에 가까운 큰 총애를 누렸다. 그는 한편으로는 지나친 사치 때문에, 다른 한편으로는 그의 불경과 정치적인 야심에 관한 무성한 소문 때문에 순식간에 전 이탈리아의 이목을 집중시킨 인물이었다.[10] 그는 밀라노의 갈레아초 마리아 공작과 교섭을 벌여(1473년), 공작이 롬바르디아의 왕이 되어 자신에게 돈과 군대를 대주면 자신은 로마로 귀환하여 교황 자리에 오른다는 내용에 합의했다. 식스투스도 기꺼이 리아리오 추기경에게 교황직을 내줄 생각이었던 것 같다.[11] 교황직을 세습화함으로써 결국에는 교회국가가 세속화할 뻔했던 이 계획은 추기경의 갑작스러운 죽음으로 좌절되었다.

교황의 제2의 인척이었던 지롤라모 리아리오는 세속인의 신분에 머무르면서 교황권에는 손대지 않았다. 그러나 그후 교황의 다른 인척들은 군주국 건설의 야망을 드러내어 이탈리아에 불안을 가중시켰다. 옛날에는 교황들이 자기 친척의 이익을 위해 나폴리의 봉건영주권을 주장한 적도 있었지만,[12] 칼릭스투스 3세가 여기에 실패한 뒤로는 더 이상 그런 것을 꿈꾸기가 쉽지 않았다. 지롤라모 리아리오도 피렌체 정복에 실패한 뒤*에는(그밖에 다른 계획이 얼마나 많았을지 누가 알겠는가) 교회국가를 기반으로 한 지배권 구축에 만족해야 했다.

---

10) *Annales Placentini*, in: Muratori, XX, Col. 943.

11) Corio, *Storia di Milano*, pp.415~420. 피에트로 리아리오는 옛날에 식스투스 4세의 교황 선출을 도왔다. Cf. Infessura, ed. Tommasini, p.72. ─마키아벨리의 『피렌체사』 제7권에는 베네치아 사람들이 추기경을 독살했다고 적혀 있는데, 사실 그럴 만한 이유가 없는 것도 아니었다. 〔마키아벨리의 이 추측은 개연성이 없다. 또 본문에 언급된 피에트로와 밀라노 공작의 약정도 소문에 불과했다!〕

12) 호노리우스 2세도 빌헬름 1세가 죽은 뒤, 1127년 풀리아를 "성 베드로의 것"이라 하여 접수하려고 했다.

* 이것이 바로 1478년 피렌체의 파치 가를 끌어들여 일으킨 로렌초 마니피코와 줄리아노 메디치에 대한 모반 실패사건이다.

176

혹자는 다음의 사정을 들어 이것을 정당화할지 모르겠다. 곧 영주들과 도시의 전제군주들이 있던 로마냐는 교황의 지배권에서 완전히 벗어나 세력을 키워가고 있었기 때문에 로마가 이런 식으로 개입하지 않으면 머지않아 스포르차 가문과 베네치아 사람들의 희생물이 될 것이라는 논리 말이다. 그러나 주권을 얻은 인척과 그 후손들이 이제는 자기들과 무관해진 교황에게 영구적으로 복종하리라고 누가 이 같은 시기에, 이 같은 상황에서 보장할 수 있을까? 심지어 생존해 있는 교황조차도 자기 아들이나 조카의 입지를 언제나 안심할 수 있는 상황은 아니었고, 전임 교황의 인척을 내쫓고 그 자리에 자기 인척을 세우려는 유혹에도 빠졌다.

이러한 사태는 교황권에 심각한 악영향을 끼쳤다. 종교적인 강제수단을 포함한 갖가지 수단이 불분명한 목적을 위해 거리낌없이 사용되었고 이 목적을 위해서라면 교황의 다른 사명들도 뒷전으로 밀려날 수밖에 없었다. 또한 그 목표가 세인의 증오와 격렬한 동요를 겪으면서 달성되었어도, 그 결과는 교황권의 몰락에 지대한 관심을 보이는 군주국의 건설일 뿐이었다.

식스투스가 죽자 지롤라모는 그가 사취한 군주국인 포를리와 이몰라에서 아내의 친가인 스포르차 가의 비호를 받으며 근근히 지배권을 유지할 수 있었다. 이후 1484년에 열린—인노켄티우스 8세가 교황으로 선출된—추기경 회의에서는 교황권을 바깥에서 보증해주는 듯한 새로운 사태가 발생하였다. 군주국의 왕자인 추기경 두 명, 즉 나폴리의 페란테 왕의 아들인 아라곤 가의 조반니와 밀라노의 루도비코 일 모로의 동생인 아스카니오 스포르차가 후안무치하게도 돈과 지위를 얻는 대신 투표권을 팔아버린 것이다.[13] 그러니까 최소한 나폴리와 밀라노

---

13) Fabroni, *Laurentius magn.*, Adnot. 130, p.256 이하. 어느 밀사는 두 사람에 대해 이렇게 보고한다. "그들은 교황 선거 때마다 이 궁정을 약탈하려고 했다. 세상에서 가장 사악한 무리들이다."

의 두 군문은 이권을 얻는 대가로 교황권의 존속에 흥미를 보인 것이다. 그 다음에 열린 교황 선출회의에서는 다섯 명을 제외한 나머지 추기경이 모두 매수되었는데, 아스카니오는 막대한 뇌물을 받았을 뿐 아니라 다음번에는 자신이 교황이 된다는 기대까지 품었다.[14]

로렌초 마니피코도 자신의 메디치 가문이 빈손으로 밀려나는 것은 바라지 않았다. 그는 딸 마달레나를 새 교황 인노켄티우스 8세의 아들인 프란체스케토 치보와 결혼시켰다. 또한 자기 아들 조반니 추기경(훗날의 교황 레오 10세)이 갖가지 종교적인 혜택을 누리기를 기대했을 뿐만 아니라 사위의 조속한 출세도 희망했다.[15]

그러나 후자는 불가능한 바람이었다. 인노켄티우스 8세 때에는 국가를 세우려는 대담한 족벌주의가 일어날 수 없었는데, 그것은 프란체스케토가 그 아버지인 교황처럼 저급한 의미에서 권력을 향유하려 했던, 다시 말해 막대한 돈의 비축에만 관심을 두었던[16] 한심한 인간이었기 때문이다. 교황 부자가 욕심을 채우는 데 사용한 방법이 장기적으로 계속됐다면 교회국가의 붕괴라는 위험천만한 파국으로 치달았을 것이다.

식스투스가 갖가지 종교적인 은총과 직위를 팔아 돈을 마련했다면, 인노켄티우스 부자는 세속적인 은총을 파는 일종의 은행을 세웠다. 여기서는 돈만 많이 내면 살인도 면죄받을 수 있었다. 매번 들어오는 속죄금에서 150두카토는 교황의 금고로 들어갔고 그 초과분은 프란체스케토 차지였다. 로마는 인노켄티우스 치하 만년에 와서 후원자가 있는 살인자와 그렇지 못한 살인자로 들끓었고, 식스투스가 처음으로 탄압의 칼자루를 들이댔던 도당들도 다시 활개를 쳤다. 경비 삼엄한 바티칸

---

14) Corio, p.450.
15) 로렌초의 아주 독특한 경고 서한이 Fabroni, *Laurentius magn.*, Adnot. 217과 Ranke, *Päpste* I, p.45에 발췌되어 전해진다.
16) 이들은 나폴리의 봉토도 차지하려고 했다. 때문에 인노켄티우스는 완강히 버티던 페란테 왕에게 대항하기 위해 다시 앙주 가를 불러들였다.

에 들어앉은 교황은 여기저기에 덫을 놓고 돈 많은 범법자가 걸려들기만 바라면 되었다.

그러나 프란체스케토는 교황이 죽은 후 어떻게 하면 되도록 많은 돈을 가지고 도망칠 수 있는가가 최대 관심사였다. 한번은 교황이 죽었다는 오보를 접하고(1490년) 본심을 드러낸 그는 교회에 있는 돈을 모조리 반출하려 했고, 주변의 저지로 그것이 실패하자 최소한 투르크 왕자 젬만이라도 데려가려고 했다. 젬은 나폴리의 페란테 왕에게 비싼 값으로 흥정할 수 있는 살아 있는 자본이었기 때문이다.[17]

먼 과거에 속한 정치상황의 변화 가능성을 역추정하기란 어려운 일이다. 그러나 우리는 로마가 이런 종류의 교황을 2대, 3대에 걸쳐서도 계속 견뎌낼 수 있었을지 묻지 않을 수 없다. 여행자와 순례자뿐 아니라 로마 왕 막시밀리안의 사절단까지 로마 근방에서 속옷 하나만 빼고 모두 강탈당하고, 많은 사절들이 로마 시에는 발도 들여놓지 않고 중간에서 되돌아가는 일이 벌어지도록 사태를 방치한 것은 신앙심 깊은 유럽에 대해서도 결코 현명한 처사가 아니었다.

이러한 상황은 재능 많은 교황 알렉산데르 6세(재위 1492~1503년)의 가슴에 살아 있던 권력의 향유라는 개념과 양립할 수 없었다. 그래서 맨 먼저 취해진 조치가 공안의 회복과 모든 봉급의 정확한 지불이었다.

이탈리아 문화를 논하는 이 책에서 사실 알렉산데르 6세의 치세는 엄밀히 말해 생략해도 무방하다. 왜냐하면 보르자 가문 사람들은 나폴리 왕가와 마찬가지로 이탈리아 사람들이 아니기 때문이다.[18] 알렉산데르는 아들 체사레와 공식 석상에서는 에스파냐 말로 얘기했고, 그의 딸 루크레치아가 에스파냐 의상을 입고 페라라에 들어가 영접받을 때는 에스파냐 어릿광대가 노래를 불러주었다.

---

17) Cf. Infessura, ed. Tommasini, p.260.

18) 〔가이거의 주석: 그러나 보르자 가 사람들이 자기들이 로마 출신임을 자랑으로 여겼다는 것을 지적해두고 싶다. 체사레는 이탈리아의 여러 대학에서 공부했으며 알렉산데르 6세와 루크레치아는 이탈리아 문학과 문화를 열심히 장려했다.〕

가장 믿을 만한 심복도 에스파냐 사람들로 구성되어 있었고, 1500년의 전쟁에서 악명 높았던 체사레의 군대도 역시 에스파냐 사람들이었으며, 형리인 돈 미켈레토와 조독사(調毒師)인 크레모나 출신의 세바스티안 핀손도 에스파냐 사람이었던 것 같다.[19] 체사레는 다른 일로 바쁜 와중에도 사방을 막아놓은 뜰 안에서 사나운 황소 여섯 마리를 에스파냐 식대로 솜씨 좋게 때려눕힌 적이 있었다. 이 일가에 이르러 절정에 달한 듯이 보이는 로마의 부패는 사실 이들이 등장하기 전부터 무척 만연한 상태였다.

보르자 일가가 어떤 사람들이었고 무슨 짓을 했는지에 관해서는 여러 차례에 걸쳐 많은 글이 나와 있다. 그들이 가장 먼저 세운 목표 그리고 실제로 성취한 목표는 교회국가의 완전한 장악이었다. 이를 위해 그들은 군소 지배자들—대부분 교회에 다소 반항적이었던 신하들—을 전부 몰아내거나 멸망시켰는데,[20] 로마에서만도 두 개의 거대 도당, 이른바 교황당의 오르시니 가문과 황제당의 콜론나 가문을 전멸시켰다. 하지만 이때 사용한 수단이 너무나 끔찍했기 때문에 만약 우발적인 사건(교황 부자가 동시에 병이 난 사건)이 사태 전체를 급전시키지 않았더라면 틀림없이 교황권이 몰락하는 결과로 이어졌을 것이다.

알렉산데르는 유럽 국가들의 도덕적인 분개에 그다지 신경쓸 필요가 없었다. 내부적으로 그는 공포를 불러일으켜 복종을 얻어냈고, 외국의 군주들은 그와 한편이 되었으며, 프랑스의 루이 12세는 전력을 다해 돕기까지 했다. 오로지 유럽의 주민들만이 중부 이탈리아에서 무슨 일이 벌어지고 있는지 모르고 있었다.

---

19) 〔핀손은 크레모나 출신일 가능성이 크다. Cf. *Dispacci di Ant. Giustiniani* I, p.60, II, p.309. 미켈레토는 에스파냐 사람이었다. Villari, *Machiavelli* I, p. 390 A.1.〕

20) 그 중의 예외가 볼로냐의 벤티볼리오 가와 페라라의 에스테 가문이다. 에스테 가는 교황 일가와 억지로 인척관계를 맺을 수밖에 없었다. 루크레치아 보르자는 페라라의 알폰소 왕자와 결혼했다.

이런 점에서 정말 위기였다고 할 수 있는 유일의 순간, 즉 샤를 8세가 지척에 다가왔던 그 순간은 예상외로 별 일 없이 지나갔다. 그러나 이때에도 위험에 처했던 것은 교황권 자체가 아니라 더 나은 교황에 의해 밀려날 뻔한 알렉산데르였다.[21] 시시각각 지속적으로 교황권을 옥죄어오던 크나큰 위험은 바로 알렉산데르 자신에게 있었고, 특히 그의 아들 체사레 보르자에게 있었다.

알렉산데르는 권력욕과 물욕과 정욕이 강인하고 사치스러운 성품과 결합된 인물이었다. 그는 재위 첫날부터 권력과 호사를 누리는 일이라면 어느 것도 마다하지 않았고 목적 달성을 위한 수단의 선택에서도 전혀 거리낌이 없었다. 그가 자신의 교황 선출 때 바친 희생을 그 이상의 것으로 보상받으리라는 것,[22] 성직매수 때의 금액을 능가하는 성직매각이 있으리라는 것도 사람들은 알고 있었다.

게다가 그는 부(副)서기관이라는 자리와 기타 여러 직책을 거친 덕분에 교황청의 어느 누구보다도 돈줄에 관해 잘 알고 있었고 능란한 사업수완을 발휘하여 그것을 이용할 줄도 알았다. 1494년에는 카르멜 교단의 수도사로서 로마에서 성직매매를 놓고 설교한 제노바 출신의 아다모가 스무 군데에 상처를 입고 침대에서 살해당한 채 발견되었다. 알렉산데르는 고액을 받지 않으면 단 한 명의 추기경도 임명하지 않았다.

---

21) Corio, p.479에 따르면, 샤를은 종교회의를 열어 교황을 폐위시키고 나폴리에서 돌아오는 길에 그를 프랑스로 데려갈 생각이었다. Benedictus, *Carolus VIII.*, in: Eccard, *Scriptores* II, Col. 1584에 의하면, 샤를은 나폴리에서 교황과 추기경들이 그의 새 왕위를 인정하지 않자 "이탈리아의 주권과 교황 자리를 바꾸어 볼" 생각이었으나 곧 알렉산데르 개인을 굴복시키는 것으로 만족하기로 했다. 그러나 교황은 샤를에게서 달아났다.

22) Corio, p.450. Malipiero, *Ann. Veneti*, in: *Arch. stor.* VII, 1. p.318. ─ 보르자 가문이 어느 정도로 탐욕에 빠졌는지는 Malipiero, Ibid., p.565를 보면 알 수 있다. 교황의 한 인척은 교황 사절로 베네치아에 가서 성대하게 영접받고 면죄부를 나누어주며 막대한 돈을 벌었다. 그의 시종들은 돌아올 때 손에 넣을 수 있는 것이면 모두 훔쳐왔고, 무라노에 있는 어느 교회의 제단에서 금으로 된 옷 조각을 도둑질했다.

그러나 시간이 흐르면서 교황이 아들 체사레의 지배를 받게 되자 폭력수단은 포악성을 띠기 시작했고 이는 다시 추구하는 목적에도 영향을 미칠 수밖에 없었다. 로마의 귀족과 로마냐의 군주들을 상대로 한 싸움에서는 그 비열함과 잔인성이 나폴리의 아라곤 왕들이 저질러서 익숙해진 만행을 능가했고 기만의 술수도 이들보다 뛰어났다.

특히 잔혹했던 것은 체사레가 아버지를 고립시킬 때의 방식이었다. 그는 형제와 매부와 인척과 궁신들이 교황에게서 받는 총애와 그들의 지위 때문에 자신의 입지가 불리해지자 그들을 모두 살해하였다. 알렉산데르 자신도 체사레를 두려워했기 때문에 그가 가장 아끼는 아들인 두카 디 간디아가 살해될 때 거기에 동의하지 않을 수 없었다.[23]

그렇다면 체사레가 가슴속 깊이 품었던 목표는 무엇이었을까? 그가 시니갈리아에서 용병대장들을 죽이고 사실상 교회국가의 주인이 되었던(1503년) 통치기간의 마지막 몇 달 동안에도 주변인물들이 말한 내용은 적지 않게 겸양스러운 것이었다. 그의 의도는 그저 도당과 전제군주들을 누르는 것이고, 이 모든 일도 오직 교회국가를 위해서였으며, 그가 자신을 위해 취한 것은 겨우 로마냐뿐이었다는 것 그리고 그가 교황들을 위해 오르시니 일가와 콜론나 일가를 제거했으므로 분명히 훗날에는 모든 교황들의 감사를 받으리라는 것이었다.[24]

---

23) Panvinio, *Contin. Platinae*, p.339: "형 체사레의 계략에 의해 살해당했다……. 아버지도 이 만행에 눈을 감았다." 이는 확실히 믿을 만한 증언이다. 반면 조반니 스포르차에게 책임을 돌린 말리피에로와 마타라초의 기술은 이보다 신빙성이 약하다. 알렉산데르가 받은 깊은 충격도 그가 공범임을 암시한다. 테베레 강에서 사체 인양을 두고 산나차로는 이렇게 말한다.

6세여, 우리는 정말이지 당신이 사람 낚는 어부라고 생각하고 싶지 않다.
보라, 당신은 당신의 아들을 그물로 낚았다.

〔최근의 연구에 따르면 교황이 살인에 동의했다는 것은 매우 의심쩍으며, 그가 살인을 사주했다는 것은 더더욱 불확실하다.〕

24) Machiavelli, *Opere*, ed. Milan., Vol. V, pp.387, 393, 395, 발렌티노 공작에게 보낸 사절 편.

그러나 이것이 체사레의 궁극적인 목표라고 여기는 사람은 아무도 없을 것이다. 교황 알렉산데르는 한 걸음 더 나아가 베네치아 사절과의 교섭에서 아들 체사레를 베네치아의 보호에 맡기면서 다음처럼 핵심에 다가서는 말을 했다. "나는 언젠가는 교황권이 체사레에게 가든가 아니면 귀 공화국의 차지가 되도록 조처할 것입니다."[25] 그러자 체사레는, 베네치아가 원하는 인물이 교황이 되어야 하고 그러기 위해서는 베네치아 추기경들이 일치단결해야 한다고 덧붙였다.

이것이 그 자신을 두고 한 말인지는 접어두기로 하자. 교황위에 오르려는 그의 본심을 증명하는 데는 아버지의 말로 이미 충분하기 때문이다. 이보다 더 구체적인 사실들은 루크레치아 보르자를 통해 간접적으로 언어들을 수 있다. 페라라의 공작부인이던 그녀가 발설한 내용들이 에르콜레 스트로차의 몇몇 시에 반영되어 있기 때문이다. 여기서도 우선은 교황권을 향한 체사레의 야망을 얘기하고 있지만,[26] 그 행간에서 감지되는 것은 이탈리아 전토를 지배하려는 그의 욕구이며,[27] 결국에는 그가 세속군주로서 원대한 포부를 품고 있었고 과거에 추기경 자리를 내던진 것도 바로 이 때문이었음이 암시되어 있다.[28]

사실 체사레가 알렉산데르의 사후에 교황에 선출되건 아니건 간에 상관없이 그가 무슨 수를 써서라도 교회국가를 손에 넣으려고 작정했

---

25) Tommaso Gar, *Relazioni della corte di Roma* I, p.12에 수록된 P. Capello의 보고에는 이렇게 적혀 있다. "교황은 이 세상의 어떤 군주보다도 베네치아를 존경했다. 그리고 그 때문에 베네치아 시의회가 자기 아들을 보호해주기를 바랐고, 교황권이 그의 것이 되든가 아니면 우리 시의회의 차지가 되도록 결정을 내리고 싶다고 말했다." 여기서 '그'란 분명히 체사레를 뜻했을 것이다. 소유대명사는 흔히 인칭대명사 대신 많이 쓰였다.

26) Strozza, *Poetae*, p.19에서 에르콜레 스트로차의 「사냥」에 나오는 구절. "……운명의 여신들은 그의 3중의 왕관을 질투한다." 같은 책 31쪽 이하에 나오는 체사레의 죽음에 부치는 조사. "언젠가는 높은 곳에 있는 아버지의 왕좌를 원할 것이다."

27) 같은 책에서 유피테르는 이런 약속을 했다. "알렉산데르에게는 자식이 있는데 그 자식이 언젠가는 이탈리아에 법을 세우고 황금시대를 가져올 것이다."

28) 같은 책. "더 높은 영광을 얻으려고 성스러운 자리를 포기했다."

다는 것 그리고 이때까지 그가 저지른 만행으로 볼 때 혹시 교황에 선출되어도 장기적으로는 이 목표의 달성이 불가능하리라는 것은 의심의 여지가 없었다. 만약 누군가가 교회국가를 세속화한다면 그것은 바로 체사레가 했을 것이고[29] 또 교회국가를 계속 지배하기 위해서도 그는 그렇게 해야 했을 것이다.

이 모든 얘기가 틀리지 않다면 이것이야말로 마키아벨리가 이 흉악도를 논할 때 보였던 은밀한 호의의 근본적인 이유일 것이다. 마키아벨리는 체사레말고는 어느 누구도 "상처에서 검을 뺄 수" 있다고 믿지 않았다. 다시 말해 체사레만이 일체의 간섭과 이탈리아 분열의 근원인 교황권을 파괴할 수 있다고 생각한 것이다. 체사레의 본심을 알아낼 수 있다고 믿은 음모가들은 그에게 토스카나 왕국에 대한 환상을 심어주었지만 아무래도 그에게 거절당했던 것 같다.[30]

그러나 마키아벨리의 전제에서 나오는 모든 논리적인 결론은 아무 쓸모가 없을 것 같다. 이는 체사레의 악마적인 천재성 때문이 아니라——프리틀란트의 공작 발렌슈타인처럼 그도 이런 천성은 타고나지 못했다——그가 사용한 방법들이 그의 일관된 행동방식과 전혀 조화되지 못했기 때문이었다. 체사레의 지배에 종말을 고한 그 우연의 사건이 없었다고 해도 그의 극악무도한 악행 속에는 교황권의 구원 가능성이 열려 있었는지도 모르겠다.

체사레가 교회국가의 모든 중간 군주들을 괴멸시켜서 얻은 것은 세상의 인심뿐이라고 가정해도, 또 출세한 그를 좇아 1503년에 그를 따랐던 군사들——레오나르도 다 빈치를 참모 기술자로 하는 이탈리아의 정

---

29) 잘 알려져 있듯이 체사레는 알브레 가 출신의 프랑스 공주와 결혼하여 딸을 하나 두었다. 그는 어떤 식으로든 왕조를 건설하려고 했을 것이다. 하지만 그가 분명히 아버지가 곧 죽으리라는 것을 예상했음에도 불구하고 다시 추기경 자리를 받을 채비를 하고 있었다는 것(Machiavelli, Ibid., p.285)은 알려져 있지 않다.

30) Machiavelli, Ibid., p.334. 시에나와 더불어 기회를 보아 토스카나 전체를 손에 넣으려고 계획하고 있었지만 아직 때가 무르익지 않았다. 거기에는 프랑스의 동의가 필요했다.

예군사들과 장교들—이 그가 품은 야망의 증거라고 해도 이해할 수 없는 불합리한 구석은 여전히 존재한다. 따라서 당대 사람들이 그러했 듯이 우리의 판단도 갈피를 잡지 못하고 흔들릴 수밖에 없다. 일례로 체사레가 막 점령한 국가를 계속 보유하고 통치할 생각이었음에도 불구하고 거기에 유린과 학대를 가한 일이 그것이다.[31]

　마찬가지로 알렉산데르 재위 만년의 로마와 교황청의 상황도 그러하다. 교황 부자가 공식적인 추방자 명단을 함께 작성했건[32] 아니면 살해 결정을 제각기 내렸건 간에, 두 사람은 자신들에게 어떤 식으로든 방해가 되거나 유산이 탐나는 사람들을 은밀히 없애버렸다. 여기서는 돈과 동산이 중요한 것이 아니었다. 교황으로서는 해당 성직자들의 종신연금이 끊기고, 결원시에는 그 직급에서 나오는 급료를 챙기고, 후임자를 앉힐 때는 그 자리를 판 돈을 챙길 수 있다는 것이 더 큰 이익이었다.

　베네치아의 사절 파올로 카펠로[33]는 1500년 다음과 같은 보고를 하고 있다. "로마에서는 매일 밤 네댓 명의 피살자를 볼 수 있는데 그들은 주교와 고위성직자들이다. 로마 시민들은 모두 체사레 공작에게 살해당할 것이 두려워 떨고 있다." 체사레는 밤이 되면 호위병을 데리고 공포의 도시를 배회하였다.[34] 그러나 이는 티베리우스가 그랬듯이 추악해진 자기 얼굴을 백주에 드러내기 싫어서가 아니라, 광기와 같은 살인욕을—그것도 전혀 낯모르는 사람을 향한 살인욕을—채우기 위해서

---

31) Machiavelli, Ibid., pp.326, 351, 414. —Matarazzo, *Cronaca di Perugia*, in: *Arch. stor.* XVI, 2, pp.157, 221. "그는 자기 군사들이 원하는 곳에서 숙박해서 전시보다 평상시에 더 많은 것을 얻기를 바랐다."

32) Pierio Valeriano, *De infelicitate literat.*에 언급된 Giovanni Regio 관련 대목〔Ed. Mencken, p.282〕.

33) Tommaso Gar, Ibid., p.11.

34) Paulus Jovius, *Elogia*, p.202: Caesar Borgia. —Raph. Volaterranus, *Commentarii urbani*의 제12권에는 율리우스 2세 치하에서 아주 신중하게 씌어진 알렉산데르의 성격 묘사가 들어 있다. 거기에는 "영광스러운 로마도 이미 고문소가 되었다"고 적혀 있다.

였다고 보는 것이 더 타당하다. 때문에 1499년에는 이미 시민들의 절망감이 고조되고 확산되어 교황의 호위병들이 시민들에게 습격당하고 살해당하는 일이 벌어졌다.[35]

교황 부자는 공공연한 폭력으로 제거하기 힘든 사람에게는 독약을 이용하였다. 그리고 어느 정도 비밀 보장이 필요한 경우에는 맛좋은 순백의 가루[36]를 사용하였다. 그것은 당장 효력을 발하는 게 아니라 서서히 작용하는 것이었으며, 그 어떤 요리나 음료수에도 눈치채지 못하게 넣을 수 있었다. 투르크 왕자 젬도 알렉산데르에 의해 샤를 8세에게 넘겨지기 전에 달콤한 음료수에 섞인 독을 마셨고(1495년),[37] 알렉산데르 교황 부자 역시 재위 말년에 어느 돈 많은 추기경이 마시도록 만든 포도주를 잘못 마셔서 그 독으로 쓰러졌다.[38]

교황사의 공식 편찬자인 오누프리오 판비니오[39]는 알렉산데르의 명으로 독살된 추기경 세 명(오르시니·페라리·미키엘)을 거명하면서 체사레가 담당했던 네번째 인물의 이름(조반니 보르자)을 암시해놓았다. 그러나 그 무렵 로마에서 죽은 부유한 고위성직자치고 독살 의혹이 없던 사람은 별로 없었을 것이다. 독은 지방도시에 은거하며 조용히 지내는 학자에게도 무자비하게 들이닥쳤다. 그뒤 교황 주변에서는 괴이한 일들이 일어나기 시작하였다. 옛날에도 번개와 폭풍이 일어나 성벽과 가옥을 넘어뜨리고 교황을 공포에 떨게 한 적이 있지만, 1500년에 이 같은 현상이 반복되자[40] 사람들은 이것을 '악마의 조화'라고 생각

---

35) *Diario Ferrarese*, in: Muratori, XXIV, Col. 362.

36) Paulus Jovius, *Histor*. II, p.47.

37) 〔당대 사람들의 이 추측은 확실하지가 않다. 현재까지는 그에 대한 증거도 반증도 댈 수 없다.〕

38) 〔부르크하르트의 이 견해도 거의 신빙성이 없다. Cf. Pastor, III, p.495 이하.〕

39) Panvinius, *Epitome pontificum*, p.359. 훗날 율리우스 2세에 대한 독살 시도는 같은 책, 363쪽 참조. ─Sismondi, XIII, 246에 따르면, 오랫동안 모든 비밀을 알고 있던 카푸아의 추기경 로페스도 이런 식으로 죽었다고 하며, Sanudo, in: Ranke, *Päpste* I, p.52, Fn. 1에 따르면 베로나의 추기경도 똑같은 죽음을 당했다.

40) Prato, in: *Arch. Stor*. III, p.254.

하였다.

이 소문은 마침내 1500년의 로마 기념제 때 몰려든 수많은 사람들을 통해[41] 각 나라로 퍼져나갔던 것 같다. 면죄부를 팔아 저지른 파렴치한 착취행위도 세상의 이목을 로마로 집중시키는 데 일조한 것이 틀림없다.[42] 이때는 귀향하는 순례자 외에도 흰 옷을 걸친 기이한 참회자들이 이탈리아에서 북유럽으로 갔는데, 그 중에는 변장을 하고 교회국가에서 도망나온 망명자들도 있었으며 이들 역시 위의 사태에 대해서 침묵하지는 않았을 것이다.

유럽의 분노가 얼마나 더 지속되고 그 수위는 또 얼마나 높아져야만 그것이 알렉산데르에게 직접적인 위험이 되었을지 누가 알겠는가. "만일 알렉산데르가 아들을 위해 거창한 계획을 세우는 도중에 세상을 뜨지 않았다면 그는 남아 있는 부유한 추기경들과 고위성직자들을 제거하고 그 유산을 차지했을 것이다." 이렇게 판비니오는 다른 책[43]에서 얘기하였다.

마찬가지로 아버지가 죽는 순간 체사레도 병상에 누워 죽음을 맞지 않았다면 과연 그는 어떤 일들을 저질렀을까? 독살로 인해 적당히 수가 줄어든 추기경단에 의해 그가 있는 수단을 다 써서 교황에 선출되었다면, 그것도 프랑스 군대가 지척에 없는 상황에서 그렇게 되었다면 과연 그 교황 선출회의는 어떤 회의가 되었을까? 이 가정들을 따라가다 보면 우리의 상상력은 나락으로 굴러떨어진다.

그러나 실제로는 피우스 3세를 교황으로 선출한 추기경 회의가 열렸고, 그가 곧 죽자 다시 회의가 열려 율리우스 2세를 교황으로 뽑았다. 모두 일반적인 반동의 분위기가 만든 결과였다.

---

41) 그리고 교황에게 엄청나게 착취당한 기념제를 통해. Cf. *Chron. Venetum*, in: Muratori, XXIV, Col. 133.

42) Anshelm, *Berner Chronik* III, pp.146~156. —Trithem., *Annales Hirsaug.* II, pp.579, 584~586.

43) Panvin., *Contin. Platinae*, p.341.

사생활이 어떠했든지 간에 율리우스 2세는 본질적인 면에서 교황권의 구원자였다. 백부인 식스투스 때부터 교황 주변에서 전개된 사태를 지켜본 그는 무엇이 진정한 교황권의 바탕이며 조건인지 깊은 통찰을 얻을 수 있었고, 자신의 정책도 여기에 맞춰 수립하면서 불굴의 정신과 열정과 전력을 기울여 통치에 힘썼다. 미심쩍은 거래가 없지는 않았지만 그래도 그는 매관에 의하지 않고 일반인의 갈채를 받으며 교황 자리에 올랐다. 따라서 그뒤로는 적어도 고위직의 매매는 완전히 자취를 감추었다.

율리우스에게도 총애하는 사람들이 있었고 그 중에는 그럴 만한 가치가 전혀 없는 자들도 있었으나 그는 특별한 행운에 힘입어 족벌주의에서 해방될 수 있었다. 그의 아우인 조반니 델라 로베레는 우르비노의 상속녀이자 몬테펠트로 가계의 최후 인물인 귀도발도의 누이와 결혼하였다. 이 결혼에서 1491년 프란체스코 마리아 델라 로베레가 태어났다. 따라서 그는 우르비노 공국의 적법 후계자인 동시에 교황의 친족이었다.

율리우스는 정무를 통해서든 아니면 출정을 통해서든 손에 넣은 것은 모두 자랑스럽게 교회에 헌납했고 사복은 채우지 않았다. 즉위할 때 붕괴에 처해 있던 교회국가도 완전히 평정한 뒤 그는 여기에 파르마와 피아첸차까지 보태어 후대에 넘겨주었다. 그러나 페라라까지 교회국가에 편입되지 않은 것은 그의 탓이 아니었다.

율리우스는 성 안젤로 성에 70만 두카토를 비축해놓고 성지기로 하여금 그것을 후대 교황들에게만 넘겨주도록 해놓았다. 그는 로마에서 죽은 추기경들을 포함한 모든 성직자의 재산을 가차없이[44] 상속한 적도 있지만 독살이나 살인은 하지 않았다. 그가 직접 전쟁에 나간 것도 그로서는 불가피한 일이었지만, 먼저 제압하지 않으면 제압당할 수밖에 없고 최상의 기득권보다는 개인의 역량이 더 큰 힘을 발휘한 당시의

---

44) 생존시에 만들어진 고위성직자들의 분묘가 호화스러운 것은 이 때문이었다. 이렇게 해서 그들은 교황에게서 최소한 약탈물의 일부를 빼앗았다.

이탈리아에서 그것은 분명 그에게 유익한 행동이었다.

율리우스는 "야만인을 몰아내자"고 역설하면서도 에스파냐인들이 이 탈리아에 정주하는 데는 최고의 공헌을 했다. 그러나 이는 교황권이 볼 때는 신경쓰지 않아도 될 일이었으며, 어찌 보면 상대적으로 득이 된다 고 생각했을 것이다. 이탈리아 군주들은 교회에 불손한 생각만 품고 있 었던 반면 에스파냐 왕실이야말로 그때까지 끊임없는 존경을 교회에 보여준 곳이 아니었던가?[45]

그것이 어찌되었든, 분노를 삼킬 줄 모르고 진심의 호의는 숨기지 않 았던 이 강력하고 독창적인 인간은 대체로 그의 지위에 매우 바람직한 '두려운 교황'의 인상을 남겨놓았다. 그는 비교적 양심에 거리낌없이 로마에서 종교회의를 소집하여 전 유럽의 반대파가 외쳐댔던 종교회의 의 요구에 당당히 저항할 수 있었다.

이러한 통치자는 자신의 성향을 보여줄 거창한 외부적 상징이 필요 했다. 그것을 그는 성 베드로 대성당의 신축에서 보았다. 브라만테가 계획한 성당 설계는 어쩌면 모든 통일적인 권력의 가장 위대한 표현일 지 모르겠다. 그밖의 다른 예술에서도 그의 모습과 기억은 찬란한 형태 로 살아 숨쉬고 있다. 그 시기의 라틴 시까지도 전임 교황들에게 했던 것과는 다른 정열로 그를 찬미했다는 것은 의미심장하다. 아드리아노 다 코르네토 추기경은 「율리우스 2세의 여행」의 마지막 부분에서 교황 의 볼로냐 입성 장면을 독특하고 화려한 필치로 묘사했으며, 조반 안토 니오 플라미니오는 그의 아름다운 비가(悲歌)[46]에서 교황직에 있는 이

---

45) 율리우스가 정말로 페르난도 가톨릭 왕이 그의 뜻에 따라, 전에 추방당한 아라곤 왕가의 방계 사람들을 다시 나폴리 왕위에 앉히기를 희망했는지는 조비오의 진 술(*Vita Alfonsi Ducis*)에도 불구하고 매우 의심스럽다.

46) 두 시는 Roscoe, *Leo X.*, ed. Bossi, IV, pp.257, 297에 실려 있다. ─반면에 1511년 8월 율리우스가 몇 시간 동안 실신하여 죽은 줄로만 알았을 때, 귀족 출 신의 방정맞은 폼페오 콜론나와 안티모 사벨리는 곧장 카피톨리노 언덕으로 '민 중'을 불러모은 뒤 교황지배권 타도에 불을 붙였다. 구이차르디니가 제10권에서 전하고 있듯이, 그것은 "민중의 반란을 통해 마음껏 복수하려는 것"이었다.

애국자에게 이탈리아를 보호해달라고 기원했다.

율리우스는 라테란 종교회의에서 공포한 청천벽력과 같은 헌법을 통해[47] 교황 선출 때 성직매매를 엄금했다. 그가 죽자(1513년) 돈이 탐난 추기경들은 이 금령을 빠져나가려고 새로 선출된 교황이 그때까지 받았던 성직록과 관직을 자기들끼리 균등하게 배분한다는 내용의 합의안을 상정했다. 그럴 경우 그들은 성직록이 가장 많은, 반면에 무능하기 짝이 없는 라파엘로 리아리오 추기경을 교황으로 뽑았을 것이다.[48] 그러나 진보적인 교황을 원했던 젊은 추기경들이 나서서 활약한 덕분에 이 한심스러운 공모는 좌절되었으며, 마침내 조반니 메디치라는 그 유명한 레오 10세가 선출되었다.

레오 10세는 앞으로 르네상스의 전성기를 얘기할 때 자주 언급할 인물이다. 여기서는 그의 재위 중에 교황권이 다시 한번 내외부적으로 큰 위험을 겪었다는 것만 말해두겠다. 페트루치, 반디넬로 데 사울리, 리아리오, 소데리니, 코르네토 같은 추기경들의 모반은 이 위험 축에도 들지 않는다. 그들은 기껏해야 교황만 교체했을 것이기 때문이다. 레오도 31명의 추기경을 새로 임명하는 미증유의 방식으로 모반에 맞설 대비책을 마련했다. 게다가 이 방책은 진정한 공적을 보상한 것이었기 때문에 썩 괜찮은 효과를 가져왔다.

그러나 정말로 위험했던 것은 즉위 후 첫 2년 동안의 레오의 행보였다. 그는 진지한 협상을 벌여 동생 줄리아노에게는 나폴리 왕국을, 조카 로렌초에게는 밀라노·토스카나·우르비노·페라라를 포함하는 북이탈리아의 거대 왕국을 안겨주려고 했다.[49] 교회국가가 이런 식으로 사방이 에워싸인다면 메디치 가의 속지(屬地)가 될 것이 뻔했고 그렇게 되면 구태여 교회국가를 세속화할 필요도 없었을 것이다.[50]

47) *Septima decretal.*, L. I, Tit. 3, Cap.1~3.

48) Franc. Vettori, in: *Arch. stor.* Append. VI, 297.

49) Franc. Vettori, Ibid., p.301. —*Arch. stor.* Append. I, p.293 이하. — Roscoe, *Leo X.*, ed. Bossi, VI, p.232 이하. —Tommaso Gar, Ibid., p.42.

하지만 이 계획은 그 무렵의 일반적인 정치상황 때문에 좌절되었고 줄리아노는 일찍 세상을 떠났다. 그래도 레오는 로렌초에게 영토를 마련해주려고 우르비노의 공작 프란체스코 마리아 델라 로베레를 몰아냈으나 오히려 이 전쟁 때문에 말할 수 없는 증오와 빈곤만 초래했다. 1519년에는 로렌초까지 죽자[51] 힘들여 정복한 땅을 교회에 넘기지 않으면 안 되었다. 자발적으로 했으면 무한한 영광을 가져다 주었을 일을 아무 공도 없이 피치 못해서 한 셈이었다.

그뒤 레오가 페라라의 알폰소에 맞서서 기도한 일이나 몇 명의 소군주들과 용병대장들을 상대로 실제로 행한 것들은 그의 명성을 높이는 것과는 거리가 멀었다. 또한 이 모든 것도 유럽 각국의 왕들이 이탈리아 각지의 영토를 놓고 날이 갈수록 대규모 정치도박에 빠져들던 때의 일이었다.[52] 최근 몇십 년 동안 자국 내에서 세력이 무한대로 커진 이 나라들이 교회국가에까지 야욕을 뻗지 않으리라고 누가 장담할 것인가?

결국 레오는 1527년에 벌어질 사태의 서막을 겪지 않을 수 없었다. 1520년 말경 에스파냐 보병 몇 개 부대가 그저 교황을 약탈할 목적으로—자진해서—교회국가의 국경에 나타났다가[53] 교황 군대에 격퇴당한 것이다. 이때에는 성직제도의 부패를 성토하는 일반의 여론이 전보다 급속하게 무르익었고 미란돌라의 소 피코[54]처럼 선견지명이 있는

---

50) [F. Nitti, 1892는 레오 10세가 이렇게 족벌정치에만 몰두했다는 것을 부인한다. Pastor, *Päpste* IV, 1, p.60에서는 여기에 교황 일가의 이해관계와 교황 및 국가의 목표가 병존한 것으로 보고 있다.]
51) Ariosto, *Sat.* VII, vs. 106. "너희는 모두 죽을 것이다. 그리고 이어서 레오도 죽어야 할 운명이다."
52) 이 같은 종합적 판단의 하나는 1518년 12월 21일 파리에서 비비에나 추기경이 보낸 전보에 들어 있으며, *Lettere de' principi*, Venezia, 1851, I, 65에 실려 있다.
53) Franc. Vettori, Ibid., p.333.
54) Roscoe, *Leo X.*, ed. Bossi, VIII, p.105 이하에는 피코가 1517년 피르크하이머에게 보낸 연설이 들어 있다. 그는 레오 치하에서도 악이 선을 이길지 모른다며 두려워했고, "당신이 우리 종교의 적들이 전쟁 준비를 한다는 얘기를 듣기도 전에 전쟁이 일어난 소식을 먼저 들을까봐" 걱정했다.

인물들은 열렬히 개혁을 부르짖었다. 그러는 사이 루터는 이미 역사의 전면에 등장해 있었다.

교황 하드리아누스 6세(재위 1521~23년)가 단행한 몇 안 되는 조심스러운 개혁도 독일의 대대적인 운동에 비하면 이미 때늦은 것이었다. 그는 고작 성직매매와 족벌주의와 낭비와 약탈과 부도덕 같은 기존의 악덕에만 혐오감을 드러내는 데 그쳤으며, 루터 교가 위험할 수도 있다는 것은 생각조차 하지 않았다. 그러나 베네치아의 예리한 관찰자인 지롤라모 네그로는 머지않아 로마에 불어닥칠 끔찍한 재앙의 예감을 피력했다.[55]

클레멘스 7세 치하의 로마는 가끔 이 도시의 늦여름을 엉망으로 만들어버리는 황회색의 시로코 열풍과 같은 음울한 분위기에 휩싸여 있었다. 교황은 안팎으로 증오에 시달렸다. 사려 깊은 사람들의 근심은 계속되었고[56] 거리와 광장에서는 이탈리아의 멸망, 아니 세계의 종말을 예언하고 교황을 적그리스도라고 부르는 은둔자들이 나타나 설교를 했다.[57]

콜론나 일문의 도당도 완강한 기세로 다시 고개를 들었다. 또한 존재하는 것만으로도 교황권에는 끝없는 골칫거리였던 불굴의 추기경 폼페오 콜론나[58]는, 클레멘스가 죽거나 포로로 잡히기만 하면 당장 카를 5세의 도움으로 교황이 된다는 희망에 들떠 1526년 로마를 습격했다. 클레멘스가 성 안젤로 성으로 도피할 수 있었던 것은 로마로서는 결코 행운이랄 수 없었다. 또한 그가 살아남아서 맞게 된 운명은 죽음보다 더한 불행이었다고 말해도 좋을 것이다.

---

55) *Lettere de' principi* I, Rom, 1523년 3월 17일. "이 나라는 여러 정황으로 볼 때 바늘 끝에 서 있는 형국입니다. 제발 우리가 아비뇽이나 저 멀리 바다 끝으로 도망가지 않도록 하소서. 내 눈에는 이 성직자 왕국이 머지않아 몰락하는 모습이 보입니다. 하느님이 돕지 않으면 우리는 끝장입니다."

56) Negro, Ibid., 1526년 10월(실제로는 9월) 24일과 11월 9일, 1527년 4월 11일.

57) Varchi, *Stor. fiorent.* I, 43, 46 이하.

58) Paulus Jovius, *Vita Pomp. Columnae.* [Cf. Pastor, IV, 2, p.222 이하.]

클레멘스는 강자에게만 허용되고 약자에게는 파멸을 가져오는 일련의 불신행위를 저지른 끝에 부르봉과 프룬츠베르크가 이끄는 에스파냐와 독일 연합군의 진격을 초래했다(1527년).* 분명한 것은, 카를 5세 측이 클레멘스에게 호된 징벌을 내리기로 작정했다는 것이고, 보수를 받지 못한 카를 5세의 용병대가 어느 만큼 과격해질지 예측할 수 없었다는 것이다.[59] 로마를 치러 간다는 사실을 병사들이 몰랐다면 독일에서의 무급 모병은 실패로 끝났을지 모른다. 혹 부르봉에게 내려졌을 수 있는 지령서, 그것도 아주 온건한 내용의 지령서가 나중에 어디에선가 발견될지 모르지만, 만일 그렇더라도 역사 연구는 거기에 현혹되지 않을 것이다.

교황과 추기경들이 카를의 군사에게 살해당하지 않은 것은 에스파냐 왕이자 황제인 카를에게는 정말 다행이었다. 만약 살해당했다면 그는 세상의 어떤 궤변으로도 자신의 연대책임을 면할 길이 없었을 것이다. 수많은 일반인이 살해당하고 나머지 사람들은 고문과 인신매매로 시달림을 당한 이 사건은 '로마의 약탈'(Sacco di Roma)에서 어떤 일이 일어났는지를 충분히 알려주고도 남는다.

카를 5세는 또다시 성 안젤로 성으로 피신한 교황 클레멘스에게서 막대한 금액을 우려낸 뒤에도——전하는 바에 따르면——그를 나폴리로 보내려고 했다. 그러나 교황은 오르비에토로 달아났는데 이는 에스파냐의 묵인 없이 일어난 일이라고 한다.[60] 카를이 한순간이라도 교회국가

---

* 당시는 독일의 신성로마제국 황제 카를 5세와 프랑스의 프랑수아 1세가 이탈리아에서 세력다툼을 벌이고 있을 때였다. 교황 클레멘스 7세는 양쪽을 오락가락하며 두 사람을 반목시키고 이간시켰다. 1525년 프랑수아 1세가 파비아 전투에서 완패하고 포로로 잡힌 뒤 겨우 풀려나자, 교황은 황제의 세력을 두려워하여 그를 견제하고자 1526년 프랑수아 1세, 베네치아, 밀라노, 피렌체와 코냑 동맹을 맺고 대항했다. 교황의 이중거래와 교활한 정책을 본 카를 5세는 그를 응징하기 위해 에스파냐군과 독일의 신성로마제국 용병대를 주축으로 한 군대를 보내어 1527년 5월 6일 로마를 점령하고 몇 주일 동안 약탈했다.

59) Ranke, *Deutsche Geschichte* II, p.262 이하. [Cf. Pastor, IV, 2, p.241 이하.]
60) Varchi, *Stor. fiorent.* II, p.43 이하.

의 세속화를 생각했는지(사람들은 벌써 이 일을 각오하고 있었다),[61]
아니면 그가 정말로 영국 왕 헨리 8세의 의견을 좇아 마음을 돌려먹었
는지는 영원히 의문으로 남을 것이다.

혹시 그런 의도가 있었다고 해도 그것은 결코 오래가지 못했을 것이
다. 폐허로 변한 로마 한복판에서 종교적이고 세속적인 부활의 기운이
솟아올랐기 때문이다. 이를 순간적으로 예감한 추기경 사돌레토[62]는
다음처럼 적고 있다.

우리의 곤경을 통해 하느님의 노여움이 풀리고 그분의 엄정함이 충
족되었다면 그리고 이 가혹한 징벌이 우리에게 더 나은 도덕과 법률
의 길을 열어준다면 우리가 당한 불행도 그리 엄청난 것은 아닐 것입
니다. …… 하느님께 속한 것은 하느님이 마련하실 것입니다. 우리 앞
에는 그 어떤 무력도 빼앗을 수 없는 더 나은 삶이 놓여 있습니다. 다
만 우리는 진정한 성직의 영광과 우리의 참된 위대함과 힘을 하느님
가운데에서 찾을 수 있도록 우리의 생각과 행동을 모으기로 합시다.

실제로 이 위기의 해인 1527년부터 로마는 대오각성하여 진지한 성
찰의 목소리를 낼 수 있었다. 로마는 너무나 많은 상처를 입었기 때문
에 교황 파울루스 3세 치하에서도 과거 레오 10세 때의 그 들뜨고 타락
한 시절로 돌아갈 수는 없었다.

한편 큰 불행을 겪은 교황에게 한편으로는 정치적인, 또 한편으로는
종교적인 동정이 돌아갔다. 각국의 왕들은 자신들 가운데 어느 한 명이
교황의 특별감시역을 주장하고 나서는 것을 인정할 수 없었고, 그리하
여 교황의 석방을 목적으로 하는 아미앵 조약을 맺었다(1527년 8월 18

---

61) Varchi, Ibid, Ranke, *Deutsche Geschichte* II, p.278, Fn. 1. 사람들은 카를이
   로마로 천도할 것이라고 믿었다. [Pastor, IV, 2, p.307 이하.]
62) 1527년 9월 1일 카르팡트라에서 교황에게 보낸 편지. In: *Anecdota litt.* IV,
   p.335.

일). 이로써 그들은 황제군의 소행으로 유발된 증오심을 최소한 자신들에게 유리하게 이용한 셈이었다.

이와 동시에 황제 카를 5세는 에스파냐에서 아주 난처한 입장에 빠져 있었다. 고위성직자와 귀족들이 그를 알현할 때마다 강력히 항의해온 까닭이었다. 상복 입은 성직자와 일반인들의 대규모 알현이 임박하자 그는 몇 년 전에 진압했던 자치도시의 반란과 같은 불상사가 생길지 모른다는 불안 때문에 알현을 금지시켰다.[63]

황제는 계속해서 교황을 학대할 수도 없었을 뿐 아니라 심한 모욕을 당한 교황과 화해해야 할—외교적인 면은 제쳐놓고라도—아주 절실한 이유가 있었다. 그는 자신에게 다른 길을 제시했을지도 모를 독일인의 정서나 독일의 전반적인 사정은 고려할 생각이 없었다. 어느 베네치아인이 말했듯이 어쩌면 그는 로마를 파괴한 기억으로 양심의 가책을 느꼈을 테고,[64] 그래서 교황 일가인 메디치 가가 피렌체 사람들을 영구적으로 지배하도록 확약해주는 방식으로 교황과의 화해를 서둘렀을 수 있다. 교황의 친족이자 피렌체의 새 공작이 된 알레산드로 메디치는 황제의 사생녀와 결혼했다.

이후 카를은 종교회의 개최를 무기로 삼아 실질적으로 교황권을 자기 세력 안에 두면서 교황을 압박하는 동시에 보호할 수 있었다. 그러나 교회국가의 최대 위험이었던 세속화, 특히 교황과 그 친족들로 야기된 교회 내부적인 위험을 몇 세기에 걸쳐서 제거해준 것은 독일의 종교개혁이었다. 1527년의 로마 정벌을 가능하게 하고 성공시킨 것이 종교개혁이었듯이, 교황권으로 하여금 '세속적인 탐닉'에서 벗어나 분기하게 하고 가톨릭 종교개혁의 선봉에 서서 다시 정신적인 세계 권력의 대표자가 되게 한 것도 역시 종교개혁이었다.

---

63) *Lettere de' principi* I, 72. 카스틸리오네가 1527년 12월 10일 부르고스에서 교황에게 보낸 편지.

64) Tommaso Gar, *Relaz. della corte di Roma* I, 299.

그뒤 클레멘스 7세의 만년부터 파울루스 3세와 파울루스 4세를 거쳐 그 후임 교황들에 이르기까지 유럽의 절반이 교회에서 이탈하는 가운데 완전히 새롭게 변모한 성직제도가 성장해갔다. 이 새 성직제도는 교황 일가에서 벌어졌던 위험하고 불미스러운 일들과 특히 국가를 세우려는 족벌주의를 멀리했고, 가톨릭 군주들과 손잡고 새로운 종교적인 기운에 힘입어 한때 잃었던 것을 되찾는 데 전력을 쏟았다. 따라서 이 새로운 성직제도는 이탈한 세력에 대한 대항으로서만 존재하는 것이고 또 그렇게 해야만 이해할 수 있다.

　이러한 의미에서 교황권은 도덕적인 면에서는 불구대천의 적에 의해 구원받았다고 해야 맞는 말일 것이다. 뿐만 아니라 교황권의 정치적인 위상도, 비록 에스파냐의 항구적인 보호 아래 있었지만, 불가침이라고 할 만큼 공고해졌다. 교황은 신하인 에스테 가의 적통계와 델라 로베레 가계가 끊어지면서 별다른 힘도 들이지 않고 페라라와 우르비노 공국을 이어받았다. 이와 반대로 만일 종교개혁이 아니었다면—종교개혁이라는 것을 없었던 것으로 친다면—교회국가 전체는 벌써 오래 전에 세속의 손으로 넘어갔을지도 모를 일이다.

맺음말: 이탈리아와 애국자들

마지막으로 이러한 정치상황이 민족정신에 끼친 영향을 간단히 살펴
보겠다.

14세기와 15세기에 이탈리아에 팽배해 있던 정치 불안은 당연히 고
결한 사람들에게는 우국적인 분노와 저항심을 불러일으켰다. 이미 단
테와 페트라르카[1]는 범이탈리아주의를 선언하면서 모든 노력을 여기
에 기울여야 한다고 역설하였다. 혹자는 이것이 그저 몇몇 지식인들의
열광일 뿐 일반 대중은 거기에 관해 아는 바 없었다고 이의를 달지 모
른다.

물론, 최소한 명목상으로는 통일을 유지하면서 공인된 군주인 황제
를 두고 있던 당시의 독일도 사정은 크게 다르지 않았다. 중세 연애시
인들의 시 몇 편을 제외하면 독일을 찬미한 최초의 문학작품은 막시밀
리안 1세 때의 인문주의자들에게서 나왔고[2] 그것도 거의 이탈리아풍
의 연설을 모방한 것처럼 보인다. 그러나 독일은 고대 로마 시대 이후

---

1) Petrarca, *Epist. fam.* I, 3, ed. Fracassetti, 1859, Vol. I, p.40. 이 글에서 페트
라르카는 자신이 이탈리아인으로 태어난 것을 하느님에게 감사드리고 있다. Cf.
Apologia contra cuiusdam anonymi Galli calumnias, 1371, in: *Opp.*, ed.
Bas., 1581, p.1068 이하.
2) 특히 Schardius, *Scriptores rerum Germanicarum*, Basel, 1574의 제1권에 있
는 Wimpheling과 Bebel 등 여러 학자의 글을 말한다.

의 이탈리아와는 전혀 다른 차원에서 사실상 예부터 하나의 민족이었
다. 프랑스의 민족적인 통일의식은 근본적으로 영국과의 전쟁을 통해
처음으로 싹텄고, 에스파냐는 자국과 밀접한 연관이 있는 포르투갈을
오랫동안 흡수조차 하지 못했다.

이탈리아에서는 교회국가의 존재와 그 존립 조건들이 통일을 가로막
는 걸림돌이었으며 그것을 제거한다는 것은 거의 기대도 할 수 없었다.
그뒤 15세기에 정치적인 소용돌이를 거치면서 여기저기서 통일된 조국
을 생각하는 힘찬 기운이 솟아올랐으나, 그것도 대개는 같은 이탈리아
영토에 속한 또다른 나라를 상처입히는 데 불과하였다.[3] 정말로 진지
하고 애절하게 민족감정에 호소하는 목소리가 다시 들려온 것은 16세
기에 들어서였지만 때는 이미 늦어 프랑스와 에스파냐 군대가 국토를
침략한 뒤였다. 애향심은 민족감정을 대표할 수는 있어도 그것을 대신
할 수는 없는 것이다.

---

3) 여러 사례 가운데 하나를 들면, Malipiero, *Ann. veneti*, in: *Arch. stor.* VII, 1,
   p.427에 실린, 1496년 베네치아 통령이 피사의 일과 관련해 피렌체 사절에게 보
   낸 답신이 있다.

제2부

개인의 발전

1 이탈리아 국가와 개인

공화국이나 전제국을 막론하고 이탈리아 국가들이 처했던 상황은 그 국민들이 일찍부터 근대 인간으로 성장해갈 수 있는——유일한 바탕은 아니더라도——가장 든든한 기반이 되어주었다. 이탈리아인이 근대 유럽인의 장자(長子)가 된 이유도 바로 여기에 있었다.

중세에는 인간 의식의 양면——바깥 세계를 향한 의식과 인간 내면을 향한 의식——이 하나의 공통된 베일을 쓰고 꿈을 꾸거나 반쯤 깨어난 상태였다. 그 베일은 신앙과 어린애 같은 집착과 망상으로 짜여 있었기 때문에 그것을 통해 바라본 세계와 역사는 기묘한 색채를 띠었다. 그리고 인간은 자기 자신을 인종 · 민족 · 당파 · 단체 · 가족 따위의 보편적인 범주로만 이해하였다.

그런데 이탈리아에서 처음으로 이 베일이 바람에 날려갔다. 국가를 비롯한 이 세계의 모든 사물을 객관적으로 바라보고 다루는 눈이 싹튼 것이다. 더불어 주관적인 의식도 강하게 고개를 들면서 인간은 정신적인 개체[1]가 되었고 스스로를 그렇게 자각하였다. 옛날에는 그리스인이 이러한 태도로 야만인을 대했으며, 개성이 발달한 아라비아인도 종족

---

1) 개성의 성숙이 최고 단계에 이르렀음을 뜻하는 'uomo singolare'(독자적인 인간), 'uomo unico'(유일의 인간)라는 표현에 주목하자.

의 구성원에 지나지 않는 아시아인과 대립하였다. 여기에는 정치상황이 가장 크게 작용했으리라는 점을 증명하는 것도 어렵지 않다.

이탈리아에서는 오래 전부터 자기 자신을 내세우는 개성이 곳곳에서 발달해 있었다. 같은 시기의 북유럽에서는 일어나지 않았거나, 일어났어도 별로 드러나지 않은 현상이었다. 류트프란트(10세기 롬바르드 왕국의 외교관이며 역사가—옮긴이)가 묘사한 10세기의 뻔뻔스러운 범법자 무리, 교황 그레고리우스 7세 때의 사람들, 초기 호엔슈타우펜 가에 대항한 몇몇 적대자들이 이러한 개성의 기미를 보였다.

13세기 말에 오면서 이탈리아는 개성적인 인물로 넘쳐나기 시작했다. 개인주의 위에 씌워졌던 속박이 완전히 풀리고 수천의 얼굴들은 저마다 다양한 면모를 끝없이 과시하였다. 단테의 위대한 시문학은 이탈리아가 아니고서는 꽃피기 어려웠을 것이다. 다른 나라들은 여전히 종족이라는 주술에 묶여 있었기 때문이다. 숭고한 시인 단테는 그가 창조한 풍부한 개성으로 인해 이미 당대 최고의 국민적 선구자가 되었다.

그러나 문학과 미술에 나타난 풍부한 인간성의 표현과 다양한 성격 묘사는 별도의 장에서 이야기하고 여기에서는 심리적인 현상만 논의해 보겠다. 이 심리적인 현상은 있는 그대로 당당하게 우리 앞에 나타난다. 14세기의 이탈리아는 거짓 겸양이나 위선을 알지 못했다. 어느 누구도 남 앞에서 돋보이는 것, 남과 다른 것을 꺼리지 않았고 또 그렇게 보이고자 했다.[2]

앞에서 보았듯이, 전제정치는 먼저 전제군주와 용병대장들의 개성을 고도로 발달시켰고,[3] 다음으로는 그들의 비호를 받았지만 가차없이 이

---

2) 1390년경 피렌체에서는 남자들이 저마다 독특한 방식으로 옷을 입으려 했기 때문에 남성들의 복장에서는 주도적인 유행이 없었다. *Rime*, publ. dal Poggiali, p.52에 실린 프랑코 사케티의 칸초네 "Contro alle nuove foggie" 참조.

3) 또한 스포르차 가문과 북이탈리아의 여러 군문에서 볼 수 있듯이 군주 부인들의 개성도 발달시켰다. Jacobus Bergomensis, *Clarae Mulieres*, Ferrara, 1495에 있는 바티스타 말라테스타, 파올라 곤차가, 오르시나 토렐라, 보나 롬바르다, 리

용당했던 재사들, 곧 비서관과 관리와 시인과 시종의 개성을 발전시켰다. 그들은 영속적인 것이든 순간적인 것이든 자기들 내면에 정신적인 자산이 있다는 것을 깨달았다. 또 어쩌면 짧게 끝날 수도 있는 권세의 세월을 되도록 의미있게 보내기 위해서 인생을 향유할 때도 정신적인 자산으로 수준을 높인 치열한 삶을 살았다.

피지배층도 이러한 충동에서 온전히 자유롭지 못했다. 그러나 우리는 은밀한 저항과 모반 속에서 일생을 보낸 사람들은 제외시키고, 비잔틴 제국과 이슬람 국가의 대다수 도시민처럼 오로지 사인(私人)의 삶에 만족했던 사람들만 얘기해보겠다. 일례로 비스콘티 가문과 그 군주의 위엄을 지켜주는 대가로 그곳의 신민들은 분명 고단한 삶을 살았을 것이다. 그래서 많은 이들은 그러한 예속적인 생활 때문에 도덕성에 훼손을 입었을지도 모른다.

그러나 우리가 개성이라고 부르는 것에서는 그렇지가 않았다. 왜냐하면 사생활에서 추구되는 다양한 경향과 노력은 바로 이러한 일반적인 정치적 무력(無力) 상태에서 더욱 힘차게 다방면으로 꽃피기 때문이다. 과시와 경쟁이 허락된 부와 교양, 커다란 도회적 자유, 비잔틴 제국이나 이슬람 세계처럼 국가와 동일시되지 않았던 교회, 이 모든 요인이 결합하여 개성적인 사고의 출현을 도왔고 더구나 당쟁이 없었다는 것도 그에 필요한 여가를 보태주었다.

때로는 진지하고 때로는 아마추어적인 소일거리에 몰두하며 정치에는 무관심했던 사인(私人)은 아마 14세기의 전제국에서 가장 먼저 완벽한 모습으로 등장했을 것이다. 물론 이것을 사료를 통해 증명하기는 어렵다. 단서를 줄 수 있는 단편소설가들도 여러 기괴한 인간들을 그려냈지만, 언제나 일방적인 의도로 그리고 해당 이야기와 관련된 범위 안에서만 묘사해놓았다. 게다가 이야기의 장면은 주로 도시공화국 안에

카르다 데스테 및 스포르차 가 주요 여성들의 전기 참조. 이 중에는 진정한 여장부도 몇 명 있었고 수준 높은 인문주의 문화를 통해 개성을 완성시킨 여성들도 없지 않았다.

서 전개되었다.

그런데 공화국의 상황은 또다른 방식으로 개성의 발달에 유리하게 작용하였다. 집권당의 교체가 빈번하면 빈번할수록 당파 내의 개인들은 그만큼 더 정권의 행사와 향유에 힘을 기울이게 마련이었다. 특히 피렌체 역사에 등장하는 정치가와 민중 지도자들[4]은 당시 다른 곳에서는 좀처럼 보기 힘든, 야코프 반 아르테벨데*도 지니지 못했던 아주 두드러진 개성을 갖고 있었다.

반대로, 패배한 당파의 사람들은 종종 전제국의 신민들과 비슷한 처지에 빠졌다. 다만 한번 맛본 자유와 권력과 어쩌면 재집권의 희망이 그들의 개인주의에 더 많은 활기를 불어넣었다는 것이 다를 뿐이었다. 이 비육지탄(髀肉之嘆)의 인물 가운데 하나가 아뇰로 판돌피니(1446년 사망)였다. 그는 수준 높은 사생활을 다룬 최초의 논저인 『가정론』(家政論)[5]을 펴냈다. 개인의 의무와 불확실하고 배은적(背恩的)인 공적 생활을 대비시켜서 검토한 이 책은 이 분야에서는 당대 최고의 기념비적인 작품이다.

추방도 사람을 소모시키거나 고도로 완숙시키는 특징이 있다. "인구가 많은 도시에서는 자진해서 고향을 떠나는 사람을 수없이 많이 볼 수

---

4) 1390년경 프랑코 사케티(Franco Sachetti)는 "Capitolo"(*Rime*, publ. dal Poggiali, p.56)에서 그의 추모시대에 사망한 주요 당파에 속하는 핵심인물들의 이름을 100명 이상 들고 있다. 거기에는 평범한 사람도 많지만 전체적으로는 개성이 눈떴다는 것을 보여주는 강력한 증거이다. —Filippo Villani의 *Vite*에 대해서는 아래 참조.

* Jacob van Artevelde. 1290~1345. 플랑드르의 정치가이자 민중 지도자. 백년전쟁 초기에 친(親)프랑스적이었던 헨트(Gent) 시의 백작과 달리 그는 영국 편에 서서 헨트·브뤼게·이프르 시로 하여금 동맹을 맺게 하여 정치·경제면에서 이득을 얻게 했다.

5) *Trattato del governo della famiglia*. [사실 이것은 레온 바티스타 알베르티가 쓴 것이다. Cf. *Opere volgari di Leon Batt. Alberti*, publ. da Anicio Bonucci, Flor., 1884, Vol. II.] 〈현재는 W. Kraus의 번역으로 *Bibliothek der Alten Welt*, Zürich/Stuttgart, 1962에 실려 있으며 Fritz Schalk의 서문이 딸려 있다(p.V~

있다. 그들은 가는 곳마다 자기들의 덕성도 함께 가져갔다." 이렇게 조비아노 폰타노는 말한다.[6] 사실 정식으로 추방당한 사람만 있었던 것이 아니라 그밖에도 수천 명의 사람들이 정치적·경제적인 상황을 견디지 못하고 자발적으로 조국을 등졌다. 페라라로 이주한 피렌체 사람들과 베네치아로 건너간 루카 사람들은 그곳에서 완벽한 식민지를 만들어놓았다.

재능 많은 망명자들 사이에서 일어난 세계시민주의는 개인주의의 절정이었다. 앞에서도 말했듯이(142쪽 이하), 단테는 이탈리아어와 이탈리아 문화 속에서 새로운 고향을 발견했지만 거기서 더 나아가 "세계 전체가 내 고향"[7]이라고 얘기하였다. 그는 마뜩찮은 조건 아래 피렌체로의 귀향을 제의받자 이런 답신을 보냈다. "그 어디에 있건 나는 태양과 별빛을 바라볼 수 있지 않은가? 불명예스럽게, 아니 치욕적으로 국민과 조국 앞에 서지 않고도 그 어디서나 고귀한 진리를 생각할 수 있지 않은가? 내게는 빵조차 부족함이 없을 것이다."[8]

고집스럽게 거주지 속박으로부터의 자유를 강조하기는 미술가들도 마찬가지였다. 기베르티는 이렇게 말했다.[9] "이 세상의 모든 것을 배운 자는 타국에 있어도 결코 이방인이 아니다. 재산을 빼앗기고 친구가 없어도 그는 온 도시의 시민이며 두려움 없이 운명의 변화를 경멸할 수

XXXIII).〉알베르티와 판돌피니에 대해서는 Vespas. Fiorent., p.379 참조.

6) Jov. Pontanus, *De fortitudine*, L. II, cap.4, "de tolerando exilio." 70년 뒤 Cardanus는 *De vita propria*, cap.32에서 다음처럼 신랄하게 묻는다. "조국이란 무엇인가. 전쟁을 싫어하고 겁이 많은, 그러나 대부분은 죄 없는 사람들을 누르기 위한 전제군주들이 합의 아니던가."

7) *De vulgari eloquentia*, Lib. I, cap.6. ─이탈리아의 이상적인 국어는 제17장에서, 지식인들의 정신적 통일성은 제18장에서 논의되고 있다. ─『신곡』의 「연옥편」 8-1 이하와 「천국편」 25-1에는 조국에 대한 향수도 담겨 있다.

8) *Dantis Alligherii Epistolae*, ed. C. Witte, p.65. 〔이 편지가 위에 언급된 제안과 관련된 것인지는 확실하지 않다.〕

9) Ghiberti, *Secondo commentario*, cap.XV. (Vasari, ed. Lemonnier, I, p.XXIX.)

있다." 어느 망명 인문주의자도 비슷한 말을 했다. "배움이 있는 자는 어디에 자리를 펴든 그곳이 바로 고향이다."[10]

---

10) Codro Urceo의 작품집 뒷부분에 나온 *Codri Urcei vita*, Bologna, 1592. 물론 이 말은 "마음이 편한 곳, 그곳이 조국이다"라는 표현과 일맥상통한다. 어느 장소에도 매이지 않는 중립적인 정신의 즐거움, 이탈리아 교양인들이 서서히 누리게 된 이 즐거움은 그들이 망명생활을 아주 편안하게 보낼 수 있도록 도와주었다. 뿐만 아니라 세계시민주의는 인간이 새로운 세계를 발견하면서 지나간 세계에서는 더 이상 편안함을 느끼지 못하게 되는 모든 문화기에 볼 수 있는 특징이다. 세계시민주의는 펠로폰네소스 전쟁 후 그리스 사람들에게서 두드러지게 나타났다. 니부어가 말했듯이, 플라톤은 결코 훌륭한 시민이 아니었고 크세노폰은 바람직하지 못한 시민이었다. 특히 디오게네스는 고향이 없다는 것을 진정한 기쁨으로 공언했으며, 라에르티오스의 글에서 읽을 수 있듯이, 자신을 "나라가 없는 사람"이라고 불렀다.

2 개성의 완성

예리한 문화사적인 안목이 있는 사람이라면 15세기에 들어서 완벽한 인성의 소유자들이 증가하는 현상을 단계별로 추적할 수 있을 것이다. 그들이 사전에 정신적인 생활과 외면생활의 조화로운 완성을 의식적이고 분명한 목표로 설정했었는지는 단언하기 어렵다. 그러나 현세의 모든 것이 불완전한 와중에도 가능한 범위 안에서 그것을 성취한 사람들은 꽤 있었다. 일례로 로렌초 마니피코의 경우 그의 행운과 재능과 성격에 따라서 그의 총 인생 결산서를 내는 일은 할 수 없을지도 모른다. 그 대신 아리오스토 같은 개성의 인물을 주로 그의 풍자시를 통해 들여다보는 것도 괜찮을 것이다. 거기에는 그가 인간과 시인으로서 가졌던 자부심, 자신이 누린 향락에 대한 비아냥, 세련된 조소, 속 깊은 호의가 균형있게 조화되어 있다.

이런 최고의 인격 완성을 향한 충동이 당대의 모든 문화적인 요소에 통달한 강력하고 다재다능한 품성과 만나게 되면 이탈리아에서만 볼 수 있는 '만능인'(l'uomo universale)이 탄생한다. 물론 백과사전적인 지식의 소유자는 중세에도 여러 나라에 있었다. 이 지식이 좁은 범위에만 몰려 있었기 때문이다. 또 12세기까지 거슬러 올라가면 만능적인 예술가도 볼 수 있다. 이때에는 일례로 건축에서 다루는 문제들이 비교적 단순하고 일률적이었고, 조각과 회화에서는 표현 내용이 형식보다 우위에 있었다.

그러나 르네상스기의 이탈리아에 이르면 우리는 모든 분야에서 독창적이고 고유의 완벽한 작품을 창조하면서 동시에 인간으로서도 깊은 인상을 주는 예술가들을 만나게 된다. 또한 어떤 사람들은 자신의 전공 예술을 벗어나 정신적인 영역에서까지 전방위로 폭넓게 활동하기도 하였다.

살아서부터 시인으로, 철학자로 그리고 신학자로 불린 단테[1]는 모든 작품에서 강렬한 개성을 힘차게 내뿜고 있다. 때문에 독자는 그 소재는 그만두고라도 바로 이 힘에 압도당하고 만다. 그가 『신곡』을 흔들림 없이 정연하게 마무리하기 위해 얼마나 큰 의지력을 발휘했을까. 또한 내용만 보더라도 외면세계나 정신세계의 중요한 대상치고 그가 탐구하지 않았거나 그의 발언이—몇 마디에 불과할지언정—당대의 유력한 의견이 아니었던 것은 별로 없다. 그는 조형미술에서도 귀중한 증언자였지만, 이는 당대 미술가들에 대한 그의 몇 줄 안 되는 언급보다 더 중요한 이유에서 그러하다. 얼마 후 단테는 미술가들의 영감의 원천이 되었다.[2]

15세기는 무엇보다 다재다능한 인간의 시대였다. 전기(傳記)만 보아도 주인공의 아마추어리즘을 넘어선 본격적인 도락을 거론하지 않은 것은 하나도 없다. 피렌체의 상인과 정치가들은 그리스어와 라틴어에 조예가 깊은 학자들이기도 했다. 저명 인문주의자들은 이들과 그 자식들에게 아리스토텔레스의 『정치학』과 『윤리학』을 강독했고[3] 딸들도 수

1) Boccaccio, *Vita di Dante*, p.16.
2) 그가 베아트리체의 기일에 작은 석판에 그린 천사(『신생』 61쪽)는 아마추어 이상의 작품이었던 것 같다. 레오나르도 아레티노는 단테가 탁월한 그림 솜씨를 보였으며 열렬한 음악 애호가였다고 말한다.
3) 이와 관련해서는 Vespasiano Fiorentino를 참조하라. 그의 저술은 15세기 피렌체의 교양을 증거하는 최고 문헌이다. 특히 ed. Mai, pp.359, 379, 401 참조. — 그밖에 정보가 풍부한 훌륭한 문헌인 *Vita Jannoctii Manetti*, in: Muratori, XX, pp.529~608 참조.

준 높은 교육을 받았다. 고급스러운 사교육의 시초는 이들 계층에서 찾아야 할 것 같다.

한편 인문주의자들은 또 그들대로 다방면에 걸쳐서 노력하지 않으면 안 되었다. 그들의 고전학 지식이 요즈음처럼 고전 시대를 객관적으로 이해하는 데 쓰인 것이 아니라 현실 생활에서 일상적으로 이용되었기 때문이다. 그래서 그들은 플리니우스*를 연구하면서[4] 박물 표본을 수집했고, 고대지리학을 바탕으로 근대적인 세계지리학자가 되었으며, 고대인의 역사서를 표본으로 삼아 당대사를 기술하였다. 뿐만 아니라 플라우투스**의 희극을 번역한 사람은 극이 공연될 때 연출자로도 활약하였다. 그들은 루키아노스***의 『대화편』에 이르기까지 고전문학 가운데 어떻게든 효과가 있다고 생각한 형식은 모두 최대한으로 모방하였다. 그밖에도 그들은——언제나 본인에게 유익하지는 않았지만——비서관과 외교관으로 활동하였다.

이 다재다능한 인물 가운데 정말로 만능인이라고 할 수 있는 몇 사람이 두각을 나타냈다. 당시의 생활상과 문화를 개별적으로 살펴보기 전에, 먼저 여기 15세기의 문턱에서는 이 거인 가운데 한 사람인 레온 바티스타 알베르티의 면면을 조명해보자. 단편(斷片)으로 남아 있는 그의

---

* Gaius Plinius Secundus. 23~79. 고대 로마의 저술가였던 그는 군사학·수사학·문법·역사학 분야에서 많은 글을 썼지만 모두 없어졌고, 남아 있는 것은 37권으로 된 『박물지』뿐이다.

4) 이하 계속되는 내용은 Roscoe, *Leo X.*, ed. Bossi, III, p.197 이하 그리고 *Opere del Conte Perticari*, Mil., 1823, Vol. II에 있는 페르티카리의 판돌포 콜레누초에 대한 인물 묘사에서 참조했다.

** Titus Maccius Plautus. 기원전 250~기원전 184. 고대 로마의 희극 작가인 그는 당대의 그리스 희극을 로마 무대에 맞게 개작했다. 수많은 작품 가운데 『암피트루오』를 포함한 21편의 희극이 전해진다. 중세에는 테렌티우스의 영향력에 가려 별로 빛을 보지 못하다가 15세기 초부터 서서히 영향을 미치기 시작하여 아리오스토, 피에트로 아레티노의 작품 속에 많은 자취를 남겼다.

*** Lukianos. 120~180. 그리스의 작가. 풍자와 패러디를 이용해 당대의 종교적 광신, 수사학자들의 허영심을 비판했다. 대화와 소설과 서간문들을 남겼다.

전기[5]를 보면 예술가로서의 알베르티는 별로 나와 있지 않고 건축사에서 그가 차지하는 높은 비중도 전혀 언급되어 있지 없다. 하지만 이 특별한 명성이 아니더라도 그가 어떤 사람이었는지는 이제 서서히 밝혀질 것이다.

칭찬을 듣는 일이라면 레온 바티스타는 어려서부터 일등이었다. 그의 만능적인 체조술과 운동에 관해서는 믿기 힘든 이야기들이 전해진다. 가령 두 발을 묶고 사람들의 어깨를 뛰어넘었다든지, 대성당 안에서 던져올린 동전이 높은 반구 천장에 부딪혀서 소리가 났다든지, 제아무리 사나운 말도 그가 올라타면 두려워 떨었다든지 하는 것이 그것이었다. 그는 세 가지 분야에서 완벽함을 보여주고 싶었는데 그것은 걷기와 말타기와 웅변이었다. 음악도 그는 스승 없이 배웠지만 그의 작곡은 전문가들의 경탄을 자아냈다.

가난에 눌리면서 여러 해 동안 세속법과 교회법을 연구한 나머지 그는 과로로 인한 중병에 걸렸다. 24세에 와서 단어 기억력은 약해졌지만 사물에 대한 감각은 쇠하지 않았음을 느낀 그는 물리학과 수학에 집중했고, 더불어 세상의 모든 기예를 익히기 위해 예술가와 학자 그리고 구두 수선공을 포함하는 각 분야의 수공업자들에게 경험과 비결을 물어보았다.

그는 회화와 소조에서도 재능을 발휘했고, 특히 기억력에만 의지해서 실물과 똑같이 그려내는 재주가 있었다. 무엇보다 경탄을 불러일으킨 것은 그의 신비스러운 요지경 상자였다. 그 안에서는 바위산맥 위로 달과 별이 나타났다가 어떤 때는 멀리 안개 속에 산과 해안이 광활하게 펼쳐지면서 함선이 햇빛과 구름을 받으며 다가오고 있었다. 그는 다른

---

5) Muratori, XXV, Col. 295 이하에 실림. 〔이탈리아 번역본은 *Opere volgare di L. B. Alberti*, Vol. I, p.LXXXIX ~CIX에 실림.〕 보충 문헌은 Vasari, II, 535~548 참조. Aeneas Sylvius가 *Epist.* 112, in: *Opera*, p.622에서 한 말을 믿어본다면, 마리아노 소치니도 최소한 다방면에 걸친 아마추어였고 여러 분야의 대가였던 것 같다.

사람이 창조한 것도 흔쾌히 인정했고, 어떤 식으로든 미의 법칙을 따른 것이면 그 누구의 창작물이라도 신성에 가까운 것으로 생각하였다.[6]

또 하나 덧붙일 것은 그의 문필활동이다. 먼저 미술과 관련한 그의 저술은 조형의 르네상스, 특히 건축의 르네상스에서는 이정표이자 중요한 전거가 되어 있다. 라틴어로 된 그의 산문과 단편소설 중에는 고전 시대의 작품으로 오인된 것들이 있었고 그밖에 익살맞은 식탁 연설과 비가(悲歌)와 목가(牧歌)도 라틴어로 지었다. 뿐만 아니라 이탈리아어로 된 4권의 『가정론』과 그의 애견을 위한 조사(弔辭)도 있다. 진지하고 유머가 넘치는 그의 이야기들은 수집해도 좋을 만큼 비중있는 것들이었는데, 그 가운데 몇 가지가 앞에서 언급한 전기에 상당한 분량으로 실려 있다. 실로 인품이 풍요로운 사람들이 그렇듯이 알베르티도 자기가 갖고 있고 알고 있는 모든 것을 남에게 숨김없이 알려주었고, 자신의 위대한 발명도 대가 없이 가르쳐주었다.

마지막으로 알베르티라는 존재의 가장 근원적인 면을 이야기해야겠다. 그것은 신경과민이라고 할 만큼 모든 일에 동정과 공감으로 일관한 그의 감수성이었다. 그는 장려한 나무나 수확을 앞둔 밭을 볼 때면 눈물을 금치 못했고, 우아하고 품위있는 노인들을 "자연의 희열"이라고 존경하면서 아무리 보아도 싫증내는 법이 없었다. 완벽하게 균형잡힌 동물들도 그는 선천적으로 특별한 혜택을 받은 것들이라고 하여 좋아했다. 병에 걸렸을 때도 그는 아름다운 경치를 보고 쾌유된 적이 한두 번이 아니었다.[7]

따라서 바깥 세계와 그토록 불가사의한 내면의 교류를 하고 있는 그를 아는 사람들이 그에게 예언의 힘이 있다고 믿은 것도 놀라운 일은

---

6) 어느 것이든 인간의 능력에 의해 어느 정도 예술감각이 들어간 것은 거의 신적인 것으로 생각했다.

7) 알베르티의 *De re aedificatoria*, L. VIII, cap.1에는 아름다운 길에 대한 정의가 나온다. "바다, 산, 호수, 흐르는 샘물이라든지 메마른 협곡, 평야, 수풀, 계곡을 보여준다면."

아니다. 사람의 마음을 꿰뚫고 관상술을 자유자재로 구사한 그는 에스테 가의 피로 얼룩진 사태나 피렌체와 교황들의 운명도 벌써 몇 년 전에 정확히 예언했다고 한다. 그의 인격을 관통하고 유지시켜준 힘은 두말할 것 없이 그의 강인한 의지력이었다. 르네상스 시기의 다른 위인들처럼 그도 "인간은 원하기만 하면 스스로 어떤 것이든 이룰 수 있다"고 말했다.

알베르티와 레오나르도 다 빈치를 비교한다면 두 사람은 초보자와 완성자 또는 아마추어와 대가의 관계일 것이다. 레오나르도 다 빈치를 기술한 바사리의 전기가 알베르티에서와 같은 그런 묘사로 보완되어 있었다면 얼마나 좋을까! 그러나 우리는 레오나르도 다 빈치라는 존재의 거대한 윤곽을 영영 멀리에서만 예감할 수 있을 것 같다.[8a]

8a) Cf. Edgar Zilsel, *Die Entstehung des Geniebegriffs*, Tübingen, 1926. Erwin Panofsky, "Artist, Scientist, Genius: Notes on the 'Renaissance — Dämmerung'," in: *The Renaissance, Six Essays*, New York, 1962, pp.121~182.

3 근대적 명성

지금까지 기술한 개인의 발달에는 새로운 종류의 외부 지향적인 가치가 호응하는데, 그것은 바로 근대적인 명성이었다.[1]

이탈리아를 제외한 다른 유럽 나라에서는 각 계급이 중세 때의 신분의식을 가지고 저마다 독자적으로 살아가고 있었다. 일례로 프랑스의 음유시인이나 독일의 연애시인들이 누린 시인으로서의 명성은 기사계급에만 허락된 것이었다. 그러나 이탈리아에서는 전제정치와 민주주의에 앞서서 이미 계급 사이에 평등의식이 일어나고 있었다. 또한 뒤에 가서 자세히 쓰겠지만, 이탈리아 문학과 라틴 문학에 기반을 둔 일반인의 사교계도 이미 서막을 알리고 있었다. 명성이라는 새로운 삶의 요소를 싹틔우기 위해서는 바로 이러한 토대가 필요했던 것이다.

게다가 당시 사람들이 열심히 연구하기 시작한 고대 로마의 작가들도 명성이라는 개념에 사로잡혀 심취한 사람들이었고, 그들이 즐겨 논한 로마의 세계 지배라는 것도 영원한 지향점이 되어 이탈리아인들을 파고들었다. 그뒤로 이탈리아인들의 모든 의지와 성취는 아직 서구의

---

1) 대표적인 저술로 Blondus, *Roma triumphans*, L. V, p.117 이하가 있다. 이 글은 명성의 정의를 고대인들의 발언에서 모아놓았으며 기독교 교인들도 명성욕을 갖고 있다고 단언하고 있다. 페트라르카가 자신이 가지고 있다고 [잘못] 생각한 키케로의 *De gloria*는 주지하다시피 그후로 분실되었다.

다른 나라는 알지 못하던 도덕적인 전제에 지배당했다.

모든 본질적인 문제에서 그러하듯이 여기서도 먼저 단테의 말에 귀를 기울여야 하겠다. 단테는 전력을 다해 시인의 월계관[2]을 쓰려고 노력한 사람이다. 그는 정치 평론가이자 문필가로서도 자신의 업적이 획기적이라는 것과, 자신은 그 방면에서 일인자일 뿐 아니라 일인자로 불리고 싶다는 것을 강조했다.[3]

하지만 그는 높은 명성에 뒤따르는 불편함도 여러 산문에서 언급했다. 그는 많은 사람들이 유명인과 개인적인 친분을 맺으면서 마냥 불만스러워하는 것을 알고 있었는데, 이것이 때로는 사람들의 유치한 상상력과 질투 때문이고, 때로는 그 유명인의 이기심 때문이라고 해석했다.[4] 그는 특히 그의 위대한 시편에서—비록 내심으로는 아직 명성에 대한 갈망에서 완전히 벗어나지 못했다는 것이 드러나지만—명성의 덧없음을 주장했다.

『신곡』의 「천국편」에 나오는 수성천(水星天)은 현세에서 명성을 좇다가 '참사랑의 빛'을 흐려놓은 영혼들이 사는 곳이다.[5] 그런데 주목할 것은, 지옥에 있는 가련한 영혼들은 단테에게 자신들의 추억과 명성을 현세에 가서 되살려달라고 요구하지만,[6] 연옥의 영혼들은 자기들을 위해 기도해달라고만 애원하는 점이다.[7] 나아가 「연옥편」의 한

---

2) 『신곡』 「천국편」 제25곡의 서두: Se mai continga etc. —Cf. Boccaccio, *Vita di Dante*, p.49. "그는 명예와 영화를 무척이나 갈망하고 있었다. 더 이상 명예가 필요 없다고 생각될 정도로 갈망하고 있었다."

3) *De vulgari eloquentia*, L. I, cap.1. 특히 *De Monarchia*, L. I, cap.1에서 그는 군주제의 개념을 기술하려고 했는데, 그것은 단순히 이 세계에 도움을 주기 위해서뿐만 아니라 그 승리의 표지인 종려나무 가지를 자신의 영광으로 얻기 위해서였다.

4) *Convivio*, ed. Venezia, 1592, pp.5, 6. 〔Ed. by Moore, Oxford, 1894, p.240 이하.〕

5) 『신곡』 「천국편」 제6곡, 112 이하.

6) 「지옥편」 제6곡, 89; 제13곡, 53; 제16곡, 85; 제31곡, 127.

7) 「연옥편」 제5곡, 70 · 87 · 133; 제6곡, 26; 제8곡, 71; 제11곡, 31; 제13곡, 147.

유명한 대목[8]에서는, 정신적인 명예가 절대적인 것이 아니라 세월과 더불어 변하고 경우에 따라서는 후대의 더 위대한 인물들에 의해 능가되어 결국 빛이 바랜다는 이유로 명예욕――뛰어나려는 대야망――을 배척하고 있다.

단테에 이어 등장한 시인과 고전학자들은 두 가지 점에서 재빠르게 명성을 획득했다. 그 하나는 그들 자신이 최고로 인정받는 이탈리아의 유명인이 된 것이고, 다른 하나는 시인으로서 또는 역사가로서 타인의 명성을 의식적으로 좌우하게 된 것이다. 이러한 명성의 외면적인 상징으로 꼽힌 것이 바로 시인의 대관식인데, 여기에 관해서는 나중에 이야기하겠다.

단테와 동시대 사람인 알베르티누스 무사투스는 파도바의 주교와 대학 총장에게서 시인의 계관을 받아 벌써 신격화에 버금가는 영예를 누렸다. 해마다 성탄일이면 대학의 2개 학부에서 박사와 학자들이 초에 불을 켜고 나팔을 불면서 성대한 행렬로 그의 집 앞에 와서는 예를 표하고[9] 선물을 증정했다. 이 영광은 그가 파도바를 통치한 카라라 가의 전제군주의 눈밖에 날 때(1318년)까지 계속되었다.[10]

페트라르카도 과거에는 영웅과 성인들만 받았던 찬사를 원없이 누렸으나, 말년에 와서는 그것이 덧없고 성가신 꼬리표처럼 느껴진다고 스스로 각성했다. 그가 쓴 『후대에 남기는 편지』[11]는 세인의 궁금증을 풀

---

8) 「연옥편」 제11곡, 79-117. 여기에서는 영광 외에도 명성 · 평판 · 인기 · 영예 · 신용 등, 동일한 개념을 말만 바꿔 함께 열거하고 있다. ―보카치오는 요하네스 핀친가에게 보낸 편지(*Opere volgari*, Vol. XVI, p.30 이하)에서 고백하고 있듯이, "불후의 이름을 얻으려고" 글을 썼다.

9) Scardeonius, *De urb. Patav. antiq.*, in: Graev., *Thesaur.* VI, 3, Col. 260. cereis muneribus(양초와 선물을 가지고)로 읽어야 하는지, 아니면 certis muneribus(분명한 임무를 띠고)로 읽어야 하는지는 결정을 유보하겠다.〔가이거의 주석: 무사투스 본인은 *Ep.* I에서 이렇게 얘기한다. "양초받침을 들고서 두 개를 앞에 내밀었다."〕

10) 〔Cloëtta, *Beitr.* II, 18, 1에는 다르게 설명되어 있다.〕

11) Franc. Petrarca, *Posteritati*. Cf. *Ad posteros*, in: Fracassetti, *Petr. epistolae*

어줘야 했던 연로한 저명인의 변명서이다. 그는 후대 사람들에게서는 명성을 얻고 싶지만 당대에는 차라리 사양하겠다고 말했다.[12] 행과 불행에 관한 대화[13]를 보아도 명성을 논한 부분에서 그것의 공허함을 증명하는 대화 상대자에게 더 많은 비중이 실려 있다.

그러나 페트라르카는 비잔틴 제국 팔라이올로구스 왕조의 전제군주가 그의 저술을 통해 그를 황제 카를 4세가 아는 것만큼이나 알고 있다는 것에 기뻐했는데, 이것을 보면[14] 정말 그의 말을 곧이곧대로 믿어도 좋을까? 사실 그의 명성은 이미 생존시에도 이탈리아 밖에까지 퍼져 있었다. 그가 고향 아레초를 방문했을 때, 친구들이 그를 그의 생가로 데려가서 집의 옛 모습이 하나도 변하지 않게 시 당국이 배려하고 있다고 얘기하자 그 역시 당연한 감격을 느끼지 않았던가![15] 과거에 사람들은 몇몇 위대한 성인의 집을 기리고 보존하였다. 나폴리의 도미니쿠스 수도원에 있는 성 토마스 아퀴나스의 거처가 그러했고, 아시시 부근의 성 프란체스코 교회도 그런 장소였다.

그러나 페트라르카의 시대에는 고작해야 소수의 위대한 법률학자들만이 이 같은 영예가 뒤따르는 신화에 가까운 명성을 누렸다. 한 예로, 14세기 말경 피렌체에서 멀지 않은 바뇰로의 주민들은 그곳의 한 고옥을 1150년에 태어난 아쿠르시우스의 '서재'라고 불렀다. 하지만 그 집이 파괴될 때는 그대로 방치하였다.[16] 어쩌면 몇몇 법률학자가 법률 고

그 *familiares* I, 1859, pp.1~11. 페트라르카의 허영심을 비난하는 요즈음 사람들이 만일 그의 위치에 있었다면 그만한 관용과 솔직함을 가지기는 힘들었을 것이다.

12) *Opere*, ed. 1581, p.171: *De celebritate nominis importuna*.

13) *De remediis utriusque fortunae*. 〈Klaus Heitmann, *Fortuna und Virtus. Eine Studie zu Petrarcas Lebensweisheit*, Köln/Graz, 1958(Studi Italiani, I).〉

14) *Epp. fam.*, lib. XVIII(ed. Fracassetti), 2. 블론두스는 100년 뒤 *Italia illustrata*, p.416에서 말하기를, 만일 페트라르카가 로베르토 선왕(善王)을 그토록 여러 번 친절하게 언급하지 않았다면 이 왕에 대해 아는 학자가 거의 없었을 것이라고 하면서 페트라르카의 명성도를 알려주고 있다.

15) *Epist. seniles* XIII, 3. 〔1370년 9월 9일 조반니 아레티노에게 보낸 편지.〕

16) Filippo Villani, *Vite*, p.19.

문과 변호사로서 올리는 높은 수입과 그들의 정치적인 연줄이 사람들의 상상력에 지속적인 영향을 남겼는지도 모르겠다.

유명인의 묘지 숭배도 생가 숭배의 일종이었다.[17] 페트라르카의 경우는 그가 죽은 장소인 아르콰토까지 숭배지가 되어 그를 기리는 파도바 사람들의 방문을 받았으며 멋진 주택들로 치장되었다.[18] 그 무렵 북유럽에서는 아직 '명소'라는 것이 생기지도 않았고 그저 성인의 그림이나 유물을 보러 가는 순례만 있던 때였다. 그러나 이탈리아의 도시들은 자기네 출신이든 타지 사람이든 저명인의 유골을 보유하고 있다는 것에 상당한 명예심을 느꼈다.

피렌체인들이 성 크로체 교회가 건립되기도 전인 14세기에 피렌체 대성당을 만신전으로 격상시키려고 진지하게 노력한 것을 보면 놀랍기까지 하다. 그들은 이곳에 아코르소, 단테, 페트라르카, 보카치오, 법률학자 차노비 델라 스트라다의 분묘를 화려하게 만들 생각이었다.[19] 15세기 말에는 로렌초 마니피코가 화가인 프라 필리포 리피의 유해를 피렌체 대성당에 안치하려고 친히 스폴레토 사람들에게 유해의 인도를 부탁하였다. 그러자 스폴레토에서는, 자기들에게는 남아 있는 장식품이 없고 특히 유명인의 장식품은 더더욱 없으니 부디 양해해달라는 답신을 보냈다. 피렌체인들은 하는 수 없이 기념비를 세우는 것으로 만족해야 했다.[20a]

단테도, 보카치오가 피렌체 시를 사정없이 몰아세우며 진전시킨 교섭에도 불구하고[21] 라벤나의 성 프란체스코 교회 옆에 있는 "고대의 황

---

17) 보카치오의 묘비명(또는 추모시)에는 다음의 두 가지가 함께 적혀 있다. "나는 피렌체의 포초 토스카넬리에서 태어났다. 지금은 체르탈도 교외에 묻혀 쉬고 있다." — Cf. *Opere volgari di Bocc.* XVI, p.44.

18) Mich. Savonarola, *De laudibus Patavii*, in: Muratori, XXIV, Col. 1157.

19) 그 이유를 밝힌 1396년의 국가 결정이 Gaye, *Carteggio* I, p.123에 나와 있다.

20a) Cf. Gesa Schütz-Rautenberg, *Künstlergräber des 15. und 16. Jahrhunderts in Italien. Ein Beitrag zur Sozialgeschichte der Künstler* (Dissertation zur Kunstgeschichte, 6), Köln/Wien, 1978.

제능과 성인들의 무덤 사이에서, 조국 피렌체가 그에게 줄 수 있는 어떤 동반자보다 더 영예로운 이들을 벗삼아" 조용히 잠들어 있다. 한번은 이곳에서 어느 이상한 사람이 십자가가 있는 제단에서 등불을 가져다가 단테의 묘 옆에 놓았는데도 아무 처벌도 받지 않았다. 그러면서 그는 이렇게 말했다. "이것을 받으십시오. 십자가에 달리신 저분보다는 당신이 이것을 받아야 마땅합니다."[22]

이제 이탈리아의 도시들은 자기 도시에 살았던 고대 시민들과 주민들을 추모하기 시작하였다. 나폴리는 반은 신화적인 개념과 결부된 그 이름 때문에라도 베르길리우스의 묘를 한번도 잊은 적이 없을 것이다. 파도바는 16세기에 들어설 때까지, 트로이 사람으로서 파도바를 건설한 안테노르의 진짜 유해뿐 아니라 티투스 리비우스(고대 로마의 역사가―옮긴이)의 유해까지 갖고 있다고 믿었다.[23] 보카치오는 말하기를, "술모나 시는 오비디우스가 멀리 추방지에 묻혀 있는 것을 안타깝게 여기고, 파르마 시는 카시우스가 그곳 성벽 안에 잠들어 있는 것을 기뻐한다"고 했다.[24]

만토바 사람들은 14세기에 베르길리우스의 흉상이 새겨진 동전을 주조했고 그의 모습을 본뜬 입상도 세웠다. 이 입상을 1392년 곤차가 가문의 후견인이던 카를로 말라테스타가 중세 귀족의 오만을 부리며[25] 넘어뜨렸으나 이 고대 시인의 명성이 너무 컸던 까닭에 다시 세우지 않으면 안 되었다.[26] 과거에 베르길리우스가 명상을 했다는,[27] 만토바에

---

21) Boccaccio, *Vita di Dante*, p.39.

22) Franco Sacchetti, *Nov.* 121.

23) 전자의 유해는 성 로렌초 교회 옆의 유명한 석관에, 후자는 팔라초 델라 라조네의 어느 문 위에 있다. 1413년 이 유해들이 발견됐을 때의 자세한 상황은 Misson, *Voyage en Italie*, Vol. I. 참조.

24) *Vita di Dante*, Ibid. 카시우스의 유해가 필리피 전투 후 어떻게 다시 파르마로 오게 되었을까?

25) 피우스 2세는, "귀족의 자만심에서", 그것도 "종교를 구실삼아"라고 말한다. Cf. *Comment.* X, p.473. 이 새로운 종류의 명성은 다른 것에 익숙해 있던 많은 사람들에게는 분명 불쾌했을 것이다.

서 약 3킬로미터 떨어진 거리에 있는 동굴도 나폴리 부근의 '베르길리우스 학교'처럼 사람들에게 개방되어 있었던 것 같다. 코모 시는 두 사람의 플리니우스[28]*를 차지하여 15세기 말에 대성당 앞의 화려한 천개(天蓋) 밑에 좌상을 세워 기렸다.

역사학과 신생 학문인 지지학(地誌學)도 향토의 명성을 놓치지 않고 열심히 기록하였다. 이에 비해 북유럽의 연대기들은 겨우 교황과 황제와 지진과 혜성 따위를 나열하면서, 어느 시기에는 이런저런 유명 인물이 '떴다'는 식으로 언급할 뿐이었다. 뛰어난 전기문학이 어떻게 명예 관념의 지배 아래에서 발전할 수 있었는지는 다른 기회에 살피고, 여기서는 자기 고향의 명성을 기록한 지지학자들의 애향심만 이야기하겠다.

중세 때 도시들은 자기들이 배출한 성인과, 교회에 모셔진 그들의 유해와 유물에 자긍심을 갖고 있었다.[29] 파도바의 송시(頌詩) 작가인 미켈레 사보나롤라[30]도 1450년 무렵 이 성인들의 이름부터 열거하였다. 이어서 "성인은 아니지만 뛰어난 정신과 고귀한 능력으로 마땅히 성인 반열에 들 만한 유명인들"을 거명하였다. 마치 고대 때 유명인들이 영웅과 어깨를 나란히하는 격이었다.[31]

그가 열거한 인물들을 보면 그 시기의 특징을 잘 알 수 있다. 먼저, 프

---

26) 〔가이거의 주석: 실제로 입상을 다시 세운 사람은 이사벨라 데스테였다.〕〈Cf. Dagobert Frey, *Apokryphe Liviusbildnisse der Renaissance*, Wallraf/Richartz/Jahrbuch 17, 1955, p.132 이하.〉

27) Cf. Keyßler, *Neueste Reisen*, p.1016.

28) 노(老) 플리니우스는 알려져 있다시피 베로나 출신이다.

* 두 사람의 플리니우스란, 『박물지』를 지은 노 플리니우스와 그의 조카이자 연설가였던 소 플리니우스를 말한다.

29) 14세기에 쓰여진 *De laudibus Papiae*, in: Muratori, X라는 주목할 만한 글에도 본질적으로 똑같이 나와 있다. 시의 자랑거리는 많지만 특별히 내세울 만한 명성은 없다.

30) *De laudibus Patavii*, in: Muratori, XXIV, Col. 1138 이하.

31) 물론 우리 선조들이 그런 이들을 신성한 사람 또는 영원히 기억할 만한 사람으로 칭찬한 데에는 다 이유가 있다. 최고의 미덕은 신성함과 깊은 연관이 있고, 그 둘은 똑같은 가치가 있기 때문이다.

리아모스의 형제이며 트로이의 망명자들을 거느리고 파도바를 건설한 안테노르, 아틸라를 에우가네이 산에서 무찌르고 계속 뒤쫓아가 리미니에서 장기판으로 죽여버린 다르다누스 왕, 파도바 대성당을 건립한 황제 하인리히 4세, 몬셀리체에 머리가 보관되어 있는 마르쿠스 왕이 차례로 등장한다. 이어서 성직록(聖職祿)과 신학교와 교회를 창설한 몇몇 추기경과 고위성직자, 아우구스티누스회의 유명 신학자인 프라 알베르토 그리고 파올로 베네토와 세계적으로 유명한 아바노 출신의 피에트로를 선두로 하는 일련의 철학자, 법률학자 파올로 파도바노, 역사가 리비우스, 시인 페트라르카 · 무사투스 · 로바토 등이 거명된다.

여기에 유명 무인이 빠진 것이 눈에 띄지만, 저자는 이것을 학자들로 대신 채웠다는 것과 정신적인 명예가 더 영속적이라는 것으로 위안을 삼는다. 반면에 무력으로 얻은 명예는 일쑤 육체와 함께 땅에 묻히고, 혹 지속되더라도 그것은 학자들의 덕분이라고 얘기한다.

그러나 파도바로서는 최소한 다른 나라의 유명 전사(戰士)들이 자원해서 그곳에 묻혔다는 것만으로도 영예로운 일일 것이다. 파르마의 피에트로 데 로시, 피아첸차의 필리포 아르첼리, 나르니의 가타멜라타(1442년 사망)가 그들인데, 특히 가타멜라타의 경우는 "개선하는 카이사르의 모습을 닮은" 그의 청동 기마상까지 일 산토 교회 옆에 세워져 있다. 계속해서 저자는 일군의 법학자와 의학자, 많은 이들처럼 "그냥 기사 작위를 받은 것이 아니라 정말로 받아 마땅한" 귀족들, 마지막으로 유명 기술자와 화가와 음악가들을 거명한 뒤, 자기 분야에서 가장 유명했으며 여러 장소에 그 모습이 그려져 있는 검술사인 미켈레 로소의 이름으로 끝을 맺었다.

신화와 전설과 문학적 명성과 대중의 경이감 등으로 꾸며진 이 향토적인 명예의 전당 외에 시인과 고전학자들은 세계적인 명성의 인물을 기리는 거대 신전을 건립하였다. 곧 유명 남녀들의 전기 총서를 제작한 것인데, 때로는 코르넬리우스 네포스,* 위작의 수에토니우스,** 발레리우스 막시무스,*** 플루타르코스(『명부전』〔名婦傳〕), 히에로니무스

(『위인전』) 등을 그대로 모방해서 만들었다.

또한 그들은 가공의 개선 행렬과 이상적인 올림포스 집회 따위를 글로 지었는데, 일례로 페트라르카의 『명예의 개선』과 보카치오의 『사랑의 환상』이 그런 것들이다. 여기에 등장하는 수백의 이름 가운데 적어도 4분의 3이 고대에 속하고 나머지는 중세의 인물들이다.[32] 그러나 비교적 근대에 가까운 당대 인물들도 차츰 비중있게 다루어지기 시작했다. 역사가들은 자기 저술 속에 인물 묘사를 삽입했으며, 필리포 빌라니, 베스파시아노 피오렌티노, 바르톨로메오 파치오,[33] 파올로 조비오

---

* Cornelius Nepos: 고대 로마의 역사가. 16권으로 된 유명인들의 전기(*De viris illustribus*)를 저술하여 로마인과 비로마인을 비교해놓았다.

** Gaius Suetonius Tranquillus: 고대 로마의 문필가. 카이사르부터 도미티아누스 황제까지를 다룬 전기가 전해오고 있다. 그의 대표서인 『위인전』은 로마의 유명 시인 · 역사가 · 철학자 · 문법학자 · 수사학자들의 일생을 기록한 저술이며, 그뒤 동프랑크의 역사가인 아인하르트의 『카를 대제전』에 이르기까지 전기 문학 분야에서 지도적인 역할을 했다.

*** Valerius Maximus: 고대 로마의 문필가. 로마 역사와 그리스 역사에서 뽑은 일화 모음(*Facta et dicta memorabilia*)을 티베리우스 황제에게 바쳤다.

32) 보카치오의 *Casus virorum illustrium*에서는 마지막 제9권만이 고대 이후의 인물들을 다루고 있다. 이보다 훨씬 후일에 나온 Raph. Volaterranus의 *Commentarii urbani* 중 제21권이자 인류학의 제9권도 마찬가지이다. 교황과 황제들은 제22권과 제23권에 별도로 취급되어 있다. ─아우구스티누스회 수도사인 Jacobus Bergomensis의 *De claris mulieribus*(1497)에서는 고대 부분과 특히 성인 전설이 큰 비중을 차지하며, 이어서 이탈리아 여성들을 다룬 귀중한 전기가 몇 편 나온다. Scardeonius의 *De antiquitate urb. Patav.*, in: Graev., *Thesaur. antiqu.*, Basel, 1560, II, III, Col. 405 이하에는 파도바의 유명 여성들만 열거되어 있다. 먼저 성인 전설과 민족 대이동기의 전설이 소개되고, 13세기와 14세기 당쟁시의 치열한 비극이 이어지며, 대담한 영웅적 여성들, 수도원을 창립한 여성들, 여성 정치고문, 여의사, 유명인들의 어머니, 학식 있는 여성들, 순결을 지키다가 죽은 농가의 처녀들, 만인의 시재(詩材)가 된 교양 많은 미인들의 이야기가 나오고, 끝으로 여성 시인과 소설가들이 등장한다. 그보다 100년 후였다면 이 파도바의 모든 유명 여성들에 더하여 여교수까지 다루어졌을 것이다. 에스테 가의 유명 여성들에 대해서는 Ariosto, *Orlando* XIII 참조. 〈Th. E. Mommsen, "Petrarch and the Decoration of the Sala Vivorum Illustrium in Padua," in: *Mommsens Aufsatzsammlung, Medieval and Renaissance Studies*, ed. E. F. Rice, Ithaca, N.Y., 1959, pp.130~174.〉

같은 당대 유명인들의 전기집도 나왔다.

이에 반해 북유럽 나라들에는 독일의 트리테미우스 같은 사람이 이탈리아의 영향을 받기 전까지는 성인 전설이나 군주 또는 성직자를 개별적으로 다룬 역사서만 있었고, 이것도 주로 성인 전설에 의지한 것이라 개인이 성취한 명예, 즉 명성과는 본질적으로 거리가 멀었다. 또 북유럽에서는 시인의 명성이 특정 신분에만 국한되어 있었기 때문에 우리가 접할 수 있는 예술가의 이름도 거의 수공업자나 조합의 일원인 경우가 대부분이다.

이미 말했듯이, 이탈리아의 시인과 고전학자들은 자기들이 명성의 시여자(施與者), 나아가서는 불멸성의 시여자이며 또한 그 못지않게 망각의 부여자라는 강한 의식을 지니고 있었다.[34] 보카치오는 자기가 숭배한 어느 미인이 줄곧 그의 찬미를 받고 그렇게 해서 유명해지려고 냉담한 태도로 일관하는 것을 개탄하면서, 이제부터는 그녀에게 혹평을 가하겠다고 암시를 던졌다.[35] 산나차로는 샤를 8세를 피해 비겁하게 도주한 나폴리의 알폰소에게 영원한 망각의 암흑으로 던져버리겠다고 두 편의 아름다운 소네트에서 위협하였다.[36]

안젤로 폴리치아노는 아프리카의 발견과 관련해 포르투갈 왕 후안[37]에게 이르기를(1491년), 하루 빨리 불후의 명성을 쌓는 데 마음을 쓰라고 하면서, 자신이 "솜씨 좋게 다듬을 수 있도록" 그 자료들을 피렌체로 보내달라고 했으며, 만일 그렇게 하지 않으면 학자들의 도움을 받지 못해 "덧없는 세상의 거대한 먼지 속에 공적이 묻혀버리는" 수많은 사람

---

33) 이 종류의 저술 중 15세기에 나온 가장 중요한 저작 가운데 하나인 B. Facius, *Viri illustres*, ed. Mehus를 유감스럽게도 나는 한번도 본 적이 없다.

34) 이미 12세기에 어느 라틴 음유시인—노래를 불러주고 옷 한 벌을 구걸하던 어느 방랑 학생—이 이런 협박을 하고 다녔다. Cf. *Carmina Burana*, p.76. 〔Stuttgart, 1847, Bibl. des lit. Vereins XVI.〕

35) Boccaccio, *Opere volgari*, Vol. XVI, Sonett 13. 창백하게 질려서 항복하고…….

36) Roscoe, *Leo X.*, ed. Bossi, IV, p.203.

37) *Angeli Politiani epp.*, Lib. X.

들처럼 왕도 똑같은 운명에 처할 것이라고 진지하게 경고하였다. 그러자 포르투갈 왕은(또는 인문주의적인 성향의 재상이) 여기에 동의하면서, 이미 포르투갈어로 쓰여진 아프리카 관련 연대기를 이탈리아어로 번역했고 이것을 라틴어로 편찬하기 위해 피렌체로 보내겠다고 약속하였다. 이 약속이 실제로 지켜졌는지는 알 길이 없다.

이러한 자만심은 얼핏 쓸데없는 것처럼 보일 수 있으나 결코 그런 것이 아니었다. 사실(때로는 지극히 중요한 사실)을 당대와 후대에 전하는 편찬작업이 결코 무시할 수 없는 일이었기 때문이다.

이탈리아의 인문주의자들은 그들이 구사한 서술방식과 라틴어를 통해 오랫동안 서구의 독서계를 지배했으며, 이탈리아 시인들도 18세기에 들어설 때까지 그 어느 나라 시인들보다 널리 세상에 알려져 있었다. 피렌체 사람 아메리고 베스푸치의 이름은 그의 여행기 덕분에 제4대륙의 명칭이 되었다. 또 파올로 조비오는 경박하고 자의적인 필치를 구사하면서도 불멸의 명성에 희망을 걸었지만[38] 그 기대가 전혀 빗나간 것은 아니었다.

이처럼 명성을 외면적으로 보증하려는 움직임이 부산한 가운데, 우리는 여기저기서 장막이 걷히고 대상과 결과를 가리지 않는 어마어마한 명예욕과 공명심이 무서운 본색을 드러내는 모습을 보게 된다. 마키아벨리는 『피렌체사』의 서문에서, 그의 선배인 레오나르도 아레티노와 포조가 시의 당쟁에 너무 신중할 정도로 침묵하는 것을 보고 비난하였다.

그들은 잘못을 저질렀다. 그들은 인간의 명예욕과 불후의 이름을 남기려는 욕망을 자신들이 너무도 모르고 있었음을 증명한 것이다. 선행으로는 이름을 떨칠 수가 없어 치욕적인 행위로 그것을 구한 자가 얼마나 많았는가! 위정자나 국가의 행위처럼 그 자체가 중차대한

---

38) Paul. Jovius, *De romanis piscibus*, Praefatio, 1525. 조비오의 『역사』의 처음 열 권은 어떤 식으로든 불후에 관한 부분 없이는 발간되지 않을 것이다.

행위들은, 그것이 어떤 종류의 것이고 결말이 어떠하건 간에 외면적으로는 언제나 비난보다 명성을 더 많이 가져다 준다는 것을 그 저자들은 생각하지 못했다.[39]

사려 깊은 역사가들은 몇 차례씩 세상의 이목을 끌며 일어난 끔찍한 사건들에서도 무언가 거창하고 기억될 만한 것을 남기려는 절실한 욕구를 그 동기로 꼽았다. 이러한 사건들은 그저 평범한 허영심이 변질되어 일어난 것이 아니라 악마성의 폭로였다. 다시 말해 한번 마음먹은 것에서는 벗어나지 못하는, 그래서 결과야 어떻든 극단적인 수단까지 동원하는, 결심에 대한 예속이었다. 일례로 마키아벨리는 스테파노 포르카리의 성격을 그렇게 규정하고 있으며(174쪽),[40] 갈레아초 마리아 스포르차의 살해자들에 대해서도(121쪽) 여러 문서들은 대강 비슷한 내용을 적어놓았다.

바르키조차 피렌체의 알레산드로 공작 시해사건(1537년)을 그 시해자인 로렌치노 메디치(125쪽)의 명성욕 탓으로 돌린다. 그러나 이 사건의 동기를 한층 더 예리하게 파헤친 사람은 파올로 조비오였다.[41] 로렌치노는 로마에 있는 고대 조각상을 훼손하여 몰차의 비방문으로 톡톡히 욕을 본 차에, 이 치욕을 잊게 해줄 '획기적인' 일을 꾸민 것이 바로 자신의 친족이자 군주인 알레산드로 공작의 살해였다. 이 사건들은 절망한 힘과 정열이 격앙되어 용솟음치던 이 시대의 특징을 있는 그대로 보여준다. 마치 그 옛날 마케도니아의 필리포스 왕 때 일어난 에페소스 신전의 방화를 떠올리게 한다.

---

39) Cf. *Discorsi* I, 27. "사악함(범죄)은 위대할 수 있으며 어떤 면에서는 고결할 수 있다. 위대함은 행동에 있는 모든 오명을 떨쳐낼 수 있다. 인간은 완전무결하게 착한 대신에, 훌륭하면서도 사악할 수 있다."

40) *Storie fiorentine*, L. VI, p.20.

41) Paul. Jovius, *Elogia vir. lit. ill.*, p.192에서 마리우스 몰차 편.

224

4 근대적 조소와 기지

명예와 근대적인 명성욕에 대해서뿐 아니라 고도로 발달한 개인주의 일반에 대해서도 조정장치로 기능한 것이 근대적인 조소와 경멸이었다. 그 중 어떤 것들은 찬란한 기지의 형태로 발휘된 것도 있었다. 중세에는 대적하는 군대나 군주와 귀족들이 상징적인 조소로 서로를 극도로 자극하고 패배한 쪽은 지극히 상징적인 형태로 모욕당했다는 것을 우리는 알고 있다. 이와 함께 곳곳의 신학적인 논쟁에서도 벌써 고대의 수사학과 서간문학의 영향 아래 기지가 하나의 무기로 쓰이기 시작했으며, 프로방스 문학도 경멸과 조소의 노래라는 고유의 장르를 발전시켰다. 중세 독일의 연애시인들도, 그들의 정치시가 보여주듯이, 곧잘 이러한 어조로 노래불렀다.[1]

---

1) 뿐만 아니라 중세는 이른바 풍자시가 넘쳐난 시기였다. 그러나 아직 개인에 대한 풍자는 없었고 대개는 특정 신분과 부류와 주민을 겨냥한 일반적인 풍자시뿐이었기 때문에 쉽사리 교훈적인 어조로 바뀌었다. 이런 경향을 보편적으로 담아낸 문헌이 바로 서구 여러 나라가 나름대로 편집해 간행한 라이네케 푹스의 우화이다. 프랑스 문학에서는 이 분야에서 아주 탁월한 작품인 Lenient, *La satire en France au moyen-âge*, Paris, 1860가 있다. 〔그리고 여기에 뒤지지 않는 빼어난 속편으로 *La Satire en France ou la litérature militante au XVIe siècle*, Paris, 1866이 있다.〕 〈Cf. Paul Lehmenn, *Die Parodie im Mittelalter*, Stuttgart, 1963.〉

그러나 기지가 생활의 한 독립적인 요소로 자리잡으려면 먼저 통상적인 희생자, 즉 자기 주장이 있는 완성된 개인이 존재해야 한다. 그럴 경우 기지는 더 이상 말과 글에만 국한하지 않고 실제적인 행동으로 옮겨간다. 곧 익살을 부리고 장난을 치는 것인데, 많은 단편소설집의 핵심 내용이 되어 있는 이른바 조롱(burle)과 익살(beffe)이 펼쳐진다.

13세기 말에 등장한 것으로 보이는 『토스카나 백선집』의 내용 중에는 대조(對照)의 효과로 발생하는 기지도 없고 조롱도 없다.[2] 이 소설집의 목적은 현명한 담화나 의미심장한 이야기와 우화를 그저 아름다운 글로 재현하는 것이었다. 이 소설들의 오랜 연륜을 증명하는 것이 있다면 그것은 바로 조소의 부재이다. 왜냐하면 단테가 등장한 것이 14세기이고, 단테야말로 경멸의 표현에서는 세상의 어느 시인보다 앞서 있었기 때문이다. 특히 사기꾼들을 묘사한 저 거대한 지옥의 풍속화 하나[3]만으로도 그는 대희극의 거장으로 불려 마땅하다. 페트라르카[4] 때에는 벌써 플루타르코스의 잠언집을 모방한 기지 모음이 편찬되기 시작하였다.

프랑코 사케티는 14세기에 피렌체에서 수집된 조소 중에서 가장 특징적인 것들을 골라 자신의 단편소설 속에 실어놓았다. 그 대부분은 정식 이야기가 아니라 특별한 상황에서 나온 대답들이며, 익살꾼, 궁정 광대, 악당, 부도덕한 여자들이 내뱉는 지극히 솔직한 이야기들이다. 그런데 이 진실된 또는 가식의 솔직함이 세상사나 일상의 도덕과 대비되어 만드는 극명한 대조 속에 바로 희극성이 있다. 만사가 거꾸로 뒤집히는 것이다.

---

2) 예외적으로 오만불손한 기지도 나온다. *Nov.* 37.
3) 『신곡』「지옥편」제21곡·제22곡. 여기에 비유할 수 있는 유일한 사람이 아리스토파네스일 것이다.
4) *Opera*, p.421 이하와 *Rerum memorandarum*, libri IV에 나오는 조심스러운 도입부. 그러나 *Epp. senil.* X, 2는 약간 다르다. 언어 유희는 흔히 중세에 그 피난처 역할을 한 수도원의 냄새를 풍겼다.

이 효과를 내기 위해 사람들은 북이탈리아의 특정 방언을 모방하는 등의 갖가지 표현수단을 동원하였다. 기지 대신 불손한 표현, 졸렬한 속임수, 신성모독, 음담패설이 나올 때도 있었다. 용병대장을 소재로 한 몇 가지 우스갯소리[5]는 기록으로 남아 있는 것 중에서 가장 조야하고 악의적인 것들이다. 조롱 가운데 어떤 것은 꽤나 희극적이지만, 어떤 것은 개인적인 우월감과 상대방에 대한 승리를 저 혼자서 증명한다.

사람들이 어느 수위까지 서로 조소를 용인했고, 조소의 희생자는 또 어느 만큼 반격을 통해 상황을 역전시켰는지는 알 길이 없다. 그러나 개중에는 냉혹하고 무식한 악의도 많아서 피렌체 생활은 불편하기 짝이 없었을지도 모른다.[6] 익살 고안자와 익살꾼들은 피할 수 없는 존재였다. 그들 중에는, 경쟁자도 없고 말귀가 밝은 청중이 있는 것도 아니고 그렇다고 관객을 바꿀 수도 없는 궁정 소속 광대들보다 훨씬 뛰어난 익살의 명인들도 틀림없이 있었다.

그래서 피렌체의 익살꾼 중에는 객원으로 롬바르디아와 로마냐의 전제군주 궁으로 편력을 떠나 돈벌이를 하는 사람들이 있었다.[7] 도처에 해학이 널려 있는 고향 피렌체에서는 수입이 변변치 못한 까닭이었다. 이 가운데 뛰어난 부류는 '유쾌한 인물들'(l'uomo piacevole)이었고, 열등한 부류는 결혼식과 잔치 따위에 얼굴을 들이밀며 "내가 초대받지 못한 것은 내 탓이 아니다"라고 변명을 늘어놓는 광대들과 비천한 식객들이었다. 이들은 여기저기서 젊은 방탕아를 우려먹는 일도 거들었으나[8] 대개는 기생충으로 취급받으며 비웃음만 샀다.

반면에 좀 나은 해학가들은 자신을 군주와 똑같이 여기면서 자신의

---

5) *Nov.* 40, 41. 그 인물은 리돌포 다 카메리노이다.

6) 브루넬레스키와 뚱뚱한 목재 조각사를 소재로 한 유명한 익살은 아주 재기발랄하게 고안되었지만 잔인하다고 할 수 있다. [이 익살을 Ant. Manetti가 고안했는지가 논란이 되고 있다.]

7) Sacchetti, *Nov.* 49. 그러나 *Nov.* 67을 보면, 로마냐 사람들이 때로는 신통치 않은 피렌체 사람을 능가한다는 느낌이 든다.

8) L. B. Alberti, *Del governo della famiglia*, in: *Opere*, ed. Bonucci, V, 171.

해학이 진정 탁월하다고 생각하였다. 황제 카를 4세가 "이탈리아 익살꾼들의 제왕"이라고 부른 돌치베네는 페라라에서 황제에게 이렇게 말했다. "폐하는 세계를 정복할 것입니다. 폐하는 나의 친구이자 교황의 친구이기 때문입니다. 폐하는 칼로써 싸우고, 교황은 칙서의 인장으로 싸우며, 나는 혀로 싸웁니다." [9] 이것은 단순한 농담이 아니라 피에트로 아레티노의 출현을 예고하는 말이었다.

15세기 중반에 가장 유명했던 익살꾼으로는 세련된 기지로 알려진 피렌체 근방의 아를로토 신부와 광대짓에 능했던 페라라의 궁정광대 곤넬라가 있다. 이들의 재담을 칼렌베르크 신부의 이야기나 틸 오일렌슈피겔*의 이야기와 비교하는 것은 무리가 있다. 왜냐하면 후자는 전자와 달리 반(半)신화적인 방식으로 탄생했고, 따라서 민중 전체가 그 창작에 관여했다고 할 수 있으며, 또 만인이 공감하는 보편성과 이해성을 추구했기 때문이다. 이에 반해 아를로토와 곤넬라는 역사적으로 그리고 지방적으로만 알려진 제약을 받는 인물이었다.

그러나 잠시 그 둘의 비교를 허락하고 비교의 범위를 이탈리아 외부 민족들의 '우스갯소리'로까지 확대해보자. 프랑스 우화[10]나 독일 우화 속의 '우스갯소리'들은 일차적으로 어떤 유익함이나 재미를 주는 데 초점을 맞추고 있지만, 아를로토의 해학과 곤넬라의 재담은 그 자체가 목적이었다. 다시 말해 그것들은 익살꾼 본인의 승리감과 만족감을 위해 존재하였다. (틸 오일렌슈피겔의 이야기는 이와 달리 장르가 독특하다. 그것은 특정 신분과 직업을 의인화하여 세련되지 못한 조롱을 퍼붓는 이야기이다.) 에스테 군문의 궁정광대였던 곤넬라는 신랄한 조소와 교

---

9) Franco Sacchetti, *Nov.* 156; cf. *Nov.* 24. Poggio의 *Facetiae*는 내용면에서는 사케티의 것과 아주 비슷하다. 조롱, 오만불손한 이야기, 정교한 외설을 잘못 이해하는 단순한 사람들의 사례들이 있고, 저자가 고전학자라는 것을 드러내는 언어 유희들이 많이 있다.

* Till Eulenspiegel. 16세기 초에 나온 독일 해학집 속의 주인공.

10) 프랑스 우화에서 내용을 빌려온 이탈리아 단편소설들도 마찬가지이다.

묘한 복수로 분풀이를 한 적이 한두 번이 아니었다.[11]

유쾌한 인물들과 어릿광대 부류들은 피렌체가 자유를 잃은 뒤에도 오랫동안 명맥을 유지하였다. 코시모 공작 치하에서는 바를라키아가 활약했고, 17세기 초에는 프란체스코 루스폴리와 쿠르치오 마리뇰리가 빛을 보았다.

교황 레오 10세가 피렌체 사람답게 익살꾼들을 좋아한 것도 눈여겨 볼 일이다. "세련되고 지적인 향락을 지칠 줄 모르게 추구한" 이 군주는 재치 많은 익살꾼과 광대들이—그 중에는 수도사 두 명과 신체장애자 한 명도 있었다[12]—그의 식탁에 참석하는 것을 허락하고 나아가서는 적극적으로 희망하였다. 축제 때는 그들 앞에 원숭이와 까마귀 고기를 맛있는 불고기로 속여서 내놓는 고대풍의 어거지 조소를 가지고 그들을 기생충처럼 취급하였다. 레오는 익살을 자기만의 독점 장기로 이용하였다. 특히 자신이 즐기는 시와 음악을 집사인 비비에나 추기경과 함께 패러디하고 풍자적으로 비트는 것은 그다운 지성에 속했다.[13] 교황과 추기경은 나이 든 선량한 비서를 갖은 수단으로 요리하여 그가 스스로 위대한 음악 이론가인 양 착각하게 만들면서도, 그런 행동이 자기들의 위엄을 손상시킨다고는 생각지 않았다.

교황은 또 가에타 출신의 즉흥시인 바라발로를 줄기차게 감언으로 부추겨 그가 카피톨리노 언덕에서 벌어질 시인 대관식에 열심히 응모하도록 일을 벌였다. 그리하여 바라발로는 메디치 가문의 수호성인인 성 코스마스와 성 다미아누스의 축일에 월계관과 보라색 옷으로 치장하고 우선 교황이 베푼 연회에서 시 낭송으로 분위기를 돋운 다음, 좌

---

11) Bandello, IV, *Nov.* 2에 따르면, 곤넬라는 자기 얼굴을 다른 이의 얼굴 모습으로 변형시키기도 하고 이탈리아의 모든 방언을 흉내낼 줄 알았다고 한다.

12) Paulus Jovius, *Vita Leonis X.*

13) "사실 비비에나는 나이 든 사람들과 중요한 직업을 가진 사람들을 때려서 미치도록 만드는 데는 놀라운 명수였다." 스웨덴 여왕 크리스티나가 고전학자들과 즐겼던 농담을 연상시킨다.

중이 포복절도하려는 순간 바티칸 궁 앞에서 포르투갈의 마누엘 대왕이 로마에 선물한 황금 장식의 코끼리에 올라탔다. 그 사이 교황은 높은 곳에서 자루 달린 외안경으로 이 광경을 내려다보고 있었다.[14] 그러나 코끼리는 북과 나팔과 사람들의 박수 소리에 놀라 성 안젤로 다리 위를 건너오지 못했다.

지금 우리에게 한바탕 행렬의 모습으로 다가온 장엄과 숭고의 패러디는 그 시기 시문학에서는 이미 중요한 자리를 차지하고 있었다.[15] 물론 그 옛날 자신의 희극에 유명 비극작가들을 등장시켰던 아리스토파네스와 달리 이때의 패러디는 전혀 다른 희생자를 찾아야 했지만, 특정시기에 그리스인 사이에서 패러디를 유발시킨 것과 똑같은 문화적인 성숙이 이곳 이탈리아에서도 패러디를 꽃피게 한 것이다.

14세기 말에는 벌써 페트라르카의 비련가(悲戀歌)나 그와 유사한 것들이 소네트로 모방되어 조롱당했고, 심지어 이 14행시의 장엄미까지도 의미심장함을 가장한 무의미함으로 회화화되었다. 나아가 『신곡』은 가장 만만한 패러디의 대상이었다. 로렌초 마니피코는 그 「지옥편」의 문체를 빌려서 「술자리」와 같은 빼어난 희극을 선보였다. 루이지 풀치

---

14) 자루 달린 외안경이라고 한 것은 라파엘로가 그린 초상화——이 그림에 나오는 안경은 기도서의 세밀화를 보기 위한 돋보기라고 할 수 있다——를 보고 말한 것이 아니라, 레오가 작은 안경을 쓰고 수도사들의 행렬을 바라보았다는 펠리카누스의 기록(Cf. Pellicans, *Chronicon*, ed. by B. Riggenbach, Basel, 1874, p.61)과 조비오가 전하듯이 레오가 사냥할 때 썼다는 오목안경에 의거해서 말한 것이다.

15) 이런 패러디는 조형미술에도 없지 않다. 라오콘 군상을 세 마리 원숭이로 바꿔 표현한 유명 동판화를 생각해보라. 〈Cf. H. W. Janson, *Apes and Ape Lore in the Middle Ages and the Renaissance*, (Studies of the Warburg Institute, 20), London, 1952, pp.355~368: "Titian's Laocoon Caricature and the Vesalian-Galenist Controversy"〉 그러나 이런 패러디들은 일시적인 스케치를 넘어서는 경우가 드물었고 없어진 것도 꽤 있었을 것이다. 풍자화는 이것과 본질적으로 다르다. 레오나르도가 「찡그린 얼굴」(암브로시아나 미술관)에서 추악한 모습을 표현한 것은 그것이 익살스럽기 때문이었고 또 익살스러운 경우에만 표현했다. 그렇게 해서 그는 자유자재로 익살의 효과를 높였다.

는 『모르간테』에서 두드러지게 즉흥시인들을 모방했고, 그와 보이아르도의 시도 소재로 보자면 곳곳에서 중세의 기사문학을 적어도 반은 의식적으로 패러디하였다.

1520년경에 활발하게 활동한 패러디의 대가 테오필로 폴렝고는 아주 노골적으로 희화화에 손을 댔다. 그가 리메르노 피토코라는 이름으로 창작한 『오를란디노』는 근대적인 착상과 생활상을 중심으로 하여 그 주변에 기사제도를 우스꽝스러운 형식으로 끼워넣은 작품이다. 또한 그는 메를리누스 코카유스라는 가명으로 농부와 부랑인들의 행동과 방랑생활을 묘사하였다. 이것도 강한 시대 풍자성이 담긴 라틴어 혼용의 6운각(六韻脚)으로, 당시에 유행한 현학적 서사시인 마카로니 시(*Opus Macaronicorum*)*의 희극적인 위용을 빌려서 만들어진 것이다. 그뒤 패러디는 이탈리아 시단에서 줄기차고 당당하게 자기 자리를 지켜갔다.

르네상스의 전성기가 되자 기지도 이론적으로 분석되었고 상류층에서의 실제적인 응용방법도 세세하게 규정되었다. 이 방면의 이론가는 조비아노 폰타노였다.[16] 그는 화술을 논한 그의 저술 제4권에서 무수한 기지와 재담을 상세히 분석하여 하나의 일반원리를 도출하려고 했다.

발다사레 카스틸리오네는 『궁신』(宮臣)[17]에서 신분 높은 사람들끼리는 기지를 어떻게 사용해야 하는지를 가르쳐주었다. 그러나 이 책의 목적은 다른 곳에서 들은 해학적이고 고상한 이야기와 경구를 다시 제3자에게 들려주어 그를 즐겁게 만드는 일이었다. 때문에 직설적인 재담은

---

* 마카로니 시는 두 개 언어의 유희적인 배합을 통해 효과를 노리는 시로, 한 언어의 문법체계를 다른 언어의 어휘체계에 적용시켜 만들어진다. 작자와 독자 양쪽에 해당 언어에 대한 지식을 가정하기 때문에 현학시로 기능했으며 대개는 패러디와 풍자시가 많았다. 마카로니 시는 15세기와 16세기에 꽃피었는데, 이때는 라틴어 어미를 당시의 여러 유럽어에 섞어넣었다.

16) Jovian. Pontanus, *De sermone* IV, 10. 그는 피렌체 사람들 외에 시에나 사람과 페루자 사람들에게도 특별한 기지의 재능이 있다고 말했다. 그리고 예의상 에스파냐 궁정도 덧붙였다.

17) *Il cortigiano*, Lib. II, cap. L 이하. ―분명하게 나와 있지는 않지만, 기지의 효과를 대조에서 찾은 부분은 cap. LXXIII 참조.

불행한 이에게 상처를 입히고, 범법자에게는 과분한 영예를 안겨주며, 권력자와 총애로 방자해진 자에게는 복수의 마음을 일으킨다는 이유로 그것을 경계해놓았다. 또 신분이 높은 사람은 다른 데서 들은 것을 반복해서 이야기할 때 얼굴을 찡그리는 따위의 극적인 연기에서 절도를 지켜야 한다고 충고했다. 이어서 이 책은 되풀이 이야기의 재료로서뿐 아니라 미래의 재담 고안자를 위한 본보기로서 풍부한 경구 모음과 재담 모음을 종류별로 일목요연하게 정리해놓았는데, 거기에는 빼어난 것들이 적지 않다.

그때부터 20년이 지난 뒤 조반니 델라 카사가 『예법』[18]에서 준 교훈은 훨씬 엄격하고 신중하였다. 그는 재담과 익살에서 상대에 대해 승리감을 얻으려는 의도를 없애자고 말했다. 그것이 초래할 결과를 생각하자는 것이었다. 조반니는 훗날에 등장한 반동의 전령이었다.

그뒤 이탈리아는 전세계의 어느 나라에서도 볼 수 없는, 볼테르 시대의 프랑스에도 없었던 비방의 학교가 되었다. 물론 볼테르와 그 시대 사람들에게도 부정(否定)의 정신이 없었던 것은 아니다. 그러나 만만한 비방의 희생자들, 즉 독특한 개성을 고도로 발달시킨 수많은 인물, 각 분야의 유명인, 정치가, 성직자, 발명가, 발견자, 문필가, 시인, 예술가들, 다시 말해 자기만의 특성을 유감없이 발휘한 인물들을 18세기에 어디에서 찾아낼 수 있는가. 반면 15세기와 16세기에는 이런 인물들이 넘치도록 많았다.

더불어 보편적인 문화의 융성 덕분에 재능은 많지만 그것을 써볼 데가 없는 사람과 타고난 험구가 또는 중상가 같은 고약한 부류의 인간들이 배출되어 그들의 질투가 대량의 희생자를 내게 되었다. 여기에 유명인사들의 상호질시도 한몫을 했다. 잘 알려져 있듯이 이러한 질시는 필렐포, 포조, 로렌초 발라 같은 고전학자들이 가장 먼저 드러냈다. 반면에 15세기의 미술가들은 아직 평화로운 상호경쟁 속에서 살고 있었으

---

18) *Galateo*, ed. Ven., 1789. p.26 이하, p.48.

니 미술사는 이 사실을 기록해도 좋을 것이다.

이미 말했듯이, 거대한 명예의 시장 피렌체는 비방에서도 다른 도시를 오랫동안 앞서갔다. '예리한 눈과 사악한 혀'는 피렌체인의 인상착의서[19]였고 만사를 약간의 조소로 바라보는 것이 이곳의 주된 생활 분위기였다. 마키아벨리는 「만드라골라」라는 희극의 주목할 만한 서문에서, 그 타당성 여부야 어떻든, 눈에 띄게 도덕성이 침몰하는 원인으로 일상에 만연한 비방 풍조를 들었고, 그를 중상하는 자들에게는 자기 역시 비방에 일가견이 있다고 위협하였다.

피렌체에 버금간 곳은 예부터 가장 사악하면서 가장 재기 넘치는 변설가들의 회합장이던 교황청이었다. 포조의 『골계집』도 교황의 서기관들이 모여 있던 '거짓말쟁이들의 방'(bugiale)에서 나왔다. 뜻을 이루지 못한 엽관자(獵官者)들, 총애를 받고 있는 자의 유력한 경쟁자나 적들, 부도덕한 고위성직자의 남는 시간을 때워주는 사람들, 이런 사람들이 얼마나 많이 이곳에 모여 있었나를 생각하면 로마가 야비한 비방문과 명상적인 풍자문의 본산지가 된 것도 이상한 일은 아니다. 게다가 성직자 통치에 대한 일반인의 혐오감과 권세가에게 오명을 씌우려는 천민적인 욕구가 가세한 것까지 합하면 여기서는 가히 전대미문의 어마어마한 비방이 쏟아져나오는 것이다.[20]

사실에 근거한 비방이든 아니면 무고이든 간에, 할 수만 있다면 이 비방에서 가장 적절하게 몸을 보호하는 길은 그것을 무시하는 것이었으며 사치스럽고 유쾌하게 삶을 즐기는 것이었다.[21] 그러나 심성이 연

---

19) *Lettere pittoriche* I, 71. 1577년 Vinc. Borghini의 편지. ─Machiavelli, *Stor. fior.*, L. VII, cap.28에는 15세기 중반 이후 피렌체의 젊은 남성들에 대해서 이렇게 적혀 있다. "그들은 화려하게 옷을 입고 총명하며 빈틈없이 말하려고 노력했다. 능숙하게 남한테 독설을 퍼붓는 사람은 현명한 자였고 존경받는 사람이었다."

20) *Anecd. lit.* I, p.319에 있는 Fedra Inghirami의 Ludovico Podocataro(1505)에 대한 조사 참조. ─추문 수집가 Massaino는 Paulus Jovius, *Dialogus de viris litter. illustrat.*, in: Tiraboschi, *Tom.* VII, parte IV, p.1631에 언급되어 있다.

약한 자들은 커다란 죄과에 연루되거나 악성 비방에 깊이 말려들면 일종의 자포자기에 빠질 때도 있었다.[22] 시간이 가면서 사람들은 점점 아무에게나 악질적인 비방을 일삼았고, 특히 엄격한 도덕성의 소유자들은 가장 확실한 악의의 목표가 되었다.

유명 설교사인 비테르보 출신의 프라 에지디오는 그 업적 때문에 교황 레오에 의해 추기경으로 임명됐고 1527년의 재앙 중에도 유능하고 인기있는 수도사임이 입증된 인물이다.[23] 그런데 조비오는 이 사람이 젖은 짚을 태워서 나오는 연기나 그 비슷한 것으로 고행자의 창백한 혈색을 유지한다고 암시를 주었다. 이런 일에 관한 한 조비오는 어김없는 교황청의 사람이었다.[24] 대개 그는 작은 일화를 소개하면서 자신은 그것을 믿지 않는다고 덧붙이지만, 결국은 일반적인 이야기를 하다가 그래도 거기에는 뭔가가 있지 않을까 하는 의심을 내비쳤다.

그러나 로마가 내뱉은 조소의 진정한 번제(燔祭)는 선량한 교황 하드리아누스 6세였다. 그때 사람들 사이에서는 무작정 그를 우스꽝스러운 면에서만 보려는 공감대가 형성되어 있었다. 교황은 사람들이 말하듯이[25] 파스퀴노 상(像)*이 아니라 그에게 비방문을 쓴 당사자들을 테베

---

21) 레오 10세가 그랬다. 또 그의 계산은 대체로 맞아떨어졌다. 그가 죽은 뒤 비방자들이 그를 호되게 다루었어도 그들은 레오라는 존재에 대한 총체적인 견해를 지배할 수 없었다.

22) 여기에 해당하는 인물이 아르디치노 델라 포르타 추기경이다. 그는 1491년 추기경 직책을 내던지고 멀리 있는 수도원으로 도피하려 했다. Cf. Infessura, ed. Tommasini, p.265.

23) *Anecd. litt.* IV, p.315에 있는 그에 대한 조사 참조. 그는 남쪽 변경 앙코나에서 농민군을 모았으나 우르비노 공작의 배신 때문에 활동하지 못했다. ─그가 지은 아름답고 절망적인 연가는 Trucchi, *Poesie ined.* III, p.123 참조.

24) 그가 클레멘스 7세의 식탁에서 어떻게 혀를 놀렸는지 Giraldi, *Hecatommithi* VII, *Nov.* V 참조.

25) Paulus Jovius, *Vita Hadriani*. 이 글에서 파스퀴노 상을 물에 빠뜨리는 일을 놓고 회의가 있었다는 얘기는 식스투스 4세로부터 하드리아누스에게 전가된 것이다. 〔Aretino, *Ragionamento per le Corti*, Venezia, 1539에도 증명되어 있다.〕 Cf. *Lettere de' principi* I, p.114 이하에 있는 1523년 4월 7일자 네그로의

레 강에 던져버리겠다고 위협하는 바람에, 무시무시한 필봉을 휘두르던 프란체스코 베르니라는 인물과 애초부터 사이가 틀어져 있었다.

이 위협에 대한 복수가 바로 「교황 하드리아누스에 반대함」이라는 유명한 해학시였다. 이 시는 증오심에서 나왔다기보다는 네덜란드 출신의 이 우스꽝스러운 야만인에 대한 경멸의 표시였고 야비한 위협은 도리어 교황을 선출한 추기경들에게 돌아갔다. 베르니와 그 일파[26]는 오늘날 대도시 신문의 오락난이 갑을 을로 둔갑시키고 침소봉대할 때와 똑같은 선정적인 허구로 교황의 주변 상황도 묘사하였다.

파올로 조비오가 토르토사의 추기경에게서 위임받고 쓴 교황의 전기도 원래는 찬양문으로 씌어져야 했지만, 행간을 읽을 줄 아는 사람이면 누구나 그것이 조롱의 표본이라는 것을 눈치챌 것이다. 교황 하드리아누스가 사라고사 대성당 참사회에서 성 람베르트의 턱뼈를 얻으려고 얼마나 노력했는지, 신앙심 깊은 에스파냐 사람들이 그를 "성장(盛裝)한 교황처럼 보일 때까지" 얼마나 많은 장신구로 치장했는지, 또 그가 오스티아에서 로마로 향하는 떠들썩하고 살풍경한 행렬을 벌이고, 파스퀴노 상을 물에 빠뜨릴지 불에 태울지를 논의하고, 식사시간이라는 전갈에 중요한 협상도 갑자기 중단시키고, 마침내는 불행한 치세를 마친 뒤 맥주를 너무 많이 마셔서 사망하고, 그러자 교황 주치의의 집을 밤거리의 행락객들이 화환으로 뒤덮고 거기에 '조국의 해방자에게 로마의 원로원과 시민'이라는 글을 붙여 장식한 것, 이런 것들을 읽다 보

편지. 파스퀴노는 성 마르쿠스의 제일에 특별한 축제를 열어 기리는 인물이었으나 교황이 축제를 금지시켰다.

＊ 1501년 로마의 브라스키 궁 앞에 세워진 토르소. 해학과 풍자에 능했던 파스퀴노(Pasquino)라는 사람의 집 부근에서 발견됐다고 하여 그런 이름이 붙었다. 그뒤 시인과 교수와 학생들은 정치상황을 꼬집는 예리한 풍자시들을 이 파스퀴노 상에 갖다 붙였는데, 이는 하나의 풍습으로 자리잡아 특히 교황 레오 10세 때 유행했다. 특정인물을 익명으로 비방하는 Pasquill이라는 말도 여기에서 유래했다.

26) Firenzuola, *Opere*, Milano, 1802, Vol. I, p.116에 있는 *Discorso degli animali*.

면 정말로 희극적인 느낌이 든다(특히 그 시기 이탈리아에서는 더 그랬을 것이다). 연금이 전면 폐지됐을 때 조비오도 당연히 연금을 잃었지만 대신 그는 성직록을 보상으로 받았다. 이유는 그가 '시인이 아니라는 것', 다시 말해 이교도가 아니라는 것이었다.

하드리아누스가 이런 종류의 희생자 가운데 마지막이 되리라는 것은 이미 예정된 일이었다. 1527년의 로마 대재난 이후 극도의 방종한 생활이 사라지면서 악의적인 험담도 눈에 띄게 줄어들었다.

그러나 비방이 아직 한창일 무렵, 근대 최고의 독설가인 피에트로 아레티노가 로마를 주무대로 성장하고 있었다. 이제 아레티노라는 존재를 일별함으로써 그의 아류를 관찰하는 수고를 덜어보자.

우리가 알고 있는 아레티노는 그로서는 유일한 피난처였던 베네치아에서 생의 마지막 30년(1527~56년)을 보냈던 때의 모습이 대부분이다. 그는 이곳에서 전 이탈리아의 유명인사들을 일종의 포위상태에 두고 있었다. 그의 필설이 필요했거나 두려웠던 외국 군주들의 선물도 모두 이곳으로 흘러들었다.

독일의 카를 5세와 프랑스의 프랑수아 1세는 아레티노가 상대방을 성가시게 할 것이라고 믿고는 각자 그에게 연금을 주었다. 그는 두 군주에게 모두 아부했지만, 카를이 계속해서 이탈리아를 장악하고 있었기 때문에 자연히 그에게 더 마음이 기울었다. 이러한 그의 태도는 카를이 튀니스에 승리를 거둔 후(1535년) 우스꽝스러운 신격화로 바뀌었는데, 이 부분에서는 그가 줄곧 카를의 후원으로 추기경이 된다는 희망을 품고 있었음을 고려해야 한다.

추측하건대 그는 에스파냐 정보요원으로서 각별한 보호를 받았던 것 같다. 그가 입을 여느냐 함구하느냐에 따라서 이탈리아의 소군주들과 여론에 압력을 가할 수 있었기 때문이다. 그는 교황청을 철저히 무시하는 태도를 보였다. 그것은 그가 교황청의 사정을 속속들이 알고 있었기 때문이기도 하지만, 진짜 속사정은 로마가 그에게 더 이상 보수를 줄 능력도 의사도 없었기 때문이었다.[27] 그는 잠자리를 제공한 베네치아에 대해서는 현명하게도 침묵으로 일관하였다. 그밖에 그가 유력 인사들과 맺었던 관계는 순전히 구걸과 비열한 공갈 협박에 지나지 않았다.

아레티노는 이 같은 목적을 위해 대중매체의 공공성을 철저히 악용한 최초의 인물이었다. 100년 전에 포조가 그의 적대자들과 주고받은 논박문도 그 의도와 논조에서는 악명이 높았지만, 그래도 그것은 출판을 염두에 둔 것이 아니라 부분적이고 은밀한 공개를 위한 것이었다. 그러나 아레티노는 자신의 글을 가차없이 모조리 공개하여 돈벌이를 했다. 어떤 의미에서 그는 저널리즘의 시조 가운데 하나라고 할 수 있다. 그는 많은 사람들에게 자신의 편지와 논설들을 돌려서 읽힌 뒤 그것을 한데 모아 정기적으로 간행하였다.[28]

18세기의 예리한 논객들과 비교할 때 아레티노는 계몽주의나 박애주의 또는 도덕이나 학문과 같은 원칙에 전혀 구속되지 않았다는 유리한 입장에 있었다. 그는 '진리는 증오를 낳는다'(Veritas odium parit)는 유명 금언 외에는 아무것도 믿지 않았다. 따라서 볼테르가 자신이 『처녀』의 작자라는 것을 부인하고 그밖의 다른 작품들도 평생 동안 숨겨야 했던 것처럼 허구적인 태도는 취하지 않았다. 그는 모든 저작에 자기 이름을 밝혔고 후일에는 『대화』와 같은 악명 높은 글도 공공연히 자랑하였다.

비록 그의 글에 진정한 예술작품의 핵심이랄 수 있는 희극의 극적 장치 같은 것이 전혀 없어도, 그의 문재(文才)와 분명하고 예리한 산문과 인간과 사물에 대한 풍부한 관찰은 누가 뭐래도 그를 주목할 만한 인물로 만든다. 게다가 그는 거칠고 세련된 악의뿐 아니라 기괴한 익살이라

---

27) 페라라 공작에게 보낸 1536년 1월 1일의 편지. (*Lettere*, ed. 1539, p.39.) "귀하는 이제 로마에서 나폴리로 여행을 하실 것입니다. 교황의 빈곤을 보며 낙담한 마음을 황제의 찬란함을 생각함으로써 상쾌하게 만들면서."

28) 이로써 그가 특히 예술가들에게 얼마나 두려움을 주었는지는 다른 기회에 논하겠다. 독일의 종교개혁기에 출판의 주요 도구는 특정 사안을 논한 소책자였다. 반면에 아레티노는 마음속에 지속적으로 출판의 동기를 품고 있었다는 점에서 저널리스트였다.

는 빛나는 재능도 발휘했는데, 이 점에서는 라블레에 뒤지지 않는 인물이었다.[29]

아레티노는 이런 상황에서 이런 의도와 수단을 가지고 먹이를 향해 덤벼들거나 그 주위를 서성거렸다. 초토화한 로마에서 부르짖는 비탄의 소리가 교황 클레멘스 7세가 잡혀 있는 성 안젤로 성까지 밀려 올라오는데도, 교황에게 탄식은 그만두고 용서를 하라[30]는 그의 재촉은 악마나 원숭이의 조소일 뿐이었다.

간혹 사례비에 걸었던 기대를 접어야 했을 때는, 살레르노의 공작에게 보낸 해학시처럼, 사나운 포효처럼 분노가 터져나왔다. 살레르노의 공작은 한동안 그에게 돈을 주었지만 이제는 그럴 마음이 없어진 것이다. 반면에 무시무시한 파르마의 공작 피에르루이지 파르네제는 그를 거들떠보지도 않았던 것 같다. 공작은 호평을 듣는 일 따위는 완전히 단념한 사람이었기 때문에 그를 흠집 내기란 쉽지 않았다. 대신 아레티노[31]는 공작의 외모를 경관, 제분소 주인, 제빵사의 모습으로 표현하여 앙갚음하였다.[32]

그는 프랑수아 1세에게 보낸 해학시처럼 거짓 없고 사정 딱한 구걸을 할 때 최고의 해학성을 과시하였다. 반면에 협박과 아부가 뒤섞인 그의 편지와 시들은 거기에 담긴 희극성에도 불구하고 깊은 혐오감 없이는 읽지 못한다.

1545년 11월 그가 미켈란젤로에게 보낸 편지와 같은 글[33]은 두번 다시 없을 것이다. 그는 「최후의 심판」에 대해 있는 대로 찬사를 늘어놓으면서도, 사이사이에 미켈란젤로의 무신앙과 외설과 교황 율리우스 2세

---

29) 알비칸테라는 형편없는 시인을 논한 해학시가 그러한데, 유감스럽게도 이 대목은 인용할 수가 없다.

30) *Lettere*, ed. Venez., 1539, p.12, 1527년 5월 31일의 편지.

31) 코시모에게 보내는 첫번째 해학시.

32) 〔사실 아레티노는 이렇게 해서 공작이 그를 추기경으로 추천하도록 만들었다.〕

33) Gaye, *Carteggio* II, p.332.

의 유산에 저지른 절도를 들어 협박한 뒤 그를 달래는 추신에서 이렇게 덧붙였다. "저는, 만일 당신이 신과 같은(divino, di-vino '술로 만들어진') 존재라면 저 역시 물로 만들어진 사람(d'aqua)은 아니라는 것을 알려드리고 싶었을 뿐입니다." 말하자면 그는——그것이 광적인 망상 탓인지 아니면 유명인이란 유명인은 모두 희화화한다는 즐거움에서 나왔는지 알 수 없으나——자신도 똑같이 신으로 불리기를 바랐던 것이다. 사실 그는 아레초에 있는 그의 생가가 시의 관광명소로 꼽힐 만큼 개인적인 명성에서 성공을 거둔 게 사실이다.[34]

한편 그는 베네치아에서는 스트로치 같은 분노한 피렌체인의 손에 걸리지 않으려고 문 밖에는 한 발도 나서지 않고 몇 달을 보낸 적이 있었다. 칼에 찔리고 무시무시한 몽둥이 세례를 받지 않은 것은 아니지만,[35] 베르니가 유명한 소네트에서 예언했던 결과는 일어나지 않았다. 그는 집에서 뇌졸중으로 사망하였다.

아레티노는 아부에서도 특별한 구분을 두었다. 이탈리아인이 아닌 경우에는 속이 들여다보이는 뻔한 말로 비위를 맞췄지만,[36] 피렌체의 코시모 공작 같은 사람에게는 다른 수법을 쓸 줄도 알았다. 그는 당시 아직 나이가 어렸던 코시모 공작의 준수한 외모를 칭송했는데, 실제로 공작은 이 점에서 아우구스투스 황제와 많이 비슷하였다. 그는 또 공작의 도덕적인 행실을 추켜세우면서 그 어머니인 마리아 살비아티의 돈놀이를 넌지시 암시했고, 마지막으로 요새는 물가가 비싸다는 등의 우는소리로 구걸하며 끝을 맺었다.

코시모가 그에게 연금을 준 것은,[37] 그것도 평소의 검약성으로 볼 때

---

34) *Lettere pittor.* I, Append. 34에 있는 1536년의 뻔뻔스러운 편지를 보라.

35) 아레티노는 신의 은총으로 건강하게 살아 있지만
고상하게도 콧수염을 장식으로 달고 있고
한 손의 손가락보다 많은 상처를 안고 있다.
(마우로의 「거짓을 찬양하는 해학시」)

36) 로렌의 추기경에게 보낸 1534년 11월 21일의 편지(*Lettere*, ed. Venez., 1539, p.29)와 카를 5세에게 보낸 편지 참조.

상당한 거금(마지막에는 해마다 160두카토씩)을 준 것은 그가 에스파냐 정보요원으로서 갖고 있는 위험성을 어느 정도 고려한 때문일 것이다. 아레티노는 코시모 공작을 통렬히 비웃고 모욕하면서도, 피렌체 대리공사에게는 그가 당장 피렌체로 소환되도록 자기가 공작에게 압력을 넣겠다고 위협하였다. 코시모는 자신의 속셈이 카를 5세에게 들켰다는 것을 알게 되었어도 그를 비웃은 아레티노의 해학과 조롱시가 카를의 궁정에서 유포되는 것은 원하지 않았을 것이다.

아레티노가 '무소의 성주'로서 자기 나라를 세우려 했던 악명 높은 마리냐노의 후작에게 보낸 추파도 조건부의 아부였다. 그는 후작이 보낸 100스쿠디에 대한 답례로 이렇게 적었다. "당신은 군주가 지녀야 할 일체의 자질을 갖고 계시고 이것을 모르는 사람은 없을 것입니다. 단, 모든 일의 시초에 따르기 마련인 폭력성 때문에 당신이 가혹한 인물로 비춰지지 않는 한에서 그렇습니다."[38]

사람들은 흔히 아레티노가 세상만 모욕했지 신까지는 모독하지 않은 점을 특별한 일로 부각시킨다. 하지만 그는 평소의 행동거지에서 자신의 신앙 내용을 완전히 무시했고, 대외적인 이유 때문에 집필한 종교서에서도 마찬가지였다.[39] 나는 그가 이것말고 다른 식으로 독신(瀆神)에 빠질 수 있는 인물이라고는 생각하지 않는다. 그는 대학 교수도 아니었고 이론적인 사상가나 작가도 아니었다. 또 그는 협박이나 아부를 통해 신에게서 돈을 갈취할 수도 없었고, 따라서 그것이 거절당했다고 해서 모독의 충동을 느끼지도 못했다. 이 같은 인간은 쓸데없는 노력은 하지 않는 법이다.

---

37) 이하 내용은 Gaye, *Carteggio* II, pp.336, 337, 345 참조.

38) *Lettere*, ed. Venez., 1539, p.15, 1529년 6월 16일의 편지.

39) 어쩌면 추기경 모자(帽子)에 희망을 두었기 때문일 수 있고, 어쩌면 이때 시작된 종교재판의 사형선고에 대한 두려움 때문일 수도 있다. 아레티노는 1535년까지도 대담하게 종교재판을 통렬히 비난했다(Ibid., p.37). 종교재판은 1542년 재판소가 재정비된 후 갑자기 증가하여 모든 사람을 침묵시켰다.

이러한 인물과 이러한 행동이 오늘날 전적으로 불가능해졌다는 것은 이탈리아 정신의 좋은 징조라고 할 수 있다. 그러나 역사적 고찰이라는 측면에서 본다면 아레티노는 영원히 중요한 자리를 차지할 것이다.

제3부

고대의 부활

들어가는 말

　이탈리아 문화사에 대한 개관이 이 시점에 이른 지금, 우리는 그것의 '부활'이라는 말로 이 시대 전체를 일방적으로 아우르게 된 고대를 뒤돌아보지 않을 수 없다. 지금까지 묘사한 사건들은 고대가 아니었어도 이탈리아를 뒤흔들고 성숙시켰을 것이고, 앞으로 열거할 새로운 정신적인 방향들도 그 대다수는 고대 문화 없이 생각할 수 있다.

　그러나 지금까지 얘기한 것들이나 앞으로 논의할 모든 현상은 고대 세계의 영향 아래 다양한 색채를 띠는 것들이며, 비록 문제의 본질은 고대가 아니어도 이해할 수 있고 존재한다고 하더라도, 그것이 삶에서 표현되는 방식은 고대와 함께 또한 고대를 통해서만 이해할 수 있다. 만일 고대를 쉽게 무시했더라면 '르네상스'는 결코 그 커다란 세계사적 필연에 이르지 못했을 것이다.

　하지만 유럽 세계를 정복한 것은 고대 하나만이 아니었다. 고대와 함께 병존하며 끈끈한 유대를 맺고 있던 이탈리아의 민족정신도 서구 세계를 사로잡았다. 우리는 바로 이 점을 이 책의 핵심명제로 주장하려고 한다. 이 가운데 이탈리아의 민족정신이 지켜간 독자성은 한결같지 않았고, 일례로 근대의 라틴어 문학만 보더라도 그 힘의 발휘는 상당히 미미했지만, 조형미술을 비롯한 다른 분야에서는 눈에 띄게 큰 힘을 발휘하였다. 따라서 같은 민족이 긴 세월을 사이에 두고 선보인 두 문화

기의 결합은 독자성이 높은 대등한 결합이며, 결국 정당하고 생산적인 결합임을 증명하는 것이다.[1]

서구의 여러 나라는 이탈리아에서 밀려오는 거대한 자극에 저항하거나 그 일부 또는 전체를 수용하였다. 전체를 수용한 경우, 우리는 중세의 문화와 사상이 일찍감치 몰락한 것을 슬퍼할 필요가 없다. 만약 중세의 문물들이 저항했다고 한다면 그것들은 지금도 여전히 살아 있을 것이다. 중세를 추모하는 감상적인 사람들이 한 시간만이라도 그 속에서 생활한다면 아마 그들은 열렬히 근대의 공기를 호흡하고 싶어할 것이다. 물론 이러한 대변혁기에는 여러 우수한 문물이 전통과 시문학 속에서 불멸의 자취를 남기지 못하고 사라지는 것도 사실이다. 그렇다고 이 거대한 사건이 일어나지 말기를 바랄 수는 없는 노릇이다.

이 사건이란, 그때까지 (오랫동안은 아니지만) 서구를 결속시켜온 교회 외에 하나의 새로운 정신적인 매개체가 등장한 것을 말하며, 이것이 이탈리아부터 확산되면서 서구 모든 교양인에게 삶의 환경이 된 것을 말한다. 여기에 가해질 수 있는 가장 신랄한 비판으로 우리는 이 사건이 대중성을 확보하지 못했다는 것과, 그로 인해 필연적으로 전 유럽에서 교양인과 비교양인으로 계층이 분리되었다는 것을 들 수 있다.

그러나 교양층과 비교양층의 분리는 오늘날에도 여전히 존재하는 것을 우리가 알면서도 없앨 수 없는 것임을 인정할 때, 위의 비판은 전혀 근거가 없는 것이다. 게다가 이탈리아에서는 교양인과 비교양인의 구분이 다른 나라에서처럼 그렇게 가혹하고 엄격하지 않았다. 이탈리아 최고의 시인인 타소의 작품들은 빈민들의 손에도 들려 있지 않았는가.

14세기부터 이탈리아인의 삶에 강력히 파고든 고대 세계——어떤 때

---

1) [부르크하르트의 이 견해에 대해서는 다양한 이의가 제기되었다. 물론 르네상스의 시작을 더 거슬러 올라가 중세에 두고 르네상스의 핵심을 개인주의의 발달에서 보려는 견해들은 극복되었다고 할 수 있다. 그러나 부르크하르크가 르네상스의 발전이 중세에서 나왔다는 점을 충분히 강조하지 않았다는 것, 즉 한 시대가 또다른 시대로 끊임없이 발전해간다는 사실을 강조하지 않았다는 것만큼은 이의로 제기할 수 있을 것이다.]

는 문화의 토대와 근원으로, 어떤 때는 존재의 목표와 이상으로, 또 일부는 전 시대를 대신할 의식적인 대안으로 등장한 고대 그리스와 로마 문화는 이미 오래 전 중세에도 이탈리아 외의 다른 나라에 영향을 준 바 있다. 카를 대제가 대표했던 문화는 본질적으로 7세기와 8세기의 야만성에 맞선 하나의 르네상스였고 그것 아닌 다른 것은 될 수 없었다. 또 북유럽의 로마네스크 건축술에 고대에서 전승된 보편적인 기본형식 외에 뚜렷하게 고대를 직접 모방한 형식이 스며들었듯이, 수도원의 학자들도 다량의 학문적 자료를 고대 로마의 작가들에게서 취했으며 문체에서도 아인하르트* 이래로 줄곧 로마를 모방하였다.

그러나 이탈리아에서는 고대가 북유럽과는 다른 방식으로 부활하였다. 야만의 시대가 끝나자마자 아직 절반쯤 고대의 모습을 간직하고 있던 이 민족의 마음속에 과거에 대한 인식이 일어나기 시작했다. 그들은 과거를 찬양했고 그것을 재생하고자 했다. 다른 나라는 학문과 성찰의 목적으로 몇 가지 고대의 요소를 이용했지만, 이탈리아에서는 학자는 물론이고 일반 대중까지 고대 문화 전반에 실제적인 흥미를 보였다. 고대는 그들의 위대함을 상기시키는 것이었기 때문이다. 라틴어를 쉽게 이해할 수 있다는 것과 아직 남아 있는 수많은 과거의 기억과 기념물들이 이 같은 흐름을 강하게 밀고 갔다.

이 흐름과 더불어 그 사이 변화한 게르만족과 롬바르드족 국가의 민족정신, 보편적인 유럽의 기사도, 북유럽 문화의 영향 그리고 종교와 교회에 대한 반작용으로 새로운 기운이 싹트기 시작했다. 서구의 본보기가 될 운명을 안고 태어난 근대 이탈리아 정신이었다.

야만상태가 끝난 뒤 고대가 얼마나 조형미술에서 활기를 띠었는지는 12세기의 토스카나 건축과 13세기의 조각에서 뚜렷하게 드러난다.[2a]

---

* Einhard. 770?~840. 프랑크 왕국의 역사가·학자. 수도원 생활을 마치고 카를 대제의 궁정에 들어가 그의 고문 겸 사절이 되었고 건축술에도 상당한 조예를 보였다. 수에토니우스의 『황제 열전』을 본떠서 집필한 『카를 대제전』(835년경)은 중세 최초의 군주 전기로, 훌륭한 라틴어 문체가 당시 많은 경탄을 불러일으켰다.

시문학에도 같은 사례가 없지 않은데, 그 근거로 우리는 12세기 최고의 라틴 시인이자 그 무렵 라틴 시의 모든 장르를 주도했던 사람이 이탈리아인이었다고 추정할 수 있다. 그는 이른바 『카르미나 부라나』 중에서 가장 뛰어난 시들을 지은 인물이다.[3] 현세와 현세적인 향락에서 얻어지는 끝없는 기쁨이 압운(押韻)된 시구를 통해 화려하게 흐르고 현세의 수호자로 고대 이교의 신들이 등장하는 이 작품을 단숨에 읽어보면, 거기에서 노래하는 사람이 이탈리아인, 그것도 롬바르디아 사람이라는 예감을 그 누구도 떨칠 수 없을 것이다.

그러나 이렇게 생각하는 데에는 또다른 확실한 근거들이 있다. 12세기의 방랑성직자들이 읊은 이 라틴 시들은 그 두드러진 외설까지 포함하여 어느 만큼은 유럽 공동의 산물이다. 하지만 「필리스와 꽃」[4]이나 「마음이 뜨겁게 타오르며」를 지은 사람은 추측하건대 북유럽인이 아니고, 「투명한 달빛이 늦게 올라오는 동안」을 지은 섬세하고 향락적인 관찰자도 북유럽 사람은 아니다. 이 시들에 나타나 있는 것은 고대 세계관의 부활이며, 그것도 중세풍의 운율에 실려 표현됨으로써 그만큼 더 우리의 눈길을 끈다. 12세기부터 몇 세기에 걸쳐 6운각과 5운각을 세심하게 모방하고 내용에서도 갖가지 고대의 소재들, 특히 신화적인 요소를 가미한 작품이 많이 나왔지만 고전 시대의 느낌을 불러일으키지는 못했다. 궐리엘무스 아풀루스가 쓴 6운각의 연대기를 비롯해 그후의

2a) 중세의 고대 수용에 대해서는 Georg Swarzenski, *Nicolo Pisano*, Frankfurt, 1926과 Erwin Panofsky, *Die Renaissancen der europäischen Kunst*, Frankfurt, 1979(engl. Orig. Ausg. Stockholm 1960) 참조.

3) *Carmina burana*, in: Bibliothek des literarischen Vereins in Stuttgart, Vol. XVI, Stuttgart, 1847. Neu herausgeg. von Österley, Breslau, 1883.

4) *Carm. bur.*, p.155. 이것은 미완성으로 남아 있으나, Wright, *Walter Mapes*, 1841, p.258에는 전체가 실려 있다. Hubatsch, p.27 이하에는, 프랑스에서 여러 차례 다루어진 이야기가 이 시의 바탕이 되어 있다고 적혀 있다. Aest. inter., *Carm. bur.*, p.67. Dum Dianae, *Carm. bur.*, p.124. 고대의 요소가 담긴 시는 "Cor patet Jovi." 저자가 애인을 Blanciflor라고 부르는 부분에서 그는 이것을 만회하려는 듯이 Helena의 이름을 덧붙이고 있다.

작품들에서는 가끔 베르길리우스 · 오비디우스 · 루카누스* · 스타티우스** · 클라우디아누스***를 열심히 연구한 흔적도 보인다. 그러나 고전 형식들은 단순히 학문적인 차원에서만 사용되었을 뿐이고, 보베의 뱅상 같은 편찬자나 인술리스의 알라누스**** 같은 신화학자 겸 우의작가가 원용한 고대의 소재들도 마찬가지였다. 하지만 르네상스는 단편적인 모방이나 수집이 아니라 부활이었다. 또한 그 부활은 12세기의 무명 성직 자들이 지은 저 시편 속에서 현실로 나타나고 있는 것이다.

그러나 이탈리아인이 보편적으로 고전 시대에 큰 관심을 보이기 시작한 때는 14세기였다. 여기에는 도시생활의 발달이 필수적이었다. 귀족과 시민이 도시에서 함께 살면서 실질적인 평등이 이룩되고, 교양의 필요성을 절감하고 그에 필요한 여가와 재력이 충분하던 일반 사교계가 형성되는(213쪽) 도시의 발달은 이탈리아에서만 볼 수 있는 현상이자 이때 처음 나타난 현상이었다.

그러나 교양은 중세의 상상의 세계에서 벗어난다고 해서 당장 경험의 힘만으로 물질적 · 정신적 세계의 이해에 도달하는 것이 아니었다. 거기에는 하나의 지도자가 필요했고 그 지도자로 나타난 것이 바로 모든 정신분야에서 객관적이고 자명한 진리를 풍부히 제공한 고전 시대였다. 사람들은 고전 시대의 형식과 소재를 감사와 경탄의 마음으로 받아들였다. 고대는 한동안 모든 교양의 핵심이 되었다.[5]

이탈리아의 일반적인 상황도 여기에 유리하게 작용하였다. 중세의

---

 * Marcus Annaeus Lucanus. 35~65. 고대 로마의 시인이며 철학자 세네카의 조카. 카이사르와 폼페이우스 사이의 알력을 기록한 그의 『내란기』(*Bellum civile*)는 중세와 근대에 큰 영향을 미쳤다. 단테와 괴테도 이 문헌에서 영향을 받았다.
 ** Publius Papinius Statius. 45~96. 고대 로마의 시인. 12권으로 된 서사시 『테바이스』, 미완의 『아킬레우스』 등이 전해오고 있다. 그의 작품들은 중세와 르네상스기의 서사시와 서정시에 중요한 전범이 되었다.
 *** Claudius Claudianus. 370~404. 고대 로마 후기의 시인. 이교적이고 신화적인 서사시풍으로 창작했으며, 신(新)플라톤주의의 특성도 보여주고 있다. 주로 정치적 · 시대사적 내용을 담은 시들을 썼다.
 **** 12세기에 활동한 플랑드르 출신의 신학자이자 시인. 본명은 알랭 드 릴.

제국은 호엔슈타우펜 조가 몰락한 뒤로 이탈리아를 포기하지 않으면 제국 자체가 명맥을 유지할 수 없었다. 교황권은 아비뇽으로 옮겨갔고 현존하는 강국들은 대부분 폭압적이고 정통성이 결여되어 있었다. 그러나 자기 각성에 눈뜨기 시작한 정신은 새로운 지주가 될 이상을 찾았고, 그에 따라 로마와 이탈리아의 세계 지배라는 환상과 요구가 사람들을 사로잡았으며, 콜라 디 리엔치라는 인물은 그 실현을 도모하기도 했다. 그가 처음 호민관이 되어 이 과업에 어떻게 착수했던 간에 그것은 별난 희극으로 끝날 수밖에 없었다. 하지만 민족감정으로 볼 때 고대 로마에 대한 기억은 결코 하찮은 토대가 아니었다. 고대 로마의 문화로 새롭게 무장한 이탈리아인들은 곧 자기네가 사실상 세계에서 가장 앞서가는 국민이라고 느끼게 되었다.

이제 우리가 할 일은 이 정신운동 전체를 기술하는 것이 아니라 그 외형적인 윤곽, 특히 초창기의 모습을 그려내는 것이다.[6]

---

5) 고대가 삶의 모든 고급스러운 분야에서 어떻게 스승과 지도자의 역할을 할 수 있었는지는 Aeneas Sylvius, *Opera*, p.603에서 지기스문트 대공에게 보낸 편지 제 105편이 개괄적으로 묘사한다.

6) 더 자세한 내용에 대해서는 유익하고 상세한 정보가 담긴 문헌학 역사서를 권해주고 싶지만 나는 이 분야의 문헌을 잘 모른다. 그러나 Roscoe, *Lorenzo Magnif./Leo X.*와 G. Voigt, *Enea Silvio de' Piccolomini* [Berlin, 1856~63], 그리고 Papencordt, *Geschichte der Stadt Rom im Mittelalter* [지금은 Gregorovius/Reumont, *Geschichten der Stadt Rom im Mittelalter*]에는 많은 정보가 담겨 있다. —16세기 초의 교양인들이 어느 정도로 지식을 넓혔는지 알고 싶은 사람은 Raphael Volaterranus, *Commentarii urbani*, ed. Basil., 1544, fol. 16을 읽는 것이 가장 좋다. 이 책을 보면 고대가 어떻게 해서 모든 지식의 입문이자 핵심내용을 이루었는지 알 수 있다. 지리학과 지역사에서 시작해 모든 권력자들과 유명인들의 전기, 대중철학, 도덕, 개별적인 특수 학문을 거쳐 책의 마지막을 장식하는 아리스토텔레스 철학 전체의 분석까지가 망라되어 있다. 이 책이 교양의 근본으로서 가지는 의미를 알려면 이전의 백과사전들과 비교해야 한다. [*Kultur der Renaissance*가 나오고 얼마 뒤 G. Voigt의 *Wiederbelebung des klassischen Altertums oder das erste Jahrhundert des Humanismus*, 3. Aufl., 1893, 2 Vols, ed. by M. Lehnerdt가 나왔다. 그밖에 M. Monnier, *Le Quattrocento*, 2 Vols., Paris, 1900 그리고 V. Rosssi, *Il Quattrocento*, Florenz, 1898 참조.]

1 폐허의 도시 로마

우선 사람들에게 경건함을 불러일으킨 것은 폐허의 도시 로마였다. 그러나 이때의 경건함은『로마의 기적』이나 맘스버리의 윌리엄의 역사서가 씌어졌을 때와는 종류가 달랐다. 이때의 기록들에서는 신앙심 깊은 순례자, 기적을 믿는 자, 도굴꾼들의 상상력은 후퇴하고 그 대신 역사가와 애국자들의 상상력이 들어앉았다. 단테도 이러한 의미에서 다음의 말을 한 듯하다.[1] "로마 성벽의 돌들은 당연히 경외심을 품고 대해야 하고, 이 도시를 떠받치고 있는 대지는 사람들이 말하는 것 이상으로 귀중하다."

빈번하게 열린 거창한 로마 기념제도 정식 문헌에서는 별로 경건한 기억을 남겨놓지 못했다. 1300년에 열린 기념제에서 얻어진 가장 값진 수확은 조반니 빌라니(141쪽)가 로마의 폐허를 둘러보고 거기에 자극받아 역사서의 집필을 결심하고 귀향했다는 사실이다.

페트라르카는 고전적 고대와 기독교적 고대로 양분되어 있던 정서를 우리에게 전해준다. 그는 조반니 콜론나와 함께 이따금 디오클레티아누스 욕탕의 거대한 반구 지붕에 올라갔던 일을 얘기한다.[2] 그곳에서 두 사람은 맑은 공기와 정적 속에서 사방의 경치를 바라보며 대화를 나

---

1) Dante, *Convivio*, Tratt. IV, cap.5.

넸는데, 생업과 가정일과 정치를 논한 것이 아니라 주위의 폐허를 둘러 보며 역사를 이야기했다. 이때 페트라르카는 고전적인 고대를 옹호했 고 조반니는 기독교적인 고대를 지지하였다. 이어서 철학과 미술의 개 척자들에 관해서도 얘기가 오갔다.

이때부터 시작하여 기번과 니부어의 시대에 이를 때까지 이 폐허의 도시는 얼마나 많은 이들을 역사적인 명상에 잠기게 했던가.[3a]

고전적 고대와 기독교적 고대로 양분된 정서는 1360년경에 씌어진 파치오 델리 우베르티의 『디타몬도』에서도 드러난다. 이 가공의 환상적 인 여행기에서는 『신곡』에서 베르길리우스가 단테를 동행했듯이 고대 의 지리학자 솔리누스가 파치오를 안내한다. 두 사람은 성 니콜라우스 를 추모하기 위해 바리를 방문하고, 천사장 미카엘을 경모하는 마음으 로 가르가노 산에 올랐으며, 로마에서는 아라첼리의 전설과 트라스테 베레에 있는 성모 마리아 교회의 전설을 이야기했다.

그러나 글의 무게는 아무래도 고대 로마의 세속적인 찬란함에 더 실 려 있다. 찢어진 옷을 입은 어느 성스러운 노파——그것은 바로 로마였 다——가 나타나 이들에게 로마의 영광된 역사를 얘기해주고 그 옛날 개선의 광경들을 자세히 묘사한다.[4] 그런 다음 노파는 두 이방인을 데 리고 시내를 돌면서 일곱 언덕과 수많은 폐허의 모습을 설명한다. "내 가 얼마나 아름다웠는지 당신이 알 수 있도록……."

---

2) *Epp. Familiares* VI, 2, ed. Fracassetti, I, p.125. 페트라르카가 로마를 보기 전에 로마에 대해 발언했던 내용은 Ibid., p.213. Cf. II, p.336 이하 참조 (Muratori, XXIV, Col. 845).

3a) Cf. Wilhelm S. Heckscher, *Die Romruinen. Die geistigen Voraussetzungen ihrer Wertung im Mittelalter und in der Renaissance*, Diss., Hamburg, 1936.

4) *Dittamondo* II, cap.3. 이 대목은 부분적으로 성스러운 세 명의 왕과 그 종자들 의 순박한 모습을 연상시킨다. —II, cap.31에 나온 로마 묘사는 고고학적으로도 가치가 있다. Muratori, XXIV, Col. 845에 나온 Polistore의 말에 따르면 1366 년 에스테 가의 니콜로와 우고는 "지금 로마에서 볼 수 있는 고대의 위대한 모습 을 보려고" 로마를 여행했다.

그러나 불행히도 교황은 아비뇽에 가 있고 교회는 분열했던 이 시기의 로마는 고대의 유적으로 따진다면 더 이상 몇 세대 전의 로마가 아니었다. 1258년 원로원 의원 브랑칼레오네는 로마 귀족들이 사는 140채의 견고한 저택을 부숴버림으로써 그때까지 남아 있던 중요 건축물의 모습을 망가뜨리는 치명적인 파괴행위를 저질렀다. 귀족들은 말할 것도 없이 가장 잘 보존된 폐허 속의 건물에서 살고 있었던 것이다.[5] 그래도 이때는 지금보다 훨씬 많은 유적이 남아 있었다. 특히 지금은 벽돌로 뼈대만 남아 있는 유적 중에는 외장을 대리석으로 마감하고 전면에 원주(圓柱)를 세우고 여러 가지 장식으로 치장한 것들도 많았을 것이다. 고대 도시 로마를 연구하는 지지학(地誌學)은 바로 이러한 배경에서 시작되었다.

포조의 로마 탐방[6]과 더불어 유적 연구는 처음으로 고대 작가 연구 및 비문 연구와 밀접히 연관되어 진행되었다(포조는 덤불을 샅샅이 헤치며[7] 비문을 조사하였다). 그는 자신의 상상력을 밀어내고 기독교적 로마라는 개념도 고의로 배제시켰다. 단지 그의 연구가 좀더 광범위하고 삽화까지 곁들여졌다면 얼마나 좋았을까! 그는 80년 뒤의 라파엘로보다 훨씬 많은 유적을 접했다. 그가 카이킬리아 메텔라의 묘비와 카피톨리노 언덕에 있는 한 신전의 기둥들을 처음 보았을 때는 온전한 상태였지만 훗날 다시 찾았을 때는 벌써 반이나 허물어져 있었다. 대리석은

---

5) 중세에는 외국도 로마를 채석장으로 생각했다는 증거가 있다. 프랑스의 유명 수도원장인 수게리우스는 1140년경 생드니 교회를 신축하려고 거대한 주신(柱身)을 찾던 중 바로 디오클레티아누스 욕탕의 화강암석에 생각이 미쳤으나 마음을 바꿔 다른 것을 택했다. *Sugerii libellus alter*, in: Duchesne, *Scriptores* IV, p.352. —카를 대제는 당연히 더욱 조심스럽게 행동했다.

6) Poggio, *Opera*, ed. 1513, pp.50~52, *Ruinarum urbis Romae descriptio*, 마르티누스 5세가 죽기 직전인 1430년에 쓰어짐. 당시 카라칼라와 디오클레티아누스 욕탕에는 아직 기둥이 남아 있었고 외장은 대리석으로 되어 있었다.

7) 일찍부터 묘비명 수집가로 활약한 포조에 대해서는 *Vita Poggii*, in: Muratori, XX, Col. 177에 있는 그의 편지가 말해주고 있으며, 흉상 수집가로서의 활약은 같은 책, Col. 183 참조.

쉽게 석회로 변하는 유약한 성질이 있기 때문이다. 미네르바 신전의 거대한 주랑(柱廊)도 하나씩 같은 운명에 빠졌다.

1443년의 어떤 보고자는 이 백화현상이 아직도 진행됨을 알리면서 이렇게 말했다. "정말로 부끄러운 일이다. 요사이 건축물은 너무나 보잘것이 없다. 로마의 아름다움은 바로 이런 폐허 속에 있다."[8] 그 시기의 주민들은 캄파니아식의 외투와 장화를 신고 있어서 이방인들에게는 영락없이 소 치는 사람들로만 보였으며, 실제로도 소들은 반키까지 들어와 풀을 뜯었다. 사교모임이라고는 특정한 면죄를 위하여 교회에 예배보러 갈 때가 유일한 경우였는데, 이때는 아름다운 여성들도 볼 수 있었다.

에우게니우스 4세(1447년 사망)의 만년에 포를리의 블론두스는 프론티누스와 고대의 지지서(地誌書)들과 아나스타시우스를 이용하여 『로마의 부흥』을 지었다. 그의 목적은 단지 현존하는 것들을 묘사하는 것이 아니라 사라진 것들을 발견하는 데 있었다. 교황에게 바친 헌사에 걸맞게 그는 로마의 폐허에 대해서는 로마에 보존되어 있는 성인들의 귀중한 유물로써 위안을 삼았다.

니콜라우스 5세(재위 1447~55년)가 교황이 되면서 르네상스 고유의 웅대한 정신이 권좌에 올랐다. 로마 시를 새롭게 복원하고 치장하는 일은 한편으로 폐허에 위험을 가져왔지만, 다른 한편으로는 로마의 영광인 폐허를 존중하는 마음도 싹텄다.

피우스 2세는 상고적(尙古的)인 취미에 빠져 있던 교황이다. 그는 로마의 유적에 관해서는 별로 글을 남기지 않았으나 그 대신 이탈리아 전토에 있는 고적에 관심을 쏟았고, 로마 부근에 남아 있던 유적에 관해서는 처음으로 세세하게 그 실상을 파악하고 기술하였다.[9] 그는 성직

---

8) Fabroni, *Cosmus*, Adnot. 86 중에서 알베르토 델리 알베르티가 조반니 메디치에게 보낸 편지. —마르티누스 5세 치하의 로마에 대해서는 Platina, p.277 참조. 에우게니우스 4세의 부재중의 상황에 대해서는 Vespasiano Fiorent., I, p.23 이하 참조.

자이면서 지리학자였기에 고대와 기독교의 기념물은 물론이고 자연의 기적에도 똑같이 흥미를 보였다. 그런데도 그가 "놀라 지방은 로마 시대와 마르켈루스의 영웅적인 싸움보다는 성 파울리누스를 기념하는 것이 더 큰 영예이다"라고 쓴 것은 마음에 없는 말을 한 것일까? 그의 성인 유물 신앙을 의심하는 것은 아니지만 그의 정신이 쏠려 있던 곳은 분명히 자연과 고대에 대한 탐구자적인 흥미, 기념물의 보존, 인생에 대한 총명한 관찰 쪽이었다.

그는 재위 만년에 다리 통풍에 시달리면서도 즐거운 마음으로 가마를 타고 투스쿨룸·알바·티볼리·오스티아·팔레리·오크리쿨룸과 같은 산과 계곡으로 다니며 자기가 본 것을 모두 기록하였다. 또 고대 로마의 도로와 수로들을 찾아다니고 로마 주변에 살았던 고대 민족들의 경계선도 확인하려고 했다. 우르비노의 대 페데리고와 함께 티볼리에 갔을 때는 고대와 고대의 전쟁, 특히 트로이 전쟁을 놓고 함께 대화를 나누며 유쾌한 시간을 보냈다. 심지어 그는 만토바 종교회의(1459년)에 가는 도중에도, 비록 허사로 끝났지만, 플리니우스가 언급한 클루시움의 미로를 찾아보았고, 민치오에서는 베르길리우스의 별장이라고 알려져 있던 곳을 둘러보았다.

이러한 교황이 자기 비서들에게 고전 시대의 라틴어를 요구한 것은 당연했다. 그는 나폴리와의 전쟁 중에 아르피노 사람들이 키케로와 마리우스의 동향인들이고 그들 이름을 따서 자기들 이름을 짓는다고 하여 특사까지 베풀었다. 그러니 블론두스가 고대 로마에 관한 최초의 총체적 기술서인『승리의 로마』를 바칠 수 있고 또 그러고 싶었던 사람은 이 고대 전문가이자 보호자인 피우스 2세뿐이었다.

이때에는 이탈리아의 다른 지방에서도 고대 로마 유적에 대한 열정이 깨어났다. 보카치오는 바이아의 폐허를 가리켜 "오래된 성벽이지만

---

9) 이어지는 내용은 Jo. Ant. Campanus, *Vita Pii II.*, in: Muratori, III, 2, Col. 980 이하에서 발췌. —Pius II., *Commentarii*, pp.48, 72, 206, 248, 501.

요즘 사람들에게는 새롭게 느껴진다"고 말했는데,[10] 그뒤로 이곳은 나폴리 근방에서 최고의 명소로 꼽히게 되었다. 뿐만 아니라 고대의 각종 유물들도 수집되었다.[11] 앙코나의 치리아코는 이탈리아 각지와 고대 세계의 여러 나라를 편력한 뒤 수많은 비명(碑銘)과 약도를 가지고 돌아왔다. 왜 그런 수고를 하느냐는 물음에 그는 "죽은 사람들을 깨우기 위해서"[12]라고 대답하였다.

이탈리아 각 도시의 역사서들은 예부터 자기네 시가 로마에 의해 직접 건설되었다거나 로마의 식민도시였다고 하는 등의 진위를 알 수 없는 로마와의 연고를 내세웠다.[13] 호의적인 계보학자들도 오래 전부터 여러 가문의 근본을 로마의 명문 혈통에서 찾았던 것으로 보인다. 이는 꽤나 듣기 좋은 얘기였으므로 15세기에 비판정신이 일어난 뒤에도 사람들은 계속 이런 일에 집착하였다.

비테르보에 있던 피우스 2세[14]던 속히 로마로 귀환하라고 청하는 로마 연설가들에게 다음처럼 스스럼없이 말했다. "로마도 시에나와 똑같이 내 고향입니다. 우리 가문인 피콜로미니 가가 먼 옛날 로마에서 시에나로 이주했기 때문이지요. 우리 가문에서 에네아스와 실비우스라는

---

10) Boccaccio, *Fiammetta*, cap.5[*Opere*, ed. Moutier, VI, p.91].
11) [이미 1335년에 트레비소의 한 시민이 베네치아로 가서 그곳에 고대 유물을 수집해놓았고 그 목록이 현재 전해지고 있다는 것을 가이거가 지적했다. Müntz, *Les arts à la cour des Papes* II, p.164, 주. 같은 책 pp.163~180에는 14세기와 15세기에 존재한 이탈리아 수집품들에 대한 보고가 있다.] 〈Cf. R. Krautheimer, *Lorenzo Ghiberti*, Princeton, 1956, pp.277~352. W. S. Heckscher, *Sixtus IV. Aeneas insignes statuas romano populo restituendas censuit*, Den Haag, 1955.〉
12) Leandro Alberti, *Descrizione di tutto l'Italia*, p.285.
13) 두 가지 대표적인 사례로는 Manipulus, in: Muratori, XI, Col. 552에 실린 밀라노의 상고사와 조반니 빌라니의 『피렌체사』가 있다. 빌라니에 따르면 피렌체는 친로마적이기 때문에 예부터 반(反)로마적이고 반역적인 피에솔레에 대적한 것이 당연하다고 한다(I, 9, 38, 41. II, 2). ─그밖에 단테, 『신곡』「지옥편」제15곡, 76 참조.
14) *Commentarii*, Lib. IV, p.206.

이름을 자주 사용하는 것이 그 증거입니다." 어쩌면 그는 자신이 율리우스 가문 사람이라고 해도 기분 나빠하지는 않았을 것이다.

베네치아의 바르보 가에서 태어난 교황 파울루스 2세는 실제로 독일 계였지만 사람들은 그가 로마의 아헤노바르부스 가문 출신이라고 하면서, 이 가문이 이민자들을 데리고 파르마로 옮겨갔고 그 후손들은 다시 당쟁 때문에 베네치아로 이주한 것이라고 했다.[15] 마시미 가문은 퀸투스 파비우스 막시무스 가에서 유래하고 코르나로 가문은 코르넬리우스 가에서 나왔다는 주장들도 놀랄 것은 못 되었다. 반면 16세기에 들어서 소설가 반델로가 자신의 혈통을 동고트의 명문가에서 찾은 것은 아주 이례적인 일이었다.

다시 로마로 돌아가자. "당시 자신들을 로마 사람이라고 불렀던" 이곳 주민들은 이탈리아의 여러 도시가 보여준 열광에 열성적으로 호응하였다. 우리는 파울루스 2세, 식스투스 4세, 알렉산데르 6세 치하에서 화려한 사육제 행렬이 벌어지는 것을 보게 될 것이다. 그것은 고대 로마 황제들의 개선식을 재현한, 그 무렵 가장 인기있는 환상적인 축제였다. 어떤 열정을 분출하든 간에 그것은 바로 이러한 형식을 통해 이루어졌다.

사람들의 정서가 이런 가운데 1485년 4월 18일 보존상태가 양호한 고대 로마의 아름다운 소녀의 사체가 발견됐다는 소문이 퍼져나갔다.[16]

---

15) Mich. Cannesius, *Vita Pauli II.*, in: Muratori, III, 2, Col. 993. 저자는 도미티우스 아헤노바르부스의 아들 네로와 관련해서도 그가 교황의 친척인 까닭에 불손하게 굴려고 하지 않았다. 때문에 그는 네로에 대해, "저자들은 이 사람에 관해 여러 가지 잡다한 사실을 언급하고 있다"고 말하는 데 그쳤다. 더욱 가관인 것은, 밀라노의 플라토 가문이 위대한 플라톤의 자손이라고 위안을 삼고, 필렐포가 테오도로 플라토에게 바친 결혼식 축사와 찬사에서 그 같은 내용을 이야기하고, 조반안토니오 플라토라는 사람이 1478년 자신이 조각한 철학자 플라톤의 부조(밀라노의 마젠타 궁 안뜰에 소재함)에 "내 조상이자 내 재능의 근원인 플라톤을"이라고 덧붙인 것이었다.

16) Cf. Nantiporto, in: Muratori, III, 2, Col. 1094. Infessura, ed. Tommasini, p.178. —Matarazzo, in: *Arch. stor.* XVI, 2, p.180. 〔Cf. Pastor, *Päpste* III, p.253 이하.〕

카이킬리아 메텔라의 묘지 바깥쪽에 있는 아피아 가로(街路)의 성 마리아 누오바 수도원 안에서 고대 묘석을 발굴하던 롬바르디아 석공들이 '클라우디우스의 딸 율리아'라고 비문이 적혀 있었다는 대리석 석관을 발견한 것이다. 이제 이야기하는 내용은 상상에서 나온 것들이다. 석공들은 사체의 부장품으로 들어 있던 보석과 보물을 몽땅 가지고 달아났다. 사체에는 방부제가 발라져 있었고 그 모습이 너무나 생생하고 금방이라도 움직일 듯하여 마치 방금 죽은 15세 소녀 같았다고 했다. 게다가 안색도 살아 있는 듯했고 눈과 입은 반쯤 열려 있었다고 한다.

사체가 카피톨리노 언덕의 콘세르바토리 궁으로 옮겨진 후 그것을 보러 가는 진정한 순례가 시작되었다. 순례자 중에는 소녀의 모습을 그리려고 가는 사람들도 많았다. "왜냐하면 그녀는 필설로 형용할 수 없을 만큼 아름답기에, 그 아름다움을 말이나 글로 표현하면 그녀를 보지 못한 사람들은 믿지 않을 것이기 때문이었다." 그러나 사체는 인노켄티우스 8세의 명령에 따라 어느 날 밤 핀치아나 문 앞의 어느 은밀한 곳에 매장되었고 콘세르바토리 궁의 홀에는 빈 석관만 남아 있었다.

추측하건대 사체의 얼굴에는 얼굴을 이상화하는 채색가면을 밀랍이나 그 비슷한 재료로 본을 떠서 씌워놓았던 것 같은데, 이 소문 중에 언급되고 있는 금박의 머리카락이 가면과 썩 잘 어울렸을 것이다. 그러나 여기서 감동적인 것은 이 사건 자체가 아니라, 사람들이 마침내 눈앞의 현실로 보고 있다고 믿은 고대인의 육체가 현존하는 그 누구의 것보다 더 훌륭할 수밖에 없다는 뿌리깊은 선입견이었다.

그러는 사이 고대 로마에 관한 실질적인 지식은 발굴작업을 통해 증가했다. 사람들은 이미 알렉산데르 6세 때 이른바 '그로테스크'*라는

---

* '그로테스크'는 동굴을 뜻하는 이탈리아어 'grotta'에서 유래했다. 기원후 1세기경 고대 로마에서는 공중목욕탕을 증축하면서 지하동굴을 조성했는데, 이곳에 있던 벽장식이 1520년경에 발견되면서 그로테스크라는 이름이 붙었다. 그후 조형미술에서는 식물과 동물의 형상, 반인반수(半人半獸), 요정 등이 묘사된 장식을 이렇게 불렀다. 바티칸의 로지아에 있는 라파엘로의 장식이 대표적인 사례이다.

것, 즉 고대인의 벽면 장식과 반구 천장 장식을 알게 되었고, 포르토 단초에서는 「벨베데레의 아폴론」 상이 발견되었다. 율리우스 2세 때는 「라오콘」 군상, 바티칸의 「베누스」「클레오파트라의 토르소」 등 수많은 유물이 발견되는 찬란한 성과도 있었다.[17] 귀족과 추기경들의 저택도 고대의 조각상과 유물 조각들로 채워지기 시작했다.

라파엘로는 레오 10세를 위해 고도 로마 전체를 이상적으로 복원하려는 계획을 세웠고 이 사실은 그의 (또는 카스틸리오네의) 유명한 편지에도 나와 있다.[18] 그는 특히 율리우스 2세 치하에서까지 끊이지 않던 파괴행위를 통탄하면서, 신성한 고대 영혼의 위대함과 능력을 증거하는 얼마 남지 않은 유적들, 위업을 이룰 만한 자는 아직도 그 기억을 통해 영감을 얻는 유적들을 보호해달라고 교황에게 간청하였다. 그는 또 비상하게 예리한 판단력으로 비교 미술사 일반의 토대를 다졌고, 마지막으로는 훗날에까지 통용된 '측량'의 개념을 확립하여 유물마다 각기 평면도와 정면도와 단면도를 요구하였다. 그뒤 고고학이 성스러운 세계적 도시 로마와 그곳의 지지학과 어떤 특별한 관련을 맺고 독립된 학문으로 성장했는지 그리고 비트루비우스* 아카데미가 어떻게 거창한 계획[19]을 세우게 됐는지, 이런 것들은 더 이상 자세히 논하지 않겠다.

여기서 우리는 레오 10세의 이야기를 좀더 해야 할 것 같다. 그의 치

---

17) 이미 율리우스 2세 때부터 사람들은 조각상을 찾아내기 위해 발굴을 했다. *Vita di Giov. da Udine*, in: Vasari, B. VI, 551. 〈Cf. Arnold von Salis, *Antike und Renaissance. Über Nachleben und Weiterwirken der alten in der neueren Kunst*, Erlenbach/Zürich, 1947.〉

18) Quatremère, *Stor. d. vita etc. di Rafaello*, ed. Longhena, p.531. 〔Cf. Pastor, IV, 1, p.466 이하.〕

* Marcus Vitruvius Pollio. 기원전 84?~기원전 27?. 고대 로마의 건축가. 열 권으로 된 그의 『건축술』은 고대에서 전해지는 유일한 건축이론서로서, 고대 건축을 알 수 있는 중요 문헌일 뿐 아니라 르네상스 이래로 미술가와 건축가들에게 절대적인 영향을 끼친 저술이다. 파노에 있는 바실리카 유적이 그의 작품이다.

19) *Lettere pittoriche* II, 1. 1542년 11월 14일 톨로메이가 란디에게 보낸 편지.

세가 되자 고대 문화의 탐닉은 다른 향락과 결합하여 로마의 삶을 영광되게 만드는 놀라운 흔적을 남겼다. 바티칸에서는 노래와 현악 소리가 울려퍼졌고 이 소리들은 인생을 즐기라는 듯이 로마 시를 뒤덮었다. 이로써 근심과 고통을 날려버리려는 레오의 목적은 달성되지 못했어도, 유쾌한 생활로 수명을 연장하려는[20] 그의 의식적인 계산도 그의 때 이른 죽음 때문에 빗나갔어도 말이다.

파올로 조비오가 묘사한 레오 시대의 찬란한 로마 모습에 마음이 빼앗기지 않을 사람은 없을 것이다. 물론 그의 글에는 신분 상승을 꾀하는 자들의 비굴함, 빚을 지고도 신분에 어울리는 삶을 살아야 했던 고위성직자들의 남모르는 곤궁,[21] 요행수와 우연이 도사리고 있던 레오의 문예 보호책, 그의 방만한 재정 등[22] 그늘진 면도 그려져 있다.

아리오스토는 이러한 상황을 훤히 알고 비웃었다. 하지만 그는 그의 여섯번째 풍자시에서, 자신과 함께 폐허의 도시를 걷게 될 교양 높은 시인들과의 교류, 거기에서 얻게 될 자기 문학에 대한 박식한 조언, 바티칸 도서관에 소장된 귀중한 서적들에 대해 동경어린 모습을 그려냈다. 그러면서 말하기를, 만일 자신이 다시 페라라의 사절로서 로마에 부임해가라는 요청을 받는다면 바로 이러한 유혹 때문에 마음이 움직일 뿐, 벌써 오래 전에 포기한 메디치 가의 후원 때문은 아니라고 했다.

로마 안팎의 폐허는 고고학 열기나 장엄하고 애국적인 정서뿐 아니라 애수와 감상도 불러일으켰다. 이미 페트라르카와 보카치오의 작품에서 이 같은 종류의 정조가 엿보이고 있다(251쪽). 포조는 가끔 베누

---

20) 그는 마음의 근심과 슬픔이 다가오는 것을 어떻게 해서든지 이성으로 막아보려고 했다. 그는 유쾌한 농담과 음악에 매료되었으며 이렇게 해서 좀더 장수하기를 바랐다. Roscoe, ed. Bossi, XII, p.169에 익명으로 실린 『레오 10세전』 참조.

21) 아리오스토의 풍자시 가운데 제1편(Perch' ho molto etc.)과 제4편(Poichè, Annibale etc.)이 여기에 속한다.

22) Ranke, *Päpste* I, p.408 이하. 〔더 자세한 것은 Pastor IV, 1, p.363 이하 참조.〕—*Lettere de'principi* I, p.107, 1522년 9월 1일 네그리의 편지. "……교황 레오에게 착취당하여 파산한 모든 궁정 사람들……"

스와 로마 신전을 찾았는데(253쪽), 그곳이 옛날 원로원 회의가 자주 열렸던 카스토르와 폴리데우케스의 신전이라고 생각했기 때문이다. 거기서 그는 크라수스·호르텐시우스·키케로 같은 위대한 연설가들의 추억에 젖어들었다. 피우스 2세도 티볼리[23]를 묘사한 글에서 감상 일변도의 심정을 토로하였다.

이후 오래 지나지 않아 폴리필로[24]는 처음으로 설명이 딸린 이상적인 폐허의 풍경화를 선보였다. 거기에서는 거대한 반구 지붕과 주랑의 잔해들이 오래된 플라타너스와 월계수와 실측백나무와 황량한 덤불 사이로 모습을 드러내고 있다. 왜 그런지는 모르지만 성서의 이야기를 그림으로 그릴 때는 그리스도의 탄생 장면을 되도록 화려한 궁전의 폐허에다 옮겨놓는 것이 관례가 되었다.[25] 그후 인공적인 폐허가 호화스러운 정원의 부대시설이 된 것은 이 같은 정서가 실용화한 것에 지나지 않는다.

---

23) Pius II., *Commentarii*, Lib. V, p.251. Sannazaro의 비가(悲歌) "In ruinas Cumarum." [*Opera*, Lib. II, p.236 이하.]

24) Polifilo, *Hypnerotomachia*, Venezia, Aldus Manutius, 1499.

25) 반면 모든 교부(敎父)들과 순례자들은 동굴밖에는 알지 못했다. 시인들 역시 궁전이 없어도 창작할 수 있었다. Cf. Sannazaro, *De partu Virginis*, L. II, Vers 284 이하.

2 고전 작가들

고대 유물 가운데 건축을 비롯한 미술품보다 훨씬 더 중요했던 것은 당연히 그리스어와 라틴어로 씌어진 저작물이었다. 사람들은 그것을 모든 지식의 절대적인 근원으로 생각했다. 대발견의 시대였던 이때의 문헌 연구에 대해서는 이미 많은 글들이 씌어져 있으므로 여기서는 덜 주목받은 몇 가지 사실만 덧붙이겠다.[1]

이탈리아는 오래 전부터 고대 작가들의 영향을 받았고 특히 14세기는 그 영향력이 대대적으로 미친 시대였지만, 그것은 새로운 것을 발견한다기보다는 예부터 익히 알려져 있던 것들이 많은 사람에게 전파된 것이었다. 인기있는 라틴 시인, 역사가, 연설가, 서간문학가들의 저작을 비롯해 라틴어로 번역된 아리스토텔레스와 플루타르코스와 몇몇 그리스인들의 저술이 보카치오와 페트라르카의 세대를 열광시킨 지식의 보고였다.

잘 알려져 있듯이 페트라르카는 읽을 줄도 모르는 그리스어판 호메로스를 갖고 있으면서 그것을 숭배한 사람이다. 보카치오는 칼라브리아에 사는 한 그리스인의 도움을 받아 『일리아스』와 『오디세이아』를 최

---

1) 주로 베스파시아노 피오렌티노를 참고했다. 그는 15세기 중엽부터 그 이후까지 피렌체의 서적상이자 필사본 공급상이었다.

초로 라틴어로 정성껏 번역했다. 이윽고 15세기가 되자 비로소 새로운 발견들이 줄을 잇기 시작했다. 필사를 통해 도서관이 체계적으로 정비되었고 그리스어 저작들도 왕성하게 라틴어로 번역되었다.[2]

당시 가난에 몰릴 때까지 책을 사서 모은 소수 수집가들의 열정이 아니었다면 우리는 현재 전해지는 저작물들, 특히 그리스 작가들의 저작물 가운데 일부만 갖고 있을 것이다. 교황 니콜라우스 5세는 수도사 시절부터 고사본(古寫本)을 사들이고 그것을 필사시키느라고 빚에 허덕였다. 이때 그는 이미 르네상스의 2대 정열인 책과 건축에 헌신하겠다고 공언했고[3] 교황이 된 뒤에는 이 약속을 지켰다. 필사가들은 필사를 했고 도서 수집가들은 그를 위해 세계의 절반을 돌며 고서를 찾아다녔다. 페로토는 폴리비우스를 라틴어로 번역한 대가로 500두카토를 받았고, 구아리노는 스트라보를 번역하여 금화 1000굴덴을 받았는데 교황이 일찍 죽는 바람에 나머지 500굴덴은 받지 못했다.

교황은 교황청 사람들이 이용하도록 하기 위해 5000권, 또는 계산방식에 따라 달라지긴 하지만 9000권의 장서를 남겨[4] 바티칸 도서관의 기초를 마련했다. 과거에 프톨레마이오스 필라델푸스 왕이 알렉산드리아에 세운 도서관이 그랬듯이 이 장서들도 교황청을 장식할 귀중한 재산으로서 그곳에 진열하게 되어 있었다. 교황은 페스트 때문에 궁신들을 이끌고 파브리아노로 피신하면서 자신의 번역가와 편찬자들이 변을

---

2) 잘 알려져 있듯이, 고대에 대한 욕구를 이용하여 사기를 치고 돈을 우려내기 위해 얼마간의 위작들을 만들었다. 문학사 관련 저술 중에서는 비테르보의 안니우스 편 참조.

3) Vespas. Fior., *Niccoli V.*, §10. "토마소 다 세레자나는 늘 말하기를, 자기가 돈을 쓸 수 있게 된다면 두 가지를 할 것이라고 했다. 그것은 책과 건축이었다. 교황이 되자 그는 그 두 가지 일을 했다." ―그의 번역가에 대해서는 Aen. Sylvius, *De Europa*, cap.59, p.459 참조.

4) Vespas. Fior., *Niccoli V.*, §25, *Giov. Fortello* §1. Cf. G. Manetti, *Vita Nicolai V.*, in: Muratori, III, 2, Col. 925 이하. 칼릭스투스 3세가 이 장서의 일부를 다시 흩어서 없애버렸는지, 그랬다면 어떤 식으로 그랬는지는 Vespas. Fior., ed. Mai, p.284 이하 참조(Mai의 주석이 있음).

당하지 않도록 함께 데리고 갔다.

피렌체 사람인 니콜로 니콜리[5]는 노(老) 코시모 메디치 주변에 모여 있던 학자들 중의 한 명이었다. 그가 전 재산을 털어 책을 사들이는 바람에 돈이 떨어지자 메디치 일가는 자기들 금고를 열어 그가 이 목적에 필요한 돈을 마음대로 쓸 수 있게 했다. 암미아누스 마르켈리누스의 저술과 키케로의 『웅변론』 같은 것이 완본으로 전해 내려오는 것도 모두 니콜리 덕분이다.

니콜리는 코시모를 설득하여 뤼베크의 한 수도원에서 최상의 플리니우스 사본을 사들이게 했다. 그는 자신의 책도 믿고 빌려주었고, 사람들이 그의 집에서 마음대로 책을 읽게 했으며, 읽은 내용에 대해 함께 대화를 나눴다. 금화 6000굴덴의 값어치가 있는 그의 장서 800권은 그가 죽은 뒤 코시모의 주선을 통해 공개를 조건으로 성 마르코 수도원으로 옮겨졌다.

고서 채집가인 구아리노와 포조 가운데 포조[6]는 잘 알려져 있듯이 콘스탄츠 종교회의 때 남독일의 여러 수도원에서 활동했는데 어떤 의미에서는 니콜리의 대리인 자격으로 일한 것이었다. 여기서 그는 키케로의 연설집 여섯 권과, 지금은 취리히 사본이 되어 있지만 그때는 장크트갈렌 사본이었던 퀸틸리아누스의 최초 완본을 발견하여, 이것들을 32일 만에 모두 완벽하고 아름다운 서체로 필사했다고 한다. 그는 또 실리우스 이탈리쿠스, 마닐리우스, 루크레티우스, 발레리우스 플라쿠스, 아스코니우스 페디아누스, 콜루멜라, 아울루스 겔리우스, 스타티우스 등의 저작을 증보했고, 레오나르도 아레티노와 공동으로 플라우투스의 마지막 희극 열두 편과 키케로의 「베레스에 반대하는 연설」도 세상에 내놓았다.[7]

---

5) Vespas. Fior., ed. Frati, *Cosimo di Medici* §23.

6) Vespas. Fior., *Poggio* §2.

7) 〔포조는 남독일뿐 아니라 라인 지방과 부르고뉴 지방에 있는 수도원의 도서관에서도 도서를 수집했다. 부르크하르트는 『이탈리아 르네상스의 문화』의 먼젓번 두 판에서 켈수스와 겔리우스도 거명했지만 그것은 포조가 발견한 것이 아니었다.

그리스의 유명한 추기경 베사리온[8]은 고대를 흠모하는 열정을 품고 막대한 자금을 들여 이교적 또는 기독교적 내용이 담긴 600권의 고사본을 수집했다. 자신의 불행한 조국이 훗날 자유를 회복하면 잃어버렸던 문헌들도 되찾을 수 있도록 그가 고사본들을 기증할 만한 안전한 장소를 물색하자 베네치아 시의회(139쪽 이하)가 그 건물을 지을 뜻이 있음을 밝혔다. 이렇게 해서 그 귀중한 고서들의 일부는 오늘날에도 성 마르코 도서관에 보존되어 있다.[9]

유명한 메디치 가문의 도서관이 설립된 데에는 아주 특별한 역사가 담겨 있지만 여기서는 자세히 언급하지 않겠다. 로렌초 마니피코를 위하여 수집을 담당한 주요 인물은 요하네스 라스카리스이다. 잘 알려져 있듯이 이때 수집된 도서들은 1494년의 약탈 때 없어졌기 때문에 훗날 조반니 메디치 추기경(교황 레오 10세)이 조금씩 되사지 않으면 안 되었다.[10]

지금은 바티칸에 있는 우르비노 도서관[11]은 몬테펠트로의 대 페데리고가 설립했다(108쪽 이하). 어린 시절부터 수집을 시작한 그는 후일 30에서 40명의 필사가들을 각지에 고용해 필사시키면서 3만 두카토가 넘는 돈을 쏟아부었다. 우르비노 도서관은 주로 베스파시아노의 도움을 받아 체계적으로 확장되고 완성되었는데, 이 도서관에 대한 그의 보고는 당시의 이상적인 도서관을 알려주는 것으로서 특히 관심을 끈다.

예를 들면 우르비노에는 바티칸 도서관, 피렌체의 성 마르코 도서관,

반면에 그는 프리스키아누스가 『아이네이스』의 12편 시에 붙인 주석을 빠뜨렸다. Cf. Walser, *Poggius Florentinus*, Leipzig, 1914, p.48 이하.]

8) Vespas. Fior., *Card. Niceno* §2. Cf. Marin Sanudo, in: Muratori, XXII, Col. 1185 이하.

9) 사람들이 옛날에 그 책들을 어떻게 다루었는지는 Malipiero, *Ann. veneti*, in: *Arch. stor.* VII, 2, pp.653, 655 참조.

10) [이 라우렌치아나 도서관에 대해서는 E. Rostagno, *Prefazione all' Eschilo Laurenziano*, Firenze, 1896, p.6 이하 참조. 본문의 내용을 바로잡은 부분이 들어 있다.]

11) Vespas. Fior., ed. Mai, p.124 이하.

파비아의 비스콘티 도서관, 심지어는 옥스포드 도서관의 목록까지 있었고, 우르비노가 각 작가들의 저작물을 완비하고 있다는 점에서 앞에 열거한 도서관들을 몇 배나 능가한다는 자부심에 차 있었다. 도서의 양에서는 중세와 신학 관련의 책이 많았고 그 중에는 『토마스 아퀴나스 전집』 『알베르투스 마그누스 전집』 『보나벤투라 전집』 등이 있었다.

그밖에도 이 도서관은 다방면에 걸쳐 많은 책을 구비해놓았는데, 의학서들도 구입할 수 있는 것이면 모두 갖춰놓았다. '현대 작가' 항목에서는 14세기의 대작가들, 예컨대 단테와 보카치오의 전집이 맨 앞을 차지했고, 그뒤를 이어 25명의 엄선된 인문주의자들의 라틴어 저술, 이탈리아어 저술, 그들이 번역한 번역물 일체가 자리잡았다. 그리스 고사본에서는 교부(敎父)들의 저작이 대다수를 차지했지만, 고전작품 목록에는 『소포클레스 전집』 『핀다로스 전집』 『메난드로스 전집』들이 일렬로 적혀 있었다. 그런데 이 메난드로스 고사본은 초기에 우르비노에서 사라진 것이 틀림없다.[12] 그렇지 않았다면 고전학자들이 금방 출판했을 것이기 때문이다.

당시에 필사본과 도서관이 어떻게 생겨났는지에 대해서는 또다른 몇 가지 정보가 있다. 고대 작가의 희귀 원본, 완본, 하나밖에 없는 원본이 들어간 고사본을 직접 산다는 것은 당연히 행운에 속하는 드문 일이어서 기대하기 힘들었다.

필사가들 중에서는 그리스어 해독이 가능한 사람들이 최고의 위치를 차지하여 다른 이들과 특별히 구별되는 '스크리토리'(Scrittori)라는 경칭을 얻었다. 이들은 늘 그렇듯이 소수에 불과했지만 높은 보수를 받았

---

12) 혹시 우르비노가 체사레 보르자의 군대에 의해 점령될 때 그렇게 된 것일까? 마이는 이 사본의 존재를 의심하고 있다. 그러나 나는 베스파시아노가 메난드로스의 사본에서 그저 몇백 줄의 시구에 불과한 잠언을 발췌하여 그것을 『전작집』과 함께 저 방대한 고사본 목록(지금 남아 있는 것은 소포클레스와 핀다로스뿐이지만)에 열거했다고는 생각지 않는다. 어쩌면 메난드로스의 사본이 어느 때인가 나타날 수도 있을 것이다.

다.[13] 그밖에 단순 필사생들, 즉 '코피스티'(Copisti)들 가운데 일부는 그 일로만 먹고사는 노동자들이었고 일부는 부수입이 필요한 가난한 학자들이었다. 그런데 특이하게도 교황 니콜라우스 5세 때 로마의 코피스티들은 대개 독일인과 프랑스인이었다.[14] 어쩌면 이들은 교황청에서 일자리를 얻거나 생활비를 마련해야 했던 사람들이었을 것이다.

코시모 메디치가 그가 아끼는 피에솔레 남쪽의 바디아 수도원에 급히 도서관을 만들려고 했을 때는 베스파시아노를 불러서 조언을 구했다. 베스파시아노는 말하기를, 메디치가 원하는 책들이 지금은 없으니 단념하고 차라리 필사를 시키라고 권했다. 그래서 코시모는 그날그날 돈을 지불하는 것으로 베스파시아노와 약정을 맺었고, 베스파시아노는 45명의 필사가들을 시켜서 22개월 만에 200권의 책을 완성하여 넘겼다.[15] 필사할 사본의 목록은 코시모가 니콜라우스 5세[16]에게서 직접 작성된 것을 받았다. (당연히 교회 관련의 문헌과 합창에 쓰일 서적이 대다수를 차지했다.)

당시의 서체는 이미 14세기부터 씌어지기 시작한 아름다운 신이탈리아 서체였으며 책을 바라보는 것만으로도 즐거움을 느끼게 했다. 교황 니콜라우스 5세, 포조, 잔노초 마네티, 니콜로 니콜리, 그밖에 다른 유명 학자들은 원래부터 달필가들이어서 아름다운 서체만 요구했고 그렇지 못한 것은 참지를 못했다. 비록 세밀화는 들어 있지 않지만, 장정(裝

---

13) 피에로 데 메디치가 헝가리 왕이자 애서가인 마티아스 코르비누스가 죽을 때 "스크리토리들은 앞으로 자신들의 몸값을 내려야지 그렇지 않으면 우리를 빼고는 아무도 그들을 고용하지 않을 것"이라고 예언한 것은 그리스인들을 두고 한 말이었다. 달필가를 가리킨 것이라고 할지 모르나, 달필가는 전(全) 이탈리아에 걸쳐 많이 있었다. —Fabroni, *Laurent. magn.*, Adnot. 156. Cf. Adnot. 154.

14) Gaye, *Carteggio* I, p.164. 1455년 칼릭스투스 3세 치하에서 씌어진 편지. 우르비노에 있는 유명한 소형 성서도 베스파시아노가 고용한 프랑스인이 쓴 것이다. Cf. D'Agincourt, *Malerei*, Tab. 78.

15) Vespas. Fior., *Cos. di Medici* §12.

16) 교황은 우르비노 도서관과 페사로 도서관(알레산드로 스포르차 도서관)에도 비슷한 호의를 보였다.

268

帽)은 아취로 가득했다. 특히 라우렌치아나 도서관의 필사본들은 첫 글자와 마지막 글자가 가벼운 소용돌이 무늬로 장식되어 있었다.

종이 재질은 고위인사를 위한 필사일 때는 언제나 양피지였다. 바티칸과 우르비노 도서관에 있는 필사본의 표지들은 모두 은장식이 박힌 진홍색 빌로드로 되어 있었다. 책 내용에 품고 있는 경외감을 되도록 품위 있는 장식으로 표현하려는 이 같은 정서를 생각하면 이때 갑자기 나타난 인쇄본이 처음에 저항에 부딪혔던 것도 이해할 수 있다. 어쩌면 우르비노의 페데리고는 인쇄본을 갖고 있는 것을 "수치로 여겼을 것"이다.[17]

그러나 필사에 지친 사람들, 다시 말해 필사로 생계를 유지하는 사람들이 아니라 책을 필사해 소유하려 했던 많은 이들은 독일의 이 발명에 환호를 보냈다.[18] 인쇄술은 곧 고대 로마와 그리스 고전의 복제를 위해 이탈리아에서 사용되었고 이후로도 이탈리아에서만 오랜 기간 사용되었다. 하지만 그 전파 속도는 일반인들이 여기에 보냈던 열광에서 예상되는 것만큼 빠르지 않았다. 얼마 후에는 현대적인 의미의 저자와 출판가의 관계가 형성되기 시작했고[19] 알렉산데르 6세 때는 감독의 차원에서 검열이 실시되었다. 검열이 시작된 이유는, 코시모가 필렐포와 맺었던 약정에서 보듯이[20] 이제는 더 이상 책을 없애기가 쉽지 않았기 때

---

17) Vespas. Fior., *Federico duca* §31.
18) "기술―얼마만한 노동이 지친 손가락에서 사라졌는가." 1470년경 로베르투스 우르수스의 시에 나오는 구절. *Rerum ital. script. ex codd. Florentinis II*, Col. 693. 그는 고대 작가들의 저술이 빠르게 전파되리라는 기대를 하며 일찍부터 즐거워했다. Cf. Libri, *Hist. des sciences mathématiques II*, p.278 이하. ―로마의 인쇄소에 대해서는 Gaspar Veron., *Vita Pauli II.*, in: Muratori, III, 2, Col. 1046 참조. 베네치아 최초의 인쇄 면허는 Marin Sanudo, in: Muratori, XXII, Col. 1189 참조.
19) 이와 유사한 제도는 이미 필사본이 나오던 시기에 있었다. Cf. Vespas. Fior., *Zembino Pistilese* §3.
20) Fabroni, *Laurent. mag.*, Adnot. 212. '유배에 관하여'라는 비방문과 관련해 있었던 일이다.

문이다.

언어 연구와 고대 연구가 진전됨에 따라 서서히 일어난 원전 비판이나 이때의 학문사 일반에 대한 논의는 이 책의 목적이 아니다. 우리가 살펴보아야 할 것은 이탈리아인들의 지식 자체가 아니라 문학과 생활에서 일어난 고대의 재생이다. 그렇지만 이들의 연구와 관련해 몇 가지 이야기를 해야 하겠다.

그리스 관련 학문은 주로 피렌체에서 15세기와 16세기 초에 집중적으로 연구되었다. 페트라르카와 보카치오가 이 분야에서 준 자극[21]은 열광적인 소수 아마추어들의 흥미만 유발시키는 데 그쳤던 것 같다. 한편 이탈리아로 망명해온 일단의 그리스 학자들이 사망하면서 그리스 연구도 1520년에 완전히 끝났다.[22] 그러나 그 사이 에라스무스, 에스티엔 일가, 바데우스 같은 북유럽 사람들이 그리스어에 정통해 있었다는 것은 천만다행이었다.

그리스 망명자집단의 정착은 마누엘 크리솔로라스와 그의 친척인 요하네스 그리고 트라브존의 게오르기오스가 이탈리아로 오면서 시작되었다. 이어 콘스탄티노플이 함락되면서 건너온 사람들이 요하네스 아르기로풀로스, 테오도로 가차,[23] 자신의 두 아들 테오필로스와 바실리오스를 유능한 그리스인으로 키워낸 데메트리오스 칼콘딜라스, 안드로니코스 칼리스토스, 마르코스 무수로스, 라스카리스 일가 등이었다.

하지만 그리스가 투르크에 완전히 정복된 뒤로는 망명자들의 후손이나 소수의 크레타인과 키프로스인을 제외하고는 더 이상 새로운 학문

---

21) Cf. Sismondi VI, p.149 이하.

22) 이 그리스 학자들의 사멸은 Pierius Valerianus, *De infelicitate literat.*, ed. Mencken, p.332의 요하네스 라스카리스에 관한 대목에서 확인되어 있다. 파올로 조비오는 1540년경 *Elogia literaria*의 마지막 부분에서 독일인들에 대해 이렇게 말한다. "우리에게는 부끄러운 일이지만, 라틴 학문뿐 아니라 그리스 학문과 히브리 학문까지도 숙명적으로 이들 나라로 옮겨갔다."

23) [가차는 게미스토스 플레토와 베사리온처럼 피렌체 종교회의가 열릴 때인 1438년 벌써 이탈리아에 왔다.]

의 후속 세대가 나오지 못했다. 대략 교황 레오 10세의 죽음과 더불어 그리스 연구가 전반적으로 쇠퇴하기 시작한 것은 부분적으로는 정신적 성향이 변화한 데에 그 원인이 있었고[24] 이미 일기 시작한 고전문학의 내용에 대한 상대적인 포만감도 작용한 탓이었다. 그러나 이 쇠퇴가 학식 있는 그리스 망명자들의 사멸과 때를 같이했다는 것은 결코 우연이 아니었다.

이탈리아인들 사이에서는 1500년경에 그리스어 학습 열풍이 거세게 불어닥쳤다. 이때 그리스어를 배워둔 사람들은 반세기가 지나 노년에 접어든 뒤에도 여전히 그리스어를 구사할 줄 알았는데 교황 파울루스 3세와 파울루스 4세[25]가 그러했다. 이 같은 언어 숙달에는 그리스 원어민과의 교제가 필수적이었다.

피렌체 외에도 로마와 파도바에는 언제나 유급의 그리스어 교사가 있었고, 볼로냐 · 페라라 · 베네치아 · 페루자 · 파비아 등 여러 도시들도 최소한 일시적으로 교사를 채용했다.[26] 그리스 연구는 베네치아의 알도 마누치 인쇄소에 힘입은 바가 크다. 이곳에서는 주요 작가와 방대한 저술을 지은 작가들의 책을 최초로 그리스어로 인쇄해서 펴냈고 알도는 여기에 자신의 재산을 쾌척했다. 그는 좀처럼 보기 힘든 편집자이자 출판가였다.

고전 연구 외에 동방 연구도 매우 큰 비중을 차지했다는 것을 얘기해 두어야겠다. 피렌체의 위대한 학자이자 정치가였던 잔노초 마네티(1459년 사망)[27]는 유대인에 반대하는 교리적 논쟁과 관련하여 처음으

---

24) Ranke, *Päpste* I, p.486 이하. 이 책의 제3부 마지막 부분을 참조하라.

25) Tommaso Gar, *Relazione della corte di Roma* I, pp.338, 379.

26) 트라브존의 게오르기오스는 1459년 베네치아에서 150두카토를 받고 수사학 교수로 임용되었다. Malipiero, *Arch. stor.* VII, 2, p.653. ―페루자의 그리스어 교수직에 대해서는 *Arch. stor.* XVI, 2, p.19의 서문 참조. ―리미니에 그리스어 강좌가 있었는지는 확실하지 않다. Cf. *Anecd. litt.* II, p.300.

27) Vespas. Fior., ed. Mai, pp.48, 476, 578, 614. ―암브로시우스 카말돌레제 수도사도 히브리어를 할 줄 알았다. Ibid., p.320.

로 히브리어와 유대 학문 전체를 공부한 사람이다. 그의 아들 아놀로도 어려서부터 라틴어와 그리스어·히브리어를 배웠다. 교황 니콜라우스 5세는 잔노초에게 성서 전체를 새로 번역하게 했는데, 이는 당시의 문헌학이 라틴역 성서를 포기하는 방향으로 흐른 까닭이었다.[28] 그 밖에 히브리어를 자신의 연구에 수용했던 인문주의자들은 로이힐린 이전에도 상당수 있었다. 예컨대 피코 델라 미란돌라 같은 사람은 유대 법률학자한테서나 볼 수 있는 탈무드 지식과 철학 지식을 모두 갖추고 있었다.

이탈리아가 아라비아어와 처음으로 접한 것은, 유명 아라비아 의사들의 저술을 옮겨놓은 종래의 라틴어 번역본에 만족을 느끼지 못하던 의학을 통해서였다. 또한 그 외적인 계기는 이탈리아 의사들을 고용하고 있던 동방의 베네치아 영사관들이 제공했다. 히에로니모 라무시오라는 베네치아 의사는 아라비아 의서들을 번역하고 다마스커스에서 죽었다. 벨루노의 안드레아 몬가요[29]는 아비세나*를 연구하기 위해 오랫동안 다마스커스에 체류하면서 아라비아어를 배웠고 아비세나의 저술들을 개정했다. 그뒤 베네치아 정부는 이 특수 학과를 위해 몬가요를 파도바 대학 교수로 임명했다.

인문주의가 끼친 커다란 영향을 논하기에 앞서 여기서는 피코**의

---

28) 바티칸 도서관 건물을 세우고 많은 도서를 구입하여 장서를 늘린 식스투스 4세는 라틴어와 그리스어·히브리어 필사가들에게도 봉급을 주었다. Platina, *Vita Sixti IV.*, p.332.

29) Pierus Valerian., *De infelic. lit.*, ed. Mencken, p.301에 있는 몬가요 편. 라무시오에 대해서는 Sansovino, *Venezia*, p.250 참조.

 * Avicenna. 980~1037. 페르시아의 철학자·의사. 본명은 이븐 시나(Ibn Sina). 그의 『의학 규범』은 서구의 수도원 의학에 학문성을 부여한 저작이며, 근대 의학이 등장하기 전까지 700년 동안 이론과 실습에서 절대적인 권위를 누렸다.

** Pico della Mirandola. 1463~94. 이탈리아의 인문주의자·철학가. 파도바와 피렌체에서 아리스토텔레스와 스콜라 철학을 연구하면서 히브리와 아라비아의 아리스토텔레스 연구에도 접했다. 1484년 피렌체에 정착하면서 마르실리오 피치노, 지롤라모 사보나롤라와 친분을 맺었다. 인간의 자유의지를 강조한 그는 점성술적인 사고방식을 거부했다.

이야기를 잠시 더 해야겠다. 피코는 일방적인 고대 숭배에 반대하여 모든 시대의 학문과 진리를 강조하고 소리높여 옹호한 유일한 인물이었다.[30] 그는 아베로에스*와 유대 학자들뿐 아니라 중세 스콜라 학자들의 사상도 존중했다. 그리고 그들의 말소리가 들리는 것 같다며 이렇게 얘기했다. "우리는 자구에 얽매이는 사람들의 학교가 아닌 현자들의 사회에서 영원히 살게 될 것이다. 그곳은 안드로마케의 어머니나 니오베의 아들들을 논하는 곳이 아니라 신과 인간의 심오한 근원을 얘기하는 곳이다. 그곳에 가까이 다가가는 자는 야만인에게도 지혜(Mercurium)가 있음을, 그것도 혀가 아닌 가슴에 있음을 알게 될 것이다."

힘차고 아름다운 라틴어를 구사하면서 명확한 서술력을 자랑했던 피코는 편협한 언어 결벽주의를 경멸했고 빌려온 형식이 과대평가되는 풍조를 멸시했다. 특히 그 빌려온 형식이 일방적이거나 사물에 담긴 커다란 진리를 훼손할 때에는 더욱 그랬다. 만일 가톨릭 종교개혁이 이 차원 높은 정신적 삶을 방해하지 않았다면 이탈리아 철학이 얼마나 당당하게 방향 전환을 했을지 우리는 피코를 통해 감지하게 된다.

---

30) 특히 1485년 에르몰라오 바르바로에게 보편 중요한 편지. Ang. Politiano, *Epistolae*, L. IX. —Cf. Jo. Pico, *Oratio de hominis dignitate*.

* Averroes. 1126~98. 아라비아의 철학자 · 신학자 · 법률학자 · 의사. 본명은 이븐 루슈드(Ibn Ruschd). 아라비아 스콜라 철학의 대표자이며 중세기에는 아리스토텔레스의 해석가로 손꼽혔다.

3 14세기의 인문주의

　열렬하게 숭배받던 고대를 당대와 이어주고 고대를 당대 교양의 핵심 내용으로 끌어올린 사람들은 누구였을까?

　그것은 오늘은 이런 얼굴로, 내일은 또 저런 얼굴로 다양하게 모습을 바꾸었던 인간들의 집단이었다. 그들이 시민사회의 새로운 요소라는 것을 당대 사람은 물론이고 그들 자신도 잘 알고 있었다. 이들의 선구자를 꼽는다면 앞서 그 시편이 소개된 바 있는(248쪽) 12세기의 방랑 성직자들일 것이다. 그들도 역시 똑같이 불안정한 생활을 했고, 똑같이 자유로운, 아니 자유를 초월한 인생관을 갖고 있었으며, 적어도 초기 시에서는 똑같이 고대적인 시풍을 선보였다.

　그런데 성직자들에 의해 주도되면서 본질적으로는 여전히 종교적이었던 중세 문화에 대항하여 이제 중세 저편의 것을 기반으로 삼은 새로운 문화가 등장했다. 이 문화를 활발하게 이끌고 간 사람들은 비중 있는 인물들이었다.[1] 그들은 고대인들이 알던 것을 알고 있었고, 고대인들이 썼던 대로 쓰려고 했으며, 고대인들이 생각하고 느낀 대로 똑같이

---

1) 이들이 자신들을 어떻게 평가했는지는 Poggio, *De avaritia*, opp. ed. 1513, p.2에 드러나 있다. 포조의 견해에 따르면, 학술적이고 유창한 라틴어 책을 쓰거나 그리스어를 라틴어로 번역한 사람들이라야만 인생을 살았노라고 말할 자격이 있었다.

생각하고 느끼기 시작했기 때문이다. 그들이 몸바쳐 열중했던 전통은 도처에서 재생으로 이어지고 있었다.

근래의 논자들은 1300년경 피렌체에서 등장한 독자적이고 이탈리아 색채가 강한 문화의 싹이 훗날 인문주의의 홍수 속에 매몰되어버렸다고 종종 탄식했다.[2] 그들의 탄식은 이렇다. 당시 피렌체 사람들은 모두 글자를 읽을 줄 알았고, 당나귀 몰이꾼까지 단테의 칸초네를 읊었으며, 현존하는 이탈리아 최상의 필사본들은 본디 피렌체 수공업자들이 쓴 것이었다. 이때는 또 브루네토 라티니의 『보감』(寶鑑)과 같은 대중을 위한 백과사전도 편찬되었다. 이 모든 것의 밑바탕에는 정치 참여와 상업과 여행으로 가능했던, 그리고 무엇보다 나태의 철저한 배격으로 꽃피었던 피렌체인들의 빼어난 정신이 자리잡고 있었다. 이들은 당시 전 세계에서 존경받는 유능한 사람들이었고, 교황 보니파티우스 8세가 그들을 제5의 원소로 부른 것도 그만한 이유가 있어서였다.

그런데 1400년부터 인문주의가 강한 기세로 대두하면서 이탈리아 고유의 싹은 시들기 시작했다. 사람들은 모든 문제의 해결책을 고대에서만 구했고 문학도 단순한 고대 인용으로 변질시켰다. 뿐만이 아니었다. 이렇게 학문이 고대의 권위에 예속되고, 자치시의 법을 로마법에 희생시키고, 그렇게 해서 전제군주들의 총애를 구하고 실제로 얻음으로써 결국에는 자유마저 몰락하는 지경에 이르렀다는 것이다.

이 탄식은 나중에 다시 논하면서 그 타당성이라든가 인문주의가 끼친 득실도 함께 얘기할 것이다. 단지 여기서 확언하고 싶은 것은, 활기찼던 14세기의 문화 자체가 필연적으로 인문주의의 완벽한 승리를 향해 나아가고 있었다는 것 그리고 이탈리아 특유의 정신을 대표한 위인들이 바로 15세기의 끝없는 고대 열풍에 문을 열어놓은 사람들이라는 것이다.

먼저 단테부터 얘기하자. 만일 단테와 같은 천재가 줄줄이 계속 나와

---

2) 특히 Libri, *Histoire des sciences mathém.* II, p.159 이하, p.258 이하.

이탈리아 문화를 선도해갔더라면, 아무리 고대의 요소들이 들어찼다고 해도 이탈리아 문화는 언제나 독특하고 민족적인 인상을 남겼을 것이다. 그러나 이탈리아도 그밖의 유럽 나라들도 다시는 단테와 같은 인물을 배출하지 못했다. 이로써 단테는 처음으로 고대를 문화생활의 전면에 힘차게 밀어넣은 인물로 남게 되었다. 『신곡』에서 그는 고대 세계와 기독교 세계를 동등하게 다루지는 않았어도 줄곧 나란히 놓고 논의했다. 중세 초기에 사람들이 어느 한 유형과 그 반대되는 유형을 구약과 신약의 내용과 그 인물들에서 따와 모아놓았듯이, 단테도 어느 한 가지 사항과 관련하여 기독교적인 사례와 이교적인 사례를 나란히 연결시키고 있다.[3]

그런데 여기서 잊지 말아야 할 것이 있다. 곧 기독교적 상상의 세계나 이야기는 사람들이 이미 알고 있는 친숙한 세계였지만, 고대 세계는 상대적으로 미지의 세계였고 많은 것을 약속해주는 흥미진진한 세계였다는 것 그리고 이제 두 세계의 균형을 잡아줄 단테와 같은 인물이 더 이상 나오지 않게 되자 필연적으로 고대가 더 일반인의 관심을 끌 수밖에 없었다는 것이다.

페트라르카는 오늘날 우리들 대다수의 마음속에 위대한 이탈리아 시인으로 살아 있다. 그러나 그가 당대 사람들 사이에서 명성을 얻게 된 가장 큰 이유는, 그가 온몸으로 고대를 대변했고, 모든 종류의 라틴시를 모방했으며, 고대의 제반 문제를 다룬 논문 형식의 서간문을 썼다는 데에 있었다. 지금의 우리는 이해가 안 될지 모르지만 이 서간문들은 고대 관련의 안내서가 없던 당시에는 매우 귀중한 가치가 있었다.

보카치오도 비슷한 경우라고 할 수 있다. 그는 알프스 너머의 북유럽 사람들이 그의 『데카메론』을 제대로 알기도 전에 라틴어로 쓴 신화적·

---

3) 『신곡』「연옥편」 제18곡에 확실한 증거들이 있다. "마리아는 서둘러 산으로 갔고, 카이사르는 에스파냐로 갔다. 마리아는 가난하고 파브리키우스는 사욕이 없다." ―이와 더불어 지적할 것은, 1360년경 우베르티가 『디타몬도』 I, 제14 · 15장에서 그랬듯이, 무당들이 고대의 세속사에 연대순으로 삽입되어 있는 점이다.

지리적·전기적 문집만으로도 전 유럽에서 200년 동안 이름이 알려져 있었다. 그 중 하나인『신의 계보』제14권과 제15권의 주목할 만한 부록에서 그는 이제 갓 피어나기 시작한 인문주의가 자기 시대에서 차지하는 위치를 논했다.

그런데 우리는 그가 끊임없이 "시"라는 표현을 쓰는 것에 오도되지 말아야 한다. 자세히 보면 이 표현은 시인과 고전학자들의 정신활동 일체를 가리키는 말이기 때문이다.[4] 보카치오는 바로 그 적들을 맹렬히 공격한다. 즉 미식과 방탕에만 정신이 팔린 경박한 무식자들, 헬리콘 산과 카스탈리아 샘과 포이보스의 숲*을 그저 미욱한 것으로만 여기는 궤변 신학자들, 시는 돈을 벌어들이지 않으면 무용지물이라고 생각하는 돈에 눈먼 법률가들 그리고 이교와 부도덕에 불만을 늘어놓기 좋아하는 탁발수도사들을 (비록 에둘러 말하고는 있으나 분명한 어조로) 공격한다.[5] 이어서 적극적인 시의 변호, 곧 시의 찬미가 뒤따른다. 특히 시라면 어김없이 있게 마련인 심오한 우의(寓意)와, 무지한 자들의 둔감을 위협하기에 알맞은 유현(幽玄)을 찬미한다. 그리고 마지막으로 자기 시대가 이교와 맺고 있는 새로운 관계를 자신의 학문적인 저술과 연관시켜서 정당화한다.[6]

---

4) 단테의 경우(*Vita nuova*, p.47) '시인'(Poeta)은 라틴어로 시작(詩作)하는 사람만 의미했다. 반면에 이탈리아어로 창작하는 시인은 '운문시인'(Rimatore), '운을 빌려 이야기하는 사람'(Dicitore per rima)이라는 표현으로 불렸다. 물론 시간이 흐르면서 이 표현들과 개념은 서로 뒤섞여 사용되었다.

* 헬리콘(Helikon)은 그리스 신화에서 학예를 관장하는 여신들인 뮤즈가 살았던 산이다. 그곳 '뮤즈의 계곡'이라고 불린 곳에서는 헬레니즘과 로마 시대에 축제가 열렸다. 카스탈리아(Castalia)의 샘은 델포이에 있는 신성한 샘으로, 원래는 신탁의 샘이었고 그 샘물로 신전을 정화했다. 헬레니즘 시대에는 시적인 영감의 상징이었다. 포이보스(Phoibos)는 학예와 음악의 신으로 뮤즈를 거느렸던 아폴론의 별칭이다. 여기에서는 모두 시와 문예를 뜻하는 상징적인 의미로 쓰였다.

5) 명성이 절정에 달했던 페트라르카도 울적한 순간에는 이렇게 탄식했다. "내 좋지 않은 별자리 때문에 나는 틀림없이 훗날 불량배들 사이에서 살게 되리라." 리비우스에게 보내는 가상의 편지. *Epp. fam.*, ed. Fracass., Lib. XXIV, ep.8.

6) 보카치오는 야코부스 피칭가에게 보낸 훗날의 편지에서는 더 엄격하게 본격적인

그는 초기 교회가 이교도에 맞서서 자기방어를 해야 했던 옛날과 지금은 당연히 상황이 다르다면서, 오늘날에는 다행히 참된 종교가 세력을 얻었고 모든 이교는 말살되었으며 승리를 만끽하는 교회는 적의 진영을 점령했다고 말한다. 따라서 지금이야말로 아무 위험 없이 이교를 관찰하고 연구할 수 있다고 했다. 이는 나중에 르네상스가 스스로를 변호하면서 쓴 것과 똑같은 논리였다.

이로써 세상에는 하나의 새로운 조류가 탄생하였고 그것을 대변하는 새로운 인간 계층도 탄생하였다. 이 조류가 그 연승 가도의 한복판에 멈춰 서서 자신을 애써 자제하고 순수하게 민족적인 것에 일정한 우선권을 주었어야 하지 않나를 논하는 것은 아무런 의미가 없다. 고대가 이탈리아 민족의 최고명예라는 생각보다 더 강한 확신은 없었기 때문이었다.

시인과 고전학자들의 첫 세대에는 본디 그들 고유의 상징적인 의식(儀式), 즉 시인에게 월계관을 씌워주는 시인 대관식이 있었다. 이 의식은 15세기와 16세기에 와서도 사라지지 않았지만 거기에 담겨 있던 숭고한 감격은 훼손되었다. 중세로 거슬러 올라가는 이 전통의 유래는 확실하지 않지만 고정된 예식으로 자리잡은 경우는 한 번도 없었다. 그것은 문학적 명성을 밖으로 드러내는 공개적인 과시였기 때문에[7] 유동적일 수밖에 없었다. 일례로 단테는 시인 대관식을 반(半)종교적인 축성(祝聖)의 의미로 이해한 듯하다. 그는 수많은 피렌체 아이들처럼 자신도 세례를 받은 곳인 성 조반니 교회의 세례반(洗禮盤) 위에서 자기가 직접 월계관을 쓰려고 했다.[8] 그의 전기 작가의 말을 빌리면, 단테는

시를 옹호했다. *Opere volgari* XVI, p.36 이하. 그러나 여기서도 그는 고대의 영향을 받은 것만 시로 인정하고 음유시인들은 무시했다.

7) Boccaccio, *Vita di Dante*, p.50. "월계관은 지식을 늘려주지는 않지만 이미 획득한 지식을 더 확실하게 증명하고 장식해준다." 〈시인 대관식에 대해서는 Elisabeth Schröter, "Die Ikonographie des Themas Parnass vor Raffael," in: *Studien zur Kunstgeschichte* 6, Hildesheim/New York, 1977, pp.72~86.〉

그 명성 때문에라도 어디서나 월계관을 받을 수 있었지만 자신의 고향이 아닌 곳에서는 받으려 하지 않았고 때문에 결국 대관을 하지 못하고 세상을 떴다. 계속해서 전기 작가는, 이 풍습이 그전까지는 별로 유행하지 않았고 그리스인들에게서 고대 로마인들에게 전해진 전통으로 인식되었다고 말한다.

시인 대관식을 연상시키는 가장 비슷한 사례는 그리스 전례에 따라 카피톨리노 언덕에서 벌어진 키타라 연주자와 시인, 예술가들의 경연 대회였다. 도미티아누스 황제 때부터 시작되어 5년마다 열린 이 축제는 로마제국 멸망 후에도 얼마간 지속된 것으로 보인다. 그런데 단테처럼 자기가 직접 대관을 하려고 했던 사람이 그뒤로는 좀처럼 나서지 않은 상황에서 계관 수여는 그럼 누구의 소관일까 하는 의문이 생긴다.

알베르티누스 무사투스(215쪽)는 1310년 파도바의 주교와 대학 총장에 의해 대관되었다. 페트라르카의 대관 때(1341년)는 피렌체 사람이 총장으로 있던 파리 대학과 로마의 시당국이 대관 권한을 놓고 싸움을 벌였다. 게다가 페트라르카가 직접 선택한 심사위원인 앙주 가의 로베르 왕은 대관식 행사를 나폴리로 옮겨 치르려고 했으나, 페트라르카는 카피톨리노 언덕에서 로마의 원로원 의원으로부터 대관받기를 더 원했다. 대관식은 한동안 공명심의 목표가 되어 시칠리아의 고위관리인 야코부스 피칭가 같은 사람까지 유혹했다.[9]

그러자 이번에는 황제 카를 4세가 이탈리아에 나타나 허영에 빠진 사람들과 생각 없는 대중에게 이 의식으로 위세부리는 것을 큰 낙으로 삼았다. 옛날 로마 시대에는 시인 대관식이 황제의 소관 사항이었으니까 지금은 자기가 그것을 담당해야 한다는 허구를 바탕으로 그는 피사에서 피렌체의 학자인 차노비 델라 스트라다에게 월계관을 주었다.[10] 이

---

8) 『신곡』「천국편」 제25곡, 1f. Boccaccio, *Vita di Dante*, p.50. "성 조반니 교회의 샘물 위에서 월계관을 받을 마음의 준비를 했다." Cf. Paradiso I, 25.

9) 보카치오가 피칭가에게 보낸 편지. *Opere volgari*, vol. XVI, p.36. "만일 하느님이 마련해주신다면 로물루스 도시의 원로원의 허락을 얻어……."

를 불쾌히 여긴 보카치오는 이 피사의 대관식이 정당하지 못하다고 하여 인정하려 하지 않았다. 사실 이 반(半)슬라브인의 황제가 무슨 자격으로 이탈리아 시인의 가치를 결정짓는 판관 자리에 앉을 수 있는지를 문제삼는 것도 당연했다.

그러나 이후에도 여행 중인 황제들이 계속 여기저기서 계관을 주었고, 15세기에는 교황과 군주들도 뒤질세라 나섰으며, 마지막에는 장소와 상황도 더 이상 중요하지 않았다. 로마에서는 식스투스 4세 때 폼포니우스 레투스 학술원[11]이 자진해서 월계관을 주었다. 피렌체는 자기 도시 출신의 유명 인문주의자에게 월계관을 주되 당사자의 사후로 제한하는 묘책을 택했다.

이렇게 해서 계관을 받은 사람이 카를로 아레티노와 레오나르도 아레티노였다. 카를로를 위한 송사는 마테오 팔미에리가, 레오나르도를 위한 송사는 잔노초 마네티가 담당했다. 그들은 종교회의 의원들이 참석한 가운데 비단옷으로 덮인 시신이 놓인 관의 머리 부분에 서서 대중을 앞에 두고 송사를 읽었다.[12] 뿐만 아니라 카를로 아레티노는 르네상스 전체를 통틀어 가장 화려한 묘비의 하나인 성 크로체 교회 소재의 묘비로도 예우받고 있다.[13a]

---

10) Matt. Villani, V, 26. 이때 시내를 도는 성대한 기마행렬이 벌어졌으며, 황제를 수행하는 영주들이 시인을 뒤따랐다. 파치오 델리 우베르티도 계관을 받았으나 어디에서 누구한테서 받았는지는 알 수 없다. 〔Renier, *Liriche di Fazio degli Uberti*, Firenze, 1883, p.CCVI 이하는 우베르티의 대관식에 의혹을 나타내고 있다.〕

11) Jac. Volaterran., in: Muratori, XXIII, Col. 185.

12) Vespas. Fior., *Lionardo d'Arezzo* §10, *Carlo d'Arezzo* §12. *Vita Jan. Manetti*, in: Muratori, XX, Col. 543. 레오나르도 아레티노는 생존시부터 유명했기 때문에 사람들이 각지에서 그를 보려고 몰려들었으며 어느 에스파냐 사람은 그의 앞에 무릎을 꿇고 앉았다. Vespasiano, *Lion. d'Arezzo* §10. ─1461년 페라라 시의회는 구아리노의 기념비를 위해 그때로서는 어마어마한 액수인 100두카토를 내놓았다.

13a) 인문주의의 묘비 풍습에 대해서는 Erwin Panofsky, *Grabplastik*, Köln, 1964, pp.74~106, Kap.IV: "Die Renaissance, ihre Vorstufen und ihre Nachfolge" 참조.

4 대학과 학교

고대가 교육에 끼친 영향을 논하는 데서는 먼저 인문주의가 대학을
장악했다는 사실을 전제로 삼아야 한다. 인문주의가 대학을 장악한 것
은 사실이지만 그 정도와 영향력은 우리가 생각하는 것과는 다른 양상
을 나타낸다.

대부분의 이탈리아 대학들[1]은 13세기와 14세기에 본격적으로 생겨
났다. 이때는 생활이 점차 윤택해지면서 교육에도 깊은 관심이 요구되
던 때였다. 초창기의 대학에는 대부분 교회법과 세속법과 의학의 3개
교수직만 있다가 훗날에 가서 수사학·철학·천문학이 추가되었다. 항
상 그랬던 것은 아니지만 천문학은 대개 점성술과 동일시되었다.

---

1) Cf. Libri, *Histoire des sciences mathém*. II, p.92 이하. 잘 알려져 있듯이 볼로
냐 대학은 역사가 깊은 반면, 피사 대학은 [14세기에 번영했으나 이후 피렌체와의
적대관계로 인해 파괴된 것을] Giovio, *Vita Leonis X.*, L. I에 씌어 있는 것처럼
로렌초 마니피코가 "잃어버린 옛 자유에 대한 위안으로" 훗날에 건립했다. 피렌체
대학은 (Cf. Gaye, *Carteggio* I, 461~560; Matteo Villani, I, 8; VII, 90)
[Gherardi, *Statuti dell'università e studio Fiorentino*, Firenze, 1881. Cf.
Isid. del Lungo, *Florentia*, p.101 이하] 이미 1321년에 존재하여 자국 학생들
에게 입학을 강요했지만, 1348년 페스트가 발생한 후 새로 건립되어 해마다 금화
2500굴덴이 투입되었다. 그후 다시 쇠퇴했다가 1357년 다시 세워졌다. 1373년
많은 시민들의 청원에 따라 개설된 단테 해석 강좌는 이후 여러 차례 고전학 및 수
사학 강좌와 연계되었고 필렐포도 그 교수직에 있었다.

교수들의 봉급은 서로 많은 차이가 났고 경우에 따라서는 거금이 주어질 때도 있었다. 교육의 향상과 더불어 경쟁이 시작되자 각 대학은 서로 유명 교수를 차지하려고 애썼다. 사정이 이런 가운데 볼로냐는 때로 국가 수입의 절반인 2만 두카토를 대학에 쏟아부었다고 한다. 교수직은 기한부였고[2] 때로는 학기 단위의 임용도 있어서 강사들은 배우처럼 편력생활을 했으나 종신 채용도 없지는 않았다. 어떤 때는 한 대학에서 가르친 내용을 결코 다른 대학에서는 강의하지 않는다는 약속을 하기도 했다. 뿐만 아니라 무급을 자청한 강사들도 있었다.

앞서 얘기한 교수직 중에서 특히 인문주의자가 목표로 삼은 것은 당연히 수사학 교수직이었다. 그러나 고대 지식을 얼마나 습득했느냐에 따라서 그는 법학자 · 의학자 · 철학자 · 천문학자로서도 강단에 설 수 있었다. 학문의 내부적인 관계나 강사들의 외적 상황은 매우 유동적이었다. 하지만 몇몇 법학자와 의학자가 막대한 보수를 받았다는 것도 간과할 수 없는데, 특히 법학자들은 자기들에게 봉급을 주는 국가의 권리 문제나 소송에서 고위고문 역할을 하여 높은 봉급을 받았다. 15세기에 파도바 시는 어느 법학자에게 연봉 1000두카토를 주었고,[3] 그때까지 피사에서 금화 700굴덴을 받던 한 유명 의사를 연봉 2000두카토와 개업권을 주는 조건으로 채용하려고 했다.[4] 피사 대학의 법학 교수이던 바르톨로메오 소치니가 베네치아 정부가 제의한 파도바 대학 교수직을 받아들여 그곳으로 가려 하자, 피렌체 정부는 그를 체포하고 금화 1만 8000굴덴의 보석금을 내야 석방하겠다고 했다.[5] 유명 고전학자가 법학자와 의학자로 활동한 것도 이 학과들의 이런 높은 가치를 생각하면 수

2) 교수의 수를 파악할 때 이 점을 고려해야 한다. 일례로 1400년경 파비아 대학의 교수 명단에는 20명의 법률학 교수가 등재되어 있다(Corio, *Storia di Milano*, p.290).

3) Marin Sanudo, in: Muratori, XXII, Col. 990.

4) Fabroni, *Laurent. magn.* Adnot. 52, 1491년.

5) Allegretto, *Diari sanesi*, in: Muratori, XXIII, Col. 824.

긍이 가는 일이다. 한편, 어느 학과이건 간에 자기 분야에서 두각을 나타내려는 사람은 강한 인문주의적 색채를 띠고 있어야 했다. 그밖에 인문주의자들이 보여준 여러 실제적인 활동에 대해서는 곧 이어서 이야기하겠다.

고전학자들의 교수 자리라는 것이 때로는 높은 보수[6]와 부수입을 가져오기는 했어도 전체적으로는 불확실하고 일시적인 자리여서 한 사람이 여러 대학에서 가르치는 경우가 있었다. 사람들은 교수가 바뀌는 것을 좋아했고 신임 교수에게서 매번 새로운 것을 기대했다. 이는 학문이 아직 성장단계에 있어서 교수 개개인에게 많은 것을 의존했던 상황으로 볼 때 쉽게 설명되는 부분이다. 또 고전 작가를 강독하는 사람이 실제로 해당 작가와 관계된 도시의 대학에 소속되어 있는 것도 아니었다. 지역간에 왕래가 쉽고 수도원처럼 이용 가능한 시설이 많을 때는 사적인 초빙으로도 충분했다.

15세기 초엽,[7] 피렌체 대학이 눈부신 발전을 이루면서 교황 에우게니우스 4세와 마르티누스 5세의 궁신들이 피렌체 대학 강당으로 몰려들고 카를로 아레티노와 필렐포가 서로 경쟁하며 강의하던 이때에, 성 스피리토 교회의 아우구스티누스 교단 사람들은 완벽에 가까운 또 하나의 대학을 만들었고, 안젤리 수도원의 카말돌리회 수도사들은 학자 단체를 결성했으며, 그밖에 명망있는 개인들도 서로 연합하거나 독자적인 방식으로 자신과 다른 사람을 위해 고전과 철학 강의를 열었다.

로마에서는 오랫동안 고전학과 고대 연구가 대학과는 별 인연을 맺지 못하고 몇몇 교황과 고위성직자들의 특별한 개인적 보호 아래 있거나 교황청의 사무국이 고용한 학자들에 의해 지탱되었다. 그러다가 레오 10세 때 처음으로 대학을 대대적으로 정비하고 88명의 교수들을 초

---

6) 필렐포는 새로 건립된 피사 대학으로 초빙되어 갈 때 최소한 금화 500굴덴을 요구했다. Cf. Fabroni, *Laurent. magn.* II, Adnot. 41.

7) Cf. Vespas. Fior., *Vescovo d'Imola* §1, *G. Manetti* §2, *Frate Ambrogio* §12. — *Vita Jan. Manetti*, in: Muratori, XX, Col. 531 이하.

빙했는데, 그 중에는 이탈리아 최고의 고전 학자들도 있었다. 그러나 이 새로운 영화는 오래 가지 못했다. 이탈리아에 있었던 그리스어 강좌는 앞에서(271쪽) 잠시 언급했다.

당시의 학문 전달방식을 이해하려면 되도록이면 우리의 시선을 현재의 대학제도로부터 돌리고 바라보아야 한다. 개인적인 교류, 토론, 라틴어의 상용(常用)과 적지 않은 사람들의 그리스어 사용, 교수의 빈번한 교체, 서적의 희귀 등은 지금의 우리가 여간해서는 이해하기 힘든 학문체제를 만들어냈다.

조금이라도 유명한 도시에는 어디에나 라틴어 학교가 있었다. 그러나 이곳은 단순히 고급학문을 위한 예비 교육장으로 존재한 것이 아니었다. 그것은 라틴어가 읽기와 쓰기와 산술 다음으로 중요한 필수지식이었기 때문이다. 그 다음으로 중요한 것이 논리학이었다. 이 학교들이 교회 소속이 아닌 시 관할 아래 있었다는 것도 주목할 만한 일이다. 물론 사립학교도 여럿 있었다.

이때의 학교들은 몇몇 뛰어난 인문주의자의 지도 아래 합리적이고 완벽한 교육기관으로 발돋움했을 뿐 아니라 고급한 교육장으로도 발전했다. 북이탈리아의 두 군문의 자제들을 교육시킨 교육기관은 그 분야에서는 유일무이한 곳이었다.

만토바의 조반 프란체스코 곤차가(재위 1407~44년)의 궁에 비토리노 다 펠트레라는 뛰어난 선생이 등장했다.[8] 그는 일생을 한 가지 목표에 걸고 그 목표를 위해 최고의 능력과 식견으로 무장한 그런 사람에 속했다.

비토리노는 먼저 곤차가 군문의 아들딸들을 교육시켰고 딸 가운데 한 명은 진정한 학자로 길러냈다. 그의 명성이 이탈리아 밖으로 퍼져가면서 원근의 귀족과 부호의 자제들이 몰려오자 곤차가는 이들도 비토리노 밑에서 교육받을 수 있도록 배려해주었다. 뿐만 아니라 그는 그의

---

8) Vespas. Fior., ed. Frati, II, pp.222~228.

궁이 상류사회의 교육장이 된 것을 영예로 생각했던 것 같다. 이곳에서는 처음으로 학문적인 수업과 병행하여 전교생을 위한 체조와 기품있는 체육교육이 균형있게 실시되었다.

여기에는 귀족의 자식들 외에 또 한 부류의 학생집단이 있었다. 가난하지만 재능 많은 학생들이었는데, 비토리노는 이들의 교육을 인생 최고의 목표로 삼았다. 그는 이들을 귀족의 자제들과 함께 자기 집에서 부양하면서 '신의 사랑으로'(무료로) 가르쳤다. 귀족의 자제들도 재능 외에는 가진 것이 없는 이 학생들과 한 지붕 아래에서 지내는 데 익숙해져야 했다.

곤차가는 원래 비토리노에게 금화 300굴덴의 연봉을 주기로 했지만, 이 학생들로 인해 생기는 손실분까지 모두 메워주었고 이는 종종 연봉 액수와 맞먹을 때가 있었다. 곤차가는 비토리노가 그 자신을 위해서는 한푼도 착복하지 않는 것을 알고 있었고, 학비가 없는 학생들을 함께 교육시키는 것이 이 훌륭한 선생이 자신에게 봉사하는 무언의 조건임도 분명히 알고 있었다. 이 만토바의 교육기관은 수도원에서도 보기 힘든 엄격한 종교적인 분위기를 풍겼다.

1429년 니콜로 데스테가 아들 리오넬로의 교육을 위해 페라라로 초빙한 베로나의 구아리노[9]는 무엇보다 학문에 중점을 두었다. 그는 리오넬로가 어느 정도 성장하자 1436년부터 대학에서 웅변술과 라틴어·그리스어 교수로도 교편활동을 했다. 리오넬로 외에도 그는 각지에서 온 수많은 학생을 가르쳤고, 가난한 집의 아이들을 선발해 그 일부 또는 전부를 자기 집에서 부양했다. 밤늦도록 계속된 저녁수업은 이 학생들과의 복습에 바쳐졌다.

이곳도 엄격한 종교와 도덕의 연마장이었다. 당시 대부분의 인문주의자들이 종교와 도덕에서는 별로 좋은 말을 듣지 못했지만 구아리노와 비토리노는 그런 일에 관련되지 않았다. 구아리노가 자기 본연의 임

---

9) Vespas. Fior., II, pp.229~232.

무인 교육 외에 끊임없이 그리스 저술을 번역하고 그 자신의 책을 집필한 것은 놀라운 일이었다.

그밖에 대다수의 이탈리아 궁정에서도 군주 자제들의 교육은 최소한 부분적으로 그리고 일정 기간 동안 인문주의자들의 손에 맡겨졌다. 이들은 이렇게 해서 궁정생활에 한 발 더 다가설 수 있었다. 과거에는 신학자의 임무였던 왕자 교육에 관한 논문 작성이 이제는 당연히 인문주의자들의 손에도 들어왔다. 일례로 에네아스 실비우스는 합스부르크 왕가의 두 젊은 독일 군주[10]에게 그들의 향후 교육을 논한 상세한 논문을 봉정했다. 그는 이 글에서 당연히 이탈리아 방식의 인문주의 육성을 호소했다. 하지만 그는 이것이 마이동풍이라는 것을 알고 자신의 글이 다른 사람들에게 읽혀지도록 조치를 취했다. 인문주의자와 군주의 관계는 나중에 따로 이야기하겠다.

---

10) 지기스문트 대공에게 보낸 편지, *Epist.* 105, p.600 및 라디슬라오 유복왕(遺腹王)에게 보낸 편지, p.695. 후자의 편지는 「자녀 교육에 관한 논문」으로 씌어졌다.

5 인문주의의 장려자들

먼저 우리가 언급해야 할 사람들은 고대 연구를 일생의 목표로 삼아 일부는 스스로 위대한 학자가 되었고 일부는 학자들을 지원하는 후원자로 생활한(263쪽 이하) 피렌체 시민들이다. 이들은 특히 15세기 초의 전환기에서 중요한 의미가 있는 사람들인데, 그것은 인문주의가 이들을 통해 처음으로 일상의 필수요소로서 실용적인 역할을 했기 때문이다. 피렌체 시민들의 뒤를 이어 비로소 군주와 교황들도 진지하게 인문주의에 동참하게 되었다.

니콜로 니콜리와 잔노초 마네티에 관해서는 이미 여러 번 얘기한 바 있다. 베스파시아노의 묘사에 따르면[1] 니콜리는 자기 주변에서조차 고대의 분위기를 해치는 것은 참지 못한 인물이었다. 긴 옷을 입은 준수한 자태와 친근한 말투, 온 집안에 가득한 멋진 골동품이 한데 어울려 독특한 인상을 풍겼다. 니콜리는 지나칠 만큼 모든 일에서 깔끔했다. 특히 식사 때가 그러해서 그의 앞에는 하얀 마포(麻布) 위에 고대의 그릇과 수정으로 된 잔이 놓여 있었다.[2] 그가 도락에 빠진 어느 피렌체

---

1) III, pp.80~95.
2) 베스파시아노의 다음 글은 번역이 불가능하다. a vederlo in tavola cosi antico come era, era una gentilezza(III, 92. 여기에는 'era' 가 하나 빠져 있다).

청년을 자신의 관심사에 끌어들이는 모습[3]은 너무도 기품이 있기 때문에 여기에서 얘기하지 않을 수 없다.

상류층 상인의 아들로 태어난 피에로 데 파치라는 청년은 아버지와 같은 길을 걷도록 정해져 있었다. 외모가 수려하고 세상의 쾌락에 빠져 있던 그는 학문에는 조금도 관심이 없었다. 어느 날 그가 포데스타 궁[4] 옆을 지나는데 니콜리가 손짓하여 불렀다. 피에로는 이제껏 한번도 그와 얘기해본 적이 없었지만 이 고명한 학자의 부름을 따라 그의 곁에 가서 섰다. 니콜리는 그에게 아버지가 누구냐고 물었다. 안드레아 데 파치라고 그가 대답했다. 니콜리가 다시 그의 직업이 무엇이냐고 묻자, 그는 젊은이들이 흔히 하듯이 생을 즐기는 것이라고 대답했다.

그러자 니콜리가 말했다. "그러한 아버지를 두고 그러한 용모를 갖고 태어났으면서 너의 자랑거리가 될 수 있는 라틴 학문을 모른다는 것은 부끄러워해야 할 일이다. 그것을 배우지 않으면 너는 아무 가치 없는 인간이 될 것이고 젊음이 지난 뒤에는 쓸모없는 인간이 될 것이다." 이 말을 듣는 순간 피에로는 그것이 진리임을 깨닫고 스승을 만나기만 한다면 열심히 학문에 애쓰겠다고 대답했다.

그러자 니콜리는 그 일은 자신에게 맡기라고 했다. 실제로 그는 피에로에게 라틴어와 그리스어를 가르쳐줄 폰타노라는 학자를 소개해주었고, 피에로는 폰타노를 한 가족처럼 여기면서 금화 100굴덴의 연봉을 지급했다. 그리고 그때까지의 사치를 버리고 밤낮으로 공부하여 모든 교양인들의 친구가 되었고 훗날에는 식견있는 정치가로 성장했다. 그는 『아이네이스』 전체와 리비우스의 연설 수 편을 외웠는데, 주로 피렌체에서 그의 별장이 있는 트레비오를 오가며 암송했다.

이와는 달리 좀더 차원 높은 의미에서 고대를 대표한 인물이 잔노초 마네티이다.[5] 조숙했던 그는 어린 나이에 상인으로서의 견습기를 마치

---

3) Ibid., III, p.185 이하.
4) 베스파시아노에 따르면 이곳은 학자들의 회합장소였고 토론도 열렸다고 한다.

고 한 은행가의 부기원이 되었으나, 얼마 후 그 일이 속되고 덧없이 느껴지면서 학문에 열망을 품었고, 학문만이 인간에게 불멸을 약속해준다고 믿게 되었다. 피렌체 귀족 출신으로는[6] 처음으로 책에 파묻혀 지낸 그는 이미 언급했듯이 당대 최고 학자의 한 사람이 되었다.

그는 국가로부터 대리 공사, 세무 공무원, 페시아와 피스토이아의 총독으로 임명되자 고귀한 이상에 눈을 뜬 듯이 이 직무들을 수행했다. 그것은 그의 인문주의 연구와 종교심의 결과였다. 그는 국가가 결정한 가장 악명 높은 세금을 거둬들이고 자신의 노고에 대해서는 아무 보수도 받지 않았다. 지방 관리로 있을 때는 모든 진상품을 거절했고, 곡물 수송에 애를 썼으며, 끊임없이 소송을 조정하고 격앙된 민심을 선정으로 가라앉히는 데 전력을 다했다. 피스토이아 사람들은 자신들의 두 당파 중 어느 쪽에 그가 기울어 있는지 알 수가 없었다.

마네티는 여가시간을 이용해 마치 공동의 운명과 권리를 상징하는 듯한 시의 역사를 집필했다. 이 역사서는 보라색 표지로 장정되어 시청사에 성물처럼 보관되었다. 그가 피스토이아 시를 떠날 때 시 당국은 그에게 시의 문장이 그려진 기(旗)와 화려한 은제 투구를 선물했다.

그밖에 이 시대에 활동한 또다른 학식있는 피렌체 시민들을 알고자 한다면 이들 모두를 알고 있던 베스파시아노의 글을 읽어보아야 한다. 왜냐하면 그의 글이 씌어진 분위기와 그의 어조, 또 그가 이 사람들과 교제하게 된 정황들이 그가 적어놓은 개개의 사실보다 더 중요하다고 생각되기 때문이다. 베스파시아노의 저술은 그것을 번역할 경우에도 그렇지만 여기서 우리가 제한된 지면으로 짧게 언급하는 것으로는 더더욱 거기에 담긴 최고의 가치가 상실되고 만다. 그는 위대한 작가는 아니었지만 자신이 다루는 대상에 정통해 있었고, 그것의 정신적인 의미에 대해서도 깊은 통찰을 가졌던 사람이다.

---

5) Muratori, XX, Col. 532 이하에 나온 그의 전기 참조.
6) [정확하게 말하면, 피렌체의 최초 귀족 가운데 한 사람으로는.]

이제 15세기에 메디치 가문이 끼친 마력, 특히 노(老) 메디치(1464년 사망)와 로렌초 마니피코(1492년 사망)가 피렌체와 당대 사람들에게 끼친 마력을 분석해보면, 그들이 당시 문화에서 발휘했던 지도적인 역할이 그들의 정치력과 더불어 가장 강력한 힘이었음을 알게 된다. 코시모처럼 상인이자 지역 당수라는 위치에 있으면서 각 방면의 사상가와 연구가와 저술가들을 휘하에 두고, 태어날 때부터 피렌체의 일인자였고, 게다가 교양에서는 이탈리아 최고의 인물로 꼽히는 사람은 사실상 군주나 다름없었다. 그는 플라톤의 철학[7]에서 고대 사상의 진수를 발견하고, 이 믿음을 주변에 전파하고, 그럼으로써 고대가 인문주의 안에서 고귀한 제2의 탄생을 하도록 뒷받침했다는 특별한 명성을 얻었다. 그 모든 경위는 우리에게 아주 자세히 알려져 있다.[8]

일의 시작은 요하네스 아르기로풀로스라는 학자의 초빙과 코시모의 만년에 불붙은 개인적인 열정으로 거슬러 올라간다. 그의 열정은 위대한 학자였던 마르실리오 피치노*조차 플라톤 철학에 관한 한 스스로 코시모의 정신적 아들이라고 칭할 정도의 열정이었다. 마르실리오 피치

---

7) 플라톤 철학에 대해 이전 사람들이 알고 있던 것은 단편적인 것에 지나지 않았다. 1438년 페라라에서는 플라톤과 아리스토텔레스 철학의 상반성을 놓고 시에나의 우고 벤치와 종교회의 참석차 온 그리스인들 사이에서 주목할 만한 토론이 벌어졌다. Cf. Aeneas Sylvius, *De Europa*, cap.52(*Opera*, p.450).

8) 니콜로 발로리가 쓴 로렌초 마니피코의 전기(ed. Galetti, p.167)에 나와 있다. —Cf. Vespas. Fior., *Piero Acciajuoli* §7. 아르기로풀로스의 첫 후원자는 피에로와 도나토 아차유올리였다. Ibid., I, *Card. Nicono* §1. 베사리온 추기경과 그가 행한 플라톤과 아리스토텔레스의 비교. Ibid., *Card. Cusano* §1. 플라톤 학자로서의 쿠사누스에 관해서는 "위대한 플라톤 학자"라고만 적혀 있다. Ibid., *Vesc. Militense* §3. 카탈루냐 사람 나르치소가 아르기로풀로스와 벌인 논쟁. Ibid., *Lionardo d'Arezzo* §11: 플라톤의 대화 몇 편이 레오나르도 아레티노에 의해 번역되었다. Ibid., *Vesc. di Cinque Chiese* §6: 당시 시작된 신플라톤주의의 영향.

* Marsilio Ficino. 1433~99. 이탈리아의 의사·인문주의자·철학자. 노 코시모 메디치의 후원 아래 피렌체 플라톤 학술원의 중심인물이 되었고, 자연과학과 점성학에도 흥미를 보였다. 그는 플라톤의 저서를 최초로 라틴어로 완역하고 스콜라 철학의 요소들을 수용함으로써 19세기에 이르기까지 신플라톤주의적인 플라톤 해석에 결정적인 영향을 주었다.

노는 피에트로 메디치 대에 이미 한 학파의 거두가 되었고, 피에트로의 아들이며 코시모의 손자인 로렌초도 아리스토텔레스 학파를 떠나 그의 제자가 되었다. 로렌초의 학우 중 유명한 사람으로는 바르톨로메오 발로리, 도나토 아차유올리, 피에르필리포 판돌피니가 있었다. 정열적인 선생이었던 피치노는 그의 저술 여러 군데에서, 로렌초가 플라톤 철학의 모든 심오한 부분을 탐구했으며 플라톤의 사상 없이는 훌륭한 시민도 훌륭한 기독교인도 될 수 없다는 신념을 밝혔다고 적어놓았다.

로렌초를 중심으로 모인 이 유명 학자들의 집단은 이런 차원 높은 플라톤의 관념철학을 통해 서로 결속되었고 비슷한 다른 집단 사이에서도 두각을 나타냈다. 피코 델라 미란돌라도 이런 분위기에서만 행복을 느낄 수 있었다. 그런데 가장 기분좋게 언급할 수 있는 사실은 이곳이 고대 문화의 숭배장인 동시에 이탈리아 시문학의 성전(聖殿)이었다는 것, 또 로렌초의 다양한 개성이 내뿜은 광채 가운데 가장 찬란했던 것은 바로 로렌초라는 인물 자체가 발산한 광채였다는 것이다. 정치가로서의 로렌초에 대해서는 우리 모두 나름의 평가가 있을 것이다(146 · 159쪽). 그리고 그의 죄과와 운명을 결산하는 피렌체 사람들의 작업에는 불가피한 경우가 아니면 우리 외국인은 끼어들지 않는 게 좋다.

하지만 그가 정신적인 측면에서는 주로 범용한 인간들을 비호했고, 그의 과실로 레오나르도 다 빈치와 수학자인 루카 파촐로 수도사가 국외에서 살았으며, 토스카넬리와 베스푸치 등 많은 이들이 아무런 후원도 받지 못했다고 하면서 그를 비난한다면 이보다 더 부당한 공격은 없을 것 같다. 로렌초는 물론 만능의 인간은 아니었지만, 재사를 보호하고 후원하려고 했던 귀족들 중에서 가장 전방위적으로 활동한 사람의 하나였으며, 그것도 대부분 마음 깊은 곳에서 우러나와 실천한 인물이었다.

지금 우리가 살고 있는 시대에도 문화의 가치, 특히 고대 문화의 가치를 소리높여 외치는 목소리들은 많다. 하지만 15세기와 16세기 초의 피렌체 사람들처럼 열정적으로 문화에 헌신하고 문화야말로 가장 먼저 추구해야 할 대상임을 인식하고 있는 이들은 어디에도 없다. 이 점에서는 그 어떤 의혹도 풀어줄 간접적인 증거들이 있다. 만일 피렌체 사람들이 학문을 지상 최고의 자산으로 여겨 절대적인 가치를 부여하지 않았다면 자기 딸들에게 그토록 학업의 기회를 많이 주지는 않았을 것이고, 팔라 스트로치처럼 망명생활을 행운의 체류로 바꾼 사람도 없었을 것이며, 그렇지 않아도 다른 일에 바쁜 필리포 스트로치[9] 같은 사람이 플리니우스의 『박물지』를 비판적으로 연구할 여력과 관심을 갖는 일도 없었을 것이다. 지금 우리는 칭찬이나 비난을 하는 것이 아니라 한 시대 정신의 왕성한 생명력을 이해하려는 것이다.

피렌체뿐 아니라 기타 많은 도시에서도 각 개인이나 사교단체가 때로는 있는 수단을 모두 동원하여 인문주의의 발달에 힘썼고 자기 도시의 학자들을 후원했다. 이때의 서간집들을 읽어보면 이런 다양한 종류의 인적 교류가 있었음을 알게 된다.[10] 당시 교양인들의 공적인 성향은 대개 이같은 방향으로 흐르고 있었다.

이제는 군주 궁에서 꽃핀 인문주의에 눈을 돌릴 차례이다. 스스로의 인격과 재능을 믿고 있던 고전학자들이 전제군주와 맺었던 긴밀한 유대에 관해서는 앞에서(66 · 208쪽) 언급했다. 고전학자들은 높은 보수 때문에라도 당연히 자유도시보다 궁을 선호했다. 아라곤 가의 대 알폰소가 이탈리아 전토의 지배자가 될 것 같아 보이자 에네아스 실비우스[11]는 어떤 시에나 사람에게 이런 편지를 썼다. "만일 이탈리아가

<hr />

9) Varchi, *Stor. fiorent.*, L. IV, p.321. 스트로치에 대한 생동감 넘치는 전기가 들어 있다.
10) 이에 관해서는 다음의 글들이 많은 정보를 담고 있다. 앞에서 언급한 로스미니가 쓴 구아리노와 비토리노의 전기; Shepherd, *Life of Poggio.* 특히 주석과 수정이 가해진 T. 토넬리의 이탈리아 번역판이 돋보인다(2 Vols., Firenze, 1825). 토넬리가 편집한 포조의 서신 교환(2 Vols., Firenze, 1835ff.); Mai, *Specilegium,* Tom. X, Rom, 1844, pp.221~272에 있는 포조의 편지.
11) *Epist.* 39, in; *Opera,* p.526. 마리아노 소치노에게 보낸 편지.

알폰소 치하에서 평화를 누린다면 내게는 차라리 그 편이 도시 정부 아래에서 평화를 얻는 것보다 나을 듯싶습니다. 고귀한 성품의 군주는 모든 재사를 후대하기 때문입니다."[12]

그러나 과거에 사람들이 인문주의자들의 칭송에만 의지해 군주들을 지나치게 호의적으로 생각했듯이, 최근에는 여기에 있는 추한 일면, 다시 말해 이것이 매수한 아부라는 점을 강하게 부각시킨다. 하지만 전체적으로는 군주들이 자기 시대와 자기 나라의 문화에서—그 문화가 일방적이라고 하더라도—스스로 선두에 서야 한다고 느꼈다는 것은 그들에게 매우 유리한 전력으로 작용했다. 더욱이 몇몇 교황들[13]이 이 새로운 문화가 몰고 올 결과에 두려움 없이 대처한 모습은 저절로 경외심마저 일으킨다. 니콜라우스 5세는 수많은 학자들이 협조적으로 교회 편에 선 까닭에 교회의 운명에는 안심하고 있었다. 피우스 2세가 학문에 바친 노력은 전전임자(前前任者)인 니콜라우스 5세만큼 대단하지 않았고 그의 궁정시인들도 범용한 사람들이었지만, 교황 스스로 학자 집단의 선도자가 되어 확고하게 그 명성을 누렸다.

반면 파울루스 2세는 그의 비서들이 표방한 인문주의에 처음으로 공포와 불신을 품은 교황이었다. 그의 뒤를 이은 3명의 교황, 곧 식스투스 · 인노켄티우스 · 알렉산데르는 비록 헌사도 받고 그들을 찬양하는 송시도 짓게 했지만—여기에는 6운각으로 된 『보르자의 노래』도 있다[14]—권력 발판의 구축에 몰두하고 그밖의 일로 너무 바빠 시인이나

---

12) 이와는 별도로 군주들의 문예보호책이 변변치 못하고 많은 군주들이 명성에도 무관심하다며 불만이 퍼져갔지만 여기에 현혹되어서는 안 된다. 일례로 15세기에 Bapt. Mantuan., *Eclog.* V에서 그런 불만이 보이는데, 모든 이를 만족시키기는 불가능했다.

13) [세부적인 내용은 위에서 언급한 Gregorovius, Pastor, Voigt의 저술을 참조하라.]

14) Lil. Greg. Gyraldus, *De poetis nostri temporis*, ed. Wotke, p.38에 있는 카메리노의 스페룰루스에 관한 부분. 이 선량한 사람은 이 일을 제때에 끝내지 못하고 40년이 지난 뒤에도 책상 위에 올려놓고 있었다. —식스투스 4세의 빈약한 보수에 대해서는 Pierio Valer., *De infelic. lit.*에 있는 테오도로 가차 부분 참조. —

고전학자들과는 교류할 틈이 없었다. 율리우스 2세도 그 자신이 중요한 시재(詩材)였던 까닭에(188쪽 이하) 시인들을 거느리고는 있었으나 이들에게 그리 큰 관심은 보이지 않았던 것 같다.

그후 "로물루스에 뒤이어 누마가 나타나듯이" 레오 10세가 등극했다. 다시 말해 전쟁으로 소란스러웠던 전임 교황의 시대가 가자 사람들은 이제 문예에 몸바치는 교황을 기대한 것이다. 레오의 일과 가운데 하나는 훌륭한 라틴어 산문과 아름다운 운율의 시를 즐기는 것이었다. 실제로 그의 문예보호정책은 많은 결실을 거두었다.

라틴 시인들은 수많은 비가와 송시와 격언시와 설교에서 레오 시대의 유쾌하고 찬란한 정신을 생생하게 묘사했으며[15] 이런 분위기는 파올로 조비오가 쓴 전기에도 흐르고 있다. 어쩌면 서양사 전체를 놓고 볼 때 그 생애에서 이렇다 할 사건이 없었음에도 불구하고 이토록 다방면에 걸쳐 찬양받은 군주는 없을 것이다.

시인들이 레오를 알현한 시각은 주로 현악의 거장들이 연주를 마치고 난 정오쯤이었다.[16] 그 중의 한 걸출한 시인[17]이 전하는 바에 따르면, 그들은 이 시간대 외에도 교황이 정원을 거닐 때나 교황궁의 내실로 들어간 뒤에도 어떻게든 접근하려 했고, 그래도 뜻을 못 이룬 사람은 올림포스의 모든 신을 등장시켜 비가 형식으로 쓴 구걸 편지로 시도해보았다고 한다.[18] 그도 그럴 것이 레오는 돈이라는 것을 쌓아둘 줄 모르는 데다가 쾌활한 얼굴만 쳐다보려 했고 그가 내민 하사금의 액수도 훗날 궁핍한 시절에 되돌아보면 신화로까지 기억될 정도였으니 말이다.[19]

레오 이전의 교황들이 인문주의자들을 의도적으로 추기경 자리에서 소외시킨 것에 관해서는 에지디오 추기경에 대한 그라나의 조사(*Anecd. litt.* IV, p.307) 참조.

15) 그 중 최상의 것은 *Deliciae poetarum italorum*과 Roscoe, *Leo X.*의 여러 간행본에 딸린 부록에 있다.

16) Paul. Jov., *Elogia doct. vir.*, p.131에서 Guido Posthumus 부분.

17) Pierio Valeriano, "Simia."

18) *Deliciae poet. ital.*에 있는 Joh. Aurelius Mutius의 비가 참조.

그가 대학을 재정비했다는 얘기는 앞에서(285쪽) 나온 바 있다.

레오가 인문주의에 끼친 영향을 과소평가하지 않으려면 거기에 뒤섞여 들어간 여러 유희적인 요소들로부터 시선을 거두어야 한다. 우리는 그가 종종 문예를 대할 때 보였던 수상쩍은 풍자적 태도(229쪽)에 현혹 당하지 말아야 한다. 그리고 오로지 커다란 정신적 가능성을 기초로 해서만 판단을 내려야 한다. '자극'이라는 말로 표현되는 이 가능성은 결코 전체로서는 계량할 수 없어도 자세히 살피면 사실상 개별적인 사안에서는 증명할 수 있다.

이탈리아의 인문주의자들이 1520년경부터 유럽에 미친 영향은 어떤 식으로든 레오에게서 나온 자극에서 비롯되었다. 그는 새로 발견된 타키투스 저술의 출판 면허장에서,[20] 위대한 작가는 인생의 규범이자 불행 속의 위안이라고 말한 교황이었다. 또한 학자를 후원하고 양서를 구입하는 것이 예부터 자신의 최대 목표였고, 지금도 이 책을 출판하게 함으로써 인류의 편익을 도모할 수 있게 된 것을 하늘에 감사한다고 말했다.

1527년의 로마 약탈은 문필가를 위시한 모든 예술가를 사방으로 흩어지게 했고, 그와 동시에 이제는 고인이 된 위대한 문예 후원자의 명성도 이탈리아 곳곳에까지 퍼지게 했다.

15세기의 세속 군주들 중에서 고대에 가장 열광한 인물은 아라곤 왕조의 나폴리 왕인 대 알폰소였다(97쪽). 그는 이탈리아에 들어온 뒤 기념비와 문헌에서 드러나는 고대 세계에 강한 인상을 받아 훗날에도 그것을 삶의 지표로 삼을 만큼 고대에 대한 열정에서 순수했던 것 같다. 그는 반골적인 아라곤 지방을 그 속지까지 포함하여 홀가분하게 형제

---

19) 레오가 여러 크기의 금화쌈지가 든 보라색 돈지갑에 손을 넣어 닥치는 대로 꺼내 주었다는 유명한 일화는 Giraldi, *Hecatommithi* VI, *Nov.* 8 참조. 반면 레오의 식탁에서 어설픈 시구를 읊은 라틴 즉흥시인들은 채찍으로 맞았다. Lil. Greg. Gyraldus, *De poetis nostri temp.*, Opp.II, 398(Bas. 1580).

20) Roscoe, *Leo X.*, ed. Bossi, IV, 181.

에게 넘겨주고 자신은 새로 얻은 영토에 힘을 쏟았다. 트라브존의 게오르기오스, 소(小) 크리솔로라스, 로렌초 발라, 바르톨로메오 파치오, 안토니오 파노르미타 등이 동시에 또는 차례로 그에게 봉사한 학자들[21]이었고 나중에는 그의 사관(史官)이 되었다. 특히 파노르미타는 알폰소와 그 궁신들에게 매일 리비우스를 강독했으며 이는 출정 중의 진영에서도 계속되었다.

알폰소는 학자들에게 매년 금화 2만 굴덴이 넘는 돈을 지불했다. 파치오에게는 『알폰소 실록』을 편찬한 대가로 500두카토가 넘는 연봉을 주었고, 작업이 끝나자 금화 1500굴덴을 더 얹어주며 이렇게 말했다. "이것은 경에게 보수로 주는 것이 아닙니다. 경의 업적은 돈으로는 도저히 환산할 수 없습니다. 내가 가진 도시 중에서 제일 좋은 것을 주어도 부족합니다. 하지만 차차 경이 만족스러워하는 대가를 치를 것입니다." 그는 잔노초 마네티를 최상의 조건으로 비서로 채용할 때도 "내 마지막 빵은 경과 나누겠노라"고 말했다. 마네티는 이미 페란테 왕자의 결혼식에 피렌체의 축하사절로 왔을 때, 알폰소 왕이 옥좌에서 '동상'(銅像)처럼 꼼짝도 하지 않고 모기 쫓을 생각도 하지 않을 만큼 깊은 인상을 남긴 인물이었다.

알폰소가 애정을 쏟은 장소는 나폴리 성의 도서관이었다. 여기에서 그는 아름다운 경치가 내다보이는 창가에 앉아 바다를 바라보며 현자들이 삼위일체설을 논하는 것에 귀기울였다. 그 역시 신앙심이 깊었기 때문에 리비우스와 세네카뿐 아니라 성서도 강론하게 했으며 성서의 내용은 거의 외우다시피 했다.

그가 파도바에 있던 리비우스의 것이라 추정되는 유골에 품었을 감

21) Vespas. Fior., *Re Alfonso*의 여러 대목에 나온다. 알폰소의 명령으로 진행된 그리스어 번역작업은 같은 책, 29쪽 참조. —Cf. *Vita Jan. Manetti*, in: Muratori, XX, Col. 541 이하, 550 이하, 595. —Cf. Panormita, *De dictis et factis Alphonsi*, ed. Jacob Spiegel, Basel, 1538(에네아스 실비우스의 주석이 있다).

정을 누가 헤아릴 수 있을까? 사정 끝에 베네치아에서 그 팔뼈 하나를 얻어내어 나폴리에서 경건히 맞이했을 때, 어쩌면 그의 마음속에는 기독교적인 감흥과 이교적인 감흥이 묘하게 교차했을지 모른다. 아브루치에 출정했을 때 누군가가 그에게 멀리 보이는 오비디우스의 고향 술모나를 가리키자 그는 그곳을 향해 인사드리며 그 도시의 수호성인에게 감사를 표했다. 그는 이 위대한 시인이 자기 앞날의 명성을 두고 말했던 예언을 지금 자기가 이룬다는 생각에 분명 기뻤을 것이다.[22]

한번은 그가 직접 고대풍으로 차려입고 대중 앞에 나타나며 흥겨워한 적이 있는데, 정복을 끝낸 나폴리로 입성하던 1443년이었다. 그는 시장에서 멀지 않은 성벽에 약 30미터 너비의 돌파구를 내고 이곳을 통해 로마의 개선장군처럼 황금 마차를 타고 들어왔다.[23] 이때의 일은 카스텔 누오보의 화려한 대리석 개선문으로도 영원히 기념되고 있다.[24a] 하지만 그의 뒤를 이은 나폴리 왕조(100쪽)는 이 고대의 열광이나 그의 훌륭한 성품 어느 것도 이어받지 못했다.

우르비노의 페데리고는 알폰소와는 비교가 안 될 만큼 학식이 높은 군주였다.[25] 그는 거느린 학자도 많지 않았고 낭비도 몰랐으며 만사에 그렇듯이 고대 연구도 계획성 있게 추진했다. 대다수의 그리스 고전 번역과 몇 가지의 주석 및 개정 작업은 모두 그 자신과 교황 니콜라우스 5세를 위한 것이었다. 그는 많은 돈을 썼지만 언제나 목적에 합당하게 자신이 필요로 하는 학자들에게 주었다.

우르비노 궁에는 시인집단이 없었다. 군주 자신이 최고의 학자였기 때문이다. 그의 교양에서 고대 문화가 차지한 부분은 일부에 불과했다.

---

22) Ovidius, *Amores* III, 11, vs. 11. —Jovian. Pontan., *De principe*.

23) *Giorn. napolet.*, in: Muratori, XXI, Col. 1127.

24a) George L. Hersey, *Alfons II. and the artistic renewal of Naples 1485~95*, New Haven/London, 1969.

25) Vespas. Fior., *Proemio* §4, *Federigo duca* §23. "성스러운 것이건 이교적인 것이건 그는 모든 일에 대해서 풍부한 지식을 가지려고 했다." —이 책 108쪽 이하와 266쪽 이하 참조.

그는 완벽한 군주와 장군과 인간으로서 당시 제반 학문의 대부분을 습득했고 그것도 실용을 목적으로 한 것이었다. 일례로 그는 신학자의 입장에서 토마스 아퀴나스와 스코투스를 비교했고 동서양의 고대 교부들에 대해서도 꿰뚫고 있었는데, 동방의 교부들은 라틴어 번역을 통해 알고 있었다. 철학에서는 플라톤 연구를 전적으로 자신의 동시대인인 코시모에게 내맡겼던 것으로 보인다. 그러나 아리스토텔레스에 관한 한 그는 그의 『윤리학』과 『정치학』은 물론이고 『자연론』과 그밖의 여러 저술에도 통달해 있었다. 그밖에 페데리고의 독서 목록에서는 그가 소장하고 있던 고대 사가들의 저술이 매우 큰 비중을 차지했다. 그가 "끊임없이 읽고 또 읽고 사람들을 시켜 낭독하게 한 것"도 시인들이 아닌 바로 역사가들의 저술이었다.

스포르차 가문 사람들[26]도 정도의 차이는 있지만 모두 학식이 있었고 앞에서 얘기한 것처럼 문예 보호자로 활동했다(89쪽, 102쪽 이하). 프란체스코 스포르차 공작은 정치적인 이유 때문에라도 당연히 자식들의 교육에 인문주의적 소양이 필요하다고 생각한 듯하다. 군주가 최고의 교양인들과 어깨를 나란히 겨루며 교제한다면 그것은 군주에게 이점으로 작용하리라고 느꼈던 것 같다. 그 자신이 뛰어난 라틴 학자였던 루도비코 일 모로는 모든 정신적인 것에 관심을 보였으며 이런 그의 관심은 고대의 분야를 훨씬 뛰어넘는 폭넓은 것이었다(104쪽 이하).

소군주들도 비슷한 능력을 지니려고 노력했다. 그런데 이들이 오직 찬양받을 목적으로만 궁정 문필가를 후원했을 것이라는 생각은 잘못된 판단이다. 페라라의 보르소 공작 같은 군주(112쪽 이하)는 허영심도 강하고 시인들이 열심히 『보르소의 노래』 같은 것을 지어 바쳤지만 결코

---

26) 비스콘티 가의 마지막 군주 때는 리비우스와 프랑스의 기사소설이 단테나 페트라르카와 경쟁을 벌이며 군주의 관심을 끌었다. 군주는 그를 "유명하게 만들어 주려고" 나타난 인문주의자들을 며칠 후 다시 되돌려보내곤 했다. Cf. Decembrio, in: Muratori, XX, Col. 1014.

그들에게서 불후의 찬미를 기대한 흔적은 보이지 않는다. 그러기에는 군주로서의 자존심이 너무 강했다.

그러나 학자들과의 교류, 고대에 대한 관심, 세련된 라틴어 서한문을 쓰고 싶은 욕구, 이런 것들은 당시의 군주들과 불가분의 관계였다. 실용 분야에서 학식이 높았던 페라라의 알폰소 공작(112쪽)도 젊은 시절의 병약함 때문에 수공(手工)에만 취미를 붙여 소일한 것을 얼마나 한탄했는가![27] 아니면 이것을 핑계삼아 오히려 문필가들을 멀리하려는 속셈이었을까? 알폰소 공작과 같은 사람의 심중은 도무지 당시 사람들도 알 길이 없었다.

로마냐 지방에 있는 약소국의 전제군주들도 한두 명의 궁정 인문주의자 없이는 생활할 수 없었다. 이때 가정교사와 비서는 종종 동일인이었고 때로는 궁정의 집사 노릇까지 했다.[28] 우리는 대개 이런 소규모 궁을 업신여기는 경향이 있지만, 이는 최고의 정신적 자산은 결코 크고 작음에 구애받지 않는다는 것을 모르는 데서 나오는 생각이다.

파렴치한 이교도이며 용병대장인 시지스몬도 말라테스타의 리미니 궁에서는 독특한 사교생활이 펼쳐졌다. 그는 많은 고전학자들을 거느리면서 그 중 몇 명에게는 영지를 하사하는 식으로 후대했고 다른 학자들은 장교로 삼아 최소한 생계를 보장해주었다.[29]

'시지스몬도의 성'이라고 불린 그의 성에서 학자들은 그들이 '왕'이

---

27) Paul. Jovius, *Vita Alfonsi ducis*.

28) 페사로의 조반니 스포르차(알레산드로의 아들, 이 책 89쪽) 궁에 있던 콜레누초에 대해서는 209쪽의 주 4 참조. 조반니 스포르차는 결국 콜레누초에게 죽음을 내렸다. ―포를리의 오르델라포 가의 마지막 군주 때는 코드루스 우르케우스가 그 임무를 맡았다. ―학식 높은 군주로는 1488년 아내에게 살해당한 파엔차의 갈레오토 만프레디와 볼로냐의 벤티볼리오 가의 몇몇 군주들이 있다.

29) *Anecd. litt.* II, pp.305, 405. 파르마의 바시니우스는, 자신은 땅과 별장을 하사받았지만 포르첼리오와 톰마소 세네카는 배고픈 식객이니 나이가 들어서도 군인 노릇을 해야 한다고 비웃었다. (이 글은 1460년경에 나온, 정보가 풍부한 문헌이다. 후자의 두 사람처럼 그리스어의 등장을 막아보려 한 인문주의자들이 있었다는 것도 여기에서 알 수 있다.)

라고 부른 시지스몬도가 참석한 가운데 때로는 악의에 찬 토론을 벌였다. 라틴시를 지을 때는 당연히 시지스몬도를 찬양했고 그와 아름다운 이소타와의 사랑 얘기도 노래했다. 리미니에 있는 성 프란체스코 교회의 유명한 개축공사도 실은 이소타를 기리는 '신성한 이소타의 성소'로 만들기 위해 시행된 것이었다. 고전학자들이 죽으면 이 교회 바깥쪽 두 개 벽의 벽감(壁嵌)을 장식하는 석관 속에 넣거나 그 밑에 묻고, '여기 아무개가 판둘푸스의 아들 시기스문두스의 치세 때 묻히다'라는 비문을 새겨넣었다.

이 괴물과 같은 군주가 학자들과의 교류와 교양에 욕심을 부렸다는 것이 오늘날에는 좀처럼 믿어지지 않을 수 있다. 하지만 그를 파문하고 그 형상을 불태우고 그를 상대로 전쟁을 벌였던 교황 피우스 2세는 이렇게 말했다. "시지스몬도는 역사를 아는 인물이며 철학에도 조예가 깊었다. 그는 손을 대는 것마다 타고난 전문가처럼 보였다."[30]

---

30) Pius II., *Comment.*, L. II, p.92. 여기에서 '역사'란 고대 일체를 뜻하는 총체적인 개념이다.

6 고대의 재생 ─ 서간문과 라틴어 연설

공화국에서든 군주국에서든 또는 교회국가에서든, 인문주의자는 두 가지 이유 때문에 없어서는 안 될 존재로 여겨졌다. 서간문 작성과 공식석상에서의 의전적(儀典的) 연설이 그것이었다.

비서는 단지 문장 때문에만 훌륭한 라틴어 학자여야 하는 것이 아니었다. 거꾸로 사람들은 인문주의자만이 비서가 갖춰야 할 교양과 재능을 갖고 있다고 믿었다. 15세기의 위대한 학자들은 바로 이런 식으로 생의 많은 부분을 국가를 위해 봉사했다.

이때 고향이나 출신은 문제시되지 않았다. 1429년부터 1465년까지 피렌체에서 봉직한 4대 비서관[1] 가운데 세 명이 예속 도시인 아레초 출신이었다. 레오나르도 브루니(레오나르도 아레티노), 카를로 마르추피니, 베네데토 아콜티가 그들이었다. 포조도 피렌체령인 테라 누오바 출신이었다. 이곳에서는 이미 오래 전부터 최고관리직에 원칙적으로 타지인들을 앉혀놓고 있었다. 레오나르도, 포조, 잔노초 마네티는 한때 교황의 비서로도 일했고, 카를로 아레티노도 비서가 될 예정이었다. 포

---

1) Fabroni, *Cosmus*, Adnot. 117. ─Vespas. Fior.의 문헌 중 여러 대목. ─피렌체 인들이 비서관에게 어떤 자질을 요구했는지 기술한 대목은 Aeneas Sylvius, *De Europa*, cap.54(*Opera*, p.454) 참조.

를리의 블론두스, 그리고 사연은 많았지만 어쨌든 로렌초 발라도 비서
직에까지 올랐다.

교황청은 니콜라우스 5세와 피우스 2세 때부터[2] 차츰 저명한 학자들
을 사무국에 데려다 앉혔고, 이는 평소에는 문예에 관심이 없던 15세기
의 마지막 교황들 밑에서도 계속되었다. 플라티나의 『교황사』에 나오는
「파울루스 2세전」은 사무국의 비서들, 즉 "교황청으로부터 받은 만큼의
영광을 다시 교황청에 되돌려준 시인과 웅변가들의 집단"을 다룰 줄 몰
랐던 유일한 교황에 대해 인문주의자가 가한 유쾌한 보복에 다름아니
었다.

우리는 이 자부심 강한 학자들이 선두다툼 같은 것이 벌어질 때 분노
하던 모습을 볼 수 있다. 가령 교황청의 변호사들이 그들과 동등하다고
나서거나 심지어 우위를 주장할 때가 그러했다.[3] 이럴 때면 학자들은
천상의 비밀을 계시받은 복음서 저자 요한, 무키우스 스카에볼라가 왕
으로 착각한 포르센나의 비서, 아우구스투스 황제의 비서였던 마에케
나스, 독일에서는 궁내관으로 불리던 대주교들을 단번에 끌어댔다.[4]

"교황청의 비서들은 그 손에 천하를 쥐고 있다. 가톨릭 신앙, 이단과
의 싸움, 평화의 확립, 강대국 군주들간의 중재, 이 모든 것을 기록하고
처리하는 사람이 교황청의 비서들말고 누가 있는가? 전 기독교 세계에
대한 통계적 개관을 이들말고 누가 제공하는가? 이들은 교황이 발표하
는 내용으로 왕과 군주와 온 나라의 국민을 경탄하게 만드는 사람들이
다. 교황 사절에게 내리는 명령과 지령을 작성하고, 그 명령도 교황이
아닌 다른 사람에게서는 받지 않으며, 그 분부를 기다리느라 밤낮없이

---

2) 〔피우스가 새로 만든 속기사 단체에 대해서는 Pastor, II, p.304 참조.〕
3) *Anecdota lit.* I, p.119 이하. 야코부스 볼라테라누스가 비서관들을 대신해서 행
   한 변론에서 그렇게 주장했는데, 이는 분명히 식스투스 4세 때 나왔다. ―교황청
   변호사들이 인문주의자로서의 권리를 요구한 것은 그들의 웅변술에 근거한 것이
   었고, 비서관들의 요구는 그들의 서간문 작성 능력에 근거한 것이었다.
4) 프리드리히 3세 때 황궁 사무국의 실상에 대해서는 에네아스 실비우스가 가장 잘
   알고 있었다. Cf. *Epp.* 23, 105, *Opera,* pp.516, 607.

시시각각 대기하고 있다." 그러나 최고의 명성을 획득한 인문주의자로 말한다면 레오 10세의 유명 비서이자 문장가였던 피에트로 벰보와 야코포 사돌레토 두 사람이었다.

사무국의 비서들이라고 전부 유려한 문장을 선보인 것은 아니었다. 개중에는 어법에도 맞지 않는 라틴어에 지루한 관청식 문체도 있었고 사실 이런 것들이 대다수를 차지했다. 코리오가 전하는 밀라노의 국가 문서에는 이런 문장들도 있지만, 밀라노 군문 사람이 직접 썼음에 틀림없는, 그것도 위기의 순간에 쓴 몇 장의 편지들[5]이 깔끔한 고전 라틴어를 뽐내고 있어서 좋은 대조를 보인다. 급박한 위기에서도 좋은 문장을 쓴다는 것은 반듯한 예의범절이며 습관의 결과라고 인식되었다.

따라서 당시 사람들이 키케로와 플리니우스 등의 서간집을 열심히 연구한 것도 당연했다. 15세기에는 벌써 라틴어 서간문 작성을 위한 안내서와 예문집들이 문법서와 사전 편찬의 일환으로 연달아 선보였는데, 여러 도서관에 남아 있는 그 방대한 양을 대하노라면 지금도 놀라움을 금하지 못한다. 그러나 재능도 없는 사람들이 점점 이 보조수단에 기대어 서간문 작성에 손을 뻗치자 대가들은 더욱 분발하게 되었다. 폴리치아노의 서간문과 16세기 초에 씌어진 피에트로 벰보의 편지들은 라틴어 문장에서뿐 아니라 서간문 자체로도 인간이 만들어낼 수 있는 최고의 걸작으로 꼽혔다.

이와 더불어 16세기에는 고전적인 이탈리아 서간체도 등장했는데, 여기에서도 역시 벰보가 정상의 자리에 있었다. 이탈리아 서간체는 라틴 문체와는 의도적으로 거리를 둔 철저히 근대적인 문체였으나 정신적으로는 고대의 영향을 받아 고대의 기풍으로 가득했다. 이 서간문들

---

5) Corio, *Storia di Milano*, p.449. 아라곤의 이사벨라가 부친인 나폴리의 알폰소 왕에게 보낸 편지; pp.451, 464: 일 모로가 샤를 8세에게 보낸 두 통의 편지. — 이와 함께 세바스티아노 델 피옴보가 아레티노에게 보낸 편지(*Lettere pittoriche* III, 86) 속에서, 클레멘스 7세가 로마의 약탈 때 성채 안에 학자들을 모아놓고 각자 카를 5세에게 편지를 쓰게 했다는 일화를 비교하라.

은 사적으로 쓰어진 것도 일부 있지만 대부분은 훗날의 공개를 염두에 둔 것이었고, 어쩌면 그 세련된 문체 때문에 두루두루 사람들에게 읽히리라는 의식 아래 쓰어졌을 것이다. 1530년부터는 서간집들도 인쇄되기 시작했다. 그 중 일부는 여러 사람의 편지를 뒤섞어 편찬한 것이고 일부는 개개인의 서신 교환을 모아놓은 것이다. 벰보는 라틴어에서도 그렇지만 이탈리아어에서도 서간문학가로 이름을 날렸다.

연설을 듣는 것을 최고의 기쁨으로 알았고 로마의 원로원과 그 웅변가들의 환상이 만인을 지배하던 이 시기의 이탈리아 사람들에게 웅변가는 서간문 작가들보다 훨씬 화려한 모습으로 등장했다.[6] 웅변은 중세에 그 피난처였던 교회에서 완전히 벗어나 이제는 고급스러운 생활의 장식이자 필수요소가 되었다. 현재는 음악으로 채워지고 있는 여러 축제의 시간들이 그 시기에는 라틴어 연설이나 이탈리아어 연설에 바쳐졌다. 그 내용은 독자가 나름대로 상상해보기 바란다.

연설가가 어떤 신분인가는 전혀 문제되지 않았고 중요한 것은 대가로 꼽힐 만큼 수련된 인문학적 재능이었다. 보르소 공작 치하의 페라라 궁에서는 궁정의사인 예로니모 다 카스텔로가 황제 프리드리히 3세와 교황 피우스 2세가 방문했을 때 환영사를 담당했다.[7] 경조사 때는 물론이고 성인의 축일에도 교회 설교단에 오른 것은 결혼한 속인이었다. 밀라노의 대주교가 아직 서품을 받지 않은 에네아스 실비우스를 성인 암브로시우스의 축일에 단상에 오르게 했을 때, 이탈리아 밖에서 온 바젤 종교회의 의원들은 그것을 무척 이례적으로 생각했다. 신학자들은 불평했지만 종교회의 의원들은 그 일을 담담하게 받아들이며 주의깊게 경청했다.[8]

이제는 중요한 공식연설이 자주 등장했던 상황들을 훑어보자.

---

6) 필렐포와 사벨리코와 노(老) 베로알두스의 작품집에 나오는 연설들. 잔노초 마네티 및 에네아스 실비우스의 저작과 전기를 참조하라.

7) *Diario Ferrarese*, in: Muratori, XXIV, Col. 198, 205.

8) Pius II., *Comment.*, L. I, p.10.

국가간에 파견되는 사절이 웅변가로 불린 데에는 그만한 이유가 있었다. 그는 비밀협상만 한 것이 아니라, 빼놓을 수 없는 의전행사의 하나로 최대한 성대하고 화려한 분위기 속에서 공식연설도 해야 했다.[9] 대개는 여러 명의 사절단 중에서 사전협의 아래 한 사람이 연설을 맡았다. 그러나 사계의 전문가였던 피우스 2세 앞에서는 너도나도 웅변을 선보이려 한 까닭에 그는 사절단 전원의 연설을 차례로 다 들어야 한 적도 있었다.[10]

웅변에 능한 학식있는 군주들은 자기가 직접 이탈리아어나 라틴어로 연설하기를 좋아했고 실제로도 훌륭한 연설을 했다. 특히 스포르차 군문의 자녀들은 이 방면에서 교육을 받았다. 갈레아초 마리아는 아직 어린 나이이던 1455년에 베네치아 대회의에서 유창한 연설을 했고,[11] 그의 누이인 이폴리타도 만토바 종교회의에 참석한 교황 피우스 2세를 세련된 환영사로 맞았다.[12]

피우스 2세는 신분 상승의 종착점인 교황직에 오르기 위해 평생 동안 열심히 연설가로서 앞길을 다져온 사람이었다. 교황청 최고의 외교관이자 학자인 그였지만, 만일 웅변가로서의 명성과 마력이 없었다면 그는 아마 교황이 되지 못했을 것이다. "감격적인 그의 열변보다 더 숭고

---

9) 운 좋은 연설가는 큰 성공도 거두었지만, 대거 운집한 귀족들 앞에서 입이 얼어붙는 것은 끔찍한 일이었다. 그런 공포스러운 사례를 모아놓은 것이 Petrus Crinitus, *De honesta disciplina* V, cap.3이다. Cf. Vespas. Fior., p.319 (Ambros. Trav.), 431(Piero Acciajuoli).

10) Pius II., *Comment.*, L. IV, p.205. 게다가 비테르보에서는 로마인들이 그를 기다리고 있었다. "그들은 웅변에서 거의 동등했기 때문에 각자 남에게 잘 보이려고 단독으로 연설을 했다." —구이차르디니는, 아레초의 주교가 새로 선출된 교황 알렉산데르 6세를 위해 이탈리아 각국 공동사절단의 대표로 연설하지 못한 것을 1494년 이탈리아에 불행이 몰아닥친 원인의 하나로 꼽고 있다.

11) Marin Sanudo, in: Muratori, XXII, Col. 1160.

12) Pius II., *Comment.*, L. II, p.107, cf. p.87. —라틴어로 연설한 또 한 명의 군문 출신 여성은 말라테스타와 결혼한 마돈나 바티스타 몬테펠트로인데, 지기스문트 왕과 교황 마르티누스 앞에서 연설을 했다. Cf. *Arch. stor.* IV, 1. p.422, Nota.

한 것은 없었기 때문이다."[13] 때문에 그는 이미 교황 선거 전부터 많은 이들에게 최고의 교황 적임자로 점쳐지고 있었다.

군주들은 성대한 환영식이 있을 때면 때로는 몇 시간이나 계속되는 환영사를 들었다. 물론 이것은 그 군주가 연설을 좋아한다고 알려져 있거나 본인 스스로 그렇게 인정받고 싶어하는 경우여야 했고,[14] 궁정 문필가든 대학 교수든 관리든 의사든 성직자든 어쨌든 연사층이 두터워야 가능했다.

그밖에 모든 정치적인 행사들이 연설의 기회로 애용되었고 연사의 명성에 따라서 교양 숭배자들이 몰려들었다. 연례적인 관리 경질 때나 신임 주교의 취임식에서는 반드시 인문주의자 가운데 한 명이 등장하여 사포의 시구나 6운각으로 연설을 했다.[15] 신임 관리들도 가령 "정의에 관하여"라는 식으로 자기 분야에 대해 직접 연설해야 하는 경우가 많았으며 연설에 숙달되어 있으면 더욱 다행이었다.

피렌체에서는 용병대장들까지도——그 출신과 됨됨이가 어떻든 간에——전 국가적인 연설 열풍에 이끌어들였다. 그래서 용병대장은 학식이 높은 국가 서기에게서 사령관의 지휘봉을 건네받을 때 대중 앞에서 연설을 해야 했다.[16] 정부 관리들이 국민 앞에 모습을 드러내는 장엄한 란치 발코니 아래 또는 그 옆에는 연사를 위한 연단이 설치되어 있었던

---

13) *De expeditione in Turcas*, in: Muratori, XXIII, Col. 68. "실로 피우스의 열정적인 연설보다 더 고귀한 위엄은 없었다." —피우스가 자신의 성공적인 연설을 묘사할 때 내비친 소박한 희열 등에 대해서는 Campanus, *Vita Pii II.*, in: Muratori, III, 2.

14) 카를 5세는 언젠가 한번 제노바에서 어느 라틴어 연사의 꽃말을 이해하지 못하자 조비오의 귀에 대고 이렇게 탄식했다. "아, 내 스승인 하드리아누스의 말이 옳았습니다. 그는 내가 어리석게도 라틴어 공부를 태만히 했으니 그 벌을 받을 것이라고 예언했거든요!" Paul. Jov., *Vita Hadriani VI*.

15) Lil. Greg. Gyraldus, *De poetis nostri temp.*, ed. Wotke, p.72 중 콜레누초에 관한 대목. —결혼한 속인인 필렐포는 1480년 코모의 대성당에서 스카람비 대주교를 소개하는 연설을 했다.

16) Fabroni, *Cosmus*, Adnot. 52.

것 같다.

기념일 중에서는 특히 군주의 기일(忌日)에 추모연설을 하여 기념했다. 장례식 때도 주로 인문주의자들이 조사를 도맡아 교회에서 세속의 복장을 하고 관 옆에서 낭독했으며, 그것은 죽은 이가 군주가 아닌 관리나 그밖의 유명인일 때도 그랬다.[17] 약혼식과 결혼식도 사정은 비슷했으나, 단지 이때는 축사가 낭독된 곳이—확언할 수는 없지만—교회가 아닌 궁정이라는 점이 다를 뿐이었다. 필렐포도 안나 스포르차와 알폰소 데스테의 약혼식 때 밀라노 성내에서 축사를 했다(여하튼 축사가 낭독된 곳은 궁 안 예배당이었을 것이다). 명문가 출신의 일반인들도 이 같은 결혼식의 연사를 품격있는 사치로 여겨 자주 이용했다. 페라라에서는 이런 행사가 있을 때면 구아리노에게 부탁하여 그의 제자 가운데 한 명을 보내달라고 요청했다.[18] 교회에서는 결혼식이나 장례식에 꼭 필요한 원칙적인 의식만 거행해주었기 때문이다.

대학의 연설에서는 신임 교수의 취임연설과 강좌 개설 때[19] 담당 교수가 하는 연설이 가장 현란한 수사학으로 치장되었다. 평상시의 강의도 본격적인 연설에 가까워질 때가 많았다.[20] 변호사들의 경우는 그때 그때 참석한 방청객의 수준이 연설의 방향을 결정지었다. 그래서 상황에 따라 연설이 고전학적이고 상고적(尚古的)인 내용으로 채워질 때가 있었다.

이와는 전혀 다른 종류가 전쟁에 나가기 전이나 전쟁 후에 군사들을 향해 이탈리아어로 하는 연설이었다. 이 분야의 모범적인 인물인 우르비노의 페데리고[21]는 군장하고 서 있는 각 부대 앞을 일일이 지나면서

---

17) 이것이 플라티나 추모제 때 볼라테라누스에게 불쾌감을 일으켰다. Cf. Murat., XXIII Col. 171.

18) *Anecdota lit*. I, p.299에 있는 로도비코 포도카타로에 대한 페드라의 조사. 구아리노는 페드라에게 주로 이 같은 임무를 맡겼다.

19) 이런 입문 강의는 사벨리코, 노 베로알두스, 코드루스 우르케우스 등의 저술에 많이 전해져 오고 있다.

20) 폼포나초의 강연이 과시한 탁월한 명성에 대해서는 Paul. Jov., *Elogia* 참조.

긍지와 열광을 불어넣었다. 포르첼리오(168쪽) 같은 15세기의 전사가 (戰史家)들이 전하는 연설들의 일부는 지어낸 것도 있지만 어떤 것들은 실제로 있었던 연설을 소개한 것들이다. 이와 또다른 것으로는, 1506년부터 주로 마키아벨리의 권유에 따라 조직된 피렌체 민병대를 향해[22] 사열식에서, 나중에는 특별한 연례축제 때 행해진 연설이 있다. 내용은 대체로 우국적인 것들이었으며, 흉갑 차림을 하고 손에는 검을 든 한 시민이 시의 각 구역의 교회에 모인 민병대 앞에서 연설을 했다.

마지막으로, 15세기에는 많은 성직자들까지 고대 문화 추구에 동참했고 거기에서 뭔가를 과시하려고 했기 때문에 본래의 설교와 연설을 구분하는 것이 좀처럼 쉽지 않을 때가 있었다. 살아서부터 이미 성인으로 대중의 숭상을 받은 길거리 설교사 베르나르디노 다 시에나는 이탈리아어로만 설교했지만, 유명한 구아리노의 수사학 강의를 경멸하지 않는 것이 자신의 의무라고 생각했다. 당시 사람들은 설교에 대해, 특히 사순절 설교사에 대해 종전과 다름없는 많은 기대를 걸었다. 또 설교단에서 펼쳐지는 철학적인 연설을 소화할 수 있고 나아가 교양을 위해 오히려 그것을 원한 청중도 꽤 있었다.[23]

그러나 우리가 여기서 논하는 대상은 라틴어로 설교한 신분 높은 임시 설교사들이다. 이미 얘기했듯이, 이들은 학식 많은 속인들에게 설교의 기회를 많이 빼앗겼다. 특정 성인의 축일에 하는 연설, 장례와 혼례 연설, 주교 취임식 때의 연설, 심지어는 친분있는 성직자가 처음으로 미사를 집전할 때의 연설이나 수도원 참사회의 때의 식사(式辭)도 거의 속인들 차지였다.[24]

---

21) Vespas. Fior., *Federico duca* §16. 잔노초 마네티가 페데리고의 진영으로 찾아온 이야기 참조.

22) *Arch. stor.* XV, pp.113, 121. 카네스트리니의 서문, 32쪽 이하에서 두 병사의 연설을 복제한 부분. 그 중 첫번째인 알라만니의 연설은 매우 뛰어났으며 1528년 당시로서는 시의적절했다.

23) 이에 대해서는 Faustinus Terdoceus의 풍자시 *De triumpho stultitiae*, Lib. II 참조.

그래도 15세기에 오면, 그것이 어떤 종류의 축제이건 간에, 적어도 교황청 궁신들을 앞에 놓고 하는 설교만큼은 통상적으로 수도사가 담당했다. 식스투스 4세 때 자코모 다 볼테라는 이 축제 설교자들의 설교를 정기적으로 기록하고 설교의 법칙에 의거하여 비판했다.[25] 율리우스 2세 때 축제 연설가로 유명했던 페드라 잉기라미는 최소한 서품식을 올린 사람이었고 라테란 궁의 참사회원이었다. 그밖에도 이때에는 고위성직자 가운데 세련된 라틴어 학자들이 많이 있었다. 다른 분야도 그렇지만 이 연설 분야에서도 16세기가 되자 종래 세속 인문주의자들이 누렸던 과도한 특권은 약화되어간 듯이 보인다. 더 자세한 것은 뒤에 가서 얘기하겠다.

그럼 이 연설의 특성과 내용은 전체적으로 어떠했을까? 이탈리아 사람들은 중세 내내 천부적인 능변을 자랑했고 이른바 수사학도 예부터 7학예의 하나였다. 그러나 고대 웅변술을 부활시킨 공적을 따진다면, 이는 필리포 빌라니의 말을 빌려[26] 1348년 페스트로 요절한 브루노 카시니라는 피렌체인에게 돌아가야 한다. 그는 피렌체 사람들이 의회나 여러 공식석상에서 쉽고 솜씨 좋은 연설을 할 수 있게 한다는 실용 위주의 목적에서 고대인들을 전범으로 삼아 착상·열변·몸짓·자세 따위를 서로 연관시켜서 다루었다.

그밖에도 이탈리아에서는 옛날부터 실생활에서의 응용만을 겨냥한 수사학 교육이 실시되었다. 연설 가운데 으뜸으로 친 것은 즉석에서 세

---

24) 이 마지막의 놀라운 두 사례는 사벨리코의 글(*Opera*, pp.61~82)에 나오는데, 베로나의 맨발 수도사들의 성당 참사회 앞 연단에서 행해진 「종교의 기원과 성장」이라는 연설과 베네치아에서 있었던 연설인 「성전(聖戰)의 공로」가 그것이다. 이 책 308쪽의 주 15 참조.

25) Jac. Volaterranus, *Diar. roman.*, in: Muratori, XXIII의 여러 대목. —Col. 173에는 우연히도 식스투스 4세의 부재중에 교황궁 앞에서 벌어진 매우 주목할 만한 연설이 언급되어 있다. 파올로 토스카넬로라는 신부가 교황과 교황 가족과 추기경들에게 호통을 친 연설이었는데, 식스투스는 그 사실을 전해듣고 코웃음을 쳤다고 한다.

26) Fil. Villani, *Vitae*, ed. Galetti, p.30.

런된 라틴어로 각 상황에 적절한 말을 끄집어내는 능력이었다. 키케로의 연설과 웅변 이론서를 왕성하게 연구하고, 퀸틸리아누스와 제정시대의 송사 작가들을 연구하고, 이탈리아 사람이 만든 새로운 연설 교본이 출간되고,[27] 진보한 고전학을 응용하고, 사고를 풍요롭게 하는 고대의 사상과 문물이 즐비하고, 이런 정황들이 한데 어울려 새로운 웅변술의 특성을 만들었다.

하지만 웅변의 성격도 개인에 따라 많은 차이가 났다. 본질을 벗어나지 않는 연설들은 진정한 웅변의 힘을 내뿜었다. 피우스 2세가 남긴 연설들이 대체로 이 유형에 속한다. 잔노초 마네티[28]가 도달했던 경이적인 웅변술은 그가 희대의 능변가였음을 알게 한다. 그가 니콜라우스 5세의 사절로서 베네치아 통령과 대회의 의원들 앞에서 행한 알현 연설은 훗날에까지 오래도록 기억된 일대사건이었다. 반면에 많은 연설가들은 그 기회를 이용해 신분 높은 청중에게 아부하면서 고대에서 인용한 표현과 사례들을 두서 없이 늘어놓았다. 이런 것들을 두 시간이고 세 시간이고 앉아서 참아냈다는 것은 고대 문물에 대한 높은 관심이 있었기에 가능했고, 인쇄술이 보편화하기 전이어서 고대 연구서들이 불충분하고 상대적으로 부족한 때문이었다. 이런 연설들은 앞에서(277쪽) 우리가 페트라르카의 서간문에도 두었던 가치를 지니는 것들이었다.

그러나 개중에는 극단으로 흐른 연설가도 있었다. 필렐포의 대다수 연설들은 상식적인 이야기에 고전 인용과 성서 인용을 뒤섞어 꿰어놓은 혐오스러운 것이었다. 그는 연설 사이사이에 찬양하고 싶은 위인의 성품을 기본덕목과 같은 일정한 도식에 맞춰 상찬했다. 따라서 여간한

---

27) Georg Trapezunt, *Rhetorica*는 최초의 완벽한 연설 교본이며 1436년에 완성되었다. —Aen. Sylvius, *Artis rhetoricae praecepta*, 1456, in: *Opera*, pp. 992~1034는 의도적으로 문장구조와 구문에만 치중하고 있으나 이 부분의 완벽한 훈련을 위해서는 특색 있는 저술이다. 에네아스는 다른 이론서들도 거명했다.
28) Muratori, XX에 실린 마네티전(傳)은 그의 웅변술이 끼친 영향력에 대한 기술로 가득 차 있다. —Cf. Vespas. Fior., II, 48, *Commentario*, p.30.

노력 없이는 필렐포나 그 비슷한 사람들의 연설에서 정말로 거기에 담긴 중요한 시대적 요소를 찾아내기가 쉽지 않다.

피아첸차 시의 교수이며 문필가였던 어느 사람이 1467년 갈레아초 마리아 공작의 환영식에서 행한 연설은 율리우스 카이사르로 시작하여 방대한 고대 인용과 자신의 우의적 작품에서 취한 인용을 뒤섞은 다음 공작에 대한 무례한 충고로 끝맺었다.[29] 다행히 때는 이미 늦은 저녁이어서 연사는 자신의 찬사를 서면으로 바치는 것에 만족해야 했다. 필렐포도 어느 약혼식 축사에서 "저 소요학파의 아리스토텔레스는……"으로 시작했고, 어떤 이들은 처음부터 "푸블리우스 코르넬리우스 스키피오는……" 하고 운을 떼어 마치 연사도 청중도 인용을 학수고대했다는 투였다.

그러나 15세기 말이 되자 주로 피렌체 사람들의 노력으로 취향이 개선되기 시작했다. 그래서 인용도 이제는 신중하게 절도를 지키게 되었는데, 그것은 그 사이 각종 참고서들이 흔해져서 그때까지 군주와 대중을 감탄시켰던 명언들을 누구라도 손쉽게 찾아낼 수 있었기 때문이었다.

연설문은 대개 책상머리에서 만들어졌기 때문에 그 원고는 곧바로 배포와 출간에 이용될 수 있었다. 반면에 위대한 즉석 연설가들의 경우는 속기사가 연설을 받아 적어야 했다.[30] 지금까지 전해오는 모든 연설들이 실제로 연설될 것을 고려해서 만들어진 것만은 아니었다. 일례로 노(老) 베로알두스가 루도비코 일 모로에게 바친 찬사는 서면으로만 봉정된 연설이었다.[31] 또 당시 사람들이 세계 각지에 있는 가공의 수신인 앞으로 습작삼아, 또는 서식용으로, 또는 시사 평론의 형태로 편지를

---

29) *Annales Placentini*, in: Muratori, XX, Col. 918.

30) 사보나롤라가 그런 경우였다. Cf. Perrens, *Vie de Savonarole* I, p.163. 그러나 속기사들은 사보나롤라를 비롯한 열정적인 즉석 연설가들의 속도를 항상 따라잡지는 못했다.

31) 하지만 훌륭한 연설은 아니었다. 〔*Opuscula Beroaldi*, Basel, 1509, pp. XVIII~XXI.〕 마지막 부분에 나온 미사여구가 눈길을 끈다. "당신 자신을 모방하는 것이 당신 자신에게 원형이 되고 모범이 되어야 합니다."

썼듯이, 연설 중에도 가상적인 상황에서[32] 고위관리나 군주나 주교들에게 바치는 환영사 서식의 형태로 씌어진 것들이 있었다.

교황 레오 10세의 죽음(1521년)과 로마의 약탈(1527년)은 웅변술에도 종말을 고했다. 영원의 도시가 겪는 참담함에서 가까스로 도망쳐나온 조비오[33]는 일방적이기는 하지만 대체로는 타당한 다음의 이유를 들어 이 종말의 이유를 설명한다.

한때는 로마 상류층을 위한 라틴어 표현의 연습장이던 플라우투스와 테렌티우스의 연극 공연은 이탈리아 희극에 밀려났다. 세련된 연설가들은 이제 옛날처럼 보수도 인정도 받지 못한다. 때문에 교황청의 변호사들도 변론의 서두만 다듬을 뿐 나머지는 이것저것 뒤섞어 기분 내키는 대로 말해버린다. 임시 연설과 설교도 깊숙이 침몰했다. 추기경이나 일반 귀족을 위한 장례사의 경우, 유언 집행자들은 돈이 많이 드는 그 도시의 일류 연설가에게 의뢰하는 것이 아니라, 혹평을 듣더라도 사람들 입에 오르내리기만을 바라는 뻔뻔스러운 뜨내기 연설가를 싼값에 고용한다. 상복 입은 원숭이가 연단에 서서 울먹이는 쉰소리로 중얼거리다가 서서히 고성을 내질러도 죽은 자는 아무것도 느끼지 못한다는 발상이었다. 교황이 주관하는 행사에서 장중한 설교를 해도 이제는 정당한 대가를 받지 못한다. 대신 지금은 그것을 각지의 수도원에서 온 수도사들이 장악하여 마치 무식한 청중을 상대라도 하듯 설교한다. 몇 년 전만 해도 미사 때 교황 앞에서 하는 이런 설교는 주교가 될 수 있는 길이었다.

---

32) 알베르토 다 리발타가 이런 종류의 편지와 연설문을 썼다. 그가 (연설의 계속편으로) 집필한 *Annales Placentini*, in: Muratori, XX, Col. 914 이하 참조. 이 융통성 없는 학자는 이 글에서 자신의 문필 경력을 아주 계몽적으로 기술해놓았다.

33) Paul. Jovius, *Dialogus de viris litt. illustribus*, in: Tiraboschi, Tom. VII, Parte IV. —그러나 조비오는 약 10년 후 *Elogia literaria*의 마지막 부분에서 이렇게 말했다. "문헌학의 우위는 독일로 넘어갔지만 우리는 아직 순수하고 한결같은 웅변술의 요새를 가지고 있다."

7 라틴어 논문과 사기(史記)

인문주의자들의 서간문과 웅변술에 이어 이번 장에서는 그들의 다른 작품 가운데 어느 정도 고대의 재생이라고 할 만한 것들을 얘기하겠다.

먼저 논문이 여기에 속하는데, 그 중에는 본래 논문 형식을 취한 것 외에도 키케로를 그대로 모방하여 대화체[1]로 쓴 것들이 있다. 논문이라는 장르를 어느 정도 정당하게 평가하려면, 다시 말해 이것을 지루함의 근원으로 여겨 애초부터 배격하지 않으려면, 두 가지 사실을 고려해야 한다.

중세에서 벗어난 이 세기는 도덕과 철학의 제반 문제에서 자신과 고대를 이어줄 특별한 매개자가 필요했다. 이 역할을 맡은 것이 바로 논문 작자와 대화 작가들이었다. 그들의 저술에서 우리에게는 상식으로 보이는 많은 것이 그들 자신과 당대 사람들에게는 고대 이후 한번도 논해보지 못한 대상에 대해 힘들여 얻은 새로운 견해였다.

게다가 라틴어든 이탈리아어든 간에 논문에서 사용된 언어도 역사 기술이나 연설·서간문에서보다 더 자유롭고 다채로운 문장을 선보였

---

1) 이 중 특별한 장르로는 콜레누초와 폰타노가 루키아노스를 모방하여 지은 반(半) 풍자적인 대화가 있다. —훗날 에라스무스와 후텐이 이들의 글에서 자극을 받았다. 정식 논문이라면 플루타르코스의 『윤리학』에 실린 단편적인 글들이 일찍이 모범서로 이용되었다.

기 때문에 그 자체로 이미 특별한 매력을 풍겼다. 이탈리아어로 씌어진 논문 중에는 오늘날까지 산문의 전범으로 꼽히는 것들이 여럿 있다. 이 저작들 가운데 몇 편은 이미 앞에서 언급했고 뒤에 가서도 그 내용과 관련하여 다시 얘기할 것이다. 여기에서는 논문을 하나의 부류로서 얘기하려고 한다.

페트라르카의 편지와 논문에서 시작하여 15세기 말의 저작들에 이르기까지, 논문의 대다수는 연설에서처럼 고대의 소재를 축적하는 데 큰 비중을 두었다. 얼마 후 논문은, 특히 이탈리아어 논문은 세련되게 발전했고, 벰보의 『아솔라니』와 루이지 코르나로의 『절제 있는 생활』에서는 완벽한 고전성에 도달했다. 여기에서도 결정적인 요인으로 작용한 것은, 고대의 소재가 그 사이 방대한 전문 총서류를 통해 인쇄되면서 축적되기 시작했고 따라서 논문 작가가 저술하는 데는 아무 장애가 없었다는 점이다.

역사 편찬마저 인문주의자들이 장악한 것은 피할 수 없는 일이었다. 이때의 역사서를 과거의 연대기, 특히 빌라니의 것과 같은 다채롭고 생동감 넘치는 탁월한 연대기와 슬쩍 비교만 해보아도 커다란 탄식이 나올 것이다.

인문주의자들이 쓴 역사서, 특히 피렌체 역사 기술에서는 인문주의자들의 직계 후계인 유명한 레오나르도 아레티노와 포조의 역사서들이 전대의 역사서에 비해 얼마나 무미건조하고 상투적인 위엄으로 분식되어 있는가. 우리는 파초와 사벨리코·폴리에타·세나레가의 글에서, 『만토바사』를 쓴 플라티나의 문체에서, 『베네치아 연대기』를 쓴 벰보의 문장에서, 심지어는 『역사』를 쓴 조비오의 글에서도 그 리비우스와 카이사르풍의 문체 때문에 개성적이고 지방적인 색채가 빛을 잃고 사건의 진상과 경위에 대한 흥미도 훼손되었다고 끝없이 괴로워할지 모른다.

또 그들이 귀감으로 생각한 리비우스가 "무미건조하고 생명력이 없던 전래의 문체를 우아하고 다채롭게 변화시켰다"며 그의 진가를 엉뚱한 곳에서 찾는 것을 보면[2] 불신은 더욱 깊어진다. 심지어 역사 기술은, 마치 시를 대신할 수도 있다는 듯이, 문체로 독자를 자극하고 흥분시키고 감동시켜야 한다는 우려스러운 고백도 들린다. 결국 우리는 이 인문주의자들이 공공연히 고백한 적이 있는 근대 문물에 대한 경시[3]가 그들이 이 문물을 논할 때 필연적으로 불리하게 작용하지 않았을까 하고 묻게 된다.

따라서 우리는 기존의 서술방식을 충실하게 따른 겸손한 연대기 작가들, 예컨대 볼로냐와 페라라에서 라틴어와 이탈리아어로 저술한 연대기 작가들에게 저절로 더 많은 관심과 신뢰를 보내게 되고, 특히 이탈리아어로 저술한 연대기 작가들 중에서는 마린 사누도, 코리오, 인페수라 같은 뛰어난 인물들에게 더 깊은 고마움을 느끼는 것이다. 16세기가 되자 곧 모국어로 저술한 기라성 같은 위대한 이탈리아 사가들이 속속 새로 등장하기 시작했다.

물론 당대의 역사는 라틴어로 쓰는 것보다 그 나라 말로 담아내는 것이 훨씬 좋은 게 사실이었다. 먼 과거사의 기술과 역사 연구에서도 이탈리아어가 더 적절했을지 여부는 그 시기에 여러 대답이 나왔을 문제이다.

당시 라틴어는 학자들의 공통어였다. 그러나 그것은 가령 영국인과 프랑스인과 이탈리아인 사이의 소통수단이라는 국제적인 의미에서뿐 아니라 이탈리아 내부적으로도 공통어였다. 다시 말해 롬바르디아 사람과 베네치아 사람과 나폴리 사람들이 쓰고 있던 각각의 이탈리아어 문체는, 그것이 오래 전에 토스카나식으로 변했고 방언의 흔적이 희미

---

2) Benedictus, *Caroli VIII. hist.*, in: Eccard, *Script.* II, Col. 1577.
3) 페트루스 크리니투스가 이 경시 풍조를 탄식했다. *De honesta discipl.*, L. XVIII, cap.9. 이런 점에서 인문주의자들은 자기 시대의 일상 궤도에서 벗어났던 고대 후기의 저술가들과 비슷하다. —Cf. Burckhardt, *Die Zeit Constantins d. Gr.*, 4. Aufl.(1924), pp.272~275, 1880, p.251 이하. 〔Voigt, *Wiederbelebung*, Vol. II, p.491 이하에 있는 포조의 반대 의견도 참조.〕

하더라도, 피렌체 사람들에게 인정받지 못했다. 이는 해당 지역의 독자를 확보할 수 있는 지방의 당대사에서는 괜찮을지 모르지만 광범위한 독자층이 필요한 과거사 편찬에서는 쉽게 넘길 수 없는 문제였다. 이 과거사 편찬의 경우 지방 독자의 관심은 학자들의 보편적인 관심에 희생되어야 했다.

만일 포를리의 블론두스가 그의 해박한 저작을 반(半)로마냐식의 이탈리아어로 썼다면 그것들이 어느 만큼 읽혔을까? 아마 피렌체 사람들 때문에라도 망각의 그늘로 사라졌을 게 틀림없다. 하지만 라틴어로 씌어진 그의 저작들은 서구 학계에 지대한 영향을 주었다. 15세기에는 피렌체 학자들까지도 라틴어로 저술을 했다. 그것은 단순히 그들이 인문주의적인 사고를 했기 때문만이 아니라, 그렇게 함으로써 저술이 쉽게 전파된다는 이점도 있었기 때문이다.

라틴어로 기술된 당대사 중에도 이탈리아어로 씌어진 빼어난 저작에 견줄 만한 것이 있다. 역사가들은 프로크루스테스의 침대처럼 획일적인 리비우스 모방의 연속 기술방식을 버리면서 변화한 모습을 보였다. 불가피한 경우가 아니고는 읽을 마음이 생기지 않는 방대한 사서의 저자인 플라티나와 조비오도 단숨에 뛰어난 전기적 서술가로 자리잡았다. 트리스탄 카라촐로, 파치오의 전기(傳記)작품, 사벨리코의 베네치아 지지서(地誌書) 등에 대해서는 이미 얘기했고, 그밖의 사람들은 뒤에서 언급하겠다.

라틴어로 씌어진 과거사는 당연히 고전적 고대와 관련된 것이 대부분이었다. 그러나 인문주의자들이 쓴 이 역사서 가운데 우리는 의외로 중세의 일반 역사를 기술한 몇 권의 주요작을 발견한다.

그 가운데 중요한 최초의 저술은 마테오 팔미에리의 연대기인데, 프로스페르 아퀴타누스가 중단한 부분부터 시작되고 있다. 포를리의 블론두스가 쓴 『로마제국 쇠망 이후의 역사』를 우연히 펼쳐본 사람이면 거기에 로마제국 멸망 이후의 세계사가 마치 기번(Gibbon)이 쓴 것처럼 각 세기 사가들에 대한 문헌 연구를 바탕으로 기술되었음을 보고 꽤나 놀랄 것이다. 그 중 2절판의 처음 300쪽에는 중세 초기부터 프리드리히 2세의 죽음까지가 담겨 있다.

이때 북유럽은 여전히 유명 교황이나 황제의 연대기 또는 『파스키쿨루스 템포룸』* 같은 것에 매달려 있던 시대였다. 블론두스가 어떤 저작들을 이용했고 그것을 어디에서 한꺼번에 발견했는지를 비판적으로 고증하는 것은 우리가 할 일이 아니다. 그러나 언젠가는 현대의 문헌 사가들이 이 과제에 착수함으로써 블론두스에게 응분의 경의를 표해야 할 것이다.[4]

이 블론두스의 저술 하나 때문에라도 우리는 고대 연구가 비로소 중세 연구를 가능하게 했다고 정당하게 말할 수 있다. 고대 연구는 처음으로 역사를 객관적으로 바라보는 시각을 길러주었다. 게다가 중세는 당시 이탈리아인들에게 이미 지나간 과거사였고 또 그들 정신의 외부에 머무르고 있었으므로 인식하기 쉬웠다는 점을 들 수 있다.

물론 이탈리아인들이 처음부터 중세를 공정하게 평가했고 나아가 경건함으로 대했다고는 말하기 힘들다. 예술에서는 중세 문물에 대한 편견이 강하게 뿌리박고 있었으며, 인문주의자들도 자기네가 등장한 시기를 새 시대의 시작으로 못박고 있다. 보카치오는 이렇게 얘기한다.[5]

"하느님이 무한한 은총을 베푸시어 우리로 하여금 약탈과 폭력에서 명

---

* 중세 독일의 역사가인 Werner Rolewinck가 1474년에 집필한 세계사 편람. 원제는 *Fasciculus temporum omnes antiquorum cronicas complectens*이다. 역사적인 사건들을 도표와 일람표로 정리하고 공관적(共觀的)인 기술방식을 채택한 덕분에 빠르고 쉬운 정보 전달에 성공한 이 책은 15세기 말에 '베스트셀러'가 되었고, 16세기에 와서도 50판을 거듭하며 서구 여러 나라에서 출판되어 인기를 누렸다.

4) 〔그 사이 다음의 저작들이 나왔다. Alfred Masius, *Flavio Biondo*, Leipzig, 1879; Paul Buchholz, *Die Quellen der historiarum decades von Flavius Blondus*, Leipzig, 1881; G. Romano, *Degli studi sul medio evo nella storia del rinascimento*, Pavia, 1892.〕

5) *Opere volgari*, Vol. XVI, p.38에 나온 피칭가에게 보내는 편지. —Raph. Volaterranus, I, XXI도 정신적인 세계는 14세기와 함께 시작된다고 말했다. 그의 초기 저술은 모든 나라들에 대해 당시로서는 빼어난 개관을 담고 있다.

성을 구하지 않고 불멸을 약속하는 시에서 찾도록 하심은 우리 가슴속에 다시 고대인과 같은 영혼을 심어주시는 것이니, 이 은총에 대한 후로 나는 그가 이탈리아라는 이름을 긍휼히 여기신다고 믿고 그렇게 바라게 되었습니다."

그러나 이런 일방적이고 부당한 정서가 재능 많은 이들의 중세 연구를 가로막지는 못했다. 게다가 다른 유럽 국가들은 그런 연구를 생각조차 못하고 있던 때였다. 이탈리아에서 중세사에 대한 비판적 고찰이 일어날 수 있었던 것은, 모든 문제를 합리적으로 대하는 인문주의자들의 태도가 중세라는 역사 문제에서도 유감없이 발휘되었기 때문이다. 이런 비판적이고 합리적인 태도는 이미 15세기에 각 도시의 역사 연구에도 침투하여 훗날에 나온 피렌체·베네치아·밀라노의 상고사와 관련된 허무맹랑한 이야기들이 자취를 감추었다. 반면 북유럽의 연대기들은 여전히 13세기 이후에 꾸며낸, 대부분 시문학으로도 가치가 없는 날조된 이야기들로 채워져 있었다.

지역사와 명예심의 밀접한 관계는 앞에서 피렌체를 얘기할 때 언급했다(141쪽). 이 점에서는 베네치아도 뒤지지 않았다. 피렌체의 웅변가가 거둔 대승리[6]를 보고 베네치아 사절단이 곧장 고국으로 편지를 내어 연설가를 보내달라고 요청했듯이, 역사에서도 베네치아는 피렌체의 레오나르도 아레티노나 포조의 저작에 견줄 만한 역사서가 필요했다. 이런 상황에서 15세기에 사벨리코의 『10권사』가, 16세기에는 피에트로 벰보의 『베네치아사』가 나왔다. 둘 다 베네치아 공화국의 분명한 위탁으로 씌어졌으며, 『베네치아사』는 『10권사』의 연속편이었다.

16세기 초의 위대한 피렌체 사가들(148쪽 이하)은 원래 조비오나 벰보 같은 라틴 학자와는 전혀 다른 인물이었다. 그들은 이탈리아어로 집필했다. 그것은 그들이 키케로를 모방한 학자들의 세련되고 우아한 필

---

6) 잔노초 마네티가 니콜라우스 5세와 교황청 인물 전원과 먼 곳에서 온 수많은 외국인들 앞에서 한 연설. Cf. Vespas. Fior., II, 47; *Vita Jan. Manetti*.

치를 당해낼 수 없었던 까닭이기도 하지만, 그보다는 마키아벨리처럼 생생한 현실 관찰에서 얻은—또한 마키아벨리라면 과거에서 얻은—소재를 삶과 직결된 방식으로 그려내고자 했기 때문이고, 구이차르디니와 바르키가 그랬듯이 사건의 경위를 해석해놓은 자신들의 견해가 가능하면 폭넓고 깊은 영향을 미치는 것이 가장 중요하다고 여겼기 때문이다. 프란체스코 베토리처럼 소수의 친구들만을 위해 집필한 경우에도 그들은 언제나 인간과 사건을 증거하고 그에 대한 자신들의 관심을 설명하고 변호하려는 내면의 욕구를 갖고 있었다.

문체와 언어가 아무리 독특했어도 이 사가들 또한 고대의 영향을 강하게 받았으며, 그 영향 없이는 결코 생각할 수 없다. 이제 그들은 더 이상 인문주의자가 아니었다. 그러나 인문주의의 한가운데를 거쳐온 그들은 리비우스를 모방한 대다수 라틴 학자들보다 고대 역사학의 정신을 더 많이 가지고 있던 사람들이며, 고대인들처럼 시민을 위해 글을 쓴 시민들이었다.

8 문화의 일반적인 라틴화

　이밖에 여러 학문에 스며든 인문주의의 영향은 더 이상 추적하지 않겠다. 각 학문마다 고유한 역사가 있게 마련이어서, 이탈리아 학자들은 주로 그들이 새로 발견한 고대의 사실들을 바탕으로[1] 커다란 한 획을 그음으로써 해당 학문이 나름대로 확고하게 근대를 열어가도록 만들었다. 철학도 그와 관련된 별도의 역사적 저술을 참조해야 할 것이다.

　고대 철학자들이 이탈리아 문화에 끼친 영향은 어떤 때는 지대하게도 보이고 어떤 때는 사소한 것처럼 보이기도 한다. 특히 일찍부터 전파된 아리스토텔레스의 『윤리학』[2]과 『정치학』속의 개념들이 전 이탈리아의 교양인들이 공유하는 지식이 되었고, 모든 추상적인 사유방식이 아리스토텔레스의 지배를 받았음을 고려할 때[3] 그 영향은 막대한 것처럼 느껴진다. 그러나 고대 철학자들도, 이들에게 열광한 피렌체의

---

1) 당시에 사람들은 벌써 호메로스 한 사람 속에 모든 예술과 학문의 총화가 담겨 있으며 호메로스는 백과사전이라고 생각했다. Cf. Codrus Urceus, *Opera*, Sermo XIII, 마지막 부분.

2) 파울루스 2세 때의 한 추기경은 자신의 요리사들에게도 아리스토텔레스의 윤리학 강독을 듣게 했다. Cf. Gasp. Veron., *Vita Pauli II.*, in: Muratori, III, 2, Col. 1034.

3) 아리스토텔레스 연구 전반에 관해서는 특히 에르몰라오 바르바로의 한 연설이 많은 정보를 준다.

플라톤 학자들도 교리적으로는 이탈리아 정신에 별 영향을 미치지 못했음을 생각하면 오히려 후자 쪽의 느낌이 더 강하게 다가온다.

고대의 영향처럼 보이는 것도 대개는 이탈리아의 독자적인 정신이 발전한 결과이며 이탈리아 문화 전반의 표현일 뿐이다. 여기에 대해서는 종교를 논할 때 좀더 얘기하기로 하겠다. 사실 우리가 다루고 있는 대상은 대부분의 경우 이탈리아의 보편적인 문화가 아니라, 몇몇 개인 또는 일부 학자집단의 발언이다. 그리고 이 경우에도 우리는 고대 이론의 진정한 습득과 단순한 유행 좇기식의 모방을 구별해야 한다. 왜냐하면 많은 이들에게, 심지어는 고대 지식에 해박했던 사람들에게도 고대는 그저 유행에 지나지 않았기 때문이다.

그러나 지금의 우리에게 허영처럼 보이는 것이 당시에도 모두 허영이었던 것은 아니다. 일례로 그리스와 로마식 이름을 세례명으로 사용하는 것은 오늘날 흔히 소설 같은 데서 이름을 따오는(특히 여성의 이름을 따오는) 유행보다는 훨씬 아름답고 존경할 만하다. 성인보다는 고대 세계에 더 열광하면서 귀족들이 자식들에게 아가멤논, 아킬레우스, 티데우스 같은 이름을 주고,[4] 화가가 자기 아들을 아펠레스로, 딸을 미네르바로 불렀던 것도 지극히 소박하고 자연스럽다.[5]

또 벗어버리고 싶은 원래의 성 대신 듣기 좋은 고대인의 성을 취하는 것도 같은 맥락에서 변호할 수 있다. 어느 지역 주민 전체가 공유하면서 아직 성으로는 굳어지지 않은 향토명도 그것이 성인의 이름과 똑같아서 불편할 경우에는 더 쉽게 벗어던졌다. 그래서 성(聖) 제미냐노 출신의 필리포(Filippo da San Gemignano)는 이름을 칼리마쿠스로 개

---

4) Bursellis, *Ann. Bonon.*, in: Muratori, XXIII, Col. 898.

5) Vasari, XI, pp.189, 257, *Vite di Sodoma e di Garofalo.* ―당연한 일이지만 로마의 방종한 여성들도 울림이 좋은 고대의 이름을 자기 이름으로 썼다. 줄리아 · 루크레치아 · 카산드라 · 포르치아 · 비르지니아 · 펜테실레아 등이 그것인데, 이 이름을 단 여성들이 아레티노의 소설 속에 등장한다. ―유대인들은 로마에 적대적인 셈족 위인들의 이름, 즉 아밀카레 · 안니발레 · 아스드루발레 등을 택한 것 같으며 오늘날에도 로마의 유대인들은 여전히 이 이름을 쓰고 있다.

명했다. 가족에게 인정받지 못하고 모욕을 당한 뒤 타지에서 학자로 성공한 레투스는 산세베리노 가의 사람이었으나 자기 이름을 자랑스럽게 율리우스 폼포니우스 레투스로 바꿨다. 훗날 독일에서는 거의 관례처럼 굳어진 일이지만, 이름을 단순히 라틴식이나 그리스식으로 옮겨적는 것도 라틴어로 말하고 글을 썼던 세대, 그리고 어미 변화하는 이름뿐만 아니라 산문과 운문에도 쉽게 조화되는 이름이 필요했던 세대에게는 트집잡을 일이 못 된다.

정작 비난받아 마땅하고 우스꽝스러운 것은, 이름이든 성이든 거기에 고전적인 울림과 새로운 의미를 주려고 절반만 바꾸는 것이었다. 이때문에 조반니(Giovanni)는 요비아누스(Jovianus) 또는 야누스(Janus)가 되었고, 피에트로(Pietro)는 피에리우스(Pierius) 또는 페트레이우스(Petreius)로, 안토니오(Antonio)는 아오니스(Aonis)로, 산나차로(Sannazaro)는 신케루스(Syncerus)로, 루카 그라소(Luca Grasso)는 루키우스 크라수스(Lucius Crassus)로 변했다. 이런 행동을 비웃은 아리오스토[6]는 사람들이 자기 자식에게 이름을 붙일 때 그의 작품에 나오는 남녀 주인공 이름이나, 그와 똑같은 주인공을 내세운 보이아르도의 작중인물에서 이름을 따오는 것을 지켜봐야 했다.

라틴 작가들의 글에서 관직명·제도·예식과 같은 여러 생활상이 라틴화한 것도 그리 심하게 탓할 일은 아니다. 사람들이 단순하고 유려한 라틴어로 만족하는 한, 가령 페트라르카에서 시작하여 에네아스 실비우스에 이르는 작가들의 글로 만족하는 한, 이 라틴화의 양상은 그리두드러지지 않았다.

---

6) 마치 이름이 훌륭한 심판관을 속이고
    그 이름이 몇 년씩 공부하지 않아도
    당신을 뛰어난 시인으로 만들 수 있다는 듯이.

    운명적으로 울림이 좋은 이름을 갖고 있었던 아리오스토는 이렇게 조롱했다. 그의 풍자시 제7편 64절.

하지만 무조건 순수한 라틴어, 나아가서는 키케로풍의 라틴어가 추구되면서부터는 피할 수 없는 일이 되었다. 근대의 문물은 그 이름을 인위적으로 바꿔 부르지 않으면 문장 전체의 분위기와 어울리지 않았기 때문이다. 그래서 현학자들은 시회의 의원을 모두 파트레스 콘스크립티(Patres conscripti: 원로원 의원)로 불렀고, 수녀원은 비르기네스 베스탈레스(Virgines Vestales: 베스타의 처녀들)로, 성인은 디부스(Divus: 신성한 것) 또는 데우스(Deus: 신)로 부르기를 좋아했다.

반면에 파올로 조비오처럼 취향이 한층 세련된 사람들은 어쩔 수 없는 경우가 아니면 그렇게 하지 않았다. 조비오는 라틴식 개명을 중시하지 않았다. 때문에 그의 유려한 문장에서 추기경이 세나토레스(Senatores: 원로원 의원)로 불리고, 추기경의 수석사제는 프린켑스 세나투스(Princeps Senatus: 원로원의 수장)로, 파문은 디레(Dirae: 저주)로,[7] 사육제는 루페르칼리아(Lupercalia: 목신 파우누스의 축제)로 불려도 귀에 거슬리지 않는다. 이처럼 문체를 보고 그 작가의 전체적인 사고방식을 지레 짐작하지 않도록 신중해야 한다는 것은 바로 이 조비오의 예에서 분명히 드러난다.

여기서 우리는 라틴 문체의 역사 자체를 추적하지는 않겠다. 인문주의자들은 꼬박 200년 동안 라틴어만이 유일하게 품위있는 문장어이고 또 언제까지나 그래야 하는 것처럼 행동했다. 포조[8]는 단테가 위대한 『신곡』을 이탈리아어로 쓴 것을 애석하게 여겼다. 그러나 사실 단테는 주지하다시피 이 시편을 라틴어로 시도해보았고 「지옥편」의 서두도 처

---

7) 이런 식으로 프랑스 병사들은 1512년 "온갖 저주를 받고 지옥으로 불려갔다." 이 것을 진지한 일로 생각하고 외국 군대를 향해 마크로비우스의 주문을 왼 선량한 성당 참사회원인 티치오에 대해서는 나중에 다시 언급하겠다.

8) *De infelicitate principum*, in: Poggio, *Opera*, ed. Basel, 1513, p.152. "단 테의 빼어난 시는 세상의 눈길을 끌지만 그것이 라틴어로 되었다면 고대의 뛰어난 시에 어느 한 부분 뒤지지 않을 것이다." Boccaccio, *Vita di Dante*, p.74에 따르면 당시 많은 사람들, "특히 현명한 사람들"은 왜 단테가 라틴어로 창작하지 않 았는지 의문을 품었다고 한다.

음에는 6운각으로 지었다.

이탈리아 시문학의 운명은 단테가 이 태도를 계속 고수하지 않음으로써 결정된 것이지만[9] 페트라르카 역시 소네트와 칸초네보다는 자신의 라틴 시에 더 많이 의지하고 있었고, 아리오스토도 라틴어로 창작하라는 요구를 받았다. 문학에서 이보다 더 심한 강요는 일찍이 없었지만[10] 그래도 시만은 대부분 그런 구속에서 벗어났다.

지금에 와서 볼 때 이탈리아 시가 두 개의 표현 도구를 가졌던 것이 잘된 일이었다고 해도 지나친 낙관주의는 아닐 것이다. 왜냐하면 이탈리아 시는 그 두 도구를 빌려 각각 탁월함과 독자성을 과시할 수 있었고, 그럼으로써 우리는 각각의 시에서 왜 라틴어가 또는 왜 이탈리아어가 사용되었는지도 알 수 있기 때문이다. 산문에 대해서도 비슷한 말을 할 수 있다. 이탈리아 문화가 세계적인 지위와 명성을 얻은 것은 특정 대상을 라틴식으로 표현하고 다루었던 데서 비롯된다.[11] 반면에 이탈리아어 산문은 라틴어를 쓰지 않으려는 내면의 갈등을 맛본 사람들이 가장 훌륭하게 창작해냈다.

14세기 이래로 가장 순수한 산문의 원조로 꼽힌 인물은 두말 할 것 없이 키케로였다. 그러나 이는 단순히 그의 어휘나 문장 구성방식 또는 문학기법 등에 대한 추상적인 호의에서 나온 것이 아니라, 그가 서간문 작가로서 보여준 친근함, 웅변가로서의 광휘, 철학적 서술가로서의 명쾌하고 명상적인 태도가 이탈리아인의 마음속에 큰 울림을 남겼기 때문이다. 페트라르카는 키케로의 인간적인 약점과 정치가로서의 결점을 알

---

9) 단테의 『속어론』은 오랫동안 사람들에게 알려져 있지 않았다. 이것이 아무리 우리에게 귀중한 저작이라고는 하지만 『신곡』이 미친 압도적인 영향력에는 필적하지 못했을 것이다.

10) 이와 관련된 광신적인 태도를 알고 싶은 사람은 Lil. Greg. Gyraldus, *De poetis nostri temporis*, Ibid. 참조.

11) 공인된 문체 연습도 물론 있었다. 노 베로알두스의 *Orationes*에 나온, 보카치오의 작품을 라틴어로 번역한 단편소설 두 편과, 페트라르카를 라틴어로 번역한 칸초네가 그것이다.

고 있었지만[12] 그것을 즐거워하기에는 그에 대한 존경심이 너무 컸다. 페트라르카 이래로 서간문학은 거의 키케로만 모방하여 발전해왔고, 그 밖의 문학 장르들도 설화를 빼고는 모두 그의 본을 따랐다.

그러나 키케로의 원전에 나오지 않는 표현은 모두 배격하는 엄격한 키케로주의가 처음 등장한 것은 15세기 말이었다. 즉 로렌초 발라의 문법서들이 전 이탈리아에 영향을 미치고 로마 시대 문학사가들의 견해가 비교 정리된 후였다.[13] 이때에야 비로소 사람들은 고대 산문에 담긴 미묘한 문체상의 차이를 엄밀히 구분하기 시작했고, 키케로만이, 또는 모든 문학분야를 통괄해서 말한다면, "저 영원하고 숭고한 키케로 시대"[14]만이 절대적인 전범이라는 확신에 도달했다.

이제 피에트로 벰보, 피에리오 발레리아노 등이 이 목표를 향해 전력을 기울였고, 오랫동안 거기에 저항하면서 최고(最古) 시대 작가들의 글을 모방하여 고풍스러운 문체를 만들던 사람들[15]도 결국은 키케로 앞에 무릎을 꿇었다. 롱골리우스는 벰보의 말을 따라 5년 동안 키케로만 읽을 결심을 했으며, 키케로의 글에 나오지 않는 표현은 결코 사용하지 않겠다고 맹세했다. 이런 분위기는 결국 에라스무스와 노(老) 스칼리제르를 필두로 하는 학자들의 일대 논쟁으로 불붙었다.

그러나 키케로의 숭배자들이라고 해서 그를 문체의 유일한 전범으로 여길 만큼 모두 편향적이지는 않았다. 15세기에 폴리치아노와 에르몰라오 바르바로는 "넘쳐흐를 만큼 풍부한" 학식을 바탕으로 자기만의

---

12) 페트라르카가 지상에서 고귀한 혼령에게 보내는 편지 참조. *Epp. fam.*, ed. Fracass., lib. XXIV, 3, 4. Cf. *Epp. sen.*, XIV, 1(이것은 *De rep. opt. administranda*라는 제목으로 별도로 간행되기도 했다). "마음이 아프지만 이것은 사실이다."

13) 조비아노 폰타노는 로마에서 있었던 광신적인 언어 순화주의를 『안토니우스』에서 우스꽝스럽게 그려놓았다.

14) Hadriani(Cornetani) Card. Cf. Chrysogoni, *De sermone latino liber*. 주로 서문 참조. ―그는 키케로와 그 동시대 사람들에게서 '표준 라틴어 자체'를 발견했다.

15) Paul. Jov., *Elogia doct. vir.*, p.187 이하, Bapt. Pius에 관한 부분.

개성적인 라틴 문체를 가지려고 의식적으로 노력했고,[16] 이 사실을 우리에게 전해주는 파올로 조비오도 역시 그러했다. 조비오는 특히 미학과 관련된 근대적인 사상을 상당한 노력 끝에 처음으로 라틴어로 기술했다. 그의 문장이 모두 훌륭하다고 할 수는 없지만 때로는 비상한 힘과 세련미를 풍긴다. 그 시기의 위대한 화가와 조각가들의 성격을 묘사한 그의 라틴어 글[17]은 통찰과 오류를 동시에 담고 있다.

"라틴어가 나의 재위 중 큰 세력을 얻었다고 말할 수 있는 것"[18]을 명예로 알았던 레오 10세도 까다롭지 않은 자유스러운 라틴 문체를 선호했는데, 그의 유탕적인 성향으로 보면 당연했다. 그는 자신이 듣고 읽는 것이 생동감 넘치고 우아한 참된 라틴어처럼 여겨지면 그것으로 그만이었다. 마지막으로, 키케로는 라틴어 회화와 관련해 아무런 전범도 남기지 않았기 때문에 사람들은 이 분야에서 그가 아닌 다른 우상을 섬겨야 했다.

이 틈새를 비집고 들어온 것이 바로 로마 안팎에서 자주 열린 플라우투스와 테렌티우스의 희극 공연이었는데, 배우들에게는 일상어로서의 라틴어 연습의 기회를 준 더할 나위 없이 좋은 기회였다. 파울루스 2세 시절[19]에는 테아눔의 박식한 추기경(어쩌면 피스토이아 출신의 니콜로 포르테구에라였을 것이다)이 큰 칭송을 받았다. 플라우투스의 작품이

---

16) Paul. Jovius, *Elogia*, p.145, Naugerius에 관한 부분. 이들의 이상은 "확실한 표상에 의해 마음의 특별한 모습을 재현할 수 있는 문체 안에서 독자적인 것을 자연의 본질로부터 표현해내는 것"이었다. —폴리치아노는 급할 때마다 라틴어로 편지 쓰는 자신의 행동을 부끄러워했다. Cf. Raphael. Volater., *Comment. urb.*, 1, XXI.

17) Paul. Jov., *Dialogus de viris literis illustribus*, in: Tiraboschi, ed. Venez., 1796, Tom. VII, p.4. —알려져 있듯이 조비오는 훗날 바사리가 수행한 작업을 한때나마 해보려고 했다. 위의 『대화』에서 그는 라틴어로 글을 쓰는 풍조가 쇠퇴할 것이라고 예감하며 한탄했다.

18) 사돌레토가 작성하여 1517년 Franc. de'Rosi에게 보낸 교서. Roscoe, *Leo X.*, ed, Bossi, VI, p.172.

19) Gaspar. Veronens., *Vita Pauli II.*, in: Muratori, III, 2, Col. 1031. 그밖에 세네카의 작품과 그리스 희곡의 라틴어 번역극도 공연되었다.

라면 아무리 보존상태가 좋지 않고 등장인물의 목록이 빠져 있는 것이라도 연구하고, 나머지 플라우투스의 작품들도 그 문체에 매료되어 지대한 관심을 기울였기 때문이다. 플라우투스의 희극이 공연되도록 자극을 준 인물도 어쩌면 추기경일 것이다.

그후로 이 과제를 이어받은 폼포니우스 레투스는, 고위성직자들의 저택 안 주랑으로 둘러싸인 정원에서 플라우투스의 작품이 공연될 때[20] 연출을 맡았다. 그러나 이 같은 열기도 1520년경부터는 식어갔고, 앞에서(314쪽) 보았듯이 조비오는 이것을 웅변술이 쇠퇴한 하나의 원인으로 꼽았다.

마지막으로, 미술에서의 키케로주의라 할 수 있는 건축의 비트루비우스주의를 지적하겠다. 여기서도 우리는 교양에서 일어난 움직임이 미술상의 비슷한 움직임보다 앞서 진행된다는 르네상스의 일반 법칙을 확인할 수 있다. 이 경우 아드리아노 다 코르네토 추기경(1505년?)에서 시작해 절대적인 비트루비우스 학파가 처음 나타났을 때까지를 계산하면 약 20년이라는 격차가 생긴다.

---

20) 페라라에서는 대부분 콜레누초와 젊은 구아리노 등이 이탈리아어로 개작한 플라우투스의 극이 공연되었고 그것도 극의 내용 때문에 공연했다. 이사벨라 곤차가는 이 극을 지루하게 여겼다. ―폼포니우스 레투스에 대해서는 사벨리코의 전작집에 있는 *Epist.*, L. XI, p.56 이하 참조.

9 새로운 라틴어 시

　인문주의자들의 최고 긍지는 역시 새로운 라틴어 시였다. 이 시가 인문주의의 성격을 규정하는 데 일조하는 이상 그것을 살펴보지 않을 수 없다.

　새로운 라틴어 시가 편견에 가까운 호평을 얻었고 결정적인 승리에 바짝 다가섰다는 것은 앞에서(326쪽 이하) 얘기했다. 우리는 당시 세계에서 가장 지혜롭고 최고의 발전을 이룩한 국민이 시에서 이탈리아어를 포기했던 사실을 단순한 어리석음의 소치가 아닌, 뭔가 의미있는 것을 이루려는 노력의 결과로 확신해도 좋을 것 같다. 거기에는 매우 중요한 이유가 작용했음에 틀림없다.

　그것은 바로 고대에 대한 경탄이었다. 숨김없는 순수한 경탄이 모두 그렇듯이 이 경탄도 모방을 낳았다. 물론 다른 시대, 다른 국민들도 이와 동일한 목표를 추구하며 개별적인 시도를 했지만, 새로운 라틴어 시가 지속되고 발전하기 위한 두 가지 근본조건은 이탈리아에만 갖춰져 있었다. 곧 교양인들의 전방위적인 호응과 시인들 자신의 마음속에서 일어난 고대 이탈리아 정신의 부활, 다시 말해 태곳적 현악의 경이로운 울림이었다. 여기에서 태어날 수 있는 최상의 것은 모방이 아닌 독자적이고 자유로운 창조였다.

　예술에서 아류의 형식을 견디지 못하는 사람, 고대 자체를 대단하지 않게 여기거나 반대로 거기에 마력이 있어서 범접과 모방이 불가능하다고 믿는 사람, 또 운율의 수를 새로 만들거나 추측으로밖에는 표현하지 못하는 시인들의 과실을 용서할 수 없는 사람, 이런 사람은 이 같은 문학을 무시하는 편이 나을 것이다. 르네상스 시인들의 걸작은 어떤 절대적인 비판에 맞서려고 태어난 것이 아니라, 시인 자신과 그의 수많은 동시대인들에게 기쁨을 주려고 나온 것이었다.[1]

　새로운 라틴어 시 가운데 가장 불운했던 분야는 고대 역사와 전설을 소재로 한 서사시였다. 생동감 넘치는 서사시의 본질적인 조건은 다 알려져 있듯이 고대 로마의 모범적인 시인들도 갖추지 못했고, 호메로스를 제외하면 그리스 시인들에게서도 찾아볼 수 없다. 하물며 그것을 르네상스의 라틴 시인들에게서 발견할 것인가. 그러나 페트라르카의 『아프리카』는 근대의 어떤 서사시에도 뒤지지 않는 수많은 열성 독자와 청중을 얻었던 것으로 보인다.

　이 시가 씌어진 의도와 배경이 흥미롭다. 14세기는 타당하게도 제2차 포에니 전쟁이 벌어졌던 시기를 로마 시대의 전성기로 보았다. 페트라르카는 바로 이 전성기를 다루고 싶었고 또 그렇게 하지 않을 수 없었다. 만약 실리우스 이탈리쿠스*가 일찍 발견됐더라면 아마 페트라르카는 다른 소재를 택했을 것이다. 하지만 그렇지 않은 상황에서 대(大)스키피오 아프리카누스의 찬미는 14세기의 분위기와 맞아떨어졌고, 이미 차노비 디 스트라다라는 또다른 시인이 같은 소재로 창작에 들어가 있었다. 그러나 그는 페트라르카를 존중하는 마음 하나 때문에 이미 진척을 본 자기 시에서 손을 뗐다.[2]

---

1) 이어지는 내용에 대해서는 *Deliciae poetarum italor.*과 Paul. Jovius, *Elogia.*— Lil. Greg. Gyraldus, *De poetis nostri temporis.* —Roscoe, *Leo X.*, ed. Bossi 의 부록 참조.

＊ Silius Italicus. 25?~100?. 고대 로마의 서사시인이며 본명은 Tiberius Catius Asconius. 17권으로 된 그의 서사시 *Punica*는 제2차 포에니 전쟁을 배경으로 하여 스키피오를 찬미한 작품이다. 베르길리우스를 숭배하여 그의 서사시 기법을 따랐다.

2) Filippo Villani, *Vitae*, ed. Galetti, p.16.

『아프리카』가 나오게 된 어떤 타당한 배경을 든다면, 그것은 당시는 물론이고 후대의 모든 사람들이 스키피오에 대해 살아 있는 사람인 양 관심을 보였고 그를 알렉산드로스 대왕이나 폼페이우스·카이사르보다 더 위대한 인물로 생각한 점이었다.[3] 근대의 서사시 중 이만큼 당대에 인기가 있었던 것이 과연 얼마나 되고, 역사적인 소재를 취했는데도 신화를 대하는 느낌을 주는 작품이 얼마나 되는가? 하지만 이 시는 오늘날에는 도저히 읽기가 힘들다. 그밖의 역사적 사건을 소재로 한 작품들은 문학사를 참조하는 편이 좋겠다.

역사적인 소재의 서사시보다 더 다양하고 생산적이었던 것은 고대 신화를 발전시킨 시, 신화의 시적 결함을 메워주는 시였다. 이탈리아 시문학은 여기에도 일찍부터 손을 뻗어 보카치오가 그의 최고 시로 손꼽는 「테세우스의 이야기」를 지었다. 교황 마르티누스 5세 때는 마페오 베조가 베르길리우스의 『아이네이스』에 라틴어로 된 제13권을 추가했다. 이밖에도 「멜레아그로스」와 「헤스페리스」처럼 주로 클라우디아누스를 모방한 작은 시도들이 많았다.

그러나 가장 주목해야 할 것은 새롭게 창작한 신화들이었다. 이 신화들은 이탈리아에서 가장 경치 좋은 지방에 신·요정·정령·목동과 같은 태고 시대의 주민들을 등장시켰기 때문에 서사성과 목가성을 구분할 수 없었다. 페트라르카 이래로 등장한 설화체와 대화체의 목가에서 목동의 생활은 거의 전통적인 양식에 따라[4] 나름의 상상력과 감정을 담아내는 그릇으로 다루어졌다. 이는 뒤에 가서 다시 논할 것이고, 여기에서는 새롭게 창조된 신화만 얘기하겠다.

---

3) Franc. Aleardus, *Oratio in laudem Franc. Sfortiae*, in: Muratori, XXV, Col. 384. ─스키피오와 카이사르의 비교에서 구아리노는 카이사르를, 포조는(*Opera*, fol. 125, 134 이하) 스키피오를 위대한 인물로 생각했다. ─아타반테의 세밀화에 그려진 스키피오와 한니발에 대해서는 Vasari, B. II, 523 이하, *Vita di Giovanni di Fiesole* 참조. 스키피오와 한니발의 이름이 피치니노와 스포르차와 관련해 사용된 예는 이 책 제1부 168쪽 참조.
4) 전원생활을 사실적으로 다룬 아주 예외적인 경우는 나중에 언급하겠다.

이 신화들을 보면 고대의 신들이 르네상스기에 이중의 의미를 갖고 있었다는 것이 뚜렷하게 드러난다. 즉 고대의 신들은 한편으로 일반 개념 대신으로 쓰임으로써 우의적인 인물을 불필요하게 만들었고, 동시에 다른 한편으로는 시가 지니는 자유롭고 독립적인 요소, 곧 어떤 시와도 조화를 이루고 새롭게 엮일 수 있는 중립적인 미적 요소로 기능했다. 보카치오가 이탈리아어로 지은 『아메토의 요정 이야기』와 『피에졸레의 요정 이야기』는 피렌체 근교를 배경으로 하여 상상의 신과 목동의 세계를 그린 대담한 선구자적 작품이다.

하지만 이 분야의 걸작은 아무래도 피에트로 벰보의 『사르카』[5]일 것이다. 사르카라는 이름의 하신(河神)이 요정 가르다에게 구혼을 하고, 발도 산의 한 동굴에서 그 둘의 화려한 결혼 축하연이 펼쳐진다. 티레시아스의 딸 만토는, 둘 사이에서 민키우스라는 아이가 태어나 만토바 시를 건설할 것이며, 민키우스와 안데스의 요정 마야의 아들로 태어날 베르길리우스는 훗날 큰 명성을 얻으리라고 예언한다.

이 장려한 인문주의적 화려함을 드러내기 위해 벰보가 구사한 아름다운 시구와 마지막에 붙인 베르길리우스에게 보내는 결구를 읽다 보면 그 어떤 시인이라도 벰보를 선망해 마지않을 것이다. 사람들은 으레 이런 작품을 단순한 장광설로 치부하고 하찮게 여기기도 하지만, 그것은 취향의 문제인 만큼 뭐라고 탓할 것도 없을 것이다.

이밖에도 성서와 종교적인 내용을 6운각으로 담아낸 대하 서사시들이 등장했다. 그렇다고 그 작가들의 목적이 반드시 교회의 후원이나 교황의 호의를 얻는 데 있었던 것은 아니었다. 최고 작가들의 경우, 또

---

5) Mai, *Spicilegium romanum*, Vol. VIII, pp.488~504에 약 500행의 6운각으로 인쇄되어 실려 있다. 〔벰보가 그 어디에서도 언급하지 않은 이 시의 진위에 대해 의혹이 일고 있다.〕 피에리오 발레리아노는 이 신화를 발전시켜 시로 지었는데, *Deliciae poet. ital.*에 나온 〔또한 발레리아노의 소품집, Köln, 1811, pp.42~46 에도 나온〕 「카르피오」이다. ─베로나의 무라리 궁에 있는 브루자조르치의 벽화에는 『사르카』의 내용이 그려져 있다.

는 「동정녀 마리아의 노래」를 지은 바티스타 만토바노처럼 범상한 작가들의 경우에도, 유창한 라틴 시를 통해 성인에게 봉사하려는 소박한 소망이 있었다고 가정해도 괜찮을 것 같다. 또한 그런 소망은 이 작가들의 반(半)이교적인 가톨릭주의와도 부합했다. 지랄디는 이 시인들을 여럿 거명하고 있는데, 그 중 「그리스도의 노래」를 지은 비다와 「성모 마리아의 분만」이라는 3부작을 지은 산나차로가 최고 위치를 차지했다.

산나차로는 이교적인 요소와 기독교적인 요소를 대담하게 뒤섞은 역동적이고 균형잡힌 유려한 문장과 입체적인 묘사 그리고 완벽성에 달한 작품들로 우리를 경탄시킨다. 그는 베르길리우스와 비교되는 것도 두려워하지 않고 그의 네번째 목가에 나오는 시구들을 구유 앞의 목자를 노래한 자신의 시에 삽입했다. 내세의 묘사에서는 곳곳에서 단테와 같은 대담함이 엿보인다. 일례로 다윗 왕이 이스라엘 조상들이 있는 림보에서 노래와 예언을 하고, 존재하는 모든 사물의 형상을 발하는 외투를 입고 보좌에 앉아 있는 영원의 신이 천상의 영혼들에게 설교를 한다. 다른 작품에서도 그는 주저없이 고대 신화와 성서적인 소재를 결합시키는데, 그래도 그것이 기괴하게 느껴지지 않는 이유는 이교의 신들을 일종의 이야기틀로만 이용하고 거기에 핵심 역할은 주지 않았기 때문이다. 이 시기에 발휘된 예술적 정신의 전모를 알고 싶은 사람은 이 산나차로의 작품과 같은 것을 외면하면 안 된다.

그의 업적이 더욱더 커 보이는 이유는, 본디 이교적인 것과 기독교적인 것의 혼합이 조형미술보다는 시에서 더 방해적인 요소로 작용하기 때문이다. 조형미술은 끊임없이 어떤 구체적이고 손에 잡히는 미로써 우리의 눈을 만족시키고, 표현 대상의 내용적인 의미에서 독립되어 있는 정도도 시보다 훨씬 강하다. 조형미술에서는 형식이 우리의 상상력을 발동시키고, 시에서는 그 내용이 상상력을 자극하기 때문이다.[6a]

6a) Edgar Wind, *Heidnische Mysterien in der Renaissance*, Frankfurt, 1981.

바티스타 만토바노는 『축제의 달력』[7]에서 다른 기법을 모색했다. 곧 이교의 신과 반신(半神)들을 성서 이야기의 도구로 이용한 것이 아니라, 교부들이 그랬듯이 성서에 대립하는 존재들로 그렸다. 천사 가브리엘이 나자렛에서 동정녀 마리아에게 경배하는 동안 그를 뒤쫓아 카르멜에서 날아온 메르쿠리우스가 문 밖에서 대화를 엿듣는다. 그리고 신들이 모여 있는 앞에 가서 자기가 들은 것을 전하면서 중대 결심을 하도록 부추긴다. 물론 그의 다른 작품[8]에서는 테티스·케레스·에올루스 등 많은 신들이 마리아와 그녀의 영광에 기꺼이 복종하는 것으로 그려져 있다.

산나차로의 명성, 수많았던 그의 모방자, 권세가들이 그에게 표한 경의, 이 모든 것은 그가 당대에 얼마나 필요한 인물이었고 소중한 사람이었는지를 보여준다. 종교개혁이 일어날 즈음 그는 고전적이면서 기독교적인 시의 창작이 가능하다는 것을 교회 쪽에 보여주어 교황 레오와 클레멘스에게서 커다란 감사의 인사를 받았다.

마지막으로, 당대사도 6운각이나 2행시에 담겨 취급되었다. 때로는 설화체로, 때로는 송사체(頌詞體)로 씌어진 그것들은 대개 군주나 군문을 기리는 내용들이었다. 그래서 태어난 것이 「스포르차의 노래」 「보르소의 노래」 「보르자의 노래」 「트리불치오의 노래」들이지만 소기의 목적은 전혀 이루지 못했다. 무릇 이름이 나고 불후의 명성을 얻은 자들은 이 같은 시에 힘입어 그랬던 것이 아닐뿐더러, 혹 그 시가 훌륭한 시인들이 쓴 것이었어도 세인들은 거기에 지울 수 없는 반감을 품게 마련이었다.

반면 이와는 전혀 다른 효과를 낸 것들이 있었다. 이를테면 팔로 부근에서 벌어진 레오 10세의 사냥을 그린 아름다운 시[9]라든가 아드리아

---

7) *De sacris diebus.*

8) 그의 여덟번째 목가.

9) Roscoe, *Leo X.*, ed. Bossi, VIII, 184. 또 XII, 130에도 비슷한 양식의 시가 하나 있다. —카를 대제의 궁을 그린 앙길베르트의 시는 이 르네상스기에 상당히 근

노 다 코르네토 추기경의 「율리우스 2세의 여행」(189쪽)처럼 유명인의 생활에서 뽑아낸 작은 장면들을 격정에 휘말리지 않고 잔잔한 풍속화 풍으로 그려낸 시가 그러했다. 그 가운데 빼어난 사냥 묘사로는 에르콜레 스트로차의 시와 방금 얘기한 아드리아노의 시 등 여럿 있다. 혹시 현대의 독자가 그 기저에 흐르는 아부 때문에 놀라거나 분노한다면 유감스러운 일이지만, 이 품격있는 시들은 소재를 다루는 탁월한 기법과 결코 하찮게 볼 수 없는 역사적인 가치로 인해 오늘날의 수많은 유명 시들보다 더 오랜 생명을 보장받고 있다.

대개 이런 시는 비장함이나 일반적인 내용을 섞어넣을 때 절제를 지킬수록 그만큼 훌륭해진다. 그런데 유명 거장의 서사시 중에는 과장되게 신화를 끼워넣어 무의식중에 지독히도 희극적으로 느껴지는 하찮은 것이 있다. 에르콜레 스트로차가 체사레 보르자를 위해 지은 조시(弔詩, 183쪽 이하)[10]가 그렇다. 이 시에서 우리는 에스파냐 출신의 교황 칼릭스투스 3세와 알렉산데르 6세에게 온갖 희망을 걸고 체사레를 구원자로 여기는 로마 여신의 탄식과, 1503년의 변란 때까지 체사레가 걸어온 역사를 듣게 된다.

이어서 작자는 그 변란 때 신들은 어떤 결정을 내렸는지 뮤즈들에게 묻는다.[11] 에라토가 이렇게 대답한다. 올림포스 산에서 아테나는 에스파냐를, 베누스는 이탈리아를 응원했다. 두 신이 유피테르의 무릎을 끌어안고 애걸하자 유피테르는 그 둘에게 입을 맞추고 위로하기를, 자신은 세 여신 파르케가 짜놓은 운명에 어찌 해볼 도리가 없지만, 신의 약속은 에스테-보르자 가문의 한 아이[12]에 의해 실현될 것이라고 했다.

접해 있다. Cf. Pertz, *Monum. Germ. hist.* II.

10) Strozza, *Poetae*, p.31 이하, 「체사레 보르자의 만가」.

11) "온몸의 더러움을 속죄의 불꽃으로 씻기 위해 유피테르는 교황을 신들에게 보냈다."

12) 이 아이는 훗날 페라라의 에르콜레 2세로, 이 시가 쓰여지기 바로 전이나 그 후인 1508년 4월 4일에 태어났다. 시의 마지막 부분에는 "태어나라, 부모가 기대하는 위대한 아들이여"라고 적혀 있다.

유피테르는 두 가문의 파란만장한 역사를 이야기한 뒤, 그 옛날 간절한 애원에도 불구하고 멤논과 아킬레우스에게 불멸을 줄 수 없었듯이 지금 체사레에게도 불멸을 선사할 수 없다고 단언한다. 하지만 그 전에 체사레가 전쟁에서 많은 사람을 죽일 거라는 위안을 끝으로 유피테르는 얘기를 끝맺는다. 그러자 마르스가 나폴리로 가서 전쟁과 불화를 조성하고, 아테나는 네피로 달려가 거기에 병들어 있던 체사레 앞에 알렉산데르 6세로 둔갑하여 나타난다. 그리고 모든 것을 운명으로 알고 네 이름의 명성에 만족하라는 몇 마디 훈계를 준 뒤 교황의 모습을 한 여신 아테나는 "새처럼" 사라진다.

잘 되었든 못 되었든 간에 고대의 신화가 섞여들어간 이런 시들을 우리가 기피한다면, 그것은 쓸데없이 커다란 즐거움을 포기하는 것이다. 그림과 조각이 그랬듯이 문학예술도 이 같은 전통적인 신화적 요소들을 품격있게 승화시켰다. 게다가 이 방면의 문학 애호가라면 마카로니 시 같은 것에서 패러디의 시초(229쪽 이하)도 발견할 수 있다. 미술에서는 조반니 벨리니가 그린 회화적인 「신들의 축제」가 여기에 해당한다.[13a]

6운각의 설화체 시 중에는 단순히 연습용이거나 아니면 산문으로 씌어진 보고서를 개작한 것들이 꽤 있는데, 독자가 그 산문의 원본을 찾아 읽을 수만 있다면 아마 거기에 더 마음이 끌릴 것이다. 어쨌든 반목이건 예식이건 간에 일체의 것들이 시로 읊어졌고, 이 점에서는 종교개혁기의 독일 인문주의자들도 마찬가지였다. 그러나 이것을 단순히 나태의 소치로 여기거나 시작(詩作)의 용이함 탓으로 돌리는 것은 부당하다.

적어도 이탈리아 시인들의 경우에는 이것이 그들의 풍부한 문체 감각에서 비롯됐다는 것을 당시에 나온 수많은 이탈리아어 보고서나 역

13a) Edgar Wind, *Bellini's Feast of the Gods. A Study in Venetian Humanism*, Cambridge/M., 1948.

사서, 3운구(三韻句)의 소책자들이 증명한다. 새 헌법안을 적은 니콜로 다 우차노의 소책자, 마키아벨리의 당대사 개관, 사보나롤라 전기, 대 알폰소의 피옴비노 포위에 관한 보고서들[14]이 강렬한 효과를 노려 어려운 이탈리아 시형으로 씌어졌듯이, 다른 많은 시인들도 독자를 사로잡기 위해 6운각을 필요로 했다.

이러한 시형에서 사람들이 어떤 내용을 소화했고 어떤 것들을 원했는지 가장 잘 보여주는 것이 교훈시이다. 교훈시는 16세기에 연금술 · 장기 · 양잠 · 천문학 · 성병 따위를 6운각으로 노래하여 놀라운 발전을 보였으며, 여기에 이탈리아어로 씌어진 장편 서사시도 가세했다. 오늘날에는 흔히 이런 것들을 읽지도 않고 비난하는 경향이 있다. 또한 이 교훈시가 정말 어느 만큼 읽을 가치가 있는지는 우리도 말하기 힘들다.

그러나 한 가지 확실한 것은, 미적 감각에서 우리 시대를 무한히 앞섰던 그리스 말기와 로마 시대와 르네상스기에는 이런 종류의 시가 없어서는 안 될 존재였다는 것이다. 혹자는 오늘날 교훈시가 배척당하는 것은 미적 감각이 없어서가 아니라 교훈적인 것을 더더욱 진지하고 보편적으로 다루는 태도 때문이라고 이의를 제기할지 모르겠는데, 물론 그럴 수도 있을 것이다.

이 교훈시 가운데 하나는 오늘날에도 여러 곳에서 출판되고 있다. 마르켈루스 팔링게니우스라는 페라라의 비밀 신교도가 쓴 「인생의 수대(獸帶)」가 그것이다. 그는 신과 미덕과 불멸성 같은 지고의 문제들을 실생활에서의 여러 상황과 관련시켜 논의함으로써 풍속사에서는 무시할 수 없는 권위자가 되었다. 하지만 그의 시는 엄격한 교훈적 목적에 맞추어 우의적 요소가 신화를 압도하기 때문에 본질적으로는 이미 르네상스의 틀을 벗어나 있다.

---

14) 우차노에 관해서는 *Arch. stor. ital.* IV, I, 296 참조. —Machiavelli, *I Decenali*. —사보나롤라 전기는 프라 베네데토가 *Cedrus Libani*라는 제목으로 썼다. *Assedio di Piombino*, in: Muratori, XXV. —여기에 비교될 만한 것으로 *Teuerdank*를 비롯해 당시 북유럽에서 나온 시들이 있다.

시인과 고전학자들이 고대에 가장 근접했던 분야는 역시 서정시였으며 그 중에서도 특히 비가와 격언시가 그러했다.

가벼운 서정시에서는 고대의 라틴 시인 카툴루스*가 매력적인 영향을 끼쳤다. 우아한 라틴 연가, 단문의 비방시, 악의적인 서간체 시 중에는 카툴루스의 작품을 번안한 것이 적지 않고, 개나 앵무새의 죽음을 애도한 시들도 비록 단어는 따오지 않았지만 시의 흐름과 분위기에서는 전적으로 그의 「레스비아의 참새」를 모방하여 지었다. 이런 종류의 단시들 중에는 객관적인 증거에 따라 15세기와 16세기의 것으로 분명히 밝혀지지 않으면 전문가조차 그 실제 등장 연도를 오판할 수 있는 것들이 있다.

반면 사포나 알카이오스 등의 운율을 모방한 송시들에서는 그것이 어떤 식으로든 근대의 작품임이 드러나지 않는 것이 별로 없다. 왜냐하면 고대에서는 스타티우스 이후에나 등장했던 수사학적인 요설을 사용함으로써 이런 종류의 시에 절대적으로 필요한 서정적 농축이 빠져 있기 때문이다. 송시의 각 부분을 따로 읽거나 두세 절을 한데 묶으면 고대시의 단편(斷片)처럼 보이지만, 전체의 긴 흐름을 놓고 보면 이 인상은 오래 가지 못한다. 그 대표적 사례인 안드레아 나바제로가 베누스를 찬양한 아름다운 송시는 단순히 고대의 걸작들을 번안했다는 것이 금방 느껴진다.[15] 몇몇 송시 작가는 성인 숭배에 눈을 돌려 호라티우스나 카툴루스의 송시와 비슷한 내용의 기원(祈願)을 아주 품위있게 모방했다. 천사장 가브리엘을 찬양한 나바제로의 송시가 그렇고, 이교적 신앙을 과장되게 바꿔 노래한 산나차로의 작품도 그렇다.

---

* Gaius Valerius Catullus. 기원전 84?~기원후 54?. 라틴 시인인 그는 젊은 시절 로마에서 헬레니즘 시대의 시인과 시를 표준으로 삼고 교훈시인을 이상으로 삼은 '현대' 시인들의 모임에 들어간 뒤 수많은 서정시를 남겼다. 그의 연애시에는 레스비아(Lesbia)라고 불리는 여성이 등장하는데, 레스보스 출신의 고대 그리스 여성 시인인 사포를 빗댄 이름으로 추측된다.

15) 루크레티우스의 서시와 Horat., Od. IV, 1을 번안했다.

산나차로는 특히 자기와 동명의 성인을 찬양하여,[16] 그를 모실 예배당을 포실리포 해안에 있는 자신의 작은 별장에, "파도가 바위 틈새의 물을 씻어가버리고 작은 예배당의 벽을 때리는" 경치 좋은 곳에 마련했다. 그의 낙은 성 나자리우스의 연례 축일을 기념하는 것이었다. 특히 이날 예배당을 장식하는 잎새와 화환들은 성인에게 바치는 제물처럼 생각되었다. 또 추방당한 아라곤의 페데리고와 함께 루아르 하구의 생 나제르라는 먼 망명지에서 생활할 때도 그는 이 축일이 되면 슬픈 마음에 회양목과 떡갈나무 잎으로 화환을 만들어 바쳤다. 그리고 예년이면 포실리포의 모든 젊은이들이 화환으로 장식된 작은 배를 타고 축일을 맞으러 왔던 때를 회상하면서 귀향을 간구했다.[17]

영락없이 고대의 것으로 오인받은 작품은 비가의 운율이나 단순히 6운각으로 씌어진 여러 편의 시였는데, 그 내용은 본격적인 비가부터 격언시에 이르기까지 다양했다. 인문주의자들이 고대 로마의 비가들을 가장 자유롭게 다룰 줄 알았듯이, 모방에서도 그들은 자기네가 가장 뛰어나다고 생각했다.

밤을 노래한 나바제로의 비가는 같은 시대에 나온 같은 종류의 시들처럼 고대 전범의 흔적을 탈피하지 못했지만 이와 동시에 가장 아름다운 고대의 운율을 맛보게 한다. 나바제로는 언제나 순수한 시적 내용을 가장 먼저 고려했고,[18] 그런 다음 그것을 기계적으로 모방하는 것이 아니라 노련하게 자유자재로 구사하여 시선집(詩選集)이나 오비디우스나 카툴루스의 문체 또는 베르길리우스의 목가풍으로 재현했다. 그는 또 신화의 사용을 극도로 자제했기 때문에, 케레스를 비롯한 여러 지방

---

16) 주로 이교적인 일을 시작할 때 수호성인을 끌어들인 경우는 이미 이 책 제1부 122쪽에서 접했다.
17) 바람도 소나기도 운명의 위협도
   인간의 속임수도 충분히 견디게 하여
   주여, 선조의 지붕에서 피어나는 연기를 보게 하옵소서.
18) Andr. Naugerius, *Orationes duae carminaque aliquot*, Venet., 1530. 이 시들은 *Deliciae*에도 실려 있다.

신에게 바치는 기도에서 소박한 농촌생활을 그려낼 때를 제외하고는 이용하지 않았다.

그가 사절의 임무를 마치고 에스파냐에서 귀국할 때 노래한 귀거래사는 도입부만 쓰어진 채 중단되었다. 나머지 부분도 도입부에 걸맞게 지어졌더라면 한 편의 뛰어난 시가 되었을 것이다.

잘 있었는가 신들이 사랑하는 곳, 세상의 축복을 받은 해안이여,
잘 있었는가 아름다운 베누스의 사랑스러운 은신처여;
그 많던 심신의 수고가 끝난 뒤 너희들을
기쁘게 바라보네. 너희의 환대로 인해
나는 모든 불안한 근심을 마음에서 떨쳐내네!

비가와 6운각의 형식은 일체의 숭고한 내용을 담는 그릇이 되었다. 그리하여 고귀한 애국적 감흥은 물론이고(189쪽, 「율리우스 2세에게 바친 비가」) 과장된 군주 우상화,[19] 또는 티불루스 같은 시인의 섬세한 우수까지도 이 그릇에 담겨 표현되었다. 교황 클레멘스 7세와 파르네제 일가에 대한 아부에서 고대의 스타티우스나 마르티알리스와 어깨를 나란히했던 마리오 몰사는 병상에서 쓴 「친구에게」라는 비가에서 고대의 어떤 시인에게도 뒤지지 않는 아름답고 순수한 고대풍의 운율로 죽음을 노래했지만, 여기에 고대인으로부터 어떤 본질적인 요소를 취해온 흔적은 없다. 고대 로마 시대의 비가의 본질과 범위를 가장 완벽하게 이해하고 모방한 사람은 산나차로였다. 뛰어나고 다양한 종류의 비가를 이 시인만큼 무수히 창작한 사람은 아마 다시 없을 것이다. 그밖의 다른 비가에 대해서는 내용과 관련해 다시 얘기하겠다.

---

19) 레오 10세가 어떤 찬사를 받았는지는 구이도 포스투모 실베스트리가 그리스도와 마리아와 모든 성인에게 드린 기도에 나타나 있다. 저자는 이들에게, 천국에는 레오와 같은 인물이 많으니 이 신성한 군주가 오랫동안 인류 곁에 머물게 해달라고 간구했다. Roscoe, *Leo X.*, ed. Bossi, V. 237에 나와 있다.

마지막으로, 이 시기에는 라틴어 격언시도 진지한 관심을 끌었다. 몇 줄의 뛰어난 시구가 기념비에 새겨지거나 입에서 입으로 폭소와 함께 전해지면 그 학자의 명성은 굳건해질 수 있었기 때문이다. 격언시의 과시욕은 일찍부터 있었다. 구이도 다 폴렌타가 단테의 묘를 기념비로 장식한다는 얘기가 돌자, "이름을 날리고 싶은 자와 죽은 단테를 기리려는 자 또는 폴렌타의 총애를 얻으려는 자들의" 묘비명이 사방에서 쇄도했다.[20] 밀라노 대성당에 있는 조반니 비스콘티 대주교(1354년 사망)의 묘비에는 36행으로 된 6운각의 시 밑에 "파르마 출신의 법학 박사 가브리우스 디 차모레이스가 이 시를 짓다"고 적혀 있다.

격언시는 마르티알리스와 카툴루스의 영향 아래 서서히 범위를 확대해갔다. 격언시는 고대의 것으로 여겨지거나 고대 비문의 표절이라고 오인되는 것,[21] 또는 벰보의 것처럼 너무도 훌륭하여 전 이탈리아 사람들이 암송하는 것을 백미로 쳤다. 베네치아 정부가 산나차로에게 2행시로 된 송사 세 편의 대가로 600두카토를 지불한 것은 선심성의 낭비가 아니라, 그때의 모든 교양인들이 그러했듯 격언시를 명예의 결정체로 존중한 때문이었다.

그 시기에 익살스러운 격언시에 초연할 만큼 기세등등했던 사람은 아무도 없었고, 권세가들도 비문을 쓸 때는 세심하고 유식한 조언자를 필요로 했다. 우스꽝스러운 묘비명은 익살모음 같은 것에 실릴 위험이 있었기 때문이다.[22] 비문학(碑文學)은 이렇게 격언문학과 손을 잡고 걸어가는 동시에, 고대 비문을 열심히 연구한 바탕 위에서 발전하였다.

격언시와 묘비명의 도시는 로마였다. 세습제가 없던 로마에서는 누구든지 이름을 영원히 남기려면 스스로 대책을 세워야 했다. 동시에 짧

---

20) Boccaccio, *Vita di Dante*, p.36.
21) 산나차로는 이런 위작으로 자신을 괴롭힌 어떤 사람을 비웃었다. "다른 사람들에게는 이것이 오래된 것일지 모르나 내게는 언제나 새롭다." 〔Rufum, *Opera*, 1535, p.41a.〕
22) *Lettere di principi* I, 88, 91.

은 조롱시는 출세의 경쟁자들에게 맞설 수 있는 무기였다. 피우스 2세
는 그의 일등시인인 캄파누스가 그의 치세 중 적절한 순간마다 지어 바
친 2행시를 만족스럽게 열거했다. 그의 후임 교황 때는 풍자적인 격언
시가 유행하여 알렉산데르 6세와 그 일가를 비꼰 글에서 반항의 절정을
이루었다.

산나차로는 비교적 안전한 곳에서 풍자 격언시를 썼지만, 다른 시인
들은 교황청 가까이에서 아주 위험한 글들을 지었다(183쪽, 231쪽 이
하). 알렉산데르 6세는 바티칸 도서관 정문에 나붙은 여덟 편의 협박성
2행시 때문에 근위병을 800명 더 증원한 적이 있었다.[23] 만일 그 시인
이 붙잡혔더라면 알렉산데르가 그에게 어떤 조처를 취했을지는 상상이
가고도 남는다. 레오 10세 치하에서 라틴어 격언시는 일용의 양식이었
다. 교황을 찬양하건 모독하건, 적과 희생자를 실명으로 징벌하건 익명
으로 징벌하건, 또 사실이건 허구이건 기지와 악평과 비애와 명상을 담
아내는 데 이보다 더 적절한 형식은 없었다.

안드레아 산소비노가 성 아고스티노 교회를 위해 성모 마리아와 성
녀 안나와 어린 그리스도를 묘사한 유명 군상을 조각했을 때, 거기에
새겨질 라틴 시에는 족히 120명이나 되는 사람들이 매달렸다. 물론 이
것은 신앙심에서 나왔다기보다 조각의 의뢰인을 보고 취한 행동이었
다.[24] 왜냐하면 그 의뢰자이자 교황의 청원 대리인이던 룩셈부르크 출

---

23) Malipiero, *Ann. veneti*, in: *Arch. stor.* VII, 1, p.508. 이 풍자시의 마지막에
는 보르자 가문 문장(紋章)에 그려진 황소와 관련해 이렇게 적혀 있다. "테베레
강이여, 사나운 송아지들을 파도 속에 침몰시켜라. 유피테르의 큰 제물인 황소는
지옥으로 떨어지노라."

24) 이 일의 전모는 Roscoe, *Leo X.*, ed. Bossi, VII, 211; VIII, 214 이하 참조.
1524년에 인쇄되어 지금은 희귀 판본으로 남아 있는 이 『코리키우스의 노래』에
는 라틴 시들만 들어 있다. 바사리가 아우구스티누스회 수도원에서 발견한 또 하
나의 책에는 소네트도 있다. 이렇게 조각에 시를 새겨넣는 일은 유행처럼 번져갔
기 때문에 군상에 격자를 둘러 차단하거나 보이지 않도록 만들어야 했다. 고리츠
를 노(老) 코리키우스로 바꿔 부른 것은 Virgil, *Georgica* IV, 127에서 유래했
다. 로마의 약탈 후 고리츠가 맞은 비참한 최후에 대해서는 Pierio Valeriano,

신의 요한 고리츠는 성녀 안나의 축일에 예배도 거행했지만, 카피톨리노 언덕 중턱에 있는 그의 정원에서 문인을 위한 대규모 연회를 베풀었기 때문이었다.

또한 당시에는 레오 10세의 궁에서 출세길을 알아보던 시인들 전체를 자기 나름의 시를 통해 평가하는 것도 해볼 만한 일이었다. 그 한 예가 프란체스코 아르실루스가 지은[25] 『도회지의 시인』이라는 장편시였다. 아르실루스는 교황을 비롯한 어느 누구의 후원도 필요하지 않았기 때문에 자기 동료들에게까지 마음대로 공격적인 펜을 휘둘렀다. 격언시는 파울루스 3세를 거치는 동안 드문드문 옛날의 광영을 뿌리는 데 그쳤지만, 비문학은 반대로 오랫동안 전성기를 누린 뒤 17세기가 되고 나서야 과장된 문체에 완전히 밀려났다.

격언시는 베네치아에서도 나름의 특별한 역사가 있다. 이를 우리는 프란체스코 산소비노의 『베네치아』를 통해 추적할 수 있다. 시인들의 고정 임무는 통령 관저의 큰 홀에 걸린 통령들의 초상화에 2행 또는 4행의 6운각으로 제사(題辭)를 지어 붙이는 것이었는데, 해당 통령 재임 시의 주요 치적을 내용으로 담아야 했다.[26] 14세기의 통령들 묘에는 사실만 기록한 간결한 산문체의 비문도 있지만 과장된 6운각과 레오풍*의 시구들도 볼 수 있다.

15세기가 되자 사람들은 문체에 더 세심한 주의를 기울였고, 16세기

De infelicitate lit. [ed. Mencken, p.369 이하] 참조.

25) Roscoe, *Leo X.*의 부록과 *Deliciae*에 실려 있다. Paulus Jovius, *Elogia*에 있는 아르실루스에 관한 대목 참조. 수많은 격언시 작가들에 대해서는 같은 책에 있는 Lil. Greg. Gyraldus편 참조. 가장 악랄한 필치를 휘두른 사람 가운데 하나는 마르칸토니오 카사노바이다. ─비교적 지명도가 떨어지는 사람 중에서는 Joh. Thomas Musconius가 빼어났다(*Deliciae* 참조).

26) 이는 마린 사누도가 *Vite de' duchi di Venezia*, in: Muratori, XXII에서 정규적으로 전해준다.

* 6운각의 특별한 형태로서 중지부와 종지부의 운율을 맞추는 형식이다. 레오라는 명칭은 교황 레오 1세가 쓴 산문에서 유래했거나, 12세기의 시인인 레오에서 비롯되었을 수 있다. 주로 중세 초의 라틴 시에서 사용되었다.

에 들어서면서 그 절정에 달하여 이윽고 불필요한 대구(對句), 의인법, 감정 과잉, 원리주의 등 한마디로 과장된 문체가 등장했다. 또 비꼬아 말한다든지 죽은 이에 대한 노골적인 칭찬을 통해 은연중 다른 이를 비난하는 기법이 이용되었다. 의도적으로 간결하게 지은 비문이 다시 나타난 것은 그때부터 훨씬 훗날의 일이었다.

건축과 장식은 비문이 새겨질 수 있도록 완벽하게 갖추어져 있었고 때로는 여러 번 비문을 파넣었다. 반면 북유럽의 고딕식 건물들은 비문에 적당한 자리를 만드느라 애를 먹었으며, 묘비 같은 경우에는 위험에 제일 많이 노출되는 가장자리에 비문을 넣었다.

우리는 지금까지의 얘기를 통해 이탈리아인의 라틴 시에 담긴 독특한 가치를 독자에게 확신시켰다고는 생각하지 않는다. 단지 우리는 그 라틴 시의 문화사적인 위치와 필요성을 암시하려고 했을 뿐이다. 게다가 이때에는 이른바 '마카로니 시'라고 해서, 라틴 시를 희화화한 글도 등장했다.[27] 그 대표작인 『마카로니 시집』은 메를리누스 코카유스, 즉 만토바 출신의 테오필로 폴렝고가 쓴 것이다.

내용에 대해서는 앞으로 종종 언급할 것이고 여기에서는 형식과 관련해서만 얘기하겠다. 마카로니 시는 라틴어와, 라틴어 어미를 취한 이탈리아어를 혼용하여 6운각이나 그밖의 다른 시형으로 지은 시를 말한다. 바로 이 혼용으로 인해 시가 실언(失言)처럼 들리고, 흥분한 라틴 즉흥시인이 저도 모르게 내뱉는 말처럼 들린다는 데에 마카로니 시의 희화성이 있다. 반면에 독일어와 라틴어를 섞어서 만든 모작들은 전혀 이런 묘미를 살리지 못한다.

---

27) Scardeonius, *De urb. Patav. antiq.*, in: Graevius, *Thes.* VI, III, Col. 270 에서는 마카로니 시의 실제 창안자로 티피라는 인물을 들고 있다. 티피는 파도바 출신으로 본명은 미카엘 오다조이며, 1492년에 사망했다. 라틴어와 자국어를 혼용해서 만든 이 시는 그러나 이보다 훨씬 전에도 곳곳에 존재했다.

10 16세기 인문주의자들의 몰락

14세기 초부터 기라성 같은 시인과 고전학자들이 여러 세대에 걸쳐 이탈리아와 전세계를 고대 숭배로 가득 채우고, 교양과 교육에 본질적인 영향을 미치고, 때로는 정치에서도 주도적인 역할을 하고, 전력을 다해 고대 문화를 재생했지만, 16세기로 접어들자 그들은 세인의 노골적인 불신을 사게 되었다. 이때만 해도 아직 사람들은 그들의 학설과 지식을 필요로 할 때였으므로 여전히 그들처럼 연설을 하고 글을 쓰고 시를 지었다. 그러나 개인적으로는 어느 누구도 이들 집단에 속하려 하지 않았다. 가장 큰 비난의 사유였던 악질적인 교만과 천박한 방탕 외에 이미 세번째 비난의 소리가 당시 시작되고 있던 가톨릭 종교개혁의 기운을 타고 들려왔는데, 그것은 바로 이 학자들의 무신앙이었다.

그 비난이 옳건 그르건 간에 왜 그것이 전에는 일어나지 않았는가 하고 우리는 묻지 않을 수 없다. 물론 비난은 일찍부터 있었다. 그저 별다른 영향을 끼치지 못했을 뿐이다. 왜냐하면 고대 문화의 내용에 관한 한 사람들은 전적으로 이 문인들에게 의지하고 있었고, 이 문인들이야말로 개인적인 의미에서 고대 문화를 소유하고 지탱하고 전파하는 사람들이었기 때문이다.

그러나 고전 인쇄본(이 인쇄본은 일찍부터 고대의 주석과 새 주석이 병기되어 출판되었다)이 유포되고 짜임새 있는 방대한 안내서와 참고서가 전파되면서 대중은 인문주의자들과의 개인적인 교류에서 상당한 정도로 벗어났다. 그리고 절반만이라도 벗어날 수 있게 되면서 분위기가 역전된 것이었다. 여기에는 선인과 악인이 무차별로 희생되었다.

비난의 최초 발설자는 인문주의자들 자신이었다. 예부터 하나의 계층을 이루고 있던 사람들 가운데 이들만큼 단결심이 약한 사람도 없었고, 혹 단결심이 싹트려고 해도 그것을 이들만큼 무시한 사람들도 없었다. 인문주의자들은 제각기 상대방을 멸시하기 시작하면서 수단과 방법을 가리지 않았다. 그들은 전광석화처럼 학문적인 논거에서 험구로 내달았고 다시 극단적인 비방으로 옮겨갔다. 상대를 반박하려는 게 아니라 모든 면에서 파괴하려고 했다.

이 같은 태도는 그들의 환경과 지위에 어느 만큼 책임이 있었다. 우리는 이 인문주의자들의 목소리로 대변된 시대가 얼마나 격렬하게 명예와 조소의 물결로 요동쳤는지 보았다. 실생활에서 그들은 끊임없이 자기 존재를 방어해야 하는 처지에 있었다. 그리고 이런 분위기 속에서 글을 쓰고 연설을 하고 상대방을 묘사했다. 포조의 저술 하나만 해도 거기에는 인문주의자 전체에 대한 편견을 유발하기에 충분한 추한 내용이 담겨 있지만, 이 포조의 저작집이야말로 알프스 이북과 이남에서 가장 빈번하게 발간된 작품이었다.

15세기에 이런 인문주의자들 중 오욕에 물들지 않아 보이는 사람을 발견하더라도 우리는 성급히 기뻐하면 안 된다. 추적을 계속하다 보면 어떤 형태로든지 비방과 맞닥뜨릴 위험이 있고, 그 비방을 우리가 믿지 않더라도 그것은 그 인물의 인상을 흐려놓을 것이기 때문이다. 게다가 수많은 음란한 라틴 시나 폰타노의 대화편 『안토니우스』에서와 같은 자기 가족에 대한 야유는 그들에 대한 불신을 더욱 깊게 만든다.

16세기는 이런 기록들을 모두 알고 있었고, 그렇지 않아도 이 부류의 인간들에게 염증을 느끼고 있던 터였다. 인문주의자들은 그들이 저지른 행동에 대해, 그리고 종래까지 그들에게 주어졌던 과도한 명망에 대해 응분의 대가를 치러야 했다. 결국 그들의 불행한 운명은 이탈리아

최고의 시인인 아리오스토에게서 냉정하고 지엄한 모멸적 언사를 듣는 지경에 이르렀다.[1]

세인의 반감으로 모아진 비난들은 대부분 지극히 타당한 것들이었다. 물론 고전학자들 중에는 엄격한 도덕성과 신앙심 같은 두드러진 특성을 갖춘 사람도 많았다. 따라서 우리가 이 부류의 인간들을 한데 몰아 매도한다면 그것은 이 시대에 대한 지식 부족을 드러내는 일이다. 하지만 많은 학자들, 그 중에서도 가장 큰 비난을 들은 학자들은 분명 죄가 있었다.

인문주의자들의 죄과를 설명해주는 또는 경감해주는 세 가지 사유가 있다. 그들이 행운의 총아가 되었을 때 허황되고 지나친 방자의 길로 접어든 것, 영광과 불행이 군주의 기분과 적대자의 음해에 따라 돌변함으로써 아무 보장도 바랄 수 없었던 외면적 생활, 마지막으로 오도의 위험이 있는 고대의 영향이 그것이다.

고대는 고대 본연의 윤리를 전해주지는 못하고 인문주의자들의 윤리성만 훼손시켰다. 고대는 종교에서도 주로 회의적이고 부정적인 측면에서 영향을 끼쳤다. 인문주의자들이 고대의 신들을 긍정적으로 받아들였다고 말할 수 없기 때문이다. 그들은 고대를 교리적으로, 다시 말해 일체의 사유와 행동의 규범으로 이해했고 바로 이 때문에 불리한 입장에 빠졌다. 그러나 고대 세계와 그 문물을 극단적으로 우상화한 시대가 존재했다는 것은 더 이상 개개인의 과실이 아니라 숭고한 역사의 섭리였다. 그때부터 현재까지의 모든 문화 그리고 앞으로 펼쳐질 모든 문화의 바탕에는 바로 이러한 일이 벌어졌다는 것, 그것도 삶의 다른 목표는 제쳐둔 채 일방적으로 벌어졌다는 사실이 자리하고 있다.

인문주의자의 일생은 대개 강한 도덕성의 소유자만이 상처를 입지 않고 그 길을 헤쳐나갈 수 있는 것이었다. 그들의 첫 위기는 흔히 부모에게서 왔다. 부모는 최고로 꼽힌 인문주의자들의 집단에서 훗날 자기

---

[1] Ariosto, *Satira* VII, 1531.

자식이 앉게 될 자리를 기대하며 비상하게 조숙한 자기 아이를 신동으로 교육시켰다.[2] 그러나 그 신동들은 대개 일정 수준 이상을 넘지 못했거나 처절한 시련을 통해 앞날의 발전과 명망을 쟁취해야 했다.

야망을 품고 있는 젊은이들에게도 인문주의자들의 명성과 화려한 모습은 위험한 유혹으로 다가왔다. 그들은 자기들도 "타고난 고매함 때문에 평범하고 천박한 일에는 관심을 둘 수 없다"[3]고 생각했다. 그래서 그들은 긴장된 연구, 가정교사, 비서, 교수, 군주에 대한 봉사, 사생결단의 적개심과 위험, 열렬한 경탄과 조소의 세례, 사치와 빈곤이 뒤엉켜 돌아가는 변화무쌍하고 소모적인 삶 속으로 빠져들었다. 어떤 때는 아마추어의 피상적인 지식이 건실한 지식을 밀어내기도 했다.

그러나 가장 나빴던 것은 인문주의자들이 일정한 고향을 가지지 못한 것이었다. 왜냐하면 그들의 신분이야말로 주거지를 바꾸게 하거나 어디를 가도 마음 편한 기분을 주지 못한 요인이었기 때문이다. 인문주의자가 어느 고장 사람들에게 염증을 느끼거나 적대관계의 와중에서 불편한 처지가 되면, 그 고장 사람들 역시 새 인물을 원했다(284쪽 이하). 이런 상황은 필로스트라투스가 묘사한 제정시대의 그리스 소피스트들을 떠올리게 하지만 그래도 이들의 처지는 훨씬 나았다. 이들은 대부분 재산이 있었고, 또 학자라기보다는 직업적인 연설가였기 때문에 재산이 없더라도 쉽게 감내했으며 자유로운 삶을 살았기 때문이다.

반면에 르네상스의 인문주의자들은 방대한 학식을 갖추고 여러 지위와 잡다한 임무의 소용돌이를 헤쳐갈 줄 알아야 했다. 더욱이 그들은

---

2) 신동은 여럿 있었다. 그러나 여기서 언급하는 내용을 정식으로 증명하는 것은 보류하겠다. 줄리오 캄파뇰라라는 신동은 명예심에서 키워진 신동이 아니었다. Cf. Scardeonius, *De urbe Patav. antiqu.*, in: Graev., *Thes.* VI, 3, Col. 276. — 1544년 15세의 나이로 죽은 체키노 브라치라는 신동에 대해서는 Trucchi, *Poesie ital. inedite* III, p.229 참조. —카르다노의 아버지는 카르다노에게 인위적으로 기억을 주입시키려 했고 어린 그에게 아라비아 점성술을 가르쳤다. Cf. Cardanus, *De propria vita*, cap.34.

3) 필리포 빌라니가 *Vite*, p.5에서 한 발언.

자신을 잊기 위해 방탕한 향락에 빠졌고, 세인들에게서 악덕자의 오명을 쓰게 되면서 세상의 모든 도덕에 냉담해졌다. 이러한 성격의 사람들에게 교만이 없을 리 없었다. 그들은 높은 곳에 있기 위해서라도 교만이 필요했으며, 증오와 숭배가 교차하는 세간의 인심도 이런 태도를 부추겼다. 그들은 구속에서 벗어난 주관성의 가장 대표적인 사례이자 희생자였다.

인문주의자에 대한 비난과 풍자적인 묘사는 이미 얘기했듯이 일찍부터 시작되었다. 모든 종류의 발달된 개인주의, 모든 종류의 명망에는 그에 대한 징벌로 일정한 조소가 뒤따랐던 것이다. 더욱이 가장 끔찍한 비난의 자료는 비난받는 당사자가 제공했고 사람들은 그것을 이용만 하면 되었다. 이미 15세기에 바티스타 만토바노는 7종의 괴물[4]을 열거하면서 인문주의자들을 다른 많은 이들과 묶어서 '교만'의 항목에 넣었다. 그는 아폴론의 자식인 양 우쭐거리는 인문주의자들이 심술맞고 화난 표정으로 엄숙한 척 걷는 모습과, 어떤 때는 낟알을 쪼는 두루미처럼 자기 그림자를 응시하다가 이내 찬사를 받으려고 조바심내는 모양을 그려냈다.

그러나 이들에게 정식 심판이 내려진 것은 16세기였다. 아리오스토 외에 문학사가인 지랄디가 그 대부분을 증언해준다. 지랄디의 논문[5]은 이미 레오 10세 때 씌어졌지만 1540년경 개정된 것으로 보인다. 이 글에는 문인들의 도덕적인 무절제와 비참한 생활에 대한 고금의 경고성 사례가 수도 없이 열거되면서, 사이사이에 준엄한 비판이 곁들여져 있다.

비판의 대상은 주로 인문주의자들의 과격성, 허영, 고집, 자기 숭배,

---

4) Bapt. Mantuan., *De calamitatibus temporum*, L. I.
5) Lil. Greg. Gyraldus, *Progymnasma adversus literas et literatos*, in: *Opp.*, ed. Bas., 1580, II, pp.422~455. [가이거의 주석: 헌사는 1540년과 1541년으로 되어 있으나, 논문은 조반 프란체스코 피코를 위한 것이므로 1533년 이전에 완성되었다.]

방탕한 사생활, 갖가지 음란한 행동, 이단, 무신론 등이며, 확신이 결여된 능변, 정부에 끼치는 악영향, 현학적인 언어, 스승에 대한 배은망덕, 문인을 미끼로 유혹해놓고 굶어 죽게 만드는 군주에 대한 비굴한 아부도 거론되어 있다. 마지막으로 지랄디는 아직 학문이 존재하지 않았던 황금시대를 이야기하며 끝을 맺는다.

이 비난 가운데 가장 위험했던 것은 이단에 관한 것이었다. 때문에 지랄디는 훗날 전혀 불온하지 않은 젊은 시절의 저술을 재간행했을 때[6] 페라라의 에르콜레 2세 공작의 보호를 구해야 했다. 왜냐하면 이제부터 여론을 주도한 사람들은 신화 연구보다는 기독교 문제로 시간을 보내는 것이 더 낫다고 생각했기 때문이다. 이에 대해 지랄디는, 신화 연구야말로 오히려 이런 시대에는 유일하게 무해한 학문이며 중립적인 연구 대상이라고 변호했다

그러나 비난보다는 인간적인 동정이 더 많이 담긴 증언을 찾는 것이 문화사의 의무라고 볼 때, 이따금 거론되는 피에리오 발레리아노의 『학자들의 불행』[7]만한 문헌은 없다. 이 글은 로마의 약탈이 남긴 암울한 인상 속에서 씌어졌다. 로마의 약탈은 학자들에게도 고난을 가져다 주었지만, 저자에게는 오래 전부터 그들을 괴롭혀온 비운의 종말처럼 생각되었다.

피에리오는 이 책에서 단순하면서도 전체적으로는 타당한 감정의 흐름을 따르고 있다. 그는 재능 때문에 재사를 박해하는 어떤 초월적인 힘을 부각시키는 것이 아니라 그저 일어난 사실만을 증거했다. 그리고 그 속에서는 불행한 우연에 지나지 않는 것이 일쑤 모든 것을 결정짓는 듯이 보인다. 그는 비극을 쓴다거나 모든 사건의 원인을 뭔가 차원 높은 갈등에서 찾으려고 하지 않았기 때문에 당연히 일상에서 일어난 사

---

6) Lil Greg. Gyraldus, *Hercules*, in: *Opp.* I, pp.544~570. 이 책의 헌사는 종교재판의 위협적인 초기 움직임을 보여주는 기념비적인 글이다.

7) *De infelicitate literatorum.* 〔1707년의 Mencken 판.〕

건들을 진술해놓았다.

여기에서 우리는 그 불안했던 시대에 먼저 수입을 잃고 일자리까지 잃은 사람들을 만나게 되며, 일자리 두 개를 놓고 저울질하다가 둘 다 잃고 빈손으로 떠나는 사람들, 언제나 돈을 옷 속에 꿰매 갖고 다니다가 강탈당하고 정신착란으로 죽은 인간 기피증의 구두쇠들, 성직록을 받은 뒤 예전의 자유가 그리워 우울증으로 여위어간 사람들을 보게 된다. 또 많은 학자들이 열병이나 페스트로 요절하면 그들이 완성한 저작이 침구와 옷가지와 함께 불태워지는 것도 저자는 한탄한다. 어떤 이들은 살면서 동료의 살해 위협에 시달렸으며, 탐욕스러운 하인에게 죽음을 당하기도 하고, 여행길에서 악한에게 납치된 뒤 몸값이 없어 감옥에서 고생하기도 했다. 남모르는 번민과 모욕과 멸시 때문에 죽어간 사람도 많았다. 어느 베네치아 학자는 신동이던 어린 아들이 죽자 비통함으로 숨을 거두었고, 곧이어 어머니와 그녀의 형제들마저 뒤따라 숨져 마치 죽은 아이가 그들을 모두 데려간 듯했다. 아주 많은 사람들, 특히 피렌체 사람들이 자살로 생을 마감했고,[8] 어떤 이들은 전제군주의 비밀재판에 희생되었다.

자, 그렇다면 결국 누가 행복한 자인가? 그리고 어떤 식으로 행복해질 수 있는가? 이런 비참함에 완전히 둔감해지면 행복해질 수 있는가? 피에리오가 대화형식으로 꾸민 이 논문의 한 등장인물이 그 답을 알고 있다. 그 사람은 바로 저 훌륭한 가스파로 콘타리니였다. 이 이름이 거명된 것만으로도 우리는 당시에 생각할 수 있었던 가장 심오한 진리를 일부나마 얻어듣게 되리라고 기대해도 좋다.

콘타리니의 눈에 비친 행복한 학자의 모습은 우르바노 발레리아노 수도사였다. 우르바노는 오랫동안 베네치아에서 그리스어 교사로 지냈고, 그리스와 동방을 방문했으며, 만년에도 절대 말은 타지 않으면서 여러 나라를 편력했다. 또 자신을 위해서는 한푼도 소유하지 않았으며,

---

8) 단테의 『신곡』 「지옥편」 제13곡 참조.

일체의 영예와 신분 상승을 거부했고, 사다리에서 떨어졌을 때를 제외하고는 한번도 앓아 눕는 법 없이 유쾌한 노년을 보내다가 84세를 일기로 세상을 떠났다.

이 수도사의 어떤 점이 인문주의자들과 다른 것일까? 인문주의자들은 더 많은 자유의지와 구속에서 벗어난 주관성이 있었고, 그것은 행복과 바꾸고도 남는 것이었다. 반면에 탁발수도사 우르바노는 어린 시절부터 수도원에서 지내면서 음식과 수면을 마음껏 취해본 적이 한번도 없었고 따라서 구속을 더 이상 구속으로 느끼지 못했다. 이 습관에 힘입어 그는 어떤 어려움에 처해서도 평온한 내면의 삶을 영위했으며, 바로 이런 인상이 청중에게는 그의 그리스어 지식보다 더 많은 영향을 끼쳤다. 불운 속에서 한탄하느냐 아니면 스스로 위로를 하느냐는 모두 자기 자신에게 달린 문제라고 사람들은 확신하게 되었다.

"그는 궁핍과 고난 속에서도 행복했다. 행복하고자 원했기 때문이다. 또 안락에 물들지 않고 망상에 빠지지 않으며 평온한 마음과 자족을 잃지 않았기 때문이며, 항상 적은 것으로, 어떤 때는 아무것도 없어도 만족했기 때문이다." 콘타리니의 말을 직접 듣게 되면 거기에 섞여든 종교적인 동기를 감지할지도 모르겠다. 그러나 샌들을 신은 이 실천 철학자의 모습만으로도 우리에게 주는 교훈은 충분하다고 할 것이다.

이와는 다른 환경이지만 비슷한 성격을 드러내는 인물이 히포크라테스의 해설자인 라벤나의 파비오 칼비[9]이다. 그는 나이가 든 후 로마에서 "왕년의 피타고라스 학파 사람들처럼" 채소로만 연명했고 디오게네스의 통보다 나을 것이 없는 폐허에서 살았다. 교황 레오가 준 연금도 꼭 필요한 액수만 받고 나머지는 다른 이들에게 주었다. 그는 우르바노 수도사처럼 건강하지도 못했고 그의 최후도 수도사처럼 미소로 죽음을 맞을 만큼 평온하지 못했다. 로마의 약탈 때 몸값을 노린 에스

---

9) Coelius Calcagninius, *Opera*, ed. Basil., 1544, p.101에 수록된 『서간집』 제7권. ―Cf. Pierio Val., *De inf. lit.*, ed. Mencken, p.369 이하.

파냐 군대가 아흔이 다 된 그를 끌고 간 뒤 어느 구빈소에서 아사했기 때문이다.

하지만 그의 이름은 불멸의 세계로 건져져 구원받았다. 라파엘로가 노년의 그를 아버지처럼 사랑하고 스승처럼 존경했으며 만사에 그의 조언을 구했기 때문이다. 어쩌면 그의 조언은 주로 고대 로마의 복원과 관계됐을 수 있고(259쪽), 어쩌면 더 높은 차원의 문제와 관련된 것일 수도 있다. 파비오가 아테네 학파의 사상과 라파엘로의 주요 작품의 구상에 어느 만큼 간여했는지 누가 알겠는가.

이제 우리는 폼포니우스 레투스의 품위있고 화합적인 삶을 묘사하는 것으로 이야기를 마치려고 한다. 레투스를 기록한 문헌으로는 그의 제자인 사벨리코가 남긴 편지[10]가 있다. 여기에서 그는 스승에게 의도적으로 고대적인 색채를 주고 있어서 우리로서는 또다른 문헌이 있다면 더 좋았겠지만 그래도 몇 가지 특징은 뽑아볼 수 있다.

레투스는 살레르노의 군문인 나폴리의 산세베리노 가의 서자였으나 (325쪽) 자신의 가문을 인정하려 하지 않았다. 함께 살자는 친족들의 권유에 그는 이런 유명한 쪽지를 써보냈다. "폼포니우스 레투스가 친족과 친구들에게 인사드립니다. 여러분의 요구에는 따를 수 없습니다. 안녕히 계십시오."

생기 넘치는 작은 눈매에 몸집은 볼품없이 왜소하고 괴상한 옷을 입고 다닌 그는 15세기의 마지막 몇십 년을 로마 대학 교수로 봉직하면서 어떤 때는 에스퀼리누스 언덕 위의 정원 딸린 작은 집에서 살다가 어떤 때는 퀴리날루스 언덕의 포도밭에서 살았다. 집에서는 오리를 비롯한 날짐승을 키웠고 포도밭에서는 카토·바로·콜루멜라가 가르쳐준 대로 토지를 경작했다. 축제일에는 야외에서 물고기와 새를 잡았고 샘가나 테베레 강변 그늘에서 주연으로도 소일했다.

---

10) M. Ant. Sabellico, *Epist.*, in: *Opera*, L. XI, p.56. 〔이 서간집은 Sabellicus, *Vita Pomponii Laeti*, Straßburg, 1510라는 제목으로도 별도로 출간되었다.〕 그밖에 Paolo Giovio, *Elogia*, p.76 이하에 실린 그의 전기 참조.

그는 부와 안일을 경멸했고, 질투와 비방도 몰랐으며, 주변에서 그런 일이 일어나도 참지 못했다. 오직 성직계급에 대해서만 자유로이 비판을 가했는데, 실제로 그는 만년의 몇 년을 빼고는 종교의 경멸자로 통했다. 교황 파울루스 2세의 인문주의자 박해에 연루된 그는 베네치아 정부에 의해 교황에게 넘겨졌지만 어떤 수단을 써도 마뜩찮은 자백은 하지 않았다. 그뒤로 교황과 고위성직자들은 그를 초빙하여 후원했다. 식스투스 4세 때 일어난 소요로 그의 집이 약탈당했을 때는 그가 입은 손해를 보상하고도 남는 구호금이 답지했다.

레투스는 대학 교수로도 성실한 인물이었다. 사람들은 그가 날이 밝기도 전에 초롱을 들고 에스퀼리누스 언덕을 내려오는 모습을 보았고, 그런데도 그의 강의실은 벌써 만원이었다. 대화할 때는 말을 더듬었기 때문에 강단에서는 조심스럽게 얘기했지만, 그래도 품위있고 균형잡힌 말투로 이야기했다. 그는 몇 안 되는 저술도 세심한 주의를 기울여 편찬했다. 고대의 원전을 그만큼 소중하고 꼼꼼하게 다룬 사람은 없었다. 그는 다른 고대 유물에도 진정한 존경심을 발휘하여 그 앞에 황홀한 듯이 서 있거나 울음을 터뜨렸다. 남을 도울 때면 자기의 연구를 제쳐두고 나섰기 때문에 많은 이들에게 사랑받았으며, 그가 죽자 알렉산데르 6세까지도 신하를 보내어 신분 높은 수강자들이 운구하는 그의 유해를 따르게 했다. 아라첼리에서 열린 그의 장례식에는 40명의 주교와 외국 사절 전원이 참석했다.

레투스는 로마에서 고대 연극을 부흥시키고 특히 플라우투스의 연극 공연을 지휘했다(330쪽). 매년 로마의 건립 기념일에는 축제를 열어 그의 동료와 제자들이 연설을 하고 시를 낭송했다. 이 두 행사를 계기로 로마 학술원이라고 불린 모임이 형성되어 훗날까지 존속했는데, 어떤 고정된 학회와 결부된 것이 아닌 그저 자유로운 단체였다.

학술원 모임은 위의 두 행사 때 외에도 후원자의 초대를 받거나 플라티나 같은 사망한 회원을 추모할 때도 열렸다.[11] 오전에는 회원의 일원인 고위성직자가 예배를 집전한 뒤 레투스가 연단에 올라 적절한 연설

을 했다. 그런 다음 또 다른 사람이 등단하여 2행시를 낭송했다. 추모모
임이건 축하모임이건, 그 마지막은 언제나 토론과 낭독이 곁들여진 연
회로 끝을 맺는 것이 관례였다. 학술원 회원들은 전부터 미식가로 알려
져 있었고 특히 플라티나가 그랬다.[12] 어떤 때는 초대 손님 몇 명이 아
텔란풍으로 익살극을 공연할 적도 있었다.

회원의 범위가 유동적이고 자유로운 단체였던 로마 학술원은 로마의
약탈 때까지 초창기 모습대로 존속했고, 안겔루스 콜로키우스와 요한
고리츠(345쪽)를 비롯한 여러 사람들에게 환대받았다. 이 모임이 국
민의 정신적 생활에 어느 만큼 가치가 있었는지는 비슷한 다른 사교모
임과 마찬가지로 정확하게 말하기 힘들다. 여하튼 사돌레토[13] 같은
사람은 이 모임을 자신의 청년기에서 가장 소중했던 기억의 하나로 꼽
고 있다.

다른 많은 도시에서도 그곳에 거주하는 인문주의자들의 수와 비중,
부호와 귀족들의 후원 여하에 따라 수많은 학술원이 생기고 사라졌다.
일례로 나폴리 학술원은 조비아노 폰타노를 중심으로 모인 단체로서
회원의 일부가 레체로 이주했고,[14] 포르데노네 학술원은 알비아노 사
령관의 궁정을 이루었다.[15] 루도비코 일 모로의 학술원과 그것이 그의
사교활동에 준 각별한 의미는 앞에서 얘기했다(105쪽).

16세기 중반경에는 이러한 단체들에 전면적인 변화가 일어났던 것
같다. 다른 분야에서도 지배적인 위치에서 밀려났고 가톨릭 종교개혁
의 대두와 함께 의혹의 대상으로 전락한 인문주의자들은 학술원에서의
주도권도 잃었다. 그에 따라 학술원에서도 이탈리아 시가 라틴 시의 자

11) Jac. Volaterran., *Diar. Rom.*, in: Muratori, XXIII, Col. 161, 171, 185. —
    Anecdota liter. II, p.168 이하.
12) Paulus Jovius, *De romanis piscibus*, cap.17, 34.
13) Sadoleto, *Epist.* 106, 1529년.
14) Anton. Galateus, *Epist.* 10, 12, in: Mai, *Spicileg. rom.*, Vol. VIII.
15) 〔임시적인 성격이 강한 이런 학자들의 모임을 학술원이라고 불러야 할지 의문
    이다.〕

리를 대신했다. 이윽고 조금이라도 유력한 도시에서는 제각기 기부와 유증으로 형성된 자산을 가진 학술원들이 기발한 명칭을 달고[16] 생겨 났다.

시 낭송 외에도 과거 라틴 시대에서 이어받은 연회가 정기적으로 열렸고 연극도 공연되었다. 연극 공연은 학술원 회원들이 직접 할 때도 있었지만 때로는 그들의 감독 아래 젊은이들이나 유급 배우들이 담당했다. 이탈리아 연극의 운명은 훗날의 오페라가 그랬듯이 오랫동안 이 같은 단체의 손에 맡겨져 있었다.

---

16) 이런 학술원들은 16세기 중반 이전에도 존재했다. Cf. Lil. Greg. Gyraldus, *De poetis nostri temp.* II, ed. Wotke, p.91.

제4부

세계와 인간의 발견

1 이탈리아인의 여행

진보를 가로막는 수많은 장애가 있던 다른 나라와 달리, 거기에서 벗어나 개인적으로 고도의 발전을 이루고 고대 문화를 학습한 이탈리아 정신은 바깥 세계의 발견에 눈을 돌리면서 그것을 말과 형식으로 포착하는 일에 나섰다. 미술이 이 과제를 어떻게 해결했는지는 별도로 얘기하겠다.

이탈리아인의 원격지 여행에 관해 여기서는 일반적인 사실만 언급하겠다. 십자군원정은 모든 유럽인에게 먼 이국으로 가는 길을 열어놓았고 모험적인 유랑심을 불러일으켰다. 이 모험심이 어느 순간부터 지식욕으로 이어졌고 결국에는 지식욕에 봉사하게 되었는지 말하기는 어렵지만, 이 변화가 가장 먼저 대대적으로 일어난 곳은 이탈리아였다. 십자군원정만 해도 이탈리아인은 다른 나라 사람과는 다른 의미에서 거기에 참여했다. 그들에게는 이미 함선이 있었고 동방과 무역상의 이해관계가 있었기 때문이다.

또 예부터 지중해는 내륙 지방이 내륙 주민을 기른 것과는 다른 방식으로 그곳 주민들을 길러냈다. 이탈리아인은 천성적으로 북방적인 의미의 모험가가 될 수 없었다. 그들이 지중해 동부의 여러 항구에 자리잡고 나자 그 중 가장 진취적인 사람들은 그곳으로 흘러든 이슬람 사람들의 유랑생활에 손쉽게 어울렸다. 그러자 거대한 세계의 일부가 정체를 드러내듯이 그들 앞에 전개되었다. 그들은 베네치아의 마르코 폴로처럼 몽골 세계의 파도 속으로 휩쓸려든 뒤 위대한 칸(Khan)이 앉아 있는 옥좌 앞 계단까지 밀려갔다.

이탈리아인들은 대서양의 발견에도 일찍부터 참여하여 이미 13세기에 제노바 사람이 카나리아 제도를 발견했다.[1] 1291년, 그러니까 기독교적 동방의 마지막 보루인 프톨레마이스가 멸망한 그 해에 동인도 항로 발견을 위해 최초의 시도를 한 사람도 제노바 사람이었다.[2] 콜럼버스는 서유럽 민족에 봉사하면서* 먼 바다를 항해한 무수한 이탈리아 사람들 중 가장 위대한 인물일 뿐이었다. 그러나 진정한 발견자는 우연히 어느 곳에 처음으로 당도한 사람이 아니라, 구하고 찾아 헤맨 뒤 발견하는 사람이다. 그런 사람만이 선구자의 사상과 관심을 계승할 수 있고, 그가 내미는 보고도 이런 바탕 위에서 쒸어질 수 있다. 따라서 이탈리아인이 비록 이런저런 해안에 처음으로 도착했다는 우선권은 얻지 못한다 하더라도, 그들이 중세 후기에 근대적인 발견 민족이었다는 사실은 영원히 남을 것이다.

---

1) Luigi Bossi, *Vita di Cristoforo Colombo*, p.91 이하에는 이탈리아인의 초창기 여행과 발견에 관한 개관이 있다. [신세계의 발견과 관련해 당대의 연대기에서 발췌한 일체의 서간문과 글은 Raccolta, *Di documenti e studi pubblicati dalla R. Commissione Colombiana pel quarto centenario della Scoperta dell' America*, 15 Foliobände, Rom, 1892~1896, III, 2, 1893 참조.]

2) Pertz, *Der älteste Versuch zur Entdeckung des Seewegs nach Ostindien*, 1859. Aeneas Sylvius, *Europae Status sub Friderico III. Imp.*, cap.44에도 불충분하지만 관련 정보가 있다. (Freher, *Scriptores*, ed. 1624, Vol. II, p.87.)

* 이탈리아 제노바 태생의 콜럼버스는 일찍부터 항해와 무역에 종사하면서 1476년에는 포르투갈의 리스본으로 갔다. 여기서 그는 대서양을 돌아 인도로 갈 수 있다는 생각에 사로잡혔다. 더욱이 이탈리아의 천문학자인 토스카넬리의 편지와 지도 속에, 대서양을 사이에 둔 유럽과 아시아 대륙 간의 거리가 매우 짧은 것으로 나타나 있었기 때문에 그의 대서양 횡단 결심은 더욱 굳어졌다. 그는 포르투갈 왕실에 자신의 항해를 지원해달라고 요청했으나 거절당하자, 1485년 에스파냐로 가서 이사벨과 페르난도 2세의 지원을 얻어낸 뒤 1492년 세 척의 배를 띄워 대서양 횡단에 나섰다.

이 주장을 자세한 근거로 뒷받침하는 것은 발견사의 몫이다. 그러나 우리는 바다 건너의 신대륙이 필요하여 찾아 헤맨 뒤 그것을 발견하고는 "세계는 작다"고, 세상은 생각만큼 크지 않다고 처음으로 외친 저 위대하고 존경스러운 제노바인에게 매번 감탄하게 된다. 에스파냐가 이탈리아인들에게 교황 알렉산데르 6세를 보냈다면 이탈리아는 에스파냐 사람들에게 콜럼버스를 주었다.

알렉산데르 6세가 죽기 몇 주일 전(1503년 7월 7일), 콜럼버스는 자메이카에서 후대의 그 누구도 감동 없이는 읽을 수 없는 당당한 편지를 써서 은혜를 모르는 에스파냐 왕들에게 보냈다.[3] 그는 또 발라돌리드에서 1506년 5월 4일자로 작성된 유언 추가서[4]에서, "감옥과 전쟁과 재난 중에 최고의 위안이 된 기도서이자 교황 알렉산데르에게서 선물받은 기도서를 사랑하는 조국 제노바 공화국에" 유증했다. 마치 그로써 보르자라는 끔찍한 이름 위에 용서와 자비의 마지막 한 줄기 희미한 빛이 내려오는 듯했다.

이탈리아인의 여행사(旅行史)와 마찬가지로 그들의 지리 기술(記述)의 발전과 지리학에 대한 공헌도 간략히 다루어야겠다. 이탈리아인의 업적을 다른 민족과 대략적으로 비교하기만 해도 그들이 얼마나 일찍부터 두드러지게 뛰어났는가를 알 수 있다. 15세기 중반경 대체 이탈리아 외에 어느 나라에서 에네아스 실비우스의 저술처럼 지리와 통계와 역사적 관심이 하나로 녹아든 글을 찾아볼 수 있는가? 이토록 균형있게 완성된 기술이 어디에 또 있는가? 실비우스는 본격적인 지리 관련 대표서에서뿐 아니라 서간문과 주석에서도 똑같은 노련함을 과시하며 풍경·도시·풍속·산업·소득·정치상황·헌법 등을 자신의 관찰과 생생한 지식을 바탕으로 기술했다.

물론 그가 문헌에만 의지해서 기술한 것들은 내용이 약간 빈약하다.

---

3) 〔*Scritti di C. Colombo*, Rom, 1894, II, 205 속에 수록됨.〕
4) 〔그 진위에 대해 논란이 있다.〕

그러나 그는 프리드리히 3세에게서 성직록을 받았던 곳인 티롤의 알프스 계곡을 묘사한 짧은 글[5]에서도 모든 중요한 생활상을 다루었고, 고대 문화를 학습한 콜럼버스의 동향인만이 가질 수 있는 재능과 객관적 관찰과 비교의 방법을 과시했다. 그가 알고 있는 것을 보았거나 적어도 부분적으로 알고 있던 사람은 수없이 많았지만, 그들에게는 그것을 묘사하려는 욕구가 없었고 세계가 그런 묘사를 필요로 한다는 의식도 없었다.

지리학[6]에서도 사람들은 그 중 어느 만큼이 고대인의 연구 결과이고 어느 만큼이 이탈리아인의 독자적 재능의 산물인지 쓸데없이 구분하려고 할 것이다. 이탈리아인은 고대인을 자세히 알기도 전에 세계의 사물을 객관적으로 관찰하고 연구했다. 그들 자체가 반은 고대적인 민족이었고 정치상황이 그런 바탕을 마련해놓았기 때문이다. 하지만 고대의 지리학자들이 길을 제시해주지 않았다면 이탈리아인은 이 분야에서 그토록 빠른 발전을 이루지 못했을 것이다.

마지막으로, 기존의 이탈리아 지리학이 여행자, 즉 발견자들의 정신과 성향에 얼마만큼 영향을 주었는지는 가늠하기 어렵다. 어떤 학문에 아마추어의 입장에서 손을 댄다고 해도, 즉 우리가 에네아스 실비우스를 낮게 평가한다고 해도, 그런 아마추어 역시 새로운 개척자들에게 없어서는 안 되는 여론이나 유리한 선입견 같은 일반적인 관심을 확산시킬 수 있다. 어느 분야이건 간에 진정한 발견자는 자신이 이 같은 중개자의 덕을 보고 있음을 충분히 알고 있을 것이다.

---

5) Pius II., *Comment.*, L. I, p.14. ─그가 언제나 정확하게 관찰한 것은 아니고 때로는 관찰한 풍경 속에 멋대로 가필을 했다는 것은 그의 바젤 묘사가 분명히 보여준다. 그러나 전체적으로 그의 글에는 높은 가치가 담겨 있다.
6) 신세계의 발견이 거의 대서양 국가 사람들에 의해서만 이루어진 16세기에도 이탈리아는 여전히 지리학 관련 문헌의 본산으로 군림하고 있었다. 16세기 중반 이탈리아는 레안드로 알베르티(Leandro Alberti)의 *Descrizione di tutta l'Italia*라는 주목할 만한 대규모 지리서를 선보였다.

2 이탈리아의 자연과학

이탈리아인들이 자연과학에서 차지하는 위치를 알려면 별도의 전문서에 의존해야 한다. 그 중 우리에게 알려져 있는 것은 지극히 피상적이고 혹평 가득한 리브리[1]의 저술뿐이다. 우리는 개개의 발견과 관련해 누구에게 선점권이 있는지를 논하는 것에 별 흥미가 없다. 어느 시기, 어느 문화민족이건 간에 범용한 소양에서 출발하여 억제할 수 없는 충동에 따라 경험에 몸을 내맡기고 타고난 재능에 힘입어 놀라운 발전을 이룬 사람들이 얼마든지 나타날 수 있다고 믿기 때문이다.

랭스의 대주교였던 제르베르와 로저 베이컨이 그런 사람이었다. 그들이 자기들의 전문 분야에서 통용되던 지식에 통달해 있었던 것은 어디까지나 그들 노력의 당연한 결과였다. 망상의 베일이 찢기고, 전통과 서적의 예속에서 벗어나고, 자연에 대한 두려움이 극복되자, 그들 앞에는 수많은 문제가 놓여 있었다. 그러나 어느 민족 전체가 자연의 관찰과 연구에 몰두하고 특히 다른 민족보다 앞서서 관심을 보였다는 것, 다시 말해 발견자가 위협이나 묵살을 당하지 않고 비슷한 성향의 사람들에게서 호응을 얻을 수 있었다는 것은 또다른 문제이다.

이탈리아가 바로 그런 나라였다.[2] 이탈리아의 자연과학자들은 『신

---

1) Libri, *Histoire des sciences mathématiques en Italie*, 4 vols., Paris, 1838.

곡』에 나오는 단테의 경험적 자연 연구의 증거와 발자취를 자랑스럽게 추적했다.[3] 그들이 단테의 성과로 돌리는 개개의 발견이나 언급의 우선권에 대해서는 우리가 판단할 일이 아니지만, 그의 묘사와 비유가 말해주는 풍부한 바깥 세계의 관찰은 전문가가 아니더라도 누구든지 알수 있을 것이다. 단테는 근대의 어느 시인보다도 현실에 바탕을 둔—그 현실이 자연이든 인간생활이든 간에—묘사와 비유를 하고 있다. 또한 그 묘사와 비유도 단순한 장식용이 아니라, 되도록 그가 말하려는 것과 가장 비슷한 심상을 불러일으키려고 사용한 것이었다.

단테는 특히 천문학 분야에서 전문가의 면모를 보인다. 물론 그의 대시편에 나오는 여러 천문학 관련 대목들이 지금의 우리에게는 학술적으로 보여도 당시 사람들에게는 보편적인 지식에 속했다는 것을 잊지 말아야 한다. 단테는 자신의 학식 외에도 당시 이탈리아인들이 항해민족으로서 고대인과 공유하고 있던 대중적인 천문학 지식에 호소했다. 이런 별자리의 출몰 지식은 근대에 와서 시계와 달력 때문에 쓸모가 없어졌고, 더불어 대중이 갖고 있던 다른 천문학적 관심들도 사라졌다. 또 지금은 해당 안내서나 학교 수업 덕분에 지구가 태양의 주위를 돈다는, 단테는 몰랐던 사실을 어린아이까지 알고 있지만, 천문학 자체에 대한 흥미는 전문가를 제외하면 철저히 무관심에 밀려났다.

별자리를 믿는 미신적인 학문이 있었다고 해서 그것이 이탈리아인의 경험적 정신을 부정하지는 못한다. 단지 미래를 알고 싶은 열망과 정열이 경험적 정신을 방해하고 압도했을 뿐이다. 점성술에 대해서는 이탈리아인의 윤리와 종교를 얘기할 때 다시 언급하자.

교회는 이런 사이비 과학에 대해 거의 관용으로 일관했다. 또한 순수한 자연 연구에 대해서도, 진위야 어떻든 간에 그것이 이단과 무술(巫

---

2) 이것을 정확히 판단하려면, 수학에서와는 별로도 관찰 결과를 수집하는 사례가 늘었다는 것을 확인해야 하지만, 이것은 우리의 과제가 아니다.

3) Libri, Ibid., II, p.174 이하.

術)로 흐른다는 고발이 있을 때에만——충분히 그런 방향으로 흘렀을 수 있다——대응에 나섰다. 그런데 중요한 것은, 이탈리아의 도미니쿠스회와 프란체스코회의 종교재판관들이 이 고발이 무고(誣告)임을 알고도 무고자에 대한 묵인에서든 아니면 자연 연구 전반에 대한 증오, 특히 실험에 대한 은밀한 증오에서든 간에 그들을 단죄했는가 하는 것 그리고 어떤 경우에 단죄했는가를 밝히는 일이다. 분명히 증오심에서 단죄했을 것도 같은데 그것을 증명할 방법은 없다.

북유럽에서는 스콜라 철학자들이 수용하여 공인했던 자연과학 체계가 혁신자들에게 저항함으로써 박해를 유발한 하나의 요인이 되었지만, 이탈리아에서는 그런 것이 별로 중요하지 않았거나 전혀 문제시되지 않았다. 주지하듯이 아바노의 피에트로는 14세기 초 동료 의사의 질시에 희생되어 미신과 마법의 혐의로 종교재판에 회부되었다.[4] 같은 시대에 파도바의 조반니노 상귀나치라는 의사도 혁신적인 시술을 선보인 탓에 비슷한 일을 당했던 것 같으나 추방되는 것으로 그쳤다.

끝으로 잊어서는 안 될 것이 있다. 이탈리아의 도미니쿠스회 수도사들은 북유럽에서처럼 종교재판관으로서의 권력을 일관되게 행사할 수 없었다. 14세기의 전제군주와 자치국가들은 종종 성직자 전체를 경멸한 까닭에 순수한 자연 연구와는 거리가 있는 것들도 처벌받지 않고 용인될 때가 있었다. 그러나 15세기에 고대가 강한 기세로 대두하면서 거기에 열려 있던 돌파구는 세속의 모든 연구를 가능하게 하는 공동의 돌파구가 되었다.

물론 인문주의가 최고의 인재들을 자기 쪽으로 끌어모으면서 경험적인 자연 연구를 방해한 것은 사실이다.[5] 그런 가운데 다시 여기저기서

---

4) Scardeonius, *De urb. Patav. antiq.*, in: Graevius, *Thesaur. ant. Ital.*, Tom. VI, pars III, Col. 227.
5) Libri, Ibid. II, p.258 이하에 나온 과장된 탄식을 참조하라. 재능 많은 민족이 그 주된 역량을 자연과학에 쏟지 못했다는 것이 유감이지만, 그래도 우리는 이 민족이 좀더 중요한 목표를 갖고 있었으며 어느 정도는 그것을 성취했다고 믿는다.

종교재판이 열려 의사들을 독신자(瀆神者)나 무당의 혐의를 씌워 처벌하거나 화형시켰지만, 이 처형의 진짜 내밀한 동기가 무엇이었는지는 단정하기 어렵다. 어쨌든 이탈리아는 15세기 말에 파올로 토스카넬리, 루카 파촐리, 레오나르도 다 빈치를 필두로 하여 수학과 자연과학에서는 타의 추종을 불허하는 유럽 제일의 국가였고, 레기오몬타누스와 코페르니쿠스 같은 다른 나라 학자들도 이들의 제자임을 자인했다.

박물학적 관심이 널리 확산되었음을 보여주는 중요한 단서는 일찍부터 나타난 수집열과 동식물의 비교학적 관찰이다. 우선 이탈리아는 최고(最古)의 식물원을 자랑하고 있으나, 그것은 주로 실용적인 목적을 위해 만들어진 듯하며 최고라는 우선권도 논란의 여지가 있을 것 같다. 하지만 이보다 훨씬 중요한 것은 군주와 부호들이 유원지를 조성하면서 자연히 여러 다양한 식물류와 변종 수집에 빠져들었다는 것이다.

15세기에 메디치 가의 카레지 별장에 있던 화려한 정원은 수많은 각종 수목과 관목들로 인해 거의 식물원처럼 묘사되어 있다.[6] 16세기 초, 티볼리를 바라보는 로마 평원에 자리잡은 트리울치오 추기경의 별장[7]도 각종 장미로 둘러친 울타리와 모든 종류의 수목과 종류별로 망라된 과실수가 들어찼으며, 20종의 포도나무와 커다란 채소밭도 딸려 있었다. 이곳 식물들은, 성곽과 수도원의 정원이라면 전 유럽 어디서나 볼 수 있는 유명 약초와는 분명 종류가 달랐다. 이탈리아인은 식탁에 올릴 과일을 공들여 재배하는 것 외에도, 바라보는 색다른 즐거움을 얻기 위해 식물 자체에 흥미를 기울였다.

미술사에 따르면, 정원이 이런 식물 수집욕에서 벗어나 건축과 회화적인 관점에서 설계된 것은 아주 훗날의 일이었다.

이국 동물의 사육도 관찰의 정신과 관련이 없지 않다. 지중해 남동부

---

6) Alexander Bracio, *Descriptio horti Laurentii Med.* Roscoe의 『로렌초전』의 부록 58로 수록되어 있으며, Fabroni의 『로렌초전』 부록에도 있다.

7) *Mondanarii villa*, in: *Poemata aliqua insignia illustr. poetar. recent.*

항구에서 간단히 이송해올 수 있다는 점과 이탈리아의 유리한 기후 조건 때문에 남국의 맹수를 사들이거나 이슬람 군주에게서 쉽게 선물로 받을 수 있었다.[8] 특히 도시국가와 군주들은 사자를 즐겨 사육했으며, 그것은 피렌체[9]처럼 사자를 국가의 상징동물로 택한 나라가 아니어도 그랬다. 사자굴은 페루자와 피렌체에서는 정부 청사 안이나 그 부근에 있었고, 로마에서는 카피톨리노 언덕 중턱에 있었다.

사자는 때로 정치적 심판의 집행자로 이용되었고[10] 평소에도 민중에게 공포심을 불러일으켰다. 뿐만 아니라 사자의 행동은 어떤 전조로도 인식되어 특히 다산(多産)을 번영의 징조로 보았다. 조반니 빌라니 같은 사람은 자기가 암사자의 분만을 지켜보았다고 거리낌없이 적고 있다.[11] 새끼 사자들은 흔히 우방 도시국가와 전제군주들에게 선물하거

---

8) 하인리히 6세 때의 팔레르모 동물원에 대해서는 Otto de S. Blasio, 1194년 대목 참조. Cf. Böhmer, *Fontes* III, 623. 〈동물원의 전통에 대해서는 Karl Hauck, "Tiergärten im Pfalzbereich," in: *Deutsche Königspfalzen. Beiträge zu ihrer historischen und archäologischen Erforschung*, Vol. I(Veröff. d. Max-Planck-Inst. für Geschichte II, 1), Göttingen, 1963, pp.30~74.〉

9) 피렌체에서는 문장(紋章)에 그려넣거나 돌에 새겨넣은 사자를 '마르초코'(marzocco)라고 불렀다. 피사에서는 독수리를 사육했다. 단테의 『신곡』 「지옥편」 제33곡, 22에 대한 해석 참조.

10) Papencordt, *Gesch. d. Stadt Rom im Mittelalter*, p.367의 주에서 1328년의 사건을 다루면서 에지디오 다 비테르보의 글에서 발췌한 부분 참조. —맹수끼리의 싸움 또는 맹수와 개의 싸움은 큰 행사 때 민중을 위한 오락으로 이용되었다. 1459년 피렌체가 피우스 2세와 갈레아초 마리아 스포르차를 맞을 때는 시뇨리아 광장에 울타리를 만들고 그 안에 황소·말·수퇘지·개·사자·기린을 함께 들여보냈는데, 사자는 드러누운 채 다른 동물들을 공격하려 하지 않았다. Cf. *Ricordi di Firenze*, in: *Rer. ital. script. ex florent. codd.* T. II, Col. 741. 이와는 다른 내용이 Muratori, III, 2, Col. 977의 『피우스전』에 나와 있다. 〔Voigt, *Enea Silvio* III, p.40 이하.〕 후일 맘루크 조의 술탄 케이트베이는 로렌초 마니피코에게 또 한 마리의 기린을 선물했다. Cf. Paul. Jov., *Vita Leonis X.*, L. I. 그밖에 로렌초의 동물원에서는 위풍당당한 사자 한 마리가 특히 유명했는데, 이 사자가 다른 사자들에게 물려 찢기면 로렌초의 죽음을 알리는 전조로 생각했다.

11) Giov. Villani, X, 185; XI, 66. Matteo Villani, III, 90; V, 68. —사자들이 싸우거나 서로 죽이면 흉조로 인식되었다. Cf. Varchi, *Stor. fiorent.* III, p.143.

나 용병대장에게 용맹의 대가로 주었다.[12] 그밖에도 피렌체인들은 일찍부터 표범을 기르면서 그것을 돌보는 별도의 사육사까지 두었다.[13] 페라라의 보르소 공작[14]은 그가 기르는 사자들을 황소와 곰과 멧돼지와 싸움을 시켰다.

15세기 말에는 이미 여러 군주의 궁에 정식 동물원이 있어서 신분상의 사치로 기능했다. 마타라초의 말을 빌리면 "말, 개, 노새, 새매를 비롯한 각종 새, 궁정광대, 가수, 이국의 동물들이 군주의 사치품에 속했다."[15] 페란테 치하의 나폴리 동물원에는 바그다드의 군주가 선물한 것으로 보이는 기린과 얼룩말이 하나씩 있었다.[16] 필리포 마리아 비스콘티는 500~1000냥의 금화를 주고 산 말들과 값비싼 영국산 개 외에도 동방의 전지역에서 가져다 놓은 표범을 여러 마리 소유했고, 북유럽에서 수집한 사냥용 새의 사육비로 다달이 3000냥을 지출했다.[17] 포르투갈의 마누엘 대왕이 레오 10세에게 코끼리와 코뿔소를 보냈을 때 그는 자신이 어떤 일을 한 것인지 잘 알고 있었을 것이다.[18] 그러는 사이 식물학에서처럼 동물학에서도 학문적인 연구의 기초가 마련되었다.

---

12) Matt. Villani, Ibid., *Cron. di Perugia*, in: *Arch. stor.* XVII, 2, p.77 이하, 1497년. ─한번은 페루자에서 사자 한 쌍이 도망친 적이 있었다. Ibid., XVI, 1, p.382, 1434년.

13) Gaye, *Carteggio* I, p.422, 1291년. ─비스콘티 가의 사람들은 훈련받은 표범까지 사냥에 이용하여 작은 개가 몰아댄 토끼를 잡는 데 썼다. Kobell, *Wildanger*, p.247에는 훗날에도 표범을 이용하여 사냥한 사례들이 적혀 있다.

14) Strozza, *Poetae*, p.146, *De leone Borsii ducis*, p.188. 수렵장에 대해서는 p.193 참조.

15) *Cron. de Perugia* 1, c. XVI, 2, p.199. ─Petrarca, *De remed. utriusque fortunae* I, 61에도 비슷한 얘기가 나오지만 분명하게 언급되어 있지는 않다.

16) Jovian. Pontan., *De magnificentia*. ─알바노에 있던 아퀼레이아 추기경의 동물원에는 1463년 공작과 인도산 닭 외에도 귀가 긴 시리아산 염소가 있었다. Pius II., *Comment.*, L. XI, p.562 이하.

17) Decembrio, in: Muratori, XX, Col. 1012.

18) 자세한 내용은 Paul. Jov., *Elogia*에 있는 Tristanus Acunius 관련 부분에 재미있게 묘사되어 있다. 피렌체의 스트로치 궁전에 있던 고슴도치와 타조는 Rabelais, *Pantagruel* IV, chap.11 참조.

실용동물학은 종마장에서 발달을 보았다. 그 가운데 프란체스코 곤차가 치하의 만토바 종마장이 유럽 최초의 것으로 꼽힌다.[19] 마종을 품평하는 일은 승마의 역사만큼이나 오래되었고, 인공적인 잡종 생산은 특히 십자군원정 때부터 보편화했음에 틀림없다. 그러나 이탈리아 사람들이 최고로 빠른 말을 생산하려 했던 가장 큰 동기는 유력한 도시에서 열리는 경마에서 영예의 우승을 차지하기 위해서였다. 만토바 종마장에서는 이런 우승이 확실시되는 말 외에도 혈통 좋은 군마를 비롯해 여러 마종이 사육되었다.

말은 귀족에게 보내는 선물 중 가장 품위있는 선사품으로 인식되었다. 곤차가는 에스파냐·아일랜드·아프리카·트라키아·킬리키아 등지에서 수말과 암말을 사들였으며, 특히 킬리키아산(産) 말을 얻기 위해 투르크 황제와 교류하면서 친분을 맺었다. 만토바 종마장에서는 최고 품종을 얻기 위한 갖가지 잡종 교배가 이루어졌다.

그러나 인간 동물원도 없지 않았다. 느무르의 줄리아노 공작의 서자인 유명한 이폴리토 메디치 추기경[20]은 그의 별난 궁에 20개 이상의 각기 다른 언어를 쓰는 야만인들을 데리고 있었는데, 그들은 모두 자신이 속한 종족에서 뛰어난 사람들이었다. 그 중에는 북아프리카의 혈통 좋은 무어족 출신의 빼어난 곡예사도 있었고, 타타르의 궁수(弓手), 흑인 씨름꾼, 인도 잠수부, 주로 사냥 때 추기경을 수행하는 투르크인도 있었다. 추기경이 일찍 세상을 떠나자(1535년) 이 다양한 인종집단은 이트리에서 로마까지 유해를 어깨에 메고 운구했다. 그리고 관대했던 군주의 죽음을 슬퍼하는 로마 시민들과 한데 섞여 그들도 갖가지 언어와 격렬한 몸짓으로 슬픔을 표현했다.[21]

---

19) Cf. Paul. Jov., *Elogia*, p.234 이하, 프란체스코 곤차가 관련 부분. ―말의 품종과 관련해 밀라노가 부린 사치는 Bandello, Parte II, *Nov.* 3, 8 참조. ―서사시에도 종종 말 전문가가 등장해 얘기하는 것을 볼 수 있다. Cf. Pulci, *Il Morgante*, c. XV, Str. 105 이하.

20) Paul. Jov., *Elogia*, p.307 이하.

지금까지 이탈리아인과 자연과학의 상호관계 그리고 그들이 자연의 다양하고 풍성한 산물에 보인 관심을 산발적으로 적었지만, 여기에는 아직 미진한 점이 있다는 것을 나는 알고 있다. 그러나 이 미비점들을 충분히 보완해줄 전문서의 이름은 좀처럼 떠오르지 않는다.

---

21) 이 기회에 르네상스기의 이탈리아에 있던 노예들에 관해 몇 가지를 적어보겠다. Jovian. Pontan., *De obedientia*, L. III에 나오는 짤막한 핵심 대목에 따르면 이렇다. 북부 이탈리아에는 노예가 없었지만, 다른 지역에서는 투르크 제국에 살던 기독교인 · 불가리아인 · 사카시아인을 사온 뒤 그들이 구매 액수를 변제할 때까지 일을 시켰다. 이와 달리 흑인들은 종신토록 노예로 살았지만, 최소한 나폴리에서는 그들을 거세할 수 없었다. —피부색이 검은 사람들은 모두 '모로' (Moro) 라고 불렸으며 흑인은 '모로 네그로'라고 불렸다. —Fabroni, *Cosmos*, Adnot 110: 1427년 사카시아의 여자 노예의 매매에 관한 기록. —Adn. 141: 코시모의 여자 노예 목록. —Nantiporto, in: Muratori, III, 2, Col. 1106: 인노켄티우스 8세는 페르난도 가톨릭 왕에게서 100명의 모로를 선물로 받은 뒤 이들을 다시 추기경과 다른 군주들에게 선사했다(1488년). —Massuccio, *Nov.* 14는 노예 매매를 다루고 있다. —*Nov.* 24, 25는 (주인의 이익을 위해?) 열심히 일하는 흑인 노예를 그렸다. —*Nov.* 48: 카탈루냐 사람들은 튀니지의 모로를 잡아다가 피사에서 매매했다. —Gaye, *Carteggio* I, 360: 한 흑인 노예를 해방하고 선물을 주라는, 1490년 피렌체의 어느 유언장의 내용. —Paul. Jov., *Elogia*: 프란체스코 스포르차 부분. —Porzio, *Congiura* III, 194. —Comines, *Charles VIII.*, c. 17: 나폴리의 아라곤 왕가에서는 흑인을 형리와 간수로 고용했다. — Paul. Jov., *Elogia*, 갈레아초 부분: 군주의 외출시 흑인을 호위자로 이용했다. —Aeneas Sylvius, *Opera*, p.456: 악사로 일한 흑인 노예. —Paul. Jov., *De piscibus*, c. 3: 제노바에서 수영교사와 잠수부로 일한 (자유로운?) 흑인 노예. —Alex. Benedictus, *De Carolo VIII.*, in: Eccardus, *Scriptores* II, Col. 1608: 한 (에티오피아) 흑인이 베네치아의 고급 장교로 일했다. 따라서 오셀로도 흑인으로 볼 수 있다. —Bandello, P. III, *Nov.* 21: 제노바에서는 노예가 벌받을 짓을 하면 발레아레스 제도로, 특히 이비사로 팔려가 소금을 날라야 했다.

3 자연미의 발견

    자연에 다가가는 데는 학문적인 연구와 지식 외에 또다른 특별한 방식이 있었다. 이탈리아인은 자연의 경치를 아름다움으로 인식하고 즐긴 근대 최초의 민족이었다.[1]

    이 능력은 장기간에 걸친 복잡한 문화과정의 산물이라 그 발생을 추적하기가 쉽지 않다. 왜냐하면 자연을 느끼는 감정이 시와 그림에서 표출되고 그렇게 해서 스스로를 자각하기 훨씬 오래 전에 그것이 어렴풋한 감수성으로 존재했을 수 있기 때문이다. 고대인은 미술과 시에서 먼저 인간사의 제반 문제를 다룬 뒤에 자연 묘사로 눈을 돌렸지만, 그 자연 묘사는 핵심적인 장르가 되지 못했다. 그래도 호메로스 이후부터는 자연이 준 강한 인상이 수많은 시구를 통해 표현되었다.

    그후 로마제국 영토에 나라를 건설한 게르만 민족은 원래부터 자연의 풍광 속에서 영혼을 느낄 줄 아는 사람들이었다. 비록 그들이 한때는 기독교의 강요 아래 그때까지 경배했던 산천과 호수와 숲에서 악령의 모습을 본 적도 있지만 이런 과도기는 금방 극복되었다. 중세 전성기인 1200년경에는 다시 자연을 순수하게 음미하는 태도가 일어나 각

---

1) 훔볼트의 『코스모스』 제2권에 나오는, 이 주제와 관련된 유명한 기술을 굳이 지적할 필요도 없을 것이다.

국의 연애시인들이 노래를 통해 자연을 생생하게 표현했다.[2] 그들은 봄·꽃·초원·숲 같은 소박한 자연 현상에서 느끼는 강한 일체감을 노래했다.

그러나 그것은 원경(遠景)이 빠진 전경(前景)만의 묘사였다. 십자군 원정에 참가한 기사들의 노래 속에도 그들이 먼 길 떠나온 자임을 알게 하는 것은 없으며, 서사시 역시 복장과 무기 따위는 상세히 그려냈으나 지방 묘사에서는 스케치에 머물러 있었다. 위대한 시인인 볼프람 폰 에셴바흐도 시의 등장인물이 활동하는 배경에 대해서는 충분한 모습을 그려내지 못했다. 따라서 이런 시들을 읽어도 우리는 귀족 출신의 그 시인이 전망 좋은 고지의 성에서 살았다든지, 그곳을 알고 있었다든지, 또는 방문했다든지 하는 것을 도저히 알 길이 없다. 방랑성직자들의 라틴 시(248쪽 이하)에도 원경의 조망, 곧 본래의 풍경은 빠져 있다.

하지만 가까운 풍경들은 그 어떤 기사계급의 연애시인도 재현할 수 없을 만큼 화려하고 찬란한 색채로 묘사되어 있다. 12세기 이탈리아 시인의 작품으로 추정되는, 사랑의 숲을 묘사한 다음의 시에 견줄 만한 것이 또 있을까.

> 그곳에 머무르는 사람은
> 죽지 않을 것이다.
> 그곳에서는 어떤 나무라도
> 자신의 과일을 기뻐한다.
> 길목마다 유향과 계피와
> 과일 향기가 피어나니—
> 집 주인의
> 인품을 알 수 있었다.[3]

---

2) 훔볼트의 앞의 책에 나오는 빌헬름 그림의 보고가 여기에 속한다.
3) *Carmina Burana*, p.162, "de Phyllide et Flora," Str. 66.

여하튼 이탈리아인에게 자연은 벌써 오래 전에 속죄받고 온갖 악마의 영향에서 벗어난 대상이었다. 아시시의 성 프란체스코는 그의 「태양찬가」에서 하늘의 별과 4대 원소를 창조한 하느님을 솔직한 마음으로 찬양했다.

그러나 위대한 자연을 바라보는 데서 오는 깊은 감동을 가장 확실하게 전해준 사람은 단테가 처음이었다. 그는 부드럽게 물결치는 바다 멀리 햇빛을 반사하며 불어오는 아침 바람과 숲속의 폭풍 같은 것을 몇 줄의 시로 훌륭히 노래했고, 먼 곳의 경치를 즐기겠다는 일념 하나로 높은 산에도 올랐다.[4] 이 같은 일을 한 사람은 어쩌면 고대 이래 그가 처음일 것이다.

보카치오는 자신이 얼마나 자연에 감동받았는지를 직접 묘사하기보다는 우리로 하여금 그것을 추측하게 만들지만, 그의 전원소설[5]을 읽어보면 최소한 그의 상상 속에 있었을 거대한 자연의 풍광을 느끼지 못할 사람은 없다. 최초의 완전한 근대인 가운데 한 사람인 페트라르카도 자연이 감수성 예민한 영혼에게 어떤 의미를 주는지를 완벽하고 힘차게 그려냈다.

모든 문학작품을 조사하여 거기에 드러난 회화적인 자연 감성의 기원과 발달을 처음으로 수집하고 『자연의 풍경』이라는 글로 자연 묘사의 최고봉을 이룩한 명민한 학자 알렉산데르 폰 훔볼트는 페트라르카와

---

4) 이것 외에 그가 레조 영내의 비스만토바 정상에서 다른 일을 하려고 했었다고는 생각하기 힘들다. 『신곡』 「연옥편」 제4곡, 26. 〔Renier, *Giorn. stor.* 37, 415에서는 단테가 높은 산에 올랐다는 것을 부인한다.〕 단테가 저승의 모든 부분을 명확하게 그려낼 때 보여준 정교함이 벌써 그의 풍부한 공간감각과 형식감각을 말해준다.

5) 『피암메타』에 나오는 바이아 지방 묘사와 『아메토의 요정 이야기』에 나오는 숲속 묘사 외에도 『신의 계보』 XV, 11이 중요한 대목이다. 여기에서 보카치오는 나무와 초원과 시내와 가축의 무리와 오두막 등 자연의 세세한 풍광을 여럿 열거하면서 이것들이 영혼을 달래준다고 덧붙였다. 또한 그로 인해 정신이 집중되는 효과가 나타난다고 말했다.

관련해 말하자면 전적으로 옳은 판단을 내렸다고 할 수 없다. 따라서 위대한 수확자를 뒤따르는 우리로서는 얼마간의 낙수를 기대해도 좋을 것 같다.

페트라르카는 단순히 유명 지리학자나 지도 제작자에 그친 인물이 아니었다(이탈리아 최초의 지도는 그가 만들었다고 한다[6]). 또 그는 고대인들이 말했던 것을 그저 반복해서 얘기하지도 않았다.[7] 그는 자연을 바라보고 거기에서 직접 감동받은 사람이었다. 그가 볼 때 자연의 음미는 모든 정신활동에 뒤따라야 하는 가장 바람직한 동반자였다. 그가 보클뤼즈를 비롯한 여러 지방에서 학자로서 은둔생활을 하고 시대와 세상을 벗어나 주기적으로 도피의 삶을 산 것도 이 둘의 결합 위에서 이루어진 결과였다.[8]

그의 빈약하고 미숙한 자연 묘사 능력에서 그의 빈곤한 감정을 추리한다면 그를 잘못 평가하는 것이다. 물론 그가 『아프리카』의 제6곡 말미에, 그때까지 고대인도 근대인도 노래한 적이 없다는 이유를 들어[9] 삽입한 아름다운 스페치아 만과 베네레 항의 묘사는 단순한 나열에 그치고 있다. 그래도 그는 암석의 모습에서 아름다움을 느끼고 풍경의 회화적인 가치와 그것의 실용성을 충분히 구분할 줄 아는 사람이었다.[10]

---

6) Libri, *Hist. des sciences math.* II, p.249.
7) 물론 그는 고대인들을 즐겨 인용하기는 했다. 특히 *De vita solitaria*, in: *Opera*, ed. Basil, 1581, p.241에서 포도 덩굴이 있는 정자를 성 아우구스티누스의 글에서 인용해 묘사한 부분이 그렇다.
8) *Epist. famil.* VII, ed. Fracassetti, I, p.367. "그러나 내가 얼마나 큰 기쁨으로 혼자서 자유롭게 산과 숲과 샘과 강가와 책과 위인들의 재능 속에서 호흡하는지, 내가 얼마나 사도들처럼 내 앞에 있는 것들에 나를 맡기고, 과거를 잊고 현재도 보려고 하지 않으려고 노력하는지를 당신이 알 수 있다면 얼마나 좋을까요." Cf. VI, 3, Ibid., p.316 이하, p.334 이하.
9) "헌정받은 노래도 없이 내던져져 있었다." —Cf. *Itinerar. syriacum*, in: *Opera*, p.558.
10) *Itinerar. syriacum*, p.557에서 페트라르카는 레반트 해안에서 "우미하고 험준한 언덕과 신기하게 풍부한 언덕"을 구별한다. 가에타 해안에 대해서는 *De remediis utriusque fort.* I, 54 참조.

그가 레조의 숲에 머무르면서 순간적으로 드넓은 자연을 바라보았을 때 받은 깊은 감동은 그로 하여금 오래 전에 내려놓았던 시필(詩筆)을 다시 들게 만들었다.[11]

하지만 진실로 가슴 벅찬 감격은 아비뇽에서 멀지 않은 방투 산에 올랐을 때 왔다.[12] 광활한 경치를 보고 싶다는 막연한 욕구가 마음속에서 최고조에 달했을 때, 페트라르카는 우연히 리비우스의 글에서 로마의 적인 필리포스 5세가 하이무스 산(지금의 발칸 산맥—옮긴이)에 오르는 대목을 접하고 결심을 했다. 늙은 왕에게 탓할 수 없는 것은 평범한 젊은이에게도 용서해줄 수 있을 것이라고 그는 생각했다.

무작정 하는 등산은 그의 주변에서는 유례가 없었고 친구나 아는 사람의 동행도 생각할 수 없었다. 그는 마지막 휴게소에서 데리고 온 동향인 두 명과 남동생만 이끌고 산에 올랐다. 산중턱에서 만난 한 늙은 목자는 그들에게 돌아가라고 타일렀다. 그 역시 50년 전 같은 일을 시도했으나 돌아올 때 남은 것이라고는 후회와 피곤한 육신과 다 찢어진 옷뿐이었으며, 그전에도 그후에도 이 산을 오른 사람은 아무도 없다고 했다. 그러나 그들은 말할 수 없는 고통을 겪으면서도 계속 위로 올라갔고 마침내 발 밑에서 구름이 넘실대는 정상에 이르렀다. 하지만 그곳의 풍경 묘사를 기대하는 것은 소용없는 일이다. 그것은 페트라르카가 둔감해서가 아니라, 오히려 거기에서 받은 감동이 너무 강렬해서였다.

그의 마음속에는 어리석음으로 가득했던 지난날의 모든 삶이 떠올랐다. 젊은 나이에 볼로냐를 떠난 지가 이날로 10년째 된다는 생각에 그는 이탈리아가 있는 쪽을 향해 그리움 가득한 눈길을 돌렸다. 그리고 언제나 휴대하고 다니는 작은 책, 곧 성 아우구스티누스의 『명상록』을 펼쳐들었다. 그러자 그의 시선은 10장의 한 대목에서 멈췄다. "그리고

11) 『후대에 보내는 편지』: "예상치 않게 이곳의 모습에 감동받았다."
12) *Epist. famil.* IV, 1, ed. Fracass., I, p.193 이하. 〈Joachim Ritter, *Subjektivität. Sechs Aufsätze*, Frankfurt, 1974, pp.141~163: "Landschaft"(1963). 특히 pp.141~150에는 페트라르카의 원문에 대한 광범위한 해석이 딸려 있다.〉

인간은 길을 떠나 높은 산과 넓은 바다와 힘차게 출렁이는 파도와 대양과 천체의 흐름에 감탄하며 자기 자신을 잊는다." 페트라르카가 읽는 이 구절을 듣고 있던 남동생은 형이 왜 이윽고 책을 덮고 침묵하는지 알 수 없었다.

그때부터 몇십 년 후인 1360년, 파치오 델리 우베르티는 운문으로 된 그의 지리서[13]에서(252쪽) 알베르니아 산맥의 광활한 전경을 묘사했다. 비록 지리학자와 고고학자의 관점에서만 묘사했어도 그것은 그가 실제로 목격한 것이었다. 그런데 그는 이보다 더 높은 산에도 분명히 올랐던 것 같다. 해발 3000미터 이상의 고지에서만 나타나는 충혈, 안구 압박, 심계항진 같은 현상을 그가 알고 있기 때문이다. 그의 신비한 여행 동반자인 솔리누스는 액체에 적신 해면으로 그를 치료해주었다. 그러나 그가 파르나소스와 올림포스에 올랐다는 것[14]은 허구로 보인다.

15세기에는 플랑드르 화파의 거장인 후베르트와 얀 반 에이크 형제가 자연의 모습을 그려냈다. 그들의 풍경화는 단순히 현실의 외관을 담아내려는 노력의 결과가 아니라, 한쪽으로 치우치기는 했어도 독자적인 시적 내용, 즉 영혼을 담고 있다. 이들은 누가 뭐래도 유럽 미술 전반에 막대한 영향을 끼쳤고 이탈리아의 풍경화도 그 영향을 받지 않을 수 없었다. 그러나 독특한 안목으로 풍경에 관심을 보인 이탈리아인들은 자기만의 독자적인 길을 걸어갔다.[15a]

에네아스 실비우스(훗날의 교황 피우스 2세—옮긴이)는 지리학에서도 그렇지만 자연 묘사에서도 당대를 대표한 사람 가운데 하나였다. 우리는 실비우스라는 인물을 완전히 도외시할 수도 있으나, 이 사람만큼

---

13) *Il Dittamondo* III, cap. 9.

14) *Il Dittamondo* III, cap.21; IV, cap.4. 황제 카를 4세도 아름다운 경치를 느낄 줄 아는 감각의 소유자였던 것 같다. 어쩌면 그것은 인문주의자들과의 교류에서 얻어진 것일 수 있다.

15a) 이에 대해서는 Millard Meiss, *Giovanni Bellini's St. Francis*, *Saggi e Memorie di storia dell'arte*, 3, 1963, pp.9~30이 표본적인 새로운 분석을 내놓았다.

당시의 시대상과 정신문화를 완벽하고 생생하게 비춰주는 인물이 드물고, 또 그만큼 초기 르네상스의 표준적 인간형에 근접한 인물도 별로 없다는 것을 시인하지 않을 수 없다. 덧붙여 말하지만, 그의 변절 때문에 종교회의가 무산된 교회측의 불만에만 우리가 귀기울인다면 그것은 도덕적인 면에서도 그에 대한 정당한 평가가 아니다.[16]

여기서 우리가 실비우스에게 흥미를 갖는 이유는, 그가 이탈리아의 빼어난 경관을 음미하고 감격에 겨워 그것을 처음으로 낱낱이 묘사한 사람이기 때문이다. 그는 교회국가와 자신의 고향인 남부 토스카나 지방을 자세히 알고 있었으며, 교황이 된 뒤 계절 좋은 때가 되면 주로 여행과 전원생활로 여가를 보냈다. 오래 전부터 다리 통풍으로 고생했지만 이제는 가마를 타고 산과 계곡을 다닐 수 있을 만큼 재력도 생겼다. 자연과 고대를 최고의 기쁨으로 알았고, 소박하지만 기품 넘치는 건축물에 경도되었던 이 교황의 도락을 후대 교황들과 비교할 때 그는 거의 성인처럼 보인다. 아름답고 생동감 넘치는 라틴어로 쓴 『비망록』에서 그는 자신의 행복을 솔직하게 털어놓았다.[17]

피우스는 여느 근대인 못지않게 다방면으로 발달한 안목의 소유자였던 것 같다. 그는 알반 산맥의 최고봉인 카보 산에서 눈앞에 펼쳐진 장대한 전경을 넋을 잃고 바라보았다. 치르체오 곶에서 아르젠타로 산으로 이어지는 테라치나 해안을 조망했고, 태곳적 도시들의 폐허와 중부 이탈리아의 산맥과 주변 깊숙한 골짜기마다 푸르름으로 뒤덮인 숲이

---

16) Platina, *Vitae Pontif.*, p.310에도 귀를 기울여야 하겠다. "이 사람(피우스 2세)은 진실하고 결백하고 솔직하여 아무런 허구도 가장도 없었다." 그는 위선과 미신을 증오했으며 용감하고 언제나 한결같았다.

17) 그 중 중요한 대목은 다음과 같다. Pius II., *Commentarii*, L. IV, p.183: 고향의 봄; L. V, p.251: 여름에 체류한 티부르; L. VI, p.306: 비코바로 샘에서의 식사; L. VIII, p.378: 비테르보의 근교; p.387: 산상의 성 마르티노 수도원; p.388: 볼세나 호수; L. IX, p.396: 아미아타 산의 빼어난 묘사; L. X, p.483: 몬테올리베토의 경치; p.497: 토디의 전경; L. XI, p.554: 오스티아와 포르토; p.562: 알반 산맥의 묘사; L. XII, p.609: 프라스카티와 그로타페라타.

보이는 광활한 평야 그리고 산맥 가까이에서 빛나는 호수를 감상했다. 또 포도밭과 올리브나무 언덕이 내려다보이는 토디 지방의 아름다움을 음미하면서, 그 아래 멀리 펼쳐진 숲과 테베레 계곡, 굽이치는 강물 위로 솟아 있는 수많은 성곽과 도시에도 눈길을 돌렸다.

고지마다 별장과 수도원이 서 있는 시에나 부근의 매혹적인 구릉지는 그의 고향이었고 따라서 그에 대한 묘사에는 당연히 각별한 애정이 담겨 있다. 또 그는 볼세나 호로 돌출한 카포 디 몬테 곶처럼 그림 같은 정경에도 행복해했다. "포도잎 그늘로 뒤덮인 가파른 돌계단을 내려가면 해안에 다다르고, 그곳 절벽 사이에는 언제나 개똥지빠귀의 노랫소리로 힘을 얻는 늘푸른 떡갈나무가 서 있다." 네미 호를 휘둘러 난 길 위의 밤나무와 여러 과실수 밑에서 그는 시인의 서정이 눈을 뜨는 곳이 있다면 그것은 바로 여기, "디아나의 은신처"인 이곳일 거라고 느꼈다.

그는 오래된 거대한 밤나무나 올리브나무 밑 그리고 푸른 초원과 용솟음치는 시냇가에서 추기경 회의와 재판을 열고 사절들을 맞을 때도 많았다. 좁아드는 협곡 위에 당당하게 걸려 있는 구름다리를 보면서 이내 거기에 숨은 깊은 뜻을 찾아내기도 했다. 푸른 물결 일렁이는 아마밭이나 언덕을 뒤덮은 노란 금작화, 심지어 야생 덤불과 같은 아주 세세한 사물에서도 그는 그 아름다움과 완벽미와 특유의 모습에 기쁨을 느꼈고, 갖가지 화려한 수목들과 샘들은 하나 하나가 모두 자연의 경이처럼 보였다.

피우스의 자연 탐닉은 저지대가 페스트와 작열하는 더위로 신음하던 1462년의 여름 아미아타 산에 머무를 때 절정에 달했다. 그는 교황청 사람들과 함께 산허리에 있는 옛날 롬바르드 왕국 시절의 성 살바토레 수도원에 숙소를 정했다. 그곳 가파른 산비탈 위의 밤나무 사이에 서면 토스카나 남부의 전경과 멀리 시에나의 첨탑들이 한눈에 들어왔다. 정상 등정은 함께 온 일행에게 맡겼는데, 그 중에는 베네치아 연설가도 끼어 있었다. 그들은 정상에서 원시 민족의 제단으로 보이는 거석 두 개가 포개져 있는 것을 발견했다. 멀리 바다 위에 보이는 것은 코르시카와 사르데냐일 거라고 생각했다.[18] 발을 찌르는 가시도 없고 성가신 곤충이나 뱀의 위협도 없는 오래된 참나무와 밤나무 사이의 시원한 잔디에서 교황은 서늘하고 기분 좋은 여름 바람을 맞으며 지고의 행복을 맛보았다.

그는 정해진 요일에 열리는 재판을 위해 매번 그늘진 곳을 찾아다녔고,[19] "그때마다 골짜기에서 새로운 샘과 그늘을 발견했으나 어느 곳을 택해야 할지 어렵기만 했다." 이때는 가까운 굴에 있던 큰 사슴이 개에 쫓겨 달아나면서 발톱과 뿔로 자신을 방어하다가 산 위로 도망치는 모습을 볼 수 있었다. 저녁이 되면 교황은 수도원 앞의 팔리아 계곡이 내려다보이는 곳에 앉아 추기경들과 즐겁게 담소를 나누었다. 사냥하러 산 아래로 내려간 교황청 궁신들은 참기 어려운 더위와 모든 것이 타버린 듯한 정말 지옥과 같은 광경을 목격했으나, 푸르름과 서늘함이 에워싼 수도원은 낙원과 같았다.

이것은 근본적으로 순수한 근대의 도락이지 고대의 영향이 아니다. 물론 고대인들도 분명히 비슷한 정취를 느꼈을 테지만, 이런 풍경을 묘사한 몇 안 되는 기록들, 어쩌면 피우스도 알고 있었을 고대의 기록들은 그에게 이런 감격을 불러일으킬 만큼 충분하지 못했다.[20]

15세기 말부터 16세기 초에 일어난 제2의 이탈리아 시문학의 전성기는 같은 시기의 라틴 시문학과 더불어 자연의 풍광이 얼마나 사람들의 정서에 지대한 영향을 끼쳤는지 풍부하게 증명해준다. 이는 당시의 서정시인들을 일별해도 알 수 있다. 그러나 이 역동적인 시대에 서정시와 서사시와 소설의 관심은 다른 곳에 더 쏠려 있었기 때문에 대자연의 광경을 본격적으로 묘사한 작품은 별로 볼 수 없다. 보이아르도와 아리오스토가 자연의 모습을 힘차게 그려내고는 있으나, 되도록 간략한 기술

---

18) 시칠리아가 아니라 분명 사르데냐일 것이다.
19) 그는 자기 이름에 빗대어 스스로를 "숲(Silva)을 좋아하고 이런저런 것들을 보고 싶어서 안달하는 사람"이라고 했다.
20) 레온 바티스타 알베르티와 자연의 경치에 대해서는 이 책 제2부 210쪽 이하 참조.

에 그쳤기 때문에 깊이있는 원경 묘사로 분위기를 돋우지는 못했다.[21] 분위기는 오로지 인물과 사건에만 들어 있다.

시인들보다는 오히려 명상적인 대화 작가와 서간문 작가들이 확산되어가는 자연의 심취를 뚜렷이 보여준다. 일례로 반델로는 자신의 문학 장르에서 통용되는 법칙을 의식적으로 고수한 사람이라, 소설에서도 자연에 대해 필요 이상의 언급은 한마디도 하지 않았다.[22] 그러나 소설마다 앞에 붙이는 헌사에서 그는 소설 속의 대화와 사교의 배경이 되는 자연 경관을 여러 차례에 걸쳐 아름답게 묘사했다. 서간문 작가들 중에서는 유감스럽지만 아레티노[23]를 거명할 수밖에 없다. 그는 저녁 노을과 구름이 만들어내는 현란한 효과를 세밀한 언어로 포착한 최초의 인물일 것이다.

그러나 시인들도 가끔은 그들의 감성을 아름답고 풍속화적인 자연 묘사로 독특하게 엮어냈다. 티토 스트로차는 어느 라틴 비가[24](1480년 경)에서 그의 연인이 사는 곳을 이렇게 묘사한다. 담쟁이덩굴에 뒤덮여 나무 속에 숨어 있는 작은 고옥에는 풍상에 시달린 성인의 벽화가 있고, 그 옆에는 사납게 흐르는 포 강의 급류로 상처입은 예배당이 서 있다. 가까운 곳에서는 예배당의 사제가 3헥타르의 메마른 밭을 빌려온 소로 갈고 있다. 이것은 고대 로마의 비가 시인들이 남긴 자취가 아니라 독자적인 근대의 감성이다. 이와 비슷한 것으로서 기교가 없는 진정으로 목가적인 전원생활의 묘사를 제4부 마지막에 가서 얘기하겠다.

여기서 우리는 탕아의 이야기를 동판화로 새긴 알브레히트 뒤러처럼 16세기 초 독일 화단의 거장들도 인간 주변의 현실적인 삶을 때로는 완

---

21) 아리오스토의 작품에서 이런 식으로 완성된 그의 여섯번째 노래는 전경(前景)으로만 이루어져 있다.

22) 그는 건축에 관해 색다른 견해를 갖고 있었다. 이런 점에서 장식 분야는 그에게서 배울 점이 있을 것이다.

23) *Lettere pittoriche* III, 36. 1544년 5월 티치아노에게 보낸 편지.

24) Strozza, *Poetae*, in: *Erotica*, L. VI, p.182 이하.

벽하게 묘사했다고 이의를 제기할 수 있겠다. 그러나 사실주의를 배경으로 성장한 화가가 사실적 묘사를 하는 것과, 이상과 신화에 젖어 있던 시인이 내면의 충동에 끌려 현실로 내리닫는 것은 전혀 별개의 일이다. 게다가 이탈리아 시인들은 전원생활의 묘사도 그랬지만 현실 묘사에서도 시기적으로 독일인보다 앞서 있다.

4 인간의 발견 – 시에 나타난 정신 묘사

르네상스 문화는 처음으로 인간의 참된 본성을 발견하고 그것을 우리에게 보여줌으로써 세계의 발견 외에 또 하나의 위대한 업적을 남겼다.[1]

이미 보았듯이 르네상스는 개인주의를 극도로 발달시킨 시대였다. 또한 그 개인주의를 통해 사람들로 하여금 모든 단계에서 열심히 다방면에 걸쳐 개성을 인식하도록 이끈 시대였다. 개성의 발달은 근본적으로 나와 타인의 개성을 인식하는 데서 이루어진다. 우리는 이 양대 현상 사이에 고대 문학의 영향을 끌어들일 수밖에 없었다. 그 이유는, 개성과 인간의 보편적인 인성을 인식하고 묘사하는 방식이 본질적으로 고대라는 매개체에 의해 채색되고 결정되었기 때문이다. 그러나 인식하는 능력 자체는 이 시대와 민족이 쥐고 있었다.

하지만 이 주장을 증명해줄 수 있는 사실들은 별로 많지 않다. 내가 이 책을 저술하면서 추측이라는 위태로운 영역에 발을 들여놓았다는 느낌이 든 경우가 있다면 그것은 바로 이 대목이며, 내 눈에는 14세기와 15세기의 역사에서 부드럽지만 그래도 분명한 정신사조의 이행으로 보이는 것이 다른 이들에게는 사실로 인정받기 어려우리라는 생각이 든 것도 바로 이 대목이다. 한 민족 정신의 이러한 점진적인 각성은 보

---

1) 이 적절한 표현은 Michelet, *Histoire de France* 제7권 서문에서 발췌했다.

는 이에게 각기 다른 느낌을 주는 현상이다. 따라서 그것을 정리하고 판단하는 것은 시간의 몫이다.

다행히 인간 정신의 본질에 대한 인식은 이론심리학의 천착—그런 것이라면 아리스토텔레스로 충분했다—이 아닌 관찰과 묘사로 시작되었다. 여기에 꼭 필요한 이론적 토대로는 그 무렵 흔히 유성의 영향설과 결부되었던 4기질론만 원용했다. 이 이론에 등장하는 고정의 요소들은 개개인을 판단할 때 더 이상 분해할 수 없다고 생각된, 오래 전부터 전승되어온 개념들이지만, 그것이 관찰로 대표되는 당시의 일반적인 추세를 가로막지는 못했다.

물론 인간 내면의 본성과 인간 외면의 특성이 정확한 묘사로 밝혀지고 불멸의 미술과 시로 형상화된 이때에 그러한 이론이 끼어들었다는 것은 좀 기이하다. 더욱이 평소에는 관찰에 익숙한 사람이 클레멘스 7세를 우울질의 인간으로 여기다가, 이 교황이 다혈질이고 담즙질이라는 의사의 판단에 따라 자신의 의견을 거둔다면 가히 희극적이라 할 수 있다.[2] 또 조르조네의 그림과 밤바야의 조각에 등장하고 모든 역사가들도 기술한 적이 있는 라벤나의 승리자 가스통 드 푸아가 토성의 영향으로 태어난 음울한 성정의 사람이라는 말을 듣는다면 더더욱 그럴 것이다.[3] 물론 이런 이야기를 하는 사람들은 그것으로써 뭔가 특정한 것을 말하려는 것일 테지만, 거기에 사용된 개념들은 어쩐지 엉뚱하고 시대에 뒤떨어진 듯이 보인다.

인간 정신의 자유로운 묘사에서 우리가 맨 먼저 만나는 사람들은 14

---

2) Tomm. Gar, *Relaz. della corte di Roma* I, pp.278~279. 1533년도 소리아노의 보고에 실림. 〈여러 분야로 갈라져 내려온 기질론의 전통에 관해서는 다음 문헌이 충분한 정보를 준다. Raymond Klibansky/Erwin Panofsky/Fritz Saxl, *Saturn and Melancholy. Studies in the History of Natural Philosophy, Religion and Art*, London, 1964.〉

3) Prato, *Arch. stor.* III, p.295 이하. 토성의 영향을 받았다는 것은 본래 뜻에 따르면 '불행하다'와 '불행을 가져온다'는 두 가지 의미이다. —유성과 인간의 성격과의 관계는 Corn. Agrippa, *De occulta philosophia*, c. 52 참조.

세기의 위대한 시인들이다. 그에 앞선 두 세기 동안 유럽 전역에서 등장한 궁정문학과 기사문학의 주옥 같은 작품들을 모아보면, 인간 본성에 대한 뛰어난 통찰을 과시하는 묘사들이 수없이 많으며, 그것들은 언뜻 이탈리아 시인들의 명성까지 흔들어놓는 듯이 보인다. 서정시는 제쳐두고 고트프리트 폰 슈트라스부르크의 『트리스탄과 이졸데』 하나만 보아도 거기에는 불멸성을 지닌 열정의 모습이 그려져 있다. 하지만 이 주옥들은 관습과 기교의 바다에 흩어져 있는 구슬에 불과할 뿐이고, 그 내용도 인간의 내면과 풍요로운 정신을 객관화하는 것과는 여전히 거리가 멀다.

이탈리아도 13세기에는 음유시인들을 통해 궁정문학과 기사문학에 참여했다. 칸초네는 대개 이 시인들로부터 시작되어 북유럽의 연애시인들이 읊은 노래만큼이나 기교적이고 난해한 구성을 보였다. 내용과 사고의 흐름도 그 시인이 시민이건 학자이건 관계없이 전통적인 궁정문학의 틀에 머물러 있었다.

그러나 이탈리아 시문학의 독자적이고 새로운 미래를 시사하는 두 개의 출구가 열리기 시작했다. 비록 형식과 관련된 것이지만 이것을 소홀히 생각해서는 안 된다.

칸초네에서 음유시인들의 통상적인 기법을 견지한 브루네토 라티니, 단테의 스승인 그 라티니가 지금 전해지는 것 중에서 가장 오래된 11음절의 무운시(無韻詩)를 지은 사람이다.[4] 일견 형식이 없는 것처럼 보이는 이 시형을 통해 그는 자기가 체험한 꾸밈없는 열정을 단번에 표출했다. 내용이 뿜는 힘에 의지하여 외적인 수단을 의식적으로 제한하는 이 시형은, 몇십 년 후에 등장한 프레스코 벽화나 그보다 후일의 판화에서 색채를 쓰지 않고 명암만으로 그림을 그리는 기법과 많이 닮아 있다. 대체로 시에서 기교를 중시했던 이때에 브루네토 라티니의 시는 신경

---

4) Trucchi, *Poesie italiane inedite* I, p.165 이하에 단편적으로 전해진다. 〔완벽한 형태로는 Grion, *Propugnatore*, 1869, I, p.608 이하에 실려 있다.〕

향을 알리는 시작이었다.[5]

같은 시기에, 아니 그보다 빠른 13세기 전반에는 유럽에서 발생한 수많은 엄격한 압운 시형 가운데 한 유형이 이탈리아의 대표적인 표준 시형으로 자리잡았다. 바로 소네트였다. 소네트는 압운 방식과 시구의 수에서 100년 가까이 표류하다가[6] 페트라르카에 와서 항구적인 형태로 굳어졌다. 처음에는 차원 높은 서정성과 명상적인 주제를 다루었지만, 훗날에는 모든 내용이 이 시형에 담기면서 서정단시(Madrigal)와 6행시 그리고 칸초네까지 뒷전으로 밀려났다.

후대의 이탈리아 시인들은 프로크루스테스의 침대처럼 감정과 사유를 14행으로 재단해넣는 소네트의 획일성을 농담과 불만 섞어 탄식했다. 그런가 하면 어떤 이들은 이 시형에 매우 만족스러워하면서, 진지함이나 필연성도 없이 추억과 의미 없는 설익은 노래들을 만드는 데 소네트를 이용했다. 때문에 훌륭한 소네트보다는 보잘것없는 졸작의 소네트가 더 많았다.

그러나 우리는 소네트가 이탈리아 시문학에서 놀라운 축복이었다고 생각한다. 그 구조에 담긴 명쾌함과 아름다움, 생동감 넘치는 후반부에서 내용을 고조시키는 힘 그리고 암송의 용이함은 대가들까지 소네트에 애착을 갖게 했다. 만일 그들이 이 시형의 진가를 꿰뚫어보지 않았다면 그것이 지금 이 시대까지 유지되어왔을까? 물론 최고의 거장들은 이와는 전혀 다른 시형에서도 똑같이 시재를 과시할 수 있었을 것이다. 그러나 이들은 소네트를 서정시의 표준으로 승격시켰다. 때문에 소네트가 아니었다면 산만한 서정시에 빠져들었을 다른 시인들, 비록 대단

---

5) 주지하듯이 이 무운시는 훗날 희곡에서 널리 쓰였다. 트리시노는 레오 10세에게 바친 「소포니스바」의 헌사에서, 교황이 이 시형을 있는 그대로, 즉 보기보다 뛰어나고 고상하고 '좀처럼 쉽지 않은' 시형으로 알아주기를 바랐다. Roscoe, *Leo X.*, ed. Bossi, VIII, 174.

6) Dante, *Vita nuova*, ed. Witte, Leipzig, 1876, pp.13, 16에 쓰인 아주 색다른 형식 참조.

치는 않아도 보통 재능은 있던 다른 많은 시인들도 그들의 감정을 집중시킬 수밖에 없었다. 소네트는 사유와 감정을 응축해주는, 근대 어느 민족의 시문학도 가져보지 못한 보편적인 농축기가 되었다.

이렇듯 이탈리아인의 감성세계는 단호함과 압축과 간결함으로써 최고의 효과를 내는 형상화를 통해 우리에게 다가온다. 다른 민족도 전통적인 형식의 소네트를 갖고 있었다면 우리는 그들의 정신세계에 대해 더 많은 것을 알게 되었을 것이다. 어쩌면 그들의 내외부적 상황에 대한 완벽한 묘사와 그들의 감성이 투영된 모습을 볼 수 있었을 것이고, 그에 따라 진심으로 즐기기에는 명색뿐인 14세기와 15세기의 서정시를 읽을 필요도 없었을 것이다.

이탈리아에서는 대략 소네트가 탄생한 후부터 확실한 발전이 뒤따랐다. 13세기 후반에는 최근 들어 '과도기의 음유시인'[7]이라고 이름붙여진 시인들이 음유시인에서 고대의 영향을 받은 시인들로 넘어가는 과도기를 형성했다. 그들의 소네트에서 보이는 단순하고 강렬한 감정, 역동적인 상황 묘사, 세밀한 표현과 종결부 등은 이미 단테와 같은 인물을 예고하고 있었다. 1260년에서 1270년까지 나타난 교황당과 황제당의 당파색 짙은 소네트 중에는 단테의 열정이 감지되는 것들이 있고, 어떤 것은 그의 달콤한 서정시를 연상시킨다.

단테가 어떤 이론적 관점에서 소네트를 대했는지 우리는 알지 못한다. 담시와 소네트를 다루려 한 그의 『속어론』 마지막 몇 권이 미완으로 남아 있거나 없어져버렸기 때문이다. 그러나 실제로 그는 여러 소네트와 칸초네에서 빼어난 영혼 묘사를 남겨놓았다. 그리고 그것을 담아내는 골격은 또 어떠한가! 『신생』에서 그가 각각의 시를 쓰게 된 배경을 밝히는 산문 주석은 시 못지않게 훌륭한 글이며, 거기에 담긴 모든 시와 함께 격렬한 열정에 사로잡힌 마음을 하나의 통일된 전체로 그려내

---

7) Trucchi, Ibid. I, p.181 이하.

고 있다. 그는 영혼의 기쁨과 고뇌가 만드는 모든 색조를 숨김없이 표현했고, 그 모든 것을 확고한 의지를 가지고 엄격한 예술형식으로 쏟아부었다.

우리가 단테의 소네트와 칸초네 그리고 그 둘 사이에 단편(斷片)으로 남아 있는 젊은 날의 일기를 주의깊게 읽어보면, 중세의 시인들은 모두 자기 자신을 외면했고 단테가 처음으로 자신의 내면 탐구를 시작한 인물일 것 같다는 느낌이 든다. 물론 그전에도 많은 이들이 정교한 시를 지었다. 그러나 의식적으로 불멸의 내용을 불멸의 형식으로 일구어낸 사람은 그가 처음이었다. 이런 뜻에서 단테야말로 완벽한 의미에서 최초의 예술가라 할 수 있다.

그의 주관적 서정시에는 객관적인 위대함이 들어 있다. 그의 대다수 시들이 모두 이런 식으로 만들어졌기 때문에 어느 민족, 어느 시대든지 그의 작품에 동감하고 감화될 수 있는 것이다.[8] 그러나 그는 완전히 객관적으로 창작하여 외부적 사실을 통해서만 그의 감성을 추측하게 한 것들, 가령 「이렇게 사랑스러운……」이나 「샅샅이 살펴보고……」와 같은 웅대한 소네트에서는 자신을 해명할 필요가 있다고 생각했다.[9] 『신생』 가운데 가장 아름다운 소네트인 「오, 생각에 잠겨 걸어가는 순례자여」가 여기에 속한다.

『신곡』이 아니었어도 단테는 이 젊은 날의 시들만으로 충분히 중세와 근대를 가르는 표지가 되었을 것이다. 그 속에서 인간의 정신과 영혼은 자신의 내밀한 삶을 깨닫기 위한 발걸음을 힘차게 내딛고 있다.

『신곡』에는 이런 내면의 영혼을 드러내는 대목이 헤아릴 수 없을 만큼 많이 나온다. 이런 측면에서 이 작품의 가치를 얘기하려면 그 속의 모든 곡을 하나하나 낱낱이 조사해야 한다. 그러나 이 작품은 오래 전

---

8) 이 칸초네와 소네트들을 대장장이와 당나귀 몰이꾼들이 부르고 망가뜨려 단테를 화나게 했다. Cf. Franco Sacchetti, *Nov.* 114, 115. 이 시들은 이렇게 빠른 속도로 대중에게 전파되었다.

9) *Vita nuova*, ed. Witte, pp.81, 82.

부터 모든 유럽 민족의 일상의 양식이 되었기 때문에 다행히 그럴 필요가 없다. 『신곡』의 구성과 기본사상은 중세의 산물이라서 역사적으로만 우리의 의식과 맞닿아 있다. 그런데도 이 작품이 모든 근대시의 효시가될 수 있었던 이유는, 어느 단계, 어떤 모습에서건 인간 정신을 풍부하고 입체적으로 묘사했기 때문이다.[10]

이때부터 근대시는 위태로운 운명을 안고 근 50년 동안 이른바 퇴보도겪었지만 그 고귀한 생명력은 영원히 구원받았다. 14세기와 15세기 그리고 16세기 초에 이탈리아에서 독창적인 인물이 나타나 시에 몸바칠 때마다 그는——물론 증명하기는 쉽지 않지만 재능이 똑같다고 가정할 때——다른 어느 나라의 시인보다 근본적으로 뛰어난 재능을 발휘했다.

이탈리아에서는 언제나 교양분야가 조형미술을 앞서가면서 미술에 본질적인 자극을 주었듯이 시도 마찬가지였다. 조각과 회화에서 인간의 영혼과 감정 표현이 단테의 그것과 조금이라도 비슷해질 때까지는 100년이 넘는 세월이 걸렸다. 이것이 다른 민족의 예술 발전에서는 어떠했는지,[11] 또한 그런 문제가 그들에게 얼마나 중요했는지는 우리의 관심사가 아니다. 그러나 이탈리아 문화에서는 아주 중요한 비중을 차지했다.

이 점에서 페트라르카가 어떤 위치를 차지하는지는 이 인기 많은 시인의 독자들이 판단할 일이다. 그에게 심문관의 의도로 접근하여 인간 페트라르카와 시인 페트라르카 사이의 모순과, 입증된 연애사건과, 그밖의 약점을 열심히 알아내려는 사람은 사실 조금만 노력하면 그의 소네트가 주는 기쁨을 완전히 잃어버릴 수도 있다. 그렇게 되면 시적인 즐거움을 느끼는 대신 한 인간의 '전모'를 파악하게 될 것이다. 그러나 아쉽게도 페트라르카의 편지에는 그를 파악할 수 있는 아비뇽 시절의

---

10) 단테의 이론심리학과 관련해서는 『신곡』의 「연옥편」 제4곡의 서두가 핵심대목이다. 그밖에 『향연』의 해당 부분을 참조하라.
11) 반 에이크 화파의 초상화들은 북유럽에서 반대의 경향이 있었음을 증명한다. 이 초상화들은 오랫동안 언어에 의한 묘사를 능가했다.

소문도 별로 나와 있지 않고, 그의 지기와 이 지기의 친구들이 교환한 편지들도 사라졌거나 아니면 아예 존재하지도 않았다.

그런데도 사람들은 이 시인이 어떻게 해서 불우한 환경과 삶에서 벗어나 불멸의 것을 성취하느라고 분투했는지 연구할 필요가 없는 것을 고마워하지는 않고, 오히려 몇 안 되는 그 같은 '유물' 들로부터 고소장과 같은 전기를 구성해냈다. 그러나 페트라르카는 자신을 위로해도 좋을 것 같다. 독일과 영국의 유명인들이 주고받은 서간문이 앞으로 50년 동안 이런 식으로 계속 인쇄되고 편집된다면, 그가 앉은 피고석에는 점차 고명한 인물들이 합석할 것이기 때문이다.

페트라르카가 모방과 매너리즘에 빠져 창작한 작품에 기교와 작위가 있다는 것을 모르는 바 아니지만, 우리는 그가 내미는 다양한 인간 내면의 모습과 행과 불행의 순간에 대한 빼어난 묘사에 감탄한다. 이전의 어느 누구도 이런 것을 보여준 적이 없기 때문에 페트라르카의 이 묘사들은 그만의 독자적인 재능의 발로이며, 이탈리아뿐 아니라 전세계에도 커다란 의미를 주고 있다. 그의 시적 표현이 어디서나 한결같이 투명한 것은 아니다. 또 지금의 우리에게는 약간 낯선 표현과 우의적 장치와 억지스러운 궤변들이 아름다운 시구에 끼어들 때도 있지만 그래도 뛰어난 점이 훨씬 많다.

보카치오는 거의 주목받지 못한 그의 소네트[12]에서 자신의 감정을 무척이나 인상 깊게 그려냈다. 사랑으로 정화된 곳을 다시 방문한 일(소네트 22), 봄의 우수(소네트 33), 늙어가는 시인의 비애(소네트 65)를 뛰어나게 노래했고, 『아메토의 요정 이야기』에서는 고귀하고 거룩하게 빛나는 사랑의 힘을 『데카메론』의 작자에게서는 기대하기 힘든 필치로 묘사했다.[13] 마지막으로 그의 『피암메타』는 비록 일관된 흐름을 견

---

12) *Opere volgari* XVI.

13) 베누스 축제 후 목동 테오가펜이 부르는 노래. *Opera*, ed. Moutier, XV, 2, p.67 이하.

지하지 못하고 군데군데에서 현란한 상투어 취향에 빠져 있으며 신화와 고대의 요소들도 적절히 혼합되지 못했지만, 날카로운 관찰력으로 인간의 마음을 세밀하게 그린 작품이다. 내 생각이 틀리지 않다면 『피암메타』는 단테의 『신생』과 짝을 이루는 여성적인 대응물이거나 거기에 자극받아 씌어진 작품이다.

고대의 시인들, 특히 비가 시인들과 『아이네이스』의 제4권이 페트라르카 및 보카치오와 그후의 이탈리아 시인들에게 영향을 준 것[14]은 자명하지만, 감정의 샘물만큼은 이들의 내면에서 힘차게 뿜어져 올라왔다. 이런 면에서 이탈리아 시인들을 동시대의 다른 나라 시인들과 비교해보면, 근대 유럽인의 감성세계는 바로 이탈리아 시인들을 통해 처음으로 완벽하게 표현되었다는 것을 알게 된다. 이때 중요한 것은, 다른 나라의 출중한 시인들도 그렇게 깊고 심미적인 감동을 느꼈는가의 여부가 아니라, 누가 가장 먼저 인간 내면에 대한 풍부한 지식을 문학으로 표현했는가 하는 점이다.

그런데 르네상스기의 이탈리아인들은 왜 비극에서 괄목할 만한 성과를 남기지 못했을까? 비극은 인간의 성격과 정신과 정열을 그의 성장과 투쟁과 패배에서 수천 가지 모습으로 보여줄 수 있는 장르이다. 말을 바꾸어보자. 이탈리아는 왜 셰익스피어와 같은 인물을 배출하지 못했을까?

사실 이탈리아 연극은 16세기와 17세기에 와서 영국을 제외한 북유럽 다른 나라들의 연극에 뒤지지 않았다. 반면 에스파냐의 연극과는 경쟁이 되지 않았다. 왜냐하면 이탈리아인들은 광적인 종교적 열정을 가지고 있지 못했고, 추상적인 예법도 형식적으로만 지켰으며, 전제군주

---

14) 15세기 초 인문주의의 거두인 유명한 레오나르도 아레티노는 이렇게 말한다. "고대 그리스인은 인간성과 고결한 마음씨에서 우리 이탈리아인을 훨씬 앞서 있다." 이 말이 나오는 대목은, 병약한 왕자 안티오쿠스와 그의 계모 스트라토니케의 부드러운 이야기가 모호하게, 절반은 아시아적인 색채로 담겨 있는 어느 소설의 도입부이다. (『토스카나 백선집』의 부록으로 실림.)

와 부당한 권력을 숭배하고 미화하기에는 너무 영특하고 자부심에 차 있었기 때문이다.[15] 결국 남는 것은 짧은 기간 동안 번성했던 영국의 연극뿐이다.

이에 대해 우리는, 유럽 전체를 통틀어봐도 오직 한 명의 셰익스피어만 나왔고 그 같은 천재는 좀처럼 하늘이 내지 않는 선물이라고 답할 수 있겠다. 또한 이탈리아 연극이 전성기에 접어들 즈음 가톨릭 종교개혁이 시작되었고, 이것이 에스파냐가 나폴리와 밀라노를 지배하고 간접적으로는 이탈리아 전토를 지배하게 되는 상황과 맞물리면서 찬란하게 꽃피었던 이탈리아 정신을 꺾어버리고 시들게 했을 수 있다. 에스파냐 부왕(副王) 밑이나 종교재판소가 있는 로마 같은 곳에서 셰익스피어가 나올 수 있었을까? 그리고 영국이라 하더라도 몇십 년 후의 혁명시대에 셰익스피어가 가능했을까? 완벽성에 도달한 희곡은 어느 문화에서든지 후대의 산물이며 그에 맞는 때와 행운이 뒤따라야 하는 것이다.

여기에서 우리는 이탈리아 희곡의 발전을 가로막았거나 지연시켜서 개화의 시기를 놓치게 만든 몇 가지 상황을 살펴보지 않을 수 없다.

가장 중요한 요인으로는, 종교극과 여러 종교적 행렬의 영향으로 인해 이탈리아인의 호기심이 다른 곳에 쏠려 있었다는 것을 들 수 있다. 유럽에서 희곡과 연극의 원천이자 출발점은 극화한 성서 이야기나 성인 전설이었다. 그러나 다음의 제5부에서도 얘기하겠지만, 이탈리아는 지나치게 기교와 장식이 가미된 종교극에 몰두하는 바람에 극적인 요소는 필연적으로 뒷전으로 밀려났다. 따라서 그 많은 훌륭한 연극에서 칼데론이나 기타 에스파냐 시인들의 성사극(聖事劇) 같은 시적인 극은 나오지 못했고, 세속극이 발전할 수 있는 유리한 발판이나 기초는 더더욱 마련되지 못했다.

그러나 세속극은 등장하자마자 이미 사람들이 종교극에서 익히 보아

---

15) 물론 몇몇 궁과 군주들은 특정 행사 때 고용한 극작가들에게서 많은 찬양을 받았다.

왔던 화려한 무대장치를 한껏 모방했다. 북유럽 연극에서는 아주 단순한 방법으로 배경을 암시하던 이때에 이탈리아의 무대장식이 얼마나 휘황찬란했는지를 듣는다면 독자는 놀랄 것이다. 하지만 이것도 공연 때의 화려한 의상이나 특히 잡다한 막간극 같은 것이 관객의 시선을 극의 시적인 내용에서 돌리게 하지만 않았다면 그리 심각한 요인은 아니었을 것이다.

로마와 페라라를 위시한 여러 도시에서 플라우투스와 테렌티우스 및 고대 비극작가들의 작품(314쪽, 329쪽 이하)이 때로는 라틴어로 때로는 이탈리아어로 공연되고, 앞서 얘기한 학술원(356쪽 이하)들도 이런 연극 공연을 그들의 정식과제로 채택하고, 르네상스기의 작가들까지 고대 극작가들을 정도 이상으로 모방한 것은 이 시기의 이탈리아 연극 발전에 불리하게 작용했다. 그러나 나는 이 상황을 별로 중요하게 생각하지 않는다. 여기에 가톨릭 종교개혁과 외세의 지배가 끼어들지 않았다면 이 불리한 상황은 오히려 유리한 과도기적 단계로 넘어갔을 수 있다. 인문주의자들에게는 속상한 일이었지만,[16] 이미 1520년 직후부터 이탈리아어가 당당히 라틴어를 누르고 비극과 희극에서 쓰이는 언어로 자리잡았기 때문이다.

이런 점에서 볼 때 유럽 최고의 선진국민이 고급스러운 의미의 희곡을 인간의 삶을 투영하는 정신매체로 끌어올리는 데 방해가 되는 것은 없었다. 하지만 이탈리아인을 위축시키고, 위대하고 진실한 갈등의 극적 묘사를 방해하고, 특히 그것이 민족의 추억으로 치장되었을 때 이를 불가능하게 만든 이들은 종교재판관들과 에스파냐 사람들이었다. 그러나 우리는 이것 외에 이탈리아 연극 발전에 분명히 장애가 되었던 산만한 막간극을 잠시 살펴보아야 하겠다.

페라라의 공작 에르콜레 1세의 아들 알폰소와 루크레치아 보르자의

---

16) Paul. Jovius, *Dialog. de viris lit. illustr.*, in: Tiraboschi, Tom. VII, 4. ─ Lil. Greg. Gyraldus, *De poetis nostri temp.*, ed. K. Wotke, p.40.

결혼 축하연이 열렸을 때, 에르콜레 공작은 초대된 귀족들에게 플라우투스 희극 공연 다섯 편에 쓰일 110벌의 의상을 친히 보여주었다. 그 어느 것도 두 번은 사용하지 않는다는 것을 알리기 위해서였다.[17] 그러나 이 사치스러운 호박직과 낙타직 의상도, 연극에서 막간극으로 공연된 발레와 무언극의 무대장치에 비하면 아무것도 아니었다. 그러니 에르콜레의 딸 이사벨라 곤차가처럼 젊고 발랄한 여성이 플라우투스의 극을 따분하게 여기고 관객들도 모두 공연 내내 막간극만 기다린 것도 그 막간극의 눈부신 현란함을 생각하면 이해가 간다. 거기에서는 고대의 무기를 박자에 맞춰 솜씨 좋게 휘두르는 로마 전사들의 싸움, 무어인들의 횃불춤, 화염을 뿜어내는 보각(寶角)을 들고 야만인들이 추는 춤이 소개되었는데, 한 소녀를 용으로부터 구하는 내용의 무언극에 붙여진 발레였다. 그런 다음 나폴리 어릿광대의 의상을 입은 익살꾼들이 나와 춤을 추면서 서로 돼지의 방광으로 때리는 장면이 이어졌다.

페라라 궁에서는 어느 희극이든지 발레(moresca)가 딸려나오는 것이 당연한 일이었다.[18] 1491년, 알폰소의 초혼인 안나 스포르차와의 결혼식에서 플라우투스의 「암피트루오」가 어떤 식으로 공연되었는지, 혹시 연극보다는 음악이 곁들여진 무언극의 형태를 더 많이 취했는지 그것은 단정할 수 없으나,[19] 여하튼 본극보다는 거기에 삽입된 장식적인 요소들이 더 큰 비중을 차지했다.

담쟁이덩굴로 몸을 감싼 청년들이 웅장한 오케스트라 반주에 맞춰 기교적으로 뒤얽힌 안무를 선보이며 노래를 불렀고, 그뒤를 이어 아폴론이 등장해 채로 리라를 치며 에스테 가문을 위한 찬양가를 불렀다.

---

17) 이사벨라 곤차가가 1502년 2월 3일에 남편에게 보낸 편지. *Arch. stor.* Append. II, p.306 이하. —프랑스 종교극에서는 공연 전에 먼저 배우들이 직접 행렬을 지어 행진했는데, 이것을 라 몽트르라고 불렀다.

18) *Diario Ferrarese*, in: Muratori, XXIV, Col. 404. 그밖에 페라라의 극과 관련된 부분은 Col. 278, 279, 282~285, 361, 380, 381, 393, 397 참조.

19) Strozza, *Poetae*, fol. 232, in: Tito Strozza, *Aeolosticha*, L. IV.

그런 다음 일종의 막간극 속의 막간극으로 전원풍의 풍속극이나 익살극이 공연되었고, 다시 베누스와 바쿠스 및 그 시종들이 등장하는 신화가 무대를 장식하여 이다 산의 파리스를 묘사한 무언극이 진행되었다. 그런 다음에야 비로소 「암피트루오」의 후반부가 이어졌는데, 장차 에스테 가문에서 헤라클레스 같은 인물이 태어난다는 노골적인 암시를 담고 있었다.

그보다 앞선 1487년에 이 작품이 궁정 뜰에서 공연되었을 때는 공연 내내 '별과 바퀴로 빛나는 낙원'이 불타고 있었다. 아마도 불꽃으로 만든 조명장식이었던 것 같은데, 당연히 이것이 최대 관심을 끌었다. 이런 추가 볼거리는 다른 궁정에서 그랬듯이 별도의 독자적인 공연으로 선보이는 편이 훨씬 나았다. 그밖에 피에트로 리아리오 추기경이나 볼로냐의 벤티볼리오 가문에서 열린 공연에 대해서는 축제를 다룰 때 이야기하겠다.

화려한 무대장치가 널리 퍼지면서 이는 특히 이탈리아 창작 비극에 심각한 영향을 끼쳤다. 1570년경 프란체스코 산소비노는 이렇게 적었다.[20] "과거에 베네치아에서는 희극뿐만 아니라 고대와 현대 시인들의 비극까지 대단히 호화롭게 공연을 했다. 무대장치가 굉장하다는 소문을 듣고 사방에서 관객이 모여들었다. 그러나 요즈음 일반인이 여는 축제는 그들의 저택 안에서 거행되고 있으며, 얼마 전부터는 사육제 기간에도 희극을 비롯한 여러 흥겹고 즐거운 오락들로 시간을 보내는 풍습이 자연스럽게 자리잡았다." 다시 말해 화려한 장관이 비극을 죽이는 데 일조한 것이다.

근대의 비극 작가들이 어떤 출발을 보였고 어떤 시도를 했는지는— 그 중 트리시노의 「소포니스바」(1515년)가 최고의 명성을 얻었다—

---

20) Franc. Sansovino, *Venezia*, p.169. 그의 글에 나온 'parenti'(부모)는 'pareti'(벽)로 읽어야 할 것이다. 이밖에도 그가 뜻하는 의미가 명확하지 않은 것들이 있다.

문학사에 속하는 문제이고, 플라우투스와 테렌티우스를 모방한 걸작 희극에 대해서도 문학사가 다루어야 할 것이다. 아리오스토 같은 작가도 이 분야에서는 뛰어난 업적을 남기지 못했다. 반면 마키아벨리·비비에나·아레티노가 다룬 대중적인 산문 희극이 그 내용 때문에 몰락하지만 않았다면 전도유망한 분야가 되었을 것이다. 그 내용인즉, 어떤 것은 지극히 비윤리적이고 어떤 것은 특정 신분을 공격하는 것이었다. 하지만 1540년부터 이 신분의 사람들은 더 이상 그런 공개적인 적대감을 용납하지 않았다. 「소포니스바」에서는 유창한 연설조에 눌려 기를 펴지 못한 성격 묘사가 산문 희극에서는 그와 유사한 기법인 희화화와 함께 종횡무진 구사되어 있다.

계속해서 비극과 희극이 끊임없이 창작되고 수많은 고대극과 근대극도 꾸준히 공연되었지만, 그것은 축제 때 신분 과시를 위한 사치의 기회로만 이용되었을 뿐, 이탈리아 민족의 천재성은 여기에서 생동하는 문학성을 느끼지 못하고 등을 돌렸다. 그후 전원극과 오페라가 등장하면서 이런 시도들도 불필요한 것이 되어버렸다.

민족적 특성을 간직하고 남아 있던 것은 단 하나, 주어진 무대에 알맞게 대본 없이 즉흥 연기를 하는 코메디아 델라르테(Commedia dell'Arte)라는 가면극이었다. 그러나 소수의 고정된 가장 인물이 등장하고 그 성격도 누구나 익히 아는 것이라, 코메디아 델라르테는 차원 높은 성격 묘사에는 그다지 유리하지 못했다. 하지만 대본이 있는 희극 공연에서도 배우가 자기 나름의 즉흥 연기에 몰입할 정도로[21] 이탈리아 민족의 재능은 이 분야로 기울어 있었고, 그에 따라 여기저기서 혼합 가면극이 등장했다.

베네치아에서 부르키엘로가 공연한 희극과 그후 아르모니오·추카

---

21) 산소비노가 *Venezia*, fol. 168에서, 배우들이 자기가 고안한 이야기나 지독히 우스꽝스러운 등장인물로 희극을 망친다고 탄식한 것은 바로 이것을 두고 얘기한 듯하다.

토·돌체의 극단이 선보인 희극도 이런 식으로 지속되었을 것이다.[22] 특히 부르키엘로는 그리스어와 슬라보니아어를 베네치아 방언에 섞어 넣는 방식으로 희극적 효과를 높였다고 한다. 완벽에 가까운 코메디아 델라르테를 보여준 사람은 일 루찬테라고도 불린 안젤로 베올코 (1502~24)였다. 그가 상용한 가면역은 파도바의 농부들(메나토·베초·빌로라)이었는데, 이들의 사투리를 그는 코데비코에 있는 후원자인 루이지 코르나로의 별장에서 여름을 보낼 때 배웠다.[23]

이후 서서히 각 지방을 대표하는 유명 가면역들이 등장했다. 판탈로네(베네치아의 상인—옮긴이)·도토레(볼로냐의 학자—옮긴이)·브리겔라(베르가모의 하인 역—옮긴이)·풀치넬라(나폴리의 광대 역—옮긴이)·아를레키노(베르가모의 하인 역—옮긴이) 등, 지금도 남아 있는 이 가면역들은 오늘날까지 이탈리아인들을 즐겁게 해준다. 이 가면역들은 대부분 역사가 오래되었고 어쩌면 고대 로마의 익살극에 등장하는 가면과도 관련이 있을지 모르나, 그것들이 하나의 작품 속에서 통합된 것은 16세기에 들어온 뒤였다. 현재는 더 이상 여의치 않지만, 그래도 최소한 대도시들은 자기만의 고유한 가면역을 보존시키고 있어서 나폴리는 풀치넬라를, 피렌체는 스텐테렐로를, 밀라노는 훌륭한 메네키노를 갖고 있다.[24]

무엇보다 희곡이라는 거울을 통해 자기들의 최고 개성을 객관적으로 묘사하고 관조하는 능력을 타고났을 위대한 이탈리아 국민에게 이 같은 가면극은 사실상 보잘것없는 대용물에 지나지 않았다. 하지만 그들

---

22) Sansovino, Ibid. [그러나 산소비노는 가이거의 말과 달리 여기에 열거된 인물들이 이끄는 극단을 거명하지 않았다.]

23) Scardeonius, *De urb. Patav. antiq.*, in: Graevius, *Thes.* IV, 3, Col. 288 이하. 여기에는 방언 문학에 대해서도 중요한 내용이 담겨 있다.

24) 메네키노가 최소한 15세기에도 존재했다는 것은 *Diario Ferrarese*, in: Muratori, XXIV, Col. 393를 통해 추정할 수 있다. 1501년 2월 2일자 일지에는 이렇게 적혀 있다. "에르콜레 공작은 관례대로 메네키노 축제를 거행했다."

이 희곡에서 능력을 발휘할 수 있는 길은 이후로도 수백 년 동안이나 적대세력 때문에 막혀 있었고, 이탈리아인은 이 적대세력의 등장에 일부의 책임밖에 없었다. 그러나 이들이 보편적으로 지니고 있는 극적 묘사의 재능은 없앨 수 있는 것이 아니었다. 게다가 이탈리아는 음악에서 전 유럽에 종주권을 행사한 나라였다. 희곡에서는 막혀 있던 내밀한 표현과 그 보상을 음의 세계에서 구하려는 사람은 거기서 마음껏 위로를 얻을 것이다.

희곡이 성취하지 못한 것을 혹 서사시에서 기대해도 좋을까? 이탈리아의 영웅서사시는 등장인물의 모습과 성격 묘사가 최대약점이라는 비판을 받았다.

하지만 장점이 있는 것도 부인할 수 없다. 무엇보다 다른 민족의 서사시들은 거의 모두 문학사에서 골동품이 되어 있는 데 반해, 이탈리아의 영웅시는 350년 동안 실제로 사람들에 의해 읽히고 누차 간행되었다는 것이 그 하나이다. 혹 이것이 북유럽의 서사시와는 다른 것을 원하고 다른 것을 인정하려 했던 독자의 취향 때문이었을까? 이탈리아 영웅시의 독특한 가치를 이해하려면 이탈리아인의 시야의 폭을 우리도 일부나마 가지고 있어야 한다. 그러나 아주 뛰어난 사람들 중에도 그것이 어렵다고 고백하는 이들이 있다. 사실 풀치·보이아르도·아리오스토·베르니 같은 작가의 작품을 이른바 사상적 내용의 관점에서만 분석하는 사람은 실패할 것이 분명하다. 그들은 지극히 예술적인 민족을 위해 창작을 한 아주 독특한 부류의 예술가들이었기 때문이다.

중세에 전설은 기사문학이 서서히 쇠퇴한 뒤 일부는 압운형식으로 개작되어 모아졌고 일부는 산문소설로 전해 내려왔다. 14세기의 이탈리아에는 후자의 형태가 존재했다. 그러나 새롭게 눈뜬 고대의 기억이 거창한 모습으로 자라나면서 중세의 환상세계는 어두운 암흑 속으로 밀려났다. 일례로 보카치오는 『사랑의 환상』에서 마법의 성에 등장하는 인물로 트리스탄, 아서 왕, 갈레오토 등을 거명하고 있지만, 그들을 등장시킨 것이 부끄러운 듯 짧은 언급으로 그쳤다. 그뒤의 작가들도 분야를 막론하고 중세 전설 속의 인물은 전혀 언급하지 않거나 우스갯거리로만 인용했다.

그러나 중세의 인물들은 이탈리아 민족의 기억 속에 남아 있다가 이후에는 다시 15세기 시인들의 손으로 넘겨졌다. 이들은 중세의 소재를 전혀 색다르게 느끼고 자유롭게 표현했다. 더 나아가 그들은 이 소재에 다른 것을 덧붙여 발전시키거나 심지어는 대부분을 새로 창작했다. 그러나 우리는 그들이 중세의 소재를 중세 때의 존경심으로 대하지 않았다고 탓할 수 없다. 그들이 중세의 환상세계에 쏟아진 대중의 관심을 발판으로 창작했다는 사실은 다른 유럽 나라들이 부러워할 만한 것이었다. 하지만 그들이 위선자가 아니고서는 중세의 세계를 신화를 대하듯이 존경으로 대할 수는 없었다.[25]

대신 그들은 시문학에 새롭게 주어진 이 중세의 소재를 주도적으로 탁월하게 구사했다. 그들의 주된 목표는 시의 각 단락을 낭송하면서 최대한 아름답고 경쾌한 효과를 내는 데 있었던 것 같다. 실제로도 이 시들은 목소리와 몸짓에 약간 해학적인 느낌을 담아 단락으로 나누어 솜씨 좋게 낭송할 때 최대의 효과가 발휘되었다. 여기에 철저하고 세밀한 성격 묘사가 있었다고 해도 이런 효과를 높이는 데는 별 도움을 주지 못했을 것이다. 시를 읽는 독자는 그런 성격 묘사를 원했을 수 있지만, 낭송되는 시를 듣는 청중은 언제나 한 단락씩 듣게 되므로 그것을 생각할 여지가 없었다.

중세부터 정형의 형태로 전해 내려온 등장인물들에 대해 시인이 갖는 정서는 두 종류였다. 그의 인문주의적 소양은 그들의 중세적 본질에 저항했지만, 당시의 무술경기와 전쟁에 비길 수 있는 등장인물들의 전투 장면은 작가의 모든 전문적 식견과 시적인 몰두를 요구했고, 동시에 낭송자에게는 재능을 발휘할 수 있는 좋은 기회였다.

---

25) 풀치는 장난스러운 기분으로 거인 마르구테의 이야기에 넣기 위해 엄숙하고 오래된 이야기를 고안해냈다(*Morgante*, Canto XIX, Str. 153 이하). ―리메르노 피토코의 비판적인 서문은 더욱 우스꽝스럽게 들린다(*Orlandino*, cap.1, Str. 12~22).

그래서 풀치의 『모르간테』[26]에서도 기사들의 거칠고 우스꽝스러운 말투는 이따금 패러디의 인상을 풍기지만 본격적인 기사도의 패러디로는 가지 않았다. 여기에서 풀치는 종(鐘)의 추로 전군을 장악하는 익살맞고 선량한 모르간테를 호전적 인물의 전형으로 내세운다. 그리고 마르구테라는 엉뚱하면서도 아주 재미있는 괴물을 대비시켜서 상대적으로 모르간테를 미화하는 수완도 발휘했다. 하지만 그는 이렇게 거칠고 대담하게 묘사된 두 인물에는 결코 큰 비중을 두지 않았고, 그들이 오래 전에 이야기에서 사라진 뒤에도 줄거리 자체는 독특한 내용을 계속 이어간다.

보이아르도[27]도 의식적으로 등장인물 위에 군림하면서 상황에 따라 그들을 진지하게 또는 희극적으로 자유롭게 이용했다. 심지어 그는 악마에게까지 해학을 발휘하여 그를 의도적으로 바보스럽게 묘사했다. 하지만 풀치와 마찬가지로 그가 진지하게 생각했던 예술의 과제는 모든 사건의 경위를 생생하게 그리고 기술적(技術的)으로 소상하게 묘사하는 것이었다.

풀치는 시의 단락이 완성될 때마다 그것을 로렌초 마니피코의 모임에서 낭독했고, 보이아르도는 페라라의 에르콜레 공작의 궁에서 선보였다. 이때 청중이 시의 어떤 대목에 호응했을지, 또 그들이 세밀한 인물 묘사에는 얼마나 무관심했을지 우리는 쉽게 추측할 수 있다. 이런 상황에서 시는 하나의 완결된 전체를 이루지 못하는 게 당연했고, 원래 길이의 반밖에 안 되거나 두 배로 길어졌을 수 있다. 또 시의 구성도 방대한 역사화가 아닌, 프리즈나 다양한 형상으로 치장된 화려한 꽃줄 장식의 구성과 비슷했다. 프리즈 속의 인물과 당초무늬 장식에서는 개성

---

26) 『모르간테』는 1460년에 집필이 시작되어 오랜 휴지기를 거친 뒤 1470년에 완성되었고, 1481년 베네치아에서 처음 인쇄되었다. 1855년 피렌체에서 P. Sermolli에 의해 새 판이 나왔다. ―마상 무술경기에 관해서는 이 책 제5부 제1장 참조.

27) 『사랑에 빠진 오를란도』(*Orlando inamorato*)는 1494년에 처음으로 완결판이 나왔다. 3분의 2에 해당하는 앞부분은 1487년에 발간되었다.

적인 형태나 뚜렷한 원근법이나 다양한 구상을 바랄 수 없고 허락되지도 않듯이, 이 시들에서도 사람들은 그런 것을 기대하지 않았다.

보이아르도가 매번 청중을 놀라게 하면서 발휘했던 다채로운 착상은 현재 서사시의 본질과 관련하여 통용되는 표준적 정의를 비웃고 있다. 당시 이 기법은 고대 연구로부터 가장 편안하게 방향을 전환할 수 있는 수단이었고, 독자적인 서사문학에 도달하기 위해서는 사실상 유일한 대안이었다. 왜냐하면 고대의 역사를 운문시로 담아내면, 페트라르카가 6운각의 라틴어로 「아프리카」를 썼을 때나 그 150년 후 트리시노가 「고트인에게서 해방된 이탈리아」를 무운시로 지었을 때처럼 잘못된 길로 들어서기 때문이다. 「고트인에게서 해방된 이탈리아」는 흠잡을 데 없는 언어와 시적 형상화를 뽐내는 대하 서사시이지만, 역사와 시가 이렇게 불행하게 결합되었을 때 어느 쪽이 더 많은 피해를 입는지 알 수 없게 한다.

그러면 단테는 자신을 모방한 작가들을 어디로 끌고 갔을까? 페트라르카의 환상적인 『명예의 개선』은 단테를 모방한 작품 중 그래도 우리의 취향에 맞는 마지막 작품이다. 반면에 보카치오의 『사랑의 환상』은 근본적으로 역사적 인물과 가공의 인물들을 우의적인 범주에 따라 나열한 것에 불과하다. 다른 작가들도 뭔가 얘기할 거리가 있으면 『신곡』의 제1곡을 과장되게 모방하여 도입부를 연 뒤 베르길리우스에 해당하는 우의적인 동반자를 집어넣었다.

우베르티는 「디타몬도」라는 지리시(地理詩)에서 솔리누스를, 조반니 산티는 우르비노의 페데리고를 위한 찬양시에서 플루타르코스를 동반자로 택했다. 이런 잘못된 길에서 풀치와 보이아르도로 대표되는 서사시는 유일한 구원이었다. 여기에 쏟아진 열광과 경탄, 어쩌면 서사시가 두번 다시는 받지 못할 그 경탄은 이 서사시가 얼마나 당대 사람들의 절절한 욕구였는지 증명하고도 남는다.

오늘날 우리가 호메로스의 작품이나 『니벨룽겐의 노래』에서 추려낸 진정한 영웅시의 이상이 이 서사시들 속에서 실현되었는지의 여부는 중요한 게 아니다. 어쨌든 그것들은 당대의 이상을 실현시킨 시들이었다. 또 우리에게는 가장 지루한 대목인 대대적인 전쟁 묘사 같은 것도, 이미 얘기했듯이, 사건에 대한 사람들의 관심을 충족시켜주었다. 그러나 이렇게 당대 사람들이 사건에 관심을 가졌다는 것도, 생동감 넘치는 순간 묘사를 중시했다는 것도 지금의 우리로서는 이해하기 어렵다.

아리오스토의 경우에도, 그의 『성난 오를란도』에서 성격 묘사를 찾으려고 한다면 그 이상 잘못 사용된 잣대는 없다.* 물론 몇 군데에 성격이 묘사되어 있고 그것도 애정을 기울인 흔적이 있지만, 시 자체는 추호도 성격 묘사에 의존하지 않으며 만일 그것을 부각시킬 경우 이 시는 얻는 것보다 잃는 것이 더 많을 것이다.

성격 묘사에 대한 요구는 아리오스토가 오늘날의 의미에서는 충족시킬 수 없는 좀더 보편적인 욕구와 관련되어 있다. 이토록 재능 많은 유명 시인에게서 사람들은 오를란도의 모험이 아닌 뭔가 다른 것을 원하는 것이다. 곧 인간 영혼의 심각한 갈등이라든가 신과 인간에 대한 당대의 지고한 견해 같은 것, 다시 말해 『신곡』이나 『파우스트』가 내보인 궁극적인 세계상 같은 것들을 그의 대작에서 발견하고 싶어하는 것이다.

그러나 아리오스토는 그렇게 하지 않고 당시의 조형예술가들과 똑같은 작업방식을 택했다. 그는 현대의 우리가 독창성이라고 부르는 것을 외면하면서, 익히 알려진 인물들을 재생시키고 필요할 때는 이미 있었던 세부 줄거리까지 또 한번 이용하는 방식으로 불후의 명성을 얻었다. 이 같은 창작방식으로도 뛰어난 문학이 이룩될 수 있다는 것을 예술에

---

* 『성난 오를란도』는 8행시의 운율로 씌어진 40편의 노래로 구성되어 있으며, 일반적으로 이탈리아 르네상스의 예술 경향과 정신적 자세를 가장 완벽하게 표현한 것으로 평가받고 있다. 이 작품은 보이아르도가 쓴 『사랑에 빠진 오를란도』의 독창적인 후편이라고 할 수 있다. 작품의 주인공은 카를 대제의 서사시에 등장하는 영웅 롤랑의 이탈리아적 형태인 오를란도이고, 내용은 대부분 중세 문학에서 취한 다양한 일화와 주제들로 이루어져 있다.

소질이 없는 사람에게 납득시키는 것은 무리이며, 그가 학식이 많고 총명하면 총명할수록 더욱 어려운 일이다.

아리오스토의 예술적 목표는 시 전체를 통해 균형있게 펼쳐지는 생생한 '사건'이었다. 이를 위해서는 세밀한 성격 묘사뿐 아니라 이야기의 엄격한 연관성에서도 벗어날 필요가 있었다. 그는 잃어버렸거나 잊고 있던 사건의 실마리를 적절한 곳에서 다시 찾아 연결시켰다. 인물들이 등장했다가 사라지는 것도 시의 요구에 따른 것이지 그들의 깊숙한 본질 때문이 아니었다. 그러나 이렇게 불합리하고 자의적으로 보이는 구성방식에서도 아리오스토는 철저히 미적 법칙에 따르는 아름다움을 전개했다. 그는 결코 묘사에 함몰되지 않았고, 배경과 인물도 사건의 진전과 조화될 정도로만 그려냈다. 대화와 독백에는 더더욱 빠지지 않았다 (삽입된 대화들은 그저 이야기체일 뿐이다). 오히려 그는 모든 것을 생생한 사건으로 엮어내어 진정한 서사시의 당당한 특권을 과시했다.

그의 시의 장엄미가 있는 곳은 대화도 아니고,[28] 오를란도의 광포가 그려진 저 유명한 제23곡과 그 이하도 아니다. 이 영웅시 속의 사랑 이야기에 서정성이 없다는 것은 오히려 장점이다. 비록 도덕적인 면에서는 이것을 인정할 수 없다고 해도 말이다. 대신에 이 사랑 이야기들은 갖가지 마법과 기사들의 사건으로 둘러싸인 와중에서도 아리오스토 본인의 직접 체험을 듣는 듯한 진실과 사실성을 담고 있다. 그는 자신의 문학적 재능에 대한 확고한 자각 속에서 당대의 여러 사건들을 서슴없이 이 대작 속에 엮어넣었고, 에스테 가문의 영광을 환상과 예언의 형태로 노래했다. 그의 빼어난 8행시들은 이 모든 것을 담아 균형있는 흐름을 타고 이어진다.

테오필로 폴렝고, 또는 그가 리메르노 피토코라는 이름으로 발표한 『오를란디노』가 나오면서 기사도에 대한 패러디는 오랜 염원을 풀게 되었다.[29] 더불어 패러디의 해학성과 사실주의는 필연적으로 엄격한 인

---

28) 그러나 풀치는 대화를 중시했다. *Morgante*, Canto XIX, Str. 20 이하.

물 묘사를 수반할 수밖에 없었다. 어린 오를란도는 로마의 소도시 수트리에서 난폭한 골목 아이들의 주먹질과 돌팔매를 맞으며 눈에 띄게 용감한 영웅으로, 수도사의 적으로 그리고 논쟁가로 성장해갔다.

풀치 때부터 형성되어 서사시의 틀로 통용되어온 전통적인 환상의 세계는 여기에서 산산조각이 난다. 일례로 제2곡에서 기사들이 괴상한 갑옷과 무기로 무장하고 당나귀에 올라타 벌이는 무술경기에서는 기사들의 출신과 인품을 노골적으로 조롱하고 있다. 폴렝고는 마인츠의 가노 가문 대대로 내려온 이해할 수 없는 불충과, 두린다나 검을 얻으려는 힘든 노력에 대해 해학적인 동정을 내보였다. 그에게 전통적인 소재는 익살스러운 착상과 삽화와 시사 풍자와(이 중에는 6장 종반부처럼 아주 뛰어난 것도 있다) 외설의 발판으로만 이용되었다. 뿐만 아니라 아리오스토에 대한 조롱도 눈에 띈다. 하지만 폴렝고가 그려낸 오를란도가 루터파의 이단을 믿는 바람에 곧 종교재판에 회부되어 망각의 그늘로 사라진 것이 『성난 오를란도』로서는 다행일지 모르겠다.

폴렝고의 패러디는 특히 곤차가 가문이 귀도네라는 기사에게서 유래한다는 대목(4장 28절)에서 노골적으로 비치고 있다. 왜냐하면 콜론나 가문은 오를란도에게서, 오르시니 가문은 리날도에게서, 그리고 아리오스토에 따르면 에스테 가문은 루지에로에게서 유래한다고 되어 있기 때문이다. 폴렝고의 후원자인 페란테 곤차가는 어쩌면 이 에스테 가문에 대한 조롱을 모르지 않았을 것이다.

끝으로, 토르콰토 타소는 그의 『해방된 예루살렘』에서 성격 묘사에 최대 역점을 두었다. 이것만 보아도 그의 사고방식이 반세기 전에 풍미했던 것과 얼마나 차이가 나는지 알 수 있다. 이 뛰어난 작품은 그 동안 완성된 가톨릭 종교개혁과 그에 따른 시대적 조류를 증거하는 기념비적인 업적이다.

---

29) 『오를란디노』의 첫 판은 1526년에 발간되었다. 이 책 제2부 231쪽 참조.

5 전기문학

시 이외의 분야에서도 이탈리아인은 유럽 최초로 역사적 인물을 그 내외부적 특성에 따라 세밀히 묘사하는 재능과 성향을 과시했다.

물론 중세에도 이 분야에서는 괄목할 만한 시도들이 있었다. 특히 전기문학의 고정 장르인 성인 전설은 인물 묘사에 대한 관심과 기량을 어느 정도까지는 유지시키고 있었다. 수도원과 성당 연감에는 파더본의 마인베르크나 힐데스하임의 고데하르트 같은 여러 성직자의 일대기가 생생히 묘사되어 있다. 독일 황제들의 전기 중에는 수에토니우스 같은 고대 전기 작가를 모방하여 기술된 것이 있으며 거기에는 아주 귀중한 정보들이 담겨 있다. 이런 세속인의 전기들은 서서히 성인 전기와 나란히 발전해 내려왔다.

그러나 근대 유럽인의 정신을 최초로 완벽하게 그려내어 독보적인 위치를 차지하는 주앵빌*의 성왕 루이에 대한 묘사에 비하면 아인하르트나 라데비쿠스[1])가 쓴 황제 전기는 거명할 수조차 없다. 성왕 루이는

---

* Jean Sire de Joinville. 1225~1317. 프랑스의 역사가. 루이 9세를 따라 이집트 십자군원정에 참여한 그는 1309년 『성왕 루이 연대기』를 지어 전기문학에서 선구자적인 역할을 하였다.
1) Radevicus(Rahewin), *De gestis Friderici imp.*, II, 76. ―『하인리히 4세전』은 빼어난 전기이지만 인물 묘사는 별로 없다.

좀처럼 보기 드문 성격의 인물이었다. 더욱이 편견에 빠지지 않은 전기 작가가 그의 일생에서 벌어진 사건과 행동으로부터 그의 신념을 밝혀내어 생생히 기술했다는 흔치 않은 행운도 더불어 얻은 왕이었다. 이에 비해 프리드리히 2세나 프랑스의 필리프 4세의 내면적 본질은 빈약한 사료를 통해서만 추측될 뿐이다. 이후 중세 말기까지 전기의 형태로 존재한 것들은 사실상 시대사에 불과한 것이 대다수이며, 찬양 대상인 주인공의 개성은 전혀 염두에 두지 않고 씌어졌다.

반면 이탈리아 전기문학에서는 유명인의 특징적인 성격을 추적하는 것이 지배적인 추세였다. 이것이 바로, 특별한 상황이나 우연한 경우에만 그런 묘사를 볼 수 있는 다른 유럽인들과 이탈리아인들의 차이점이었다. 개성에 대한 이런 수준 높은 의식은 스스로 종족에서 탈피하여 개인으로 돌아온 자만이 가질 수 있는 것이었다.

명성에 대한 개념이 확산되면서(213쪽 이하) 비교학적으로 기술하고 집대성한 전기들이 태어났다. 이 전기들은 아나스타시우스와 아녤루스와 그 후계자들처럼, 또는 베네치아 통령의 전기 작가들처럼 왕조나 성직자의 서열에 더 이상 매일 필요가 없었다. 오히려 해당 인물이 중요한지 아닌지를 따져서 전기를 집필했다. 여기에는 수에토니우스 외에 네포스의 『명인전』이 전범으로 이용되었고, 플루타르코스의 것도 전해져오거나 번역되어 있는 것들은 영향을 주었다. 문학사의 기술에서는 수에토니우스의 전기물에 부록으로 딸려 있는[2] 문법학자·수사학자·시인들의 전기가 본보기로 쓰였던 것 같으며, 당시에 많이 읽힌 도나투스의 『베르길리우스전』도 전범으로 이용되었다.

유명 남녀의 일생을 모아놓은 전기 총서가 14세기에 등장했다는 말은 앞에서(220쪽 이하) 나왔다. 그 중 당대인이 아닌 사람의 전기는 당연히 과거 전기 작가들의 글에 의존해서 씌어졌다. 독자적으로 씌어진 최초의 중요한 전기는 보카치오의 『단테전』일 것이다. 경쾌하고 생동감

---

2) 필로스트라투스의 전기집이 언제부터 이용됐는지는 내가 판단할 사안이 아니다.

넘치는 필치를 보여주는 이 작품은 자의적인 부분도 많지만 동시에 단 테라는 존재의 비상한 일면을 생생히 느끼게 한다.

이어서 14세기 말에는 필리포 빌라니의 『피렌체 명사전(名士傳)』이 나왔다. 시인·법률학자·의사·고전학자·예술가·정치가·군인 등 각 분야의 인물들을 비롯해 생존해 있던 사람도 다룬 이 글에서 저자는 피렌체를 재능 많은 가문처럼 묘사하면서 가문의 정신을 빛나게 드러 낸 후손들을 기록했다. 인물 묘사는 간단하지만 특징을 포착하는 빼어 난 재주가 보이며, 특히 외모와 내면의 특성을 종합하는 점이 돋보인 다. 이후 토스카나 사람들[3]은 인물 묘사를 자기들의 특별한 재능으로 생각하지 않은 적이 한 번도 없었다. 15세기와 16세기의 이탈리아인들 에 대한 귀중한 성격 묘사도 모두 그들의 성과이다.

조반니 카발칸티는 (1450년 이전에 쓴 『피렌체사』의 부록에서) 피렌 체 시민의 우수성과 희생정신, 정치인들의 식견과 군인들의 용맹을 보 여주는 사례들을 수집했다. 교황 피우스 2세는 그의 『비망록』에서 당대 유명인들을 다룬 귀중한 전기를 남겨놓았다. 최근에는 이보다 전에 씌 어진 또다른 저술[4]이 재간행되었는데, 위 전기의 예비작이지만 독특한 필치와 색채가 담겨 있다.

볼테라의 야코포는 피우스 이후의 로마 교황들[5]을 신랄하게 묘사한 인물평전을 지었다. 베스파시아노 피오렌티노는 앞에서도 여러 번 언 급한 적이 있지만, 그가 남긴 사료는 지금 우리에게 남아 있는 것 중 가 장 중요한 사료에 속한다. 하지만 그의 인물 묘사 재능은, 고대인만큼 이나 유럽 사기(史記)에 영향을 준 마키아벨리, 니콜로 발로리, 구이차 르디니, 바르키, 프란체스코 베토리에게 미치지 못한다. 우리는 이들의

---

3) 이 책 제2부 209쪽 이하에 발췌한 알베르티의 전기와 Muratori, *Archivio storico* 에 있는 수많은 피렌체인의 전기를 참조하라.

4) *De viris illustribus*, in: *Schriften des Stuttgarter literar. Vereins*, No. I, Stuttgart, 1839.

5) *Diarium Romanum* 1472~1482, in: Muratori, XXIII, pp.81~202.

저술이 라틴어로 번역되어 일찍부터 북유럽 나라들에 전해졌다는 것도 잊으면 안 된다. 또 아레초의 조르조 바사리와 그가 남긴 탁월한 저작이 없었다면 근대 유럽의 미술사는 존재하지 못했을 것이다.

15세기의 북이탈리아 작가 중에서는 스페치아 출신의 바르톨로메오 파치오가 중요한 위치를 차지하며(221쪽), 크레모나 태생의 플라티나는 「파울루스 2세전」에서(304쪽) 이미 회화적인 전기를 선보였다. 특히 손꼽을 만한 것으로 피에르칸디도 데쳄브리오가 저술한 비스콘티 가문 최후 군주의 전기가 있는데[6] 이것은 수에토니우스를 폭넓게 모방한 저술이다.

시스몽디는 이 같은 대상에 이처럼 많은 노력이 들어간 것에 유감을 표하면서, 그 이상의 위인을 다루기에는 데쳄브리오의 역량이 모자랄지 모르지만, 필리포 마리아 같은 수상쩍은 성격의 인물을 묘사하거나 이를 통해 밀라노 전제정치의 조건과 형태와 결과를 정확히 기술하는 데는 그로도 충분하다는 견해를 보였다. 아주 세밀한 부분까지 특성을 파헤친 이 독특한 전기가 없었다면 15세기의 시대상은 불완전한 모습으로 남아 있을 것이다.

이후 밀라노는 역사가 코리오가 나오면서 위대한 인물 묘사가를 얻었으며, 그뒤를 이어 등장한 코모의 파올로 조비오는 장대한 전기와 소품의 송사로써 세계적인 명성을 얻는 동시에 후대 전기 작가들의 모범이 되었다. 물론 수많은 대목을 들이대며 그의 피상적인 기술과 부정직(물론 생각만큼 많지는 않지만)을 손쉽게 증명할 수도 있다. 조비오 같은 인간에게 진지하고 차원 높은 의도는 애당초 존재하지 않았다. 그러나 그의 글에는 갈피마다 그 시대의 숨결이 흐르고 있으며, 그가 묘사한 레오와 알폰소와 폼페오 콜론나도 그 깊숙한 본질은 드러나지 않지만 우리 눈앞에서 진실과 필연의 모습으로 살아 움직이고 있다.

---

6) Petrus Candidius Decembrius, *Vita Philippi Mariae Vicecomitis*, in: Muratori, XX. 이 책 제1부 제4장 100쪽 참조.

나폴리의 전기작가들 중에서는, 비록 엄격한 전기적 기술을 목표로 한 사람은 아니지만 트리스탄 카라촐로가 당연히 첫째 자리를 차지한다고 판단된다(98쪽의 주 2). 그가 우리 앞에 내보이는 인물들 속에는 인간의 죄과와 운명이 기이하게 뒤엉켜 있어서 그를 무의식의 비극 작가라고 불러도 좋을 것이다. 당시에 무대에서는 설 자리를 찾지 못한 진짜 비극이 궁정과 거리와 광장을 힘차게 휘젓고 다녔다. 한편 안토니오 파노르미타가 알폰소 생존시에 쓴『알폰소 대왕 언행록』은 일화와 명언과 우스갯소리를 수집해놓은, 비슷한 종류의 모음집 중에서 최초의 저술로 주목을 끈다.

정치와 종교에서 일어난 거대한 변화가 수많은 속박을 풀고 많은 이들을 정신적 삶에 눈뜨게 했지만, 유럽의 다른 나라들은 인간의 정신을 묘사한 이탈리아의 선례를 더디게 따라갈 뿐이었다.[7] 문필가나 외교관을 막론하고 대체로 이탈리아인들은 그 무렵 유럽 세계의 주요 인물들에 대해 가장 귀중한 정보를 전해준 최고의 정보원들이었다. 최근에는 16세기와 17세기에 나온 베네치아 사절단의 보고가 인물 묘사에서 최고 수준이라는 절대적인 평가를 얻었다.

이탈리아인들은 자서전에서도 폭넓고 깊이있는 서술로 힘차게 내뻗는 면모를 과시했다. 종교개혁기의 독일을 포함한 다른 나라 국민들은 바깥에서 주어진 운명의 기술에만 집착하고 그들의 내면 정신은 서술 방식을 통해서만 짐작하게 할 뿐이지만, 이탈리아인들은 다양한 외면의 삶 외에도 내면의 모습을 감동적으로 그려냈다. 가차없는 진실이 담긴 단테의『신생』이 이 나라 국민들에게 길을 제시해준 듯하다.

자서전의 시초는 14세기와 15세기에 나온 가문사 또는 가족사이며, 그 가운데 상당수는 피렌체 도서관에 필사본으로 소장되어 있다고 한다. 거기에는 부오나코르소 피티의 전기처럼 가문과 자서전 집필자 자신을 위해 쓴 소박한 전기들도 있다.

---

7) 코민에 관해서는 이 책 제1부 165쪽의 주 22 참조.

철저한 자기비판이라면 피우스 2세의 『비망록』에서는 찾아볼 것이 없다. 언뜻 볼 때 우리가 인간 피우스 2세에 대해 아는 것이라고는 그 자신이 얘기하는 그의 출세 경위가 전부인 것 같다. 그러나 좀더 자세히 생각하면 이 독특한 책을 다르게 판단할 수도 있을 것이다. 세상에는 자신을 둘러싼 환경을 비춰주는 거울과 같은 사람이 있다. 이런 사람을 놓고 그의 신념과 내면의 갈등과 삶의 성취가 무엇이었는지를 집요하게 추적하려는 것은 온당한 태도가 아니다.

피우스 2세는 철두철미 자기 주변의 일에 몰두했고 도덕적 갈등으로 특별히 괴로워하는 법도 없었다. 이런 면에서는 그의 정통 가톨릭 신앙이 필요할 때마다 보호막이 되어주었다. 당대를 풍미한 모든 정신적 문제들에 동참하고 그 중 여러 분야를 후원한 뒤에도 그는 말년에 투르크에 대항하는 십자군을 결성할 정도의 기개가 남아 있었고, 결국 그 실패로 인한 상심으로 세상을 떴다.

벤베누토 첼리니의 자서전도 내면의 성찰이 목적은 아니지만, 때로는 뜻하지 않게 한 인간의 전모를 마음을 휘어잡는 진실과 완벽함으로 그려낸다. 주요 작품은 구상으로 머무르다 사라지고, 미술가로서는 소규모 장식 분야에서만 완벽한 듯이 보이며, 그외에 현존하는 작품으로 판단하면 동시대의 여러 예술가들에게 뒤처져 있는 첼리니—그런 첼리니가 인간으로서는 세상 끝날 때까지 우리의 흥미를 끌리라는 것은 결코 사소한 일이 아니다.

독자가 가끔 그의 글에서 거짓과 허풍을 예감해도 그로서는 손해날 것이 없다. 역동적이고 완벽하게 발달한 인성의 소유자라는 느낌이 더 강하게 다가오기 때문이다. 이런 첼리니에 비하면 북유럽의 자서전 주인공들은, 아무리 그들의 성향과 윤리적 태도가 훨씬 높은 평가를 받는다 해도, 서술에서는 비교가 안 될 만큼 불완전하다. 첼리니는 어떤 일도 할 수 있는 사람이었고, 모든 것을 시도한 인물이었으며, 마음속에 자신이 정한 척도를 갖고 있던 사람이었다.

역시 진실의 표본이라고는 할 수 없는 또 한 명의 인물을 거명해야

하겠다. 1500년에 태어난 밀라노의 지롤라모 카르다노이다. 그가 쓴
『전기의 본질』[8)]이라는 소규모 저작은 그가 자연과학과 철학에 남긴 위
업을 능가하여 더 긴 명성을 누릴 것이다. 책의 가치는 근본적으로 다
르지만, 이 점에서는 첼리니의 자서전이 그의 예술적 작품을 무색하게
한 것과 같다. 의사였던 카르다노는 스스로 맥을 짚어보고 자신의 신체
적·지적·도덕적 성격과 그것들이 형성된 조건을 되도록 솔직하고 객
관적으로 기술했다.

　이런 면에서 그는 그 자신이 전범으로 고백한 마르쿠스 아우렐리우
스의 『명상록』도 능가할 수 있었다. 그는 스토아 철학의 덕목에 구애받
지 않았기 때문이다. 카르다노는 자신은 물론이고 세상 사람도 감싸려
하지 않았다. 그의 자서전은 자기 어머니가 시도한 낙태가 성공하지 못
했다는 이야기로 시작된다. 그가 자신의 운명과 지적인 특성만을 생시
(生時)를 지배한 별자리의 영향으로 돌리고, 자기의 도덕성은 거기에서
배제시킨 것은 대단한 일이었다. 뿐만 아니라 그는 40세 또는 잘해야
45세까지만 살 것이라는 점성술의 미신을 믿고 젊은 날에 많은 상처를
입었노라고 자서전의 10장에서 솔직히 고백한다.

　그러나 우리는 사람들에게 널리 알려져 있고 도서관마다 소장되어
있는 이 책을 일일이 인용할 수 없다. 이 책을 펼쳐드는 사람이면 누구
든지 끝까지 읽기 전에는 글에서 눈을 떼지 못할 것이다. 카르다노는
자기가 사기 도박사였고, 복수심에 불타는 인간이며, 후회라는 것을
모르고, 대화할 때는 고의로 폭언을 일삼았다고 고백한다. 물론 그 고
백은 파렴치함이나 경건한 참회 또는 흥미 유발에서 나온 것이 아니
라, 자연과학자가 갖고 있는 단순하고 객관적인 진실 탐구정신의 발로
였다.

　그의 글에서 가장 불쾌한 대목은, 76세에 이른 그가, 장남이 바람난

---

8) 노년인 1576년경에 저술했다. ─연구자와 발견자로서의 카르다노에 대해서는
　Libri, *Hist. des sciences math.* III, p.167 이하 참조.

아내를 독살한 죄로 처형당하는 끔찍한 일을 겪은 뒤(제27장·50장) 인간에 대한 신뢰가 흔들림에도 불구하고 자기가 그래도 꽤나 행복한 사람이라고 여기는 부분이다. 자신에게는 아직 손자 한 명이 살아 있고, 어마어마한 지식, 저술을 통해 얻은 명성, 막대한 재산, 지위와 명예, 유력한 친구들, 비전(秘傳)의 지식 그리고 무엇보다 중요한 하느님에 대한 믿음이 있다고 그는 말했다. 또한 자신의 치아 수를 세면서 아직 열다섯 개가 남아 있다고 말한다.

그러나 카르다노가 이런 글을 쓸 무렵 이탈리아에서는 이미 종교재판관들과 에스파냐인들이 더 이상 이런 인간이 나오지 못하도록, 그리고 어떤 식으로든 이들을 없애려고 전력을 다하고 있었다. 이로부터 알피에리의 『회고록』이 나오기까지는 오랜 세월이 흘러야 했다.

자서전 작가들을 열거하면서 존경받아 마땅한 어느 행복한 인물의 얘기를 듣지 않고 끝을 낸다면 옳지 못하다. 1467년에 태어난 유명한 인생 철학자 루이지 코르나로가 바로 그 사람이다. 파도바에 있던 그의 집은 고전적인 건축물인 동시에 뮤즈들의 고향이었다. 그는 『절제 있는 생활』[9]이라는 유명 논문에서 먼저 자신으로 하여금 과거의 병약함을 딛고 당시 83세의 건강한 노년에 이르게 한 엄격한 섭생을 묘사한다. 그런 다음 65세 이상의 노령을 산송장으로 업신여기는 사람들을 향해, 자신의 삶은 지극히 활기에 넘쳐 있지 결코 죽은 생활이 아니라는 것을 보이면서 이렇게 얘기한다.

자, 와서 나의 건강함을 한번 보아라. 내가 어떻게 혼자서 말에 올라타고 계단과 언덕을 걸어 올라가는지, 내가 얼마나 유쾌하고 재미있고 만족스럽게 지내며 마음의 걱정과 불쾌한 생각에서 벗어나 있는지를. 나에게서는 기쁨과 평화가 떠나지 않는다······. 나는 현명

---

9) *Discorsi della vita sobria*. 이 책은 원래의 논문과 개론 부분과 훈계와 다니엘 바르바로에게 보내는 편지로 구성되어 있으며, 여러 번 인쇄되었다.

하고 학식 있고 신분 있는 훌륭한 사람들과 교제한다. 그들이 곁에 없을 때면 책을 읽고 글을 쓰면서 여느 때처럼 힘닿는 대로 남에게 도움이 되려고 노력한다. 그리고 그런 일도 각기 거기에 맞는 때와 형편에 따라 집에서 한다.

파도바에서 명당에 자리잡은 아름다운 나의 집은 온갖 건축술을 동원하여 여름과 겨울을 날 대비가 되어 있고, 흐르는 물가를 낀 정원도 있다. 봄과 가을이면 나는 에우가네이 산에서 가장 경치 좋은 곳에 있는 내 언덕으로 가서 며칠을 보낸다. 분수와 정원과 편안하고 우아한 거처가 있는 그곳에서 내 나이에 알맞게 가볍고 유쾌한 사냥도 즐긴다. 그런 뒤 얼마 동안 평원에 있는 아름다운 별장[10]에서 시간을 보낸다. 그곳의 길은 모두 광장으로 이어지며, 광장 한복판에는 우아한 교회가 있다. 거대한 브렌타 강물 한 줄기가 비옥하고 경작이 잘된 이곳의 밭과 녹지를 관통해 흐른다.

지금은 사람들이 많이 살지만, 전에는 늪과 탁한 공기만 들어차서 사람 사는 곳이라기보다는 뱀의 소굴이었다. 여기에 배수로를 낸 사람은 나였다. 그러자 공기가 맑아지고, 사람들이 정착해와서 인구가 늘었으며, 마을은 지금의 모습처럼 발전했으니, 진실로 나는 이곳에 하느님을 위한 제단과 성전과 경배드릴 사람들을 바쳤다고 말할 수 있다. 이것이야말로 내가 여기에 올 때마다 느끼는 위안이고 행복이다.

봄가을이면 가까운 도시로 나가 친구들을 만나 얘기를 나누고, 그들을 통해 건축가·화가·조각가·음악가·농경학자와 같은 유지들을 사귄다. 그러면서 그들이 만든 새로운 것을 관찰하고, 익히 아는 것도 다시 살펴보고, 궁전·정원·고적·도시시설물·교회·축성 따위들에서 내게 요긴한 것들을 많이 배운다. 그러나 이런 여행길에서 가장 내 마음을 사로잡는 것은 평야와 언덕과 강과 냇물과 주변에 펼쳐진 별장과 정원들이 보여주는 그 고장의 아름다움이다. 시력과

---

10) 혹시 이것이 이 책 제4부 399쪽에서 말한 코데비코의 별장일까?

청력이 약해져도 나의 이런 즐거움을 빼앗지는 못한다. 다행히 내 감각은 모두 온전하며, 미각에서도 옛날에 방종하게 살면서 즐겼던 미식보다 이제는 담백한 소식이 더 입에 맞는다.

이어서 코르나로는 그가 파도바 공화국을 위해 수행한 늪지 개간과 초호 보존을 위해 줄기차게 제안했던 계획을 언급한 뒤, 다음처럼 글을 맺는다.

이것이 많은 젊은이들과 적지 않은 병약한 노인들이 겪고 있는 심신의 고통에서 벗어나 하느님의 은혜로 건강한 노년을 맞은 한 노인의 진정한 보양책이다. 더불어 거창한 이야기 끝에 평범한 이야기를, 진지함 뒤에 농담을 덧붙인다면, 내가 지금 여든셋의 나이에 고상한 익살로 가득한 아주 재미있는 희극을 썼다는 것도 절제 있는 삶의 한 결실인 것이다. 대개 희극은 젊은이들의 일이고 비극은 노년의 관심사이다. 그러나 저 유명한 그리스인이 73세에 이르러서도 비극을 썼던 것을 그의 영광으로 돌린다면, 10년을 더 먹은 나는 그 그리스인보다 더 건강하고 더 유쾌한 것 아니겠는가?

또한 내 나이가 다 찼어도 위안이 되는 것은, 내가 후손들의 모습에서 일종의 육체의 불멸을 확인한다는 것이다. 집에 오면 내게는 한둘도 아닌 열한 명의 손자가 있다. 두 살에서 열여덟 살에 이르는 그 아이들은 모두 한 아버지와 한 어머니에게서 태어났으며, 모두가 건강하고, 지금껏 본 바로는 교양과 훌륭한 행실의 재능과 성향이 있다. 나이 어린 녀석 중 하나는 언제나 내가 장난 상대로 곁에 두고 있다. 세 살에서 다섯 살까지의 아이들은 타고난 재롱꾼이 아니던가. 나이 많은 손자들은 벌써 내가 친구처럼 대해준다. 목소리가 빼어난 이 녀석들이 노래를 부르고 갖가지 악기를 연주하는 것을 듣는 것도 낙이다. 나도 함께 노래를 부르는데, 목소리가 전보다 낭랑해졌고 발성도 좋아졌다. 이상이 내 노년의 기쁨이다. 그러니까 내 삶은 결코 죽은 삶이 아니라 활기찬 생활이며, 내 노년을 욕정에 빠진 젊은이의 청춘과 바꾸고 싶은 마음도 없다.

코르나로는 이보다 훨씬 뒤인 95세가 되었을 때 덧붙인 『훈계』에서, 『절제 있는 생활』이 많은 신봉자를 얻었다는 것을 자신의 또 하나의 행복으로 꼽았다. 그는 거의 백수를 누린 뒤 1565년 파도바에서 세상을 떠났다.

6 민족과 도시의 성격 묘사

　개개인의 성격 묘사와 더불어 한 지역 주민 전체에 대한 판단과 묘사의 재능도 함께 생겨났다. 중세 유럽에서는 각 도시와 종족과 민족이 서로가 서로를 조롱과 농담으로 공격했다. 그 조롱과 농담들은 지독히 왜곡된 중에도 대부분은 진실을 담고 있었다. 그러나 이탈리아인들은 예부터 자기네 도시와 지방이 가지고 있는 타도시와의 차이점을 일찌감치 인식하고 있었다.

　중세 어느 민족보다 강했던 이탈리아인의 향토애는 이미 오래 전에 문학 속에서 표현되었고, 명예라는 개념과 결부되어 전기문학과 나란히 지지학이 발생했다(219쪽 이하). 조금이라도 유력한 도시들이 저마다 산문과 시에서 자기 도시를 찬양하기 시작하자[1] 문필가들도 나서서 주요 도시와 주민들을 때로는 진지하게 비교 기술했고, 때로는 익살스럽게 조롱했으며, 어떤 때는 진지함과 조롱이 명확하게 구별되지 않는 묘사를 하기도 했다.

　이 중 『신곡』에 나오는 몇 개의 유명 대목 외에도 1360년경에 씌어진

---

1) 일부 지역에서는 이미 오래 전부터 있었던 일이고 롬바르디아 지방의 도시들에서는 이미 12세기에 시작되었다. Landulfus senior, *Ricobaldus*와 Muratori, X에 무명으로 실린 [Giovanni Magnono일 가능성이 높다] 14세기의 글 *De laudibus Papiae* 참조. —Cf. *Liber de situ urbis Mediol.* in: Muratori, I, b.

우베르티의 『디타몬도』가 있다.[2] 이 책은 주로 눈에 띄는 개별적인 현상과 특징만 거명하고 있는데, 예를 들면 라벤나의 성 아폴리나레 교회에서 열린 까마귀 축제, 트레비소의 분수, 비첸차 부근의 거대 동굴, 만토바의 높은 통행세, 빽빽이 들어찬 루카의 첨탑 등을 열거하고 있다. 그러나 찬양이나 풍자적인 비판도 간간이 끼어 있어서, 아레초는 그곳 주민들의 섬세한 재주로, 제노바는 인위적으로 검게 착색한 그곳 여성들의 눈과 치아(?)로, 볼로냐는 금전 낭비로, 베르가모는 거친 방언과 영리한 두뇌로 그려져 있다.[3]

15세기가 되자 사람들은 다른 도시를 비방하면서까지 자기 고향을 추켜세웠다. 일례로 미켈레 사보나롤라는 그의 고향 파도바보다 아름다운 곳은 베네치아와 로마뿐이며, 피렌체는 기껏해야 좀더 유쾌한 곳일 뿐이라고 말했는데,[4] 당연히 이런 것들은 객관적인 판단에 별 도움이 되지 못한다. 15세기 말에는 조비아노 폰타노가 『안토니우스』라는 글에서 가공의 이탈리아 여행을 그려놓았지만 순전히 악의적인 비평을 위한 것이었다.

그러나 16세기가 되면서 다른 민족은 보여준 적이 없는 진실되고 심층적인 성격 묘사들이 줄줄이 나오기 시작했다.[5] 마키아벨리가 몇 편의 귀중한 논문에서 묘사한 독일인과 프랑스인의 특성과 정치상황을 읽어보면, 북유럽에서 태어나 자국 역사에 정통한 사람조차 이 피렌체 현자의 식견에 감사해야 할 지경이다. 피렌체인들은 자신들에 대해서도 기꺼이 묘사하면서(141쪽, 146쪽 이하),[6] 그들이 정신적인 면에서

---

2) 〔가이거의 주석: 13세기의 인물로는 브루네토 라티니를 들 수 있다. Cf. *Li Tresors*, ed. Chabaille, Paris, 1863, pp.179~180.〕

3) 중세 이래로 이탈리아인은 파리를 중요하게 여겼다. 특히 100년 후보다는 이때가 더 그랬다. *Il Dittamondo* IV, cap.18 참조.

4) Muratori, XXIV, Col. 1186에 실린 사보나롤라의 발언.

5) 쉴새없이 활동하며 시기심과 호기심으로 가득한 베르가모 사람들의 성격은 Bandello, Parte I, *Nov.* 34에 아주 빼어나게 묘사되어 있다.

쌓아올린 찬란한 명성을 자랑스럽게 내보였다. 토스카나 지방이 이탈리아 전토에서 차지하는 예술적 우위를 특별한 천부적 재능이 아닌 노력과 연구의 결과로 돌린 것은 어쩌면 그들이 갖고 있는 자신감의 절정일 것이다.[7] 그래서 아리오스토의 16번째 해학시처럼 다른 지역 출신의 유명 이탈리아인이 바친 경의를 당연한 공물처럼 받아들였는지도 모르겠다.

이탈리아 각 지방 사람들의 차이점을 아주 뛰어나게 기술한 문헌은 그 이름만 거명하는 것으로 그치겠다.[8] 레안드로 알베르티[9]는 도시의 특성 묘사에서 우리가 기대하는 만큼의 풍부한 내용은 전해주지 않는다.[10] 익명으로 나온 소규모 저술인 『주해』[11]에는 쓸모없는 얘기들도 많지만, 16세기 중반의 불행했던 상황을 암시하는 중요한 정보도 담겨 있다.

이런 각지 사람들에 대한 비교 연구가 어떻게 이탈리아의 인문주의를 통해 다른 나라에 영향을 미쳤는지는 여기서 자세히 얘기할 사항이 아니다. 여하튼 이탈리아는 지리학에서처럼 이 분야에서도 다른 나라를 앞서갔다.

---

6) Varchi, *Storie Fiorentine*, Vol. III, p.56 이하. L. IX.
7) Vasari, B. VII, 135, 미켈란젤로 항목의 서두. 어떤 때는 어머니인 자연에 큰 소리로 감사를 표했는데, 일례로 알폰소 데파치가 토스카나 사람이 아닌 안니발레 카로에게 바친 소네트(Trucchi, Ibid., III. p.187)에서 그렇다.

  불쌍한 바르키! 그리고 더욱 불행한 우리들
  만일 당신의 우연한 능력에
  우리들 속에 있는 천성이 덧붙여진다면!
8) Landi, *Quaestiones Forcianae*, Neapoli, 1536. Ranke, *Päpste* I, p.385에 이용되었다.
9) *Descrizione di tutta l'Italia*, 1562.
10) 각 도시를 익살스러운 방식으로 거명한 저술들은 이후 많이 나왔다. 일례로 *Macaroneide, Phantas.* II가 그러하다.
11) *Commentario delle più notabili et mostruose cose d'Italia*, Venezia, 1553 (1548년에 처음 간행됨).

7 인간 외면의 묘사

인간의 발견은 개인과 민족의 정신을 묘사하는 것으로 그치지 않았다. 이탈리아에서는 인간의 외모도 북유럽과는 전혀 다른 방식으로 고찰의 대상이었다.

생리학의 발전에서 이탈리아의 위대한 의사들이 어떤 위치를 차지하는지는 논하지 않겠다. 또한 인간의 모습을 예술적으로 탐구하는 것은 이 책의 주제가 아니라 예술사의 과제이다. 그러나 여기에서는 육체의 아름다움과 추함에 대한 객관적이고 보편타당한 판단을 가능하게 했던 이탈리아인들의 심미안의 발달을 언급해야 할 것 같다.

그 무렵 이탈리아 작가들의 글을 주의 깊게 읽어보면 우선 그 정확하고 날카로운 외양 묘사를 비롯해 인물 묘사 전반에서 드러나는 완벽함에 놀라움을 금치 못한다.[1] 오늘날에도 특히 로마 사람들은 해당 인물의 특성을 세 마디로 요약하는 재주가 있다. 이런 재빠른 특성 포착은 아름다움을 인식하고 그것을 묘사하는 능력에 선행하는 본질적인 조건이다.

물론 시인들의 경우 장황한 묘사는 결점이 될 수 있다. 오히려 강한 열정에 암시받은 일필의 묘사가 독자에게 해당 인물에 대한 훨씬 강렬

---

1) 필리포 빌라니에 대해서는 이 책 제4부 409쪽 참조.

한 인상을 심어주기 때문이다. 단테는 베아트리체라는 존재가 주변에 내뿜는 광채를 그려낸 대목에서 가장 훌륭하게 그녀를 찬미했다. 그러나 우리가 여기서 얘기하려고 하는 것은 그 자체로 나름의 목적을 추구하는 시가 아니라, 실제의 모습이든 이상의 모습이든 그것을 언어로 그려내는 능력이다.

이 방면의 대가는 보카치오였다. 그러나 이는 『데카메론』에서 그렇다는 얘기가 아니다. 단편소설은 만연체를 허락하지 않기 때문이다. 보카치오는 세밀한 묘사에 필요한 여유와 열성을 발휘할 수 있는 장편소설에서 이 능력을 과시했다. 그는 『아메토의 요정 이야기』에서 약 100년 뒤의 화가가 그렸을 법한 방식으로——여기에서도 문학이 미술을 훨씬 앞질러가고 있다——금발의 여인과 갈색 머리의 여인을 묘사했다.[2]

갈색 머리(원래는 약간 짙은 금발) 여인의 묘사에서는 이미 고전적이라고 부를 만한 몇 가지 특징이 눈에 띈다. "넓게 퍼진 머리"라는 그의 표현에는 우아함을 넘어선 장대한 모습에 대한 예감이 담겨 있다. 눈썹은 비잔틴 사람들의 이상이던 두 개의 아치 모양이 아니라 한 줄이 굽어 있는 형태이다. 보카치오는 코를 이른바 매부리코에 가깝게 생각한 것 같다.[3] 넓은 가슴과 적당한 길이의 팔, 보라색 옷 위에 놓인 아름다운 손의 효과——이 모든 특성은 장차 다가올 시대의 미적 감각을 본질적으로 시사하는 동시에, 지난 고전 시대의 감각에도 무의식적으로 접근하고 있다. 또다른 묘사에서 그는 (중세식으로 둥글지 않고) 평평한 이마, 길다란 모양의 진지한 갈색 눈, 파인 곳이 없는 둥근 목, 아주 근대적인 "작은 발", 그리고 검은 머리 요정의 경우는 벌써 "교활하게 움직이는 두 눈"[4]을 언급했다.

15세기가 추구한 미의 이상을 기록한 문헌이 남아 있는지는 나로서

---

2) *Parnasso teatrale*, Lipsia, 1829. Introd., p.VII.
3) 여기에서는 원문에 있는 표기가 분명히 잘못되었다.
4) "교활하게 움직이는 두 눈." 보카치오의 글 전체는 이 같은 묘사로 가득하다.

는 알 수 없다. 화가와 조각가들이 남긴 작품이 있지만, 그것들은 언뜻 생각하듯이 문헌을 전적으로 대신하지는 못한다. 왜냐하면 미술가들의 사실주의와 달리 그 문헌들에서는 미와 관련된 특별한 이상형이 전해져왔을 수 있기 때문이다.[5]

16세기에는 피렌추올라가 등장하여 여성미를 논한 매우 괄목할 만한 저술을 남겼다.[6] 우리는 무엇보다 그가 고대의 작가들과 예술가들에게서 배운 내용, 곧 머리 길이에 따른 신체 부위의 측량이나 몇 가지 추상적인 개념을 제외시켜야 한다. 그러면 남는 것은 그가 프라토의 여성들과 처녀들만 사례로 들어 보이는 그 자신의 실제적인 관찰뿐이다. 피렌추올라의 저술은 프라토의 여성들 앞에서, 다시 말해 가장 엄정한 판관들 앞에서 행한 일종의 강연이었기 때문에 진실에 바탕한 내용이 아니면 안 되었을 것이다. 그는 각각의 아름다운 부분을 종합하여 하나의 지고한 이상미로 만들어내는, 제욱시스와 루키아노스*가 세웠던 원리를 기본으로 삼았다.

먼저 그는 피부와 모발에 나타나는 색채의 이름을 정의하면서 금발을 가장 아름답고 우수한 색으로 꼽았는데,[7] 그 금발이란 갈색에 가까

---

5) Giusto de'Conti의 아름다운 노래책 *La bella mano*[이 책은 여러 번 인쇄되었고 1882년 피렌체에서도 간행되었다]는 작자 애인의 그 유명한 손을 얘기하고 있지만, 보카치오가 『아메토의 요정 이야기』의 열 군데 대목에서 요정의 손을 기술한 것만큼의 특별한 내용도 없다.

6) *Della bellezza delle donne*, in: Firenzuola, *Opera*, Vol. I, Milano, 1802. — 육체의 아름다움은 영혼의 아름다움을 나타낸다는 피렌추올라의 견해에 대해서는 그의 저작집 제2권, 48~52쪽에서 단편소설 앞부분에 나온 「논의」참조. —이 견해를 고대인의 방식에 따라 옹호한 수많은 사람들 중에서는 Castiglione, *Il Cortegiano*, L. IV, cap.63 이하를 참조하라.

* 제욱시스(Zeuxis)는 기원전 435년~기원전 390년에 아테네에서 활동한 그리스 화가이며, 루키아노스(Lukianos)는 기원후 120년에 태어나 180년에 사망한 그리스의 작가이다. 루키아노스는 제욱시스가 그린 반인반마(半人半馬)의 괴물 켄타우로스의 그림을 자세히 묘사해놓았다.

7) 이에 대해서는 채색적인 면을 고려해야 했던 화가들뿐 아니라 모든 사람이 동의했다.

운 부드러운 노란색을 의미했다. 모발은 숱이 많은 긴 곱슬머리여야 하고, 이마는 너비가 길이의 두 배로 훤해야 하며, 피부는 백옥 같아야 하지만 창백한 흰색은 좋지 않고, 눈썹은 짙고 비단결 같되 중앙부가 가장 굵고 코와 귀 쪽으로 갈수록 가늘어야 한다고 했다.

눈의 흰자위는 약간 푸른빛이 돌아야 하고, 홍채는 비록 시인들이 검은 눈을 미의 여신 베누스의 눈빛이라 하여 갈망하지만 흑색이어서는 안 된다. 오히려 여신들의 눈은 담청색이며, 가장 인기있는 것은 부드럽고 기분좋게 응시하는 암갈색 눈이다. 눈 자체는 크면서 돌출해 있어야 하고, 눈꺼풀은 보일 듯 말 듯한 붉은 실핏줄이 있는 흰색이 가장 아름다우며, 속눈썹은 너무 숱이 많아도 길어도 진해도 안 되고, 눈자위는 뺨과 같은 색이어야 한다.[8]

귀는 중간 크기로 단단하고 모양 좋게 붙어 있어야 하며, 평평한 부분보다는 흰 부분의 색깔이 더 선명해야 하고, 귓가는 석류알처럼 투명하고 붉은빛이 돌아야 한다. 관자놀이는 희고 반듯하며 너무 좁지 않은 것이 가장 아름답고,[9] 뺨은 둥근 부분을 따라 붉은 기운이 더해져야 한

---

8) 여기서 잠시 페라라의 궁정시인 에르콜레 스트로차의 2행시(Strozza, *Poetae*, pp.85, 88)에 나오는 루크레치아 보르자의 눈을 살펴보자. 그녀의 눈빛에 담긴 마력을 표현한 방식은 예술적인 시대에만 이해할 수 있을 뿐 요즈음에는 오히려 배척당할 듯싶다. 어떤 때는 그 눈이 상대방을 불타오르게 한다고 했다가, 어떤 때는 돌로 만들어버린다고 묘사했다. 태양을 오래 쳐다보는 자는 눈이 멀고, 메두사를 바라보는 자는 돌로 변하지만, 루크레치아의 얼굴을 보는 자는 한 번만 쳐다보아도 눈이 멀고 곧 돌로 변한다(Fit primo intuito caecus et inde lapis). 뿐만 아니라 그녀 방에 있는, 잠자는 큐피드 대리석상도 그녀의 눈빛 때문에 돌로 변했다고 한다. "보르자 가 여인의 눈빛으로 아모르는 돌이 되었다." 그런데 이것이 프락시텔레스의 아모르 상인지 아니면 미켈란젤로의 것인지가 논란이 될 수 있다. 그녀는 두 개를 모두 소장하고 있었기 때문이다. 한편, 똑같은 눈빛이라도 마르첼로 필로세노라는 시인은 그것을 온화하고 위엄있게(mansueto e altero) 느꼈다(Roscoe, *Leo X.*, ed. Bossi VII, p.306). 이때에는 고대의 이상형과도 적지 않게 비교했다(이 책 제1부 93쪽, 제3부 255쪽 참조). 『오를란디노』(II, Str. 47)에는 열 살짜리 소년의 머리가 고대인처럼 생겼다고 적혀 있다(ed ha capo romano).

다. 옆모습의 가치를 근본적으로 결정하는 코는 위쪽으로 갈수록 부드럽고 고르게 낮아져야 하며, 연골이 끝나는 부분에 작게 돌출한 부분이 있는 것은 괜찮지만 여성에게는 어울리지 않는 매부리코처럼 되면 안 된다.

얼굴 하부의 색은 귀보다 연해야 하지만 얼음장처럼 희어서는 안 되고, 인중이 있는 부분은 연한 홍조가 돌아야 한다. 입은 작은 편이 좋지만 뾰족하거나 납작해서는 안 되고, 입술은 너무 얇지 않아야 하며 위아래가 단정히 맞닿아 있어야 한다. 웃을 때나 말할 때를 제외하고 우연히 입을 벌렸을 때 윗니가 여섯 개까지 보이는 것은 괜찮다. 윗입술에 난 보조개와 봉긋한 아랫입술 그리고 왼쪽 입가로 지어보이는 사랑스런 미소는 특별한 매력이다.

치아는 너무 작으면 안 되고 고르고 보기 좋게 나 있어야 하며 상아색이어야 한다. 잇몸은 붉은 우단처럼 색이 어두우면 안 된다. 턱은 둥글어야지 주걱턱이거나 뾰족하면 좋지 않고 솟아오른 부분을 따라 붉은 빛이 나야 하며, 특히 보조개는 턱의 백미이다. 목은 희고 둥글어야 하고 너무 짧은 것보다는 차라리 긴 편이 나으며, 목에 파인 부분과 목젖은 겨우 알아볼 수 있을 정도여야 하고, 목을 돌릴 때마다 살갗에 보기 좋은 주름이 잡혀야 한다.

피렌추올라는 또 어깨는 넓은 것이 좋다고 했고, 가슴도 넓은 것을 미의 최고 요건으로 치면서 거기에 뼈가 드러나면 안 되고 가슴의 기복도 거의 눈에 띄지 않아야 하며 색은 강렬한 순백이어야 한다고 했다. 다리는 길고 아래쪽이 유연해야 하지만, 정강이뼈에 너무 살이 없으면 안 되고 장딴지는 희고 단단해야 한다. 발은 작아야 하지만 마르면 안 좋고, 발등은 높으며 색은 석고처럼 희어야 한다. 팔은 희면서 융기한

---

9) 관자놀이의 모습이 머리칼의 배치방식에 따라 변한다고 하는 이 대목에서 피렌추올라는, 머리에 꽃을 너무 많이 꽂으면 얼굴이 "마치 카네이션 가득한 화분이나 쇠꼬챙이에 꿰인 양고기처럼" 보인다고 익살스럽게 공격한다. 대체로 그는 무엇이든 재미있게 희화화할 줄 아는 사람이었다.

부분을 따라 약간 붉은빛이 나고 육질과 근육으로 단단해야 하지만, 이다 산의 양치기 앞에 선 아테나의 팔처럼 부드러워야 한다. 즉 윤기 있고 생기가 돌며 튼튼해야 한다.

손은 크고 통통하며 촉감은 고운 비단결 같아야 하고, 특히 손등이 희어야 한다. 분홍빛 손바닥에는 복잡하지 않게 선명한 몇 안 되는 손금과 너무 솟아오르지 않은 융기한 부분이 있어야 하고, 엄지와 집게 손가락 사이는 색이 뚜렷하고 주름이 없어야 하며, 손가락은 길고 부드러우며 끝으로 갈수록 가늘어지는 느낌이 들어야 하고, 굴곡 없는 투명한 손톱은 너무 길어도 너무 각이 져도 안 되고 단도의 등폭만큼 잘라져 있어야 한다.

이런 개별 미학에 비하면 일반 미학의 원리는 그저 부수적인 역할만 차지했다. 아름다움을 느끼게 하는 궁극의 원리, 즉 우리 눈이 '저절로' 판단의 표준으로 삼는 원리가 무엇인지는 피렌추올라가 솔직히 고백하고 있듯이 그 자신도 알 수 없는 신비였다. 또한 우아함 · 사랑스러움 · 애교 · 매혹 · 안색 · 위엄 등에 내린 그의 정의는, 이미 얘기했듯이, 일부는 문헌을 통해 얻은 개념이고 일부는 표현할 수 없는 것을 놓고 씨름한 헛된 몸부림이었다. 어느 고대 작가의 예를 따라 그는 웃음을 영혼의 섬광이라는 아주 적절한 말로 정의했다.

중세 말에 나온 미학 관련의 문헌들은 모두 미를 이론적으로 설명하는 개별적인 시도들이지만,[10] 피렌추올라의 글에 비길 만한 저술은 여간해서 없을 것이다. 그에 비하면 50년 후에 등장한 브랑톰은 설익은 전문가에 지나지 않는다. 미적 감각이 아닌 음탕에 이끌린 인물이기 때문이다.

---

10) 중세 연애시인들이 이상으로 삼은 미에 대해서는 Falke, *Die deutsche Trachten- und Modenwelt* I, p.85 이하 참조.

8 역동적인 생활의 묘사

인간의 발견이라는 측면에서 우리가 마지막으로 고려해야 할 것은 현실의 역동적인 삶에 대한 흥미와 묘사이다.

중세의 희극적이고 풍자적인 문학은 모두 그것이 추구하는 목적상 일상생활을 소재로 삼지 않을 수 없었다. 그러나 르네상스기의 이탈리아인들이 일상의 모습 자체를 목적으로 삼아 그려냈다는 것, 다시 말해 일상 자체가 흥미로웠기에, 그리고 그들을 신비로운 힘으로 둘러싸고 있는 듯한 거대하고 보편적인 세계 생활의 일부가 일상이었기에 그것을 그려냈다는 것은 또다른 문제이다. 시민과 농부와 신부들을 조롱하려고 방방곡곡을 돌던 풍자희극 대신에, 또는 그것과 나란히, 이제는 본격적인 풍속 묘사가 문학에 나타나기 시작했다. 그것도 회화에서 풍속화가 등장하기 훨씬 전의 일이었다. 이후 가끔 풍속 묘사와 풍자가 서로 결합할 때도 있었지만 그 둘은 엄연히 별개의 장르였다.

단테가 내세의 일들을 그토록 구체적이고 생생하게 묘사할 수 있기까지는 얼마나 많은 이승의 사건을 주의 깊고 관심 있게 관찰했을 것인가.[1] 베네치아의 병기창고에서 벌어지는 일과 교회 문 앞에 서로 기대어 있는 맹인들을 묘사한 유명 대목[2]은 그 한 예에 불과하다. 몸짓의

---

1) 단테의 공간감각의 진실성에 대해서는 이 책 제4부 375쪽의 주 4 참조.

묘사로 내면의 상태를 표현하는 그의 수완은 삶에 대한 진지하고 끊임 없는 연구가 있었음을 보여준다.

그러나 단테에 이어 등장한 시인들 중 이런 면에서 그에게 미칠 만한 사람은 드물었고, 단편소설가들도 단편소설 제1의 법칙상 세목에 매달려 있을 수 없었다(381쪽 이하, 423쪽 이하). 물론 도입부나 이야기의 줄거리를 마음껏 장황하게 늘어놓을 수는 있었지만 풍속화풍으로 그려내지는 못했다. 따라서 이런 풍속 묘사를 다시 대할 수 있을 때까지는 거기에 흥미를 갖고 몰두한 고대의 모방자들이 나오기만을 기다려야 했다.

여기에서 다시 우리 앞에 나타나는 인물은 모든 사물에 감수성을 지녔던 에네아스 실비우스이다. 그가 표현의 욕구를 느낀 대상은 아름다운 자연 경관이나 지리적·고고학적으로 흥미로운 사물만이 아니었다(254쪽 이하, 363쪽, 378쪽 이하). 생동감 넘치는 일상의 모든 사건이 그에게는 묘사 대상이었다.[3] 그의 『비망록』에는 당시의 작가들이 문학적 소재로서 별로 가치를 두지 않은 정경이 여럿 그려져 있는데, 그 중 볼세나 호반에서 벌어진 보트 경기 장면만 지적하고 싶다.[4] 이런 생동감 있는 묘사를 하게 만든 원동력이 고대의 어느 서간문 작가와 산문 작가에게서 그에게 전해졌는지는 정확히 알아내기 어렵다. 대체로 고대와 르네상스를 이어주는 정신적인 접점은 이렇게 섬세함과 신비로 가득 차 있다.

이밖에 앞서 얘기한(336쪽 이하) 사냥·여행·예식 등을 기술한 라틴 시들이 이런 풍속 묘사에 속한다. 물론 메디치 가문의 유명 무술경기를 그린 폴리치아노와 루카 풀치의 묘사처럼 이탈리아어로 씌어진

---

2) 『신곡』「지옥편」제21곡, 1-16, 「연옥편」제13곡, 61-66.
3) 그가 자신의 궁에 그레코라는 피렌체인을 일종의 앵무새로 데리고 있었다는 것, 즉 어떤 사람이건 간에 그의 모습과 성격과 말을 쉽게 흉내내고, 듣는 사람을 박장대소하게 만드는 인물이 있었다는 사실은 그리 심각하게 여길 필요가 없다. Platina, *Vitae Pontiff.*, p.310.
4) Pius II., *Comment.* VIII, p.391.

것도 있다. 루이지 풀치와 보이아르도와 아리오스토 같은 본격적인 서
사시인들은 이야기를 빠른 속도로 전개하지만, 그 역동적인 묘사에서
드러나는 정확함과 경쾌한 필치는 그들의 대가다움을 말해주는 중요한
요소로 인정하지 않을 수 없다. 프랑코 사케티는 숲속에서 갑자기 비를
만난 미인들이 나누는 짧은 대화를 그려내는 흥취에 젖기도 했다.[5]

역동적인 현실 묘사를 남긴 사람들은 뭐니뭐니해도 종군작가들이다
(168쪽 이하). 지금 전해오는 한 오래된 장편시[6]에는 14세기 용병들의
전투 장면이 주로 그곳에서 있었던 구호와 명령과 대화의 형태로 사실
감 있게 그려져 있다.

풍속화풍의 글 가운데 가장 눈길을 끄는 것은 농촌생활을 있는 그대
로 묘사한 작품들로, 특히 로렌초 마니피코와 그의 주변 시인들에게서
볼 수 있다.

페트라르카 이래로[7] 전원시와 목가는 관습적이고 상투적인 양식에
따라 쓰어졌는데, 라틴어로 됐건 이탈리아어로 됐건 대개는 베르길리
우스를 모방했다. 이와 비슷한 장르로 나타난 것이 보카치오의 전원소
설(334쪽)과 산나차로의 『아르카디아』이며, 훗날에는 타소와 구아리니
의 전원극도 등장했다. 이것들은 모두 아름다운 산문과 완벽한 운문을
자랑하지만, 거기에 묘사된 전원생활은 농민과는 판이한 교양층의 사

---

5) 이른바 「사냥」이라는 이 시는 로마 필사본에서 발췌되어 *Lettere del conte B.
Castiglione*, ed. by Pierantonio Serassi, Vol. II, Padua, 1771, p.269에 실려
있다(카스틸리오네의 목가에 대한 주석). 지금은 Carducci, *Cacce in rime dei
secoli* XIV e XV, Bologna, 1896에 전해진다.
6) Trucchi, *Poesie italiane inedite* II, p.99에 있는 잔노초의 "Serventese" 참조.
[그보다는 Carducci, p.59 이하를 참조하는 편이 낫다.] 여기에 쓰인 표현의 일
부는 도저히 이해할 수 없다. 사실이든 아니든 간에, 외국 용병들이 쓰던 언어에
서 차용한 표현들이기 때문이다. 1527년 페스트가 돌 때의 피렌체를 묘사한 마키
아벨리의 글도 어느 정도는 이 부류에 속하는데, 당시의 끔찍한 상황에 대한 생동
감 넘치는 개별 장면들로 가득하다.
7) 보카치오에 따르면(*Vita di Dante*, p.77) 단테는 이미 두 편의 목가를 지었는데
라틴어로 창작한 듯하다.

람들이 느끼는 감정에 덧두른 이상적인 외투일 뿐이다.[8]

그러나 15세기 말이 되자 농촌의 삶을 진지한 풍속화풍으로 다룬 작품들이 시문학에 등장했다. 이런 문학이 이탈리아에서만 가능했던 이유는, 아무리 삶이 고단해도 소작농이든 자작농이든 농민이 인간으로서의 위엄과 개인적 자유와 거주의 자유를 누릴 수 있었던 곳은 이탈리아가 유일했기 때문이다.

도시와 농촌의 격차는 북유럽처럼 그리 심하지 않았고, 소도시 중에는 농민들만 거주하는 곳도 꽤 있어서 저녁이면 그들은 자기네를 도시인이라고 부를 수 있었다. 코모의 벽돌공들은 이탈리아 전토를 누비는 편력생활을 했고, 어린 시절의 조토는 자기가 치던 양떼를 떠나 피렌체에서 직인조합에 들어갈 수 있었다. 사람들은 끊임없이 지방에서 도시로 흘러들었으며, 어느 산골 주민들은 이런 흐름에 동참하려고 태어난 듯이 보였다.[9]

물론 교양이 주는 자부심과 도회적인 오만은 시인과 소설가로 하여금 여전히 농민들을 얕보게 했으며[10] 즉흥 희극(398쪽)도 이런 정서에 가담했다. 그러나 프로방스의 귀족 시인들과 때로는 프랑스의 연대기 작가까지 사로잡은 농민에 대한 잔인하고 경멸적인 인종적 증오감은 그 어디에서도 찾아볼 수 없다. 그 반대로 16세기 초의 롬바르디아 귀족들은 거리낌없이 농민들과 춤추고 씨름하며 뛰어넘기와 달리기 경주를 했다.[11]

---

8) 보카치오는 『아메토의 요정 이야기』에서 일종의 신화적 옷을 입힌 『데카메론』을 그려내면서 때로는 그 옷을 우스꽝스럽게 벗어던진다. 등장하는 요정의 한 명은 신앙심 깊은 가톨릭 교도인데 로마에서 고위성직자들의 음탕한 눈길을 받으며, 또 한 요정은 결혼을 한다. 『피에졸레의 요정 이야기』에서는 임신한 요정 멘솔라가 "나이 많고 현명한 요정의" 충고를 듣는다.

9) 바티스타 만토바노는 만사에 쓸모있는 발도 산의 주민과 사시나 계곡의 주민들을 가리켜 "이들보다 도시에 더 어울리는 종족은 없다"고 말한다. 잘 알려져 있듯이 오늘날에도 일부 시골 주민들은 대도시의 특정 직업에서 우선권을 쥐고 있다.

10) 이것을 증명하는 가장 강력한 전거 가운데 하나가 Orlandino, cap.V, Str. 54~58이다.

각 분야의 작가들도 농촌생활의 중요하고 위대한 면을 기꺼이 인정하고 부각시켰다. 조비아노 폰타노[12]는 거친 아브루치 지방 사람들의 강인한 정신을 감탄스럽게 얘기하고 있으며, 전기 모음이나 단편소설가들의 글에도 목숨을 걸고 자신의 순결과 가문을 지킨 영웅적인 시골 처녀[13]의 이야기가 빠지지 않고 나온다.[14]

농촌생활의 시작(詩作)은 이런 조건들이 있었기에 가능했다. 여기에서 가장 먼저 언급해야 할 작품은 한때 많은 독자들에게 읽혔고 지금도 여전히 읽을 만한 글인 바티스타 만토바노의 전원시로, 1480년경에 나온 그의 초기작 가운데 하나이다. 이 시는 아직도 순수한 전원시와 상투적인 전원시 사이를 오가지만, 그래도 전자 쪽으로 많이 기울어 있다. 작품 속에는 근본적으로 선량한 시골 성직자의 심성이 드러나 있는데 어느 정도는 열렬한 계몽의 정신도 엿보인다. 카르멜 교단의 수도사였던 만토바노는 농민들과 많이 접촉했던 것 같다.

반면에 로렌초 마니피코는 전혀 다른 시선으로 농촌세계에 파고들었다. 그의 「넨차 다 바르베리노」[15]는 피렌체 근교에서 전해지는 민요의

---

11) L. B. Alberti, *Trattato del governo della famiglia*, p.86. — *Il cortigiano* II, p.54.
12) Jovian. Pontan., *De fortitudine*, lib. II.
13) 용병대장 피에트로 브루노로의 아내이며 발텔리나 지방의 유명한 시골 아낙네인 보나 롬바르다의 이야기는 Muratori, XXV, Col. 43에 있는 Jacobus Bergomensis 와 Porcellius의 글에서 접할 수 있다. 이 책 제2부 221쪽의 주 32 참조.
14) 당시 이탈리아 농민들의 전반적인 운명과 각 지방 농민들의 운명에 대해서는 여기에서 상세한 이야기를 할 수가 없다. 자유로운 토지 소유와 소작의 관계가 어떠했는지, 그 둘의 부채관계는 현재와 비교할 때 어떠했는지는 전문서에 나와 있다. 격변의 시대에 농민들은 가공할 정도로 야만화하기 쉽지만(*Arch. stor.* XVI, 1, 1440년, p.451 이하. Corio, p.259), 그 어디에서도 대규모 농민전쟁으로 발전하지는 않았다. 그러나 1462년 피아첸차에서 일어난 농민반란은 그 자체로 매우 흥미롭고 중요한 사건이다. Cf. Corio, *Storia di Milano*, p.409, *Annales Placent.*, in: Muratori, XX, Col. 907. —Sismondi, X, p.138. 〔이 책 제6부 521쪽 이하 참조.〕
15) *Poesie di Lorenzo Magnif.* I, p.37. 중세 독일의 연가시대에 나온 것으로 Neithard von Reuenthal을 작자명으로 하는 주목할 만한 시는 작중인물인 기사가 재미로 농촌생활을 하는 부분에서만 농민의 삶을 그려내고 있다.

진수를 뽑아 거대한 8행시로 엮어낸 시처럼 읽힌다. 그는 이 작품에서, 작중 화자이자 넨차에게 사랑을 고백하는 농촌 총각 발레라에게 동정을 보이는지 아니면 경멸감을 느끼는지 알 수 없을 만큼 객관적인 시각을 유지하고 있다. 또 목신과 요정이 등장하는 기존의 상투적인 전원시와는 의식적으로 거리를 두고 있다는 것이 분명히 느껴진다. 로렌초는 검소한 농촌생활을 의도적으로 투박하게 사실적으로 묘사하고 있으나, 그래도 작품 전체는 순수한 시적 인상을 풍긴다.[16a]

「넨차 다 바르베리노」에 대응하는 작품은 뭐니뭐니해도 루이지 풀치의 『베카 다 디코마노』이지만[17] 여기에는 진지한 객관성이 없다. 이 작품은 민중생활의 일면을 묘사하려는 내면의 충동에서 쓴 것이 아니라, 이런 글을 통해 피렌체 교양인들의 갈채를 받으려는 욕구에서 나왔다. 뒤섞여든 외설과 의도성 짙은 노골적인 풍속 묘사는 바로 여기에서 비롯된다. 그러나 농촌을 사랑하는 사람이 가져야 할 시각은 잃지 않고 능숙하게 발휘하고 있다.

로렌초 마니피코를 중심으로 활약한 시인들 중 세번째로 언급할 사람은 6운각의 라틴어로 「시골뜨기」를 지은 안젤로 폴리치아노이다.[18] 그는 베르길리우스의 「농업시」를 모방하지 않고 토스카나 농민의 1년 생활상을 그려냈는데, 농부가 새 쟁기를 마련하고 겨울 작물을 파종하는 늦가을부터 묘사가 시작된다. 봄의 전원 풍경이 무척 다채롭고 아름답게 그려져 있으며 여름 묘사에도 뛰어난 대목들이 있지만, 가을의 포도 수확제를 노래한 부분이야말로 근대의 모든 라틴 시 가운데 주옥 같은 대목이라 할 수 있다. 폴리치아노는 이런 시를 이탈리아어로도

16a) 메치디 궁에서 쓰여진 전원시에 대해서는 Fritz Saxl, *Antike Götter in der Spätrenaissance*(Stud. d. Bibl. Warburg, 8), Leipzig/Berlin, 1927, pp. 22~25 참조.

17) *Poesie di Lorenzo Magnif.* II, p.149.

18) *Deliciae poetar. ital.*와 폴리치아노의 작품집(ed. by del Lungo, Firenze, 1867, p.305 이하)에 들어 있다. 1523/1524년에 쓰여진 루첼라이의 교훈시 「꿀벌들」과 알라만니의 「경작」도 비슷한 내용을 담고 있다.

몇 편 지었는데, 이것을 보면 로렌초 주변에서는 이미 하층민들의 정열적이고 역동적인 생활상을 사실적으로 묘사하는 게 가능했음을 알 수 있다.

폴리치아노가 지은 「집시 연가」[19]는 한 사회계층의 삶을 시적인 감수성으로 체험하려는 근대문학의 성향이 가장 먼저 표출된 작품의 하나이다. 물론 각 지방의 방언이나 풍습을 흉내내는 식으로 풍자가 목적인 것들은 이전부터도 많이 시도되었고, 특히 피렌체에서는 사육제 때마다 가장행렬에서 부르는 노래들이 그런 기회를 제공했다. 하지만 다른 계층 사람들의 감정세계로 들어가본다는 것은 전혀 새로운 시도였고, 그런 의미에서 「넨차 다 바르베리노」와 「집시 연가」는 시문학의 역사에서 새로운 시작을 알리는 획기적인 사건이었다.

여기에서도 우리는 문학이 미술보다 앞서갔음을 지적하지 않을 수 없다. 야코포 바사노와 그의 화파가 회화에서 전원풍속화를 선보이기까지는 「넨차 다 바르베리노」가 나온 후 근 80년이라는 세월이 흘러야 했다.[20a] 당시 이탈리아에서 출생에 의한 사회계층간의 차이가 이미 사라졌다는 것은 다음 장에서 얘기하겠지만, 이렇게 된 데에는 이탈리아인들이 인간과 인류의 깊숙한 본질을 철저하게 이해한 최초의 민족이었다는 점이 큰 힘으로 작용했다. 이 르네상스가 남긴 소산 하나만으로도 우리는 끝없는 감사의 마음을 품어야 마땅하다. 인류라는 개념은 이론상으로는 옛날부터 존재했지만 르네상스는 그 실체를 이해한 시대였다.

이와 관련해 피코 델라 미란돌라는 르네상스가 남긴 가장 고귀한 유산의 하나라고 해도 좋을 「인간의 존엄성에 대하여」라는 연설[21]에서 그

---

19) *Poesie di Lorenzo Magnif.* II, p.75.

20a) 이와 관련된 사회사적인 조건들에 대해서는 Reinhard Bentmann/Michael Müller, *Die Villa als Herrschaftsarchitektur. Versuch einer Kunst- und sozialgeschichtlichen Analyse*, Frankfurt, 1970 참조.

21) Pico, *Oratio de hominis dignitate.* 피코의 작품집과 별도의 간행본에 실림.

의 예감을 당당히 피력해놓았다. 하느님이 창조의 마지막 날에 인간을
만든 것은 그로 하여금 우주의 법칙을 알게 하고 그 아름다움을 사랑하
게 하고 그 위대함을 찬미토록 하려는 뜻에서였다. 하느님은 인간을 일
정한 거처와 일정한 행위와 어떤 필연성에 묶어놓은 것이 아니라, 오히
려 자유로운 활동과 자유의지를 그에게 주셨다.

　창조주가 아담에게 말씀하셨다. "내가 너를 세상 한가운데 세운 것은
네가 주변을 좀더 쉽게 돌아보고 거기에 있는 모든 것을 알게 하려 함
이니라. 내가 너를 천상의 존재도 아니고 지상의 존재도 아니며, 사멸
하는 존재도 아니요 영생하는 존재로도 만들지 않은 것은, 네가 너 자
신의 자유로운 창조자가 되고 극복자가 되게 하려 함이니라. 너는 동물
로 타락할 수도 있고 신성한 존재로 되살아날 수도 있다. 동물은 그네
들이 지니고 있어야 할 것들을 모태로부터 가지고 나오고, 고귀한 영혼
들은 태초부터 또는 그 직후에[22] 자신의 영원한 모습이 만들어진다. 자
유의지에 따라 발전하고 성장할 수 있는 능력은 오직 너만이 갖고 있으
며, 네 안에는 온갖 종류의 생명의 싹이 들어 있다."

---

22) 악마와 그 무리의 타락을 암시한다.

제5부

사교와 축제

1 신분의 동화

그 자체로 하나의 통일된 전체를 이루는 문화기들은 각기 그 시대의 정치와 종교·예술·학문에서 시대상을 드러내기도 하지만, 사교생활에서도 특정한 자취를 남기게 마련이다. 중세에도 중세 특유의 궁정 풍속과 귀족들의 풍습과 예법이 있었고 중세만의 서민생활이 존재했다. 단지 그것이 나라마다 별로 차이가 나지 않았을 뿐이다.

그런데 핵심적인 면에서 중세와 가장 상반된 모습을 보인 것이 르네상스기의 이탈리아 풍속이었다. 우선 그 토대부터가 달라서, 고급스러운 사교생활에서는 더 이상 신분의 차이가 존재하지 않았고 오직 근대적인 의미의 교양층만 있었다. 출생과 가문도 부의 상속이나 여가의 확보와 관련된 경우를 제외하면 교양층에 별 영향을 주지 못했다. 그렇다고 이 말을 절대적인 의미로 이해해서는 안 된다. 비록 다른 나라의 상류층과 어떻게든 동등한 입장에 서보려는 것이 유일한 목적이었다 해도 중세 때의 계급의식은 많든 적든 여전히 위력을 부렸기 때문이다. 그러나 시대의 일반적인 흐름은 분명히 근대적인 의미에서 신분의 융화로 나아가고 있었다.

이와 관련해 가장 중요한 사건으로 볼 수 있는 것은, 귀족과 시민이 적어도 12세기부터 도시에서 함께 살면서[1] 행과 불행을 공유했고, 산중의 성곽에서 세상을 굽어보는 귀족의 오연한 자세가 애초부터 생길 수 없었던 점이다. 다음으로는 교회가 북유럽에서처럼 귀족의 젊은 자제들을 먹여 살리는 수단으로 이용되지 않았다. 주교, 성당 참사회 의원, 수도원장 자리들이 가끔 수상쩍은 기준에 따라 배분된 적은 있으나, 그렇다고 혈통을 보고 주지는 않았다. 이탈리아 주교들은 북유럽보다 그 수가 훨씬 많고 생활도 가난하며 대부분 세속적인 권력도 없었지만, 대신 성당이 있는 시내에 살면서 참사회 의원들과 함께 도시의 교양층을 형성했다.

이어 절대군주와 전제군주들이 등장하면서 대다수 도시의 귀족들은 정치적 위험성이 없고 갖가지 향락으로 치장된 사생활에 전념할 기회와 여가를 얻었다. 그들의 생활은 부유 시민의 삶과 거의 차이가 나지 않았다. 그뒤 단테가 나오면서 새로운 시와 문학이 일반인의 관심사로 자리잡고,[2] 더욱이 고대 문화와 인간 자체에 대한 관심이 높아지고, 용병대장들이 군주로 입신하면서 혈통 좋은 가문도 적자라는 것도 더 이상 왕위의 필수조건이 되지 못하자(80쪽 이하), 사람들은 이제 귀족의 개념이 완전히 사라지고 평등의 시대가 도래했다고 믿게 되었다.

그러나 고대 이론에 의지하자면 귀족이라는 개념은 이미 아리스토텔레스 하나만 예로 들어도 긍정도 할 수 있고 부정도 할 수 있다. 일례로 단테[3]는, "귀족이란 본인의 뛰어남과 상속한 부에 바탕을 둔다"는 아리스토텔레스의 정의에서 "귀족은 본인이나 선조의 뛰어남에 바탕을 둔다"는 주장을 이끌어냈다.

하지만 그는 다른 글에서 이 결론에 만족하지 못했다. 『신곡』의 「천국편」에서 그는 카차구이다라는 조상과 대화를 나누던 중 자신의 고귀

---

1) 피에몬테의 귀족들이 전원의 성곽에서 거주한 것은 예외적인 사례로 눈길을 끈다. Bandello, Parte II, *Nov.* 12.

2) 서적이 인쇄되기 훨씬 오래 전부터 있었던 일이다. 수많은 필사본들, 그 중 특히 우수한 사본들은 피렌체 노동자들이 담당했다. 사보나롤라가 그 책들을 불에 태우지 않았다면 더 많은 사본이 남았을 것이다. 이 책 제6부 2장 참조.

3) Dante, *De monarchia*, L. II, cap.3.

한 혈통을 언급한 사실에 자책하면서,[4] 혈통이란 나날이 거기에 새로운 가치를 덧붙이지 않으면 세월에 잘려나가는 외투에 불과하다고 말했다. 또 『향연』[5]에서는 '고귀하다'(nobile)는 것과 '귀족'(nobilta)의 개념을 아예 출생 조건과 분리시키고, 뛰어난 도덕성 및 지성을 발휘하는 능력과 동일시했다. 그리고 귀족은 철학과 한 핏줄이라는 생각에 특히 수준 높은 교양을 강조했다.

인문주의가 지속적으로 이탈리아인의 사고방식을 지배해갈수록 사람들은 더더욱 출생이 인간의 가치를 결정하지 못한다는 신념을 가졌고, 이 확신은 벌써 15세기에 일반의 정론으로 자리잡았다. 포조는 「귀족에 관하여」[6]라는 대화에서, 개인의 업적으로 귀족이 된 사람을 제외하고는 어느 누구도 귀족일 수 없다고 하면서 대화 상대자인 니콜로 니콜리 및 대 코시모의 동생 로렌초 메디치와 의견의 일치를 보였다. 그는 또 세간의 편견에 따라 귀족생활의 일부로 간주되고 있는 여러 행동을 신랄한 필치로 조롱했다.

선조가 오랫동안 뻔뻔스러운 범죄행각을 벌인 자손일수록 그만큼 그는 진정한 귀족과는 거리가 멀다. 아무리 열심히 매사냥과 동물사냥을 해보았자 귀족의 체취를 풍기지 못하는 것은, 그 동물의 보금자리에서 향내가 나지 않는 것과 같은 이치이다. 쓸데없이 숲과 산으로 쏘다니다 보면 으레 짐승과 같아지는 법이니, 차라리 그보다는 고대인들처럼 논밭을 가는 편이 훨씬 고귀할 것이다. 사냥은 심심풀이라면 몰라도 평생토록 종사할 생업은 되지 못한다.

---

4) 『신곡』 「천국편」 제16곡 서두.
5) Dante, *Convivio.* 특히 *Trattato,* IV 전체와 그밖의 여러 대목. 〔Gaspary, *Gesch. der ital. Literatur* I, 518은, "귀족은 출생이 아닌 덕성에 근거한다"는 표현이 당시 시인들과 수사학자들의 토론에서 상투어였다는 것을 증명했다.〕
6) Poggio, *Dial. de nobilitate,* in: *Opera.* ─〔가이거의 주석: 플라티나는 *De vera nobilitate*(Opp. ed. Colon, 1573)에서 귀족에 대한 아리스토텔레스의 정의에 분명한 반대입장을 취했다.〕

특히 그는 전원과 숲속 성곽에서 사는 프랑스와 영국 기사들, 노상강도짓을 하는 독일의 기사들을 귀족과 동떨어진 인물로 생각했다. 여기에 대해 메디치는 어느 정도 귀족 편을 들지만, 그렇다고 그의 타고난 감정에 호소한 것은 아니었고, 단지 아리스토텔레스가 『정치학』 제5권에서 귀족을 현존하는 계층으로 인정하면서 뛰어남과 상속한 부에 바탕을 둔다고 정의 내렸기 때문이다.

이에 니콜리가 응수하기를, 아리스토텔레스는 그 자신의 신념을 얘기한 것이 아니라 일반의 견해를 말한 것이며, 그의 생각이 솔직하게 피력되어 있는 『윤리학』에서는 오히려 진정한 선을 추구하는 자를 귀족으로 부르고 있다고 말한다. 그러자 메디치는, 그리스어에서 귀족을 의미하는 에우게네이아(Eugeneia)라는 말이 고귀한 혈통을 뜻한다고 하면서 맞서보지만 주장을 관철시키지는 못한다. 반면에 니콜리는 로마인들이 썼던 노빌리스(nobilis), 즉 주목할 가치가 있다는 뜻의 말이 귀족을 행동거지에 따라 결정지으므로 더 적절한 말이라고 생각했다.[7]

이런 논쟁과는 별도로 이탈리아 각지에서 귀족의 위치가 어떠했는지 살펴보겠다. 나폴리 귀족들은 게을러서 소유지도 돌보지 않았고, 치욕적이라 하여 상업에도 종사하지 않았다. 집에서 빈둥대고 놀거나[8] 말을 타는 것이 고작이었다. 로마 귀족들도 상업을 업신여기기는 마찬가지였지만 자기들 땅은 직접 경작했다. 뿐만 아니라 논밭을 가는 사람에게는 귀족이 될 수 있는 길이 저절로 열려,[9] "비록 시골티는 나지만 존경할 만한 귀족이었다." 롬바르디아의 귀족들도 세습토지에서 생기는

---

7) 이런 세습귀족에 대한 경멸적인 태도는 인문주의자들에게서 흔히 볼 수 있다. Aen. Sylvius, *Opera*, p.84(*Hist. Bohem.*, c. 2)와 640(「루크레티아와 에우리알루스전」)에 나오는 신랄한 대목 참조.

8) 주로 수도에 사는 귀족들이 그랬다. Cf. Bandello, Parte II, *Nov.* 7. —Jov. Pontanus, *Antonius*(여기서는 귀족세력의 몰락이 아라곤 왕조 때 시작된 것으로 보고 있다.)

9) 상당한 지대 수입이 있는 사람은 귀족과 다르지 않다는 인식이 이탈리아 전토에 퍼져 있었다.

지대로 생활했으며, 혈통이 좋다든가 일상의 생업에서 벗어나 있다는 것만으로도 벌써 귀족이었다.[10] 베네치아에서는 귀족들이 통치계급에 속해 있었고 모두 상업에 종사했다. 제노바 사람들 역시 귀족이건 아니건 모두 상인과 항해자로 생활했으며, 단지 출생에 따라 귀족을 구분했을 뿐이다. 물론 귀족 중에는 산중의 성에 살면서 산적생활을 하는 이들도 더러 있었다. 피렌체에서는 구귀족의 일부가 상업에 종사했고, 이들보다 수가 훨씬 적은 다른 부류는 귀족 신분을 만끽하며 매사냥 외에는 하는 일 없이 지냈다.[11]

그런데 중요한 것은, 아무리 출생에 긍지를 느끼는 귀족이라도 교양이나 부에서는 자만심을 드러낼 수 없었고, 정치와 궁정에서 누리는 특권을 빙자하여 오만한 계급의식에 빠지지는 않았다는 점이다. 이는 거의 이탈리아 전역에서 볼 수 있는 현상이었다. 물론 시민과 똑같은 생활을 하면서 이렇다할 특권은 별로 누리지 못한 베네치아 귀족들은 여기에서 예외라 할 수 있다.

반면에 나폴리의 상황은 달랐다. 서민과 철저히 유리된 귀족들의 생활과 허영은 이곳을 르네상스 정신에서 단절시킨 가장 큰 요인이었다. 중세의 롬바르드족과 노르만족 그리고 훗날 프랑스 귀족들이 남긴 커다란 영향에다 이미 15세기 중반기가 되기도 전에 시작된 아라곤 왕조의 통치로 인해 이곳에서는 이탈리아의 다른 지방에서는 100년이 지나서야 등장한 에스파냐식 생활방식이 일찍부터 만연했다.

---

10) 북부 이탈리아에서 귀족을 평가할 때 반델로가 어울리지 않는 결혼에 대해 여러 차례 공격한 일은 중요한 대목이다. Bandello, Parte I, *Nov.* 4, 26, III, 60; IV, 8. 상인으로 생활한 밀라노의 귀족은 예외이다. Parte III, *Nov.* 37. 롬바르디아 귀족들이 어떻게 농민의 유희에 참가했는지는 이 책 제4부 432쪽 이하 참조.

11) 마키아벨리가 *Discorsi* I, 55에서 귀족들에게 내린 엄격한 판단은 여전히 봉건 영주권을 갖고 무위도식하며 정치를 망가뜨리는 귀족만 겨냥한 것이다. ─이탈리아에서 생활하면서 주목할 만한 견해를 갖게 된 네테스하임의 아그리파는 *De incert. et vanitate scient.*, cap.80, opp., ed. Lugd. II, 212~230에서 귀족과 영주령을 논하는 글을 썼다. 이 글은 극단적인 신랄함에서 여타의 모든 글을 능가하며 근본적으로는 북유럽 사람의 정신적인 격양상태를 보여준다.

그 가장 대표적인 것이 노동의 천시와 귀족 칭호를 얻으려는 욕구였다. 이런 풍조의 여파는 이미 1500년이 되기도 전에 소도시에서도 나타났다. 카바 사람들의 탄식에 따르면, 이곳은 벽돌공과 직조공만 살았을 때는 항간에 알려진 대로 부유한 도시였으나, 이제 미장 도구와 직조기 대신 박차와 등자와 금박의 허리띠만 보이고, 너도나도 법학박사·의학박사·공증인·장교·기사만 되려고 하는 지금은 비참한 가난에 허덕인다고 했다.[12]

피렌체에서는 이와 비슷한 변화가 최초의 대공인 코시모 치하에 와서 나타났다. 그는 상공업을 천시하던 젊은이들을 성 스테파노 기사단의 기사로 등용하여 사람들에게서 감사를 받았는데,[13] 이는 아들에게 직업이 있어야만 아버지가 재산을 물려주던(146쪽) 종래의 피렌체 사고방식과 상반되는 일이었다. 15세기에 베스파시아노 피오렌티노가, 부자들은 상속한 재산을 늘리지 말고 모든 수입을 소비해야 한다고 했으나 이는 대지주들에게나 해당하는 말이었다.

특히 피렌체 사람들이 갖고 있던 별난 종류의 지위욕은 신분의 평등을 가져올 예술과 교양 숭배에 맞서서 더러는 우스꽝스러운 형태로 충돌했다. 기사 작위를 받으려는 욕구가 그것으로, 그 본래의 가치는 벌써 흔적도 없이 사라진 뒤에 본격적으로 성행한 시대의 유행병이었다. 프랑코 사케티[14]는 14세기 말에 이렇게 적고 있다.

몇 년 전만 해도 제빵사 같은 수공업자나 양털 빗질하는 사람, 고리대금업자, 환전상, 심지어 불량배들까지 기사가 되는 것을 볼 수 있었다. 관리가 지방 도시의 수장으로 부임해가는데 왜 기사 작위가 필

---

12) Masuccio, *Nov.* 19.
13) 야코모 피티가 코시모 1세에게 보낸 편지. *Arch. stor.* IV, 2, p.99. 북이탈리아에서도 에스파냐의 지배와 더불어 비슷한 일들이 일어나기 시작했다. Bandello, Parte II, *Nov.* 40은 이때 나왔다.
14) Franco Sacchetti, *Nov.* 153. Cf. *Nov.* 82, 150.

요한가? 기사 작위는 일상의 생업에는 전혀 어울리지 않는다. 오, 영락해버린 딱한 작위여! 이 기사들은 기사가 이행해야 할 수많은 의무와는 상반되는 일을 하고 있다. 내가 이런 얘기를 하는 것은 기사제도가 죽었음을 독자에게 알리기 위해서이다.[15] 지금은 죽은 사람마저도 기사로 봉하는 세상이니 목상이나 석상이나 황소라고 기사로 못 만들 것인가.

사케티가 증거로 예시하는 사례들은 이때의 상황을 생생히 증언하고도 남는다. 거기에는 베르나보 비스콘티가 술마시기 대회의 승자에게, 다음으로는 패자에게도 경멸조로 기사 칭호를 내렸다는 것과, 장식 달린 투구와 휘장을 걸친 독일 기사들이 조롱당한 이야기들이 적혀 있다. 훗날에는 포조[16]가 말(馬)도 없고 전투 훈련도 받지 못한 수많은 기사들을 비웃었다. 그래서 피렌체에서는 군기를 들고 말을 타고 달려나가는 계급적 특권을 과시하려는 사람은 정부에 대해서는 물론이고 조롱자들에 대해서도 곤란한 입장에 처해 있었다.[17]

그런데 자세히 보면, 세습 귀족과는 관계없이 뒤늦게 등장한 이 기사제도라는 것이 한편으로는 칭호를 탐하는 우스꽝스러운 허영의 발로이기도 했지만, 거기에는 또다른 일면이 있음도 알 수 있다. 이때에는 아직도 마상 창시합이 열리고 있었으며, 거기에 참가하려는 사람은 형식상 기사가 아니면 안 되었다. 울타리 쳐진 경기장에서의 싸움, 그것도

---

15) Che la cavalleria è morta.

16) Poggio, *De nobilitate*, p.27. —〔에네아스 실비우스(*Hist. Fried. III.*, ed. Kollar, p.294)는 황제 프리드리히가 이탈리아에서 너무나 자주 기사 작위를 내린다고 비난했다.〕

17) Vasari, B. II, 151 및 각주. *Vita di Dello*. 〔가이거의 주석: 피렌체 시당국은 기사 작위를 내릴 권한이 자기들에게 있다고 주장했다. 1378년과 1389년의 기사서임식은 Reumont, *Lorenzo*, II, p.444 이하 참조. 피렌체 공화국에는 기사 임명과 대사 영접에 관해 Francisco Filarete Araldo가 편찬한 전범이 있었다 (Pisa 1884 nozze).〕

경우에 따라서는 매우 위험할 수 있는 정규 창시합은 참가자의 역량과 용기를 발휘할 수 있는 기회였고, 따라서 출신이 어떻든 간에 뛰어난 기량의 소유자라면 그 호기를 놓치려 하지 않았다.

이미 페트라르카가 이런 마상 시합이 위험하고 무모한 짓이라며 강한 혐오감을 드러냈어도 소용없었다. "스키피오나 카이사르가 마상 창시합을 했다는 얘기는 들어보지 못했다"[18]고 아무리 비장하게 외쳐도 사람들의 마음은 돌아서지 않았다. 마상 시합은 특히 피렌체에서 본격적으로 인기를 끌었고, 시민들은 그것을—물론 위험이 덜한 것을—일종의 정식 오락으로 생각하기 시작했다.

프랑코 사케티[19]는 일요일의 마상 창시합에 나간 어느 기사의 아주 희극적인 모습을 전해준다. 기사는 염색업자한테 빌린 여윈 말을 타고 시합이 쉬운 페레톨라를 향해 달려나간다. 하지만 악당들의 장난으로 꼬리에 엉겅퀴가 달라붙은 말은 여기에 놀라 투구 쓴 기사를 태운 채 도시로 되돌아온다. 그리고 이 위험스러운 행동거지에 격분한 아내의 베갯머리 설교가 이야기의 당연한 결말을 장식한다.[20]

마지막으로, 초기 메디치 가의 사람들도 마상 창시합에 열렬한 관심을 보였다. 마치 그것을 통해, 서민에 불과한 자기들의 사교생활이 그 어느 궁정에도 뒤지지 않음을 보이려는 듯했다.[21] 이미 코시모 대(1459

18) Petrarca, *Epist. senil.* XI, 13. *Epist. famil.* V, 6에는 페트라르카가 나폴리의 마상 무술경기에서 어떤 기사가 말에서 떨어지는 모습을 보고 느낀 공포가 그려져 있다.

19) *Nov.* 64. —『오를란디노』(II, Str. 7)에도 카를 대제 때 어느 마상경기에서 싸운 것은 요리사나 주방의 심부름꾼이 아니라 왕과 공작과 변경백들이라고 분명히 적혀 있다.

20) 여하튼 이 글은 마상경기를 패러디한 초기 작품의 하나이다. 그때부터 60년이 지난 뒤, 시민 출신으로 샤를 7세의 재정 장관으로 일한 자크 쾨르(Jacques Coeur)는 부르주에 있는 자신의 궁에 당나귀 시합 모습을 조각하도록 했다 (1450년). 이런 패러디 가운데 가장 빼어난 작품, 즉 방금 인용한 『오를란디노』 의 제2곡은 1526년에야 간행되었다.

21) 앞에서 언급한 폴리치아노와 루이지 풀치의 시 참조. Cf. Paulus Jovius, *Vita Leonis*

년)에, 나중에는 노(老) 피에트로 치하에서 그 유명한 대규모 마상 시합이 피렌체에서 열렸다. 소 피에트로는 여기에 몰두하느라고 정사도 돌보지 않았고 자신의 그림도 갑옷 입은 모습만 그리게 했다. 마상 시합은 알렉산데르 6세의 교황궁에서도 열렸다. 아스카니오 스포르차 추기경이 투르크의 왕자 젬(179 · 186쪽)에게 창시합을 본 소감을 묻자 그는 현명하게도, 자기 나라에서는 이런 것을 시합 중에 죽어도 아까울 것이 없는 노예에게 시킨다고 대답했다. 동방의 왕자는 이 중세적 풍습에 대해 무의식적으로 고대 로마 사람들과 의견을 같이하고 있었다.

기사 작위를 만들어낸 이런 중요한 발판 외에도 이미 페라라 같은 곳(116쪽 이하)에서는 기사 칭호를 내리는 진정한 궁정기사단이 존재했다.

그러나 귀족과 기사들의 요구와 허영이 각기 어떠했든, 이탈리아 귀족들은 언제나 자기들의 위치를 삶의 극단이 아닌 중심부에 두었다. 그들은 늘 다른 계급과 동등한 입장에서 교류했고 재사와 교양인들을 곁에 두고 가까이했다. 물론 군주의 정식 궁신이 되려면 귀족이어야 한다

X., L. 1. —Machiavelli, *Storia fiorent.*, L. VII. —Paul. Jovius, *Elogia*, pp.187, 332에 있는 Petrus Medices〔그는 마상 창시합과 기사들의 경기 때문에 공무를 소홀히 했다〕와 Franc. Borbonius〔그는 한 마상시합에서 사망했다〕 관련 대목 참조. Vasari, IX, 219, *Vita di Granacci.* —로렌초가 지켜보는 가운데 창작된 풀치의 『모르간테』에서 기사들의 말과 행동거지는 때로 희극적이지만 창을 내리치는 솜씨는 진짜처럼 교묘했다. 보이아르도도 마상 시합과 전술에 밝은 전문가들을 위해 창작했다. 이 책 제4부 402쪽 참조. —1464년 페라라에서 벌어진 마상 시합은 *Diar. Ferrar.*, in: Muratori, XXIV, Col. 208 참조. —베네치아의 마상 시합은 Sansovino, *Venezia*, p.153 이하 참조. —1470년 이후 볼로냐에서 있은 시합은 Bursellis, *Annal. Bonon.*, in: Muratori, XXIII, Col. 898, 903, 906, 908, 909 참조. 이 글에서는 당시 고대 로마풍의 개선식을 열 때 느꼈던 감동이 뒤섞여 있음을 알 수 있다. 우르비노의 페데리고는 한 마상 시합에서 창에 맞아 오른쪽 눈을 잃었다. —당시 북유럽의 마상 창시합에 대해서는 Olivier de la Marche, *Mémoires*, cap.8, 9, 14, 16, 18, 19, 21 참조. 〔14세기 피렌체의 마상 창시합을 회화하여 펜으로 스케치한 최초의 작품은 *Rep. f. Kunstwissenschaft*, 1899 참조.〕

는 조건이 있었으나,[22] 알다시피 그것은 주로 사람들의 편견에서 비롯된 것이었으며, 귀족이 아닌 자는 귀족과 똑같은 내면의 가치를 지니지 못했다는 식의 망상은 철저히 차단되어 있었다.

따라서 귀족이 아닌 자가 군주를 가까운 거리에서 보필하지 말라는 법은 없었고, 오직 중요한 것은 궁신처럼 완벽한 인간이라면 모든 생각할 수 있는 장점 가운데 하나라도 빠져 있으면 안 된다는 것이었다. 그리고 매사에 일정한 절제력을 발휘하는 것이 궁신들의 법도가 된 것도, 궁신이 귀족 출신이어서가 아니라 그의 섬세하고 완벽한 인성이 그것을 요구했기 때문이다. 이것은 결국 근대적인 의미의 귀족성을 의미한다. 즉 교양과 부가 사회적 가치의 척도로 자리잡으면서 형성된 귀족성, 특히 부를 통해 교양에 전념하고 교양에 대한 관심을 드높일 수 있게 되면서 생긴 귀족성이다.

---

22) Bald. Castiglione, *Il Cortigiano*, L. I. cap.16.

2 세련된 외면생활

출생의 차이가 이렇다 할 특권을 주지 못하면 못할수록 개인은 그만큼 더 자신의 장점들을 발휘할 필요성을 느꼈다. 또한 사교생활도 자력으로 범위를 제한하고 세련미를 더하지 않으면 안 되었다. 결국 개개인의 품행과 차원 높은 사교생활은 자유롭고 의식적인 인위의 산물로 변해갔다.

먼저 이탈리아 사람들의 외양과 환경과 일상의 풍습부터가 다른 나라 국민들보다 훨씬 우아하고 세련되고 완벽한 모습으로 발전했다. 상류층의 주거생활에 대해서는 미술사가 논해야 하지만, 여기서는 그들의 주거가 편리함, 조화, 합리적인 설계의 측면에서 북유럽 귀족들의 성과 궁정과 대저택을 능가했다는 것만 강조하겠다.

의복에서는 15세기 말부터 외국의 유행을 자주 따랐기 때문에 다른 나라의 유행과는 일관된 비교가 불가능할 정도로 변화가 심했다. 이탈리아 화가들이 이 시대의 의상으로 그려놓은 것들은 당시 유럽에서 볼 수 있는 가장 아름답고 색감도 뛰어난 것들이지만, 과연 그것이 당대에 유행한 의상들이며 또 그것을 정확히 묘사하고 있는지는 확실히 알 수 없다.

그러나 분명한 것은, 의상에 이토록 큰 비중을 둔 나라는 이탈리아 외에 없었다는 사실이다. 이탈리아 국민은 예나 지금이나 입성에 사치

를 부리는 사람들이다. 뿐만 아니라 사려 깊은 사람들까지도 되도록이
면 아름답고 자신을 돋보이게 만드는 의상을 인격 완성의 일환으로 생
각했다. 한때 피렌체에서는 의상이 개성을 드러내는 도구가 되어 저마
다 자기만의 패션을 걸치고 다니던 시절도 있었고(202쪽의 주 2), 16세
기 말까지도 이 용기를 과시한 유명인들이 있었다.[1] 나머지 사람들도
최소한 유행에다 자기 나름의 개성을 접목시킬 줄 알았다.

따라서 조반니 델라 카사가 너무 눈에 띄거나 세간의 유행에서 벗어
난 옷을 입지 말라고 경고한 것은 이탈리아가 쇠락해가는 징표였다.[2]
오늘날에는 적어도 남성복에서 두드러진 옷차림을 하지 않는 것이 최
고의 미덕으로 꼽히지만, 사실 이렇게 함으로써 우리는 생각보다 큰
것을 놓치고 있다. 물론 그 덕분에 시간이 많이 절약되므로 (분주한
현대인의 척도로 볼 때) 그것만으로도 이미 다른 손해를 보상하는 셈
이다.

르네상스기에 베네치아[3]와 피렌체에는 남성의 복장과 관련된 규정
과 여성의 사치와 관련된 법률이 있었다. 의상을 자유롭게 입을 수 있
었던 나폴리에서는 귀족과 시민 사이에 구분이 가지 않는다고 도덕가
들이 애통해했다.[4] 게다가 이들은 급속도로 변하는 유행과 프랑스에서

---

1) Paul. Jovius, *Elogia vir. litt. ill.*, pp.112, 138, 143에서 Petrus Gravina, Alex.
   Achillinus, Balth. Castellio에 관한 부분. 〔가이거의 주석: L. Bruni의 경우는
   복사뼈까지 내려오는 빨간 가운이 유명했다.〕

2) Casa, *Il Galateo*, p.78.

3) 이에 관해서는 베네치아의 복식을 다룬 저술과 Sansovino, *Venezia*, p.150 이하
   참조. 티치아노의 그림에서 플로라가 입은 옷—하얀 옷에 어깨 위로 물결치며
   흘러내리는 머리카락—이 약혼 때 신부의 예복이다.

4) Jovian. Pontan., *De principe.* "그래도 복장과 기타 장식에서 상인과 귀족 사이
   에 구분이 안 될 만큼 뻔뻔하면 안 된다. 하지만 그 같은 자유는 탓할 수는 있어도
   벌할 수는 없다. 복장은 매일같이 변하기 때문에 우리는 4개월 전에 좋아했던 것
   을 지금은 무시하면서 고물처럼 내다버린다. 마찬가지로 거의 참을 수 없는 것은
   프랑스에서 건너온 옷이 아니면 별로 인정받지 못하는 것인데, 그것들은 대개 프
   랑스에서 값이 싼 것들이다. 본래는 우리나라 사람들이 그들에게 유행이나 스타
   일을 어느 정도 규정해주는 경우가 흔하다."

건너온 것이면 뭐든지 숭배하는 어리석음을 탄식하면서, 원래는 이탈리아 유행이었던 것이 지금 프랑스인들을 통해 역수입되는 것이라고 얘기했다. 옷 모양의 빈번한 변화와 프랑스와 에스파냐 유행의 수입[5]은 일상의 겉치레에 이용되었지만, 이것을 여기서 자세히 논하지는 않겠다. 그러나 이것은 1500년을 전후로 수십 년 동안 이탈리아에서 벌어진 급속한 생활의 변화를 보여주는 문화사적인 증거이다.

특히 주목할 것은, 여성들이 갖가지 화장술을 동원해 외모를 근본적으로 바꾸려 했다는 점이다. 이때의 이탈리아만큼 다방면에 걸쳐서 외모와 피부색과 두발을 성가시게 군 나라는 로마제국 멸망 이후 유럽에서 한 군데도 없었다.[6] 남의 눈에 띄는 뻔한 속임수를 쓰면서까지 사람들은 너도나도 표준형에 가까워지려고 노력했다. 여기에서 우리는, 14세기에 화려함과 장식의 극치를 보이다가 훗날에는 좀더 세련미와 우아함을 얻은 의상 분야는 제외하고,[7] 좁은 의미의 화장에 대해서만 이야기하겠다.

먼저 백색과 황색 비단실로 만든 가발[8]이 대대적으로 유행했다가 금지되고 다시 유행했다. 결국 어느 참회설교사가 나타나 사람들의 마음을 움직였고 광장에는 자그마한 화형단이 세워졌다. 그 위로 류트·놀음도구·가면·부적·노래책 및 기타 사치품과 더불어 가발이 올라갔고,[9] 정화의 불꽃에 실려 모두 연기로 변했다. 그러나 자기 머리카락이

---

5) 이에 관해서는 *Diar. Ferrar.*, in: Muratori, XXIV, Col. 297, 320, 376, 399 참조. 여기에는 독일 유행에 관한 글도 있다.
6) 이 부분을 Falke, *Die deutsche Trachten- und Modenwelt*에 나오는 해당 대목과 비교하라.
7) 피렌체 여성들에 관해서는 Giov. Villani, X, 10, 152 및 Matteo Villani, I, 4의 주요 대목 참조. 1330년에 나온 유행에 관련된 대칙령에서는 여성의 옷에 무늬를 수놓는 것만 허락하였고 단순히 "그려넣는 것"은 금지했다. 이것을 옷차림의 강제라고 생각해야 할까?
8) 진짜 모발로 만든 가발은 '죽은 머리카락'(capelli morti)이라고 불렸다. ―어느 이탈리아 고위성직자가 발음을 뚜렷이 하려고 해넣은 상아로 된 의치에 대해서는 Anshelm, *Berner Chronik* IV, p.30(1508) 참조.

건 가발이건, 사람들이 얻고자 했던 이상적인 색깔은 금발색이었다. 게다가 햇빛이 머리를 금발로 만든다는 얘기가 나돌면서[10] 날씨가 좋을 때면 온종일 양지에서 벗어나지 않는 여성들도 생겼다.[11] 그밖에는 염색약이나 혼합제를 사용하여 머리를 물들였다.

뿐만 아니라 얼굴 각 부위를 위한, 심지어 눈꺼풀과 치아에까지 바르는 미용수와 크림과 화장분 등, 지금 이 시대에는 생각지도 못하는 각종 화장품이 있었다. 시인들의 조롱[12]도, 참회설교사의 분노도, 피부가 일찍 노화한다는 경고도, 얼굴에 다른 색을 입히고 그 일부 모습까지 바꾸려는 여성들의 습관을 막지 못했다. 어쩌면 이는 수백 명의 사람이 분장과 성장을 하고 나오는 화려한 종교극이 자주 공연되어[13] 일상에서 화장의 남용을 부추긴 탓도 있겠으나, 어쨌든 이 풍습은 보편화했고 시골 처녀들마저 뒤질세라 가세했다.[14]

이런 치장은 매춘부들이나 하는 것이라고 설교해도 소용없었다. 평소 화장품에는 일 년 내내 손도 대지 않던 정숙한 가정주부들까지 사람들 앞에 모습을 드러내는 축제일에는 화장을 했다.[15] 이런 악습을 미

---

9) Infessura, in: Eccard, *Scriptores* II, Col. 1874. —Allegretto, in: Muratori, XXIII, Col. 823. —사보나롤라에 관한 여러 작가들의 기록은 아래를 참조하라.

10) Sansovino, *Venezia*, p.152. "햇빛의 힘으로 더할 수 없이 금발이 된 머리카락". 이 책 제4부 425쪽 이하 참조.

11) 이런 일은 독일에도 있었다. —*Poesie satiriche*, Milano, 1808, p.119에 실린 Bern. Giambullari의 풍자시 「결혼하기 위해」에 나온다. 이런 것들은 분명히 미신과 마법에 의지한 화장술들이었다.

12) 시인들은 이런 화장술의 혐오스러움과 위험성과 어리석음을 부각시키려고 온갖 노력을 기울였다. Cf. Ariosto, *Satira* III, pp.202. —Aretino, *Il marescalco*, Atto II, scena 5와 *Ragionamenti*의 여러 대목. —Giambullari, Ibid. Phil. Beroaldi sen., *Carmina*.

13) Cennino Cennini, *Trattato della pittura*, cap.161에는 신비극과 가면극을 위한 얼굴 분장술이 적혀 있다. cap.162에서 저자는 분장과 화장수 전반에 대해 심각하게 경고한다.

14) Cf. *La Nencia da Barberino*, Str. 20, 40. 여기에서 남자는 애인에게 봉지에 든 화장품과 백연(白鉛)을 시내에서 사다 주겠다고 약속한다. 이 책 제4부 434쪽 참조.

452

개인의 얼굴 채색에 비유해 야만적인 풍속으로 볼 수도 있고, 아니면 그 섬세하고 다양한 화장술이 말해주듯이 얼굴 모양과 색깔에서 표준적인 젊음의 아름다움을 구현하려는 욕망의 결과로 생각할 수도 있을 테지만, 어찌되었든 이 폐습을 경고하는 데는 남성들이라고 예외가 아니었다.

향수도 지나치게 남용되어 사람뿐 아니라 주변 사물에까지 뿌렸으며, 축제 때는 노새에도 향유를 발라주었다.[16] 피에트로 아레티노는 코시모 1세에게 향수 뿌린 돈을 보내준 데 대해 감사를 표하고 있다.[17]

그 무렵 이탈리아 사람들은 자기네들이 북유럽 사람보다 청결하다는 확신을 품고 있었다. 청결은 근대인의 인격 완성의 하나이며, 이 인격 완성이 가장 먼저 이루어진 나라가 이탈리아라는 일반적인 문화사적 근거에서 볼 때, 이들의 이런 주장은 부정보다는 긍정을 얻어낼 수 있다. 또 이탈리아인들이 당시 세계에서 가장 부유한 민족의 하나였다는 것도 이 주장을 뒷받침해준다. 물론 그 증거를 제시할 수는 없다. 청결 규정의 시대적 우선권을 따진다면 오히려 중세의 기사문학이 더 오랜 연륜을 자랑할지 모르겠다.

여하튼 확실한 것은, 르네상스의 몇몇 걸출한 대표자들이 만사에 완벽한 청결을, 특히 식탁에서의 청결을 강조했다는 것이고,[18] 이탈리아인의 선입견으로는 독일인이 불결함의 대명사로 꼽혔다는 사실이다.[19] 마시밀리아노 스포르차가 독일에서 교육받고 귀국했을 때 어떤 불결한

---

15) L. B. Alberti, *Trattato del governo della famiglia*, p.118.
16) Tristan. Caracciolo, in: Muratori, XXII, Col. 87. —Bandello, Parte II, *Nov.* 47.
17) 코시모에게 바친 3행의 해학시. "지난번 제게 보내주신, 향수가 뿌려진(profumati) 새로운 100스쿠디". 당시의 물건들은 오늘날까지도 가끔 향내를 풍길 때가 있다. 〔profumati라는 표현이 비유적으로, 즉 '풍부하다'는 뜻으로 쓰인 것은 아닐까?〕
18) 베스파시아노 피오렌티노의 『도나토 아차유올리전』과 『니콜리전』 참조.
19) Giraldi, *Hecatommithi*. Introduz. *Nov.* 6.

습관들을 가지고 왔는지, 그리고 그것들이 얼마나 사람들의 눈총을 받았는지는 조비오의 글[20]에서 볼 수 있다.

또 하나 특이한 것은, 적어도 15세기에 숙박업은 주로 독일인들이 장악하고 있었는데,[21] 대개 로마 순례자들을 대상으로 영업했던 것 같다. 그러나 여기에서 말하고 있는 곳은 주로 개방된 시골 지방을 의미하는 듯하다. 잘 알려져 있듯이 대도시에서는 이탈리아 여관이 일류급에 속했기 때문이다.[22] 시골에 그럴듯한 숙소가 없었던 것은 이때가 불안한 시절이었다는 것으로 설명할 수 있을 것이다.

16세기 전반에 피렌체 태생의 조반니 델라 카사가 『예법』이라는 제목으로 출간한 예절교본이 지금까지 전해 내려온다. 이 책에는 좁은 의미의 청결 규범만 담겨 있는 것이 아니라, 우리가 '꼴불견'이라고 부르는 일체의 폐습을 버리라는 내용까지 도덕가가 최고의 도덕률을 설파할 때처럼 단호한 어투로 적혀 있다. 다른 나라 문헌에서는 이런 규범들을 체계적으로 설명하기보다는 오히려 불결한 행동의 사례를 자극적으로 묘사하는 간접적인 방식으로 가르치고 있다.[23]

『예법』은 이밖에도 유려하고 지성적인 필치로 행실과 마음가짐과 기

---

20) Paul. Jov., *Elogia*, p.289.
21) 에네아스 실비우스는 *Vitae paparum*, in: Muratori, III, 2, Col. 880의 보카노 관련 대목에서 이렇게 말한다. "숙박할 곳이 거의 없다. 그 숙박업소들은 독일인들이 경영하고 있다. 이 민족은 거의 모든 이탈리아 숙박업소를 장악하고 있다. 그들을 볼 수 없는 곳에는 숙박업소도 없다."
22) Franco Sacchetti, *Nov.* 21. 파도바는 1450년경 '황소'라는 이름의 궁전 같은 커다란 숙박업소를 자랑으로 여겼다. 여기에는 200마리의 말을 매둘 수 있는 마구간도 있었다. Michele Savon., in: Muratori, XXIV, Col. 1175. —피렌체에는 성 갈로 관문 앞에 그때까지 볼 수 없었던 거대하고 아름다운 여관이 하나 있었는데, 아마도 도시 사람들을 위한 휴양소로 쓰인 것 같다. Varchi, *Stor. fiorent.* III, p.86.
23) Sebastian Brant의 *Narrenschiff*와 Erasmus의 *Colloqui*와 라틴 시 *Grobianus*에 나오는 관련 대목을 비교하라. 〔Wimpfeling의 교육서와 식탁예절을 다룬 시도 참조하라. Cf. Bömer, "Anstand und Etikette nach den Theorien der Humanisten," in: *N. Jahrb. f. d. klass. Altert.* XIV, 1904.〕

지를 논한 입문서이기 때문에, 어느 계층에 속하든 현대의 독자들도 많은 도움을 얻을 것이다. 아마 고대 유럽의 예법도 이 책이 얘기하는 내용을 많이 벗어나지는 못했을 것이다. 기지가 감정의 문제인 이상, 어느 문화든지 처음부터 그 민족 가운데 몇몇 사람은 기지를 타고났을 것이고, 어떤 사람들은 의지를 발휘하여 습득했을 것이다.

그러나 기지를 사교의 일반적인 의무이자 교양과 교육의 징표로 인식한 민족은 이탈리아인이 처음이었다. 이탈리아는 지난 17세기 이후 많은 변화를 겪었다. 서로 잘 아는 사람들이나 안면 있는 사람들끼리 나누던 악의적인 농담과 조롱과 익살(225쪽 이하)이 상류사회에서 자취를 감추었음도 분명히 느껴지고,[24] 자기가 사는 도시의 성벽을 벗어나 이제는 중립적이고 국제적인 감각의 예절과 남을 배려하는 마음씨를 쌓고 있음도 볼 수 있다. 본격적이고 구체적인 사교에 대해서는 뒤에 가서 얘기하겠다.

이탈리아인이 15세기와 16세기 초에 영위한 외면적 생활은 다른 민족에서는 볼 수 없을 만큼 세련되고 미화되어 있었다. 근대의 쾌적함과 편리함을 만들어내는 크고 작은 시설들의 일부는 이탈리아에서 가장 먼저 생겨났다. 이곳 도시에서는 잘 포장된 거리 위로[25] 마차를 타고 다니는 것이 일반화되어 있었다. 반면에 다른 나라에서는 걷거나 말을 타는 게 보통이었고, 마차를 타더라도 즐거움삼아 하지는 않았다.

더욱이 단편소설을 읽어보면,[26] 부드럽고 탄력 좋은 침대와 바닥에 깔린 고급 양탄자와 화장도구 등, 다른 나라에서는 들어보지도 못한 것

---

24) 조롱이 온건해진 모습은 특히 *Cortigiano*, L. II, cap.48 이하에서 드러난다. 그러나 피렌체에서는 악의적인 조롱이 오랫동안 계속되었다. 1550년에 나온 라스카의 단편소설들이 그 증거이다.

25) 밀라노의 상황을 말해주는 주요 대목은 Bandello, Parte I, *Nov.* 9에 있다. 이곳에는 60대가 넘는 4두 마차와 수많은 쌍두마차가 있었고, 그 중 일부는 금박을 씌우고 조각을 해넣었으며 비단 덮개도 있었다. Cf. Ibid., *Nov.* 4. —Ariosto, *Sat.* III, v. 127.

26) Bandello, Parte I, *Nov.* 3, III, 42, IV, 25.

들이 사용되었음을 알게 된다. 특히 흰색 아마포가 흔하게 쓰였고 아름답다는 얘기가 자주 언급된다. 그밖에 많은 것들이 예술의 경지에 도달해 있어서 예술이 얼마나 다방면에 걸쳐 사치를 고급화했는지 느낄 수 있다. 육중한 식기장과 가벼운 선반을 멋진 그릇들로 장식하고, 벽면에 화려한 양탄자를 걸고, 모양 좋은 과자를 끊임없이 후식으로 내는 것만이 예술이 아니라, 목수의 작업까지 온전히 예술로 끌어들인 것을 보면 감탄을 금할 수 없다.

중세 후기에도 유럽 여러 나라들이 모두 재력이 허락하는 한도 내에서 비슷한 시도를 했지만, 미숙하고 조잡한 어린애의 발상에 지나지 않거나 고딕풍 일색의 장식에만 사로잡혀 있었다. 이에 비해 르네상스는 자유롭게 행동하고, 주어진 과제마다 핵심에 충실하고, 더욱 넓은 범위의 관련자와 주문자를 위해 작업한 시대였다. 좀더 일반적이고 중요한 다른 원인들도 물론 있겠지만, 이탈리아가 16세기에 장식분야마다 북유럽 국가들을 쉽게 압도할 수 있었던 것은 바로 여기에서 비롯된다.

3 사교와 언어

대중의 삶이 만든 최고의 창조물이자 의식의 산물, 곧 우리가 하나의 예술품으로 접하게 될 고급 사교에서는 언어가 가장 중요한 전제조건이자 토대였다.

중세 전성기에 유럽 귀족들은 일상에서든 시에서든 '궁정식' 언어를 사용하려고 노력했다. 오래 전부터 각 지역 방언의 차이가 심했던 이탈리아에서도 13세기에는 이른바 '궁정어'라고 해서 궁정 사람들과 궁정 시인들이 공통으로 쓰는 언어가 있었다. 그런데 중요한 것은, 이탈리아 사람들이 이 궁정어를 모든 교양인의 언어이자 문장어로 삼기 위해 의식적으로 노력했다는 것이다.

1300년 이전에 편집된 『토스카나 백선집』의 서문도 바로 이것이 주된 목표임을 공언했다. 이 글은 언어를 시에서 해방시켜 다루는 한편, 짧은 연설이나 격언이나 답변에서 볼 수 있는 단순 명료하고 지적인 미가 풍기는 표현을 최상의 언어로 생각했다. "한평생 아름다운 말을 한마디도 쓰지 않고 보내는 사람이 얼마나 많은가!" 단순미와 지성미가 드러나는 표현을 존중한 국민은 과거에 그리스 사람과 아라비아 사람들밖에 없었다.

그런데 언어와 관련된 문제는 여러 다양한 관점에서 열심히 연구할수록 점점 복잡해졌다. 우리를 이 논쟁의 한가운데로 끌어들인 사람은 단테이다. 그의 『속어론』[1]은 이탈리아어와 관련해서도 중요한 저작이지만 근대어 전반을 다룬 최초의 이론서이기도 하다. 그의 사유방식과 결론은 언어학사의 논의 대상이며 이 분야에서는 영원히 중요한 위치를 차지할 것이다. 단지 여기서는, 『속어론』이 씌어지기 훨씬 전부터 이탈리아에서 언어가 일상의 중요한 문제였다는 것, 각 지역의 방언들이 모두 당파성이 개입된 편애와 혐오로 연구되어왔다는 것, 그리고 보편적인 이상어*의 탄생에는 격렬한 진통이 뒤따랐다는 것을 얘기해두겠다.

물론 여기서는 단테 자신이 대시편 『신곡』을 통해 최고의 공헌을 했다. 토스카나 방언이 근대 이탈리아 이상어의 기초가 된 것이다.[2] 이것은 과장된 얘기일지도 모르겠지만, 외국인인 나로서는 의견이 분분한 사안에서 다만 지배적인 견해를 따르는 것이니 양해를 바란다.

이상어와 관련된 논쟁, 특히 언어 순화주의는 문학과 시에서 순기능 못지않게 해악도 끼쳤을 것이고, 어쩌면 재능 있는 작가들의 소박한 표현능력을 앗아갔을 수도 있다. 언어의 달인이었던 사람들은 내용과 무관하다는 이점 때문에 이상어의 유려한 흐름이나 울림에 의지하여 창작을 했다. 아무리 하찮은 선율이라도 이 순화된 악기에 실리면 훌륭한

---

1) *De vulgari eloquentia*, ed. Pio Rajna, Firenze, 1896. 〔가장 뛰어난 판은 1917년 Friedrichdorf에서 출간된 L. Bertalot의 판이다.〕 보카치오의 『단테전』 77쪽에 따르면 『속어론』은 단테가 죽기 바로 전에 집필했다고 한다. 〔현재로서는 1305∼1309년이 가장 신빙성 높은 출간 연도이다.〕 단테는 자기 생전에 언어가 눈에 띄게 급변하는 상황을 『향연』의 서두에서 기술했다.

* 여기서 보편적인 이상어라는 것은 전세계적인 공용어가 아니라, 이탈리아인 공통의 표준언어를 말한다.

2) 〔토스카나 지방의 언어학자라면 이 언어가 문학과 생활에 서서히 침투하는 양상을 쉽게 도표로 기술할 수 있을 것이다. 14세기와 15세기에 일상의 서신 교환과 정부 문서와 법원의 기록과 연대기와 문학 등의 분야에서 각 지역의 방언이 얼마나 오랫동안 독자적으로 또는 다른 언어와 뒤섞여 사용되었는지도 밝혀져야 한다. 또 공식언어로 사용된 순수한 또는 하찮은 라틴어와 더불어 이탈리아 방언들이 존속했다는 것도 고려해야 한다.〕

소리를 냈기 때문이다.

사정이 어찌되었든, 이상어는 사교활동에서 큰 가치를 발휘했다. 품위 있고 예절 바른 행동거지를 보완해주었고, 교양인이 평상시나 유사시에 외면적인 위엄을 지키게 만들었다. 물론 그 옛날 순수한 아티카 언어가 그랬듯이 이 고전적인 말도 야비함과 악의를 감추는 외투였지만, 그와 동시에 섬세함과 품격을 적절히 표현하는 수단이었다. 이상어는 특히 일찍부터 분열된 땅에서 살았던 이탈리아 각국 교양인들의 이상향이라는 민족적인 측면에서 큰 의미를 지녔다.[3] 더욱이 이 언어는 귀족을 위시한 어떤 특정 계층만의 언어가 아니었다. 가난하고 비천한 사람도 마음만 먹으면 그것을 배울 수 있는 시간과 여력을 충분히 가지고 있었다.

오늘날에도(어쩌면 전보다 더 자주) 외국인들은 평소에는 이해 못할 방언이 쓰이는 지역에서 비천한 사람들과 농민들까지 가끔 순화된 이탈리아말을 쓰는 것을 보고 놀라게 되며, 교양인조차 자기 고장 발음을 고수하는 프랑스와 독일에서는 과연 비슷한 사례를 하층민에게서 볼 수 있는지 생각하지만 그런 예는 찾기 어렵다. 물론 이탈리아에는, 교회국가와 같은 여러 상황에서 추측할 수 있는 것 이상으로 문자 해독능력이 널리 퍼져 있었다. 하지만 순수한 언어와 발음을 고귀하고 귀중한 자산으로 생각한 일반 대중의 확고한 신념이 없었다면 그것이 무슨 소용이었겠는가?

각 도시들은 차례로 순화된 이상어를 공식언어로 채택했다. 베네치아와 밀라노와 나폴리가 이 언어를 받아들인 때는 이탈리아 문학의 전성기였고 또 문학의 전성기였다는 것이 웬만큼은 그것을 받아들이게 한 이유였다. 피에몬테는 중요한 민족자산인 순화된 언어를 채택한 19세기에 와서야 비로소 자유의지로 참다운 이탈리아 땅이 되었다.[4] 한편 문학에서는 이미 16세기 초부터 방언을 사용하여 희극적인 소재뿐

---

3) 단테도 이미 그렇게 느끼고 있었다. *De vulgari eloquentia*, I, c. 17, 18.

아니라 진지한 내용까지 자유롭고 의식적으로 다룰 수 있었으며,[5] 여기에서 생겨난 문체는 어떤 과제라도 충분히 소화할 수 있었다. 다른 나라들에서는 훨씬 후일에 와서야 방언문학을 별도의 문학으로 구분하였다.

언어가 고급 사교의 매체로서 가지는 중요성을 이탈리아의 교양인들이 어떻게 생각했는지는 발다사레 카스틸리오네의 『궁신』[6]이 아주 완벽하게 그려내고 있다. 16세기 초에는 그저 오래됐다는 이유만으로 단테를 비롯한 토스카나 작가들이 쓴 고풍스러운 표현을 의도적으로 고집한 사람들이 있었다. 그러나 카스틸리오네는 이런 표현의 사용을 대화에서는 무조건 금했고, 대화의 한 형태라는 이유로 문장에서도 그것을 인정하려 하지 않았다. 또한 아름다운 문장어에 가장 근접한 언어가 최상의 대화체 언어라는 결론을 내렸다.

따라서 뭔가 의미있는 얘기를 하려는 사람은 자신의 언어를 스스로 만들어야 하며, 언어는 생명체와 같기 때문에 유동적이고 변화한다는 견해를 분명하게 피력했다. 대중이 현재 쓰고 있는 아름다운 표현이라면 비록 토스카나말이 아니더라도 자유롭게 사용할 수 있으며, 때로는 프랑스나 에스파냐 말이라도 그것이 특정 사물에 대한 표현으로 용인되어 관습화되었다면 사용해도 괜찮다고 했다.[7] 이렇게 생명력과 세심

---

4) 피에몬테에서는 이미 오래 전부터 토스카나어로 글을 쓰고 읽었지만, 사람들은 별로 글을 읽거나 쓰지 않았다.

5) 사람들은 일상생활에서 어떤 때 방언을 쓰고 어떤 때 쓰면 안 되는지를 잘 알고 있었다. 조반니 폰타노는 나폴리 왕세자에게 방언을 사용하지 말라고 적극 경계시켰다(Jov. Pontan., *De principe*). 잘 알려져 있듯이 부르봉 가의 마지막 군주들은 이 문제를 그다지 깊이 생각하지 않았다. 로마에서 자기 고장의 방언을 고집한 어느 밀라노 추기경에게 쏟아진 조롱은 Bandello, Parte II, *Nov.* 31 참조.

6) Bald. Castiglione, *Il cortigiano*, L. I. cap.28 이하. 대화체 글이지만 저자 자신의 견해가 도처에서 빛을 발하고 있다.

7) 그러나 지나칠 정도로 사용하면 안 되었다. 풍자시 작가들은 에스파냐어를, 폴렝고는 (리메리노 피토코라는 가명으로 지은 『오를란디노』에서) 몇 마디 프랑스어를 단순히 조롱의 효과를 노리고 섞어넣었다. 밀라노의 어느 거리가 프랑스가 지

함을 갖추고 탄생하는 언어는 비록 순수한 고대풍의 토스카나어는 아닐지라도, 꽃과 과일이 만발한 아름다운 정원처럼 풍요로움으로 가득한 이탈리아어라고 말했다. 따라서 궁신이 이런 완벽한 의상을 입고 자신의 우아한 예법과 정신과 시재를 과시한다는 것은 본질적으로 그의 노련미를 이루는 한 요소라고 할 수 있다.

언어는 생동하는 사회에서 쓰이는 도구이기 때문에 의고전(擬古典) 학자와 언어순화론자들의 목표는 많은 노력에도 불구하고 관철될 수 없었다. 토스카나 지방만 해도 이들의 노력을 무시하고 비웃은 뛰어난 작가와 담화가들이 많았다. 특히 타지에서 온 유식한 사람이 토스카나 사람들에게 자기네 말도 알지 못한다고 얘기할 때[8]는 비웃음을 당했다. 마키아벨리와 같은 작가의 존재와 영향력도 이미 이런 굴레를 타파하고 있었다. 그의 강력한 사상과 간단 명료한 표현을 담아낸 언어는 14세기가 부르짖은 순수함을 제외하고는 모든 장점을 두루 갖춘 언어였기 때문이다.

한편 북이탈리아와 로마와 나폴리에도 문장과 대화에서 표현의 순수성을 지나치게 요구하지 않는 것을 반기는 사람은 수없이 많았다. 물론 그들은 자기 고장 방언의 언어형식과 표현을 완전히 거부했다. 그래서 반델로가, "내게는 문체가 없다. 나는 피렌체식이 아닌 마구잡이 방식으로 글을 쓴다. 언어에 새로운 치장을 하고 싶은 마음이 내게는 없다. 나는 리구리아 변경에서 온 롬바르디아 사람일 뿐이다"[9]라고 항변하는

배한 1500년부터 1512년까지, 그리고 1515년부터 1522년까지 뤼 벨(Rue belle) 이라고 불리고 현재도 루가벨라(Rugabella)로 불리는 것은 매우 특이한 현상이다. 하지만 오랫동안 에스파냐가 지배했어도 이것이 언어에는 별 흔적을 남기지 않았다. 기껏해야 몇 군데 건물과 거리에 에스파냐 부왕의 이름이 붙어 있을 뿐이다. 그뒤 18세기가 되면서 프랑스 문학의 사상과 더불어 여러 프랑스식 표현과 단어들이 이탈리아어에 침투하기 시작했다. 19세기에 유행한 언어순화론은 이 외래의 표현들을 다시 몰아내려고 노력했다.

8) Firenzuola, *Opere* I 가운데 여성미를 논한 서론과 II에 나오는 단편소설 앞에 써놓은 「논의」.

것을 들으면 외국인들은 그것을 거짓 겸양으로 여기기 쉬울 것이다.

그러나 사람들은 표현의 순수성을 지키라는 차원 높은 요구는 거부하는 대신, 보편어의 사용에 진력함으로써 엄격한 순화론자들의 주장에 맞섰다. 베네치아 태생이면서도 자신에게는 외국어나 다름없는 순수한 토스카나말로 평생 글을 쓴 피에트로 벰보라든가, 역시 같은 길을 걸어간 나폴리의 산나차로 같은 사람의 행동은 아무나 할 수 있는 것이 아니었다.

중요한 것은, 말에서든 글에서든 언어를 소중히 여겨야 한다는 당위론이었다. 따라서 언어순화 회의[10]를 개최하는 따위의 순화론자들의 광신도 이때에는 별 문제가 되지 않았다. 오히려 그런 행동은 나중에 가서, 그렇지 않아도 이탈리아 문학의 독창성이 약화되고 다른 여러 악영향을 받게 된 훗날에 가서 해악으로 작용했으며, 결국에는 크루스카 학술원마저 이탈리아어를 사어(死語)로 취급하는 지경에 이르렀다. 이 학술원은 18세기에 이탈리아어가 정신적으로 프랑스화하는 사태도 막지 못할 만큼 무력했다.

대중의 사랑과 보호를 받고 갖은 방식으로 유연성을 획득한 언어, 이 언어가 바로 사교의 토대가 된 담화언어였다. 북유럽의 귀족과 군주들은 혼자서 여가를 보내거나 아니면 전쟁이나 사냥이나 주연이나 예식으로 소일하고, 시민들은 각종 놀이나 운동, 잘해야 작시(作詩)나 축제로 보내던 때에, 이탈리아에는 이런 것 외에도 어느 계층 사람이든지 재능과 교양만 있으면 서로 대화를 나누고 진지함과 농담을 세련된 언

---

9) Bandello, Parte I, Proemio, *Nov.* 1, 2. ─또다른 롬바르디아 사람, 즉 방금 언급한 테오필로 폴렝고는 『오를란디노』에서 이 문제를 유쾌한 조롱으로 해결하고 있다.

10) 그 중 어느 언어순화 회의는 1531년 말 볼로냐에서 벰보의 사회로 열렸다. 그 전에 한 차례 회의를 개최하려던 시도가 좌절된 뒤였다. Firenzuola, *Opere*, Vol. II, Beilagen p.231 이하에 있는 Claud. Tolomei에게 보낸 편지 참조. 〔가이거의 주석: 그러나 이 회의는 언어순화론 회의였다기보다는 토스카나인과 롬바르디아인 사이의 케케묵은 논쟁이었다.〕

어로 교환할 수 있는 중립적인 사교의 장이 존재했다. 이때 향응은 부차적인 일이었으므로 미련하고 식탐이 있는 사람을 멀리하는 것은 어렵지 않았다.

루이지 코르나로는 1550년경 『절제 있는 생활』의 서두에서 이르기를, 이탈리아에서는 얼마 전부터 에스파냐식 예식과 인사치레, 루터교와 식도락이 만연하는 것과 동시에, 자유롭고 부담 없는 사교와 절제는 사라졌다고 탄식했다. 대화 작가들의 말을 그대로 믿어본다면, 빼어난 교양인들 사이에서는 고차원의 인생 문제도 대화의 소재가 되었던 것 같다. 또한 숭고한 사상의 창조도 흔히 북유럽에서 그렇듯이 한 사람만의 고독한 창조가 아니라, 여러 사람이 만들어낸 공동의 산물이었다. 그러나 여기서는 유희에 치중한 사교, 사교 자체가 목적이었던 모임만 들여다보겠다.

4 고급 사교

사교는 적어도 16세기 초에는 묵시적인 관례나 공인되고 규정된 합의에 바탕을 둔, 규약의 측면에서 볼 때는 고급스러운 사교였다. 여기서 관례와 합의는 모임의 목적과 품위에 따라 정해졌기 때문에 명색뿐인 예법과는 상반되었다. 사교가 영속적인 단체의 특성을 지녔던 서민층에서는 정식 입회절차와 정관이 있었다. 피렌체 예술가들의 광신적인 모임이 바로 그랬는데, 바사리에 따르면[1] 이런 모임들 덕분에 중요한 희극들이 공연될 수 있었다고 한다.

반면에 일시적이고 부담 없는 사교에서는 참석자 중에서 가장 유명한 여성이 제안하는 내용을 기꺼이 모임의 규율로 받아들였다. 사람들은 모두 보카치오의 『데카메론』의 도입부를 알고 있었고, 팜피네아가 모임의 좌장 역할을 하는 것을 유쾌한 허구로 생각한 것이다. 물론 이것이 『데카메론』에서는 분명히 허구이지만, 그 허구는 일상에 흔히 있는 사례에 바탕을 둔 것이었다.

---

1) Vasari, B. VI, 610 이하, *Vita di Rustici*. 독설을 즐긴 영락한 예술가집단에 대해서는 VI, 451, *Vita d'Aristotile*에 나와 있다. ─마키아벨리가 오락 위주의 모임을 위해 지은 해학시(*Opere minori*, p.407)는 말세의 문체로 모임의 정관을 해학적으로 희화화한 글이다. ─Benvenuto Cellini, I, cap.30가 로마 예술가들의 저녁모임을 묘사한 유명한 글은 타의 추종을 불허한다.

이때부터 약 200년 뒤 자신의 소설집에서 비슷한 도입부를 연 피렌추올라는 현실에 좀더 가까이 접근하고 있다. 그는 모임의 좌장인 한 여성으로 하여금 이제 막 시작될 공동 전원생활의 일정에 대해 정식으로 개회 연설을 하게 한다. 먼저 아침에는 언덕을 산책하며 철학을 논하는 시간을 가진 뒤 류트 연주와 노래가 곁들여진 식사를 하고,[2] 다음에는 전날 밤 주어졌던 주제를 가지고 새로 창작한 칸초네를 시원한 방에서 낭독하며, 저녁에는 샘가로 산책을 가서 자리잡고 앉아 각자 짧은 소설 하나씩을 얘기하고, 마지막으로 저녁을 먹으며 유쾌한 담소를 나누는데, "여성들이 듣기에 민망하지 않아야 하고, 남성들의 경우는 술기운을 빌려서 얘기한다는 느낌이 들지 않아야 한다."

반델로는 그의 소설의 서문과 헌사에 이 같은 개회사는 적어넣지 않았다. 그가 소설을 낭독해서 들려준 모임들이 이미 존재하고 있던 사교 단체들이었기 때문이다. 하지만 그는 이런 모임들이 얼마나 풍부하고 다양하며 품위 있는 조건들을 갖추고 있었는지 다른 방식을 통해 추측하게 한다. 독자들 중에는, 이토록 부도덕한 이야기를 경청할 정도의 모임이라면 그런 것은 있으나마나 한 모임이라고 여기는 사람이 있을지 모르겠다. 그러나 이렇게 생각하기보다는, 그런 부도덕한 이야기를 들으면서도 외적인 형식이나 상궤에서 벗어나지 않고 다시 진지한 토론과 조언이 가능해지는 모임이라면 그 기초가 얼마나 튼튼해야 하는가를 뜻한다고 봐야 할 것이다.

당시에는 고급 사교에 대한 욕구가 무엇보다 강했다. 그러나 고급스러운 사교라고 해서 카스틸리오네가 우르비노의 귀도발도의 궁을 소재로 해서, 또는 피에트로 벰보가 아솔로 성을 모델로 삼아서 인간의 지고한 감정과 삶의 목표를 성찰하는 모임으로 그려낸 이상적인 사교를 척도로 삼을 필요는 없다. 반델로가 묘사한, 외설까지 기꺼이 용납했던

---

2) 오전 10시부터 11시까지 진행된 것으로 보아야 할 듯하다. Cf. Bandello, Parte II, *Nov.* 10.

그 사교모임이 바로 편안하고 품위 있는 예법, 상류사회의 친절, 진정한 자유사상과 지성 그리고 모임에 활기를 불어넣은 우아한 아마추어 문학정신을 대표적으로 증거하는 최상의 기준인 것이다.

이 같은 사교의 진가를 암시하는 중요한 단서 하나는, 모임의 중심인물이던 여성들이 그 모임 덕택에 유명해지고 존경을 받았을 뿐, 명예가 실추되는 일은 결코 없었다는 것이다. 반델로를 후원한 여성의 한 명으로서 에스테 가문에서 시집 온 이사벨라 곤차가(107쪽)가 험구에 시달린 것은 궁정에 있던 방종한 여성들 때문이었지[3] 결코 그녀 자신의 행실에서 비롯되지는 않았다. 줄리아 곤차가 콜론나, 벤티볼리오와 결혼한 이폴리타 스포르차, 비앙카 랑고나, 체칠리아 갈레라나, 카밀라 스카람파 등의 여성들도 전혀 비난받을 행동은 하지 않았고, 그녀들의 사회적 명성 때문에 평소의 행동들도 문제시되지 않았다. 특히 이탈리아에서 가장 유명했던 비토리아 콜론나는 성녀와 같은 존재였다.

도시와 별장과 휴양지에서 열린 이런 자유로운 모임에서 어떤 일들이 벌어졌는지 그려내어 이 모임이 유럽 다른 나라의 사교보다 우월했음을 밝혀내기란 쉽지 않다. 오히려 반델로의 글을 읽고[4] 그 비슷한 사례를 가령 프랑스에서 볼 수 있는지, 게다가 반델로 같은 사람이 이런 사교를 이탈리아에서 프랑스로 전파하기 전에 가능했는지를 자문하는 편이 더 나을 것이다.

그 시기에는 물론 이런 살롱의 도움 없이도, 또 살롱을 고려하지 않고도 정신적인 분야에서 위대한 업적이 나올 수 있었다. 그러나 살롱이 예술과 문학 운동에 미친 영향력을 과소평가한다면, 그것은 이 살롱이 다른 나라에서는 볼 수 없던 예술작품에 대한 동등한 평가와 관심을 창출하는 데 일조했다는 것만으로도 부당한 일이다. 이와는 별도로, 이런 살롱 사교들은 이탈리아에서만 볼 수 있는 독특한 문화와 생활방식에

---

3) Prato, *Arch. stor.* III, p.309에서는 이 여성들을 "베누스의 수많은 사절들"이라고 부르고 있다. 〔가이거의 주석: 지금은 Luzio-Renier, 100/101 참조.〕

4) 중요한 대목은 Parte I, *Nov.* 1, 3, 21, 30, 44; II, 10, 34, 55; III, 17.

서 꽃핀 필연적인 현상이었으며, 그뒤 유럽 전역으로 퍼져갔다.

피렌체에서는 사교생활이 문학과 정치에 크게 좌우되었다. 로렌초 마니피코는 흔히 생각하듯이 군주의 지위가 아니라 그의 비상한 품성으로 주변을 완전히 장악한 인물이다. 그는 주위에 있는 각양각색의 사람들이 자유롭게 행동할 수 있도록 배려해주었다.[5] 일례로 그가 자기 집안의 위대한 가정교사인 폴리치아노를 얼마나 아꼈는지 우리는 알고 있으며, 학자이자 시인인 폴리치아노의 당당한 태도는 군주 지위의 발판을 다져가던 메디치 가문이 정해놓은 규정이나 예민한 부인을 고려하여 만든 불가피한 규정에 가까스로 적응했다는 것도 알고 있다. 그 대신 폴리치아노는 메디치 가의 명성을 알리는 전령이자 살아 있는 상징이었다.

로렌초는 메디치 가문 사람답게 그의 모임에서 얻는 즐거움을 스스로 찬미하고 거창하게 묘사하는 데서 기쁨을 느꼈다. 그는 뛰어난 즉흥작인 「매사냥」에서 동료들을 익살스럽게 그려냈고, 「술자리」에서는 그들을 어릿광대처럼 묘사했지만, 그래도 그의 모임이 진지한 사교였다는 것을 분명히 느끼게 해준다. 「술자리」라는 제목은 정확하지 않으며, 「포도를 따고 돌아오는 사람들」이라고 해야 맞을 듯하다.

로렌초는 단테의 「지옥편」을 패러디하는 아주 재미난 방식으로, 얼큰하게 술에 취해 밭에서 돌아오는 선량한 친구들을 파엔차 거리에서 차례로 만나는 광경을 그려냈다. 가장 익살스러운 장면은 8장에 나오는 피오바노 아를로토의 모습이다. 갈증을 달래러 나간 그는 말린 고기와 청어와 치즈와 작은 소시지와 정어리 네 마리를 모두 몸에 땀이 나도록 걸치고 있었다.

로렌초가 친구들과 어떻게 교류했는지는 그의 학문적 · 철학적 대화와 서신이 풍부하게 전해준다. 훗날 피렌체에서 생긴 사교모임 중에는

---

5) Cf. Lor. Magnif. de'Medici, *Poesie* I, 204(「술자리」); 291(「매사냥」). — Roscoe, *Vita di Lorenzo*, III, p.140, 부록 17~19.

정치를 논하는 클럽도 있었는데 여기에서는 시와 철학도 함께 다루었다. 그 한 예가 로렌초가 죽은 뒤 루첼라이 가문의 정원에서 열린 이른바 플라톤 학술원이었다.[6]

군주 궁에서 열린 사교는 당연히 군주의 인품에 따라 방향이 정해졌다. 그러나 궁정 사교는 16세기가 시작된 후 수도 별로 많지 않았고 남아 있는 것들도 별로 영향을 발휘하지 못했다. 로마 유일의 궁이었던 레오 10세의 교황청은 세계사에 다시 없을 아주 독특한 형태의 사교계였다.

---

6) 16세기 초, 이 모임의 중심인물인 코시모 루첼라이에 대해서는 Machiavelli, *Arte della guerra*, L. I. 참조.

5 완벽한 사교인

　카스틸리오네가 그려낸 궁신은 궁을 위해서뿐 아니라 무엇보다 스스로를 위해 자기 완성에 힘을 쏟았다. 원래 궁신은 르네상스 문화가 당대 최고의 필연적인 결실로 생각한 이상적인 사교인이었고, 궁신이 궁을 위해 존재했다기보다는 궁이 궁신을 위해 존재했다는 편이 맞을 것이다. 사실 곰곰 생각하면, 이 같은 인간은 그 어느 궁정에도 있을 필요가 없었다. 그 스스로 완벽한 군주의 재능과 품행을 갖추고 있었고, 외적인 면에서나 정신적인 면에서의 침착하고 꾸밈없는 노련미는 그가 이미 독립적인 존재임을 알게 하기 때문이다.

　카스틸리오네는 드러내고 있지 않지만, 궁신을 움직인 내적 원동력은 군주를 위한 봉사가 아니라 자신의 인격 완성이었다. 예를 하나 들면 분명해질 것 같다. 궁신[1]은 전시에 아무리 유익하고 또 위험과 희생이 뒤따르는 임무가 있어도, 그것이 가축을 약탈하는 따위의 볼품없고 품위 없는 행동이면 결코 하지 않았다. 그를 전쟁에 나가도록 만든 것은 의무감이 아니라 '명예심'이었다. 『궁신』의 제4권에서 요구하고 있듯이, 궁신이 군주에게 보여야 하는 윤리적인 자세는 매우 자유롭고 독립적인 것이었다.

---

1) *Il cortigiano*, L. II, cap.8. 이 책 제5부 446쪽, 460쪽 이하 참조.

제3권에 나와 있는 고결한 연애론에는 매우 섬세한 심리적 관찰들이 많이 담겨 있지만, 대개는 보편적인 인간 본성에 속하는 것들이다. 또 제4권 끝부분에서 관념적인 사랑을 서정적으로 찬미한 대목도 이 작품 고유의 주제와는 별 관련이 없다. 그러나 여기에서도, 벰보의 『아솔라니』처럼, 감정을 순화하고 분석하는 방식을 통해 차원 높은 문화수준을 드러내고 있다. 물론 카스틸리오네나 벰보가 하는 이야기들을 글자 그대로 받아들여서는 안 된다. 하지만 분명한 것은, 이런 종류의 논의들이 상류사회에 등장했다는 것이고, 이 논의 속에 담긴 것도 단순한 허례가 아니라 참된 열정이었다는 점이다. 여기에 대해서는 나중에 다시 얘기하도록 하자.

궁신이 지녀야 할 외면적인 소양 중에서 가장 먼저 요구된 것은 이른바 완벽한 기사도적 훈련이었다. 뿐만 아니라 법도가 서 있고 개개인의 경쟁을 토대로 굴곡 없이 존속해온 궁정에서만 가능한 소양도 여럿 요구되었는데, 사실 이런 궁정은 당시 이탈리아를 제외하고는 어느 곳에도 없었다.

궁신에게 요구된 소양 가운데는 인격의 완성이라고 해서 일반적이고 거의 추상적인 개념에 근거한 것들도 많았다. 궁신은 도약과 달리기와 수영과 씨름을 비롯한 갖가지 품위 있는 운동에 능해야 했다. 특히 춤 솜씨가 좋아야 하고, 당연한 일이지만 말도 기품 있게 탈 줄 알아야 했다. 뿐만 아니라 수개 국어를 구사해야 하고, 최소한 이탈리아어와 라틴어에 능해야 하며, 문학에 정통해야 하고, 조형미술에도 일가견이 있어야 했다. 음악에서는 대가에 버금가는 일정한 연주실력까지 갖춰야 했지만, 그 능력을 될 수 있는 한 숨기고 있어야 했다. 물론 무술을 빼고는 이런 일들이 목숨 걸고 해야 하는 것은 아니었다. 하지만 이 여러 재능이 서로 조화를 이루면서 그 중 어느 하나에도 치우치지 않을 때 바로 완벽한 인간이 태어나는 것이다.

확실히 16세기의 이탈리아인들은, 이론에서든 실제에서든, 모든 유럽인들에게 품위 있는 신체 단련술과 고급 사교의 예법을 가르쳐준 스승이었다. 승마와 검술과 춤에서 그들은 삽화가 들어간 교본과 강습을 통해 선도적인 위치를 차지했다. 체조는 비토리노 다 펠트레(286쪽)가 처음으로 군사훈련이나 단순한 유희에서 분리시켜 가르친 뒤 고등교육의 필수과목으로 자리잡았다.[2]

여기에서 중요한 것은 체조가 기예 차원에서 전수되었다는 점이다. 거기에 어떤 연습 내용이 있었는지, 혹 오늘날 유행하는 것들이 당시에도 있었는지는 물론 알 길이 없다. 그러나 힘과 민첩성뿐 아니라 우아함까지 체조의 목표로 삼았다는 것은 평소 잘 알려진 이 민족의 사고방식에서만 드러나는 것이 아니라 또다른 기록에도 나와 있다. 대 페데리고 다 몬테펠트로(108쪽 이하)가 자신이 맡은 젊은이들의 오후 체조수업을 어떻게 지도했는지 상기해보는 것으로도 충분할 것 같다.

이탈리아 민중이 즐긴 운동경기는 유럽 다른 나라에서 보편화되어 있던 것과 근본적으로 다르지 않았다. 해안도시에서는 당연히 조정 경기도 함께 열렸고, 베네치아의 보트 경기는 벌써 오래 전부터 유명했다.[3] 이탈리아의 전통 경기는 잘 알려져 있듯이 예나 지금이나 구기이며, 르

---

2) Coelius Calcagninus는 *Opera*, p.514에 있는 안토니오 콘스타빌리에 대한 추모 사에서, 1500년경의 어느 신분 높은 이탈리아 청년의 교육을 다음처럼 묘사한다. "우선 자유 학예와 신분에 걸맞은 학식을 쌓고, 젊은 시절에는 군사(軍事)를 위해 심신을 단련시키는 신체훈련을 한다. 이때는 체조 교사에 따라 씨름·달리기·수영·승마·사냥·새잡기에 힘을 쓰고, 기둥과 검술 선생을 향해 찌르거나 몸 피하기, 적을 단번에 찔러 넘어뜨리기, 창 휘두르기를 하며, 여름과 겨울을 똑같이 무장하고 지내고, 창을 들고 내달리고, 특히 진정한 공동의 군신 마르스의 형상을 닮으려고 노력한다." —Cardanus는 *De propria vita*, c. 7에서 자신의 체조연습 가운데 목마 뛰어넘기를 거명했다. —Cf. Rabelais, *Gargantua* I, 23, 24: 교육 일반에 관한 내용, 35: 체조 교사의 기예에 관한 내용.

3) Sansovino, *Venezia*, p.172 이하. 보트 경기는 쇠뇌(여러 개의 화살이 잇달아 나가게 만든 활—옮긴이)를 쏘던 해안으로 배를 타고 나가면서 생겨났다고 한다. 성 바오로 축일에 공개적으로 열린 성대한 보트 경기는 1315년부터 법제화되었다. —베네치아에서는 도로가 포장되고 평평한 목조 다리가 궁형의 돌다리로 바뀌기 전에도 승마가 크게 유행했다. 페트라르카는 『노년의 서한집』 II, 2의 783쪽에서 성 마르코 광장에서 열린 화려한 마상경기를 묘사한다. 1400년경 베네치아의 통령 스테노는 다른 이탈리아 군주들처럼 훌륭한 말들을 갖고 있었다. 그러나

네상스 시대에는 다른 나라보다 더욱 성대하고 열광적으로 즐겼던 듯하
다. 그러나 이 추측을 뒷받침할 증거를 모으기가 여의치 않다.

음악에 대해서도 한마디 하지 않을 수 없다.[4] 작곡은 1500년 무렵
까지도 주로 네덜란드 악파의 작곡가들이 장악하고 있었다. 이들은 비
상한 예술성과 독특함을 내뿜는 작품들로 경탄을 받았다. 물론 이탈리
아 음악도 존재했으며, 말할 것 없이 오늘날 우리의 음악적 감각에 더
맞는 것들이다. 이로부터 50년 뒤에는 그 위력으로 오늘날까지 모든 이
의 마음을 휘어잡는 팔레스트리나*가 등장했다. 그가 위대한 혁신가였
다는 것은 우리도 들어 알고 있지만, 근대 음악을 향해 결정적인 발걸
음을 내디딘 것이 팔레스트리나인지 아니면 다른 작곡가였는지는 문외
한이 그 실상을 알 수 있을 만큼 논의되어 있지 않다. 따라서 우리는 작

성 마르코 광장 부근에서의 승마는 이미 1291년부터 금지되어 있었다. ―훗날에 와
서 베네치아인은 승마에 서투른 사람들로 인식되었다. Cf. Ariosto, *Sat.* V, vs. 208.

4) 단테와 음악의 관계, 그리고 페트라르카와 보카치오의 시에 붙여진 선율에 대해
서는 Trucchi, *Poesie ital. inedite.* II, p.139 참조. ―14세기의 음악 이론가에
대해서는 Filippo Villani, *Vite,* p.46 및 Scardeonius, *De urbe Patav. antiqu.,*
in: Graev., *Thesaur.* VI, 3, Col. 297 참조. ―우르비노의 페데리고 궁에서의
음악에 대해서는 Vespasiano Fior., p.122에 자세히 나와 있다. ―에르콜레 1세
의 소년합창단은 *Diario Ferrarese,* in: Muratori, XXIV, Col. 358 참조. ―이탈
리아 이외의 나라에서는 명문가의 사람들이 직접 음악을 연주할 수 없었다. 카를
5세 치하의 네덜란드에서는 이와 관련해 심각한 논쟁이 일어났다. Cf. Hubert.
Leod., *De vita Frid. II. Palat.,* L. III. ―음악과 관련된 주목할 만한 기술은 의
외로 *Macaroneide, Phant.* XX에 광범위하게 나와 있다. 여기에는 어느 4부 합
창곡 하나가 희극적으로 묘사되어 있다. 또 이 글에 따르면, 프랑스와 에스파냐의
노래들도 불려졌으며, 이미 1520년경부터 음악을 적대시하는 사람들이 있었고,
레오 10세의 합창단과 그보다 훨씬 전의 작곡가인 조스캥 데 프레(Josquin des
Prés)가 최고로 인식되어 사람들의 열광을 받은 것으로 되어 있다. 데 프레의 주
요 작품들도 언급되어 있다. 이 글을 쓴 폴렝고는 리메르노 피토코라는 필명으로
간행한 『오를란디노』 III, 23 이하에서 매우 근대적인 음악열을 드러내고 있다.

* Giovanni Pierluigi da Palestrina. 1525~94. 이탈리아 가톨릭 교회음악의 선구
자이며, 15세기와 16세기 이탈리아 음악의 정점을 이루는 인물이다. 네덜란드 악
파의 장엄함과 이탈리아 음악의 화려함을 결합하여 「미사 파페 마르첼리」라는 곡
에서 팔레스트리나 양식을 확립하였다.

곡사는 놔두기로 하고 음악이 그때 사회에서 차지한 위치만 생각해보 겠다.

르네상스와 이탈리아 음악의 가장 두드러진 특징은 오케스트라의 전 문화, 새로운 악기, 곧 새로운 음색의 추구 그리고 이와 밀접하게 연관 된 거장의 출현, 다시 말해 특정 악기에서의 개성의 출현이었다.

완전한 화성을 내는 악기 중에서는 오르간뿐 아니라 그에 대응하는 현악기인 그라비쳄발로 또는 클라비쳄발로도 오래 전부터 보급되어 발 전해왔다. 이 가운데 14세기 초에 제작된 것 중 몇 개는 당대 최고의 화 가들이 거기에 장식해넣은 그림들 때문에 지금까지 전해져오고 있다. 그밖에는 바이올린이 최고의 자리를 차지하여 연주자에게 대단한 명성 을 안겨주었다.

이미 추기경 시절부터 성악가와 음악가들로 집안이 넘쳐난 교황 레 오 10세는 음악에도 정통하여 아마추어 연주자로서도 명성이 자자했 다. 그의 치하에서는 유대인이던 조반 마리아와 야코포 산세콘도가 유 명 음악가였다. 조반 마리아는 레오에게서 백작의 작위와 소도시 하나 를 받았고,[5] 야코포는 라파엘로의 「파르나소스」에 그려진 아폴론의 모 델이라고 믿어졌다.

16세기에는 각 분야에서 유명 거장들이 나오기 시작했다. 1580년경 로마초는 성악, 오르간, 류트, 칠현금, 비올라 다 감바, 하프, 치터, 호 른, 트럼펫에서 각기 유명 대가 세 명의 이름을 거명하면서, 그들의 초 상이 그들이 연주하는 악기에 그려지기를 희망했다.[6] 물론 다른 나라

---

5) Regesta Leonis No. 3315. 이 조반 마리아가 혹시 시아라 화랑의 바이올린 연주
　자였을까? *Orlandino*, Milano, 1854, III, 27에는 조반 마리아 다 코르네토라는
　인물을 찬양하는 대목이 있다. 〔Cf. Pastor, IV, 2. p.173, Fn. 7.〕
6) Lomazzo, *Trattato dell'arte della pittura*, p.347 이하. 칠현금 분야에서는 레오
　나르도 다 빈치와 페라라의 알폰소(공작?) 이름도 함께 거명되어 있다. 로마초는
　당대 유명인들의 이름을 총괄적으로 한데 모아놓았으며 그 중에는 유대인도 여러
　명 들어 있다. —16세기의 유명 음악가들을 전후(前後) 세대로 구분하여 모아놓
　은 가장 방대한 글은 라블레의 저작집 제4권 중 「새로운 서문」에 있다. 1390년에

에서도 거의 똑같은 악기들이 사용되었을 테지만, 이처럼 다방면에 걸친 비교와 판단은 당시 이탈리아 외에는 생각할 수 없었다.

악기의 종류가 이렇게 많았던 이유는 그것이 호기심에서 수집해볼 만한 가치가 있었기 때문이다. 음악의 도시 베네치아[7]에는 악기 수집관이 여러 군데 있었으며, 몇몇 거장이 들르면 당장 그 자리에서 연주회가 열렸다. (이 중 한 수집관에는 고대의 그림과 설명에 따라 제작된 악기도 많았으나, 그것을 연주할 수 있는 사람이 있었는지, 또 어떤 소리가 났는지는 전해지지 않는다.) 악기 중에는 외관이 화려하게 장식된 것도 있어서 모양에 따라 보기 좋게 분류할 수 있었다. 따라서 이런 것들은 다른 골동품이나 예술품을 모아놓은 곳에 특별전시품으로 등장하곤 했다.

연주자들은 거장을 제외하면 개별적인 음악 애호가들이거나 아니면 그들이 모여 '아카데미' 형식으로 결성한 오케스트라에서 활동했다.[8] 조형미술가 중에는 음악에도 조예가 깊어서 때로는 대가의 경지에까지 오른 사람도 꽤 많았다. 신분이 높은 사람들은 취주악기를 불지 않는 것이 좋다고 했는데, 그 옛날 알키비아데스와 팔라스 아테나가 두려워한 것과 같은 이유 때문이었다.[9]

상류층 사람들은 무반주의 독창이나 바이올린 반주의 독창을 좋아했고, 현악4중주[10]와 다양하다는 이유로 클라비쳄발로도 즐겼다. 하지만

사망한 피렌체의 맹인 거장 프란체스코는 일찍이 베네치아에서 그곳에 참석한 키프로스의 왕에게서 월계관을 받았다.

7) Sansovino, *Venezia*, p.138.

8) Vasari, XI, 133에 있는 『산미켈레전』에는 베로나의 '음악 동호인 아카데미'가 언급되어 있다. ―이미 1480년에 15명의 회원으로 구성된 '음악원'이 로렌초 마니피코를 중심으로 만들어졌으며 그 중에는 유명 오르간 연주가인 스콰르차루피코도 있었다. Cf. Delécluze, *Florence et ses vicissitudes* II, p.256. 레오 10세는 아버지 로렌초에게서 음악에 대한 열정을 물려받은 듯하며, 로렌초의 장남인 피에트로도 음악적인 취향이 있었다. 따라서 이들 음악 애호가들은 당연히 악보도 수집했다.

9) *Il Cortigiano*, p.56 그리고 p.43 이하 참조.

다성(多聲)의 합창은 좋아하지 않았다. "단성을 듣고 즐기는 것이 훨씬 편하고 판단 내리기도 쉽다"는 것이 그 이유였다. 다시 말해 성악은 전통적인 겸양의 미덕에도 불구하고(472쪽) 개개인의 재능을 과시할 수 있는 수단이었고, 따라서 각 사람의 노래를 따로 듣고 보는 편이 더 나았던 것이다.

또 여성 청중에게는 감미로운 느낌을 불러일으키는 것이 하나의 조건이었기 때문에, 아무리 실력이 뛰어나도 나이 많은 사람들의 연주와 노래는 단호히 거절했다. 연주자가 내는 음과 외모가 조화되어 만드는 인상을 중요하게 여긴 것이다. 작곡은 상류사회에서 독립적인 예술분야로 인정받은 적이 없지만, 노래말이 성악가 본인의 파란만장한 운명을 묘사하는 경우는 종종 있었다.[11]

상류층은 물론이고 중류층에까지 스며든 음악 애호정신은 그 어느 나라보다 이탈리아에서 널리 확산되었고 동시에 정식 예술에도 더 가까이 근접해 있었다. 사교활동을 조금이라도 묘사한 글들은 모두 성악과 현악을 힘주어 언급하고 있다. 그밖에 수많은 초상화에도 여러 명이 함께 음악을 연주하거나 류트를 팔에 안고 있는 모습이 그려져 있으며, 종교화에 묘사된 천사들의 합주 장면을 보아도 당시의 화가들이 얼마나 생동감 넘치는 연주 장면에 익숙해 있었는지를 보여준다. 파도바의 안토니오 로타(1549년 사망)라는 류트 연주자는 교습으로 돈을 벌고 류트 교본까지 냈다고 전해진다.[12]

오페라가 음악의 천재들을 불러모아 독점하기 전이던 이 시대의 음

---

10) '활을 사용하는 네 개의 비올라'. 당시 이탈리아 외에는 별로 흔하지 않던 높은 수준의 애호가적 교양이었다.

11) Bandello, Parte I, *Nov.* 26. 이폴리타 벤티볼리오의 집에서 불려진 안토니오 볼로냐의 노래가 그랬다. Cf. III, 26. 오늘날처럼 고지식한 시대에는 이것을 성스러운 감정을 모독하는 것이라고 말할 것이다. (Tacit., *Ann.* XIII, 15에 있는 브리탄니쿠스의 마지막 노래 참조.) —류트나 비올라에 맞춰 낭송한 것인지 아니면 정식으로 노래했는지는 문헌상으로 쉽게 분간되지 않는다.

12) Scardeonius, Ibid.

악활동은 어쩌면 지적이고 다양하며 무척 독특한 면모를 보였을 것 같다. 그러나 우리가 이 음악들을 새로이 접할 때 그 음의 세계에 얼마만큼 공감할 수 있을지는 별개의 문제이다.

6 여성의 지위

마지막으로, 르네상스의 고급 사교를 이해하려면 여성이 남성과 동등하게 대접받았다는 것을 아는 것이 중요하다. 우리는 이따금 대화 작가들의 글에서 보이는, 이른바 여성의 열등함을 주장한 억지스럽고 때로는 악의적인 연구들에 현혹되면 안 된다. 또 아내는 위험스러운 어린애와 같으므로 남편은 일정한 거리를 두고 아내를 다룰 줄 알아야 한다는 아리오스토의 세번째 풍자시[1] 같은 것에도 오도되면 안 된다. 그러나 그의 말에는 어느 정도 일리가 있는 것이 사실이다. 왜냐하면 교육을 받은 아내는 남편과 동등한 위치에 있었기 때문에, 우리가 결혼생활에서 정신과 영혼의 공동체 또는 남녀의 보완관계라고 부르는 것이 훗날 북유럽의 미풍양속에서처럼 꽃피지 못했기 때문이다.

우선 상류층 여성들의 교양수준은 근본적으로 남성들과 대등했다. 르네상스기의 이탈리아인들은 아들과 딸에게 똑같이 문학과 고전학 수업을 받게 하는 것을 조금도 이상하게 생각하지 않았다(294쪽). 그들은 고전 문화를 인생 최고의 자산으로 보았기 때문에 그것을 기꺼이 딸에게도 허락했다.[2] 우리는 앞에서 군주의 딸들이 라틴어 연설과 문장

---

1) 안니발레 말레구초에게 부치는 시. 일반적으로 다섯번째 또는 여섯번째 풍자시로 기록되어 있다.

에서 얼마나 높은 수준에 도달했는지를 보았다(305쪽의 주 5).

그밖의 여성들도 대화의 대부분을 차지하는 고대 지식을 따라잡으려면 최소한 남자들이 읽는 책을 같이 읽어야 했다. 나아가 그녀들은 칸초네와 소네트와 즉흥시를 창작하여 이탈리아 시에도 활발하게 관여했다. 이 분야에서는 15세기 말 카산드라 페델레라는 베네치아 여성이 나온 후로 많은 여성이 이름을 날렸고,[3] 비토리아 콜론나는 불후의 명성을 얻었다고 해도 좋을 것이다.

앞에서의 내 주장을 뒷받침하는 것이 있다면, 그것은 바로 철저히 남성적인 시풍으로 창작된 이 여성들의 시일 것이다. 이들이 단호하고 정확한 시어로 쓴 사랑의 소네트와 종교시들은 종래 여성문학에 따라다니던 부드럽고 희미한 열정이나 아마추어리즘과는 아주 거리가 멀기 때문에, 그녀들의 이름이나 그밖의 외부 정황만 아니라면 영락없이 남성의 작품으로 오인될 정도이다.

상류층 여성들의 개성 역시 교양수준의 상승과 더불어 남성들과 똑같이 발전해갔다. 반면 다른 나라 여성들은, 군주의 부인들까지도, 종교개혁이 일어나기까지는 별로 두드러진 개성을 보여주지 못했다. 바이에른의 이자보, 앙주의 마르그리트, 카스티야의 이사벨라 같은 예외적인 인물들은 그야말로 예외적인 상황에서, 아니 불가피한 상황에서 나온 여성들이었다. 그러나 이탈리아에서는 15세기 내내 군주의 부인들, 특히 용병대장의 부인들이 거의 모두 독특하고 두드러진 용모를 과시하면서 이름이 알려지고 명예까지 얻었다(202쪽의 주 3).

이어서 각 분야를 대표하는 유명 여성들이 서서히 등장했고(221쪽의 주 32), 그 중에는 자질과 미모와 교육과 품행과 경건함이 완벽하게 조화된 여성들도 있었다.[4] '여성해방'은 지극히 당연한 일이었으므로 그

---

2) 〔가이거의 주석: 그러나 딸은 아들과는 근본적으로 다른 종류의 교육을 받아야 한다고 주장하거나 여성에게 너무 유식한 일에 몰두하지 말라고 충고한 목소리도 없지 않았다.〕

3) 반면 조형미술에서 활동한 여성의 수는 몹시 적었다.

것을 특별히 의식해서 부르짖은 적은 한 번도 없었다. 신분 있는 여성들은 남자들처럼 모든 면에서 완벽하고 독자적인 개성을 위해 노력해야 했고, 남자들을 완성시켰던 지성과 감정의 도야는 여성에게도 똑같이 작용해야 했다.

그렇다고 해서 여성들이 적극적인 문학활동을 하도록 요구받은 것은 아니었고, 혹 여성이 시인일 경우에도 영혼의 강렬한 울림 같은 것을 기대했을 뿐, 일기나 소설의 형식으로 내밀한 이야기를 하는 것은 바라지 않았다. 이 문학 여성들은 일반 독자를 염두에 두고 글을 쓰지 않았다. 오히려 유력 남성들에게 영향력을 행사하여[5] 그들의 전횡을 막는 것이 무엇보다 중요한 일이었다.

당시에 위대한 이탈리아 여성이 받을 수 있는 최고의 찬사는 남성적인 정신, 남성적인 기질의 소유자라는 말이었다. 보이아르도와 아리오스토의 영웅시에 나오는 대부분의 여성들이 철저히 남성적인 태도를 취한 것만 보아도 이것이 당대의 이상이었음을 알 수 있다. 오늘날에는 이중적인 의미를 가진 '여장부'라는 호칭이 그 시기에는 순수한 찬사였다.

이 찬사를 당당하게 누린 사람이 카테리나 스포르차로, 지롤라모 리아리오의 아내이며 훗날에는 미망인이 된 여성이었다. 남편이 남긴 포를리 시를 처음에는 그의 살해자들을 상대로, 나중에는 체사레 보르자에게 맞서서 전력을 다해 지켜낸 그녀는 결국 패하기는 했지만 국민들

---

4) Vespasiano Fiorentino, in: Mai, *Spicil.* XI, 593 이하에 있는 알레산드라 데 바르디의 전기도 이런 의미로 이해해야 한다. 덧붙여 말하면, 저자는 대단한 '과거의 찬미자'였다. 또한 그가 좋았던 옛날이라고 부른 때부터 거의 100년 전에 이미 보카치오가 『데카메론』을 썼다는 사실도 우리는 잊으면 안 된다.

5) Ant. Galateo, *Epist.* 3. 훗날 폴란드의 지기스문트의 아내가 된 젊은 보나 스포르차에게 보낸 편지. "당신은 남자들에게 명령하도록 태어났으므로 그들에 대해 뭔가 지식을 갖도록 하십시오. 따라서 현명한 남자들의 마음에 들도록 하고, 사려 깊고 신중한 남자들이 당신을 칭찬하도록 하고, 비천하고 방탕한 여자들의 욕망과 견해는 경멸하는 것이 좋습니다." 그밖에 주목할 만한 편지는 Mai, *Spicileg. rom.* VIII, p.532에 있다.

에게서 경탄과 함께 '이탈리아의 프리마 돈나'[6]라는 존칭까지 얻었다. 비록 카테리나처럼 여걸로 활약할 기회는 없었어도 이런 영웅적 기질을 타고난 여성들은 르네상스기에 많이 있었다. 이사벨라 곤차가(107쪽)는 이런 특성을 아주 뚜렷이 보여주는 여성이다.

이런 부류의 여성들은 사교모임에서 반델로의 소설 같은 것을 즐겨 들었지만, 그것 때문에 모임의 이름이 더럽혀지지는 않았다.[7] 이들의 사교를 지배한 분위기는 오늘날 말하는 여성스러움, 다시 말해 기존의 가치관이나 예감이나 신비감 같은 것에 대한 존중이 아니라, 역동성과 아름다움의 추구, 위험과 모험이 가득한 현재 삶에 대한 인식이었다. 때문에 현시대에는 파렴치함으로 보이는 것들[8]이 그 시기에는 품위 있는 사교예절과 공존할 수 있었다. 반면 오늘날에는 이런 파렴치함에 맞서서 균형을 잡아줄 수 있는 당시 이탈리아 여성들의 강력한 개성 같은 것을 더 이상 기대하기 어렵다.

여러 논문과 대화들을 한데 모아 읽어보면, 여성들의 지위와 능력과 사랑에 대해서는 매우 광범위하게 논의되어 있지만, 앞에서 얘기한 내용을 언급하는 결정적인 대목은 볼 수 없다.

젊은 여성들은 대체로 사교모임에 참석하지 않았던 것 같다.[9] 그들

---

6) *Chron. venetum*, in: Muratori, XXIV, Col. 121에 그렇게 적혀 있으며, 같은 책 128에는 "여장부"라고 나와 있다. Cf. Infessura, in: Eccard, *Scriptores* II, Col. 1981, *Arch. stor.* Append. II, p.250.

7) [가이거의 주석: 그러나 반델로는 Parte I, *Nov.* 30에서 이렇게 말한다. "여성들의 모임이 쇠해진 뒤부터 우리는 그들이 있을 때보다 더 자유롭게 이야기할 수 있다."]

8) 때로는 정말 파렴치한 것도 있었다. ─이런 소설이 낭독될 때 여성들이 어떤 태도를 취해야 하는지는 『궁신』의 제3권 17장이 가르쳐준다. 그리고 이런 대화에 참석한 여성들이 자기들의 처신방식을 알고 있어야 했다는 것은 『궁신』의 제2권 69장이 보여준다. ─궁신에 대응하는 인물인 궁녀에 대한 이야기, 즉 궁녀는 경박한 모임에 나가거나 부적절한 대화를 해서는 안 된다는 이야기는 별로 중요하지 않다. 왜냐하면 궁신이 군주의 신하인 것 이상으로 궁녀는 군주 부인의 시녀였기 때문이다. ─Bandello, I, *Nov.* 44에서 비앙카 데스테는 자신의 선조인 페라라의 니콜로와 파리시나가 나눈 오싹한 연애 이야기를 들려준다.

은 수도원에서 교육받은 경우가 아니더라도 이런 모임에 가까이 갈 수 없었다. 젊은 여성들이 없어서 대화가 더 자유롭게 진행되었는지, 아니면 반대로 대화의 자유분방함이 이 여성들의 참여를 봉쇄했는지는 말하기 어렵다.

매춘부와의 교제도 마치 고대 아테네인들과 기녀들의 관계가 부활한 것처럼 성행했다. 임페리아라는 로마의 유명 매춘부는 지성과 교양을 갖춘 여성이었는데, 도메니코 캄파나라는 사람에게서 소네트를 배웠고 음악도 할 줄 알았다.[10] 에스파냐 출신의 미인 이사벨라 데 루나는 재미난 여성으로도 알려져 있었지만, 고운 마음씨와 무시무시한 독설이 기묘하게 조화된 여성이었다.[11] 반델로는 밀라노에서 악기 연주와 노래와 시 낭송 솜씨가 훌륭한 카테리나 디 산 첼소[12]라는 위엄 있는 여성과 사귀었다.

이런 여성들을 방문하고 때로는 함께 살았던 재능 많은 유명인들은 그녀들에게 높은 수준의 지성을 요구했고 유명 매춘부들에게는 최대한의 배려를 베풀었다. 또한 관계가 끝난 뒤에도 과거의 열정이 남긴 깊은 인상 때문에 그 여성들이 보여준 선의를 간직하려고 노력했다.[13] 그러나 정신적인 면에서 볼 때 이런 교제는 공식적으로 허락된 사교에 비해 별로 언급할 가치가 없으며, 시와 문학에 남아 있는 흔적도 대개는 추문에 가까운 것들이다. 매독이 나타나기 전인 1490년, 로마에서 이 계층

---

9) 영국과 네덜란드를 여행한 이탈리아인이 그곳에서 젊은 여성들과 자유롭게 교제가 이루어지는 것을 보고 얼마나 감탄했는지는 Bandello, II, *Nov.* 42와 IV, *Nov.* 27이 보여준다.

10) Paul. Jov., *De rom. piscibus*, cap.5. —Bandello, Parte III, *Nov.* 42. —아레티노는 *Ragionamento del Zoppino*, p.327에서 한 매춘여성에 대해 이렇게 말한다. "그녀는 페트라르카와 보카치오의 작품 전부를 외우고 있으며, 베르길리우스와 오비디우스와 호라티우스와 그밖의 여러 작가가 쓴 아름다운 라틴 시도 수없이 많이 알고 있다."

11) Bandello, II, 51. IV, 16.

12) Bandello, IV, 8.

13) 이 가운데 아주 독특한 사례가 Giraldi, *Hecatommithi* IV, *Nov.* 7에 있다.

에 속한 여성들의 수가 6800명에 달했지만,[14] 그 중 높은 지성과 재능으로 두각을 나타낸 여성이 한 명도 없었다는 것은 당연히 놀랄 일이다. 위에서 거명한 여성들은 그 다음 시대에 등장한 사람들이었다.

매춘부들의 생활방식과 도덕과 철학, 특히 급속도로 자리바꿈하는 향락과 탐욕과 뜨거운 열정 그리고 몇몇 여성이 만년에 드러낸 위선과 악덕을 가장 빼어나게 묘사한 사람은 지랄디로, 그의 『백 가지 이야기』의 서문에 있는 단편소설들 속에 나와 있다. 반면에 피에트로 아레티노가 『대화』라는 글에서 그려낸 것은 이 불운한 여성들보다는 자기 내면의 모습이었다.

앞에서 군주국을 논할 때 얘기한 바 있듯이(116쪽 이하), 군주의 애인들은 시인과 예술가들이 애용하는 소재였기 때문에 그녀들의 개인적인 일들은 당대와 후세에 널리 알려져 있었다. 반면 영국 왕 에드워드 3세의 애인인 앨리스 페리스(1400년 사망), 팔츠의 프리드리히 1세의 연인인 클라라 데틴은 겨우 이름만 전해오고 있으며, 프랑스 왕 샤를 7세의 애인인 아그네스 소렐의 경우도 사실보다는 허구에 가까운 연애담이 남아 있을 뿐이다. 그러나 프랑수아 1세나 앙리 2세와 같은 르네상스기 프랑스 국왕의 애인들은 이와는 전혀 사정이 달랐다.

---

14) Infessura, ed. Tommasini, p.260. 이는 매춘부들의 수이며 소실의 수는 포함되지 않았다. 당시 로마 인구로 추정되는 수와 비교할 때 이것은 엄청난 수인데, 어쩌면 표기의 오류일지도 모른다.

7 가정

사교 다음으로는 르네상스기의 가정생활을 들여다볼 필요가 있다. 우리는 그 무렵 이탈리아인들의 방탕함 때문에 그들의 가정생활을 절망적으로 보는 경향이 있다. 그러나 이 문제는 다음 단원에서 자세히 다루겠다. 여기에서는 부부간의 부정이 일정한 한계만 넘지 않으면 북유럽에서처럼 그렇게 파괴적인 영향을 가정에 미치지 않았다는 것만 지적해두겠다.

중세 유럽의 가정생활은 민중의 지배적인 윤리에서 태어난 산물이었다. 달리 말하면, 민족 발전의 원동력을 바탕으로, 그리고 신분과 재산에 따른 생활방식의 영향으로 생겨난 고도의 자연의 산물이었다. 기사제도의 전성기에 기사들은 가정에 관여하지 않았다. 그들은 궁정과 전쟁터를 돌아다니는 편력생활을 했고, 그가 바친 충성의 대상은 아내가 아닌 다른 여성이었으며, 고향의 성에서 무슨 일이 일어나도 상관하지 않았다

그러나 르네상스기는 가정까지도 처음으로 질서의 산물로, 즉 의식적으로 인공물로 구축하기 시작했다. 경제의 발달(143쪽 이하)과 합리적인 가옥구조도 이런 변화에 일조했지만, 가장 중요한 요인은 교육과 살림과 하인들을 비롯한 가정의 제반 문제를 깊이 성찰하게 된 것이었다.

이 문제를 다룬 가장 귀중한 사료는 레온 바티스타 알베르티가 쓴

『가정론』이라는 대화이다.[1] 아버지가 장성한 자식들에게 그의 제가법(齊家法)을 전수하는 내용인데, 합리적인 절약과 절제 있는 생활을 영위함으로써 자손 대대로 행복과 번영을 약속해주는 어느 거부의 가정을 들여다보게 한다.

식탁에 오르는 음식물의 공급처이자 가정경제의 토대인 상당량의 소유지는 견직업이건 모직업이건 간에 하나의 산업과 연관되어 있었다. 사는 집은 튼실하고 먹는 음식은 실속이 있었다. 집안의 설비와 시설물은 모두 크고 견고하고 값비싼 것들이었지만, 그 안에서 영위되는 일상은 되도록 간소해야 했다. 막대한 체면치레 비용부터 어린 아들의 용돈에 이르기까지, 가외로 들어가는 경비는 관례가 아닌 합리에 따라 지출되었다.

가장 중요한 것은 교육이었다. 때문에 가장은 자식들뿐 아니라 집안 식솔 전원에게 교육을 받게 했다. 먼저 그는 자신의 아내를 세심한 보호 아래 수줍게 성장한 소녀에서 하인을 다스리는 빈틈없는 주부로 만들어냈다. 아들을 교육시킬 때는 쓸데없는 엄격함을 피하고[2] 세심한 감독과 충고로, '힘보다는 권위로' 임했다. 피고용인과 하인을 뽑고 대우할 때도 그들이 기꺼이 주인에게 충성할 수 있는 원칙에 따랐다.

또 하나, 반드시 이 책만 언급하고 있는 것은 아니지만 힘주어 다루고 있는 사실을 강조하지 않을 수 없다. 그것은 전원생활에 대한 이탈

---

1) *Trattato del governo della famiglia*. 이 책 204쪽의 주 5 참조.
2) 게르만 민족과 로만 민족에서 볼 수 있는 체벌을 심리학적인 견지에서 철저히 연구한 역사서가 있다면 사절의 급보나 교섭을 기록한 몇 권의 문헌에 필적하는 가치가 있을 것이다. 독일 가정에서는 체벌이 언제, 어떤 영향을 받아 일상적으로 행해졌을까? "어느 누구도 채찍으로 아이의 행실을 바로잡을 수는 없다"고 발터가 노래부른 때부터 훨씬 훗날의 일일 것이다. 이탈리아에서는 아이들에게 아주 어릴 적부터 체벌을 가하지 않아서, 일곱 살이 되면 매를 맞지 않았다. *Orlandino*, cap. VII, Str. 42에서 어린 롤랑은 이런 원칙을 세운다.

매를 맞아도 괜찮은 것은 당나귀들뿐이다.
나도 그런 짐승이라면 참고 있겠다.

리아 교양인들의 애정이다. 그 시기 북유럽의 농촌에서는 귀족들이 산 중의 성곽에서 살았고 고위직 수도사들은 엄격히 폐쇄된 수도원에서 지냈다. 반면에 부유한 시민들은 1년 내내 도시에서만 생활했다. 그러 나 이탈리아의 사정은 달랐다. 최소한 몇몇 도시의 근교만 보아도[3] 어 떤 곳은 정치와 보안상으로 안전성이 높은 지역이었고, 또 어떤 이들은 전시에도 얼마간의 손실은 감수할 정도로 전원생활에 대한 애착이 강 했다. 이에 따라 부유한 도시민의 전원주택인 별장이 등장했다. 국민의 부와 문화가 증진되는 것과 동시에 고대 로마 시대의 귀중한 유산이 여 기에서 다시 부활한 것이다.

『가정론』의 저자 알베르티는 그의 별장에서 행복과 평화를 발견했다. 이와 관련해서는 그의 말을 직접 들어봐야 하겠다. 전원생활이 경제적 이려면 곡식과 포도와 기름과 목초지와 삼림지 등 되도록 일체의 것을 한 군데의 토지에서 얻을 수 있어야 하고, 이런 토지에는 기꺼이 많은 돈을 투자해야 한다. 그래야 나중에 시장에서 아무것도 살 필요가 없기 때문이다.

그러나 전원생활이 주는 더 큰 기쁨은 이 글 서문에 나타나 있다. "피 렌체 근방에는 청정한 공기 속에 수려한 경치와 빼어난 전망을 자랑하 는 별장들이 많다. 안개도 별로 없고 사나운 바람도 불지 않는 이곳에 는 건강에 좋은 맑은 물을 비롯하여 어느 것 하나 훌륭하지 않은 것이 없다. 수많은 건축물 중에는 궁궐처럼 지어진 것도 많고, 어떤 것들은 화려하고 정교해서 성곽처럼 보이기도 한다." 여기에서 알베르티가 말 하는 건축물이란, 1529년에 피렌체 사람들이 헛되이 도시를 방어하다 가 대부분을 희생시킨 모범적인 양식의 별장을 가리킨다.[4]

이런 별장을 위시해 브렌타 강변과 롬바르디아 산기슭 그리고 포실

---

3) Giovanni Villani, XI, 93에는 14세기 중반 이전에 이탈리아인들이 지은 별장에 대한 중요한 기록이 있다. 이들은 도시 주택보다 더 아름다운 별장을 소유하고 있 었고 그래서 거기에 무모한 노력을 쏟아부었다고 한다.

4) *Trattato del governo della famiglia*, Torino, 1829, pp.84, 88.

리포와 보메로에 있는 별장에서는 사교모임까지도 도시의 대저택에서
열린 것보다 더 자유로운 전원의 분위기를 풍겼다. 융숭한 대접을 받는
손님들의 공동생활, 사냥을 비롯해 야외에서 이루어지는 교류가 여기
저기에 품위 있게 묘사되어 있다. 심오한 사상이나 고귀한 시문학 중에
는 이런 전원 체류에서 생겨난 것들이 가끔 있다.[5a]

5a) Cf. Bentmann/Müller(이 책 435쪽의 주 20a 참조).

8 축제

사교생활에 이어서 우리가 축제 때의 행렬과 행사를 살펴보려는 것은 결코 아무렇게나 정해놓은 순서가 아니다.[1] 르네상스기의 이탈리아가 과시한 화려하고 예술적인 축제[2]는 이탈리아 사회의 토대를 이루었던 모든 계층의 공동생활이 있었기에 가능했다. 물론 북유럽에서도 수도원과 궁정과 시민들이 그들 특유의 축제와 행사를 벌였다. 그러나 그곳의 축제들은 양식과 내용에 따라서 모습이 서로 달랐던 반면에, 이탈리아의 축제는 보편적인 교양과 예술에 힘입어 차원 높은 공동의 축제로 발전했다.

이런 축제에 일조한 장식적인 건축술은 비록 이런저런 글을 통해 우리가 상상으로밖에는 만나볼 수 없어도 미술사에서는 한 장을 차지할 만큼 비중 있는 분야이다. 이번 장에서는 민중의 삶을 고양시킨 순간이자 그들의 종교적 · 윤리적 · 시적인 이상이 뚜렷하게 드러난 축제를 살펴보기로 하겠다. 이탈리아가 펼쳐 보인 차원 높은 축제는 생활에서 예술로 넘어가는 본격적인 징검다리였다.[3a]

---

1) [Cf. J. Burckhardt, *Geschichte der Renaissance in Italien*, Stuttgart, 1868, pp.320~332(1904년의 제4판은 387쪽 이하)].
2) 이런 화려한 축제장식들이 연극 발전에 장애가 되었음을 증명한 이 책 제4부 396쪽 이하 참조.

유럽 어디에서나 그렇듯이 축제의 두 중요 형태는 먼저 성서의 내용이나 성인 전설을 극화한 종교극이었고, 다른 하나는 교회의 행사 때 벌어진 화려한 행렬이었다.

이탈리아의 종교극은 그 어느 나라보다 화려하고 공연 횟수도 많았으며, 나란히 발전한 조형미술과 시의 영향으로 훨씬 우아한 정취를 풍겼다. 그후 다른 나라들처럼 이 종교극에서 제일 먼저 익살극이, 다음으로 세속극이 갈라져 나왔고, 아름답고 풍부한 볼거리를 겨냥해서 노래와 발레를 곁들인 무언극도 일찍부터 공연되었다.

행렬은 개선행렬로 발전했다. 개선행렬은 평지에 세워진 이탈리아 도시의 잘 포장된 넓은 시가지에서 가장인물들이 마차를 타거나 도보로 가면서 열었는데, 처음에는 종교적인 색채가 짙었으나 점점 세속적인 내용으로 바뀌었다. 성체(聖體) 축일의 행렬과 사육제행렬은 모두 웅장하고 화려한 볼거리를 제공했으며, 훗날의 군주들은 이것을 모방하여 입성행렬을 거행했다. 다른 나라들도 많은 경비를 들여 이런 행렬을 벌인 적이 있지만, 의미 있는 하나의 총체적 행사로서 행렬을 기획하고 예술적으로 만들어낸 곳은 이탈리아뿐이었다.[4a]

그러나 오늘날 거행되는 행렬은 옛날과 견줄 때 빈약한 잔해에 지나지 않는다. 종교적 행렬이든 군주의 행렬이든, 가장(假裝)과 같은 극적인 요소는 거의 없애버렸다. 사람들이 비웃을지도 모른다는 두려움 때문이기도 하고, 과거에는 이런 행사에 적극 참여했던 교양층이 이런저런 이유로 더 이상 흥미를 보이지 않게 된 이유도 있다. 사육제 때도 지금은 대규모 가장행렬은 하지 않는다. 현재까지 남아 있는 것들, 예컨대 교단 사람들이 벌이는 몇 가지 종교적인 가장행렬이나 팔레르모에서 열리는 화려한 성 로잘리아 축제를 보면, 이것들이 과거의 수준 높

3a) Cf. Aby Warburg, *Gesammelte Schriften: Die Erneuerung der heidnischen Antike*, Leipzig/Berlin, 1932, Vol. 1. 이 가운데 특히 pp.231~303에 있는 "Antike und Gegenwart im festlichen Leben der Renaissance" 참조.

4a) Cf. Werner Weisbach, *Trionfi*, Berlin, 1919, pp.20~95.

은 행렬 문화에 얼마나 많이 뒤처져 있는지 알 수 있다.

축제의 전성기는 근대가 결정적으로 승리를 거둔 15세기와 함께 시작되었다.[5] 그런데 피렌체는 이 분야에서도 다른 도시들을 앞서나가서, 이때가 되기도 전에 축제의 성기를 맞았다. 피렌체 사람들은 이미 오래 전부터 대대적인 예술적 장식이 들어가는 공개적인 행사를 위해 구역 단위로 준비를 했다. 그 한 예가 1304년 5월 1일 아르노 강 위의 가설무대와 배에서 펼쳐진 지옥의 광경인데, 이때 관객들의 무게를 못 이겨 카라야 다리가 무너졌다고 한다.[6] 훗날 피렌체인들이 축제의 예술가로서 이탈리아 각지를 누빈 것[7]도 이곳이 일찍부터 축제의 완성지였다는 것을 증명해준다.

이탈리아 축제가 다른 나라 축제에 비해 어떤 근본적인 장점이 있었는지 찾아보면, 우선 개성을 표현하는 개개인의 발달된 감각, 다시 말해 완벽한 가면을 고안하여 그것을 쓰고 연기하는 능력이 가장 돋보인다. 화가와 조각가는 무대장식은 물론이고 등장인물의 치장에도 협조하면서 의상과 분장(449쪽 이하)을 비롯한 여러 장식을 지도했다.

두번째 장점은, 축제의 토대가 된 시문학이 보편적인 이해도를 획득했다는 점이다. 물론 성서 이야기와 성인 전설은 누구나 알고 있는 내용이므로 종교극은 모든 유럽인이 똑같이 이해할 수 있었다. 하지만 그 밖의 것에서는 이탈리아가 유리한 입장에 있었다. 성인이나 세속의 영웅 이야기를 낭송할 경우, 이탈리아는 귀천을 막론하고 모든 이를 열광시킬 수 있는 아름다운 운율의 서정시를 보유하고 있었다.[8] 또한 도시의 대다수 관객들은 신화 속의 인물에 대한 이해가 깊었고, 우의적인

---

5) 1395년 비스콘티가 밀라노 공작으로 봉해졌을 때 벌어진 축제(Cf. Corio, p.274)는 매우 화려했지만 아직 중세의 거친 면이 있었으며 극적인 요소는 전혀 없었다. 14세기에 파비아에서 벌어진 행렬은 상대적으로 빈약했다(작자 미상, *De laudibus Papiae*, in: Muratori, XI, Col. 34 이하).

6) Giov. Villani, VIII, 70.

7) Cf. Infessura, in: Eccard, *Scriptt.* II, Col. 1896. —Corio, pp.417, 421.

8) 종교극에서 대화는 8행시로, 독백은 3행시로 진행되었다.

또는 역사적인 인물들도 널리 알려진 교양 내용에서 취해온 것들이라 최소한 다른 국민들보다 그 의미를 쉽게 추측할 수 있었다.

이에 대해서는 좀더 자세한 설명이 필요하다. 중세는 특별한 의미에서 우의의 시대였다. 중세의 신학과 철학은 그들이 다루는 관념을 독립적인 존재로 보았기 때문에,[9] 그 관념을 인격화하는 데 모자라는 부분을 시와 미술이 보완해 넣기가 쉬웠다. 이 점에서는 유럽의 모든 나라가 똑같았다. 각 나라마다 자기네들의 관념세계에서 그것을 우의적으로 표현하는 인물을 창조했지만, 인물의 치장이나 속성은 대개 난해하고 대중의 구미에 맞지 않았다. 이는 이탈리아에서도 마찬가지였으며, 르네상스기 전체에서만이 아니라 그후에도 여전했다. 어느 우의적인 인물이 대변하는 관념을 잘못된 속성으로 옮겨놓고는 그것으로 그만이었다.

단테도 이런 오류에서 자유롭지 못했지만,[10] 다 알다시피 그는 자신의 이런 모호한 우의를 도리어 자랑으로 여겼다.[11] 페트라르카는 『명예의 개선』에서 최소한 사랑·순결·죽음·명성을 우의하는 인물을 간단지만 명확하게 묘사하려고 했다. 반면 다른 작가들은 우의적인 인물에 엉뚱한 속성을 갖다 붙였다. 일례로 안토니오 빈치구에라의 풍자시[12]에서 질투는 "난폭한 쇠이빨"로, 탐식은 봉두난발을 하고 입술을 깨무는 모습으로 그려졌는데, 후자는 먹을거리가 아니면 무관심하다는 것을 표현하려는 뜻인 것 같다.

---

9) 여기서 스콜라 학파의 실재론을 생각할 필요는 없다.

10) 그가 은유를 이용하여 장면들을 그려내는 모습이 여기에 속한다. 즉 연옥문 앞의 세 돌층계 중에서 금이 간 중간 층계가 마음의 회한을 뜻한다고 했는데(「연옥편」 제9곡, 97), 금이 간 돌층계는 층계로서의 가치를 상실한다. 또 이승에서 태만의 죄를 지은 자들이 저승에서 뛰어다니면서 속죄하는 장면이 있지만(「연옥편」 제18곡, 94), 뛰어다니는 것은 도주의 표현일 수 있다.

11) 『신곡』 「지옥편」 제9곡, 61; 「연옥편」 제8곡, 19. 〔Pochhammer는 이 두 대목을 이런 식으로 해석하는 데 이의를 달고 오히려 반대의 뜻으로 읽어냈다.〕

12) *Poesie satiriche*, ed. Milano, 1808, p.70 이하(15세기 말의 작품).

이런 오해 때문에 조형미술이 얼마나 고약한 상황에 이르렀는지는 여기서 얘기할 바가 아니다. 시와 마찬가지로 조형미술도 우의를 신화 속 인물로 표현했다면, 다시 말해 황당무계한 우의를 막아주는 고대의 예술형식으로 표현했다면, 그래서 전쟁을 마르스로 나타내고 사냥의 즐거움을 디아나로 표현하기만 했다면,[13] 그보다 다행스러운 일은 없었을 것이다.

그래도 미술과 문학에는 꽤나 성공적으로 표현된 우의들이 있었다. 이것이 축제 행렬에 등장할 경우 이탈리아 관중은 그 특징이 뚜렷하게 부각되기를 바랐을 것이다. 평소에 그런 우의를 이해할 만한 교양을 쌓아두었기 때문이다. 하지만 부르고뉴 궁 같은 곳에서는 모호한 인물이 나오거나 그저 상징만으로 표현되어도 별다른 이의를 달지 않았다. 그 의미를 이해한다든가 이해한 듯이 과시하는 것은 귀족들이나 하는 일이었기 때문이다.

1453년 부르고뉴에서 열린 유명한 '꿩의 맹세'[14]에서는 기쁨의 여왕으로 분장하여 말을 타고 나온 젊은 미녀가 유일하게 만족할 만한 우의였다. 그러나 자동인형과 살아 있는 사람들로 치장된 거대한 식탁 장식은 호기심을 유발하는 잡동사니에 불과하거나, 아니면 진부한 도덕을 억지 훈계하는 내용이었다. 식탁 옆에서 산 사자의 보호를 받고 서 있는 나신의 여상(女像)은 콘스탄티노플과 그 장래의 구원자인 부르고뉴 공을 의미했다. 콜키스의 이아손을 묘사한 무언극을 제외하면 나머지도 지나치게 난해하거나 무의미한 내용들로 보였다. 이 축제의 광경을 글로 남긴 올리비에 자신도 거인이 끄는 코끼리 등에 얹힌 탑에서 '교회'로 분장하고 나타나 무신앙자들의 승리를 길게 탄식하며 노래불렀다.[15]

---

13) 후자는 아드리아노 다 코르네토 추기경의 『사냥』(1504년)이라는 작품에 표현되어 있다. 아스카니오 스포르차는 자기 가문의 몰락을 사냥의 즐거움으로 위안받았다고 한다. 이 책 제3부 336쪽 이하 참조.

14) Cf. Olivier de la Marche, *Mémoires*, chap.29.

이탈리아의 시문학과 예술품과 축제에 등장한 우의들이 취향과 줄거리에서는 다른 나라 것보다 대체로 우수했다고 하나, 그것이 장점은 아니었다. 결정적인 장점은, 이탈리아인이 보편성의 의인화를 이해했다는 것 외에도 그 보편성을 대변하는 역사 속의 인물을 무수히 많이 알고 있었다는 것, 곧 시와 미술이 열거하고 묘사해놓은 수많은 유명인들에게 사람들이 익숙해 있었다는 것이었다. 이는 우의를 시도하는 시인과 미술가들에게도 이점이었다.

이런 토대 위에서 나온 단테의 『신곡』과 페트라르카의 『명예의 개선』, 보카치오의 『사랑의 환상』은 고대의 부활이 유발시킨 교양의 확산과 더불어 이탈리아 국민을 역사 속의 사건과 인물에 친숙해지도록 만들었다. 이 인물들은 축제에 등장할 때도 정해진 가면을 쓰고 개성을 나타내거나 또는 최소한 집단으로, 또는 우의적인 핵심인물과 사물의 특성을 보여주는 동반자로 모습을 드러냈다. 이렇게 이탈리아인이 집단으로 인물을 창조하는 법을 배울 동안, 북유럽의 화려한 축제는 여전히 알기 힘든 상징과 잡다하고 무의미한 연극으로 양분되어 있었다.

이제 가장 오래된 장르인 종교극부터 얘기하자.[16] 이탈리아의 종교극은 대체로 유럽 다른 나라와 대동소이했다. 광장과 교회와 수도원 회랑에 큰 가설무대를 세우고, 위에는 개폐할 수 있는 천국을, 맨 아래에는 지옥을 설치했고, 중간 부분은 현세의 모든 장소를 나란히 묘사하는 극의 본무대였다. 성서와 성인 전설을 따서 만든 극은 다른 나라처럼 사도 · 교부 · 예언자 · 무당 · 덕행자들의 신학적인 대화로 시작될 때가

---

15) 그외의 프랑스 축제에 대해서는 *Juvénal des Ursins*, Paris, 1614, 1389년 항목에 나온 이자보 왕비의 입성 장면과 *Jean de Troyes*(여러 번 인쇄됨), 1461년 항목에 나온 루이 11세의 입성 장면 참조. 여기에도 부유(浮遊)장치나 실제 인물이 연기한 입상이 빠지지 않고 등장했으나 조금 더 잡다하고 일관성이 없었으며 우의는 대개 난해했다.

16) [Cf. d'Ancona, *Origini del teatro italiano*, Vol. 1, Vol. 2, Torino, 1891.]

적지 않았고, 끝부분도 상황에 따라 춤으로 장식했다. 조연들이 연기하는 반(半)희극의 막간극도 당연히 빠지지 않고 등장했지만 북유럽에서처럼 거칠지는 않았다. 하지만 시에나의 한 교회에서 공연된 베들레헴 영아 살해의 종교극은 절망적인 어머니들이 서로 머리카락을 쥐어뜯는 장면으로 끝을 냈다.[17]

기계장치를 이용하여 등장인물을 위아래로 떠다니게 만드는 광경은 가장 흥미진진한 볼거리였으며, 그 어느 나라보다 이탈리아가 이 연습에 많은 시간을 들인 것 같다. 14세기의 피렌체인들은 이 장면이 능숙하지 않으면 야유를 퍼부었다.[18] 그 얼마 후 브루넬레스키는 성 펠리체 광장에서 열린 수태고지(受胎告知) 축제를 위해 무척이나 정교한 장치를 고안했다. 두 무리의 천사들이 둘러싼 천구(天球)에서 천사 가브리엘이 편도(扁桃) 모양의 부유물을 타고 내려오는 장치였다. 체카도 비슷한 축제가 열릴 때는 아이디어를 내고 기계를 제작했다.[19]

제법 큰 도시에서 극을 감독하고 때로는 공연까지 맡은 종교단체와 시 구역 주민들은 자기들의 재력 정도에 따라 모든 가능한 기술수단을 동원했다. 이는 군주가 여는 대규모 축제에서 세속극이나 무언극과 함께 종교극이 공연될 때도 마찬가지였다고 봐도 좋을 것이다. 피에트로 리아리오(176쪽)의 궁과 페라라 궁에서는 인간이 생각해낼 수 있는 모든 화려함을 선보였다.[20] 우리가 배우들의 연극적 재능과 화려한 의상

---

17) Della Valle, *Lettere sanesi*, III, p.53. 페오 벨카리는 주로 이런 군더더기를 종교극에서 제거하려고 노력했다.

18) Franco Sacchetti, *Nov.* 72.

19) Vasari, B. II, 525 이하. *Vita di Brunellesco* III, 197. *Vita del Cecca.* Cf. III. 204. *Vita di Don Bartolommeo.*

20) *Arch. stor.*, Append. II, p.310. 페라라에서는 알폰소의 결혼식 때 정교한 부유장치와 불꽃놀이가 들어간 성모 마리아 수태고지의 종교극이 열렸다. 리아리오 추기경의 궁에서 수산나와 세례 요한과 한 편의 성인 전설을 바탕으로 공연된 연극에 대해서는 Corio, p.417 참조. 1484년의 사육제 때 교황궁에서 열린 콘스탄티누스 대제의 종교극은 Jac. Volaterran., in: Muratori, XXIII, Col. 194 참조.

을 그려볼 때, 또 당시의 건축양식이 이상으로 삼은 잎무늬 장식과 양탄자로 표현되었을 무대 정경을 상상해볼 때, 마지막으로 배경을 이루고 있던 대도시 광장의 화려한 건물과 궁정과 수도원 안뜰의 밝은 주랑을 생각해볼 때, 실로 대단한 장관이 펼쳐진다.

그러나 바로 이런 장치들로 인해 세속극이 피해를 보았듯이, 종교극의 차원 높은 시적인 발달도 이런 극단적인 볼거리 위주의 연출 때문에 많은 지장을 받았다. 전해지는 대본을 보아도 대부분 빈약한 극적 구성에 간간이 아름다운 서정적·수사적 장면만 있을 뿐, 칼데론의 『성사극』(聖事劇)과 같은 대규모의 상징성은 전혀 찾아볼 수 없다.

소도시에서 열린 종교극은, 비록 무대장치는 대도시보다 빈약했을망정 오히려 더 강력하게 사람의 마음을 사로잡은 듯하다. 제6부에서 언급할 참회설교사의 한 명인 로베르토 다 레체는 페스트가 만연한 1448년에 페루자에서 연 사순절 순회설교를 성 금요일의 그리스도 수난극을 공연하면서 끝을 맺었다.[21] 등장인물은 적었지만 관객은 모두 목놓아 울었다. 이런 연극에서 눈물샘 자극에 사용된 수단은 당연히 적나라한 자연주의에서 빌려온 것이었다. 그리스도를 연기한 작자가 온몸에 붉은 채찍 자국이 선명한 채 옆구리 상처에서까지 피를 흘리며 등장하는 모습은 마테오 다 시에나의 그림과 구이도 마초니의 점토 군상을 떠올리게 한다.[22]

종교극이 공연된 계기는 대규모 교회 축제와 군주의 결혼식 따위를 제외하면 매우 다양했다. 1450년 시에나의 베르나르디노가 교황에 의해 성인 반열에 올랐을 때, 그의 고향의 대광장에서는 이 시성식(諡聖

---

21) Graziani, *Cronaca di Perugia*, in: *Arch. stor.* XVI, 1, p.598 이하. 그리스도가 십자가에 못박히는 장면에서는 준비해둔 인물상이 바꿔치기당했다.
22) 후자는 Graziani, Ibid 및 Pius II., *Comment.*, L. VIII, pp.383, 386 참조. — 15세기의 시들도 이와 동일한 거친 분위기를 낼 때가 있다. 안드레아 다 바소의 칸초네 하나는 냉정했던 애인의 사체가 부패하는 모습을 자세히 얘기하고 있다. 12세기에 한 수도원에서 공연된 연극에서는 극중에서 헤롯 왕이 벌레들에게 먹히는 모습까지 볼 수 있었다. Cf. *Carmina Burana*, p.80 이하.

式)을 묘사한 일종의 모방극이 공연되었으며[23] 모든 관객에게는 음식이 제공되었다. 어느 유식한 수도사는 자신의 신학박사 학위 취득을 기념해 도시 수호성인의 전설극을 공연했다.[24]

프랑스의 샤를 8세가 이탈리아에 내려오기가 무섭게 사보이 공작의 미망인인 블랑카는 토리노에서 일종의 반(半)종교적인 무언극으로 그를 맞았다.[25] 맨 먼저 전원극으로 「자연의 법칙」을, 그 다음 대주교들의 행렬로 「은총의 법칙」을 표현했고, 이어서 호수의 랜슬롯 이야기와 「아테나」의 이야기가 뒤따랐다. 이어서 샤를이 키에리에 도착하자 이번에는 산후 조리를 하는 여인이 귀인의 방문을 받는 모습을 묘사한 무언극으로 환영받았다.

교회 축제 중에서는 어느 나라든지 성체 축일에 가장 많은 노력을 들였다. 에스파냐는 이 축제를 위해 특별한 종류의 문학까지 창작했다. 이탈리아의 경우는 1462년 피우스 2세가 비테르보에서 거행한 성체 축일에 관해서 화려한 묘사가 전해지고 있다.[26]

성 프란체스코 교회 앞에 쳐놓은 거대하고 화려한 천막에서 행렬이 출발하여 중심가를 따라 성당 앞 광장까지 이어졌지만, 이 행렬 자체는 중요한 게 아니었다. 추기경과 부유한 고위성직자들은 행렬이 지나가는 경로를 구역 단위로 분담하여 차양과 벽에 두르는 양탄자[27]와 화환 따위를 준비하는 것은 물론이고, 각자 자기만의 무대를 설치하여 행렬이 통과하는 동안 그 위에서 짧은 역사극과 우의극을 공연했다. 그것을 전부 사람들이 연기했는지 아니면 일부는 옷을 입힌 인형들이 연기했

---

23) Allegretto, *Diarii senesi*, in: Muratori, XXIII, Col. 767.

24) Matarazzo, *Arch. stor.* XVI, 2, p.36 이하.

25) Roscoe, *Leo X*, ed. Bossi, I, p.20 및 III, p.263에 있는 Vergier d'honneur에서 발췌.

26) Pius II., *Comment.*, L. VIII, p.382 이하. ─이와 비슷한 화려한 성체 축일에 대해서는 Bursellis, *Annal. Bonon.*, in: Muratori, XXIII, Col. 911, 1492년 항목에 언급되어 있다.

27) 이런 경우는 "벽이 전혀 보이지 않았다"고 말해야 옳다.

는지는 기록에서 분명히 드러나지 않지만,[28] 어쨌든 투입된 물량은 대단했다.

노래하는 아기천사들 틈에서는 고통받는 그리스도가 보였고, 성 토마스 아퀴나스를 그려넣은 최후의 만찬이 있었으며, 대천사 미카엘이 악마와 싸우고, 포도주의 샘과 천사들의 합주단이 나오고, 부활 장면 전체를 담은 그리스도의 무덤이 묘사되었다. 마지막으로 대성당 앞 광장에는 마리아의 무덤이 놓여졌다. 대미사와 축복이 끝나자 무덤이 열리고 천사들이 부축하는 가운데 성모가 노래를 부르며 승천한 뒤 그리스도에게서 관(冠)을 받아 하늘의 아버지께 인도되는 내용이었다.

중심가를 따라 이어진 이 일련의 장면들 가운데 추기경이자 부서기관인 로데리고 보르자, 곧 후일의 교황 알렉산데르 6세가 연출한 장면이 그 화려함과 난해한 우의로 특히 눈길을 끌었다.[29] 뿐만 아니라 훗날 보르자 가문 특유의 장기가 된 축포[30]가 이때부터 인기를 얻기 시작했다.

그리스에서 들여온 성 안드레아스의 두개골을 맞기 위해 같은해에 로마에서 열린 행렬에 대해서 피우스 2세는 짤막한 기록만 남겼다. 이때도 로데리고 보르자는 남다른 화려함을 과시했지만, 축제 자체는 세속적인 면으로 기울었다. 그래서 축제 때마다 빠지지 않고 등장하는 천사의 합주는 물론이고 다양한 체조술을 선보인 '강한 남성들', 즉 헤라클레스를 비롯한 각종 가장인물이 등장했다.

---

28) 이와 비슷한 다른 묘사에서도 마찬가지이다.

29) 무장병을 거느린 다섯 왕, 사자와 싸우는 숲속의 남자를 묘사한 장면. 숲속의 남자는 당시 교황 피우스 2세의 이름인 실비우스(라틴어 silva는 숲을 뜻함—옮긴이)를 지칭한 듯하다.

30) 식스투스 4세 때 사용된 축포의 사례는 Jac. Volterran., in: Muratori, XXIII, Col. 135, 139 참조. 알렉산데르 6세가 교황에 오를 때도 엄청나게 많은 축포를 쏘았다. —이탈리아 축제가 고안한 아름다운 불꽃놀이는 축제의 장식과 더불어 이 책보다는 미술사에 속하는 주제이며, 여러 축제에서 찬사를 받은 화려한 조명(이 책 제4부 397쪽 이하 참조)과 식탁 장식과 사냥의 상패도 마찬가지이다.

세속극이 위주가 됐거나 아니면 행사 전체가 아예 세속극으로만 진행된 축제들은 특히 유력 군주의 궁에서는 품위 있고 화려한 볼거리에 비중을 두고 치러졌다. 각각의 소재는 그 의미가 쉽고 편안하게 이해될 수 있도록 하기 위해 신화나 우의와 관련된 것들이었다.

물론 과장도 없지 않았다. 거대한 동물의 형상에서 갑자기 한 무리의 가장인물들이 튀어나오는 장면, 일례로 1465년 시에나[31]에서 군주 환영식이 열렸을 때 황금 암늑대에서 열두 명의 발레단이 솟아오르는 광경이라든가, 부르고뉴 궁에서처럼(493쪽) 그렇게 황당무계하지는 않아도 화려하게 장식된 식탁 장식이 그랬다. 그래도 대부분은 예술적이고 시적인 특색을 갖추고 있었다.

페라라 궁에서 연극이 무언극과 섞여 공연되었다는 것은 앞에서 시를 얘기할 때 묘사했다(396쪽 이하). 1473년, 페라라 공의 아들 에르콜레의 신부로 간택된 아라곤 가의 리아노라가 로마를 통과할 때 피에트로 리아리오 추기경이 베푼 축제는 전 유럽을 통해 유명했다.[32] 본극은 종교적인 내용의 종교극으로만 공연했으나 무언극은 신화에서 소재를 따온 것이어서, 동물들을 이끌고 가는 오르페우스, 페르세우스와 안드로메다, 용에게 이끌려가는 케레스, 표범에게 이끌려가는 바쿠스와 아리아드네가 등장했고, 아킬레우스의 교육 장면도 있었다. 그런 다음 태곳적의 유명 연인들과 한 무리의 요정이 추는 발레가 이어지다가 반인반마(半人半馬)의 습격으로 중단되면 헤라클레스가 나타나 이 괴물을 해치우고 무대에서 쫓아버렸다.

사소할지 모르지만 형식미에 대한 독특한 취향을 보여주는 것에 이런 것이 있다. 축제 때마다 살아 있는 사람들이 벽감(壁龕)과 기둥 위와 옆과 개선문에 입상처럼 서 있다가 이윽고 노래와 연설을 하면서 자기

---

31) Allegretto, in: Muratori, XIII, Col. 772. —그밖에 Col. 770에 실린 1459년의 피우스 2세 환영식 장면 참조.
32) Corio, p.417 이하. —Infessura, in: Eccard., *Script.* II, Col. 1896. — Strozza, *Poetae*, p.193, Aeolosticha.

들이 산 사람임을 증명했는데, 자연스러운 얼굴색과 의상 덕분에 살아 있다는 것이 이상하게 느껴지지 않았다. 그러나 리아리오의 저택에서 공연된 연극에는 온몸에 금박을 입힌 소년이 등장하여 샘물을 떠다가 주변에 뿌리는 장면이 있었다.[33]

이 같은 화려한 무언극은 볼로냐에서 안니발레 벤티볼리오가 에스테 가문의 루크레치아와 결혼식을 올릴 때도 공연되었다.[34] 오케스트라 대신 합창이 연주되는 동안 디아나의 요정 중 가장 아름다운 요정이 유노 프로누바에게 날아가고, 베누스는 사자, 다시 말해 감쪽같이 사자로 변장한 사람과 함께 야만인들이 추는 발레 속을 걸어다녔다. 이때 무대 장식은 숲의 광경을 있는 그대로 재현했다.

베네치아에서는 1491년 에스테 가의 리아노라와 베아트리체가 방문하자 어좌선(御座船)으로 마중을 나가 조정 경기로 환영하고, 통령궁의 뜰에서 화려한 무언극 「멜레아그로스」를 공연하여 축하를 했다.[35] 밀라노에서는 레오나르도 다 빈치[36]가 공작을 비롯한 여러 권세가들이 개최하는 축제를 지휘했다. 그가 만든 기계장치의 하나는 제각기 바삐 움직이는 천체를 어마어마한 크기로 재현한 것으로 브루넬레스키가 만든 것(495쪽)에 대적할 만했다. 행성이 젊은 공작의 신부인 이사벨라에게 접근할 때마다 그 행성에 해당하는 신이 천구에서 튀어나와[37] 궁정시

---

33) Vasari, B. VI, 255의 『폰토르모전』에는, 1513년 피렌체에서 한 축제가 끝난 뒤 이 소년이 과로로 또는 금박 때문에 죽었다고 씌어 있다. 그 불쌍한 소년은 '황금시대'를 연기해야 했다.

34) Phil. Beroaldus, *Orationes*: "벤티볼리오의 결혼식", Paris, 1492e 3 이하.

35) M. Anton. Sabellico, *Epist.*, L. III, p.17.〔가이거의 주석: 베아트리체는 남편 루도비코 일 모로에게 직접 편지를 써서 이 축제를 묘사했고, 이 편지는 E. Motta, in: *Giorn. stor. della lett. ital.* VII, 386 이하로 간행되었다.〕

36) Amoretti, *Memorie etc. su Lionardo da Vinci*, p.38 이하.

37) 점성술이 축제에까지 끼어들 정도로 이 시대에 유행했다는 것은 페라라에서 군주들이 신부를 맞을 때 벌인 (그리고 불명확하게 묘사된) 행성 행렬에서도 드러난다. Cf. *Diario Ferrarese*, in: Muratori, XXIV, Col. 248, 1473년 항목과 Col. 282, 1491년 항목. ―만토바와 관련해서는 *Arch. stor.*, append. II, p.233 참조.

인 벨린초니가 지은 시를 노래불렀다(1489년).[38]

1493년에 열린 또다른 축제에서는 프란체스코 스포르차의 기마상을 본뜬 모형까지 등장시켜 성 앞 광장의 개선문을 지나가도록 만들었다. 뿐만 아니라 바사리의 기록을 보면, 그후에도 레오나르도 다 빈치는 기발한 자동장치를 이용하여 프랑스의 국왕들을 밀라노의 종주로 환영하는 행사에서 도움을 주었다고 한다.

소도시들도 축제에는 여간한 노력을 기울인 게 아니었다. 1453년 보르소 공작(113쪽 이하)이 충성의 맹세를 받으러 레조에 갔을 때,[39] 시의 관문에 선 그를 맞은 것은 거대한 기계장치였다. 거기에는 레조의 수호성인인 성 프로스페로가 천사들이 받치고 있는 천개(天蓋) 밑에 둥둥 떠 있는 것처럼 보였고, 아래에서는 음악을 연주하는 여덟 천사가 딛고 선 원반이 돌아갔다. 그 중 두 명의 천사가 성인에게서 도시의 열쇠와 왕홀을 받아 보르소 공작에게 건넸다.

이어서 보이지 않는 말이 끄는 수레 모양의 가설무대가 차려졌다. 무대 위에는 빈 옥좌가 놓여 있고, 뒤쪽에는 정의의 여신이 수호신을 시종으로 데리고 서 있으며, 네 모퉁이에는 깃발을 든 여섯 천사에게 둘러싸인 네 명의 늙은 입법자가 있었다. 무대 양쪽에는 갑옷 입은 기병들이 역시 깃발을 들고 서 있었다. 수호신과 정의의 여신이 인사말 한 마디 없이 공작을 보낼 리 없었다.

두번째로 등장한 수레는 일각수가 끈 것으로 보이며, 타오르는 횃불을 든 자애의 여신이 타고 있었다. 레조 시는 두 수레 사이에 고대식으로 사람이 숨어서 밀고 가는 배수레를 등장시키는 것도 잊지 않았다. 이 배수레와 우의로 장식한 두 대의 수레는 공작 앞에서 행진하다가 성

---

38) [부르크하르트는 1489년으로 적고 있으나, Solmi는 *Arch. stor. lomb.* 31, 76에서 1490년 1월 13일로 확인하고 있으며 80쪽 이하에서는 지금까지 알려지지 않은 사실을 전해주고 있다.]

39) *Annal. Estens.*, in: Muratori, XX, Col. 468 이하. 그러나 이 대목에 있는 묘사는 불명료할뿐더러 부정확한 필사에 따라 인쇄되었다.

베드로 교회 앞에서 멈춰 섰다. 그러자 둥근 후광에 둘러싸인 성 베드로가 두 명의 천사를 데리고 교회 정면에서 공작에게 내려와 그에게 월계관을 씌워준 뒤 다시 두둥실 올라갔다.[40]

교회는 또다른 종교적 우의에도 신경을 썼다. 두 개의 높은 기둥 위에 '우상 숭배'와 '신앙'이 서 있었는데, '신앙'을 우의하는 아름다운 소녀가 인사하자 '우상 숭배'의 기둥이 그 위에 있던 인형과 함께 와르르 무너져내렸다. 이어서 '카이사르'가 일곱 미녀를 데리고 보르소 공작 앞에 나타나 그녀들을 공작이 힘써 갖춰야 할 일곱 덕목으로 소개했다.

마침내 행렬은 대성당에 도착했다. 예배가 끝난 뒤 보르소 공작은 다시 바깥으로 나와 높은 황금 옥좌에 자리를 잡았고, 앞서 얘기한 가장인물들 가운데 한 무리가 또 한 번 환영인사를 했다. 마지막으로, 가까운 건물에서 세 명의 천사가 내려와 기쁨의 노래를 부르며 공작에게 평화의 상징으로 종려나무 가지를 건네는 것으로 축제의 대미를 장식하였다.

이제는 행렬이 주축이 된 축제를 살펴보자.

교회의 행렬은 중세 초기부터 가장행렬이 열리는 계기였다. 아기천사들이 성사식(聖事式)에 참여하고 성화(聖畵)나 성인 유물을 운반할 때 동행하는 행렬, 십자가를 멘 그리스도와 그리스도와 함께 십자가에 달린 도둑과 군졸과 성녀들처럼 수난극의 등장인물들이 행진하는 행렬이 그런 종류였다.

그러나 전부터도 대규모 교회 축제가 열릴 때면, 소박한 중세풍에 따라 여러 세속적인 요소를 도입한 도회 행렬이 더불어 벌어졌다. 특히 눈길을 끄는 것은 이교에서 전해진 배수레(carrus navalis)로,[41] 앞서도 예시한 바 있듯이 각종 축제 때 등장했던 것으로 보이며, 그 이름은 지

---

40) 이 기계장치에 달린 밧줄이 꽃줄 장식으로 덮여 있다고 적혀 있다.
41) 원래는 이시스의 배라고 하는 것으로, 3월 5일에 재개된 항해의 상징으로 바다에 내보냈다. 독일의 축제에서 이와 비슷한 것은 Jac. Grimm, *Deutsche Mythologie* 참조.

금 사육제, 곧 '카니발'(Carnival)이라는 명칭에 남아 있다. 배수레의 본래 의미는 잊혀졌어도 그 화려한 장관은 보는 이들을 즐겁게 했다. 영국의 이사벨라가 신랑인 프리드리히 2세 황제를 쾰른에서 만났을 때는 숨겨놓은 말이 끄는 몇 대의 배수레가 음악을 연주하는 성직자들을 태우고 그녀를 맞았다.

교회의 행렬은 여러 세속적인 요소가 가미되어 거행되기도 했으나, 종교적인 가장행렬만으로 열릴 때도 있었다. 종교극에 출연하러 가는 배우들이 시내 중심가를 따라 행진한 행렬이 종교적인 가장행렬의 기회를 주기도 했지만, 그 이전에 나타난 종교적 축제의 행렬들은 이런 행사와는 무관하게 독자적으로 생긴 것으로 보인다.

단테[42]가 베아트리체의 '개선행렬'에 요한 계시록에 나오는 24명의 장로와, 신비스러운 네 마리 짐승과, 기독교도의 세 가지 덕목 및 네 가지 기본덕목과, 성 누가와 성 바울을 비롯한 여러 사도를 등장시켜서 묘사한 대목은, 실제로 옛날에도 그런 행렬이 벌어졌을 거라는 생각이 들게 한다. 특히 베아트리체가 탄 수레가 그런 생각을 들게 하는데, 신비로운 환상의 숲속 여행에서 수레는 필요하지도 않거니와 오히려 어색할 뿐이다. 아니면 단테는 수레를 그저 개선의 본질적인 상징으로만 본 것은 아닐까? 그리하여 그의 시가 처음으로 여러 행렬에 자극을 주어 고대 로마 황제들의 개선식에서 형식을 빌려오게 한 것은 아닐까?

어찌되었든, 문학과 신학은 상징을 즐겨 사용했다. 사보나롤라는 『십자가의 개선』[43]에서 그리스도를 개선 수레 위에 앉은 모습으로 그려놓았다. 그의 머리 위에는 빛을 발하는 삼위일체의 구(球)가 있고, 왼손에

42) 『신곡』 「연옥편」 제29곡의 43부터 마지막 부분까지, 제30곡의 시작 부분. 제29곡 115행에 따르면 여기에 나오는 수레는 스키피오나 아우구스투스, 심지어 태양신의 수레보다 더 화려했다.
43) Cf. Ranke, *Geschichten der rom. und germ. Völker.* 〔2. Aufl. 1874, p.95. 자세한 것은 Villari, *Savonarola* II, p.176 이하; Schnitzer, *Savonarola* II, p.463 이하 참조.〕

는 십자가가, 오른손에는 신·구약 성서가 들려 있으며, 그의 아래쪽에는 동정녀 마리아가 있다. 수레 앞에는 장로와 예언자와 사도와 설교사들이, 그리스도 양쪽에는 순교자와 책을 펴놓고 있는 박사들이 있고, 뒤쪽에는 기독교로 개종한 민중이 있다. 조금 떨어진 곳에는 적대자와 황제와 권세가와 철학자와 이단자들의 수많은 무리가 있는데, 모두 정복당하여 우상은 파괴되고 책은 불에 탄 형상이었다. (목판화로 유명한 티치아노의 대작 한 점이 이 묘사와 매우 비슷하다.)

성모를 노래한 사벨리코(128쪽 이하)의 열세 편 비가 가운데 제9편과 제10편이 성모의 개선행렬을 자세히 묘사하고 있다. 풍부한 우의로 가득한 이 비가들은 특히 환상을 거부하는 사실적인 공간성으로 흥미를 끄는데, 15세기의 사실주의 회화가 묘사한 장면에서도 똑같은 기법이 쓰였다.

이런 종교적인 개선행렬보다 더 자주 열린 것은 세속적인 개선식이었다. 고대 부조에 나와 있는 로마 황제들의 개선식 장면을 작가의 손에 맡겨 보완한 뒤 모방한 것이었다. 이와 관련해 당시 이탈리아인들의 역사관에 대해서는 앞에서(213쪽 이하) 얘기했다.

먼저, 싸움에서 이기고 돌아온 정복자를 맞는 실제의 개선식이 곳곳에서 열렸다. 사람들은 전승자의 취향에 거슬리더라도 되도록 개선식을 고대의 전례에 맞추려고 노력했다. 프란체스코 스포르차는 1450년 밀라노로 입성할 때, 준비되어 있던 개선수레를 왕들의 미신이라 하며 거절하는 용기를 보였다.[44] 대 알폰소도 1443년에 나폴리로 입성하면서[45] 최소한 월계관만은 거부했다. 그러나 다 알다시피 나폴레옹은 노

---

44) Corio, p.401: "이런 것들은 왕의 미신이라고 말하며". —Cf. Cagnola, *Arch. stor.* III, p.127.〔여기에는 공작이 겸손해서 개선수레를 거부한 것으로 나와 있다.〕

45) 이 책 제3부 299쪽; 이 책 69쪽의 주 8 참조. —Ant. Panormitanus, *Dicta et Facta Alsonsi*, ed. 1538에 부록으로 딸린 *Triumphus Alphonsi*, pp.119~139, 256 이하 참조. —지나치게 화려한 개선식을 사양한 사례는 비잔틴 제국의 용감한 콤네누스 가의 군주들에게서도 볼 수 있다. Cf. Cinnamus, *Epitome rer. ab Comnenis gestarum* I, 5, VI, 1.

트르담에서의 대관식 때 그것을 마다하지 않았다.

성벽의 돌파구를 통과하여 시내를 거쳐 대성당까지 가는 알폰소의 개선행렬에는 고대의 요소와 우의와 해학이 기묘하게 뒤섞여 있었다. 옥좌에 앉은 알폰소를 태우고 네 필의 백마가 끌고 간 개선마차는 어마어마한 높이에 온통 금박으로 덮여 있었고, 20명의 귀족이 금사 천개(金絲天蓋)의 장대를 받쳐들어 마차가 그 그늘 속을 행진할 수 있게 했다.

이 행렬에서 나폴리에 사는 피렌체 사람들이 떠맡은 부분은, 솜씨 좋게 창을 흔드는 우아한 젊은 기마병들, 행운의 여신을 태운 마차, 말을 타고 가며 일곱 개의 덕목을 우의하는 사람들이었다. 행운의 여신[46]은 당시의 화가들도 추종했던 엄격한 우의에 따라 앞머리에만 머리카락이 나고 뒷부분은 벗겨진 모습으로 묘사됐으며, 마차 발판에 있는 수호신은 달아나기 쉬운 행운을 상징하기에 두 발을 물대야에 담그고(?) 서 있어야 했다.

그뒤에서는 역시 피렌체 사람들로 구성된 일군의 기마자들이 각 민족의 의상을 입고 따라갔는데, 외국 군주와 귀족들로 분장한 사람도 있었다. 이어서 높은 마차 위로 회전하는 지구의가 등장하고 다시 그 위에 월계관을 쓴 율리우스 카이사르가 나타나[47] 알폰소 왕에게 지금까지의 우의를 이탈리아 시로 설명한 뒤 행렬에 합류했다. 그 다음 모두 보랏빛과 주홍빛으로 차려입은 60명의 피렌체 사람들이 나와 축제에 정통한 피렌체가 제공하는 화려한 볼거리의 마지막을 장식했다.

다음으로는 몸의 앞뒤에 모형 말을 묶은 한 무리의 카탈루냐 사람들

---

46) 행운의 여신에게 이 같은 지위를 부여했다는 것이 르네상스의 진정한 소박함의 하나라고 할 수 있다. 1512년 마시밀리아노 스포르차의 밀라노 입성 때 행운의 여신은 개선문의 핵심인물로서 명예·희망·용기·회한을 우의하는 인물들 위에 서 있었다. 이들은 모두 실제 인물이 연기했다. Cf. Prato, *Arch. stor.* III, p.305.

47) 이 책 제5부 501쪽에 묘사된, 에스테 가의 보르소가 레조에 입성하는 장면은 알폰소의 개선식이 전 이탈리아에 어떤 인상을 남겼는지 보여준다.

이 걸어나와 투르크인으로 분장한 사람들과 모의전(模擬戰)을 벌였는데, 마치 피렌체인들의 비장미를 비웃는 듯했다. 그뒤를 이어 천사가 검을 들고 입구를 지키는 거대한 탑이 등장하고, 탑 위에 서 있는 네 덕목을 우의하는 인물들이 저마다 알폰소를 위해 찬양 노래를 불렀다. 그 밖에 나머지 행렬 부분에서는 별로 특징적인 것이 없었다.

1507년 프랑스의 루이 12세가 밀라노에 입성했을 때[48]는 덕목을 태운 관례적인 마차가 등장한 것 외에도, 실제 인물이 유피테르와 마르스 그리고 전토를 프랑스 왕의 뜻에 맡긴다는 상징으로 커다란 망에 포위된 이탈리아를 표현했으며, 전리품을 실은 수레가 뒤따랐다.

현실적으로 개선행렬을 거행할 일이 없는 곳에서는 시가 군주들을 위로했다. 페트라르카와 보카치오는 각종 명성의 대표자들을 어느 우의적 인물의 동반자나 주변 인물로 나열했었으나(494쪽), 이제는 과거의 모든 유명인들이 군주의 시종이 되었다. 구비오의 여성 시인 클레오페 가브리엘리가 바로 이런 식으로 페라라의 보르소를 찬미했다.[49] 그녀는 보르소에게 7학예를 우의하는 일곱 여왕을 시녀로 주어 함께 마차에 오르게 했고, 구별하기 쉽도록 이마에 이름을 써붙인 일군의 영웅들도 시종으로 주었다. 그뒤를 모든 유명 시인들이 따랐고 신들은 마차를 타고 행진했다. 대체로 이 시기에는 신화와 우의를 빌려 창조한 마차행렬이 끊이지 않았다.

보르소의 시대에서 전해지는 가장 귀중한 예술품, 곧 스키파노야 궁의 벽화 시리즈에는 전체를 이런 내용으로 장식한 띠장식이 붙어 있다. 판화에도 비슷한 내용을 묘사한 것이 적지 않으며 대개는 실제로 벌어진 가장행렬을 기념한 것들이다. 유력자들은 축제 때마다 마차를 타고 가는 행렬에 익숙해졌다. 볼로냐의 통치자의 장남인 안니발레 벤티볼리오는 정규 무술경기에서 심판을 본 뒤 로마풍의 개선행렬로 환궁했

---

48) Prato, *Arch. stor.* III, p.260.
49) *Anecdota lit.* IV, p.461 이하에 있는, 3행시로 된 세 편의 해학시.

다.[50] 라파엘로가 교황청의 서명실을 장식하는 일을 맡았을 때 이 계획은 이미 활력을 잃고 속화한 모습이었다. 그럼에도 그가 여기에 전무후무한 신성함을 불어넣었다는 것은 영원한 경이의 대상으로 남을 것이다.

정복자의 정식 개선행렬은 사실 예외에 불과했다. 축제 때마다 행렬이 벌어질 때면 그것이 어느 사건을 기념하는 것이든 아니면 행렬 자체가 목적이든, 정도의 차이는 있을망정 모두 개선식의 특성을 보였으며, 종종 '개선행렬'이라는 이름을 달고 거행되었다. 장례식을 이 부류에 넣지 않은 것이 오히려 이상할 지경이었다.[51]

먼저, 사육제나 그밖의 행사가 있을 때 고대 로마의 특정 장군의 개선식이 열렸다. 피렌체에서는 로렌초 마니피코 치하에서 파울루스 에밀리우스의 개선식이, 레오 10세의 방문 때는 카밀루스의 개선식이 거행되었는데, 둘 다 프란체스코 그라나치라는 화가가 감독을 맡았다.[52]

로마에서는 교황 파울루스 2세 때, 클레오파트라에게 승리하고 돌아온 아우구스투스의 개선식 장면을 재현한 것이 최초의 완벽한 개선행렬이었다.[53] 여기에는 고대 개선식에서도 빠지지 않았던 희극적이고 신화적인 가장인물은 물론이고, 포박당한 왕, 민회와 원로원의 의결사항을 기록한 비단문서, 고대 복장을 한 원로원 의원들과 감독관과 재무관과 최고재판관, 노래하는 가장인물들이 탄 네 대의 마차, 전리품을 실은 수레 등 갖가지 부속품과 인물이 등장했다.

어떤 행렬은 고대 로마의 세계 지배를 일반적으로 표현하면서, 현존

---

50) Bursellis, in: Muratori, XXIII, Col. 909, 1490년 항목.
51) 1437년에 독살당한 말라테스타 발리오니의 장례식이 페루자에서 열렸을 때 (Graziani, *Arch. stor.* XVI, 1, p.413)는 고대 에트루리아 사람들의 화려한 장례식을 연상케 했다. 장례식에 기사들을 등장시키는 것은 서양 귀족들의 일반적인 풍습에 속했다. Cf. *Die Exequien des Bertrand Duguesclin*, in: *Juvénal des Ursins*, ad a. 1389. —Cf. Graziani, Ibid., p.360.
52) Vasari, B. V, p.341, *Vita di Granacci*.
53) Mich. Canensis, *Vita Pauli II.*, in: Muratori, III, 2, Col. 118 이하.

하는 투르크의 위협에 대항하여 투르크인 포로를 낙타에 태우고 기마 행진을 벌이며 위세를 뽐냈다. 훗날 1500년의 사육제에서는 체사레 보르자가 뻔뻔하게도 자신을 율리우스 카이사르에 비유해 화려한 마차 11대를 동원한 개선식을 거행하여[54] 로마 기념제 때 몰려든 순례자들의 격분을 샀다.

1513년, 피렌체에서 레오 10세의 교황 선출을 기념하여 경쟁적인 두 단체가 벌인 개선식은 매우 아름답고 품위 있는 뜻깊은 행사였다.[55] 하나는 인간의 일생을 세 시기로 나눠 그려낸 것이고 다른 하나는 세계를 시대별로 구분한 것인데, 로마 역사에서 추려낸 다섯 장면과 사투르누스의 황금시대 및 그 최종적인 부활을 뜻하는 두 개의 우의로 독창성 있게 표현했다. 피렌체의 거장 미술가들이 참여해서 만든 환상적인 수레 장식은 이런 볼거리가 정기적으로 영원히 계속되기를 바라게 할 만큼 깊은 감명을 주었다.

그전까지 복속도시들은 해마다 열리는 충성 맹세일에 값비싼 직물과 양초 같은 상징적 공물을 바치는 데 그쳤으나, 이제는 상인조합이 열 대(훗날에는 몇 대가 더 추가되었다)의 수레를 만들게 하여 공물 운반의 수단이 아닌 공물의 상징으로 이용했다.[56] 그 중의 몇 대를 장식한 안드레아 델 사르토는 아주 빼어난 수레를 완성했다. 이런 공물수레나 전리품용 수레는 비록 많은 비용이 들지는 않았어도 축제 때가 되면 어김없이 등장했다. 1477년 시에나 사람들은 그들도 가담한 페란테와 식스투스 4세와의 동맹을 선포하면서 "평화의 여신으로 분장한 인물이 갑옷과 여러 무기 위에 서 있는" 수레를 행진시켰다.[57]

---

54) Tommasi, *Vita di Cesare Borgia*, p.251.[*Gregorovius*, Rom VII, p.441.]
55) Vasari, XI, p.35 이하, *Vita di Pontormo*. 비슷한 부류의 문헌 중에서는 중요한 기술이다.
56) Vasari, B. V, p.21, *Vita di A. del Sarto*.
57) Allegretto, in: Muratori, XXIII, Col. 783. 마차 바퀴가 부서지면 흉조로 생각했다.

베네치아 축제에서는 수레 대신 수상행렬이 아름답고 환상적인 장관을 펼쳤다. 1491년에 페라라의 군주비들을 맞는 통령 어좌선의 출항 모습은 한 편의 동화 속 광경처럼 묘사되어 있다(500쪽).[58] 어좌선 앞에서는 양탄자와 화환으로 장식된 수많은 배가 화려한 의상의 젊은이들을 태우고 행진해나갔다. 부유장치 위에서는 각종 신의 상징물을 가진 수호신들이 움직이고 있었고, 아래쪽에는 트리톤과 요정으로 분장한 수호신들이 몰려 있었으며, 곳곳마다 노래와 향내와 펄럭이는 금사의 깃발로 가득했다. 어좌선 뒤에서는 각종 소형 배들이 약 1.5킬로미터에 걸쳐 수면이 보이지 않을 정도로 새까맣게 따라갔다. 그밖의 축제 중에서는 이미 애기한 무언극 외에 50명의 건장한 소녀들이 벌인 보트경기가 새로운 볼거리로 언급할 만하다.

16세기에는 귀족들이 축제를 거행하기 위해 특정 단체로 나뉘어[59] 배에 들여놓을 거대한 장치의 제작을 주요 임무로 맡았다. 1541년의 셈피테르니 축제 때는 대운하를 따라 둥근 '우주'가 떠다니는 동안 그 안에서는 화려한 무도회가 열렸다. 베네치아의 사육제도 무도회와 행렬과 각종 행사로 유명했다. 사람들은 성 마르코 광장이 무술경기뿐 아니라 내륙식으로 개선행렬까지 열 수 있을 만큼 공간이 충분하다고 생각했다.

강화조약을 계기로 열린 한 축제[60]에서는 신심 깊은 종교단체들이 각기 행렬의 일부씩을 떠맡았다. 여기에는 노아와 다윗을 나란히 보좌에 태우고 가는 마차가 붉은 양초가 꽂힌 금박의 샹들리에, 금빛 사발과 보각을 든 악사와 소년천사들에게 빽빽이 둘러싸여 있었다. 이어서

58) M. Anton. Sabellico, *Epist.*, L. III 중에서 M. Anton. Barbavarus에게 보낸 편지.
59) Sansovino, *Venezia*, p.151 이하. 이 단체들은 공작 · 불꽃 · 영원 · 국왕 · 불멸의 이름으로 불렸으며, 후일 학술원으로 변모한 것도 이 단체들이었던 것 같다.
60) 1495년 4월 12일 교황과 황제가 맺은 강화조약. Cf. M. Anton. Sabellico, *Epist.*, L. V: M. Anton. Barbavarus에게 보낸 마지막 편지.

낙타에 보물을 싣고 끌고 오는 아비가일과 정치적인 내용을 상징하는 군상들이 탄 두번째 마차가 등장했다. 마차에는 베네치아와 리구리아 사이에 이탈리아가 앉아 있었고, 마차 상단에는 동맹군주들(교황 알렉산데르 6세, 막시밀리안 황제, 에스파냐 국왕)의 문장(紋章)을 든 세 여성 수호신이 서 있었다. 그뒤를 따라간 것은 주위에 별자리가 둘린 지구였던 것 같다. 우리가 문헌을 옳게 해석했다면, 또다른 마차에는 앞의 군주들이 친히 문장을 들고 시종을 거느리며 타고 갔다고 한다.

이런 대규모 행렬을 제외하면, 15세기에 있었던 정식 사육제 가운데 로마에서 열린 것만큼 다양한 면모를 보인 것도 없었다.[61] 먼저 경주가 여러 분야로 세분되어 있어서, 말·물소·당나귀·노인·젊은이·유대인들의 경주가 벌어졌다. 교황 파울루스 2세는 그가 사는 베네치아 궁 앞에 수많은 대중을 불러서 식사 대접도 했다. 고대 이후 한 번도 중단된 적이 없는 나보나 광장의 무술경기는 전쟁을 방불케 하는 현란함을 보여주었는데, 기병들의 모의전과 무장한 시민들의 열병식으로 진행되었다. 가장행렬도 대대적으로 열렸고 어떤 때는 몇 개월이나 계속되었다.[62]

식스투스 4세는 로마 근방의 캄포 피오레와 반키처럼 인구가 많은 지역에서 가장한 군중 속을 통과하는 것도 서슴지 않았으나, 이들이 마음먹고 바티칸 궁을 찾아왔을 때는 그들을 피했다. 인노켄티우스 8세 치하에서는 이전부터 만연하던 추기경들의 폐습이 극에 달했다. 그들은 1491년의 사육제에서 화려하게 분장한 가장인물과 익살꾼과 파렴치한 노래를 부르는 가수들이 잔뜩 탄 마차를 서로 주고받았다. 그뒤에서는

---

61) Infessura, ed. Tommasini, 69, 265. —Mich. Canensius, *Vita Pauli II.*, in: Muratori, III, 2, Col. 1012. —Platina, *Vitae pontiff.*, p.318. —Jac. Volaterran., in: Muratori, XXIII, Col. 163, 194. —Paul. Jov., *Elogiar.*, p.98, sub Juliano Caesarino. —다른 도시에서는 여성들의 경주도 열렸다. Cf. *Diario Ferrarese*, in: Muratori, XXIV, Col. 384.

62) 알렉산데르 6세 때는 루크레치아 보르자의 결혼식이 있던 1502년의 새해 초하루부터 사순절까지 열렸다.

당연히 기마병들이 호위를 했다.

로마인들은 사육제 외에도 대규모 횃불행진의 진가를 처음으로 깨달았던 것 같다. 1459년 피우스 2세가 만토바 종교회의에서 돌아오자,[63] 로마 시민들은 말을 타고 횃불을 든 채 그의 궁 앞에서 원을 그리며 교황을 맞았다. 그러나 식스투스 4세는 시민들이 이렇게 횃불과 올리브 나뭇가지를 들고 밤중에 그를 맞이하는 행사를 받아들이지 않는 것이 좋다고 생각했다.[64]

피렌체의 사육제는 문헌에도 남아 있는 독특한 종류의 행렬 덕분에 로마 사육제를 능가했다.[65] 걷거나 말을 타고 가는 가장인물들 사이로 거대한 환상적인 마차가 등장했다. 마차에는 그 시기에 유행한 우의적인 인물이나 군상들이 각기 자신에게 어울리는 부속품을 가지고 타고 있었다. 머리 하나에 안경 쓴 얼굴이 넷 달린 '질투', 각기 해당되는 행성을 가진 '4기질'(386쪽), 운명의 세 여신, 포박되어 쓰러져 있는 희망과 공포를 앞에 두고 군림하는 '지혜', 4원소, 연령, 바람, 4계절 등 다양했다. 관을 실은 그 유명한 죽음의 수레도 등장하여 관 뚜껑이 열렸다. 바쿠스와 아리아드네, 파리스와 헬레나를 태운 화려한 신화적 장면의 수레도 지나갔다. 마지막으로 등장한 것은 합창단이었다. 이들은 서로 어울려 특정 계급이나 특정 부류를 상징했는데, 거지, 요정을 거느린 사냥꾼, 생전에 잔인했던 여인들의 가련한 영혼, 은둔자, 부랑아, 점성가, 악마, 특정 물품을 파는 상인들을 묘사했다.

어떤 때는 노래를 부르며 서로를 악질이라고 헐뜯는 하층민의 합창단도 있었다. 수집되어 전해지고 있는 이 노래들은 일부는 비장미로,

---

63) Pius II., *Comment.*, L. IV, p.211.
64) Nantiporto, in: Muratori, III, 2, Col. 1080. 시민들은 식스투스 4세가 평화조약을 맺은 것에 감사를 표하려고 했으나, 궁궐 문은 닫혀 있었고 광장 곳곳마다 병사들이 배치되어 있었다.
65) "개선식도 수레도 모두 가장행렬을 하라. 오, 사육제의 노래들도", Cosmopoli, 1750. —Machiavelli, *Opere minori*, p.505. —Vasari, B. IV, p.135 이하, *Vita di Piero di Cosimo*. 주로 피에로 디 코시모가 이 행렬 육성에 큰 역할을 했다고 한다.

일부는 익살로, 또 일부는 지극히 외설스러운 노래말로 행렬의 특성을 설명하고 있다. 이 가운데 가장 형편없는 것 몇 개가 로렌초 마니피코의 작품이라고 하는데, 아마도 원작자가 자신의 이름을 당당하게 밝히지 않았던 때문일 것이다. 하지만 바쿠스와 아리아드네의 장면에 붙여진 아름다운 노래는 분명히 로렌초 마니피코의 작품이다. 그 후렴을 듣다 보면 마치 르네상스의 짧은 영화를 예견한 듯한 비애가 15세기부터 현재의 우리에게 전해진다.

청춘이란 얼마나 아름다우냐
그러나 얼마나 덧없이 사라지는 것이냐!
즐거이 지내고픈 자는 내버려두어라
내일의 일은 아무도 알 수 없으니.

제6부

윤리와 종교

1 도덕

신과 덕성과 불멸성 같은 지고의 문제에 대한 각 민족의 관계는 어느 정도까지는 밝혀낼 수 있어도 엄격히 비교하여 기술하는 것은 불가능하다. 이 문제와 관련한 진술이 명백해 보이면 보일수록 우리는 그만큼 무모한 가정과 그 일반화를 경계해야 한다.

이는 특히 도덕성을 판단할 때 해당하는 말이다. 우리는 여러 민족 사이에 보이는 많은 상반성과 미세한 차이점을 증명할 수는 있지만, 전체를 놓고 절대적인 평가를 내리기에는 인간의 통찰력이 너무도 미약하다. 민족성과 과실과 양심을 총체적으로 결산하는 일은, 때로는 결점이 그 민족의 특성, 나아가 미덕으로까지 보이는 또다른 일면이 있다는 사실 때문에라도 영원한 숙제로 남을 것이다.

각 민족에 대해 일반적인 평가를 내리기 좋아하고 어떤 때는 격렬한 논조로 기록하는 학자들은 그들 하고 싶은 대로 내버려두자. 서구 민족들은 상대방에게 고통을 가할 수는 있어도 다행히도 상대방을 심판할 수는 없다. 자신의 문화와 업적과 경험을 통해 근대 세계의 삶에 복잡하게 얽혀 있는 위대한 국민은 사람에게서 비난을 받건 변호를 듣건 신경쓰지 않는다. 그들은 이론가들이 인정하건 인정하지 않건 거기에 관계없이 삶을 지속해간다.

따라서 앞으로 나올 얘기들도 판단이 아니라, 몇 년에 걸친 이탈리아 르네상스 연구에서 저절로 얻어진 일련의 주석들이다. 그리고 이 주석이 대개는 상류층의 생활과 관계된 것이므로 그 타당성도 그만큼 제한적일 수밖에 없다. 상류층의 생활상에 대해서는 미풍양속이건 폐습이건 유럽 어느 나라보다도 이탈리아가 비교할 수 없을 만큼 풍부한 기록을 남겨놓았다. 또 이탈리아는 명예와 치욕이 그 어느 나라보다 강렬하게 울려퍼진 곳이기 때문에 우리가 그들의 도덕성을 일반적으로 평가하기도 쉽지 않다.

민족의 성격과 운명이 형성되는 그 깊숙한 공간을 누가 들여다볼 수 있을까? 선천성과 경험이 결합하여 하나의 새로운 모습으로 굳어지고 제2, 제3의 자질로 변해가는 그곳, 얼핏 태생적으로 보이는 정신적인 재능도 알고 보면 비교적 후일에 와서 새롭게 만들어지는 그 심연을 말이다. 일례로 이탈리아인들은 13세기 이전에도 한 인간으로서 보일 수 있는 저 경쾌한 생동감과 확신감을 갖고 있었으며, 어떤 대상이든지 간에 말과 형식으로 자유롭게 형상화하는, 훗날 그들 고유의 특성이 된 능력을 갖고 있었을까? 이것을 모르고 어떻게 정신과 윤리성이 끊임없이 교류하는 복잡하고 정밀한 혈맥을 평가할 수 있겠는가?

물론 개개인의 잘잘못을 가릴 수는 있고 그 판단의 소리는 양심의 목소리일 수 있다. 하지만 어느 민족을 총체적으로 판단하는 것만은 유보해두자. 외견상 병들어 보이는 민족이 오히려 건강할 수 있고, 겉보기에 건강한 민족이 오히려 곪을 대로 곪은 치명적인 상처를 안에 감추고 있다가 위기에 처해서야 그 실상을 드러낼 수도 있는 것이다.

16세기 초, 그러니까 르네상스 문화가 절정에 이르고 동시에 이탈리아의 정치적 불행이 돌이키기 힘든 결정적인 국면에 접어들었을 때, 사려 깊은 사상가 중에는 이 불행을 국민의 부도덕과 결부시킨 사람이 없지 않았다. 그것은 어느 민족, 어느 시기에나 나타나 난세를 탄식하는 것이 자기의 임무라고 믿는 참회설교사들이 아니라, 바로 마키아벨리였다. 그는 자신의 핵심 사상을 피력해놓은 글에서,[1] "우리 이탈리아인은 무엇보다 신앙심이 없고 사악하다"고 노골적으로 얘기한다.

어떤 사람은 이렇게 말했을지도 모른다. "우리 이탈리아인은 특히 자의식이 발달했다. 우리 민족은 윤리와 종교의 속박에서 해방되었다. 우리는 외면의 법률을 경멸한다. 우리의 지배자들은 부당하게 권력을 잡은 자들이고 관리와 재판관도 비열한 인간들이기 때문이다." 이에 대해 마키아벨리는 "교회가 그 대표자들을 통해 최악의 본보기를 보였기 때문"이라고 덧붙였다.

그럼 우리는 여기에, "고대가 좋지 않은 영향을 끼쳤기 때문"이라고 덧붙여야 할까? 여하튼 이런 가정에는 신중함이 필요하다. 이런 말은 인문주의자들과 관련해(348쪽 이하), 특히 그들의 방종한 쾌락생활과 관련해서는 할 수 있다. 나머지 사람들은 고대를 안 뒤부터(221쪽의 주 32) 기독교적 삶의 이상인 신성함 대신 역사의 위인들을 이상으로 삼았던 것 같다. 위인은 과실을 범해도 위대했기 때문에 사람들은 곧잘 그 과실을 대수롭지 않게 여기는 오류에 빠졌다.

이런 오해는 거의 무의식적으로 생겼을 것이다. 왜냐하면 이에 관해 이론적인 근거를 제시하자면 그것을 다시 인문주의자들에게서 찾아야 하기 때문이다. 일례로 파올로 조비오는, 잔갈레아초 비스콘티가 파약을 했지만 그로 인해 일국이 건설되었다는 이유를 들어 그의 파약을 율리우스 카이사르의 사례에 빗대어 변호했다.[2] 하지만 피렌체의 위대한 역사가들과 정치가들은 결코 이런 식의 비굴한 예증은 들지 않았다. 피렌체인들의 판단과 행동에서 고대의 요소처럼 보이는 것들이 있다면, 그것은 그들의 국가체제가 필연적으로 고대와 어느 정도 비슷한 사고방식을 길러냈기 때문이다.

어쨌든 이탈리아는 16세기 초에 심각한 도덕적 위기에 직면해 있었고, 식견 있는 사람들도 거기에서 벗어나는 방법을 알지 못했다.

---

1) *Discorsi*, L. I, c. 12, c. 55. "이탈리아는 그 어느 나라보다 부패했다. 그 다음으로 부패한 곳이 프랑스와 에스파냐다."

2) Paul. Jov., *Viri illustres*: Jo. Galeazzo Vicecomes.

먼저 악을 가장 강력하게 저지하는 도덕적 힘이 무엇인가를 얘기해 보자. 재능 많은 사람들은 그 힘이 명예심에 있다고 보았다. 명예심은 양심과 이기심이 묘하게 뒤섞인 감정이다. 현대인들도 자기 과실 때문이나 남의 잘못으로 인해 믿음과 사랑과 희망 등 모든 것을 잃어버려도 명예심만은 간직하고 있다.

명예심은 이기주의나 악덕과도 결탁하고 엄청난 기만도 행할 수 있다. 그러나 인격 속에 남아 있는 고귀한 심성은 명예심에 의지하여 이 샘에서 새로운 활력을 얻는다. 오늘날 자의식이 발달한 유럽 사람들에게 명예심은 우리가 흔히 생각하는 것보다 훨씬 넓은 의미에서 결정적인 행동의 잣대가 되었다. 또한 여전히 도덕과 종교에 충실한 사람들 가운데 많은 이들은 무의식적으로 명예심에 따라서 중요한 결정을 내린다.

고대인들은 이 명예심에 있는 독특한 색조를 어떻게 보았는지, 그리고 중세는 특별한 의미의 명예심을 어떻게 해서 특정 계급의 관심사로 만들었는지 밝히는 것은 우리의 과제가 아니다. 또 우리는 명예심이 아닌 양심 하나만을 인간 행동의 본질적인 원동력으로 보는 사람들과 논쟁할 생각도 없다. 만일 양심이 유일한 원동력이라면 그것이 더 아름답고 훌륭한 일이겠으나, 더욱 현명한 결정들은 '다소 이기심에 얼룩진 양심'에서 나온다는 점을 인정해볼 때, 이 혼합된 감정을 명예심이라고 불러주는 편이 나을 것이다. 물론 르네상스의 이탈리아인들을 놓고 보면 명예심과 노골적인 명성욕을 구분하기 쉽지 않을 때가 있다. 전자는 흔히 후자로 전환되기도 하지만, 그 둘은 본질적으로 판이한 감정이다.

이 점과 관련한 기록이 없는 것은 아니다. 여기에서는 여러 진술을 열거하기보다는 하나의 분명한 발언을 인용하는 것으로 대신하겠다. 최근에야 세상에 알려진 구이차르디니의 잠언집에 나오는 구절이다.[3]

---

3) Franc. Guicciardini, *Ricordi politici e civili*, N. 118(*Opere inedite*, vol. I).

"명예를 소중히 여기는 사람은 만사를 이룰 것이니, 그는 수고도 위험도 손해도 두려워하지 않기 때문이다. 이를 나 자신을 통해 시험해본 결과 다음의 결론을 얻을 수 있었다. 이 강렬한 원동력에서 출발하지 않는 인간의 행동은 헛되고 무의미하다고." 물론 구이차르디니의 일생을 기록한 다른 문헌들을 읽어볼 때, 그가 여기에서 말하고 있는 것은 명성이 아닌 명예심이라는 점을 덧붙여두어야 하겠다.

그러나 이 문제를 그 어떤 이탈리아인보다 날카롭게 지적한 사람은 라블레이다. 물론 나는 이 이름을 우리의 연구에 끌어대는 것이 내키지 않는다. 이 비상하고 언제나 괴이쩍은 프랑스인이 남긴 글들은 형식과 미가 없는 르네상스가 어떤 모습일지를 대략이나마 알게 한다.[4] 하지만 텔렘 수도원의 이상향을 그려낸 그의 글은 문화사적으로 매우 중요한 작품이라서, 여기에 들어간 최고의 상상력이 없었다면 16세기의 모습은 불완전했을 것이다.

라블레는 작품에 나오는 자유의지의 수도회 남녀들에 대해서 이런 이야기를 들려준다.[5] "그들의 규칙은 자신이 하고 싶은 것을 하는 것, 그것뿐이었다. 좋은 가문에서 태어나[6] 좋은 교육을 받고 훌륭한 친구와 사귀는 자유로운 사람들은 덕을 행하고 악을 피하는 본능과 충동을 가지고 태어나기 때문이다. 그것을 가리켜 그들은 명예라고 불렀다."

이것은 18세기 후반기를 고무하여 프랑스 혁명에 길을 터준, 인간 본성의 선함에 대한 바로 그 믿음이었다. 이탈리아인도 저마다 자기 안에

---

4) 라블레와 가장 유사한 인물은 메를리누스 코카유스, 즉 테오필로 폴렝고이다. 라블레는 폴렝고의 *Opus Macaronicorum*(이 책 제2부 231쪽, 제3부 346쪽)을 분명히 알고 있었고 여러 차례 인용도 했다(*Pantagruel*, L. II, ch. 1, ch. 7, 마지막 대목). 그가 『가르강튀아』와 『팡타그뤼엘』을 쓰게 된 것도 폴렝고가 준 자극 때문이다.

5) *Gargantua*, L. I, ch. 57.

6) 고급스러운 의미에서 태생이 좋은 것을 의미한다. 왜냐하면 시농의 술집 주인 아들이던 라블레는 귀족 그 자체에 우위를 인정할 이유가 없었다. 수도원의 묘비명에 씌어 있는 복음 설교는 텔렘 수도원 사람들의 일상에 어울리지 않는다. 그것은 오히려 로마 교회에 대항하는 부정적인 의미로 해석해야 한다.

있는 고귀한 본성에 눈을 돌렸다. 비록 전체적으로는—특히 국가의 불행으로 인해—비관적인 평가를 받고 그런 느낌을 주었지만, 그들의 명예심만은 높이 사야 마땅하다. 개성의 무한정한 발달이 세계사적인 섭리였고 개인의 의지보다 더 강력한 기세로 대두했다면, 당시 이탈리아에 나타난 명예심이라는 대항력 역시 위대한 현상이었다. 이 힘이 얼마나 격렬한 이기심의 맹공에 맞섰고 얼마나 많은 승리를 거두었는지 우리는 모른다. 때문에 이탈리아인의 절대적인 도덕적 가치를 올바로 평가하기에는 우리 인간의 판단력이 충분하지 않은 것이다.

고도로 발달한 르네상스기 이탈리아인의 도덕성과 관련하여 우리가 중요한 일반 전제로 삼아야 하는 것은 상상력이다. 상상력은 그들의 덕성과 과실에 독특한 색깔을 부여했고, 사슬에서 풀린 이기심은 상상력에 지배당하면서 처음으로 가공할 모습을 드러냈다.

이탈리아인들은 상상력 덕분에 근대 최초의 대도박사가 되었다. 상상력은 미래의 부와 향락에 대해 생생한 모습을 그려냄으로써 그들로 하여금 모든 것을 도박에 걸도록 만들었다. 만일 코란이 처음부터 도박 금지를 이슬람교 윤리에 필수적인 안전장치로 박아놓지 않았다면, 그리고 국민의 상상력을 매장되어 있는 보물의 발견 쪽으로 돌리지 않았다면, 이슬람 사람들은 틀림없이 이탈리아인보다 도박에서 앞서갔을 것이다.

도박 열기가 보편화해 있던 당시의 이탈리아에서는 벌써 개인의 생존이 위협받거나 파괴되는 일이 비일비재했다. 피렌체에는 이미 14세기 말에 카사노바라고 불릴 만한 부오나코르소 피티라는 사람이 있었다. 그는 상인, 당원, 투기가, 외교관, 직업 도박사로 끊임없이 여행하면서 거액의 돈을 따고 잃었으며, 브라반트와 바이에른과 사부아의 군주들 외에는 상대하지 않았다.[7]

---

7) Delécluze, *Florence et ses vicissitudes*, Vol. 2에 피티의 일기가 발췌되어 실려 있다. 이 책 제4부 411쪽 참조.

로마 교황청이라고 불린 커다란 제비뽑기 항아리도 교황청 사람들로 하여금 거대한 음모를 꾀하는 중간에 주사위놀이로 긴장을 해소시키지 않으면 안 되는 자극적인 맛에 중독되게 했다. 일례로 프란체스케토 치보는 라파엘레 리아리오 추기경과 벌인 두 번의 도박에서 1만 4000두카토를 잃고는 상대편이 자기를 속였다며 교황에게 호소한 적이 있었다.[8] 그뒤로 이탈리아는 주지하듯이 복권의 본산지가 되었다.

상상력은 이탈리아인의 복수심에도 유별난 성격을 부여했다. 정의감은 예부터 유럽 모든 나라에서 동일한 감정이었고, 정의감이 상처를 입었는데도 상처입힌 자가 처벌받지 않으면 그것 역시 똑같은 반응을 일으켰다. 그러나 다른 나라 국민은 쉽게 용서하지는 않아도 쉽게 잊어버렸지만, 이탈리아인의 상상력 속에는 불의의 모습이 가공할 선명함으로 간직되어 있었다.[9] 그와 동시에 민중의 도덕관에서는 혈연의 원수 갚기*가 하나의 의무로 인정되어 때로는 잔인무도하게 자행된 것이 이런 일반적인 복수심에 특별한 발판을 마련해주었다. 도시 정부와 재판소도 복수의 존재와 정당함을 인정했으며 그저 최악의 극단적인 사태만 막으려 했다. 농민들 사이에서도 티에스테스의 향연**과 범위를 넓혀가는 맞살인이 일어났다. 한 증인의 말을 들어보자.[10]

아쿠아펜덴테 지방에서 세 명의 목동이 가축을 돌보고 있었다. 그 중 한 아이가, 어떻게 사람을 목 매달아 죽이는지 한번 해보자고 말했다.

---

8) Infessura, ed. Tommasini, p.250. 이 책 제1부 179쪽 참조.
9) 재기 넘치는 스탕달의 이 논리(*La chartreuse de Parme*, ed. Delahaye, p.355)는 내가 보기에 깊은 심리학적 관찰에서 나온 것 같다.
* 이탈리아어로 vendetta라고 하는데, 살해당한 사람을 위해 그 살해자의 가족 중 한 명을 죽여서 복수하는 것을 말한다.
** 그리스 신화에 나오는 복수극. 티에스테스는 형 아트레우스와 세력다툼을 벌이다 추방되자 자신이 기른 아트레우스의 아들 플레이스테네스를 형에게 보내서 살해하려고 했지만, 도리어 아트레우스가 자기 아들을 몰라보고 죽여버렸다. 그뒤 벌어진 표면적인 화해에서 아트레우스는 자신이 죽여놓은 티에스테스의 자식들의 고기를 그에게 먹였다.
10) Graziani, *Cronaca di Perugia*, 1473년 항목(*Arch. stor.* XVI, 1, p.415).

한 명이 다른 한 명의 어깨에 올라탔고, 나머지 한 명은 올라탄 아이의 목에 밧줄을 두른 뒤 그것을 참나무에 잡아맸다. 그때 늑대가 나타나는 바람에 두 아이는 나머지 아이를 매달아놓은 채 도망쳤다. 얼마 후 두 아이는 그 아이가 죽은 것을 알고는 땅에 묻었다. 일요일에 죽은 아이의 아버지가 빵을 가져다 주려고 왔을 때 두 아이 중 한 명이 사태를 설명하고 무덤을 보여주었다. 그러자 아버지는 그 아이를 칼로 죽여 절개하고는 간을 꺼내 갖고 돌아와 그것으로 아이의 아버지를 대접했다. 그리고 그가 먹은 것이 누구의 간인지 밝혔다. 그뒤로 두 집안 사이에서는 맞살인이 시작되었고 한 달 새에 36명의 남녀가 살해당했다.

이런 혈연의 원수갚기는 몇 대에 걸쳐 내려오면서 방계 친족과 친구들한테로까지 확대되고 상류층으로도 퍼져갔다. 연대기와 단편소설집에는 이에 관한 사례들, 특히 능욕당한 여자들로 인한 복수의 사례들이 가득하다. 예부터 복수의 땅으로 유명한 로마냐 지방에서는 원수갚기가 파당과 뒤얽혀 일어났다. 대담하고 역동적인 이 지방 사람들에게 몰아닥친 야만성은 전설에서 무시무시한 상징을 통해 묘사되어 있다.

일례로 라벤나의 한 귀족에 관한 이야기가 그것이다. 그는 자기 적들을 탑 안에 모아놓고 불태워 죽일 수도 있었으나, 오히려 그들을 밖으로 내보내어 포옹하고 극진하게 대접했다. 하지만 적들은 끓어오르는 치욕에 사로잡혀 모반을 꾀하기에 이르렀다.[11] 신심 깊고 성스러운 수도사들이 쉬지 않고 화해의 설교를 했으나, 그들이 이루어낸 것은 이미 벌어진 사건의 악화 방지가 고작일 뿐, 새로운 복수전의 발생은 막기 힘들었다.

단편소설에는 이렇게 종교의 영향을 받아 숭고한 감정이 무르익다가 예전에 발생한 돌이킬 수 없는 사건이 힘을 얻어 다시 분위기가 냉각되는 모습이 적지 않게 그려져 있다. 교황이라고 화해의 조성에서 언제나 성공한 것은 아니었다. "교황 파울루스 2세는 안토니오 카파렐로와 알

---

11) Giraldi, *Hecatommithi* I, *Nov.* 7.

베리노 가 사이의 반목이 그치기를 바라는 마음에서 안토니오 카파렐로와 조반니 알베리노를 불러 입맞춤을 하게 한 뒤, 만일 그들이 다시 서로 해를 가하면 2000두카토의 벌금을 매기겠다고 통고했다. 그러나 이틀 뒤 안토니오는 전에도 그에게 부상을 입혔던 조반니 알베리노의 아들 자코모의 칼에 찔렸다. 마음이 심히 언짢아진 교황은 알베리노의 재산을 몰수하고 그 집을 헐어버리고 알베리노 부자를 로마에서 추방했다."12)

화해한 사람들이 재발 방지를 위해 거행하는 서약 의식도 무시무시할 때가 많았다. 1494년 섣달 그믐날 밤 시에나 대성당에서13) 노베 당 사람들과 포폴라리 당 사람들이 두 사람씩 입맞춤을 할 때 낭독된 서약문에는, 앞으로 서약 위반자에게는 이승에서의 안녕은 물론이고 영원의 구제까지 박탈한다는 '몹시 끔찍하고 두려운 전대미문의 서약'이 적혀 있었고, 심지어 임종시의 마지막 위로도 저주로 변할 것이라고 했다. 물론 이 같은 것은 실제로 평화를 보증한다기보다는 중재자의 절망적인 심정을 표현한 것이고, 진정한 화해일수록 이런 말이 필요하지 않음은 너무도 당연할 것이다.

교양인과 신분 높은 사람들의 개인적인 복수욕도 이와 비슷한 대중의 도덕관이라는 강력한 기반에 바탕을 두고 다양하게 전개되었으며, 단편소설 속에서 보이는 여론의 절대적인 지지를 받았다.14) 사람들은 이탈리아 사직 당국이 아무런 정의도 세워주지 못하는 모욕과 피해, 특히 제재를 가할 적당한 법률이 없거나 있을 수가 없는 모욕과 피해에 대해서는 누구든지 자기가 직접 정의를 실현해도 좋다는 데 의견을 같이했다.

다만 그 복수에 기품이 있어야 하고, 복수 후의 만족감은 모욕한 자

---

12) Infessura, 1464년 항목.
13) Allegretto, *Diari sanesi*, in: Muratori, XXIII, Col. 837.
14) 복수를 하느님께 맡기는 자들은 Pulci, *Morgante*, canto XXI, Str. 83 이하, 104 이하에서 놀림감이 되고 있다.

의 물질적인 손해와 정신적인 굴욕에서 얻어지는 것이라야 했다. 잔인하고 졸렬한 완력의 승리만 갖고서는 여론에 의해 명예 회복으로 인정되지 못했다. 그러니까 명예와 조소와 관련된 감각을 갖춘 전 인격체가 승리를 거두어야 하는 것이지, 그저 주먹만으로는 되지 않았다.

이탈리아인은 소기의 목적 달성을 위해서는 어떤 위장도 할 수 있었지만, 원칙에서만은 타인 앞에서나 자기 자신에 대해서나 결코 위선을 부리지 않았다. 때문에 그들은 복수도 인간의 욕구라고 순수하게 인정했다. 냉철한 사람들은 복수가 원래의 격정에서 탈피하여 "상대로 하여금 나를 건드리지 못하게 하는"[15] 목적에서만 행해질 때 특히 찬사를 아끼지 않았다.

하지만 이런 경우는 격정의 발산을 위해 저지른 복수에 비하면 소수에 불과했을 것이다. 바로 이 점에서 복수와 혈연의 원수갚기가 뚜렷이 구별된다. 혈연의 원수갚기는 보복권(jus talionis)의 한계 안에 머무르지만, 복수는 그것을 넘어 필연적으로 정의감의 동의를 구하고, 나아가서는 감탄자, 때에 따라서는 조소자까지 자기 편에 두려고 하기 때문이다.

복수할 때까지 종종 시간을 오래 끄는 이유도 여기에 있다. '근사한 복수'에는 대개 상황이 조성되어야 하고 그러기 위해서는 시간을 두고 기다려야 하기 때문이다. 단편소설가들은 이런 기회가 서서히 무르익어가는 모습을 도처에서 희열을 섞어 묘사해놓았다.

고소인과 재판관이 동일인일 때는 행동의 도덕성에 대해 더 이상 판단을 내릴 필요가 없다. 이탈리아인의 복수심을 어떤 식으로든 변호하고자 한다면, 그것은 그에 대응하는 미덕, 즉 보은의 감정을 증명함으로써 해야 할 것이다. 그가 당한 불의를 되살리고 확대시킨 상상력은 그가 입은 호의도 분명히 기억 속에 간직했을 것이다.[16] 이것을 이탈리

---

15) Guicciardini, *Ricordi*, Ibid., N. 74.
16) 카르다노는 *De propria vita*, cap.13에서, 자신은 지극히 복수욕이 강하지만 진실을 말하고, 은혜를 잊지 않고, 정의를 사랑하는 사람이라고 묘사했다.

아 국민 전체를 들어 증명하기는 불가능하지만, 현재 그들의 민족성 속에 이 자취가 없는 것은 아니다. 정중한 대접을 받고 일반인이 표하는 감사의 마음 그리고 상류층의 경우는 사교에서 보여주는 뛰어난 기억력이 그것이다.

이탈리아인의 상상력과 도덕성의 상호관계는 줄기차게 되풀이된다. 북유럽인은 감정을 좇는 상황에서 이탈리아인은 냉철한 타산을 드러내는 것처럼 보인다면, 그것은 이탈리아인이 더 자주, 그리고 더 일찍부터 강렬하게 자의식을 발달시킨 결과이다. 이탈리아가 아닌 곳이라도 같은 현상이 있는 나라에서는 비슷한 결과가 나타난다. 한 예로, 일찍부터 가정과 아버지의 권위에서 벗어나는 행동은 이탈리아와 북미 청소년들에게서 똑같이 볼 수 있다. 그리고 심성이 고결한 사람들은 나중에 부모와 자식 사이에 자유로운 공경과 자애의 관계를 정립한다.

다른 나라 국민의 심성에 대해서 판단을 내리기란 정말로 어려운 일이다. 물론 그 심성은 수준 높게 발달되어 있을 수도 있지만, 외국인이 깨닫지 못할 만큼 낯설 수 있고, 눈에 안 보이게 깊숙한 곳에 숨어 있을 수도 있다. 어쩌면 유럽의 모든 나라는 이 점에서 똑같이 축복받은 것인지도 모르겠다.

상상력이 무시무시한 폭군으로 도덕에 개입한 경우가 있다면, 그것은 남녀간의 불륜에서였다. 알려진 바와 같이 중세에는 매독이 나타나기 전까지 일반적으로 매춘을 꺼리지 않았다. 이때 성행한 갖가지 매춘을 비교하고 통계 내는 것은 이 책의 과제가 아니다. 그런데 르네상스기의 이탈리아는, 결혼생활과 그 권리를 어쩌면 다른 어느 나라보다 더 많이, 더 의식적으로 짓밟았다는 것이 특징이다. 상류층 처녀들은 철저하게 바깥 세상과 격리되어 있었으므로 논의의 대상이 되지 못한다. 모든 열정은 기혼여성과 관련되어 있었다.

여기에서 주목할 것은, 그럼에도 불구하고 결혼이 뚜렷하게 줄어들지 않았고, 북유럽이라면 비슷한 상황에서 일어났을 가정 파탄도 없었다는 것이다. 이탈리아인은 기분 내키는 대로 살고 싶어했지만 가정만은 절대 포기하려고 하지 않았으며, 설사 그것이 자기 가정이 아니라고 해도 마찬가지였다. 때문에 이탈리아 민족이 육체적으로나 정신적으로 침몰하는 일은 없었다.

따라서 16세기 중엽에 나타난 정신적인 쇠퇴는 정치나 종교 같은 특정한 외부적 상황을 그 원인으로 꼽을 수 있다. 비록 르네상스가 안고 있는 창조력의 수명이 다했다는 것을 인정하고 싶지는 않겠지만 말이다. 이탈리아인들은 갖가지 탈선에도 불구하고 언제나 심신 양면에 걸쳐 유럽에서 가장 건강하고 고결한 민족의 하나였으며,[17] 윤리성을 회복한 오늘날까지도 주지하듯이 이 우위를 지켜가고 있다.

르네상스기의 애정관을 자세히 들여다보면, 각종 진술에서 드러나는 이상한 모순 때문에 당황하게 된다. 단편소설가들과 희극 작가들은, 사랑이란 향락에 있을 뿐이고 그것을 얻기 위해서라면 비극적이든 희극적이든 모든 수단이 용납될 뿐 아니라, 나아가 그 수단이 대담하고 야비할수록 그만큼 흥미진진하다는 듯이 얘기하고 있다. 반면에 그보다 나은 서정시인이나 대화 작가의 글을 읽으면, 거기에는 심오하고 고귀한 정신적 열정이 살아 있으며, 열정의 궁극적인 최고의 표현도 신성 속에서 이루어지는 영혼의 근원적 합일이라고 하는 고대의 이상 속에서 찾고 있다.

두 견해는 당시에 모두 진실이었고 동일한 개인 속에 공존할 수 있었다. 근대 교양인의 마음속에 이렇듯 서로 다른 차원의 감정이 동시에 무의식적으로 존재했다는 것, 게다가 그것을 의식적으로, 때에 따라서는 예술적으로 표현했다는 것은 결코 자랑스러운 일은 못 될지 모르나 엄연한 사실이었다. 이런 점에서도 근대인은 고대인처럼 처음으로, 결코 중세인은 되지 못했고 될 수도 없었던 하나의 소우주였다.

먼저 단편소설에 그려진 애정관에 주목해보자. 이미 얘기했듯이 그

---

17) 물론 에스파냐의 지배가 무르익으면서 상대적으로 인구가 감소하기 시작했다. 인구 감소가 풍기문란의 결과였다면 그것은 훨씬 일찍부터 나타났을 것이다.

대부분은 기혼여성을 다룬 것들이고 따라서 간통을 소재로 삼고 있다.

이와 관련해 중요한 것은 앞에서(479쪽 이하) 언급한 남녀의 동등성에 대한 사고방식이다. 교양이 높고 개성이 발달한 이탈리아 여성은 북유럽과는 전혀 다른 자주권으로 자신의 일을 결정했으며, 부정(不貞)도 그것이 초래하는 외면적인 후유증만 막을 수 있으면 여성의 일생에 심각한 균열을 가져오지 않았다. 아내의 순결에 대한 남편의 권리도 북유럽 남성들이 구혼과 약혼 시절의 열정과 시를 통해 획득하는 단단한 기반은 가지지 못했다. 젊은 여성은 장래의 남편감과 대강 안면만 익힌 뒤 곧바로 부모나 수도원의 감독에서 벗어나 세상으로 나가고, 이 시기를 기점으로 그녀의 자의식은 급속도로 성장한다.

때문에 위에서 말한 남편의 권리는 몹시 제한적일 수밖에 없으며, 그 권리를 기득권으로 여기는 남성도 외면적인 행위에 대해서만 그것을 주장할 뿐 감정에까지 적용하지는 않았다. 일례로 노인을 남편으로 둔 어느 미모의 젊은 여성은 자기의 명예를 지키겠다는 굳은 결심으로 젊은 연인이 보낸 선물과 편지를 되돌려보냈다. "하지만 그녀는 그 젊은 이가 뛰어난 청년이었기에 그의 사랑을 기쁘게 생각했으며, 고귀한 여성은 자신의 명예를 손상시키지 않는다면 뛰어난 남성을 사랑해도 괜찮다고 생각했다."[18] 그러나 이 같은 분별에서 앞뒤 없는 몰입까지는 그리 먼 걸음이 아니었다.

분별 없는 몰입은 남편이 부정을 저질렀을 때는 정당한 행위로 여겨졌다. 자의식이 발달한 아내는 남편의 부정을 그저 고통으로만 느낀 게 아니라 조소와 굴욕, 특히 기만으로 받아들였으며, 이에 따라 어떤 때는 아주 냉정하고 태연하게 남편이 받아 마땅한 복수를 가했다. 이때 해당 상황에 맞는 징벌의 수위를 조절하는 것은 아내의 요령에 달려 있었다. 가령 깊은 모욕을 가하더라도 그것이 철저히 비밀로 남아 있을

---

18) Giraldi, *Hecatommithi* III, *Nov.* 2. 비슷한 이야기가 *Cortigiano*, L. III, cap.57에 있다.

때는 화해와 평온한 앞날을 열어줄 수 있었다. 이런 일을 경험했거나 당시의 분위기에 맞게 창작한 단편소설가들은 복수가 지극히 적절하거나 예술품이 될 때 감탄을 아끼지 않았다.

물론 남편들은 당연히 이런 보복권을 원칙적으로 인정하지 않았고, 혹 인정했어도 그것은 두려움이나 신중함에서 나온 결과였다. 그러나 이런 이유들이 사라질 때, 즉 아내의 부정으로 인해 제3자의 조소가 예상되거나 적어도 그것이 염려될 경우에는 사태가 비극으로 치달아 폭력적인 역복수와 살인도 적지 않게 일어났다. 그런데 이런 일이 발생한 저변에는 남편뿐만 아니라 그의 처남[19]과 장인까지 복수를 정당하게 여기고 의무로까지 생각했다는 특징이 있었다. 그렇게 되면 질투는 더이상 아무것도 아니었고 도덕감도 별다른 역할을 하지 못했다. 오로지 제3자의 조소를 막아보려는 것만이 복수의 주된 이유였다.

반델로는 이렇게 말한다.[20] "요즈음 우리는 자기 욕망을 채우려고 남편을 독살하고는 이제 과부가 되었으니 멋대로 행동해도 좋을 거라고 생각하는 여성을 볼 수 있다. 어느 여인은 자신의 부정한 관계가 탄로날 것이 두려워 애인을 시켜서 남편을 살해한다. 그러면 그녀의 아버지와 형제와 남편이 치욕을 없애려고 독약과 칼 같은 여러 수단을 들고일어서지만, 많은 여성들은 여전히 자신의 인생과 명예를 내팽개친 채 정열에 몸을 맡기며 살고 있다."

다른 글에서 반델로는 약간 누그러진 어조로 이렇게 부르짖는다. "이사람은 아내의 정절을 의심하여 살해했고, 저 남자는 딸이 내연의 관계를 맺었다고 목 졸라 죽였으며, 어떤 사람은 자신이 정해준 결혼을 하

---

19) 1455년 페루자에서 발생한, 오빠가 복수하는 끔찍한 사례는 *Arch. stor.* XVI, 1, p.629에 있는 Graziani의 연대기에 실려 있다. 오빠는 누이의 정부(情夫)에게 강제로 자기 여동생의 눈을 빼게 하고 그를 두들겨 패서 쫓아버린다. 이 가족은 오디 가문의 한 분파이며 정부는 밧줄을 꼬는 사람에 지나지 않았다.

20) Bandello, Parte I, *Nov.* 9, 26. ─아내의 고해신부가 그 남편에게 매수당해 간통을 폭로하는 경우도 있었다.

지 않겠다는 여동생을 사람을 시켜서 살해했다. 제발 이런 이야기들이 매일같이 들려오지 않았으면 좋으련만. 우리 남성들은 하고 싶은 것을 다 하려고 하면서도 불쌍한 여성들에게는 그것을 인정해주지 않으니 너무 잔인하지 않은가. 여성들이 우리 마음에 들지 않는 행동을 할 때면 우리는 당장 밧줄과 단도와 독약을 손에 쥔다. 자신과 온 집안의 명예가 한 여성의 욕망에 달려 있다고 생각하는 남자들은 얼마나 어리석으냐!"

그러나 유감스럽게도 이런 사태의 결말은 너무도 뻔했다. 그래서 단편소설가들은 위협받고 있는 애인이 살아서 여기저기를 활보하고 다녀도 그를 죽은 자로 그려내기 일쑤였다. 안토니오 볼로냐라는 의사는 아라곤 가 출신의 말피 공작의 미망인과 내연관계에 있었다. 그러나 미망인의 형제들은 그녀와 그 아이들을 어느 성으로 데려다가 죽여버렸다. 이것도 모르고 희망에 들떠 있던 안토니오는 고용된 자객이 잠복하고 있는 밀라노에 머무르면서 이폴리타 스포르차의 사교모임에 나가 자신의 불운한 처지를 류트에 맞춰 노래불렀다. 이 집안의 지기인 델리오는 "바로 이 대목까지 시피오네 아텔라노에게 이야기해준 뒤 덧붙이기를, 그의 생각에는 안토니오가 살해당할 것이 분명하므로 이것을 자신의 소설에서 다루겠다고 말했다." 이후 안토니오가 델리오와 아텔라노가 보는 가운데 살해당하는 모습이 반델로의 글(I, 26)에 선명하게 묘사되어 있다.

그러나 단편소설가들은 간통에 등장하는 재치와 교활함과 희극성에 언제나 손을 들어주었다. 그들은 집안에서 벌어지는 숨바꼭질, 의미심장한 눈짓과 편지, 애인을 숨겨서 내갈 수 있도록 미리 쿠션과 과자를 넣어둔 궤짝 따위를 재미나게 묘사한다. 배신당한 남편은 상황에 따라 원래부터 우스꽝스러운 인물로 그리거나 무시무시한 복수자로 묘사했으며 그밖의 다른 유형은 그려내지 않았다. 단, 아내가 악독하고 잔인하여 남편과 정부(情夫)가 죄 없는 희생자로 그려질 경우는 있었다.

그런데 이 마지막의 경우는 소설 속 이야기가 아니라 현실에서 취해

온 끔찍한 사례라는 것을 알게 될 것이다.[21]

16세기를 통해 이탈리아인의 생활이 에스파냐식으로 변하면서 폭력으로 치닫는 질투심이 더욱 증가한 것 같다. 그러나 이 질투심은 전부터 이탈리아의 르네상스 정신을 바탕으로 존재했던 부정(不貞)에 대한 보복과 구별되어야 한다. 그뒤 에스파냐 문화의 영향이 감소하면서 극단으로 치닫던 질투도 17세기 말에는 상반된 감정으로 돌변했다. 그래서 정부(情夫)를 집안에 없어서는 안 될 인물로 생각했고, 더욱이 한 명 또는 그 이상의 구애자까지 용인하는 무관심으로 나타났다.

지금까지 묘사한 상황에서 보이는 어마어마한 부도덕을 다른 나라에서 일어난 것과 과연 누가 비교할 수 있을까? 가령 15세기 프랑스인들의 결혼생활은 정말 이탈리아인보다 거룩했을까? 우화와 익살극을 보면 강한 의구심이 생기면서, 부정은 프랑스에서도 똑같이 다반사로 저질러졌고, 단지 그곳 사람들은 자기 주장을 내세우는 개성의 발달이 미약하여 비극으로 끝장나는 일이 드물었으리라 생각된다.

오히려 게르만 민족에게 유리한 결정적인 증거들이 있다. 그것은 영국과 네덜란드를 여행한 이탈리아인들이 호감의 눈으로 바라본, 여성과 처녀들의 커다란 자유였다(483쪽의 주 9). 그러나 여기에도 지나치게 큰 무게를 두어서는 안 된다. 부정은 이곳에서도 흔한 일이었고 두드러진 자의식의 소유자들은 사태를 비극으로까지 몰고 갔다. 그 무렵 북유럽 군주들이 일말의 의혹이 생기기가 무섭게 자기 아내를 어떻게 다루었는지 생각해보라.

금단의 땅에서 노닌 것은 평범한 인간들의 비천한 정욕과 음습한 욕망만이 아니었다. 고귀하고 선량한 인간의 열정도 그곳을 거닐었다. 미혼의 처녀는 사교계에 출입하지 않은 것이 한 이유이기도 했지만, 그보다는 완벽한 남성일수록 이미 결혼생활을 통해 성숙해진 여성에게 가장 큰 매력을 느꼈기 때문이다.

---

21) 그 한 예가 Bandello, Parte I, *Nov.* 4에 나와 있다.

이 남성들이 바로 서정시에서 고원한 선율로 사랑을 노래부른 이들이며, 논문과 대화에서는 애타는 정열을 승화시켜 '신성한 사랑'의 모습을 보여준 사람들이다. 그들이 날개 달린 신의 매정함을 탄식한 것은 단지 사랑하는 여인의 냉정함이나 자제심을 뜻한 것이 아니라, 자신들의 관계가 부당하다는 의식의 표현이었다. 그래서 그들은 이 고뇌를 플라톤의 영혼설에 의지한 사랑의 이상화로 극복하려고 했으며, 그 가장 대표적인 인물이 피에트로 벰보이다.

우리는 벰보의 말을 그의 『아솔라니』 제3권에서 직접 들어볼 수도 있고, 간접적으로는 카스틸리오네를 통해 전해들을 수 있다. 카스틸리오네는 『궁신』 제4권의 감동적인 결어를 벰보를 시켜 말하게 했다. 벰보와 카스틸리오네는 금욕적인 생활을 하지는 않았다. 그러나 그때는 이름이 나고 동시에 선량하다는 것만으로도 대단한 일이었다. 우리는 두 작가에게 이 찬사를 바치지 못할 까닭이 없다. 당대 사람들은 두 사람의 말을 진정한 체험의 산물로 여겼으며 우리도 그것을 단순한 허사로 무시하면 안 된다. 『궁신』에 나오는 이야기를 직접 읽어보는 사람이라면, 그것을 발췌하여 들려주어도 그 내용을 이해하는 데 별로 도움이 되지 않음을 알 것이다.

당시 이탈리아에는 줄리아 곤차가, 베로니카 다 코레조, 특히 비토리아 콜론나처럼 주로 이런 종류의 관계 때문에 유명했던 귀족 여성들이 상당수 있었다. 방탕아와 조소자의 나라 이탈리아는 이 같은 유형의 사랑과 여인들을 존중해주었으니, 이 여성들에게 그 이상의 찬사는 없을 것이다. 혹 여기에 허영심이 섞여 있었는지, 비토리아가 자기 주변에서 울려퍼진 이탈리아 유명 남성들의 가망 없는 사랑의 승화된 고백을 즐겁게 듣고 있었는지, 그걸 누가 알겠는가? 때로 이 사랑이 유행이었다고 해도, 적어도 비토리아가 이 유행에서 벗어나지 않고 만년에 와서도 여전히 강한 인상을 남겼다는 것은 결코 하찮게 볼 일이 아니다. 다른 나라에서 비슷한 현상이 나타나기까지는 오랜 세월이 흘러야 했다.[22]

그 어느 민족보다 이탈리아 국민을 단단히 사로잡은 상상력은, 그들

의 열정이 시간이 흐르면서 과격해지고 때에 따라서는 열정의 충족수
단까지 범법성을 띠게 된 일반적 원인이 되었다. 과격함 중에는 억제하
기 힘든 나약성 때문에 빚어지는 것도 있지만, 이탈리아인의 경우는 그
와 반대로 힘의 타락이었다. 또한 그 타락은 종종 감당할 수 없는 사태
로 발전했으며 범죄는 나름의 개인적인 확고함을 획득했다.

제동장치도 별로 없었다. 사람들은 하층민까지 포함하여 모두, 폭력
을 기반으로 부당하게 건립된 국가와 그 경찰의 규제에서 심정적으로
해방되어 있다고 느꼈으며, 법의 공정성을 믿는 사람도 더 이상 없었
다. 살인이 벌어지면 자세한 전말이 밝혀지기 전까지는 무의식중에 살
인자에게 동정이 쏠렸다.[23] 또 살인자가 처형되기 전이나 처형되는 순
간에 보여준 남자다운 당당한 행동거지는 그 사건을 얘기해주는 사람
이 곧잘 처형의 이유를 빠뜨리고 전해줄 만큼 감동을 자아냈다.[24]

이렇듯 사법에 대한 내심의 경멸과 숨어서 때를 기다리는 수많은 복
수에 더하여 정치적 소요기 같은 때에 볼 수 있는 면죄까지 등장하면,
국가와 시민생활이 와해될 것 같은 생각이 든다. 나폴리가 아라곤 왕조
의 지배에서 프랑스와 에스파냐의 지배로 넘어가던 때가 그랬고, 밀라
노에서 스포르차 가문이 수차례나 추방과 복귀를 거듭하던 시기도 그
런 위기였다. 이 같은 때에는 국가와 사회를 내심으로 부정하면서 약탈
적이고 살인적인 이기심을 무한정 발휘하는 인간들이 발호한다. 그 예

---

22) 〔이상하게도 부르크하르트는 르네상스기의 이탈리아에 널리 퍼져 있던 계간에
  대해 전혀 언급하지 않았다. 성 베르나르디노 다 시에나는 설교 중에 바로 이
  악덕을 비난했으며 다른 참회설교사들도 마찬가지였다. Cf. Schnitzer,
  Savonarola I, p.272 이하.〕
23) Giraldi, III, *Nov.* 10에서는, 살인범이 그가 저지른 행위 때문에 목이 달아날 수
  도 있다는 말을 들은 가정주부들이 "제발 그 사람이 발각되지 않았으면 좋겠다"
  고 말한다.
24) 일례로 Giovano Pontano, *De fortitudine*, L. II에서 볼 수 있다. 처형되기 전
  날 밤을 춤과 노래로 지새운 대담한 아스콜리 사람들이나, 형장으로 가는 아들에
  게 용기를 북돋워준 아브루치 지방의 한 어머니는 도둑 집안 사람들인데도 폰타
  노는 이것을 언급하지 않았다.

를 비교적 작은 범위 안에서 들어보자.

1480년 무렵, 밀라노 공국에서 갈레아초 마리아 스포르차가 죽고 나라가 내부의 위기로 어지러워지자 지방도시에서는 치안 부재상태가 시작되었다. 일례로 파르마가 그랬는데,[25] 밀라노 총독은 암살 음모에 놀라 하는 수 없이 흉악범들을 석방시켰다. 그러자 가택 침입과 건물 파괴와 공공연한 살인이 다반사로 일어났고, 처음에는 복면강도들이 하나둘씩 돌아다니다가 나중에는 무장한 떼강도가 매일 밤 거리낌없이 활개치고 다녔다.

그 와중에 모독적인 장난과 풍자와 협박문이 나돌았고, 당국을 비웃는 소네트는 끔찍스러운 사회 불안보다 더 한층 위정자들을 격분시켰다. 여러 교회에서 성체 기물과 성찬용 빵이 함께 도둑맞은 것을 보면 이 무법천지의 양상이 어땠는가 짐작이 간다. 만일 오늘날 세계 각국에서 정부와 경찰이 직무를 중단하고도 그 자체의 존재 때문에 임시통치권의 설립이 불가능하다고 할 때 어떤 일이 일어날지는 아무도 예측할 수 없다. 그러나 당시 이탈리아의 상황은 복수욕까지 단단히 가세해서 벌어진 아주 독특한 사건이었다.

대체로 르네상스기의 이탈리아는 평상시에도 다른 나라보다 큰 범죄가 빈발했을 것 같은 인상을 준다. 범죄에 대해서는 그 어느 곳보다 이탈리아가 비교적 상세한 정보를 남겨놓았고, 또 실제 범죄에 영향을 준 상상력이 일어나지 않은 범죄까지 생각해내기 때문에 그런 인상을 받을 수도 있다. 하지만 범죄의 총 발생건수는 다른 곳도 대략 비슷했던 것 같다. 뻔뻔한 부랑자와 폭력을 휘두르는 걸인과 노상강도짓을 하는 기사로 들끓던 1500년 무렵의 강력하고 부유한 독일에서는 전반적으로 치안상태가 더 안전했는지, 그리고 사람의 목숨도 근본적으로 확실히 보장되어 있었는지는 알 수 없다. 그러나 분명한

25) *Diarium Parmense*, in: Muratori, XXII, Col. 330~349. 〔*Cronica gestorum in partibus Lombardiae et reliquis Italiae*라는 제목으로 새로 간행된 무라토리의 문헌에 나와 있다. ed. by A. Bonazzi, 1904, p.63 이하; Sonett p.71.〕

것은, 이탈리아에서는 사전계획 하에 돈을 주고 제3자를 고용해서 저지르는 범죄, 때로는 생업으로까지 변한 범죄가 무시무시하게 확산되었다는 점이다.

먼저 강도부터 보면, 이탈리아는 대부분의 북유럽 나라들과 비슷했거나, 토스카나처럼 비교적 운이 좋은 지방에서는 오히려 북유럽보다 강도에게 덜 시달렸던 것 같다. 그래도 여기에는 이탈리아 특유의 인물이 있었다. 일례로 다른 나라에서는 정욕 때문에 정신이 황폐해지고 차츰 도적의 우두머리로 변신한 성직자는 보기 힘들다.

이에 관해서는 다음의 일화가 전해진다.[26] 피가롤로의 사제 돈 니콜로 데 펠레가티는 1495년 8월 12일 페라라의 성 줄리아노 교회의 바깥쪽 탑 철창에 갇혔다. 그는 두 번에 걸쳐 자신의 최초 미사를 올렸는데, 첫 번째 미사를 올린 날 살인을 저지르고 얼마 후 로마에서 사면받았다. 그 뒤 다시 네 사람을 살해하고 두 여자와 결혼한 뒤 그들과 함께 각지를 돌아다녔다. 그뒤로도 그는 여러 건의 살인에 관여했으며, 여자들을 강간하거나 폭력으로 납치했고, 대규모로 강도짓을 벌이며 많은 사람을 죽였고, 무장하고 제복 입은 강도패들과 페라라 지방을 휘젓고 다니면서 폭력과 살인으로 양식과 잠자리를 빼앗았다. 그 사이사이에 일어난 사건까지 계산하면 펠레가티가 저지른 범죄는 어마어마한 수에 달한다.

당시에 감독은 별로 받지 않고 상당한 특권을 누리던 성직자와 수도사들 중에는 살인자와 범법자들이 도처에 많이 있었지만, 펠레가티 같은 사람은 거의 없었다. 반면에 마수초가 나폴리의 한 수도원에서 알게된 어느 해적처럼, 타락한 인간이 법망을 피하려고 수도복에 몸을 숨기는 것은 비록 자랑스러운 일은 못 되어도 위와는 별개의 문제였다.[27]

---

26) *Diario Ferrarese*, in: Murtori, XXIV, Col. 312 이하. 이 일화는 1837년이 되기 몇 년 전에 롬바르디아 서부 지역을 불안에 떨게 만든 어느 사제의 도당을 연상시킨다.

27) Massuccio, *Nov.* 29. ed. Settembr., p.314. 그 당사자는 말할 것도 없이 연애 사건에서 가장 운이 좋았다.

이와 관련해 교황 요한 23세의 전력이 어떠했는지는 자세히 전해지지 않는다.[28]

어쨌든 개인적으로 유명한 도적 두목들이 나타나기 시작한 것은 훗날에 와서, 즉 교황당과 황제당 또는 에스파냐와 프랑스의 정치적인 대립이 더 이상 이탈리아를 흔들어놓지 못한 17세기의 일이었다. 도적이 당원을 대신한 셈이다.

문화가 침투하지 못한 곳에서는 그 지방 사람들이 자기들 손에 들어온 타지인들을 끊임없이 살인적인 야만행위로 괴롭혔다. 특히 나폴리 왕국의 외딴 지방이 그랬다. 이곳에서는 고대 로마의 장원제에서 발생한 야만성이 전해내려와 외래인(hospes)과 적(hostis)을 아무 생각 없이 똑같이 취급했다. 그렇다고 그들이 무신앙자인 것은 아니었다. 한번은 어느 양치기가 고해석에 나타나 얘기하기를, 단식절에 치즈를 만들다가 우유 몇 방울이 입에 들어왔다고 겁에 질려 고해한 일이 있었다. 그 고장 풍습에 밝은 고해 신부는 그 기회를 빌려, 양치기가 종종 패거리들과 함께 여행객을 약탈하고 살해도 했지만 그것이 그곳에서는 다반사이므로 양심의 가책을 느끼지 않는다는 고백도 함께 얻어냈다.[29] 앞에서도 얘기했듯이(433쪽의 주 14) 다른 지방에서도 정치적으로 불안한 때가 되면 농부들이 야만인으로 변했다.

강도짓보다 더 심각한 윤리 타락의 징조는 돈으로 사람을 사서 저지른 범죄의 빈발이었다. 이 방면에서는 뭐니뭐니해도 나폴리가 다른 도시를 앞서갔다. "이곳에서는 사람의 목숨만큼 싼값에 살 수 있는 것도 없었다"고 폰타노는 말한다.[30] 다른 지방에서도 같은 종류의 끔찍한 범

---

28) 요한 23세가 젊은 시절에 나폴리를 둘러싸고 벌어진 두 앙주 가의 전쟁에서 해적으로 등장한 것은 정치적 당원으로서 행한 일일 수 있으며, 이것은 당시의 통념상 결코 오욕이 아니었다. 제노바의 대주교인 파올로 프레고소는 15세기 후반에 이보다 더한 일도 저질렀던 듯하다.

29) Poggio, *Facetiae*, p.164. 지금의 [1860년] 나폴리를 아는 사람이라면 일상의 다른 분야에서도 비슷한 소극(笑劇)을 들은 적이 있을 것이다.

죄가 줄지어 발생했다. 그리고 여기에는 정치적 목적, 당파간의 증오, 개인적인 적대감, 복수, 공포심이 뒤섞여 작용했기 때문에 그 범죄들을 각각의 동기에 따라 구분하기가 어렵다.

당시 이탈리아에서 최고의 발전을 이룬 피렌체 사람들 사이에서 그 같은 일이 가장 적게 일어났다는 것[31]은 그들에게는 최고의 명예였다. 정당한 소원(訴願)에 대해서는 국민이 인정하는 사법이 존재했기 때문이기도 하고, 높은 문화수준에 힘입어 사람들이 운명의 수레바퀴에 범법으로 대항하는 태도에 의견을 달리했기 때문일 수도 있다. 살인 행위가 얼마나 예측 불허의 악영향을 미칠 수 있는지, 그리고 이른바 유익한 범죄라도 그 장본인 역시 영구적이고 결정적인 이득과는 얼마나 거리가 먼지, 이런 것을 고려한 사람들이 있다면 그것은 피렌체인들이었다. 피렌체가 자유를 잃은 뒤에는 암살, 특히 돈으로 산 자객에 의한 암살이 급속히 증가한 것 같으며, 이런 상황은 코시모 1세의 정부 치하에서 경찰력이 일체의 범죄를 다스릴 만한 힘을 기를 때까지 계속되었다.[32]

그밖의 이탈리아 지방에서는 지불능력이 있는 고위층의 사주자가 얼마나 되느냐에 따라서 돈으로 산 범죄의 발생빈도가 달라졌다. 이를 통계로 정리해볼 생각이 든 사람은 없었지만, 어쨌든 폭력에 의한 사망사건이라고 소문이 돈 것 가운데 극히 일부만이 진짜 살인으로 밝혀졌지만, 그래도 그 수는 어마어마했다. 최악의 본보기는 역시 군주와 정부

---

30) Jovian. Pontan., *Antonius*: "nec est quod Neapoli quam hominis vita minoris vendatur." 물론 폰타노는 앙주 가가 지배했을 때는 아직 그렇지 않았다고 말한다. "암살은 그들—아라곤 사람들—에게서 전해받은 것이다." 1534년의 상황은 Benv. Cellini, I, 70에 나와 있다.

31) 이것을 정식으로 증명할 수 있는 사람은 없겠지만, 어쨌든 피렌체에서 살인이 일어났다는 말은 별로 없으며, 평화로운 시기에는 피렌체 작가들의 상상력도 이런 종류의 의혹으로 차 있지는 않았다.

32) Albèri, *Relazioni*, serie II, Vol. I, p.353 이하에 나와 있는 Fedeli의 보고서 참조.

당국이 보여주었다. 그들은 살인을 거리낌없이 자기들의 전능의 수단으로 생각했으며, 여기에는 체사레 보르자 같은 인물도 따라가지 못했다. 스포르차 가와 아라곤 왕가, 훗날에는 카를 5세의 앞잡이들까지도 목적에 합당하다 싶으면 무슨 일이든 서슴지 않았다.

결국 이탈리아 국민의 뇌리 속에는 이런 사건들에 대한 상상이 난무하여, 권력자가 죽어도 그것을 자연사로 믿는 일은 거의 없었다. 사람들은 독약의 효력에 대해 때로는 어처구니없는 상상까지 했다. 보르자 가의 사람들이 사용한 가공할 백색 가루(186쪽 이하)가 정해진 시간에 약효를 발했다는 것은 사실일지 모른다. 또 살레르노의 군주가 아라곤의 추기경에게, "당신 아버지인 페란테 왕이 우리 모두를 짓밟으려 했으니 당신은 며칠 안에 죽을 것이오"[33]라고 말하면서 건넨 독약도 정말 시한독약이었을 수 있다.

그러나 카테리나 리아리오가 교황 알렉산데르 6세에게 보낸 독 묻은 편지[34]는, 만약 교황이 그 편지를 읽었다 해도 그를 죽이기는 어려웠을 것이다. 알폰소 대왕이 코시모 데 메디치가 보낸 리비우스를 읽지 말라고 의사에게서 경고를 받자, "그런 바보 같은 소리는 그만두라"고 대꾸한 것도 당연했다.[35] 마찬가지로 피치니노의 비서가 교황 피우스 2세의 가마에 바르려고 했던 독약도 주술적인 효과밖에는 내지 못했을 것이다.[36]

광물성 독약과 식물성 독약 중 어느 것이 상용되었는지는 확실히 말

---

33) Infessura, ed. Tommasini, p.186 이하.

34) *Chron. venetum*, in: Muratori, XXIV, Col. 131. —북유럽인들은 이탈리아인의 독약 이용술에 대해서 더욱 무시무시한 상상을 품고 있었다. *Juvénal des Ursins*, ad a. 1382(ed. Buchon, p.336)에 언급된, 두러스(알바니아의 항구도시—옮긴이)의 왕 샤를이 고용한 조독사의 유엽도(柳葉刀) 참조. 이 칼을 쳐다보는 사람은 죽었다고 한다.

35) Petr. Crinitus, *De honesta disciplina*, L. XVIII, cap.9.

36) Pius II., *Comment.*, L. XI, p.562. —Joh. Ant. Campanus, *Vita Pii II.*, in: Muratori, III, 2, Col. 988.

하기 어렵다. 화가인 로소 피오렌티노가 자살할 때(1541년) 들이마신 액체는 분명히 강한 산성의 약[37]이어서 그것을 남에게 눈치채지 않게 먹이기란 불가능했다. 밀라노와 나폴리 등지에서는 암살의 무기로 특히 단도를 사용할 수 있는 기회가 불행히도 끝없이 많았다. 유력자가 자신의 신변 보호를 위해 무장시킨 종복들 사이에서 한가함 때문에라도 여기저기서 살인욕이 생길 수 있었던 것이다. 만약 종복들 가운데 몇 명은 그저 눈짓만으로도 충분하다는 것을 주인이 몰랐다면 그 많은 잔인한 행동은 일어나지 않았을 것이다.

남을 파멸시키는 데 쓴 비방(秘方) 중에는——최소한 사용 의도로 보자면——마법도 있었지만,[38] 적극적으로 사용한 예는 많지 않았다. 마법이니 요술이니 하는 말이 나온 것도 대개는 원래부터 증오하고 있던 사람에게 온갖 무시무시한 공포를 주려는 것이 목적이었다. 사람을 파멸시키고 죽음으로 모는 마법은 이탈리아 상류층보다는 오히려 14세기와 15세기의 프랑스와 영국 궁정에서 더 많이 이용되었다.

모든 분야에 걸쳐 개성이 발달한 이탈리아에서는 범죄를 위한 범죄를 저지른 극악무도한 인간이 꽤 많이 등장했다. 그들에게는 범죄가 어떤 목적 달성의 수단이 아니었고, 혹시 그랬다 하더라도 그 목적은 심

---

37) Vasari, A. IV, 82, *Vita di Rosso*. 불행한 결혼생활에서 실제로 독살이 더 많이 일어났는지 아니면 독살에 대한 염려가 더 많았는지는 판단하기 어렵다. Bandello, II, *Nov.* 5, 54 참조. Bandello, II, *Nov.* 40에는 아주 심각한 사례가 들어 있다. 자세히 적혀 있지는 않지만 서부 롬바르디아의 한 도시에는 두 명의 조독사가 살고 있었다고 한다. 또 어느 남편은 아내가 절망하는 모습이 진짜인지 확인하려고 색깔을 들인 물을 독약이라고 하면서 마시게 했고 그후 부부는 화해를 했다. ─카르다노의 집안에서만도 네 건의 독살사건이 있었다. *De propria vita*, cap.30, 50.

38) 페라라의 레오넬로에게 가한 마법은 *Diario Ferrarese*, in: Muratori, XXIV, Col. 194 ad a. 1445 참조. 평소에도 악명 높았던 베나토라는 범인에게 광장에서 판결문을 낭독하는 동안 하늘에서 큰 소리가 울리고 지진이 나자 사람들은 모두 도망치거나 쓰러졌다. 루도비코 일 모로가 그의 조카 잔갈레아초에게 행한 마법을 놓고 구이차르디니가 한 말(L. 1)은 여기에서 언급하지 않겠다.

리학의 잣대로 잴 수 없는 것들이었다.

이 가공할 인물로는 먼저 용병대장 몇 명을 들 수 있다.[39] 몬토네의 브라초, 티베르토 브란돌리노, 은제 흉갑에 '신과 동정과 자비의 적'이라고 써놓고 다닌 우르슬링겐의 베르너가 그들이다. 대체로 이 부류의 인간들이 모든 윤리의식에서 벗어난 최초의 흉악도들인 것만은 분명하지만, 그들의 최대 죄악이라는 것이—기록자에 따르면—종교적인 금령에 반항한 데 있고 그들의 인격이 음침하고 섬뜩한 빛을 내는 것도 바로 이 때문인 것을 생각하면, 그들에 대해 좀더 신중한 판단을 내릴 수 있을 것이다. 일례로 브라초는 찬송가를 부르는 수도사들에게 격분하여 그들을 탑 위에서 아래로 떨어뜨릴 만큼 반종교적인 성향의 인물이었지만,[40] "자기 병사들에게는 의리를 보인 위대한 장군이었다."

용병대장들의 범죄는 대개 돈벌이 때문에 저질러졌고, 여기에는 악덕에 빠지기 쉬운 그들의 위치가 추진력으로 작용했다. 아무리 잔혹한 범죄처럼 보이는 것도 거기에는 언제나 목적이 있었을 것이다. 그 목적이 그저 일반적인 공포감의 조성에 불과하다고 해도 말이다.

아라곤 가의 사람들이 저지른 만행은, 앞서도 보았듯이(98쪽 이하) 주로 복수욕과 공포심 때문이었다. 피에 굶주린 무차별의 잔학성과 악마적인 파괴욕은 그 누구보다도 에스파냐 사람인 체사레 보르자에게서 볼 수 있다. 그는 자신의 목적과 모든 생각할 수 있는 목적을 일찌감치 넘어서는 범법행위를 저질렀다(180쪽 이하).

리미니의 전제군주 시지스몬도 말라테스타(94 · 301쪽)에게서도 악을 행하는 잔인한 쾌감이 엿보인다. 로마 교황청은 물론이고[41] 역사의 심판도 그에게 살인, 강간, 간통, 근친상간, 성물 절도, 위증, 반역죄의 책임을 수 차례에 걸쳐 물었다. 그러나 그가 저지른 최대의 천인공노할

---

39) 만일 에첼리노 다 로마노가 자신의 야심을 이루려는 목적과 점성술이라는 미신에 빠져 살지 않았다면 여기에 함께 거명할 수 있을 것이다.

40) *Giornali Napoletani*, in: Muratori, XXI, Col. 1092, ad a. 1425.

41) Pius II., *Comment.*, L. VII, p.338.

만행은 친아들 로베르토를 상대로 시도한 계간이었다. 아들이 단도를 빼들고 물리친 이 사건[42]은 패륜의 소치일 뿐 아니라, 동시에 점성술 또는 마법상의 미신에서 나온 행위이기도 했던 것 같다. 교황 파울루스 3세의 아들인 파르마의 피에르루이지 파르네제가 파노의 주교[43]에게 저지른 계간과 관련해서도 사람들은 똑같은 설명을 했다.

상류층의 삶을 통해 전해진 당시 이탈리아인들의 특징적인 성격을 종합할 때 우리는 다음의 결론을 얻게 된다. 곧 그들의 성격에 있는 근본적인 결함은 그들을 위대하게 만든 조건이기도 하다는 것이다. 그것은 바로 발달된 개인주의였다. 개인주의는 우선 전제적이고 비합법적인 기존의 국가권력에서 내면적으로 벗어났다. 그런데 그가 도모하고 실행한 것들은 타당하게도 또는 부당하게도 반역행위로 간주되었다.

이기주의의 승리를 목격한 개인주의는 자신의 권리를 스스로 지켜내려 했고, 자기가 행한 복수로 인해 어두운 폭력의 세계로 떨어지면서도 내면에서는 평화를 회복했다고 믿었다. 그의 사랑이 쏠린 대상도 개인의식이 발달한 또다른 부류, 즉 자기 이웃의 아내였다. 그는 모든 객관적인 사실과 모든 종류의 규제와 법률에 맞서서 자기만의 절대적인 감정을 가지고 있었고, 각 상황에서 결정을 내릴 때는 명예심과 이익, 현명한 숙고와 정열, 체념과 복수욕이 마음속에서 조율되어가는 것에 따라 독자적인 결정을 내렸다.

만일 이기심이 넓은 의미에서든 좁은 의미에서든 모든 악의 근간이라면, 그것만으로도 이 시대의 자의식이 발달한 이탈리아인들은 그 어느 국민보다 악에 더 근접한 사람들이었을 것이다.

그러나 이탈리아인의 자의식이 발달한 것은 그들의 과실 때문이 아니라 세계사적인 결정에 의한 것이었다. 또 자의식의 발달은 이탈리아

---

42) Jovian. Pontan., *De immanitate*, cap. 17, Opp.II, 968. 여기에는 시지스몬도가 자신의 친딸을 임신시켰다는 애기도 나온다.

43) Varchi, *Storie fiorentine*, 끝부분. (이 문헌이 밀라노 판처럼 온전한 형태로 출간되었을 경우.)

인에게만 닥친 것이 아니라, 근본적으로는 이탈리아 문화를 매개로 하여 유럽 모든 나라에 전파되었고, 이후로 유럽인들의 삶을 이어주는 차원 높은 매개물이 되었다. 자의식의 발달은 그 자체로 볼 때 선도 아니고 악도 아닌 필요불가결의 것이며, 자의식이 발달해야만 근대의 선악 개념, 즉 중세의 그것과 본질적으로 구별되는 윤리적인 책임의식도 발달한다.

르네상스기의 이탈리아인은 새 시대를 알리며 밀어닥친 이 거대한 첫 파고를 넘어서야 했다. 그들은 자신들의 재능과 정열로써 이 시대의 모든 고귀함과 모든 저열함을 대표하는 가장 독특하고 두드러진 사람들이 되었다. 심각한 패륜과 동시에 고귀한 인간성의 조화를 펼쳐 보이면서 개인 생활을 예찬하는 찬란한 예술까지 발전시켰으니, 이것은 중세와 고대가 원하지도 않았고 원했어도 이룰 수 없는 것이었다.

2 일상에서의 종교

　한 민족의 윤리성과 가장 밀접하게 연관되어 있는 것은 신에 대한 그 민족의 의식 문제이다. 다시 말해, 이 세계가 행복의 낙원으로 예정되어 있다고 믿든, 고난과 곧이어 닥칠 멸망의 운명을 안고 있다고 믿든, 이 세계를 주관하는 신의 섭리에 대한 믿음이 어느 정도인가 하는 점이다. 물론 이에 대해서는 장소와 사람에 따라 전혀 다른 정서가 생길 것이다.

　르네상스기에는 각 도시와 시대마다 행복을 주저없이 새롭게 만끽하는 풍조가 지배했다. 그러나 16세기에 외세의 지배가 확고해지면서 사려 깊은 사람들이 암울한 정조에 빠지는 조짐이 보이기 시작했다. 이 시기 이탈리아인의 무신앙은 대체로 악명이 높았다. 그 증거를 찾기 위한 노력을 아끼지 않는 사람이라면 수백 가지의 진술과 사례를 어렵지 않게 모을 수 있을 것이다. 이번 장에서 우리가 할 일도 그것들을 정리하고 구분하는 것일 뿐, 최종적인 판단은 역시 하지 않을 것이다.

　과거에 신에 대한 의식의 근원이자 버팀목이 되어준 것은 기독교 신앙과 그 외형의 권력인 교회였다. 교회가 타락했을 때 사람들은 이 두 가지를 구분하고 자신의 종교만은 지켜나아갔어야 옳았다. 그러나 이것은 말하기는 쉬워도 실행하기는 간단치 않은 요구이다. 원칙과 그것의 외형적인 표현 사이에 끊임없이 모순이 있을 경우, 그것을 어느 민족이든지 다 무심하고 둔감하게 대하지는 않는다.

유사 이래로 가장 무거운 책임이 쏟아진 대상은 추락해가는 교회였다. 교회는 순수함이 흐려진 교리, 자신의 절대권 행사를 위해 왜곡시킨 교리를 모든 폭력수단을 동원해 참된 진리로 관철시켰고, 교회의 불가침성을 믿고 타락에 몸을 내맡겼다. 또 교회는 이러한 상황에서 살아남으려고 각 민족의 정신과 양심에 치명타를 가했으며, 내심으로 교회에서 등을 돌린 수많은 재사들을 무신앙과 절망의 구렁으로 내몰았다.

여기에서 우리가 마주치는 의문은, 정신적으로 그토록 위대했던 이탈리아가 왜 교권에 좀더 강력하게 반발하지 않았는가, 왜 이탈리아에서는 독일과 같은 종교개혁이 독일보다 앞서서 일어나지 않았는가 하는 점이다.

여기에는 다음의 그럴듯한 답변이 있다. 이탈리아의 정서는 교권을 부인할 뿐 그 이상을 넘어서지 못했지만, 독일 종교개혁의 근원과 불굴의 힘은 긍정적인 교리에 있었다는 것, 특히 신앙을 통해 구원받을 수 있고 선행은 무가치하다는 교리에 있었다는 것이다.

물론 이 교리는 독일에서 최초로 발생하여 이탈리아에도 분명히 영향을 주었다. 하지만 그것은 뒤늦게도 에스파냐 세력이 너무 강대해져서 어떤 때는 직접적으로, 어떤 때는 교황과 그 앞잡이들을 내세워 모든 사람을 압박한 훨씬 훗날의 일이었다.[1] 물론 전에도 이탈리아에서는 13세기의 신비주의자에서 시작해 사보나롤라에 이르기까지 여러 종교적 운동에서 꽤나 긍정적인 신앙 교리들이 등장했다. 단지 그것이 결실을 보지 못한 이유는, 위그노파의 기독교 교리에서처럼, 행운이 따라주지 않았기 때문이다.

---

1) 우리가 가톨릭 종교개혁의 정신이라고 부르는 것이 에스파냐에서는 종교개혁이 일어나기 훨씬 전에, 즉 페르난도 가톨릭 왕과 이사벨라 치하에서 교회와 관련된 모든 것을 엄격하게 감시하고 또는 재정비하는 가운데 성숙했다. 이에 관한 중요 문헌은 Gomez, *Leben des Kard. Ximenez*, in: Rob. Belus, *Rer. hispan. scriptores*, 3 Vols. Frankfurt, 1581.

16세기의 종교개혁과 같은 대대적인 사건은, 비록 그것의 필연성은 전반적으로 명확히 증명될 수 있어도, 그 발발과 경과 등의 세부사항과 관련해서는 역사철학적인 추론을 허용하지 않는다. 정신이 돌연 빛을 발하고 확산되다가 다시 사그라드는 모습은, 우리가 거기에서 작용하는 힘들 가운데 몇 가지만 알 수 있을 뿐 결코 전체는 알 수 없다는 점을 생각할 때 영원한 수수께끼로 남을 것이다.

르네상스 전성기에 이탈리아의 상류층과 중류층이 교회에 대해 가지고 있던 정서는 뿌리깊은 경멸과 불만, 자신들의 외면적 생활에 갖가지 방식으로 얽혀 있는 교권제도에 대한 순응, 성사(聖事)와 성별(聖別)과 축복에 대한 의존성이 복합된 것이었다. 특히 이탈리아만의 독특한 현상으로 우리는 종교 설교사들이 미친 커다란 개인적 영향력을 덧붙일 수 있다.

단테 이래로 문학과 역사에서 나타나는 이탈리아인의 반교권적 불만에 대해서는 전문적인 저작들이 광범위하게 나와 있다. 교황권이 여론에 보인 태도와 관련해서는 앞에서 몇 가지 설명을 한 바 있다(171쪽 이하, 295쪽). 그러나 권위 있는 문헌을 통해 확실한 증거를 찾고 싶은 사람은 마키아벨리의 『로마사론』과 완본 구이차르디니에 있는 유명 대목을 참고하면 좋을 것이다. 로마 교황청 바깥에서는 그래도 명망 있는 주교들과 몇몇 신부가 어느 정도 도덕적인 존경을 누렸다.[2] 반면에 그저 성직록만 받는 사람들과 성당 참사회원과 수도사들은 거의 예외없이 불신을 받았으며, 때로는 해당 계급 전체를 포함하는 불미스러운 추문에 시달렸다.

---

2) 지명(地名)을 바꾸면 주교를 다른 이들처럼 얼마든지 혹평할 수 있었는데도 소설가와 여러 비방가들이 그들을 거의 언급하지 않았다는 것은 주목할 만하다. Bandello II, *Nov.* 45에는 주교를 비방하는 대목이 나오지만, Bandello II, 40에는 어느 덕망 있는 주교의 이야기가 묘사되어 있다. 조비아노 폰타노는 『카론』에서 어느 뚱뚱한 주교의 혼령이 '오리걸음'으로 뒤뚱거리는 모습을 그려놓았다.

아무 위험 없이 비방할 수 있는 대상은 오직 수도사들뿐이므로 이들이 전체 성직자들의 희생양이 되었다는 주장도 있지만,[3] 이것은 어느모로 보나 잘못된 생각이다. 우선 단편소설과 희극에 수도사들이 자주등장한 까닭은, 암시만 해놓아도 독자가 나머지를 쉽게 상상으로 추측할 수 있는, 기존의 잘 알려진 인물 유형을 이 두 문학분야가 애용했기때문이다. 다음으로, 단편소설이라고 해서 세속 사제들을 관대하게 다루지는 않았다.[4] 셋째로, 그밖의 문헌에 나타난 수많은 기록을 보아도, 사람들이 교황권과 로마 교황청에 대해 얼마나 공식적으로 대담한 발언을 하고 비판을 가했는지 증명된다. 이 같은 것들은 상상력이 자유롭게 발휘된 창작물에서는 기대할 수 없었다. 넷째로, 수도사들도 가끔은잔인한 복수를 할 줄 알았다.

그러나 어쨌든 분명한 것은 수도사들에 대한 불만이 가장 컸다는 것이고, 옳건 그르건 논리를 확대하다 보면 이 수도사들이야말로 수도원생활은 물론이고 전체 성직제도와 신앙체계, 나아가서는 종교마저 아무 쓸모가 없음을 보여주는 생생한 증거로 인식됐다는 점이다. 추측하건대, 이탈리아는 두 거대한 탁발수도회가 등장했던 때의 기억을 그 어느 나라보다 선명하게 간직하고 있었던 듯하며, 이 수도회들이 13세기에 이단으로 불리면서 힘차게 움트던 근대 이탈리아 정신을 내리누른반동의 첨병이었다는 의식[5]을 여전히 갖고 있었던 것 같다. 특히 도미니쿠스 수도회에 지속적으로 부여된 종교 사찰(査察)권한은 은밀한 증

---

3) Foscolo, *Discorso sul testo del Decamerone.* "고위성직자들에 대해서는 그 누구도 위험을 무릅쓰지 않고는 말을 할 수 없었다. 때문에 모든 수도사들이 이스라엘의 불운한 산양(山羊)이 되었다."

4) 반델로는 Parte II, *Nov.* 1을 다음의 서문으로 시작한다. "탐욕이라는 악덕이 가장 어울리지 않는 사람은 가족을 책임질 필요가 없는 사제들이다." 이 논리를 바탕으로 그는 한 사제의 집이 습격당한 사건을 정당화한다. 어떤 젊은이가 병사 두 명 또는 강도를 시켜서, 탐욕스럽지만 반신불수가 되어 있는 사제의 양을 훔치게 했다. 사람들이 당시에 어떤 환경에서 살고 행동했는지는 수십 편의 논문보다 이런 종류의 이야기 하나가 더 정확하게 전해준다.

5) 이것을 조반니 빌라니는 100년 후에 아주 분명한 어조로 말하고 있다(III, 29).

오와 경멸감 외에는 불러일으키지 못했다.

『데카메론』이나 프랑코 사케티의 단편소설들을 읽어보면 수도사나 수녀에 대한 모독적인 언사는 그 작품들로 다 소진된 것처럼 생각할 수 있다. 하지만 시대가 종교개혁을 향해 달려가면서 이 정서는 도리어 눈에 띄게 고조되었다. 아레티노는 그의 『대화』에서 수도원 생활을 자기 본성대로 살기 위한 구실로 이용했기 때문에 논의에서 제외하도록 한다. 여기에서는 여러 증인을 대신하여 한 사람의 작가를 인용하겠다.

마수초가 지은 50편의 단편소설 가운데 처음의 열 편이 그것이다. 이 소설들은 격심한 분노감 속에서 그 분노를 전파할 목적으로 씌어졌으며, 나폴리의 페란테 왕과 알폰소 왕자 같은 고위인사에게 헌정되었다. 이야기 자체로 보자면 일부는 오래된 얘기들이고, 어떤 것들은 이미 보카치오의 시대부터 잘 알려진 것들이지만, 한편으로는 나폴리의 실상을 보여주는 섬뜩한 실화들도 있다. 가짜 기적을 행하여 대중을 현혹하고 재물을 착취하며 게다가 추악한 행실까지 보인 수도사들의 행각은 생각 있는 사람들을 절망으로 몰아넣었다.

편력생활을 한 프란체스코회의 콘벤투알 수도사들에 대해서는 이렇게 적혀 있다. "그들은 사기와 도적질과 간음을 저질렀고, 그나마 더 할 짓이 없을 때는 성인으로 자처하며 기적을 행했다. 어떤 자는 성 빈첸초의 옷을, 어떤 자는 성 베르나르디노의 필적을 내보였고,[6] 어떤 자는 카피스트라노의 당나귀 고삐를 보여주었다……."

또 어떤 수도사들은 "바람잡이를 고용하여 맹인이나 중병에 걸린 자로 위장시킨 뒤, 그가 수도사의 옷자락이나 준비해온 성물을 만지는 순간 혼잡한 군중 속에서 갑자기 병이 낫는 장면을 연출했다. 그러면 사람들은 일제히 '자비를 내려주소서' 하고 외쳤으며, 종이 울리는 가운데 이 광경을 엄숙하게 장문의 글로 기록했다." 그런가 하면 한번은 설

---

6) *L'Ordine*. 아마도 I H S(Iesus Hominum Salvator: 인간의 구세주 예수)라는 문구가 씌어진 판이었을 것이다.

교단 위의 수도사를 향해 군중 속에 서 있던 또다른 수도사가 용감하게
도 사기꾼이라고 소리를 질렀다. 그러자 소리친 수도사는 갑자기 귀신
에 들린 느낌이 들었고, 설교하던 수도사는 곧장 그를 참회시켜 치유해
주는 등, 그야말로 모두 조작극이었다. 바람잡이를 고용한 수도사는 엄
청나게 돈을 모아 한 추기경에게서 주교구를 사들인 뒤 그곳에서 바람
잡이와 함께 편안한 여생을 보냈다.

마수초는 프란체스코회나 도미니쿠스회가 모두 똑같다고 생각하여
둘 사이에 특별히 구분을 두지 않았다. "그런데도 분별 없는 대중은 두
종파간의 증오와 당쟁에 휘말려 공공장소에서 싸움을 벌이고[7] 프란체
스코파와 도미니쿠스파로 갈렸다." 수녀는 수도사들의 전유물이었다.
수녀가 일반 속인들과 교제하면 당장에 감금되고 박해를 받았다. 어떤
수녀들은 수도사들과 정식으로 결혼도 했는데, 결혼식에서 미사까지
드리고 결혼계약서를 작성하고 호화판으로 먹고 마셨다.

마수초는 말한다.

나 자신이 한 번도 아니고 수 차례나 그런 결혼식에 참석해 내 눈으
로 직접 목격하고 확인한 일이다. 그 수녀들은 얼마 안 가서 귀여운
아기를 낳거나 아니면 태아를 유산시킨다. 만약 이것이 거짓말이라
고 주장하고 싶은 사람은 수녀원의 하수구를 살펴볼 일이다. 그러면
헤롯 왕 때의 베들레헴과 별반 다르지 않은 연약한 뼈들이 쌓여 있는
것을 발견할 것이다. 수도원은 이런 사건들을 덮어두었다. 수도사들
은 고해로써 서로를 용서했고, 속인이 저질렀다면 이단자나 되는 듯
이 모든 면죄를 거부했을 행위에 대해서도 주기도문을 부과하는 것
으로 그쳤다. 그러니 땅덩어리가 갈라져 이런 죄인들과 그 비호자들

---

7) 마수초는 "그리고 세지(seggi)에서도" 싸움을 벌였다고, 즉 나폴리 귀족들이 분
열되어 있던 교단에서도 싸웠다고 덧붙였다(*Nov.* X, ed. Settembrini, p.132).
두 교단의 경쟁은 흔히 웃음거리가 되었는데, 그 한 예가 Bandello, III, *Nov.* 14
에 있다.

까지 몽땅 산 채로 삼켜버려야 옳지 않겠는가.

수도사들의 권력은 일반인이 품고 있는 내세에 대한 두려움을 발판으로 삼는다는 생각에 마수초는 또다른 대목에서 이런 색다른 희망을 피력한다. "하느님께서 당장에 연옥을 없애는 것만이 수도사들에게 가장 합당한 징벌일 것이다. 그러면 그들은 더 이상 헌금으로 먹고살 수 없을 테니 다시 곡괭이를 잡을 것이 아닌가."

페란테 국왕 치하에서 그에게 이런 글을 써보낼 수 있었던 것은 그가 자신을 목표로 조작된 기적극 때문에 격분해 있던 상황과 관련이 있을 것이다.[8] 전에 사람들은 타란토에 매장되어 있다가 후에 발굴해냈다는, 제명이 적힌 연판(鉛板)을 가지고 왕에게 에스파냐에서와 같은 유대인 박해를 강요했으나, 왕은 이 사기극을 간파하고 여기에 저항한 적이 있었다. 페란테는 부왕인 알폰소가 그랬듯이 사이비 단식자의 정체도 벗겨내었다. 나폴리 왕실은 적어도 허망한 미신에는 빠져들지 않았다.[9]

지금까지 한 작가의 진지한 말을 들어보았지만, 이런 비판을 가한 사람은 그 혼자가 아니었다. 탁발수도사들에게 쏟아진 조롱과 비방은 넘치도록 많았으며 전 문학분야로 침투했다.[10] 만일 독일의 종교개혁과 가톨릭 종교개혁이 밀려오지 않았다면 르네상스는 머지않아 두 수도회를 정리했을 것임에 틀림없다.

수도회 소속의 인기있는 설교사와 성인들도 수도회를 구제하기는 어려웠을 것이다. 오히려 탁발수도회를 경멸한 레오 10세와 같은 교황과 제때에 약정을 맺는 길만이 유일한 구제책이었을 것이다. 시대 정신은

---

8) 이어지는 내용은 Jovian. Pontan., *De Sermone*, L. II, cap.17 및 Bandello, Parte I, *Nov.* 32 참조.
9) 때문에 평소에도 국왕에게 미신을 공공연히 밀고할 수 있었다. Cf. Jovian. Pontan., *Antonius* 및 *Charon*.
10) 일례로 *Macaroneide*의 제8곡이 그렇다.

수도회를 우습게 보거나 혐오스럽게 여기는 것이 고작이었지만, 교회 측에서는 수도회가 바로 골칫거리에 다름아니었다. 그리고 종교개혁이 교황권을 구원해주지 않았다면 그 교황권 앞에 어떤 운명이 기다리고 있었을지 누가 알겠는가.

전부터 관할 도시에서 권력을 행사해온 도미니쿠스회 수도원의 종교 재판관 사제들은 15세기 말에 이르러 교양인들을 괴롭히고 분격시킬 만큼 큰 위세를 부렸지만, 이제는 더 이상 계속해서 공포감을 주고 신앙을 강요할 수 없었다.[11] 옛날처럼(366쪽 이하) 어떤 신조만을 죄목으로 삼아 처벌하기가 더 이상 불가능해졌고, 평소 성직계급 전체에 심한 독설을 퍼부은 사람이라도 사교(邪敎)는 경계할 줄 알았다. 따라서 사보나롤라의 경우처럼 힘있는 당파가 개입했다든지, 아니면 북이탈리아 도시에서 흔히 그랬듯이 사악한 마법을 처단하는 경우가 아니면, 화형단이 설치되는 일은 15세기 말과 16세기 초에는 별로 없었다.

많은 경우 종교재판관들은 그저 형식적인 신조의 철회로 만족하는 듯했고, 어떤 때는 형장으로 가는 죄인을 도중에서 탈취당하는 일도 벌어졌다. 1452년 볼로냐에서는 니콜로 다 베로나라는 사제가 무술사(巫術師), 퇴마사, 성사(聖事) 모독의 죄목으로 성 도미니쿠스 교회 앞의 목조단 위에서 성직을 박탈당한 뒤 곧 광장에 놓인 화형대로 끌려갈 참이었다. 그때 이단의 친구이자 수녀를 능욕한 것으로 유명한 요한 기사 수도회의 아킬레 말베치라는 수도사가 보낸 한 떼의 사람들이 사제를 구출해냈다. 교황의 사절인 베사리온 추기경은 범인들 중 한 명만 체포해 목매다는 데 그쳤고, 말베치는 계속해서 편안한 삶을 살았다.[12]

그런데 주목할 것은, 베네딕투스 수도회나 그 분파와 같은 비교적 고

---

11) Vasari, A. V, p.120의 *Vita di Sandro Botticelli*에 나오는 이야기를 보면 사람들이 종교재판을 놀림감으로 삼았음을 알 수 있다. 물론 여기에 언급된 보좌신부는 대주교의 보좌신부이자 도미니쿠스회 종교재판관의 보좌신부였을 수 있다.

12) Bursellis, *Ann. Bonon*. ap. Muratori, XXIII, Col. 886 이하, 896.

급의 교단들은 많은 재산을 소유하고 사치스러운 생활을 하면서도 오히려 탁발수도회보다 혐오감을 훨씬 덜 불러일으켰다는 점이다. 수도사를 다룬 열 편의 단편소설 가운데 베네딕투스회 수도사를 소재로 해서 제물로 삼은 것은 겨우 한 편 정도이다. 연륜이 오래되었고, 종교 사찰의 목적으로 창설되지 않았으며, 사생활에도 간섭하지 않았다는 것이 이 수도회에는 적지 않은 득이 되었다. 여기에는 경건하고 학식 높고 기지가 풍부한 수도사들도 있었다.

하지만 이 수도회의 일원인 피렌추올라는 이곳 수도사들의 평균적인 모습을 다음처럼 묘사한다.[13]

널찍한 수도복을 입고 잘 먹은 얼굴을 하고 있는 이 수도사들은 맨발로 세상을 돌며 설교로써 생을 보내는 게 아니라, 우아한 코르도바 가죽으로 만든 슬리퍼를 신고 실측백나무로 벽판을 댄 멋진 방에 앉아서 깍지낀 두 손을 배 위에 올려놓고 있다. 어쩌다 외출할 일이 있으면 기분 전환하러 나가듯 노새나 살찐 말을 타고 편안하게 돌아다닌다. 그들은 책을 많이 읽고 연구해서 정신을 지치게 하는 법이 없다. 학식을 쌓아서 수도사에게 필요한 소박함 대신에 악마의 오만함을 몸에 지니면 안 되기 때문이다.

이 시대의 문헌에 정통한 사람이라면 지금까지 내가 우리의 주제를 이해하는 데 꼭 필요한 것만 말했다는 것을 인정할 것이다.[14] 이런 세속 사

---

13) 이 책 제4부 425쪽 참조. 피렌추올라는 발롬브로사 수도회의 수도원장이었다. 여기에 의역되어 소개된 대목은 *Opere*, Vol. II, p.209에 있는 그의 열번째 소설에 나온다. ―카르투지오회 수도사들의 사치스러운 생활을 흥미롭게 묘사한 글은 이 책 제4부 421쪽에 인용된 *Commentario d'Italia*, p.32 이하 참조.

14) 피우스 2세는 여러 가지 이유 때문에 독신제(獨身制)의 폐지를 찬성했다. "사제들에게 결혼을 멀리하게 하는 것은 큰 이유가 있지만, 이것을 원래대로 되돌리는 것에는 더 큰 이유가 있다." 이것은 피우스가 즐겨 쓰던 문장이다. Cf. Platina, *Vitae Pontiff.*, p.311.

제와 수도사들에 대한 평판이 수많은 사람들이 갖고 있던 신성에 대한 믿음을 송두리째 흔들어놓았으리라는 것은 불을 보듯 뻔한 일이다.

얼마나 무서운 비판들을 여기에서 들을 수 있는가! 마지막으로 이 가운데 하나를 더 들어보자. 최근에 간행되어 별로 알려지지 않은 글이다. 역사가인 동시에 메디치 가문 출신의 교황들 밑에서 다년간 관리생활을 한 구이차르디니는 1529년 그의 『격언집』에서 이렇게 말하고 있다.[15]

사제들의 공명심과 탐욕과 방탕을 나만큼 불쾌하게 여기는 사람도 없을 것이다. 그것은 이 악덕들이 그 자체로 혐오스러운 까닭이기도 하지만, 이 악덕들 하나하나 또는 그 모두가 하느님께 의탁하는 삶을 살겠다고 맹세한 사람들에게는 어울리지 않기 때문이다. 게다가 이 악덕들은 서로 대립하는 것들이라 아주 유별난 사람이 아니고서는 그 모두를 한몸에 지니고 있을 수 없다. 그런데도 여러 교황 밑에서 봉직한 내 위치 때문에 어쩔 수 없이 나는 내 이익을 위해 교황들의 창대함을 바라지 않을 수 없었다. 이런 사정만 아니었다면 나는 마르틴 루터를 내 자신처럼 사랑했을 것이고, 그 이유도, 흔히 그렇게들 이해하고 설명하고 있듯이, 기독교가 우리에게 강요했다는 율법에서 벗어나기 위해서가 아니라, 아무짝에도 쓸모없는 이 인간들이 응분의 자리로 밀려나 악덕도 권세도 갖지 못하고 사는 모습을 보기 위해서였을 것이다.

구이차르디니의 견해에 따르면,[16] 우리는 모든 초자연적인 것과 관련해 아무것도 알 수 없는데도 철학자와 신학자들은 여기에 대해 전혀 이치에 닿지 않는 얘기만 늘어놓고 있으며, 기적은 모든 종교에 다 나

---

15) *Ricordi*, N. 28, in: *Opere inedite*, Vol. 1.
16) *Ricordi*, N. 1, 123, 125.

타나지만 특별히 어느 한 종교에서 증명될 수는 없는 것이며 결국에는 알 수 없는 자연현상으로 귀결된다고 했다. 구이차르디니는 사보나롤라의 신봉자들에게서 볼 수 있던 산을 옮길 만한 믿음을 기이한 현상이라고 못박았지만 혹평을 하지는 않았다.

이런 정서에도 불구하고 사제들과 수도사들은 일반 대중이 그들에게 익숙해 있고 그들의 존재가 모든 이의 생활과 맞닿아 얽혀 있다는 커다란 이점을 갖고 있었다. 그것은 모든 오래된 것, 모든 권세 있는 것들이 예부터 이 세상에서 갖고 있던 이점이었다. 누구나 친척 중에는 사제복 또는 수도복을 입고 있는 사람이 있었고, 누구든지 교회의 보호를 받거나 장차 교회 재산으로부터 이득을 취할 수 있다는 기대를 품었으며, 이탈리아 한복판에는 때로 그 휘하의 사람들을 벼락부자로 만들어주는 로마 교황청이 자리잡고 있었다.

그러나 우리가 강조해야 할 것은, 사정이 이렇다고 그 모든 것들이 사람들의 혀와 펜을 묶어놓지는 못했다는 것이다. 모독적인 희극 작가들은 대부분 수도사나 성직록 수령자들이었다. 『파체티아에』라는 해학소설집을 쓴 포조도 성직자였고, 프란체스코 베르니는 성당 참사회원이었다. 테오필로 폴렝고도 비록 독실하지는 않지만 베네딕투스회 수도사였으며, 자기가 소속된 수도회를 비웃은 마테오 반델로는 도미니쿠스회 수도사인 동시에 이 수도원 원장의 친척이었다.

이들을 충동질한 것은 극도의 안도감이었을까? 아니면 수도사라는 계급이 시달리는 악평에서 자기만은 벗어나기 위함이었을까? 그것도 아니면 '그래도 우리는 건재하다'고 하는 비관적인 이기심이었을까? 어쩌면 이 모두가 조금씩은 작용했을 것이다. 그리고 폴렝고는 이미 루터교의 신앙에서 강한 영향을 받고 있었다.[17]

앞에서 교황권을 다룰 때 얘기했지만(172쪽 이하), 신심이 깊은 사람들이 축복과 성사(聖事)에 의존하고 있는 것은 당연했다. 신앙에서 벗

---

17) Cf. *Orlandino*, c. VI: Str. 40 이하, c. VII: Str. 57, c. VIII: Str. 3 이하, 75.

어난 사람들이 볼 때 이 의존성은 어린 시절에 받은 인상이 얼마나 강렬한 것인지, 그리고 예부터 내려온 상징이 얼마나 강한 마술적 위력을 발하는지 보여주는 것이었다. 임종을 맞는 사람이면 누구나 사제의 면죄를 받으려고 했다는 것은 지옥에 대한 공포가 남아 있다는 증거였다. 이것은 비텔로초 같은 사람도 마찬가지였다(173쪽 이하). 이보다 더 명백한 사례는 찾기 어려울 것이다.

그 인격에 상관없이 사제에게는 '부정할 수 없는 특성'이 있다고 하는 교회의 가르침은, 사람들이 실제로는 사제를 혐오하면서도 그의 영적 선물을 희구할 만큼 대단한 결실을 보았다. 물론 16년 동안 파문 속에서 살다가 1499년에 죽은 미란돌라의 군주 갈레오토[18]처럼 고집불통인 인간도 있었다. 이 기간 동안 미란돌라 시는 갈레오토로 인해 미사도 올리지 못하고 성별(聖別) 장례도 치를 수 없는 성무 금지에 묶여 있었다.

교회에 대한 이런 이중적인 태도에 비하면 국민과 위대한 참회설교사들의 관계는 찬란하게 부각된다. 물론 다른 나라 국민들도 가끔은 성스러운 수도사들의 연설에 감동받았지만, 이탈리아 도시와 지방을 주기적으로 뒤흔든 감동에 비하면 아무것도 아니었다. 더욱이 15세기에 독일에서 비슷한 영향을 끼친 유일한 설교사는 아브루치 태생의 조반니 카피스트라노였다.[19]

당시 북유럽에서 진지한 열성과 종교적 사명의식을 품고 있던 설교사들은 직관적이고 신비주의적인 사람들이었다. 반면에 남유럽 설교사들은 개방적이고 현실적이었으며 그들의 언어와 연설은 사람들에게서 큰 존경을 받았다. 북유럽에서는 『그리스도의 모방』*이라는 책이 등장

---

18) *Diario Ferrarese*, in: Muratori, XXIV, Col. 362.
19) 카피스트라노는 독일어 통역사와 슬라브어 통역사를 고용하고 있었다. 성 베르나르디노도 한때는 라인 강변에서 통역사를 필요로 했다.
* 14세기에서 15세기에 걸쳐 살았던 독일의 토마스 아 켐피스(Thomas a Kempis, 1380~1471)의 저술로, 기독교 경건문학의 금자탑으로 꼽힌다. 참된 기독교인이라면 누구든지 그리스도의 삶과 교훈과 선교활동에 나타나 있는 그의 삶을 모방하여 살아가도록 노력해야 한다는 내용이다.

하여, 처음에는 수도원 안에서만 조용히 읽히다가 이후 수세기 동안 꾸준히 영향을 미쳤다. 반면 남유럽에서는 순간적으로 강렬한 인상을 남기는 설교사들이 배출되었다. 이런 인상은 주로 양심을 흔들어서 불러일으킬 수 있었다. 그것은 추상성을 배제하고 실제적인 응용에 역점을 둔 도덕적 설교였으며, 금욕을 행하는 성스러운 설교사의 인격에 힘입어 큰 감동을 일으켰다.

게다가 흥분한 청중의 상상력까지 동원되어 설교사의 본의가 아닌데도 저절로 기적이 일어나는 일까지 벌어졌다. 일례로 카피스트라노는 그의 앞에 이끌려온 무수한 병자들의 머리 위에 성호를 긋고 삼위일체와 자신의 스승인 성 베르나르디노의 이름으로 그들을 축복하는 것으로 만족했다. 그러자, 이 같은 일에서 흔히 있듯이, 곧 여기저기서 정말로 병이 나은 사람들이 생겨났다. 브레시아의 연대기 작가는 이것을 이렇게 해석한다. "그는 분명 놀라운 기적을 행했지만, 사람들이 이야기한 것은 실제 이상으로 과장된 것들이다."

설교에서 힘을 발휘한 가장 강력한 논법은 연옥불이나 지옥을 내세운 협박이 아니라, 현세에서 인간에게 미치는 저주, 악행에 뒤따르는 저주를 눈에 보이듯 생생하게 펼쳐 보이는 것이었다. 그리스도와 성인들을 슬프게 한 결과는 현세에서 나타난다고 했다. 이렇게 해야만 욕정과 복수의 맹세와 범죄에 빠진 사람들을 속죄와 참회에 이르게 할 수 있었고, 이것이 바로 설교사들이 추구한 최대 목표였다.

이런 식으로 15세기에 설교한 사람들이 베르나르디노 다 시에나, 알베르토 다 사르차나, 조반니 카피스트라노, 야코포 델라 마르카, 로베르토 다 레체(496쪽)였고, 마지막으로 지롤라모 사보나롤라가 있었다. 당시에 탁발수도사들에 대한 편견보다 더 뿌리깊은 편견은 없었지만 이들은 그것을 이겨내었다. 교만한 인문주의자들도 이들을 비판하고 비웃었다. 일례로 포조는, 참회설교사들은 어느 도시에서나 똑같은 설교만 하고 청중이 설교를 들으러 왔을 때보다 더 바보로 만들어서 돌려보내니 그들이 하는 일이란 안이하기 짝이 없다고 생각했다.[20]

하지만 인문주의자들이 아무리 목소리를 높여도 사람들은 그들의 조롱에 마음 쓰지 않았다. 사실 이것은 새삼스러운 일이 아니었다. 조롱으로 유명한 피렌체인들은 이미 14세기에 연단에서 벌어지는 설교를 희화화하고 학대하는 법을 터득했다.[21] 그러나 사보나롤라가 등장한 뒤 그가 행한 설교는 피렌체인들이 사랑한 교양과 예술이 그가 불붙인 뜨거운 불꽃 속에서 녹아 없어질 만큼 사람들을 휘어잡았다.

위선적인 수도사들이 공모자의 도움을 받아 자기 뜻대로 청중을 감동시키고 그 감동을 확산시켰던(547쪽) 신성모독적 행위도 설교의 열기에 찬물을 끼얹지 못했다. 사람들은 조작된 기적과 가짜 유물을 제시하는 비열한 수도사들의 설교를 비웃는 한편,[22] 진실하고 위대한 참회설교사에게는 깊은 존경을 아끼지 않았다. 이 참회설교사들은 15세기의 이탈리아가 낳은 독특한 현상이었다.

수도회—대개는 성 프란체스코 수도회의 계율엄수파—는 필요로 하는 곳마다 설교사를 보냈다. 주로 도시에 심각한 공공분쟁이나 사적인 알력이 있을 때였고, 소요가 확산되거나 패덕이 난무하는 경우에도 그러했다. 이후 어느 설교사의 명성이 높아지면 도시들은 특별한 계기가 없는데도 그 설교사를 원했으며 그는 수도원장이 보내는 곳으로 갔다. 투르크인을 대상으로 한 십자군 설교는 이 활동의 일환이었지만,[23] 우리의 주제는 어디까지나 참회설교이다.

설교가 체계적인 순서에 따라 진행된 경우에는 교회에서 하듯이 중죄를 열거하는 방식을 쓴 것 같다. 그러나 사태가 급박할수록 설교사는 곧장 핵심사안으로 뛰어들었다. 설교는 수도회 소속의 큰 교회나 대성

---

20) *De avaritia*, in: *Opera*, p.2.
21) Franco Sacchetti, *Nov.* 73. 설교가 신통치 못한 참회설교사들은 모든 소설가들이 즐겨 다룬 주제였다.
22) 『데카메론』 VI, *Nov.* 10에 나오는 유명한 해학을 참조하라.
23) 이때는 설교가 독특한 색채를 띠었다. Cf. Malipiero, *Ann. venet.*, in: *Arch. stor.* VII, 1, p.18. —*Chron. venetum*, in: Muratori, XXIV, Col. 114. —*Storia bresciana*, in: Muratori, XXI, Col. 898.

당에서 시작되지만, 얼마 안 가 그곳의 대광장도 각지에서 몰려든 군중을 수용하기에는 턱없이 비좁아졌다. 설교사 자신도 생명의 위험을 안고 설교장에 드나들어야 했다.[24] 설교는 보통 대규모 행렬로 끝을 맺었다. 그러나 이때 설교사를 에워싸고 따라가는 도시의 최고 관리들은, 설교사의 손과 발에 입을 맞추고 수도복 자락을 잘라가려는 군중에게서 그를 보호하기가 힘들었다.[25]

고리대금, 매점(買占), 불미스러운 유행 등을 경고하는 설교가 끝난 뒤 가장 흔하게 벌어진 순서는 감옥을 열어 가난한 채무자들을 석방하고, 유해 무해 여부를 떠나 모든 오락도구와 사치품을 불태우는 일이었다. 거기에는 주사위, 카드, 일체의 오락기구, '가면', 악기, 노래책, 글로 쓴 주문(呪文),[26] 가발 등이 있었다. 이것들을 모두 화형대 위에 보기 좋게 정렬해놓고 그 위에 악마의 형상을 고정시킨 뒤 불을 놓았다(451쪽 이하).

그 다음은 가혹한 사람들의 차례였다. 오랫동안 참회해본 적이 없는 사람은 이제 참회를 시작했고, 부당하게 가로챈 재산은 되돌려주었으며, 악질적인 비방은 철회되었다. 베르나르디노 다 시에나 같은 설교사들[27]은 사람들의 일상사와 거기에서 지켜야 할 도덕률을 열심히 세세

---

24) *Stor. Bresciana*, in: Muratori, XXI, Col. 865 이하.

25) Allegretto, *Diari sanesi*, in: Muratori, XXIII, Col. 819 이하(1446년 7월 13일부터 18일까지).

26) Infessura, ed. Tommasini, p.25에는 "노래, 부적, 점치는 도구"라고 적혀 있다. 첫번째는 사보나롤라도 불태웠던 노래책을 말하는 것 같다. Graziani(*Chron. di Perugia*, in: *Arch. stor.* XVI, 1, p.314, 편집자의 주석 참조)는 이와 비슷한 사건과 관련해 'brieve incante'(마법에 걸린 부적)라고 적고 있으나, 이것은 분명히 'brevi e incanti'(부적과 마법)의 뜻으로 읽어야 한다. Infessura의 글에서도 비슷한 수정을 가해야 할 듯한데[Tommasini 판에도 'canti'라고 적혀 있다] 그가 'sorti'라고 한 것은 여하튼 미신과 관계된 것, 즉 카드점을 의미한다. ─서적이 인쇄될 무렵에는 마르티알리스의 책도 모조리 수거되어 화형단에 올랐다. Bandello, III, N. 10.

27) Vespasiano Fiorent.와 Aeneas Sylvius, *De viris illustr.*, p.24에 있는 베르나르디노 전기 참조.

하게 파고들었다. 오늘날의 신학자 가운데 베르나르디노가 피렌체 대성당에서 했던 것처럼 "계약, 배상, 국가연금, 딸의 혼수자금"에 대해 아침 설교를 해보려는 사람은 별로 없을 것이다.

조심성 없는 설교사들은 종종 몇몇 계층과 직업과 관직을 맹공격하는 실수를 저지르는 바람에, 흥분한 청중이 그 자리에서 공격 대상에게 폭력을 휘두르는 일도 벌어졌다.[28] 1424년 베르나르디노가 로마에서 설교를 마친 뒤에는 카피톨리노 언덕에서 장신구와 마법도구를 불태우는 일 외에 또다른 사태가 벌어졌다. "피니첼라라는 마녀가 사악한 방법으로 여러 아이를 죽이고 무수한 사람을 마법에 걸었다는 이유로 화형에 처해졌으며, 로마 시민 전체가 이 광경을 보기 위해 몰려들었다."[29]

그러나 앞에서도 얘기했듯이, 설교의 가장 중요한 목적은 분쟁을 조정하고 복수를 단념시키는 것이었다. 이런 것들은 대개 연속 설교가 끝나갈 무렵에 이루어졌는데, 그때쯤이면 일반적인 참회의 물결이 서서히 도시 전체를 휩쓸고 "자비를 주소서" 하고 외치는 군중의 함성이 대기를 뒤흔들었다.[30] 그러면 분쟁 당사자 사이에 이미 맞살인이 있었던 경우라도 성대한 평화조약과 포옹으로 이어졌고, 예전에 추방된 사람들도 일부러 도시로 불러들여 이 경건한 행사에 참여시켰다. 대체로 이런 '평화'는 고조됐던 분위기가 식은 뒤에도 지켜진 듯이 보이며, 수도사에 대한 기억은 몇 세대에 걸쳐 축복기도 속에서 간직되어 내려왔다.

---

28) Allegretto, Ibid., Col. 823. 한 설교사가 청중을 부추겨 재판관('giudici'〔재판관〕를 'giudei'〔유대인〕로 읽어야 하지 않는다면)들을 공격하게 했고, 얼마 후 이 재판관들은 자기 집에서 불에 타 죽었다고 한다.

29) Infessura, Ibid. 성 베르나르디노가 아레초 부근에서 불길한 징조로 여겨지던 덤불을 베어버리게 했다는 이야기는 Vasari, A. III, 148에 있는 *Vita di Parri Spinelli*에 나온다. 초창기에는 참회 열기가 특정 장소나 상징 또는 도구를 통해 발산되었던 듯하다.

30) *Storia bresciana*, in: Murat., XXI, 867에는 "대기가 찢어지는 것 같았다"고 적혀 있다.

그러나 로마의 델라 발레 가문과 크로체 가문 사이의 위기(1482년)처럼 잔인하고 끔찍한 사건들도 있었다. 이때는 위대한 로베르토 다 레체 수도사가 목소리를 높여도 소용이 없었다.[31] 성주간(聖週間: 부활제 전의 1주간—옮긴이)이 시작되기 직전 로베르토는 미네르바 신전 앞의 광장에서 수많은 군중에게 설교를 했다. 그런데 성 목요일의 전날 밤 유대인 집단주거지 근방에 있던 델라 발레 가의 저택 앞에서 끔찍한 시가전이 벌어졌다. 이튿날 아침 교황 식스투스는 그 저택을 파괴하라고 명령한 뒤 그날의 통상적인 의식을 거행했다. 다음날인 성 금요일에 로베르토는 십자가를 손에 들고 다시 설교했으나, 그도 청중도 그저 눈물만 흘리고 있었다.

폭력적인 사람, 자기 자신에게 실망한 사람들도 종종 참회설교에 감명받아 수도원으로 들어가겠다는 결심을 했다. 개중에는 강도와 이런저런 범죄자들도 있었고 먹고살 길이 막막한 군인도 있었다.[32] 이런 결심에는 최소한 외면적인 생활만이라도 되도록 성스러운 수도사들과 비슷해지려는 흠모의 감정이 함께 작용했다.

끝맺음 설교는 "평화가 여러분과 함께하소서!"라며 큰 소리로 내리는 축도였다. 군중은 설교사를 따라 다음 도시로 이동한 뒤 또 한 차례 그곳에서 연속 설교를 들었다.

이 성스러운 인물들이 행사한 거대한 영향력을 감안할 때 성직자들이나 정부로서는 그들을 최소한 적으로 만들지 않는 것이 바람직했다. 그

---

31) Jac. Volaterran., in: Muratori, XXIII, Col. 166 이하. 로베르토 다 레체가 이 반목에 연루되어 있었다는 말은 분명히 적혀 있지 않으나 그것은 의심할 바 없는 사실이다. —1445년에도 야코포 델라 마르카가 페루자에서 성공적으로 설교를 마친 뒤 도시를 떠나자마자 라니에리 가문에서 끔찍한 복수전이 벌어졌다. Cf. Graziani, Ibid., p.565 이하. —특히 페루자 시는 이러한 설교사들의 방문이 잦았다는 점을 지적해두겠다. Cf. Graziani, Ibid., p.597, 626, 631, 637, 647.

32) 카피스트라노의 어느 설교가 끝난 뒤에는 50명의 병사들이 수도복을 입었다. *Stor. bresciana*, Ibid. —Graziani, Ibid., p.565 이하. —젊은 날의 에네아스 실비우스(*De viris illustr.*, Stuttgart, 1842, p.25)는 성 베르나르디노의 설교를 듣고 그의 수도회에 들어갈 뻔한 일이 있었다.

하나의 방법은, 수도사나 최소한 낮은 서품을 받은 성직자들에게만[33] 설교사 자격을 주는 것이었다. 그렇게 하면 그가 소속된 수도회나 단체가 어느 정도는 그들에 대해 책임을 지게 할 수 있었다.

하지만 여기에서도 명확한 한계를 지키기는 어려웠다. 교회, 그러니까 설교단은 오래 전부터 재판이나 공시나 강의와 같은 이런저런 공공의 목적에 사용되고 있었고, 정식 설교마저도 어떤 때는 인문주의자와 일반인들이 담당할 때가 있었기 때문이다(306쪽 이하). 게다가 수도사도 성직자도 아니면서 세상을 등지고 사는 어중간한 부류의 사람들, 곧 이탈리아에 무수히 많았던 은둔자들도 있었다. 이들은 청하지도 않았는데 설교하러 나타나서 사람들을 열광시켰다.[34]

그 중의 한 사례가 밀라노에서 프랑스의 제2차 정복이 있은 뒤(1516년) 공공질서가 문란한 가운데 일어난 사건이었다. 토스카나 출신으로 어쩌면 사보나롤라의 당원일지도 모르는 한 은둔자가 수개월 동안 대

---

33) 프란체스코회의 유명한 계율 엄수파 설교사들과 이들을 시기하는 도미니쿠스회 수도사들 사이에 갈등이 있었다는 것은 십자가에서 땅으로 흘러내린 그리스도의 피를 두고 벌어진 논쟁이 보여준다(1462년, Cf. G. Voigt, *Enea Silvio*, III, 591 이하). 이 논쟁에서 도미니쿠스회의 종교재판관들에게 전혀 굴복하려고 하지 않았던 야코포 델라 마르카 수도사에 대해 피우스 2세는 그의 상세한 보고서(*Comment.*, L. XI, p.511)에서 다음처럼 풍자적인 말을 한다. "가난, 배고픔, 목마름, 육체의 고통, 죽음을 그리스도의 이름을 위해 견딜 수 있는 사람은 꽤나 많이 있다. 그러나 그들도 자기 이름이 희생되는 것은 조금도 견디지 않고 거부한다. 자기들의 명예가 떨어질 뿐 아니라 하느님의 영광도 사라진다는 이유에서 이다."

34) 이들에 대한 평판은 벌써 그 시기에도 극과 극을 오갔다. 이들은 은둔수도사들과 구별되어야 하지만 그 경계는 대체로 뚜렷하지 않았다. 기적을 행하면서 편력한 스폴레토의 은둔자들은 언제나 성 안토니우스를 끌어다 댔고 자신들이 가지고 다닌 뱀 때문에 성 바울로도 끌어다 댔다. 그들은 13세기부터 종교적 색채를 띤 마법을 이용해 농민들한테서 재물을 우려냈으며, 그들이 데리고 다닌 말들은 성 안토니우스의 이름을 부르면 무릎꿇도록 훈련되어 있었다. 그들은 양로원을 구실삼아 돈을 긁어모았다. Masuccio, *Nov.* 18. Bandello, III, *Nov.* 17. 피렌추올라는 *Asino d'oro*에서 이 은둔자들에게 아풀레이우스의 글에 나오는 탁발수도사들의 역할을 맡겼다.

성당의 설교단을 차지한 채 교권제도를 맹렬히 공격했다. 그는 성당 안에 새 촛대와 제단을 세우고 기적을 행하고는 격렬한 싸움을 벌인 후에야 그곳을 떠났다.[35]

이탈리아의 운명이 좌우되던 수십 년 동안에는 도처에서 예언이 난무했다. 그리고 그 예언은 어느 특정 신분의 사람들만 말한 것이 아니었다. 한 예로 우리는 로마의 약탈이 있기 전 예언자 특유의 오만함을 지닌 은둔자들이 등장했던 것(192쪽)을 알고 있다. 그들은 자기네가 놀변일 때는 상징물을 지닌 사자(使者)를 보냈다. 예를 들면 1496년 시에나 근방의 한 고행자는 장대 끝에 두개골을 매달고 거기에 위협적인 성경 구절이 적힌 쪽지를 붙인 뒤 그것을 '작은 은둔자', 곧 자신의 제자에게 들려서 불안에 빠진 로마로 보냈다.[36]

수도사들도 군주와 정부 당국과 성직자를 감싸지는 않았고, 심지어는 자기들 계급마저도 옹호하지 않았다. 물론 14세기의 파비아의 수도사 야코포 데 부솔라리의 설교처럼 전제군주 일가의 전복을 정면으로 꾀한 설교는 그뒤 한 번도 없었지만,[37] 교황을 그 교황의 예배당에서 용감하게 꾸짖고(311쪽의 주 25), 조언 따위는 필요없다고 여기는 군주들의 면전에서 솔직하게 정치적 직언을 한 경우는 있었다.[38] 1494년 밀라노의 카스텔로 광장에서는 인코로나타 출신의, 그러니까 아우구스티누스회 소속의 어느 맹인 설교사가 연단에서 루도비코 일 모로를 향해 이렇게 외쳤다. "전하, 프랑스 사람들에게 길을 내주면 후회하실 것

---

35) Prato, *Arch. stor.* III, p.357 이하. Burigozzo, Ibid., p.431 이하.

36) Allegretto, in: Muratori, XXIII, Col. 855 이하.

37) Matteo Villani, VIII, cap.2 이하. 야코포는 처음에 전제정치 전반을 공격하는 설교를 했으나, 나중에 파비아를 지배한 베카리아 일가가 그를 암살하려고 하자 설교를 통해 헌법과 정부 기관을 개혁했다. 결국 베카리아 일가는 도주하지 않을 수 없었다(1357년). Cf. Petrarca., *Epp. fam.* XIX, 18 및 A. Hortis, *Scritti inediti di F. P.*, pp.174~181.

38) 군주 가문도 위기에 처했을 때는 때로 수도사를 고용하여 민중에게 충성심을 불러일으키려고 했다. 페라라에서 있었던 사례는 Sanudo, in: Muratori, XXII, Col. 1218에 실려 있다.

입니다!"[39)]

수도사 중에는 직접적인 정치설교는 하지 않고 예언을 하면서 청중이 실신할 정도로 끔찍한 미래의 참상을 그려 보인 사람들도 있었다. 이런 사람들로 구성된 열두 명의 프란체스코회 콘벤투알 수도사들은 교황 레오 10세가 선출된 직후(1513년) 이탈리아 각지를 분담해서 돌아다녔다. 그 중 피렌체에서 설교한 프란체스코 디 몬테풀치아노 수도사[40)]는 전체 군중에게 격심한 공포감을 불러일으켰다. 밀집한 군중 때문에 그의 곁에 가까이 갈 수 없었던 사람들에게까지 그의 말이 부풀려져서 전해졌기 때문이다. 설교가 끝나고 그가 '홍통으로' 돌연사하자 사람들이 전부 몰려와 시신의 발에 입을 맞추었다. 때문에 매장은 밤이 되고 아무도 없을 때 해야 했다.

새롭게 불붙은 예언의 불길은 여자와 농부들에게까지 뻗쳤고 여간해서는 잦아들 줄을 몰랐다. "그러자 사람들 사이에 다시 낙관적인 분위기를 조성하려고 메디치 가의 줄리아노(레오 10세의 동생)와 로렌초가 1514년 성 요한의 축일에 사냥과 행렬과 마상 무술경기 같은 화려한 축제를 벌였는데, 이것을 보려고 로마에서도 귀족 몇 명과 추기경 여섯 명이—물론 변장을 하고—피렌체로 왔다."

그러나 최고의 참회설교사이자 예언자였던 페라라 출신의 지롤라모 사보나롤라는 이미 1498년에 피렌체에서 화형당했다.[41)] 여기에서는 그에 대한 몇 가지 사실만 언급하는 데 그치겠다.

1494년부터 1498년까지 사보나롤라가 피렌체를 개혁하고 지배하는 데 사용한 강력한 무기는 연설이었다. 그 중 지금까지 전해오는 연설문

---

39) Prato, *Arch. stor.* III, p.251. —훗날 프랑스 군대가 쫓겨간 뒤 광신적으로 프랑스를 반대한 설교사들에 대해서는 Burigozzo, Ibid., pp.443, 449, 485의 1523년, 1526년, 1529년 편에 언급되어 있다.

40) Jac. Pitti, *Stor. fior.*, L. II, p.112.

41) Perrens, *Jérome Savonarole*, 2 Vols. 이 문헌은 수많은 전문서 가운데 최고의 조직적인 짜임새와 객관성을 자랑할 수 있는 문헌이다. —P. Villari, *La storia di Girol. Savonarola*(2 vols. Firenze, Lemonnier), 2. Ausg., 1887.

은 대부분 연설장에서 불완전하게 받아적은 것들이라 설교의 진면목을 파악하기에는 미흡하다. 연단에 선 사보나롤라의 외형적인 모양새는 그리 내세울 것이 없었다. 목소리·발음·수사학 따위는 오히려 그의 약점에 속했다. 따라서 명문(名文)과 기교를 구사하는 설교사를 원했던 사람들은 그의 경쟁자인 마리아노 다 기나차노 수도사에게 갔다.

하지만 사보나롤라의 연설에는 이후 루터가 나타날 때까지 두 번 다시 볼 수 없었던 숭고한 인격의 힘이 들어 있었다. 그는 이 능력이 신의 계시라고 믿었다. 그래서 설교사는 영혼들의 서열에서 최하위권에 있는 천사들 바로 밑에 자리잡고 있다면서 설교사의 직분을 높이 평가했지만, 그것은 결코 오만함의 소치가 아니었다.

온몸을 불살라 불꽃으로 화한 사보나롤라는 또 하나의 놀라운 기적을 만들어냈다. 그가 속한 도미니쿠스 수도회의 성 마르코 수도원과 토스카나의 모든 도미니쿠스회 수도원들이 한마음이 되어 자발적으로 대개혁을 감행한 것이다. 당시 수도원이 어떤 곳이었으며 최소한의 개혁이라도 그것이 수도사들을 상대로 할 때 얼마나 어려운가를 안다면, 이 같은 전면적인 사고의 변화는 놀라움을 배가시킨다. 개혁이 진행되면서 뜻을 같이하는 수많은 사람들이 도미니쿠스회에 들어감으로써 개혁은 탄탄한 기반을 다졌고, 명문의 자제들도 성 마르코 수도원에 견습 수도사로 들어갔다.

이 특정 지역에서 일어난 수도회 개혁은 통일된 국가교회로 가는 첫걸음이었다. 만일 개혁이 오랫동안 지속되었다면 틀림없이 국가교회가 탄생했을 것이다. 사보나롤라는 교회 전체의 개혁을 원했기 때문에 자신의 권력 말기에도 모든 대군주들에게 종교회의를 소집하자는 간절한 권고 서한을 보냈다. 그러나 그가 속한 수도회와 당은 이미 토스카나에서 그의 정신을 대표하는 유일한 기관, 곧 지상의 소금이 되었지만, 인근의 다른 지방들은 여전히 구태의연한 상태에 머물러 있었다. 그의 달관과 이상 속에서는 피렌체를 지상에 있는 하느님의 왕국으로 만들려는 마음이 무럭무럭 자라났다.

사보나롤라는 그가 했던 예언이 일부 적중하여 초인이라는 명성을 얻었는데, 이 예언이야말로 그의 전능한 이탈리아 이상주의가 보수적이고 온건한 사람들까지 끌어안을 수 있었던 발판이었다. 당초 프란체스코 수도회의 계율 엄수파는 성 베르나르디노 다 시에나가 물려준 명성을 등에 업고 도미니쿠스회 소속인 사보나롤라를 경쟁으로 제압할 수 있다고 믿었다. 그들은 자기네 소속인 도메니코 다 폰초를 대성당의 설교단에 세우고, 사보나롤라가 말한 대재앙의 예언을 능가하는 더욱 끔찍한 예언을 하게 했다. 그러자 피렌체를 지배하고 있던 피에트로 데 메디치는 양측에 침묵을 명했다. 하지만 곧이어, 사보나롤라가 정확히 예언한 대로, 프랑스의 샤를 8세가 침입하고 메디치 가가 추방당하자 사람들은 그의 말만 믿게 되었다.

여기에서 우리가 분명하게 밝혀두어야 할 것이 있다. 그것은 사보나롤라가 자기 자신의 예측과 환상에는 비판을 가하지 않으면서도 다른 사람의 예측은 몹시 엄격하게 비판했다는 점이다. 그는 피코 델라 미란돌라를 위한 조사(弔辭)에서 고인이 된 친구를 무자비하게 대했다. 피코가 하느님에게서 계시를 받았으면서도 수도회에 들어가려 하지 않았기 때문에 그 자신이 직접 하느님께 기도를 올려 피코를 응징해달라고 했으나 결코 그의 죽음은 바라지 않았다고 하면서, 이제 헌금과 기도를 드렸으니 피코의 영혼은 한동안 연옥에 머무를 수 있게 되었다고 말했다. 피코가 병상에 있을 때 성모 마리아가 나타나 그를 죽지 않게 하겠다고 위로의 말로 약속한 환영에 대해서 사보나롤라는 고백하기를, 한동안 자신은 그것이 악마의 속임수라고 생각했으나 결국 마리아가 뜻한 것은 제2의 죽음, 곧 영겁의 죽음이라는 것을 계시로써 알게 되었다고 했다.

이 모든 것이 오만이었다면 사보나롤라는 최소한 치를 수 있는 쓰디쓴 대가는 모두 다 치렀다. 그는 죽기 전 며칠 동안 자신의 환상과 예언의 무상함을 깨달았던 듯하지만, 그래도 그에게는 경건한 마음으로 죽음에 임할 수 있는 마음의 평화가 남아 있었다. 이후 사보나롤라의 추

564

종자들은 30년 동안이나 그의 가르침은 물론이고 예언에 대해서까지 확고한 믿음을 잃지 않았다.

사보나롤라가 국가 개혁자로 활동한 이유는, 그렇게 하지 않으면 그의 적대세력이 국정을 전단했을 것이기 때문이다. 1495년 초의 반(半) 민주적인 헌법(151쪽의 주 52)을 근거로 그를 판단하는 것은 부당하다. 이 헌법은 피렌체의 기타 헌법들보다 낫지도 못하지도 않은 법이다. 어쩌면 사보나롤라는 피렌체의 복속도시들에 자유를 되돌려주고 그러면서도 토스카나 국가들의 단결을 이룰 수 있었던 유일한 인물이었을지 모른다. 하지만 그는 미처 여기에까지 생각이 미치지 못했다.

근본적으로 사보나롤라는 이런 일을 하기에는 그 누구보다 부적절한 인물이었다. 그의 진정한 이상은, 보이지 않는 분 앞에 만인이 겸허하게 몸을 숙이고, 격정에서 빚어지는 모든 갈등이 애초부터 차단되는 신권정치였다. 그의 신조는 시뇨리아 궁의 제명 속에 다음처럼 적혀 있다. "피렌체 원로원과 시민이 그의 주인이자 폭군의 해방자인 그리스도와 최고신과 여신이신 동정녀 마리아께 바침." 이 내용은 이미 1495년에 그의 좌우명이 되었고[42] 1527년에는 그의 추종자들에 의해 복구되었다. 참되고 엄격한 수도사가 그렇듯이 그는 현세의 삶과 그 조건들에는 관심을 두지 않았다. 인간은 영혼의 구제와 직접 관련된 것에만 마음을 써야 한다는 것이 그의 생각이었다.

이런 그의 생각은 고대 문헌에 대한 견해에서 명확히 드러난다. "플라톤과 아리스토텔레스가 남긴 유일한 공적은, 우리가 이단자를 공격할 때 쓸 수 있는 많은 논거를 제시했다는 데 있다. 그러나 이 두 사람을 비롯한 여러 철학자는 지옥에 앉아 있다. 신앙에 대해서는 플라톤보다 늙은 여인이 더 많은 것을 알고 있다. 일쑤 유익한 듯이 보이는 많은 책을 없애는 것이 신앙에는 좋을 것이다. 아직 책이 많지 않고 논리와

---

42) 1483년에 양분된 도시를 성대하게 성모 마리아에게 바친 시에나 사람들과는 좋은 대조를 보인다. Allegretto, in: Muratori, XXIII, Col. 815 이하.

토론도 횡행하지 않던 시절에 오히려 신앙은 그 이후보다 더 빠른 속도로 성장했다."

그는 학교에서의 고전 강독을 호메로스와 베르길리우스와 키케로로 한정시켰고, 나머지는 히에로니무스와 아우구스티누스를 통해 보충하려고 했다. 반면에 그는 카툴루스와 오비디우스는 물론이고 티불루스와 테렌티우스도 추방해야 한다고 생각했다. 이는 그의 고지식한 도덕률을 말해주는 사례에 불과하지만, 또다른 글에서 그는 학문 전반의 유해성을 주장한다.

그의 견해에 따르면 원래 소수의 사람들만이 학문을 해야 한다. 그 이유는 인간 지식의 전통이 사라지지 않게 하기 위해서이고, 무엇보다 이단의 궤변과 맞서 싸울 전사를 양성해두기 위해서이다. 나머지 사람들은 문법과 예절과 종교 수업을 받는 것으로 충분하다고 했다. 이렇게 하면 모든 교양분야는 다시 자연스럽게 수도사들 차지가 될 것이고, '가장 유식하고 신성한 사람들'이 국가와 영토를 지배해야 한다고 했으니 이것도 결국에는 수도사들이 독점할 것이다. 우리는 사보나롤라가 이런 것까지 생각하고 있었는지 묻고 싶지는 않다.

이보다 더 유아적인 발상은 찾기 어렵다. 재발견한 고대와 시야 및 사고의 확장이 때에 따라서는 종교에 영광된 시련이 될 수도 있다는 소박한 생각을 이 선량한 인간은 하지 못했다. 사보나롤라는 다른 식으로는 없애기 힘든 것들을 금지하려고 했다. 그는 결코 자유주의자가 아니었다. 그는 신을 믿지 않는 점성가들을 없애려고 화형단을 마련해놓았지만 훗날에는 그 자신도 그 위에서 죽음을 맞았다.[43]

이 편협한 정신 속에 자리잡은 영혼은 얼마나 강력했을까! 교양에 열광한 피렌체인들이 그의 논리에 굴복하도록 가르치기 위해 그는 얼마만한 열정을 필요로 했을까.

---

43) 불경스러운 점성가들을 가리켜 그는 이렇게 말한다. "그들과는 불을 갖고 싸우는 수밖에 다른 방법이 없다."

피렌체인들이 그를 위해 어떤 예술품과 세속의 물건을 내던질 각오가 되어 있었는지는 저 유명한 소각 사건이 보여준다. 이에 비하면 베르나르디노 다 시에나를 비롯한 여러 수도사들이 마련한 화형단은 별로 내세울 것이 없었다.

물론 이 일은 사보나롤라 측의 폭압적인 경찰의 개입 없이는 진행될 수 없었다. 대체로 그는 이탈리아인이 중시하는 사생활의 자유에도 적지 않게 간섭하여, 일례로 집주인의 도덕 개혁을 위해 하인의 첩자활동을 희망했다. 그러나 훗날 불굴의 칼뱅이 제네바에서 외부로부터 끊임없이 포위당하면서도 힘들여 얻어낸 공공생활과 사생활의 개혁이 피렌체에서는 시도에 그칠 수밖에 없었고, 비록 시도로 끝났어도 그것은 반대파들을 극도로 격분시켰다. 여기에는 무엇보다 사보나롤라가 조직한 소년대가 집집마다 들이닥쳐 화형단에 올려놓을 만한 물건을 폭력을 써서 가져갔다는 것도 한몫했다. 여기저기서 소년들이 매를 맞고 쫓겨나자 사보나롤라 측은 한창 자라나는 미래의 신성한 시민이라는 허구를 고수하기 위해 이들에게 어른을 호위자로 딸려주었다.

이렇게 해서 1497년의 사육제 마지막 날과 다음해 같은 날에 시뇨리아 광장에서 대대적인 화형식이 열렸다. 거기에는 고대 로마 황제들의 시신을 놓고 불태웠던 화형단과 비슷한 계단식 피라미드가 우뚝 서 있었다. 맨 아래 단에는 가면, 모조 수염, 가장행렬의 복장 등이 정렬되어 있었고, 그 위로 라틴 시인과 이탈리아 시인들의 서적, 특히 풀치의 『모르간테』와 보카치오·페트라르카의 작품이 있었고, 값비싼 양피지로 된 사본과 세밀화가 들어간 책도 있었다. 그 다음에는 여성들의 장식품과 화장도구·향수·거울·베일·가발이 놓여졌고, 다시 그 위에 류트, 하프, 장기판, 주사위, 도박용 카드가 있었다. 마지막 맨 위에 있는 두 단은 그림 일색이었는데 특히 미녀를 그린 그림들이 많았다. 일부는 루크레티아·클레오파트라·파우스티나 같은 고전적인 이름을 달고 있었고, 일부는 벤치나, 레나 모렐라, 비나 데 렌치와 마리아 데 렌치의 실물 초상화였다. 처음에는 화형식에 참석한 어느 베네치아 상인이 피라미드에 놓인 물건값으로 시의회에 금화 2만 탈러를 제시했다. 그러자 그의 모습까지 초상화로 그려져 다른 그림들과 함께 단 위에 세워진 것이 그가 받은 유일한 대답이었다.

점화가 시작되자 시의회 의원들이 발코니로 나왔고, 노래와 트럼펫 소리와 종소리가 공중을 가득 메웠다. 그런 뒤 사람들은 성 마르코 수도원 앞의 광장으로 행진하여 세 개의 동심원을 그리며 춤을 추었다. 맨 안쪽 원에는 이 수도원의 수도사들이 천사로 분장한 소년들과 번갈아 서 있었고, 가운데 원에는 젊은 성직자들과 일반인, 바깥 원에는 노인들과 시민과 올리브 나뭇가지로 만든 화관을 쓴 사제들이 자리했다.

승리를 거둔 반대당은 사실 이 모든 것을 비웃을 만한 이유가 있었고 또 능히 그럴 만한 사람들이었지만, 그렇다고 그 비웃음이 훗날 사보나롤라에 대한 추억을 훼손하지는 못했다. 이탈리아의 운명이 참담하게 펼쳐질수록 살아남은 자들의 기억 속에서는 위대한 수도사이자 예언자인 그의 모습이 더욱 밝게 빛났다. 그의 예언들은 개별적으로 보면 입증되지 못했을지 모르나, 그가 예고한 일반적인 대재앙은 오히려 소름 끼치도록 들어맞았다.

참회설교사들의 영향력이 아무리 대단했어도, 그리고 사보나롤라가 수도사 계급에다 대고 구제 설교의 본분으로 돌아가라고 분명히 요구했어도,[44] 수도사라는 계급은 일반인들의 부정적인 시각에서 벗어나지 못했다. 이탈리아는 개인에게만 열광할 수 있다는 것을 분명히 보여준 것이다.

성직자나 수도사의 존재를 떠나 이제 우리가 이탈리아인이 갖고 있는 기존 신앙의 강도를 재보려고 할 때, 그것은 바라보는 방향과 시각에 따라 하찮게 보이기도 하고 강렬하게 나타나기도 한다. 성사(聖事)

---

44) Perrens, I, p.30, Fn.에 실린, 에제키엘에 관한 열네번째 설교에서 발췌한 대목 참조.

와 축복의 불가결에 대해서는 이미 얘기한 바 있으니(173쪽, 553쪽), 여기에서는 신앙과 숭배가 일상에서 차지했던 위치를 살펴보자. 여기에서는 대중과 그들의 습관 그리고 그 둘에 대한 권력자의 고려가 큰 비중을 차지했다.

농민과 하층민 부류에서는 참회에 속한 모든 행동 그리고 선행으로써 복을 얻기 위해 취한 일체의 행동이 북유럽에서와 똑같이 성숙해 있거나 타락해 있었고, 때로는 교양인들까지 사로잡아 영향을 미쳤다. 신에게 간구하고 공물을 바쳐서 그의 마음을 달래는 고대의 이교적 풍속과 맞닿아 있는 가톨릭의 대중적 요소들은 이탈리아 민중의 의식 속에 뿌리 깊게 박혀 있었다.

이미 다른 주제와 관련해 인용한 적이 있는 바티스타 만토바노의 전원시 제8편[45])에는 한 농부가 성모 마리아에게 올리는 기도가 들어 있는데, 여기에서 성모는 전원생활의 갖가지 이익을 보살피는 특별한 수호여신으로서 기도를 받고 있다. 이탈리아 민중은 구호자로서의 성모 마리아의 가치를 어떻게 생각하고 있었을까? 부재중인 남편이 모르는 사이에 애인인 수도사가 포도주 한 통을 야금야금 다 마셔버리자, 그 대신 밀랍 한 통을 수태고지 축일의 봉헌물로 바친 피렌체 여인의 마음은 어땠을까?[46])

지금도 그렇지만 당시에도 생활의 특정 분야마다 각기 해당되는 수호성인이 지배하면서 보호하고 있었다. 가톨릭 교회에서 보편적으로 행해지는 여러 제례를 이교의 의식으로 환원하려는 시도는 여러 차례 있었다. 게다가 교회 축제와 연관되어 지방에서 지키고 있던 수많은 민간 풍습들이 고대 유럽의 다양한 이교에서 전해진 무의식의 잔재라는 것도 누구나 인정하는 바이다.

그러나 이탈리아의 농촌 지역에서는 이교 신앙의 흔적이 여지없이

---

45) 제목은 "De rusticorum religione"(「시골 사람들의 종교에 대하여」)이다.
46) Franco Sacchetti, *Nov.* 109에도 비슷한 종류의 이야기가 나온다.

드러나는 이런저런 풍습들이 있었다. 일례로 성 베드로 축일이 시작되기 나흘 전, 그러니까 고대 로마의 페랄리아* 제일(祭日)에 해당하는 2월 18일에 고인을 위해 음식을 차리는 풍습이 그러했다.[47] 이와 비슷한 종류의 풍습이 당시에는 많이 성행했으나 그 이후로 사라져버린 것 같다. 역설적으로 들릴지 모르지만, 이탈리아의 민간신앙은 이교적일수록 더욱 굳건히 뿌리를 내리고 있었다고 해도 좋을 것이다.

이 민간신앙이 어느 정도로 상류층에까지 뻗어갔나 하는 것은 어느 부분까지는 자세히 밝혀낼 수 있을 것이다. 앞에서 이탈리아 민족과 성직자의 관계를 논할 때 얘기했듯이, 이 신앙에는 습관의 위력과 어린 시절의 인상이 단단히 한몫했다. 또 화려한 교회 축제에 대한 흥미도 함께 작용했으며, 조롱이나 부인은 할 수 있을망정 저항하기는 쉽지 않았던 대대적인 참회의 물결도 여기저기서 가세했다.

그러나 이 문제와 관련해 성급하게 일반적인 결론을 내리려는 것은

---

* 고대 로마에서는 죽은 부모나 친척을 추모하여 매년 2월 13일에서 21일까지 (율리우스력 이전의 계산법) 파렌탈리아(Parentalia)라는 고인 추모제를 올렸다. 페랄리아(Feralia)는 이 추모제의 마지막 날에 거행하는 성대한 의식인데, 이때 가족 중 고인이 된 사람을 위해 헌물을 바쳤다.

47) 바티스타 만토바노는 *De sacris diebus*, L. II에서 이렇게 외친다.

이런 미신은 저승의 죽은 자들에게서 시작된 것이니
기독교로부터 멀리하는 것이 좋다.
산 자에게 음식을, 죽은 자에게 제사를 바쳐라.

이보다 100년 전, 교황 요한 22세의 군대가 변경의 황제당을 처형하러 갔을 때는 '이단'과 '우상 숭배'라는 분명한 죄목을 내걸고 갔다. 레카나티 시는 자진항복했지만 '그곳에서 우상을 숭배했다'는 이유로 불에 태워졌는데, 실은 레카나티 시가 살해한 사람들에 대한 복수였다. Cf. Giovanni Villani, IX, 139, 141. ─피우스 2세 치하에서는 우르비노 태생의 어느 완고한 태양 숭배자가 등장했다. Cf. Aen. Sylvius, *Opera*, p.289, *Hist. rer. ubique gestar.*, c. 12. ─레오 10세 치하에서는 [정확히 말하면 레오와 하드리아누스의 재위 사이인 1522년 6월(Gregorovius, VIII, 388)] 로마 광장에서 경악할 일이 벌어졌다. 페스트 때문에 황소 한 마리가 이교식에 따라 제물로 바쳐진 것이다. Paul. Jovius, *Hist.* XXI, 8.

위험하다. 우리는 가령, 교양인들이 성인 유물에 대해 취하고 있던 태도가 최소한 그들의 종교적 의식의 일부를 열어보이는 열쇠를 제공한다고 생각할 수 있다. 물론 정도의 차이는 증명할 수 있겠지만, 우리가 바라는 만큼 명확하게 밝혀지지는 않을 것이다. 먼저 15세기에는 베네치아 정부가 서구 전체를 지배하던 성인 유골 숭배에 휩쓸려들었고 (140쪽), 베네치아에 사는 외래인들도 이 풍습을 따랐다.[48)]

학문이 발달한 파도바도, 그곳의 지지학자인 미켈레 사보나롤라(219쪽)의 말을 따라 판단하면, 베네치아와 사정이 다르지 않았던 것 같다. 큰 위험이 닥칠 때면 밤중에 도시 전체에서 성인들의 한숨소리가 들리고, 성 키아라 교회에 누워 있는 한 수녀의 사체에서 끊임없이 손톱과 머리카락이 자라고, 재앙이 가까워지면 이 수녀가 큰 소리를 내며 두 팔을 들어올린다는 등의 얘기를 미켈레는 경외감에서 오는 두려움과 감격이 뒤섞인 어조로 우리에게 전해준다.[49)] 그는 산토에 있는 안토니우스 예배당을 묘사할 때는 말까지 더듬으며 환상에 빠져들었다.

밀라노에서는 민중이 성인 유물에 광신적이었다. 1517년 성 심플리치아노 수도원의 수도사들이 대제단을 개조하면서 부주의하게 여섯 성인의 유해를 열어젖힌 일이 있었다. 그후 밀라노에 일대 폭풍우가 몰아닥치자 사람들은 그 원인이 이 수도사들의 독신(瀆神)행위에 있다고 하여[50)] 길거리에서 그들을 볼 때마다 몽둥이 찜질을 했다.

하지만 그밖의 이탈리아 지방을 보면, 특히 교황들을 보아도 그들의 성인 유물 숭배에서는 상당히 미심쩍은 면이 엿보인다. 그렇다고 명쾌한 결론을 내릴 수 있는 것도 아니다. 피우스 2세가 그리스에서 성 마

---

48) Sabellico, *De situ venetae urbis.* 사벨리코는 많은 고전학자들이 그러하듯 교회 성인들의 이름을 성(聖)이나 'divius'라는 말을 붙이지 않고 불렀지만, 수많은 유물을 인용하면서 애정을 담아 거론했으며, 그 중 여러 개에 입을 맞추었다고 자랑했다.

49) *De laudibus Patavii,* in: Muratori, XXIV, Col. 1149~1151.

50) Prato, *Arch. stor.* III, p.408 이하. —프라토는 평소에 개화한 사람이 아니었지만, 이 인과관계만은 그도 인정하지 않았다.

우라 교회로 옮겨진 사도 안드레아스의 머리를 입수하여 1462년 일
반인의 경탄 속에서 성 베드로 성당에 성대하게 안치했다는 것은 잘
알려져 있다. 그러나 그의 이런 행동은 이미 많은 군주들이 이 유해를
얻으려고 노력한 뒤에 일종의 수치심에서 나온 결과라는 것이 교황
자신의 보고서에서 드러나고 있다. 로마를 자기 교회에서 내쫓긴 성
인 유골의 피난처로 만들려는 생각이 그때서야 피우스의 머리에 떠오
른 것이다.[51]

교황 식스투스 4세 때는 오히려 시민들이 교황보다 더 열심이었다.
그래서 식스투스가 죽음을 앞둔 프랑스의 루이 11세에게 라테란 궁에
있던 몇 개의 성인 유물을 내어주자 시의회가 격렬히 비난을 퍼부었다
(1483년).[52] 같은 시기에 볼로냐에서는 에스파냐 왕에게 성 도미니쿠
스의 두개골을 팔아 그 수익금으로 공익사업을 펼치자는 용감한 주장
이 일었다.[53]

성인 유물에 가장 관심이 적었던 사람들은 피렌체인들이었다. 피렌체
의 수호성인인 성 차노비를 새 석관에 안치하자는 결정이 난 뒤부터 기
베르티*에게 최종 주문을 낼 때까지는 19년(1409~28년)의 세월이 흘
렀다. 그 주문이 기베르티에게 돌아간 것은, 이 거장이 이미 몇 개의 비

---

51) Pius II., *Comment.*, L. VIII, p.352 이하. "교황은 이렇게 중요한 사도의 명예
　　를 위해 별로 진력하지 않는 것처럼 보이는 것을 두려워했다."

52) Jac. Volaterran., in: Muratori, XXIII, Col. 187. 루이는 이 선물을 보지 못하
　　고 죽었다. ―당시 지하묘지는 사람들에게 잊혀졌지만, 미켈레 사보나롤라
　　(Muratori, XXIV, Col. 1150)는 로마에 대해 이렇게 말했다. "그곳은 아켈다마
　　평야처럼 성인들의 거처가 되었다".

53) Bursellis, *Annal. Bonon.*, in: Muratori, XXIII, Col. 905. 이 주장을 편 사람
　　은 16인의 귀족 중 한 사람인 Bartol. della Volta로, 1485년 또는 1486년에 사
　　망했다.

* Lorenzo Ghiberti. 1378~1455. 피렌체 태생의 조각가. 처음에는 금세공사의 수
　　업을 받았고 이후 페사로에서 화가로 활동했다. 1402년, 피렌체 세례당의 청동문
　　을 위한 현상 모집에서 「제물로 바쳐지는 이삭」이라는 부조가 당선되어 두각을
　　나타냈다. 1420년부터 브루넬레스키와 함께 피렌체 대성당의 건축을 지휘했으
　　며, 도나텔로와 더불어 초기 르네상스의 대표적인 건축가로 손꼽힌다.

숫한 소품을 훌륭하게 완성했기 때문이라는 우연한 이유에서였다.[54]

1352년에는 나폴리의 한 교활한 수녀원장이 나무조각과 석고로 만들어진 가짜 팔을 피렌체의 성 레파라타 성당 수호여신의 팔이라고 속여 보낸 적이 있는데, 어쩌면 이때부터 피렌체인들은 성인 유물에 염증을 느꼈는지 모르겠다.[55] 아니면 조각난 사체와 반쯤 썩은 의복과 집기에 미련없이 등을 돌리게 한 것은 그들의 미적 감각이었다고 보아야 할까? 그것도 아니면, 열두 명의 사도를 나란히 모아두기보다는 차라리 단테나 페트라르카의 유해를 화려한 무덤에 안치하려는 근대의 명성욕 때문이었을까?

베네치아나 아주 예외적인 로마를 빼면, 이탈리아에서는 서구 어느 나라보다도 오래 전부터 성인 유물 숭배가 성모 숭배에 뚜렷하게 밀려나고 있었다.[56] 그리고 눈에 보이지는 않지만, 형태 감각이 일찍부터 발달한 이유도 바로 여기에 있으리라 생각된다.

거대한 성당마다 모두 성모 마리아를 모시고 있고, 라틴어와 자국어로 씌어진 풍부한 시들도 모두 성모를 찬양하는 북유럽 나라들을 볼 때, 이보다 더 열렬한 성모 숭배가 가능할까 하는 의문이 생긴다. 하지만 이탈리아에서는 기적을 행하는 성모를 그린 무수한 그림들이 위력을 발하면서 일상생활에까지 지속적으로 파고들었다. 고대의 또는 고대의 것이라고 여겨지는 「성 루가의 그림」에서 시작하여 자기 그림에 묘사해놓은 기적을 적지 않게 체험한 당대 화가들의 작품에 이르기까

---

54) Vasari, III, 111 이하., *Vita di Ghiberti*. 〔피렌체인들이 유물에 무관심했다는 본문의 주장은, Sauer가 *Lit. Rundschau*, 1911, Nr. 9에서 기술했듯이, 위의 경우에는 맞지 않는다.〕

55) Matteo Villani, III. 15, 16.

56) 이밖에도 우리는 역사를 통해 분명히 알려진 성인들의 사체를 지난 몇백 년 동안 숭배해온 이탈리아인의 태도와, 성스러운 원시시대 인물의 사체나 의복 조각을 찾아 맞추려는 북유럽인의 행동을 구분해야 한다. 라테란 궁에 보존되어 있던 수많은 유물은 후자의 일종이며 순례자들에게도 중요한 볼거리였다. 그러나 성 도미니쿠스와 파도바의 성 안토니우스의 석관 위, 그리고 성 프란체스코의 신비스러운 무덤 위에는 성스러움뿐 아니라 역사적인 명성의 빛이 빛나고 있었다.

지, 주요 도시들마다 일련의 성모 화상을 보유하고 있었다.

그러나 이 미술품들은 바티스타 만토바노가 생각하듯이 그렇게 전혀 무해한 것이 아니어서[57] 때에 따라서는 급작스럽게 마법적인 위력을 발휘했다. 기적을 바라는 대중의 욕구, 특히 여성들의 욕구가 이 작품들로 인해 완전히 해소되면서 성인 유물을 경시하게 된 것 같다. 가짜 유물을 비웃은 단편소설가들의 조롱이 진짜로 인정되는 유물에 어느 만큼 피해를 입혔는지는[58] 논외로 하겠다.

교양인들은 성인 유물 숭배보다는 성모 숭배에서 더 확실한 태도를 보였다. 우선 문학에서는 단테가 『신곡』의 「천국편」으로써 성모를 찬양한 이탈리아 최후의 시인인 반면,[59] 대중 사이에서는 오늘날까지 성모 찬미의 노래들이 새롭게 탄생되고 있는 것이 눈길을 끈다. 혹 산나차로나 사벨리코나 그밖에 라틴 시인들을 성모 찬미의 작가들로 주장할 사람이 있을지 모르지만,[60] 근본적으로 그들이 목표로 한 것은 문학성이

---

57) 만토바노의 후기 저술인 *De sacris diebus*, L. I에 나오는 주목할 만한 발언은 세속미술과 종교미술에 똑같이 해당된다. 그는 말하기를, 히브리 사람들 사이에서 모든 조형미술품이 저주받은 것은 당연했으며, 만일 그렇지 않았다면 그들은 주위에 퍼져 있던 우상 숭배와 악마 숭배에 다시 휘말려들었을 것이라고 했다.

> 그러나 이제는 악마의 본성이 속속들이 밝혀졌고
> 남아 있는 옛 본성에도 위엄이 없어졌으니
> 그 어떤 조상(彫像)도 우리에게 위험을 가져오지 않고
> 그 어떤 그림도 우리를 속이지 못한다. 이제 기호는 해를 끼치지 않으며,
> 오직 미덕을 증거하고 찬미하는 대리석 기념비,
> 불멸의 영광을 보이는 영원한 장식이 되어 있을 뿐이다.

58) 바티스타 만토바노는 *De sacris diebus*, L. V에서, 만토바에서 발견된 성스러운 피가 진짜임을 믿지 않으려는 '무뢰한'들에 대해 통탄스러워했다. 또 콘스탄티누스 대제의 증여설을 부인했던 비판의 소리도 비록 조용했을망정 성인 유물에 대해서 호의적이지는 않았다.

59) 「천국편」제33곡, 1에 있는 성 베르나르두스의 유명한 기도. "어머니이신 동정녀, 당신 아들의 따님이시여."

60) 어쩌면 피우스 2세도 여기에 속할지 모르겠다. 그의 *Opera*, p.964에는 성처녀를 노래한 비가가 있다. 피우스는 청년기부터 자신이 마리아의 특별한 보호를 받는다고 믿었다. Jac. Card. Papiens., *De morte Pii*, *Opera*, p.656.

기 때문에 이 주장의 타당성은 상당 부분 약화된다.

또 15세기에서 16세기 초까지[61] 이탈리아어로 씌어진 시들, 즉 로렌초 마니피코의 송시나 비토리아 콜론나, 미켈란젤로, 가스파라 스탐파의 소네트들에서는 종교심이 직접 전해지기는 해도, 이것들은 대부분 신교도들도 지을 수 있는 것들이었다. 신에 대한 믿음을 서정적으로 표현한 대목을 제외하면, 대부분 죄의식이나 그리스도의 죽음을 통한 구원 의식, 그리고 더 높은 세계를 향한 동경을 노래하고 있으며, 성모에게 드리는 간구는 아주 예외적으로 언급될 뿐이다.[62]

이와 동일한 현상은 프랑스인의 고전 문화와 루이 14세 때의 문학에서도 되풀이된다. 이탈리아에서 성모 숭배가 다시 문학으로 복귀한 것은 가톨릭 종교개혁이 있은 후였다. 물론 그 사이에 조형미술은 성모 찬미에 열성을 기울였다. 끝으로, 교양인들의 성인 숭배는 적지 않게 이교의 색채를 띠었다(122쪽 이하, 340쪽 이하)는 것도 말해두어야 하겠다.

이렇게 우리는 그 시기 이탈리아의 가톨릭 신앙에 있는 여러 측면을 살펴보면서, 교양인들이 민간신앙에 대해 품었으리라고 생각되는 태도를 어느 정도까지는 개연성 있게 밝혀낼 수 있겠지만, 그래도 확실한 결론에는 이르지 못할 것 같다. 설명하기 힘든 모순들이 있기 때문이다. 일례로, 교회를 위해 끊임없이 건물을 짓고 조각을 하고 그림을 그리면서도, 16세기 초에는 예배에 태만하고 교회를 소홀히 여긴다는 쓰라린 탄식이 다음처럼 들려왔다. "예배당은 쓰러지고, 제단은 곳곳마다 먼지에 덮이고, 하느님께 드리는 예배는 서서히 사라져간다!"[63]

---

61) 이때는 식스투스 4세가 마리아의 무염 수태를 열렬히 찬미한 시기였다. *Extravag. commun.*, L. III, Tit. XII. 식스투스는 신전에 있는 마리아를 기리는 축제와 성 안나와 성 요셉의 축제도 만들었다. Cf. Trithemius, *Ann. Hirsaug.* II, p.519.
62) 이와 관련해서는 특히 성모를 노래한 비토리아의 몇 안 되는 대담한 소네트가 시사하는 바가 많다. (Ed. by P. Visconti, Roma, 1840, N. 85 이하.)
63) Bapt. Mantuan., *De sacris diebus*, L. V 및 소(少) 피코가 라테란 종교회의를 위해 준비한 연설. Roscoe, *Leo X.*, ed. Bossi, Vol. VIII, p.115.

루터가 로마에서 미사 때의 사제들이 보인 경건하지 못한 태도 때문에 얼마나 분개했는지는 잘 알려져 있다. 게다가 교회의 축제들은 북유럽에서는 상상조차 하기 힘든 화려함과 취향으로 장식되어 있었다. 어쩌면, 상상력이 풍부한 이탈리아 국민들은 일상의 것은 예사로 소홀히 여기면서 그 대신 별난 것에 마음을 빼앗겼다고 생각해야 좋을지도 모르겠다.

이제 우리가 논의할 유행과 같은 참회의 열기도 이 상상력으로 설명할 수 있다. 참회 열기는 저 위대한 참회설교사들이 끼친 영향과는 구별되어야 한다. 참회의 물결을 일으킨 것은 일반적인 대재앙 또는 그로인한 공포였다.

중세에는 때때로 폭풍우와 같은 참회 열기가 유럽 전체를 강타하여 민중이 십자군원정이나 편타순례(鞭打巡禮)와 같은 거대한 물결 속에 휩쓸려들었다. 이탈리아도 이 두 흐름에 동참했다. 이탈리아에서는 에첼리노와 그 일문이 몰락한 직후 처음으로 편타고행자들이 대거 등장했는데, 그곳은 우리가 훗날의 참회설교사들의 본거지로 알고 있는 (559쪽의 주 31) 페루자 지방이었다.[64]

그후 1310년과 1334년에 다시 편타고행자들이 나타났고,[65] 1339년에는 편타는 하지 않는 참회순례가 이어졌다. 여기에 대해서는 코리오[66]가 전해주고 있다. 로마 기념제를 거행한 이유의 하나도, 종교적 흥분에 휩싸인 대중의 섬뜩한 방랑욕을 되도록 통제하고 불상사를 방지하려는 데 있었을 것이다. 그 사이 새로운 이탈리아의 순례지로 유명해진 로레토 같은 곳들도 일부 흥분한 대중을 끌어모았다.[67]

---

64) *Monach.*, *Paduani chron.*, L. III, 서두, in: Muratori, XIV. 참회에 대해서는 이렇게 적혀 있다. "참회는 먼저 페루자인을, 이어서 로마인을 엄습했고, 나중에는 거의 모든 이탈리아인에게 덮쳐왔다."

65) Giov. Villani, VIII, 122, XI, 23.

66) Corio, p.281.

67) 원격지 순례는 이미 상당히 드물어졌다. 에스테 가문의 군주들이 예루살렘과 성 야고와 빈으로 떠난 순례는 *Diario Ferrarese*, in: Muratori, XXIV, Col. 182, 187,

이 중세의 참회 열기는 아주 훗날에 가서도 공황과 같은 사태가 닥칠 때면 여기저기서 달아올랐다. 불안에 빠진 민중은 여기에 어떤 괴이한 징조까지 보이면 자기 몸을 채찍질하고 큰 소리로 자비를 달라고 외치면서 하느님의 노여움을 풀려고 했다. 수많은 사례 가운데 두 가지만 든다면, 1457년 볼로냐에서 페스트가 만연할 때가 그랬고,[68] 1496년 시에나에서 내란이 일어날 때도 마찬가지였다.[69]

하지만 정말로 감동적인 사건은 1529년 밀라노에서 전쟁과 기아와 페스트의 3대 환란이 에스파냐의 착취까지 가세하여 온 나라를 절망에 빠뜨렸을 때 일어났다.[70] 이때 사람들이 귀를 기울인 설교사는 공교롭게도 에스파냐의 토마소 니에토라는 수도사였다. 그는 노소가 맨발로 걸어가는 행렬에서 성찬을 새로운 방식으로 운반하게 했다. 베옷 입은 네 명의 사제가 메고 가는 장식된 관(棺) 위에 성찬을 고정시켜 운반하는 방식이었는데, 그 옛날 이스라엘 민족이 예리코 성벽 주위를 돌면서 메고 가던 법궤를 모방한 것이었다.[71]

고통당하는 밀라노 국민은 이렇게 해서 하느님에게 그가 옛날에 인간과 맺었던 언약을 상기시켰다. 행렬이 다시 대성당 안으로 들어가고 "자비를 주소서"라는 절규로 육중한 건물이 무너질 듯 보일 때, 그곳의 많은 사람들은 하느님이 자연과 역사의 법칙에 어떤 기적과 같은 손길을 뻗쳐서 자신들을 구원해주리라고 믿었는지 모른다.

190, 279에 열거되어 있고, 리날도 알비치의 성지순례는 Machiavelli, *Stor. fior.*, L. V에 나와 있다. 이들의 순례도 명예욕이 결정적인 동기였다. 1400년경 동행자 한 명과 함께 성묘(聖墓)로 순례하려던 레오나르도 프레스코발디에 대해서는 연대기 작가인 조반니 카발칸티가 *Ist. Fiorentine*, ed. Polidori, 1838, II, p.478에서 전해준다. "이들은 자기들이 미래 사람들의 마음에 영원히 기억되리라고 생각했다."

68) Bursellis, *Annal. Bon.*, in: Muratori, XXIII, Col. 890.
69) Allegretto, in: Muratori, XXIII, Col. 855 이하.
70) Burigozzo, *Arch. stor.*, III, 486.
71) 사람들은 이 법궤를 '증거의 궤'라고도 불렀으며, 이것이 커다란 비밀을 갖고 만들어졌다는 것을 알고 있었다.

그런데 이 같은 시기에 이탈리아에는 일반인의 분위기에 앞장서서 기존의 참회열을 경찰을 동원해 지휘한 나라가 있었다. 바로 에르콜레 1세 공작 치하의 페라라였다.[72] 사보나롤라가 피렌체에서 막강한 위력을 발휘하고 예언과 참회의 물결이 아펜니노 산맥을 넘어 먼 지역에서까지 민중을 사로잡자, 1496년 초에는 페라라에서도 대대적인 단식이 자발적으로 일어났다. 나자로회의 어느 수도사가 설교단에서 이르기를, 이제껏 유례가 없는 참혹한 전쟁과 기아가 곧 닥칠 테지만 지금 단식을 하는 사람은 이 재앙을 면할 수 있을 것이니, 이것은 성모 마리아가 신심 깊은 사람들에게 내린 계시라고 말했다.

이 말에 페라라 궁정도 단식을 하지 않을 수 없었다. 그러나 이제는 궁정이 직접 민중의 신앙을 지휘하기 시작했다.

부활절인 4월 3일에 내려진 도덕과 신앙의 칙령에서는 하느님과 성처녀 마리아를 모독하는 행위, 금지된 도박, 계간, 축첩, 매춘부와 그 포주에 대한 가옥 임대행위, 제빵사와 채소상을 제외하고 축일에 영업하는 행위 등을 금했다. 상당수가 에스파냐에서 도주해와 살고 있던 유대인과 마라노 사람들은 가슴에 다시 노란색의 O자를 달고 다녀야 했다. 위반하는 사람들은 기존의 법률에 명시된 형벌은 물론이고, '공작의 재량으로 내리는 더 엄중한 심판'으로 다스리겠다고 위협했다. 이후 공작은 궁신들을 대동하고 며칠을 연이어 설교를 들으러 갔고, 4월 10일에는 페라라에 사는 모든 유대인들까지 참석해야 했다.

이어 5월 3일에는 앞에서도 언급한(114쪽) 그레고리오 참판테라는 경찰 총수가 포고령에서 이르기를, 독신자(瀆神者)로 고발당하지 않으려고 형리에게 돈을 바친 사람은 자수할 경우 그 돈과 함께 보상금까지 받을 수 있다고 얘기했다. 이 비열한 형리들은 밀고하겠다고 협박하여 무고한 사람들에게서 2~3두카토를 갈취했으며, 그후 저희들끼리 배신하여 감옥에 들어간 자들이었다. 그러나 사람들이 뇌물을 준 이유는

---

72) *Diario Ferrarese*, in: Muratori, XXIV, Col. 317, 322, 323, 326, 386, 401.

바로 참판테의 손아귀에 들지 않으려는 것이었기 때문에 그의 포고령에 따라 자수한 사람은 거의 없었을 것이다.

1500년, 루도비코 일 모로가 몰락한 뒤 다시 비슷한 기운이 일어나자 에르콜레 공작은 스스로 나서서 아홉 개의 행렬단을 구성하도록 명했다.[73] 거기에는 예수의 깃발을 든 흰 옷 입은 소년들도 빠질 수 없었다. 공작은 보행이 불편했기 때문에 말을 타고 행진했다. 얼마 후에는 1496년과 비슷한 내용의 칙령이 내려졌다. 에르콜레 치하에서 수많은 교회와 수도원이 지어졌다는 것은 잘 알려져 있다.

하지만 그는 아들 알폰소를 루크레치아 보르자와 결혼시키기 직전에 살아 있는 성녀인 수오르 콜롬바까지 초청했다(1502년).[74] 궁에서 보낸 사절[75]이 이 비테르보의 성녀와 15명의 수녀를 데리고 도착하자, 공작은 미리 마련해둔 수도원으로 콜롬바를 직접 안내했다. 여기에 강한 정치적 의도가 깔려 있었다고 생각한다면 공작을 부당하게 평가하는 것일까? 앞에서도 확인했듯이(109쪽 이하), 종교를 통치수단으로 이용하는 것은 이미 논리상으로도 에스테 가문이 갖고 있던 지배이념의 하나였다.

---

73) "깊은 존경심이 있다고 알려지고, 이교의 신들과 친해지는 것은 언제나 좋은 일이기 때문에"라고 연대기 작가는 말한다.

74) 〔이 사람은 수오르 콜롬바가 아니었을 것이다. 그녀는 이미 1501년 5월 20일에 사망했기 때문이다. 어쩌면 루치아 다 나르니였을지 모른다.〕

75) 문헌에서는 이 사람을 "공작의 재상의 사절"(Messo de'candellieri del Duca)이라고 부르고 있다. 이 일은 분명히 궁정이 주도한 것이지, 수도원의 상급자나 그 밖의 교회가 나선 것이 아니었다.

3 종교와 르네상스 정신

르네상스 사람들의 종교관에 대해 최종적인 결론을 내리려면 다른 길을 택해야 한다. 우리는 이 시대 사람들의 정신적인 자세를 토대로 그들이 기성 종교와 신성(神性)에 대해 취하고 있던 태도를 명확히 밝혀낼 수 있을 것이다.

이탈리아 문화의 주역이던 르네상스의 근대인들은 중세인과 마찬가지로 신앙심을 타고난 사람들이었다. 하지만 그들의 강력한 개인주의는 다른 분야에서도 그랬듯이 종교에서도 그들을 철저히 주관적으로 만들었고, 외부 세계와 정신세계의 발견이 준 수많은 자극은 무엇보다 그들을 현세적으로 만들었다. 반면에 다른 유럽 국가들에서는 오래도록 종교가 밖에서 주어진 객관적인 것이었고, 일상에서는 이기심과 쾌락이 경건함과 참회로 바뀌었다. 그러나 이 경건함과 참회에는 이탈리아에서와 같은 정신적인 경쟁자가 없었고, 혹시 있었다고 해도 아주 미미한 상대에 불과했다.

뿐만 아니라 비잔틴 제국이나 이슬람 민족과의 빈번하고 긴밀한 접촉은 일찍부터 중립적인 관용의 정신을 심어주었고, 이로 인해 서구 기독교 세계의 우위라는 인종학적 편견이 다소나마 후퇴했다. 특히 고전적 고대는 그 시대 사람들과 제도와 더불어 이탈리아의 가장 위대한 기억인 까닭에 삶의 이상이 되었고, 고대의 사유방식과 회의(懷疑)는 이탈리아인의 정신을 남김없이 지배했다.

더욱이 이탈리아인은 자유와 필연에 대해 마음껏 사색한 근대 최초의 유럽인들이었으나, 그 사색을 찬란하고 영원한 악의 승리와 비슷한 폭압적이고 불법적인 정치상황 아래에서 했기 때문에, 신에 대한 이탈리아인의 의식은 동요했고 그들의 세계관은 가끔 숙명적이 되었다. 또한 그들의 열정이 불확실한 것에 만족하지 못할 때면 고대와 동방과 중세의 미신에 의지하여 빈 곳을 메웠다. 이렇게 해서 많은 이들이 점성가와 마법사가 되었다.

마지막으로, 르네상스의 주역이었던 당대의 위대한 지성들은 종교적인 면에서는 종종 유아적인 기질을 드러냈다. 그들은 선과 악은 확연히 구별했지만 죄악이라는 것은 알지 못했다. 내면의 조화가 깨져도 그것은 자신들의 유연한 힘으로 회복할 수 있다고 자신했으며 따라서 후회라는 것도 몰랐다. 이런 가운데 구원의 욕망은 희미해졌고, 현세의 공명심과 정신적인 분발 앞에서 내세의 관념은 송두리째 사라지거나 교리적 형태가 아닌 시적인 형식을 띠게 되었다.

이 모든 요소들이 절대적인 위력을 발휘한 상상력에 의해 전파되고 일부가 왜곡되었음을 생각하면, 당시의 정신상은 근대의 이교성을 막연히 개탄할 때보다 최소한 진실에 더 가까운 모습으로 드러난다. 그리고 이 껍질을 들추고 더 자세히 살피면, 그 속에서는 진정한 종교심이라는 강렬한 충동이 살아 숨쉬고 있음도 알게 될 것이다.

이제는 지금까지 얘기한 것들을 몇 가지 핵심적인 사례로 한정하여 상술해보겠다.

종교가 다시 개개인 주관의 문제로 귀결되고 개인의 특별한 견해로 자리잡은 것은 교회의 교리가 타락하고 폭압적으로 옹호받은 상황에서는 불가피한 일이었으며, 동시에 그것은 유럽의 정신이 아직 살아 있다는 증거이기도 했다. 물론 이 현상은 아주 다양한 형태로 나타났다. 신비적이고 금욕적인 북유럽의 종파들은 새로운 감성세계와 사유방식에 직면하여 새로운 원칙을 제시한 반면, 이탈리아에서는 각 사람이 자기 나름의 길을 걸으면서 허다한 사람들이 인생의 망망대해에서 종교적인 무관심에 빠져들었다.

여기에는 개인적인 종교에 심취하여 그것을 고수했던 사람들의 영향이 특히 컸다. 그들이 강압적인 기성 교회에 관심을 두지 않은 것은 그들의 잘못이 아니었다. 또 그들 각자가 훗날의 독일 종교개혁가들이 이룬 정신적인 대과업을 마음속에서 이루어냈어야 옳았다는 것도 부당한 요구이다. 이 뛰어난 사람들의 개인적인 종교가 대체 무엇을 목표로 했었는지는 마지막에 가서 얘기하겠다.

르네상스와 중세를 뚜렷이 가르는 듯 보이는 세속성은 먼저 자연과 인간에 대한 새로운 견해와 사고와 의식이 물밀듯이 밀려오면서 일어났다. 세속성은 그 자체로 볼 때 지금 그 자리를 대신해서 서 있는 이른바 교양에 대한 관심보다 종교에 더 적대적이지 않다. 오늘날 우리가 영위하고 있는 교양생활은 르네상스 사람들이 여러 위대한 새 문물과 접하면서 빠져들었던 전방위적 흥분을 어렴풋이 전해줄 뿐이다.

세속성은 진지한 기운이었고 시와 미술을 통해 세련미를 획득한 특성이었다. 근대의 정신이 이 세속성을 떨쳐버릴 수 없었다는 것, 저항할 수 없는 힘에 밀려 인간과 사물을 탐구했고 그것을 자신의 숙명으로 여겼다는 것은 숭고한 필연이었다.[1] 그러나 이 탐구가 언제쯤, 어떤 경로를 통해 근대의 정신을 다시 신을 향한 관심으로 되돌리게 될지, 그리고 개개인의 종교심과는 어떤 식으로 연관을 맺게 될지는 일반적으로 규정할 수 없는 문제이다. 대체로 경험과 자유로운 탐구를 기피했던 중세는 이 중대한 문제에서 그 어떤 교리상의 결정을 우리에게 내려줄 수 없다.

인간과 다양한 문물의 탐구는 관용과 중립의 태도를 조성했다. 그것은 먼저 이슬람 교도와의 접촉에서 발휘되었다. 몽골인이 밀려오기 전, 이탈리아인은 이미 십자군원정 때부터 이슬람 민족의 높은 문화수준을

---

1) 이 책 제4부 436쪽 인간의 존엄성에 대한 피코의 연설에서 발췌한 대목 참조.

알고 감탄하고 있었다. 게다가 반(半)이슬람적인 이탈리아 군주들의 통치방식, 기성 교회에 대한 소리 없는 혐오와 경멸, 계속되는 동방 여행과 지중해 동남부 항구와의 끊임없는 교역도 이런 호의적인 정서에 일조했다.[2]

이탈리아인에게서는 이미 13세기부터 이슬람 사람들의 이상, 특히 술탄과 결부시킨 관용이나 기품이나 자부심 같은 이상을 인정하는 태도가 보이고 있었다. 이때 술탄이라 함은 이집트의 아이유브 왕조나 맘루크 왕조의 군주를 말하며, 그 이름을 거명한다면 바로 살라딘이었다.[3] 또 앞에서 보았듯이(161쪽 이하), 이탈리아인은 파괴적이고 악랄한 만행으로 유명한 오스만 투르크인에게도 그다지 심한 공포를 느끼지 않았으며, 오히려 그들과의 타협이 가능하다는 생각에 젖어 있었다.

이런 종교적 관용이 가장 솔직하고 독특하게 표현된 사례가 바로 독일의 작가 레싱이 『현자 나탄』에서 나탄의 입을 통해 이야기한 반지 세 개에 관한 유명한 비유이다.* 이 이야기는 벌써 수백 년 전에 『토스카나 백선집』(제72·73화)에서 조심스럽게 언급되다가, 보카치오의 『데카메론』[4]에서는 상당히 대담하게 논의되었다. 이 이야기가 지중해의

---

2) 아라비아인들에게서도 종종 비슷한 관용과 중립의 태도를 만날 수 있다.
3) 보카치오의 『데카메론』에 나온다. Masuccio, *Nov.* 46, 48, 49에는 이름 없는 술탄이 등장한다. 一〔보카치오는 *Commento di Dante*, I, 293에서도 살라딘을 찬미했다. 파치오 델리 우베르티의 *Il Dittamondo* II, 25에는 "선량한 살라딘"이라고 씌어 있다.〕
* 옛날 어느 집에 대대로 전해 내려오는 귀중한 반지가 있었다. 그것을 소유하는 사람만이 신과 인간의 사랑을 받는다는 반지였다. 아버지에게는 아들이 세 명 있었고 그들 모두를 사랑했다. 그래서 진짜와 똑같이 만든 반지를 두 개 더 만들어 삼형제에게 나누어주고 세상을 떠났다. 삼형제는 저마다 자기 반지가 진짜라고 주장하고 논쟁했으나, 결론이 나지 않자 마침내 재판관에게 판결을 부탁했다. 재판관은 말했다. 어느 것이 진짜 반지인지는 알 수 없으나 그것을 소유한 사람이 신과 인간의 사랑을 받는다고 했으니, 각기 행실로써 노력하여 신과 인간에게 진실로 사랑을 받는다면 그것으로써 자연히 결론이 나리라고 했다. 기독교·유대교·이슬람교에 비유된 이 세 개의 반지 이야기를 레싱은 보카치오의 『데카메론』에서 취했다.

어느 곳부터 어느 나라 말로 가장 먼저 사람들 사이에 전해졌는지는 밝혀낼 수 없겠지만, 원작은 어쩌면 이 두 이탈리아판 이야기보다 더 솔직하게 쓰여졌을 것이다. 이야기의 저변에 은연히 깔려 있는 전제인 이신론(理神論)은 뒤에 가서 그 폭넓은 의미를 조명해보겠다.

모세와 그리스도와 마호메트를 지칭해서 나온 '세상을 기만한 3인'이라는 유명한 발언도 비록 생경스럽고 뒤틀린 표현이지만 이와 동일한 사상을 전해준다. 이 발언의 장본인이라고 전해지는 황제 프리드리히 2세가 정말로 이와 같은 생각을 했다면 그는 좀더 재치있는 말로 그것을 표현했을 것 같다. 이와 비슷한 이야기들은 그 무렵 이슬람 세계에서도 나왔다.

르네상스의 전성기인 15세기 말에 오면 루이지 풀치의 『대 모르간테』에서 유사한 사고를 접할 수 있다. 모든 낭만적인 영웅시들이 그렇듯이, 그의 이야기가 펼쳐지는 상상의 세계도 기독교와 이슬람교의 양대 진영으로 나뉘어 있다. 그러나 중세의 정서에서는 기독교가 승리하고 싸우던 양측이 화해한 뒤 흔히 패배한 이슬람 측의 개종이 뒤따랐다. 이런 소재를 풀치에 앞서서 다룬 즉흥시인들은 곧잘 이런 식의 상황 전개를 애용했다.

그런데 풀치의 원래 의도는 이 선배 시인들의 작품, 그 중에서도 특히 졸작들을 패러디하는 것이었다. 그의 패러디는 하느님과 그리스도와 성모에게 기도를 올리면서 도입부가 열리는 각 노래의 첫 대목부터 시작된다. 그리고 성급한 개종과 세례 장면에서는 그 무의미함이 독자나 청자에게 금방 전달되도록 더더욱 노골적으로 선배 시인들을 모방했다. 나아가 이런 조롱은 어느 종교에나 상대적인 장점이 있다고 하는 풀치의 신앙고백으로 이어지는데,[5] 그의 이런 신앙에는 정통교리를 신

---

4) *Decameron* I, *Nov.* 3. 보카치오는 기독교를 함께 거명한 최초의 인물이다. 반면 『토스카나 백선집』에는 그런 언급이 빠져 있다.

5) 물론 아스타로테라는 악마의 입을 빌려 이야기한다. 제25편, 321절 이하. 141절 이하 참조.

봉한다는 그 자신의 맹세에도 불구하고[6] 근본적으로 유신론적(有神論的)인 견해가 바탕에 깔려 있다.

뿐만 아니라 그는 또다른 측면에서 중세를 과감히 넘어서고 있다. 지난 수백년 동안의 신앙적 구분은 정통 신앙자냐 이단이냐, 기독교도냐 이교도 또는 이슬람 교도냐의 양자택일이었다. 그런데 풀치가 그려놓은 거인 마르구테[7]는 모든 종교에 맞서서 관능적인 이기주의와 악덕에 빠져 있음을 즐겁게 고백하면서도, 배신만은 한 번도 한 적이 없다는 것을 내세우는 인물이다. 혹 풀치는 자기 딴에는 성실한 이 괴물을 데리고 뭔가 대단한 계획을 세워놓았는지도 모르며, 어쩌면 모르간테에 의해 조금 나은 인물로 키워지는 밑그림을 그려놓았을 수 있다. 하지만 곧 마르구테에게 염증을 느낀 시인은 벌써 다음 대목에서 그를 위한 희극적인 결말을 예비해놓았다.[8]

마르구테는 풀치의 경박성을 보여주는 증거로 인식되어왔지만, 15세기의 시에 담긴 세계상에서는 빠질 수 없는 필수적 인물의 하나이다. 이때의 시는 기성의 교리에 무감각한 맹렬한 이기주의, 남은 것이라고는 한 조각 명예심뿐인 이기주의를 어느 장르에서건 기괴한 형태로 그려내야 했다. 그밖의 시들에서도 기독교의 기사라면 입에 올릴 수 없는 이야기들이 거인과 악마와 이교도와 이슬람 교도의 입을 통해 발설되고 있다.

한편 이슬람교와는 전혀 다른 방식으로 영향을 준 것이 고대였다. 하지만 그 영향은 당시의 가톨릭교와 너무도 비슷했던 고대 종교를 통해

---

6) 제28편, 38절 이하.
7) 제18편, 112절에서 끝부분까지.
8) 풀치는 키아리스탄테라는 군주를 묘사하면서 피상적이나마 동일한 주제를 다루었다(제21편, 101절, 121절 이하, 142절, 163절 이하). 키아리스탄테는 아무것도 믿지 않으면서 자신과 자신의 아내를 신처럼 숭배하도록 만들었다. 시지스몬도 말라테스타(이 책 제1부 94쪽, 제3부 301쪽, 제6부 539쪽 참조)를 연상시키는 인물이다.

서가 아니라 철학을 통해 들어왔다. 당시 사람들이 탁월한 것으로 존중했던 고대의 문헌들은 신앙에 대한 철학의 승리로 가득 차 있었다. 수많은 철학체계와 그 단편들이 이탈리아 정신 속으로 쏟아져들어왔는데, 그것들은 더 이상 호기심의 대상이나 이단이 아니라 거의 교리에 가까운 것으로 받아들여졌고, 사람들은 여기에 구별을 두기보다는 서로 조화시키려고 노력했다. 물론 이 다양한 견해와 철학적 학설 속에는 어떤 식으로든 신에 대한 의식의 문제가 살아 숨쉬고 있었지만, 전체적으로 볼 때는 하느님이 세계를 지배한다는 기독교의 가르침과 철저히 대립되는 것들이었다.

그런데 중세의 신학이 오래 전부터 해결해보려고 노력했으나 만족스러운 성과를 거두지 못하고 이제는 주로 고대의 지혜에서 답을 얻으려고 한 핵심적인 문제가 있었으니, 그것은 바로 하느님의 섭리가 인간의 자유 및 필연성과 어떤 관계에 있는가 하는 것이었다. 이 문제가 논의되어온 역사를 14세기부터 피상적으로나마 훑어본다고 해도 거기에서는 족히 책 한 권이 씌어질 수 있을 것이다. 따라서 여기에서는 몇 가지 암시만 주는 것으로 그치겠다.

단테나 그의 동시대 사람들의 글을 읽으면, 고대 철학은 바로 기독교와 가장 첨예하게 대립하는 부분에서 가장 먼저 이탈리아인의 삶을 파고들었다. 이탈리아에서 에피쿠로스 학파가 부흥한 것이다. 물론 그때는 에피쿠로스의 저술들이 더 이상 남아 있지 않았고, 고대 후기에도 사람들은 그의 학설에 대해 다소 편향적인 지식을 갖고 있었다. 그러나 어쨌든 하느님이 없는 세계를 아는 데에는 루크레티우스9)* 나 키케로

---

9) 〔가이거의 주석: 루크레티우스는 포조에 의해 처음으로 세상에 알려졌다.〕

* Titus Lucretius Carus. 기원전 97~기원전 55. 고대 라틴 시인. 6운각의 산문으로 지은 6권의 교훈시 『만유에 대하여』는 그가 속한 에피쿠로스파의 철학사상을 시적으로 형상화한 작품이다. 유물론적인 관점에 기초를 두고 인간을 신에 대한 공포, 미신, 죽음에 대한 불안에서 해방시키려는 목적으로 집필했다. 그의 유작에 남아 있는 것을 키케로가 발견하여 세상에 내놓았다고 한다.

를 통해 배운 에피쿠로스주의로도 충분했다.

사람들이 에피쿠로스의 학설을 어느 만큼 글자 그대로 이해했는지, 혹시 이 불가사의한 그리스 현자의 이름이 대중에게 편리한 유행어가 된 것은 아닌지, 이에 대해서는 확실히 말하기가 어렵다. 어쩌면 도미니쿠스회의 종교재판소가 다른 방도로는 옭아넣을 길이 없는 사람에게까지 이 단어를 사용했을 가능성이 크다. 이들은 대개 일찍부터 교회를 경멸하고 있던 자들이지만, 특별히 이단적 교리나 발언을 문제삼아 고소하기는 어려운 사람들이었다. 따라서 어느 정도의 사치스러운 생활만 보여도 그들을 고소하는 데는 문제가 없었을 것이다.

조반니 빌라니가 1115년과 1117년 피렌체에서 발생한 화재를 이단에 내린 신의 징벌이라고, "특히 부도덕하고 타락한 에피쿠로스 종파 때문에" 내려진 형벌이라고 주장했을 때도 그는 이 말을 이런 관례적인 의미로 사용했다.[10] 빌라니는 만프레드(황제 프리드리히 2세의 아들로 1258년에 등극한 시칠리아의 왕—옮긴이)에 대해서도, "그는 하느님도 성인도 믿지 않고 그저 육신의 쾌락만 신봉했으니, 그의 삶은 에피쿠로스적이었다"고 말했다.

한편 단테는 「지옥편」의 제9곡과 제10곡에서 더욱 분명하게 이야기한다. 화염에 휩싸이고 반쯤 열린 석관에서 처절한 비탄 소리가 올라오는 끔찍한 무덤들 안에는 13세기에 교회에 의해 격파되고 파문된 두 부류의 인간들이 누워 있다. 하나는 교회에 맞서서 특정한 사설(邪說)을 의도적으로 퍼뜨린 이단자들이고, 다른 하나는 영혼이 육체와 함께 사라진다고 주장하여[11] 교회에 죄를 범한 에피쿠로스 학파들이었다.

만약 이 주장이 지지기반을 확보하면 마니교*나 파테리아교**보다

---

10) Giov. Villani, IV, 29, VI, 46. 에피쿠로스라는 이름은 북유럽에도 일찍부터 등장했으나 전통적인 의미로 사용되었다.

11) 루크레티우스의 제3권에 나오는 유명한 논증을 참조하라.

* 3세기에 페르시아 왕국의 마니가 창시한 이란 고유의 종교. 고대 페르시아의 조로아스터교[拜火敎]에서 파생하여 기독교와 불교의 여러 요소를 가미한 종교이다.

588

교회의 권력에 더 치명타가 될 것임을 교회측에서는 잘 알고 있었다. 이 주장은 개인의 사후(死後) 운명에 교회가 개입하는 정당성을 박탈하는 것이기 때문이다. 물론 교회는 자신이 이 투쟁에서 사용한 수단들을 통해 바로 뛰어난 재사들을 절망과 무신앙에 빠뜨렸다는 것을 인정하지 않았다.

단테가 에피쿠로스에 대해, 또는 에피쿠로스의 학설이라고 믿은 것에 대해 보인 혐오는 사실 솔직한 감정이었다. 내세를 믿은 그는 영혼의 불멸을 부정하는 자들을 증오할 수밖에 없었다. 하느님이 창조하지도 주재하지도 않는 세계, 그리고 에피쿠로스주의가 내세우는 듯이 보이는 현세의 저급한 목표는 단테의 본질과 너무도 상반되었다.

그러나 자세히 살펴보면, 그 역시 고대 철학에서 어느 정도는 영향을 받았고, 그에 따라 하느님이 세상을 주관한다는 성서의 가르침에 대한 믿음도 후퇴했다. 아니면 그가 하느님의 세별적 섭리에 대한 믿음을 모조리 내던진 것[12]은 그 자신의 숙고나 여론의 영향이나 세상을 지배하는 불의에 대한 두려움 때문이었을까? 단테가 그려낸 하느님은 세계 지배의 세목 일체를 악마적 존재인 운명의 여신 포르투나에게 맡기고 있다.[13] 포르투나는 세상의 사물을 변화시키고 뒤죽박죽으로 만들기만 할 뿐, 인간의 비탄 소리는 냉담하게 흘려듣는다. 그 대신 단테는 인간

마니교의 교의는 광명(또는 선)과 암흑(또는 악)의 이원론(二元論)을 근본으로 한다. 현실 세계는 명암이 혼돈되어 있으나 머지않아 광명의 세계가 예정되어 있고, 그 예언자이며 지상의 구제자로 마니가 파견되었다고 말한다. 마니교는 당시 교세가 급격히 발전하여 중앙아시아 일대와 로마제국에까지 확장되었고, 다시 인도와 중국에까지 전파되었으나 13~14세기에 쇠퇴, 소멸했다. 오랫동안 그리스도교의 이단으로 간주되었다.

** 마니교의 일파.

12) 「지옥편」 제7곡, 67~69.

13) [단테의 포르투나에 대한 부르크하르트의 이 견해가 많은 논란을 빚었다. Cf. F. d'Ovidio, *Dante e la magia*, in: *Nuova Antologia*, 3. Serie, vol. 41, 193~226; Doren, *Die Fortuna im Mittelalter und in der Renaissance*. *Vorträge der Bibl. Warburg*, 1922/1923, I, p.98 이하.]

의 윤리적 책임만은 엄격히 고집했다. 그는 인간의 자유의지를 믿은 것이다.

서양에서는 일찍부터 민중이 자유의지에 대한 믿음을 갖고 있었다. 시대를 막론하고 사람들은 개개인의 행위에 대해 당연하다는 듯이 그 책임을 물어왔다. 그러나 인간 의지의 본성을 우주의 대법칙과 조화시켜야 했던 종교나 철학적 교리의 경우는 사정이 달랐다. 여기에서는 인간 의지가 어느 만큼 발휘되었는가가 문제가 되었고, 도덕적인 평가도 이에 상응해서 내려졌다.

단테는 당시 사람들의 시야에 망령된 빛을 비추던 점성학적 미신에서 완전히 자유롭지 못했지만, 그래도 인간 존재에 대해 고매한 견해에 이르려고 있는 힘을 다했다. 그는 마르코 롬바르도의 입을 빌려 이렇게 이야기한다.[14] "천체는 너희들의 행동에 시동을 걸지만, 너희들에게는 선악을 아는 빛과 자유의지가 주어져 있다. 제대로 양성된 자유의지라면 처음에는 천체와 싸움을 벌일 테지만 그뒤에는 모든 것을 이길 것이다."

자유에 대립하는 필연성을 어떤 이들은 천체가 아닌 다른 힘에서 찾기도 했지만, 여하튼 이 문제는 그후로 해결을 보지 못하고, 그러면서도 더 이상 회피할 수 없는 문제로 남아 있다. 만일 이것이 학파간의 문제이거나 개별 사상가들의 관심사에 지나지 않는다면 우리는 그 논의를 철학사에 맡겨도 좋을 것이다. 하지만 이 문제가 광범위한 대중의 의식으로 넘어올 때는 좀더 자세한 이야기가 필요하다.

14세기는 무엇보다 키케로의 철학서에서 자극을 받은 시기였다. 다 알려져 있듯이 그는 절충주의자로 인식되어 있지만, 실은 상이한 학파의 이론들을 강연하면서도 충분한 결론을 덧붙이지 않은 까닭에 실제적인 면에서는 회의론자로서의 영향이 더 컸다. 키케로 다음으로는 세

---

14) 『신곡』 「연옥편」 제16곡, 73. 이 대목과 『향연』에 나오는 유성의 영향설을 비교하라. ─풀치의 Morgante, XXV, Str. 150에서도 악마 아스타로테가 인간의 자유의지와 신의 정의를 증명하고 있다.

네카의 글과 라틴어로 번역된 아리스토텔레스의 몇몇 저작이 연구되었다. 이런 연구에서 얻어진 성과라면, 비록 교회의 가르침과 대립하지는 않았어도[15] 최소한 그 가르침을 벗어나 지고의 문제를 성찰하는 능력이 싹텄다는 점일 것이다.

앞에서도 보았듯이, 15세기를 거치면서 고대 저작물의 소유와 전파는 대량으로 늘어났다. 또 그때까지 남아 있던 그리스 철학자들의 저술 일체도 최소한 라틴어로 번역되어 유포되었다. 그런데 주목할 것은, 이 문헌들을 전파한 몇몇 핵심인물이 바로 엄격한 신앙자이자 금욕주의자들이었다는 것이다(349쪽). 여기에 암브로시우스 카말돌레제 수도사를 포함시킬 수 없는 이유는, 그가 그리스 교부들의 번역에만 몰두했고 또 디오게네스 라에르티오스를 라틴어로 번역한 것도 노 코시모 메디치의 간청에 못 이겨 마지못해 한 것이기 때문이다.[16]

그러나 그의 동시대 사람인 니콜로 니콜리, 잔노초 마네티, 도나토 아차유올리, 교황 니콜라우스 5세 등은 다방면에 걸친 인문주의를 그들의 해박한 성경 지식과 깊은 신앙심에 조화시키고 있었다.[17] 비토리노 다 펠트레도 비슷한 성향을 보였음은 앞에서(286쪽 이하) 지적한 바 있다. 베르길리우스의 『아이네이스』에 제13편을 추가로 창작해 넣은 마페오 베조는 성 아우구스티누스와 그의 어머니 모니카에게 열렬한 추모의 정을 품고 있었는데, 이것이 그에게 적지 않은 영향을 주었을 것이다. 이 같은 노력의 결실로서 피렌체의 플라톤 학술원은 고대 정신과 기독교 정신의 접목을 공식목표로 설정하기에 이르렀다. 인문주의 안에서 샘솟은 귀중한 오아시스였다.

---

15) 〔이보다는 오히려 가이거의 주장대로 성서와 교부들의 이론에 의지했다는 말이 더 적절할 것이다.〕

16) 〔그러나 암브로시우스가 디오게네스 번역을 시작한 것은 스스로의 욕구에서 나왔던 것 같다. Cf. Luiso, *Riv. delle Bibliot.*, Vol. 8~10.〕

17) Vesp. Fior., ed. Frati I, 54 이하, II, 10, 89 이하, 257 이하, III, 93. — Muratori, XX, Col. 532에 있는 잔노초 마네티에 관한 부분.

인문주의는 대체로 세속적이었고, 15세기에 연구의 범위가 확대되면서 그 세속성은 더욱 짙어졌다. 앞에서 우리가 해방된 개인주의의 첨병으로 알고 있던 인문주의의 대표자들은, 때로는 특정한 자부심을 가지고 나타났던 그들의 신앙심조차 우리에게 감흥을 주지 못할 정도로 세속성을 키워갔다. 종교에 무관심하면서도 교회에 모독적인 발언을 할 때면 그들은 무신론자라는 평을 들었다. 그들 가운데 어떤 식으로든 이론에 근거한 확신에 찬 무신론을 정립한 사람은 아무도 없었고[18] 또 그럴 엄두도 낼 수 없었다.

그들이 어떤 일관된 사상을 생각해냈다면, 그것은 일종의 피상적인 합리주의였을 것이다. 즉 그들이 연구한 고대인들의 여러 모순적 이념들로부터, 그리고 교회와 그 교리에 대한 경멸감에서 급조해낸 원칙들이었을 것이다. 왕년의 제자였던 교황 식스투스 4세가 황급히 종교재판관의 손에서 구해주지 않았다면 화형대에 오를 뻔한 갈레오투스 마르티우스[19]의 논리도 같은 종류의 것이었다. 그는, 올바로 처신하면서 타고난 내면의 법칙에 따라 행동하는 사람은 어느 민족에 속해 있건 천국에 들어갈 수 있다고 말했다.

이제는 일단의 인문주의자들 가운데 별다른 주목을 받지 못한 코드루스 우르케우스라는 인물의 종교적 태도를 살펴보자.[20] 그는 오르델라피 가문 최후의 인물인 포를리의 군주의 가정교사로 있다가 나중에는 볼로냐에서 다년간 교수생활을 한 사람이다. 그는 교권제도와 수도사들에 대해서는 남들 하는 대로 있는 비방을 다 퍼부었다. 그의 어투는 매우 모욕적이었고, 도시의 역사와 익살을 이야기하면서 끊임없이 자기 이야기를 끼워넣었다.

---

18) 폼포나초에 관해서는 Ritter, *Geschichte der Philosophie*, Vol. 9와 같은 전문서를 참조하라.

19) Paul. Jovius, *Elogia lit.*, p.90.

20) Codrus Urceus, *Opera*. 이 문헌의 서두에 실린 Bart. Bianchini가 쓴 코드루스 전기 및 65·151·278쪽에 있는 코드루스의 철학강의 참조.

그러나 진정한 신인(神人)인 그리스도에 대해서는 감화적인 설교도 할 줄 알았고, 편지를 통해 어느 경건한 사제의 기도 속에 자신이 언급되도록 만들었다. 언젠가는 이교의 어리석음을 열거한 뒤 이런 말을 덧붙인 적이 있었다. "우리 기독교 신학자들도 처녀 수태라든가 적그리스도·성사·운명 따위의 사소한 일을 놓고 우왕좌왕하며 다툴 때가 있다. 이런 것들은 입밖에 내어 말하기보다는 침묵하는 편이 옳다."

한번은 그가 집에 없는 사이에 그의 방이 완성된 원고와 함께 불타버린 일이 있었다. 길에서 이 소식을 들은 그는 성모상 앞으로 가서 그것을 쳐다보며 소리쳤다. "저의 말을 들어주소서. 저는 미치지 않았습니다. 진정으로 말씀드리거니와, 제가 훗날 죽음에 임하여 도움을 청하더라도 제 말에 귀 기울이거나 저를 당신이 계신 곳으로 데리고 가실 필요가 없습니다! 저는 영원히 악마와 더불어 살 테니까요!" 하지만 이 말을 마친 코드루스는 6개월 동안 한 나무꾼 집에 숨어 지내는 것이 좋겠다고 생각했다.

그때 그는 미신에 빠져 끊임없이 예언과 징조 때문에 불안에 떨었으나 영혼의 불멸성만은 결코 믿지 않았다. 또 사후에 인간은 어떻게 되고 인간의 영혼 또는 인간의 정신은 어떻게 되느냐는 청중의 질문에, 그것은 아무도 알 수 없으며 내세에 관한 이야기들은 모두 나이 먹은 부녀자들을 겁주기 위한 수단이라고 대답했다.

그러나 죽음이 가까워오자 그는 유언을 통해 자신의 영혼 또는 자신의 정신[21]을 전능한 하느님께 맡겼으며, 눈물 흘리는 제자들에게도 하느님을 두려워하고 특히 영혼의 불멸과 사후의 인과응보를 믿으라고 훈계한 뒤 열심히 성사를 받았다. 그와 동일한 분야에서 그와는 비교가 안 되게 유명한 인물들이 아무리 중요한 사상을 피력했다고 해도, 그들이 일상생활에서 코드루스보다 더 일관된 태도를 보였으리라고는 단정

---

21) Animum meum seu animam(나의 정신 또는 영혼). 당시의 고전학은 이렇게 구분함으로써 신학을 당혹 속에 빠뜨렸다.

하기 힘들다.

대다수 사람들은 내면적으로는 교육을 통해 주입된 가톨릭 신앙의 단편과 자유사상 사이에서 동요했을 테지만, 외면적으로는 영리하게도 교회를 지지하고 있었다.

인문주의자들의 합리주의가 새로 시작된 역사 비판과 결합하면서 여기저기에서 조심스런 성서 비판이 일기 시작했다. 이런 비판을 예방하려는 의도가 담긴 듯이 보이는 피우스 2세의 발언이 전해지고 있다. "비록 기적을 통해 증명되지는 못할망정 기독교는 그 도덕성 때문에라도 인정받아야 마땅하다."[22]

성인 전설은 성서 속의 기적을 멋대로 차용하여 그렇지 않아도 조롱당하고 있었는데,[23] 이제는 거꾸로 성서를 향해 조롱이 날아갔다. 유대교 이단자라는 말은 그리스도의 신성을 부정하는 사람을 뜻했다. 1500년경 볼로냐에서 화형당한 조르조 다 노바라도 그런 사람이었던 것 같다.[24]

그러나 같은 볼로냐라도 도미니쿠스회의 종교재판관들은 비슷한 시기(1497년)에 든든한 비호세력을 둔 가브리엘레 다 살로라는 의사가 다음과 같은 얘기를 입에 담고 다녔는데도 그가 후회의 뜻을 보였다는 이유만으로[25] 풀어주어야 했다. "그리스도는 신이 아니라, 통상적인 수태를 통해 요셉과 마리아 사이에서 태어난 아들이다. 그는 간지로써 세상을 타락시켰으며, 십자가에 달려 죽은 것도 그가 저지른 범죄 때문이

---

22) Platina, *Vitae pontiff.*, p.311: "christianam fidem, si miraculis non esset approbata, honestate sua recipi debuisse."
23) 수도사들이 연단에서 즉흥적으로 성인 전설을 꾸며낼 때면 특히 조롱을 당했지만, 기존의 성인 전설도 공격 대상이었다. 피렌추올라는 *Opere*, Vol. II, *Nov.* 10, p.208에서, 사취한 돈으로 자기들 교회에 예배당을 짓고, 거기에다 성 프란체스코가 황야에서 새들에게 설교하고 성찬을 주고 천사 가브리엘이 나막신을 갖고 오는 미담을 그려놓은 노바라의 프란체스코회 수도사들을 비웃었다.
24) 이 사람에 관한 얘기는 Bapt. Mantuan., *De patientia*, L. III, cap.13 참조.
25) Bursellis, *Ann. Bonon.*, in: Muratori, XXIII, Col. 915.

리라. 그의 종교는 머지않아 끝날 것이다. 그의 진짜 육신은 성찬 속에 있지 않다. 그가 행한 기적도 신의 능력에서 나온 것이 아니라 천체의 영향으로 일어난 일이다." 신앙은 사라졌어도 마법은 남아 있음을 이 마지막 문구가 보여준다.[26]

하느님의 세계 지배와 관련해 인문주의자들은 사방에서 횡행하는 폭력과 폭정 아래 발생한 일들을 체념과 냉담한 시선으로 바라보는 것 외에는 뾰족한 수가 없었다. 이런 정서에서 나온 것이 『운명에 대하여』라든가 그 비슷한 제목을 단 수많은 저서들이다. 그 대부분은 행운의 수레바퀴가 회전하고 있다는 것과 현세의 모든 것, 특히 정치가 무상하다는 것을 확인하는 내용들뿐이었다. 하느님의 섭리를 언급하기도 했지만, 그것은 자기들의 적나라한 숙명론과, 인과응보에 대한 부정과, 드러날 대로 드러난 자기들의 비참함이 부끄러웠기 때문이다.

조비아노 폰타노는 포르투나라고 불린 악마적 존재의 역사를 수백 가지의 직접 체험을 토대로 독창성 있게 구성했다.[27] 이 주제를 좀더 해학적으로, 꿈의 형태로 다룬 사람은 에네아스 실비우스이다.[28] 반면에 포조는 노년에 쓴 글[29]에서 이 세상을 눈물의 골짜기로 묘사하면서 각 계층 사람들의 행복을 되도록 낮게 평가하려고 했다. 이런 풍조는 지배적인 정서가 되었다.

수많은 걸출한 인물들이 자신의 행과 불행의 대차대조표를 만들어 검토했으나, 그 결과는 대개 좋지 않은 쪽으로 나왔다. 특히 트리스탄 카라촐로는 1510년 무렵의 이탈리아와 이탈리아인의 운명을 비가에 가까운 필치로 품격 높게 묘사했다.[30] 그보다 후일에는 피에리오 발레리

---

26) 이런 모독적인 발언들이 어느 정도까지 나왔는지는 Gieseler, *Kirchengeschichte* II, IV, §154의 각주에서 뚜렷한 사례를 들어 기술하고 있다.

27) Jov. Pontanus, *De fortuna libri tres*, in: *Opera*, I, pp.792~921. 조비아노 폰타노의 변신론(辯神論)은 *Opera*, II, p.286 참조.

28) Aen. Sylvius, *Opera*, p.611.

29) Poggius, *De miseriis humanae conditionis*.

아노가 이 지배적인 기본정서를 인문주의자들 자신에게 적용시켜 유명 논문을 지었다(352쪽).

그밖에 레오 10세의 행복을 논한 글처럼 개별 인물을 아주 흥미롭게 다룬 저술들도 있다. 프란체스코 베토리는 정치적인 면에서 레오에게 어떤 유리한 평가를 내릴 수 있는지를 대가의 예리한 필치로 요약해놓았고, 파올로 조비오와 한 무명의 전기 작가는 레오의 향락생활을 보여주었다.[31] 레오가 누린 행복의 그늘진 면과 그의 운명에 대해서는 방금 말한 피에리오가 가감 없는 모습을 그려냈다.

이에 비해 가끔 자기의 행복을 라틴어 비문에 새겨 공공연히 뽐내는 사람들을 보면 두려움마저 일어난다. 볼로냐의 군주 조반니 2세 벤티볼리오는 그의 궁 옆에 신축한 탑에, 자신의 공적과 행운이 그가 바라던 일체의 재물을 풍족히 가져다 주었다는 내용을 돌에 새기게 했다.[32] 그가 축출되기 불과 몇 해 전의 일이었다. 고대인들은 이런 자랑을 얘기할 때면 적어도 신들의 질투를 느꼈다. 이탈리아에서 큰소리로 행운을 떠벌리는 짓은 아마도 용병대장(86쪽)들이 시작했을 것이다.

한편 재발견한 고대의 요소 가운데 종교에 가장 큰 영향을 미친 것은 어떤 철학체계나 고대인의 학설이나 견해가 아니라, 모든 것을 지배한 판단이었다. 사람들은 고대인을 비롯해 부분적으로는 고대의 제도까지

---

30) Caracciolo, *De varietate fortunae*, in: Muratori, XXII. 당시에는 많은 문헌들이 쐬어졌지만 그 중에서도 이 글은 특히 읽어볼 만하다. 이 책 제4부 411쪽 참조. ─축제 행렬에 등장한 운명의 여신 포르투나에 대해서는 이 책 제5부 505쪽 이하 참조.

31) Roscoe, ed. Bossi, XII, p.153에 있는, 무명의 작가가 쓴 레오 10세의 전기.

32) Bursellis, *Ann. Bonon.*, in: Muratori, XXIII, Col. 909. "이 기념비는 조국의 지도자인 조반니 벤티볼리오 2세에 의해 건립되었다. 그의 덕과 행운은 그가 바랄 수 있는 모든 재물을 충분히 가져다 주었다." 부르셀리스의 말에 따르면 이 비문은 신축한 탑의 외부에 새겨지지는 않았던 것 같다. 그럼 어디에 적혀 있었을까? 눈에 띄는 곳이었을까, 아니면 보이지 않는 곳에, 가령 초석에 새겨졌을까? 후자의 경우라면 그것은 새로운 관념과 연결된다고 할 수 있다. 즉 벤티볼리오의 행운이 부르셀리스만 아는 비밀스러운 글을 통해 마법의 힘으로 건물에 달라붙는다는 관념 말이다.

도 중세의 것보다 선호했으며, 모든 방법을 동원해 그들을 모방하려 했고 그런 가운데 종교의 차이에는 완전히 무관심해졌다. 역사의 위대함에 대한 경탄이 모든 것을 사로잡은 것이다(217쪽 이하, 517쪽).

게다가 고전학자들은 많은 어리석음을 저질러서 세상의 이목을 집중시켰다. 교황 파울루스 2세가 그의 속기사와 그 동료들에게 이교의 책임을 물은 것이 과연 정당했는지는 사실 의심스럽다. 왜냐하면 교황의 전기 작가이자 주된 희생자인 플라티나(304 · 410쪽)는 이때 교황이 다른 일 때문에 복수한 것처럼, 그러면서 아주 희극적인 인물처럼 보이도록 탁월하게 그려놓았기 때문이다.

피고인을 무신앙, 이교,[33] 영혼불멸의 부정을 죄목으로 들어 고소하는 것은 먼저 대역죄 심판에서 무혐의 판결이 나온 뒤라야 가능했다. 전해지는 기록이 맞다면, 파울루스 2세는 어떤 정신적인 문제를 판단할 만한 사람이 결코 아니었다. 그는 로마 시민들에게 읽기와 쓰기 이상의 것을 자식에게 가르치지 말라고 경고한 사람이었다. 사보나롤라(564쪽 이하)와 비슷한 고루한 사제의 발상이지만, 이 경우 우리는, 만일 교양이 인간으로 하여금 종교에 등을 돌리게 만든다면, 교황과 그의 세력 역시 거기에 주된 책임이 있다고 파울루스에게 대답할 수 있었을 것이다.

하지만 그가 주변 사람들의 이교적인 경향 때문에 불안을 느꼈으리라는 것은 의심의 여지가 없다. 뿐만 아니라 극악무도한 이교도인 시지스몬도 말라테스타의 궁에 있던 인문주의자들은 어떤 행동들을 했는가(586쪽의 주 8)? 대부분 지조라고는 없던 그들은 주변 환경이 그들에게 얼마나 자유로운 행동을 허락하느냐에만 관심을 두었다. 그리고 기독교에 관여할 일이 생기면 그것을 이교화했다(334쪽 이하).

일례로 조비아노 폰타노가 그 둘을 어느 정도까지 뒤섞고 있는지 보자. 그가 말하는 성인에는 성스러운 사람(Divus)뿐만 아니라 신(Deus)

---

33) "우리는 너무 많이 이교를 사랑하는 사람들이므로."

까지도 들어 있다. 그는 천사도 고대의 정령과 동일시했다.[34] 영혼의 불멸성에 대한 그의 견해는 신화에 나오는 명부(冥府)세계에 가깝다. 뿐만 아니라 이 점에서는 아주 극단에까지 흐른 사례가 여럿 있었다.

1526년 시에나가 추방자들의 일당에게 공격받았을 때,[35] 선량한 성당 참사회원이자 이 이야기를 우리에게 전해주고 있는 티치오는 7월 22일 잠자리에서 일어나 마크로비우스*의 제3권에 씌어 있는 대목[36]을 생각해낸 뒤 미사를 올리고, 이 작가의 글에 나오는 적을 향한 저주 문구를 암송했다. 그런데 그는 "어머니이신 대지여, 그리고 당신 유피테르시여, 원하옵기는……"이라는 원래 문구 대신 "대지여, 그리고 신이신 당신 그리스도여, 원하옵기는……"으로 바꿔서 말했다. 그뒤 이틀을 연달아 이런 식으로 암송하자 적들이 후퇴했다. 어떤 면에서는 이런 일이 단순히 문체와 유행의 문제일 수 있으나, 다른 측면에서 보면 종교의 타락일 수도 있었다.

---

34) 조형미술은 최소한 천사와 벌거숭이 어린이 상을 구별했고 존엄성을 표현하는 데는 천사를 사용했다. —*Ann. Estens.*, in: Muratori, XX, Col. 468에서 사랑의 동자는 "큐피드와 똑같은 천사"라고 스스럼없이 표현되어 있다.

35) Della Valle, *Lettere sanesi*, III, 18.

 * Ambrosius Theodosius Macrobius. 5세기 초의 라틴 작가. 키케로의 「스키피오의 꿈」에 대해 신플라톤적인 관점에서 주석을 달았고, 7권으로 된 『사투르날리아』의 일부가 전해진다. 『사투르날리아』에는 농업의 신인 사투르누스 축제 때 벌어진 식탁 대화의 형태로 문법·철학·문학사를 논한 글들이 담겨 있다.

36) Macrob., *Saturnal.* III, 9. 티치오는 이 글에 규정되어 있는 몸짓까지 해보였을 것이다.

4 고대와 근대 미신의 결합

고대는 또 하나의 해악을, 그것도 도그마와 같은 해악을 끼쳤다. 르네상스에 고대의 미신이 전해진 것이다. 고대 미신의 일부는 중세 내내 이탈리아에 살아 있었기 때문에 이제 그 전체가 부활하기란 그만큼 더 쉬웠다. 여기에서도 상상력이 위력을 발휘했으리라는 것은 자명한 일이다. 상상력만 아니었어도 이탈리아인의 탐구정신은 그토록 침묵 속에 빠져 있지 않았을 것이다.

하느님의 세계 지배에 대한 믿음은, 이미 말했듯이, 어떤 이들의 경우는 거대한 불의와 불행 때문에 흔들렸다. 또 어떤 이들은, 가령 단테 같은 사람들은, 적어도 현세의 삶이 우연과 고통에 내던져져 있다고 생각했다. 그런데도 그들이 깊은 신앙을 간직할 수 있었던 이유는 인간이 내세에서 맞을 고귀한 운명을 굳게 믿었기 때문이었다. 그러나 이 불멸에 대한 신념마저 동요하자 숙명론이 강하게 고개를 들었다. 아니면 반대로, 숙명론이 대두하면서 결과적으로 불멸에 대한 신념이 동요했을 수 있다.

이 틈새를 맨 먼저 비집고 들어온 것이 고대의 점성술이었고, 아라비아인의 점성술도 전해졌을 것이다. 점성술은 매번 변하는 행성들의 상호 위치와 행성과 12궁과의 관계에서 미래의 사건과 인간의 일생을 예측하고 이를 토대로 중요한 결정들을 내린다. 별자리에 영향받아 취한 행동이 그렇지 않은 행동보다 그 자체로 더 부도덕한 경우는 많지 않았을 테지만, 그래도 가끔은 양심과 명예를 내동댕이치고 별자리에 따라 결정을 내린 일도 있었을 것이다. 점성술은 미래를 예견하고 결정 내리려는 절실한 욕구와 맹렬한 상상력으로 지탱되면서 고대에 의해 승인된 것이었기 때문에 일체의 교양과 계몽이 오랫동안 이 미신에 대항할 수 없었음을 보는 것도 무한한 교훈이 될 것이다.

점성술은 13세기에 와서 갑자기 이탈리아인의 생활 전면으로 강력히 들어왔다. 황제 프리드리히 2세는 언제나 자신의 점성가인 테오도루스를 데리고 다녔다. 에첼리노 다 로마노[1]는 높은 급료를 주고 점성가들을 궁신으로 거느렸으며, 그 중에는 구이도 보나토라는 유명 점성가와 긴 수염의 사라센 사람인 바그다드의 파울루스가 있었다. 이들은 에첼리노가 중요한 일을 계획할 때마다 날짜와 시간을 정해주어야 했다. 그가 자행한 대량학살의 적지 않은 부분이 이들의 예언을 따른 맹목적인 결정에서 나왔는지 모른다.

그뒤로 어느 누구도 별점 치는 것을 꺼리지 않았다. 군주는 물론이고 자치도시들도 정규 점성가를 고용했으며,[2] 14세기부터 16세기까지는 대학에서도[3] 정식 천문학자가 있는데도 이 미신적 학문을 가르치는 별도의 교수를 두었다. 교황들은 대부분 공개적으로 점성술을 믿었다.[4] 물론 피우스 2세는 명예롭게도 예외적인 인물[5]이라서 꿈의 해석과 전

---

1) *Monach. Paduan.*, L. II, in: Urstisius, *Scriptores* I, pp.598, 599, 602, 607. 비스콘티 가문의 마지막 군주(이 책 제1부 105쪽)도 이런 사람들을 무수히 많이 거느렸다. Cf. Decembrio, in: Muratori, XX, Col. 1017.

2) 일례로 피렌체가 그랬는데, 이곳에서는 앞에서 거명한 보나토가 오랫동안 점성가로 일했다. Matteo Villani, XI, 3에서 언급하고 있는 사람은 이 도시의 점성가이다.

3) Libri, *Hist. des sciences math.* II, 52, 193. 볼로냐 대학에는 이미 1125년에 점성학 교수가 있었다고 한다. —Corio, p.290에 나오는 파비아 대학 교수명단 참조. —레오 10세 때의 교수직은 Roscoe, *Leo X.*, ed. Bossi, V, p.283 참조.

4) 이미 1260년 교황 알렉산데르 4세는 추기경이자 소심한 점성가인 비앙코에게 정치적 예언을 하도록 강요했다. Gio. Vaillani, VI, 81.

조와 마법 따위를 경멸했다. 그러나 레오 10세는 점성술이 꽃핀 것을 자신의 재위 중의 치적으로 여긴 듯하다.[6] 파울루스 3세는 점성가가 시각을 정해주지 않는 추기경 회의는 열지도 않았다.[7]

우리는 어쩌면, 분별있는 사람들은 어느 한도 이상으로는 그들의 행동방식에서 별점의 영향을 받지 않았고 종교와 양심이 금하는 경계가 있었을 것이라고 가정할 수 있겠다. 그러나 실제로는 뛰어나고 신앙심 깊은 사람들도 이 망상에 젖었을 뿐 아니라, 심지어는 그 대표자로 자처하고 나섰다. 피렌체의 마에스트로 파골로[8]가 그런 사람이었다. 그에게서 우리는 후기 로마 시대 사람인 피르미쿠스 마테르누스가 가지고 있던, 점성가의 직분에 도덕성을 부여하려는 의도가 엿보인다.[9]

파골로는 성스러운 고행자의 삶을 산 사람이었다. 먹는 것이라고는 거의 없었고, 현세의 재물은 일절 무시한 채 책만 수집했다. 박식한 의사였던 그는 친구들에게만 의술을 베풀면서 그 조건으로 고해를 하게 했다. 그는 안젤리 수도원에서 암브로시우스 카말돌레제 수도사(591쪽)를 중심으로 모인 사람들과 만나며 대화를 나누었는데, 소규모였지만 유명한 사람들의 집단이었다. 그는 만년의 노 코시모와도 교류했다. 코시모가 점성술을 중시하여 그리 중요하지 않은 특정 사안에서는 점성술을 이용했기 때문이다. 그밖에 파골로는 아주 친한 친구들에게만 점성술을 베풀었다.

그러나 굳이 이렇게 엄격한 도덕성이 없어도 점성가들은 존경을 받

5) De dictis etc. Alphonsi, in: Opera, p.493. 피우스는 점성술이 쓸모있다기보다는 매력적이라고 생각했다. Platina, Vitae Pont., p.310. ―식스투스 4세와 관련해서는 Jac. Volaterran., in: Muratori. XXIII, Col. 173, 186 참조.
6) Pier. Valeriano, De infelic. literat. 레오가 태어날 때의 별자리를 기술하면서 그의 비밀 몇 가지를 알아맞힌 프란체스코 프리알리를 논한 대목.
7) Ranke, Päpste I, p.247.
8) Vespas. Fiorentino(ed. Mai), p.666, 341 참조. ―같은 책 121쪽에는 또 한 명의 파골로가 페데리고 다 몬테펠트로의 궁정 수학자이자 점성가로 언급되어 있으며, 희한하게도 독일인(네덜란드 사람인 파울 폰 미델부르크)으로 적혀 있다.
9) Firmicus Maternus, Matheseos Libri VIII, 제2권의 마지막 부분.

앉고 어디에나 당당히 나설 수 있었다. 뿐만 아니라 이탈리아에는 다른 곳과 비교가 안 될 만큼 점성가들이 많았다. 다른 유럽 국가에서는 유력한 궁정에만 점성가가 있었고, 그런 궁정이라도 지속적으로 점성가를 둘 수 있는 것은 아니었다. 반면 이탈리아에서는 명문(名門)의 가장이면서 점성술에 열성을 보인 사람은 누구나 점성가를 고용했으며, 생계 걱정에 시달리는 사람을 초빙한 경우도 있었다.[10]

한편 서적이 인쇄되기 전부터 널리 유포된 점성학 문헌에 힘입어 아마추어 점성가들이 나타나 가능한 한 대가들의 뒤를 따르려고 노력했다. 점성가 중에서 악질적인 부류는 별점을 마법과 연결시키는 도구로만 이용하거나 마법을 은폐하는 데 사용한 사람들이었다.

그러나 이런 부작용이 아니더라도 점성술은 그 시기 이탈리아인의 삶에서 불행한 요소였다. 다방면에서 활약한 뛰어난 재능의 소유자들과 완고한 성격의 사람들이 미래를 알고 그것을 조종하려는 맹목적인 욕망 때문에 강한 의지와 결심을 한순간에 무너뜨리는 모습은 얼마나 안타까운가! 그러면서도 그들은 혹 별자리가 좋지 않은 미래를 예고할 때면 갑자기 제정신으로 돌아와 점성술과 무관한 듯이 행동하면서, "현자는 별자리를 지배하리라"[11]고 말했지만 다시 과거의 미망 속으로 빠져들었다.

우선, 명문가에서 자식이 태어나면 출생시의 별자리를 보고 미래운을 점쳤다. 그래서 일어나지도 않는 일에 쓸데없이 기대를 걸며 반평생을 살아가는 이도 있었다.[12] 다음으로는 권력자들이 중요한 결정을 내릴

---

10) Bandello, III, *Nov.* 60에서는 밀라노의 알레산드로 벤티볼리오의 점성가가 벤티볼리오의 친구들 앞에서 자신이 가난뱅이라고 고백한다.

11) 루도비코 일 모로가 현재 스위스의 쿠어 대성당에 있는 십자가에 비문을 적어넣게 할 때 바로 이런 갑작스러운 결의를 다졌다. 식스투스 4세도 예언이 맞는지 어떤지를 시험해보겠다고 말한 적이 있었다.

12) 피에로 카포니의 아버지도 점성가였다. 그는 아들을 상업에 종사하도록 만들어 그에게 닥쳐올 위험한 머리 부상을 피해가게 했다. *Vita di P. Capponi*, in: *Arch. stor.* IV, 2, p.15. 카르다노의 전기에 나온 사례는 이 책 제4부 413쪽 참조. —

때, 특히 어떤 일을 시작하는 시각을 놓고 별점을 쳤다. 군주의 여행과 외국사절 영접,[13] 대규모 건물 착공식이 여기에 맞춰 이루어졌다. 착공식과 관련된 대표적인 일화는 앞에서 거명한 구이도 보나토의 전기에서 볼 수 있다. 그는 점성가로서의 활동뿐 아니라 체계적이고 방대한 저술[14]을 통해 13세기에 점성술을 부활시킨 사람으로 불릴 만하다.

보나토는 포를리에서 교황당과 황제당의 싸움을 종식시키려고 주민들에게 성벽을 신축하자고 했으며, 그 착공식을 자신이 제안하는 별자리에 맞춰 거행하자고 설득했다. 양당 사람들이 동시에 자신의 돌을 성벽 터에 던지면 포를리에서는 영원히 파당이 사라질 것이라고 했다. 양쪽에서 한 사람씩 이 일을 맡을 사람을 뽑았다. 엄숙한 순간이 다가오자 두 사람은 손에 돌을 들었고 인부들은 장비를 들고 기다렸다. 보나토가 신호를 주었다.

그때 황제당 사람은 즉시 돌을 던졌으나, 교황당 사람은 머뭇거리더니 아예 거부하고 말았다. 보나토가 황제당 사람으로 알려진데다가, 교황당에 대해 뭔가 음모를 꾸밀 수도 있다고 생각했기 때문이었다. 그러자 보나토가 교황당 사람에게 호통을 쳤다. 신은 의심과 악의로 가득한 너와 너희 교황당을 멸망시키리라! 이 별자리는 앞으로 500년 동안 다시는 우리 도시의 하늘에 나타나지 않으리라! 그후 정말로 신은 포를리의 교황당을 멸망시켰다. 그러나 1480년경에 이 글을 기록한 연대기 작

<hr />

의사이자 점성가인 스폴레토의 피에르 레오니는 자신이 익사할 것이라 믿고 물가에는 가지도 않았으며 파도바와 베네치아가 제안한 높은 직책도 거절했다. Paul. Jov., *Elog. liter.*, p.67 이하.

13) 루도비코 일 모로의 전기에 나온 예는 Senarega, in: Muratori, XXIV, Col. 518, 524 참조. Benediktus, in: Eccard II, Col. 1623. 그러나 일 모로의 아버지 프란체스코 스포르차는 점성가를 경멸했고, 조부인 자코모도 최소한 점성가의 경고에 따라 행동하지는 않았다. Corio, p.321, 413.

14) 이 저술은 여러 차례 간행되었으나 나는 한 번도 본 적이 없다. 본문에 기술한 내용은 *Annal. forolivienses*, in: Muratori, XXII, Col. 233 이하에서 발췌하였다. ─레온 바티스타 알베르티는 착공식을 영적인 의식으로 거행하려고 했다. *Opere volgari*, Tom., IV, p.314(또는 *De re aedefic.*, L. I).

가는, 교황당과 황제당이 지금은 완전히 화해했고 그들의 당명을 이제 더 이상 들을 수 없다고 전해준다.[15]

그 다음으로 별자리에 많이 좌우된 것은 전시에 내리는 결정이었다. 위에서 말한 보나토는 황제당의 수장인 구이도 다 몬테펠트로에게 출정에 유리한 별의 시간대를 알려주어 여러 번 승리를 안겨주었다. 그러나 몬테펠트로는 더 이상 보나토를 곁에 둘 수 없게 되자[16] 폭정을 계속할 용기를 잃고 수도원으로 들어갔다. 그후 사람들은 오랫동안 그가 수도사로서 탁발하러 다니는 모습을 보았다.

보나토는 승리를 약속하는 별자리가 다가올 때면 천체관측의와 책을 들고 광장에 있는 성 메르쿠리알레 수도원의 탑으로 올라가, 예정된 순간이 오는 즉시 커다란 종을 울려 병사들을 소집했다. 하지만 그도 가끔은 실수를 저질렀고 몬테펠트로의 운명과 자기 자신의 죽음도 예견하지 못했다는 것을 말해두어야 하겠다. 그는 파리와 이탈리아의 여러 대학에서 강의하고 포를리로 돌아오던 중 체세나에서 멀지 않은 곳에서 강도들에게 살해당했다.

피렌체 사람들은 1362년 피사와의 전쟁에서 점성가를 시켜 출정시각을 정하게 했다.[17] 그런데 갑자기 도심의 우회로를 거쳐 나가라는 명령이 내려지는 통에 하마터면 출정시각에 맞추지 못할 뻔했다. 전에는 여러 번 보르고 산토 아포스톨로 가(街)를 통해 출정한 뒤 전적이 좋지 않았는데, 피사를 향해 출정할 때마다 이 도로에는 흉조가 붙어 있었기 때문에 지금은 로사 관문을 통해 군대를 내보내려는 것이었다. 그러나 이곳에는 해를 가리려고 쳐놓은 천막이 그대로 펼쳐져 있어서 병사들

---

15) 카를 대제 때의 피렌체 2차 건설(Giov. Villani, III, 1)과 베네치아 1차 건설 때 (이 책 제1부 128쪽 이하 참조)의 별자리에서는 중세 후기의 시문학과 더불어 과거의 기억이 함께 작용했던 것 같다.

16) *Ann. foroliv.*, in: Muratori, n. A. XXII, 2, pp.105~108. —Filippo Villani, *Vite*. —Machiavelli, *Stor. fior.*, L. I.

17) Matteo Villani, XI, 3.

은 깃발을 내리고 가야 했다. 이것 역시 좋지 않은 징조였다.

대체로 점성술은 전쟁과 떼어놓을 수 없었다. 대부분의 용병대장들이 점성술에 매달려 있었기 때문이다. 야코포 칼도라는 자신이 전사할 것을 알고 있었기 때문에 중병 중에도 낙천적이었고, 실제로도 그는 전사했다.[18] 바르톨로메오 알비아노는 자기 머리에 입은 상처가 그 자신의 지휘권처럼 별자리의 결정에 따라 주어진 것이라고 확신했다.[19] 니콜로 오르시니 피틸리아노는 베네치아와 고용계약을 맺을 때(1495년), 의사이며 점성가인 알레산드로 베네데토에게 유리한 별자리의 시간대를 부탁했다.[20] 1498년 6월 1일, 피렌체인들이 파올로 비텔리를 신임 용병대장으로 임명하는 엄숙한 자리에서는 비텔리 본인의 희망에 따라 별자리 문양이 새겨진 지휘봉이 건네졌다.[21]

정치적으로 중요한 사건이 있을 때, 사전에 별점을 쳤는지 아니면 사후에 점성가가 호기심에서 그 순간을 지배했을 별자리를 알아봤는지는 확실하지 않다. 1385년 잔갈레아초 비스콘티가 교묘한 수단으로 백부인 베르나보와 그 가족을 잡아놓았을 때(70쪽)는 목성과 토성과 화성이 쌍둥이좌에 들어 있는 형국이었다고 이 시대 사람이 전하고 있지만,[22] 그것이 그런 행동을 하도록 마음먹게 했는지는 알려지지 않는다. 점성가의 조언이 행성의 운행보다는 정치적 판단이나 계산을 토대로 이루어진 경우도 적지 않았을 것이다.[23]

---

18) Jovian. Pontan., *De fortitudine*, L. I. ─예외적으로 점성술을 멀리한 스포르차 가문 최초의 영예로운 인물들은 이 책 603쪽의 주 13 참조.

19) Paul. Jov., *Elog.*, p.219 이하, sub. v. Barthol. Livianus.

20) 베네데토 자신이 이 이야기를 전해주고 있다. Benedictus, in: Eccard, II, Col. 1617.

21) Jac. Nardi가 *Vita d'Ant. Giacomini*, p.66에서 얘기하는 내용은 이런 의미로 이해해야 할 것 같다. ─별자리 문양은 의복과 도구에도 적지 않게 등장했다. 루크레치아 보르자가 페라라에서 영접받을 때 우르비노 공작부인의 노새는 금박의 별자리 문양이 있는 검은 비단덮개를 쓰고 있었다. *Arch. stor.*, append. II, p.305.

22) Azario, in: Corio, p.258.

23) 투르크의 한 점성가에게서 이런 예를 볼 수 있다. 그는 니코폴 전투가 끝난 후 투르크 술탄 바예지드 1세에게 부르고뉴 왕인 장 상 푀르를 몸값을 받고 풀어주라

유럽은 이미 중세 후반 내내 파리와 톨레도부터 확산된 페스트와 전쟁과 지진과 대홍수 따위의 점성학적 예언에 떨고 있었는데, 이탈리아도 여기에 뒤지지 않았다. 이탈리아의 문을 영구적으로 외세에 열어준 불행한 1494년이 되기 전에도 이미 불길한 예언들이 떠다녔지만,[24] 이런 예언들이 다른 해에도 매번 횡행했는지는 알 길이 없다.

점성학은 고대의 전통을 받아 줄기차게 이어지면서 전혀 예상하지 못한 영역으로까지 확대되었다. 개인의 외면적·정신적인 삶이 출생시의 별자리에 따라 정해지는 것처럼, 민족이나 종교와 같은 대단위 집단과 정신적인 산물도 비슷한 영향을 받는다고 생각했다. 또한 이 대규모의 사물을 지배하는 별자리가 변하는 까닭에 사물 자체도 변화를 겪는다고 믿었다.

모든 종교에는 각각 정해진 수명이 있다는 생각이 점성술을 통해 이탈리아 문화 속으로 들어왔다. 목성과 토성의 만남은 히브리 종교를 일으켰고,[25] 목성과 화성의 만남은 칼데아 종교를, 목성과 태양의 만남은 이집트 종교를 일으켰다고 믿어졌으며, 목성과 금성의 만남으로 이슬람교가, 목성과 수성의 만남으로 기독교가 생겼으며, 언젠가 목성과 달이 만나면 적그리스도의 종교가 탄생할 것이라고 생각했다. 체코 다스콜리라는 사람은 불경하게도 그리스도 탄생시의 별자리를 계산하여 여기에서 그의 십자가의 죽음을 도출해냄으로써 1327년 피렌체에서 화형당했다.[26] 결국 이런 견해들은 모든 초자연적인 것을 미망(迷妄)으로

고 조언하면서, "그 인물로 인하여 앞으로 많은 기독교인들이 피를 흘릴 것"이라고 말했다. 프랑스 내부의 전쟁이 장차 어떻게 펼쳐질지를 예측하기란 그리 어렵지 않았던 것이다. *Magn. chron. belgicum*, p.358. *Juvénal des Ursins*, ad a. 1396.

24) Benedictus, in: Eccard, II, Col. 1579. 페란테 왕은 유혈이 아니라 오로지 악명 때문에 실권하리라는 예언이 1493년에 있었는데, 실제로 이 예언은 적중했다.

25) Bapt. Mantuan., *De patientia*, L. III, cap.12.

26) Giov. Villani, X, 39, 40. 여기에는 동료들의 질시 같은 다른 요인들도 한몫 했다. —보나토도 비슷한 얘기를 한 적이 있는데, 그는 성 프란체스코에게서 볼 수 있는 신의 기적 같은 사랑을 화성의 영향으로 설명했다. Cf. Jo. Picus, *Adv. Astrol.* II, 5.

대하는 태도를 만들어냈다.

그러면 그럴수록 이탈리아의 깨어 있는 정신이 이 망상에 맞서서 벌인 투쟁은 더욱 가치를 발했다. 파도바의 살롱에 그려진 프레스코 벽화[27]나 보르소의 여름 궁전인 페라라의 스키파노야 궁의 벽화[28a]처럼 점성술을 찬미하는 거대한 기념비적 작품도 있었고, 노(老) 베롤라두스[29]처럼 부끄러운 줄 모르고 점성술을 찬양한 자들도 있었지만, 그래도 미혹에 빠지지 않은 사람과 생각 있는 사람들이 낸 힘찬 저항의 소리는 계속해서 울려퍼졌다.

물론 고대는 여기에서도 모범을 보였지만, 이탈리아인들의 비판은 고대의 모방이 아니라 그들의 건전한 상식과 관찰에서 나온 것이었다. 페트라르카는 개인적 교분을 통해 알고 있던 점성가들에게 맹렬한 조소의 감정을 품었으며[30] 점성학에 있는 사기성도 간파했다. 단편소설도 그 탄생기인 『토스카나 백선집』이 나온 후부터 점성가들에게는 언제나 적대적이었다.[31]

---

27) 15세기 초 미레토가 그린 벽화이다. 스카르데오니우스에 따르면, 이 벽화들은 태어나는 사람의 특성을 그 각도와 숫자에 의해 알려주게 되어 있었다. 지금 우리가 흔히 생각하는 것보다 더 대중적이었고 모든 사람의 손이 미치는 점성술이었다.

28a) Aby Warburg, *Italienishe Kunst und internationale Astrologie im Palazzo Schifanoia zu Ferrara*, in: Aby Warburg, *Gesammelte Schriften: Die Erneuerung der heidnischen Antike*, Leipzig/Berlin, 1932, Vol. 2, pp.459~481.

29) 베롤라두스는 *Orationes*, p.35에 있는 「밀라노 결혼식에 관한 연설」에서, 점성술은 인간과 신이 별로 구별되지 않는 것처럼 보이게 만든다고 말했다. ―이 시기의 또다른 점성술 찬양가는 Jov. Garzonius, *De dignitate urbis Bononiae*, in: Muratori, XXI. Col. 1163 참조.

30) Petrarca, *Epp. seniles* III, ed. Fracassetti, I, p.132 이하. 이 편지는 똑같은 생각을 하고 있었을 보카치오에게 보낸 것이다. 〔가이거의 주석: 페트라르카는 점성술에 맹렬히 반대했음에도 불구하고 마이노 데 마이네리라는 "위대한 점성가"를 자신의 좋은 친구라고 불렀으며, 자신이 위대한 인물이 되리라는 젊은 시절의 예언을 자랑으로 여겼다(*Sen.*, III, Cf. Rajna, *Giorn. stor.*, X, 101 이하.)〕.

31) Franco Sacchetti, *Nov.* 151에서는 점성가들의 지혜를 비웃고 있다.

또 피렌체의 연대기 작가들은 이 미신이 전통과 얽혀 있는 까닭에 그 것을 후대에 전하지 않으면 안 되었지만, 그래도 그들은 아주 용감히 저항했다. 조반니 빌라니는, "그 어떤 별자리도 인간의 자유의지와 하 느님의 결정을 필연 속에 가두어두지 못한다"고 수 차례나 얘기했다.[32] 마테오 빌라니는 점성술을 가리켜, 피렌체인들이 그들의 조상인 이교 적인 고대 로마인들에게서 다른 미신들과 함께 물려받은 악덕이라고 공언했다.

이런 발언들은 문헌상의 논의로만 그치지 않고 논의를 통해 생겨난 파벌들이 공개적으로 논쟁을 벌였다. 1333년과 1345년의 대홍수 때는 별자리가 만드는 운명과 하느님의 의지와 징벌의 정당성에 대해 점성 가와 신학자들 사이에 난상토론이 벌어졌다.[33] 이 같은 저항은 르네상 스기 전체를 통해 한 번도 그친 적이 없었다.[34] 권력자들의 환심을 사 는 데에는 점성술을 적대시하기보다는 변호하는 편이 나았을 것이므 로, 이런 비판이 진심이었다고 봐도 좋을 것 같다.

로렌초 마니피코 주변에서는 유명 플라톤 학자들 사이에서 이 문제 와 관련한 분쟁이 있었다. 점성술을 옹호한 마르실리오 피치노는 메디 치 가문 아이들의 운명을 출생시의 별자리를 보고 점을 쳐서 어린 조반 니가 교황——즉 레오 10세——이 되리라고 예언했다고 한다.[35]

반면에 피코 델라 미란돌라는 그의 유명한 반론을 통해 실로 이 문제 에서는 새 획을 그은 사람이다.[36] 그는 모든 무신앙과 부도덕의 뿌리가

---

32) Giov. Villani, III, 1, X, 39. 〔가이거의 주석: 이런 조반니 빌라니였지만 다른 문 헌에서 그는 경건하고 열성적으로 점성술 연구에 빠져들었다. X, 120, XII, 40.〕

33) Giov. Villani, XI, 2. XII, 4.

34) Muratori, XX, Col. 931에 실린 *Annales Placentini*의 저자이자 이 책 314쪽의 주 32에 언급된 알베르토 디 리발타도 이 논쟁에 참여했다. 그러나 이 문헌은 다 른 측면에서도 주목을 끈다. 이미 알려져서 이름까지 거명한 아홉 개의 혜성에 관 한 당대인들의 견해를 담고 있기 때문이다. Cf. Gio. Villani, XI, 67.

35) Paul. Jov., *Vita Leonis X.*, L. III. 이 글에서는 레오가 최소한 전조를 믿었다 는 것이 드러나 있다.

점성 신앙에 있음을 증명했다. 만일 점성가가 그 무언가를 믿게 된다면 모든 행과 불행의 근원이라는 행성들을 신으로 모실 것임에 틀림없다고 그는 말했다. 나머지 모든 미신들도 점성술을 편리한 이용수단으로 삼고 있으며, 흙점이나 수상술(手相術)이나 각종 마법도 어떤 시각을 정할 때는 우선적으로 점성술에 의지한다고 말했다. 또 도덕성에 대해서는 얘기하기를, 악을 조장하는 데는 하늘이 악의 창조자라고 말하는 것보다 더 나은 방법이 없으며, 그렇게 되면 영생의 행복과 영겁의 저주에 대한 믿음도 모조리 사라질 것이라고 했다.

경험적 방법까지 동원하여 점성가를 누르려고 노력한 피코는, 그들이 예견한 어느 달의 기상예보에서 4분의 3이 잘못되었음을 밝혀냈다. 그러나 가장 중요한 것은, 그가 (제4권에서) 하느님의 세계 지배와 인간의 자유의지에 관해 실증적인 기독교 이론을 설파한 점이었다. 이 이론은 참회설교를 듣지 못한 이탈리아 교양인들에게는 이 설교보다 더 큰 감명을 주었던 것 같다.

피코는 점성가들이 계속 학설을 발표하고 싶은 마음을 싹 가시게 했고,[37] 이미 그렇게 해온 사람들도 어느 만큼은 부끄러움을 느꼈다. 일례로 조비아노 폰타노는 『운명에 대하여』라는 책(595쪽)에서 점성학 체계 전체를 인정했고 다른 전문서에서는 그것을 피르미쿠스의 방식에 따라 이론적으로 피력한 적이 있었다.[38] 그러나 이제 『에기디우스』라는 대화에서 그는 점성술은 아니어도 점성가들을 포기했고, 인간의 자유의지를 찬양하면서 별의 영향이 미치는 범위를 물질적인 것으로 제한했다.

점성술은 여전히 만연했지만 이제는 옛날처럼 삶 자체를 지배하지는 않았던 것 같다. 15세기에 전력을 다해 점성술을 찬미했던 회화도 변화

---

36) Jo. Picus Mirand., *Adversus astrologos*, libri XII(1495년에 처음 간행).
37) Paul. Jov., *Elog. lit.*, p.76 이하, sub tit. Jo. Picus에 따르면, 피코의 영향력은 정밀과학의 교수들이 글을 쓰지 못하는 것처럼 보일 정도였다고 한다.
38) *De rebus coelestibus*, lib. 14(Opp. III, 1963~2591).

된 사고방식을 보여주었다. 라파엘로는 키지 예배당[39]의 반구 천장에 사방으로 행성의 신들과 항성천을 그렸지만, 그것을 화려한 천사들이 호위하고 인도하면서 위로부터는 하느님 아버지가 축복을 내리는 것으로 묘사했다. 이밖에 이탈리아에서는 또 하나의 요소가 점성술에 적대적이었다. 에스파냐 사람들은 장군들까지 포함하여 모두 점성술에는 관계하지 않았다. 그래서 그들의 호의를 얻고 싶었던 사람[40]은 이슬람적인 요소 때문에 그들에게는 이단이나 다름없었던 점성학의 반대자로 자처했다.

물론 구이차르디니는 1529년에도 여전히 이렇게 말했다. "다른 이들은 백 가지 진실 가운데 한 가지 거짓말만 해도 신용을 잃는 터에, 백 가지 거짓 가운데 한 가지 진실만 내보여도 사람들이 믿어주는 점성가들은 얼마나 행복한가."[41] 게다가 점성술을 경멸했다고 해서 그것이 반드시 하느님의 섭리에 대한 믿음으로 바뀐 것은 아니었고, 오히려 일반적이고 막연한 숙명론으로 되돌아갈 소지가 있었다.

다른 방면에서도 그랬지만 이 분야에서도 이탈리아는 르네상스의 문화적 자극을 건강하게 체험하고 맛볼 수 없었다. 외세의 침략과 가톨릭 종교개혁이 끼어들었기 때문이다. 이런 사건들만 아니었다면 이탈리아는 저 망령된 생각을 온전히 자력으로 극복했을 것이다. 외침과 가톨릭의 반동은 필연이었고 이탈리아 민족이 초래한 자업자득이었다고 생각하는 사람은 여기에서 발생한 정신적인 손실도 당연한 응보라고 믿을 것이다. 단지 안타까운 것은, 이로 인해 유럽 전체도 많은 것을 잃었다는 점이다.

---

39) 로마의 산타 마리아 델 포폴로 교회 안의 예배당. —천사들의 모습은 『향연』 서두에 나오는 단테의 이론을 상기시킨다.

40) 안토니오 갈라테오가 그런 사람이었다. 그는 페르난도 가톨릭 왕에게 보내는 편지(Mai, *Spicileg. rom.*, vol. VIII, p.226, 1510년)에서 점성술을 강력히 부인했지만, 포텐차의 백작에게 보낸 편지(Ibid, p.539)에서는 투르크인들이 금년에 로도스를 공격할 것이라고 별점을 통해 예언했다.

41) *Ridordi*, Ibid, N. 57.

점성술보다 훨씬 해독이 덜한 것은 전조(前兆)신앙이었다. 중세는 여러 이교에서 전조신앙을 대거 물려받았고, 이탈리아도 이 분야에서는 어느 곳에 뒤지지 않았을 것이다. 그러나 이탈리아의 전조신앙이 독특한 색채를 띤 것은 인문주의에서 받은 지지 때문이었다. 인문주의는 이교에서 물려받은 이 전래의 요소를 문학적 창작을 통해 후원했다.

이탈리아의 민중적 미신은 주지하다시피 전조에서 나오는 예감과 추리에 바탕을 둔 것이었다.[42] 이와 연결되어 마법도 등장했으나 대개는 별 해악을 끼치지 않았다. 물론 이런 미신들을 용감히 비웃고 그 와중에 기록으로 남긴 박식한 인문주의자들이 없지는 않았다.

방대한 점성학서를 지은 조비아노 폰타노(609쪽)는 『카론』이라는 책에서 나폴리에서 볼 수 있는 갖가지 미신들을 동정심에 가득 차서 열거해놓았다. 닭이나 거위가 병들었을 때 여인들이 탄식하는 모습, 사냥용 매가 돌아오지 않거나 말이 다리를 삐었을 때 귀족 남성들이 깊은 시름에 잠기는 광경, 미친 개가 마을을 불안하게 할 때면 풀리아의 농부들이 3주일에 걸쳐 토요일 밤마다 외는 주문이 그것이었다.

고대에도 그랬듯이 대체로 동물의 세계는 전조를 나타내는 대표적인 사례였다. 더구나 국비로 사육되는 사자와 표범들(369쪽 이하)은 무의식중에 국가의 상징으로 인식된 탓에 그 행동거지는 더더욱 민중의 관심을 끌었다. 1529년에 피렌체가 포위되었을 때 총에 맞은 독수리가 피렌체로 날아오자, 시의회는 이것이 길조라고 하여 독수리를 가지고 온 사람에게 4두카토를 주었다.[43] 또 특정 시간대나 장소도 어떤 일을 하기에 유리하든가 불리하든가 아니면 여하튼 결정적이 된다고 보았다.

---

42) 데쳄브리오는 마지막 비스콘티 군주들 치하에서 성행한 이런 수많은 미신을 열거했다(Muratori, XX, Col. 1016 이하).

43) Varchi, Stor. fior., L. IV, p.174. 당시 피렌체에서 성행한 예견과 예언은 그 옛날 예루살렘이 포위되었을 때의 예언과 거의 똑같은 역할을 했다. Cf. Ibid., III, 143, 195. IV, 43, 177.

바르키가 전하는 바에 따르면, 피렌체 사람들은 토요일을 운명의 날로 생각하여 길흉을 막론하고 일체의 중대사는 이날 일어난다고 믿었다. 출정할 때 그들이 특정 도로를 기피했던 선입견은 앞에서(604쪽) 언급했다. 반면 페루자 사람들은 여러 성문 가운데 에부르네아 관문을 행운의 문으로 여겼기 때문에, 전쟁 때마다 발리오니가 사람들은 이곳을 통해 군대를 내보냈다.[44]

다음으로는 유성과 하늘에 나타난 전조도 중세 때처럼 큰 의미를 지녔다. 사람들은 기이한 구름의 형상을 보고 군대가 싸우는 것이라고 상상했으며 공중 높은 곳에서 싸움소리가 들린다고 믿었다.[45] 그러나 이런 미신이 성스러운 것과 연관될 때, 가령 성모상이 눈동자를 움직였다거나[46] 눈물을 흘렸다거나 할 때, 또는 어느 지방의 재난을 어떤 불경행위와 결부시키고 하층민들이 그 속죄를 요구할 때(571쪽 이하)는 사태가 심각해졌다.

1478년 피아첸차에 오랫동안 폭우가 쏟아지자, 그 얼마 전 성 프란체스코 교회에 매장된 어느 고리대금업자가 이 성스러운 땅에서 나가지 않는 한 비는 그치지 않을 거라는 말이 떠돌았다. 그러나 주교가 시신을 파헤치는 것을 선뜻 허락하지 않자, 젊은이들이 폭력을 써서 사체를 끄집어낸 뒤 난동을 부리며 길가로 끌고 다니다가 포 강에 던져버렸다. "그러자 신기하게도 비가 금방 멈추었다"고 연대기 작가는 덧붙인다.[47]

---

44) Matarazzo, *Arch. stor.*, XVI, 2, p.208.
45) Prato, *Arch. stor.*, III, p.324, 1514년.
46) 밀라노 대성당에 있는 마돈나 델라르보레 상이 1515년에 어떤 행동을 보였는지는 Prato, Ibid., p.327 참조. 프라토는 같은 책 357쪽에서, 성 나자로 교회 옆에 트리불치오 가의 납골당을 지으려고 기초공사를 할 때 말과 똑같은 크기의 죽은 용이 발견되었다고 전한다. 용의 머리는 트리불치오 궁으로 옮겨졌고 나머지는 폐기되었다.
47) *Diarium Parmense*, Muratori, XXII, Col. 280. 그밖에 이 연대기 작가는 민중의 가슴에 가득 차 있던 고리대금업자에 대한 절절한 증오심을 품고 있었다. Cf. Col. 371.

마찬가지로, 같은 1478년 피렌체에서 일어난 파치 일가 반란의 주모자인 자코모 파치에 대해서도 안젤로 폴리치아노는 똑같은 견해를 보였다. 자코모는 교살당할 때 무시무시한 악담을 하며 자신의 영혼을 악마에게 넘겼다. 그후 이곳에서도 비가 내려 흉작의 위험이 생기자, 대부분 농부들로 구성된 한 떼의 사람들이 교회에 묻힌 자코모의 사체를 파냈다. 그러자 이내 비구름이 걷히고 태양이 빛나기 시작했다. 이에 폴리치아노는 "하늘은 이렇게도 민심 편을 들었다"고 덧붙였다.[48] 사람들은 먼저 자코모의 사체를 부정(不淨)한 땅에 묻은 다음 이튿날 다시 끄집어내어 공포스러운 행렬을 벌이며 시내를 돈 뒤 아르노 강에 빠뜨렸다.

근본적으로 민중적 성격이 짙은 이런 미신들은 10세기에도 있었을 테지만, 16세기에는 고대의 문헌까지 가세하여 영향을 미쳤다. 인문주의자들이 전조와 예언에 특히 쉽게 빠졌다는 것은 엄연히 확인된 사실이고, 그 사례는 앞에서(593쪽) 얘기한 바 있다. 그러나 또다른 증거가 필요하다면 포조 한 사람으로도 충분할 것이다. 귀족의 존재와 인간의 불평등을 부인한(441쪽 이하) 급진적 사상가였던 포조가 중세의 모든 유령과 악마의 출현은 물론이고 고대의 전조까지 믿은 것이다.

예를 들면 교황 에우게니우스 4세가 피렌체를 마지막으로 방문했을 때 나타났다고 전해지는 전조가 그것이다.[49] "그때 사람들은 저녁 무렵 코모 부근에서 4천 마리의 개가 독일 쪽으로 가고 있는 것을 보았다. 그 뒤를 소떼가 따랐고, 다시 그뒤에서는 무장한 보병과 기병이 따르고 있었는데, 일부는 머리가 없었고 일부는 머리가 거의 보이지 않았다. 마

---

48) Roscoe, *Leben des Lorenzo*의 부록에 실린 "Conjurationis Pactianae comm."
(「파치 가문 반란의 비망록」). 그러나 폴리치아노는 평소에는 점성술을 적대시했다.

49) Poggio, *Facetiae*, pp.167, 174, 179, 180. —에네아스 실비우스는 *De Europa*, c. 53, 54, in: *Opera*, pp.451, 455에서 최소한 실제로 일어난 전조들, 가령 동물의 싸움이나 구름의 현상들만 얘기했다. 그리고 이 전조에 해당하는 운명을 거명하기는 했어도 근본적으로 이것들을 신기한 현상으로만 언급했다.

지막으로 거대한 몸집의 기병 한 명이 뒤따라갔으며 그뒤를 다시 한 떼의 소들이 따라갔다."

포조는 까치나 까마귀의 싸움도 믿었다. 나아가 그는 자기도 모르는 사이에 온전한 형태로 전해오고 있던 고대 신화 한 편을 얘기해주었다. 달마치야 해안에 수염을 기르고 소라 고둥을 가진, 바다의 사튀로스라고 할 수 있는 트리톤이 나타났다. 하반신은 지느러미가 달린 물고기의 몸집이었다. 트리톤은 아이들과 여자들을 해안에서 납치해갔으나, 다섯 명의 용감한 세탁부가 그를 돌과 몽둥이로 때려죽였다고 했다.[50] 페라라에 있던 이 괴물의 목제 모형은 포조에게 그 사건의 신빙성을 더욱 높여주었다.

당시에는 신탁이 더 이상 존재하지 않았고 신의 뜻도 물어볼 수 없었지만, 베르길리우스의 책을 아무데나 펴서 마주치는 대목을 전조로 해석하는 풍습(베르길리우스 점)이 다시 유행했다.[51] 뿐만 아니라 이때는 고대 말기에 성행한 악마신앙까지 영향을 미쳤다. 여기에 일조한 것으로 보이는 이암블리코스와 아밤몬의 이집트 비교(秘敎)에 관한 저술은 이미 15세기 말에 라틴어로 번역되어 나왔다. 피렌체의 플라톤 학술원도 로마 몰락기에 만연한 이런 신(新)플라톤적인 미신에서 완전히 자유롭지 못했다. 따라서 이제부터는 악마신앙과 이와 관련된 마법에 대해 얘기하겠다.

혼령세계에 대한 이탈리아의 민간신앙[52]은 다른 유럽 국가들과 거

---

50) Poggio, *Facetiae*, p.160. Cf. Pausanias, IX, 20.

51) Varchi, III, p.195. 1529년에는 베르길리우스의 『아이네이스』 제3권 44행을 펼쳐들었다는 이유로 국외로 도망칠 결심을 한 두 명의 혐의자가 있었다. Cf. Rabelais, *Pantagruel* III, 10.

52) 카르다노가 말한 "밝은 광채"나 "영혼", 그의 아버지가 말한 "가족에 붙어 있는 악령"과 같은 학자들의 상상에 대해서는 언급하지 않겠다. Cf. Cardanus, *De propria vita*, cap.4, 38, 47. 카르다노 자신은 마법의 반대자였다. Cf. cap.39. 그가 경험한 전조와 유령들은 cap.37, 41에 나와 있다. 비스콘티 가의 마지막 군주가 얼마나 유령을 두려워했는지는 Decembrio, in: Muratori, XX, Col. 1016 참조.

의 비슷했다. 망자의 형상이라는 유령은 이탈리아에도 존재했다. 단지 그것을 고대인들처럼 '그림자'라고 부른 것이 북유럽과의 차이점이라면 차이점이었다. 오늘날에도 이런 그림자가 모습을 보일 때면 그것을 진정시키기 위해 몇 차례에 걸쳐 미사를 올린다.

악인의 영혼은 당연히 끔찍한 모습으로 나타난다고 생각했지만, 이와 더불어 망자의 유령은 대체로 사악하다는 견해가 퍼져 있었다. 반델로의 소설 속 부사제는 망자가 어린애들을 죽인다고 얘기하는데,[53] 그가 의미하는 것은 영혼과 구별되는 어떤 특별한 혼령인 듯하다. 왜냐하면 영혼은 연옥에서 속죄하고 있으며, 혹 나타나더라도 간원과 탄식만 하기 때문이다.

어떤 때는 어느 특정인의 혼령이 아니라 어느 사건 또는 과거의 어느 상황의 환영이 나타나는 경우가 있었다. 밀라노의 콘카에 있는 성 조반니 교회 부근의 오래된 비스콘티 궁전에 나타난 악령에 대해서도 인근 주민들은 그런 설명을 했다. 이곳은 과거에 베르나보 비스콘티가 전제정치를 하면서 수많은 희생자들을 고문하고 목 졸라 죽인 곳이니까 그런 일이 일어나도 이상할 게 없다는 것이었다.[54] 그러나 이때 나타난 악령은 어느 정부(情夫)였고, 궁에 살고 있는 애인의 남편을 놀라게 하려고 한 짓이었다. 그는 공모자들과 함께 악마로 변장했으며, 갖가지 동물 소리를 낼 줄 아는 사람을 외국에서 데려오기까지 했다.

어느 날 저녁에는 페루자의 빈민구제소에서 돈을 세고 있던 부정한 관리인 앞에 한 무리의 가난한 사람들이 손에 촛불을 들고 나타나 어지럽게 춤을 추었다. 그 중 어느 거구의 형상이 나머지를 대신하여 위협의 말을 퍼부었는데, 빈민구제소의 수호성인인 성 알로였다.[55]

이런 식의 사고는 자연스럽게 예사로 퍼져 있었기 때문에 시인들은

---

53) "망자는 때로 영아를 멸망시킨다." Bandello, II, *Nov.* 1.
54) Bandello, III, *Nov.* 20.
55) Graziani, *Arch. stor.*, XVI, 1, p.640, ad a. 1467. 관리인은 공포에 질려 죽었다.

여기에서 보편적인 소재를 얻을 수 있었다. 일례로 카스틸리오네는 사살된 루도비코 피코의 혼령이 포위된 미란돌라의 성벽 아래에 나타난 모습을 아주 그럴듯하게 묘사했다.[56] 물론 시인 자신이 이런 미신에 빠졌던 경험이 있을 때는 이 같은 것들이 가장 만만한 시재(詩材)로 애용되었다.

악마에 대해서도 이탈리아 민중은 중세 사람들과 동일한 생각을 하고 있었다. 사람들은 하느님이 종종 각 계급의 악령들에게 이 세계와 인간생활의 세부영역을 파괴하도록 허락한다고 확신했고, 단지 악마가 유혹자의 모습으로 접근할 때 인간은 최소한 자유의지를 발휘하여 대항할 수 있을 뿐이라고 생각했다. 더욱이 이탈리아에서는 자연현상에 있다고 여겨진 악마의 존재가 민중의 입을 통해 전해지면서 흔히 시적인 형태를 취했다.

1333년 아르노 강 골짜기에 홍수가 나기 전날 밤, 발롬브로사 위쪽에 살고 있던 어느 경건한 은둔자는 그의 방에서 악마가 울부짖는 소리를 들었다. 성호를 긋고 밖으로 나가니 검은 옷에 무장한 무시무시한 기병들이 달려가는 모습이 보였다. 그가 주문을 외자 기병 중의 한 명이 이런 설명을 했다. "우리는 죄를 지은 피렌체를 물 속에 침몰시키러 가는 길이오. 신이 허락하신다면 말이오."[57]

이는 거의 같은 시기인 1340년 베네치아에 나타난 환영과 비교될 수 있는데, 이를 토대로 베네치아 화파의 한 거장은——어쩌면 조르조네일지 모르지만——베네치아 미술관에 아주 놀라운 그림을 그려놓았다. 그것은 악마로 들끓는 갤리선이 죄 지은 섬의 도시 베네치아를 파괴하러 격랑이 이는 호수 위를 날듯이 질주해가는 모습이었다. 그러나 가난한 사공의 배에 몰래 올라탄 세 명의 성인이 주문을 외면서 악마와 갤리선

---

56) Balth. Castillione, *Carmina*, ed. P. A. Serassi, II, 294 이하: "루도비코 피코에 관한 허구."

57) Giov. Villani, XI, 2. 빌라니는 이 얘기를 발롬브로사 수도원 원장에게서 들었으며, 원장은 다시 은둔자에게서 전해들었다.

을 물 속 깊숙이 빠뜨리고 있었다.

이런 악마신앙에 동조한 것은, 인간이 주문을 외서 악마에게 접근할 수 있고 탐욕과 권력욕과 육욕과 같은 현세의 목적에 그들의 도움을 빌릴 수 있다고 하는 미신이었다. 어쩌면 정말로 죄 지은 사람들이 나오기도 전에 많은 이들이 그런 혐의를 쓰고 고발당했을 가능성이 높다. 실제로도 마법사와 마녀라는 사람들이 화형당하고 나서야 비로소 진짜 주문과 고의적인 마법이 성행하기 시작했다. 마법의 혐의자를 처단한 화형단의 연기에서 최면성의 증기가 피어오르면 그것이 수많은 타락자를 마법에 빠지게 했고, 이들에게 빌붙는 대담한 사기꾼까지 등장했다.

고대 로마 시대부터 끊임없이 이런 미신을 존속시킨 대중적이고 원시적인 형태는 마녀의 주술이었다. 마녀가 복점만 쳤다면 아무 탈 없이 지냈을지도 모른다.[58] 하지만 단순한 예언자에서 소원 성취를 돕는 주술자로의 이행은 저도 모르게 나락으로 떨어지는 결정적인 단계일 수 있다.

주술이 사용될 경우, 사람들은 주로 마녀가 남녀간에 애증을 유발시킨다고 믿었지만, 나아가서는 파괴적이고 악랄한 행위도 저지른다고, 특히 어린애를 쇠약하게 만든다고 생각했으며, 아이의 병약함이 부모의 소홀과 무지에서 비롯된 것이 분명한 경우에도 그렇게 믿었다. 어쨌든 여전히 남는 의문은, 마녀가 그 효력을 알고 건네준 약제나 독약은 예외로 친다면, 그저 주문을 외고 의식을 거행하고 이해 못할 문구를 중얼거리고 또는 의식적으로 악령을 불러내고 하는 주술들이 얼마나 효험을 보았을까 하는 점이다.[59a]

폰타노가 소개하는 가에타의 마녀[60]는 별로 비난할 바가 못 되는 부

---

58) 1513년경 페라라를 비롯한 여러 지방에서 롬바르디아 귀족들에게 예언을 통해 조언한 로도지나라는 신들린 여성이 이 경우였던 것 같다. 자세한 내용은 Rabelais, *Pantagruel* IV, 58 참조.

59a) Cf. Sigrid Schade, *Schadenzauber und die Magie des Körpers. Hexenbilder der frühen Neuzeit*, Worms, 1983.

류인데, 이 경우에는 탁발수도사들까지 마녀의 경쟁자로 나서고 있다. 작중인물인 수파티우스라는 여행자가 어쩌다 마녀의 집에 들르게 되었다. 때는 초승달이 뜨고 사흘째 되는 날이었고, 마녀는 마침 검은 암탉과 금요일에 난 달걀 아홉 개와 오리 한 마리와 흰색 실을 가지고 온 어느 하녀와 한 소녀를 맞고 있었다. 마녀는 두 여인을 집으로 돌려보내면서 저녁 무렵 다시 오라고 일렀는데, 그저 점을 치는 것처럼 보였다. 하녀의 여주인은 수도사의 아이를 임신했고, 소녀는 애인이 배신하고 수도원으로 들어간 경우였다.

마녀가 탄식하며 말했다. "남편이 죽은 뒤로 줄곧 이 일을 하면서 먹고 산답니다. 가에타의 여인들이 나를 열성으로 믿기 때문에, 수도사들이 내 밥그릇만 빼앗지 않으면 벌이도 괜찮습니다. 그런데 이 수도사들까지 나서서 해몽을 하고, 성인들의 노여움을 돈으로 진정시키고, 처녀에게는 남자를, 임신부에게는 사내아이를, 불임여성에게는 아이를 약속해주고 있습니다. 게다가 이들은 남편들이 밤에 고기잡이하러 간 사이에 낮에 교회에서 약속한 대로 그 부인들을 찾아간답니다." 수파티우스는 수도원의 시기를 조심하라고 마녀에게 경고했지만, 수도원장과 오랜 친분이 있는 그녀였기에 조금도 겁내지 않았다.

이런 미신은 그러나 좀더 악랄한 부류의 마녀를 만들어냈다. 사악한 마법으로 사람의 건강과 목숨을 해친다는 마녀들이었다. 이들의 요사한 눈빛*만으로는 재앙을 설명하기가 부족할 경우, 사람들은 더 거대한 악령의 도움이 있을 것이라고 생각했다. 앞에서 피니첼라의 예에서 보

---

60) Jovian. Pontan., *Antonius*.
* 서구의 민간신앙에서는 마녀나 마법사들이 눈빛을 이용해 인간과 동물에게 재앙을 내린다고 믿었다. 고대부터 내려온 이 미신은 사람의 눈에 마력이 있다는 전제에서 출발했으며 특히 마녀의 변형된 눈, 가령 고름이 흘러내리는 눈이 그런 작용을 한다고 생각했다. 동화나 전설에서도 거인과 마녀들은 사악한 눈빛을 하고 나타난다. 이것을 막기 위해 남근상처럼 성을 상징하는 물건이나 신성한 부적이 액막이로 쓰였고, 눈을 그려 역작용을 일으킴으로써 사악한 기운을 상쇄하려고도 했으며, 외설적인 몸짓 따위도 방어의 효력이 있다고 보았다.

았듯이(558쪽) 이런 마녀들은 화형으로 처단되었다. 그러나 이런 광신적인 행위도 아직 흥정의 여지가 있어서, 일례로 페루자 시의 법에 따르면 마녀들은 400파운드를 내고 풀려날 수 있었다.[61] 그러니까 훗날처럼 그렇게 철저하고 엄중하게 단속한 것은 아니었다.

교회국가 안에서는 아펜니노 산맥 고지에 위치한 성 베네딕투스의 고향 노르차(현재 이름은 누르시아)에 마녀와 마법의 소굴이 있었고 이는 널리 알려진 사실이었다. 여기에 관해서는 에네아스 실비우스가 쓴 초창기의 진귀한 편지 한 통[62]이 알려준다.

그는 형에게 이렇게 적었다.

이 편지의 지참인이 내게 와서 묻기를, 혹시 이탈리아에 있는 베누스 산을 아느냐고 했습니다. 그곳은 마법이 전수되는 곳인데, 작센 출신의 위대한 천문학자인 그의 주인[63]이 마법을 배우고 싶어한다는 것입니다. 나는 카라라에서 멀지 않은 리구리아 암벽 해안에 있는 베네레 항을 안다고 했습니다. 바젤을 여행할 때 사흘 밤을 보낸 곳입니다. 시칠리아에도 베누스를 모시는 에리체라는 산이 있다는 것을 알지만, 거기에서 마법이 전수되는지는 모릅니다. 이야기 도중에 생각난 것이지만, 옛날 스폴레토 공국이 있던 움브리아 지방 누르시아 시에서 멀지 않은 곳에 한 지방이 있는데, 그곳의 가파른 절벽 아래에는 물이 흐르는 동굴이 하나 있습니다. 거기에도 마녀와 악마와 어둠의 유령들이 있으며, 용기 있는 사람은 유령을 볼 수 있고 말을 걸 수 있고 마법도 배울 수 있다고 들은 기억이 납니다.[64] 나는 그걸 보

---

61) Graziani, *Arch. stor.*, XVI, 1, p.565, ad a. 1455에서, 반액만 지불한 까닭에 화형에 처해진 노체라의 어느 마녀 이야기. 이 법은 "사람을 해치기 위해 마법이나 독이나 부정한 영혼의 주문을 사용하는 자"를 구류했다(같은 책, 주 1과 2).

62) Lib. I, ep.46, in: *Opera*, p.531 이하. 같은 책, 532쪽에 나온 'umbra'(혼령)는 'Umbria'로, 'lacum'(늪)은 'locum'(장소)으로 읽어야 한다.

63) 훗날 실비우스는 그가 작센 공작의 의사이며 돈 많은 권력자라고 말했다.

64) 14세기에는 토스카나의 안세도니아에서 멀지 않은 곳에 일종의 지옥동굴이 있다고

지도 못했고 보려고 애쓰지도 않았습니다. 죄를 지어야 배울 수 있는 것은 차라리 모르는 편이 낫기 때문입니다.

그러나 에네아스는 자신에게 정보를 준 사람의 이름을 대면서 그가 아직 살아 있다면 이 편지의 지참인을 그에게 데려가달라고 형에게 부탁했다. 에네아스는 여기서 한 지체 높은 사람에 대한 호의 때문에 지나친 친절을 베풀고 있지만, 그 자신만은 같은 시대의 어느 사람보다도 더 미신에서 자유로웠고(600쪽 이하), 나아가 현대의 교양인들도 견뎌내기 힘들었을 시험까지 이겨냈다. 그는 바젤 종교회의 당시 밀라노에서 75일 동안 고열로 누워 있을 때도, 그 얼마 전 피치니노의 진영에서 기적적으로 2천 명의 병사들을 열병에서 고쳐주었다는 마법 의술사가 병상에 불려왔는데도 그의 말을 들으려 하지 않았다. 병중에도 산을 넘어 바젤로 향하던 그는 말 위에서 쾌유했다.[65]

그밖에 또 노르차 인근에서 어떤 일이 벌어졌는가 하는 것은 뛰어난 벤베누토 첼리니까지 끌어들이려 했던 한 무술사를 통해 알 수 있다. 새로운 마법서를 봉납하려던 그[66]는 여기에 가장 적합한 장소로 노르차 근방의 산맥을 택했다. 전에도 한번 그는 파르파 수도원 근처에서 마법서를 봉헌한 적이 있지만, 그때는 이곳 노르차와 달리 많은 난관이 있었다. 더욱이 노르차의 농부들은 믿을 만한 사람들이었고 이런 일에 어느 정도 경험이 있어서 유사시에는 든든한 힘이 될 수 있었다. 하지만 봉납 원정은 이루어지지 않았다. 만일 이루어졌다면 벤베누토 첼리니는 이 사기꾼의 조력자들까지 사귀게 되었을 것이다.

당시 이 지방은 모르는 사람이 없을 정도로 유명했다. 아레티노는 어

알려져 있었다. 모래 위에 난 동물 발자국과 사람 발자국을 볼 수 있다는 동굴인데, 그 흔적을 지워도 다음날 다시 나타난다고 했다. Uberti, *Il Dittamondo*, L. III, cap. 9.

65) Pius II., *Comment.*, L. I. p. 10.
66) Benv. Cellini, L. I, cap. 65.

느 글에서인가 마법에 걸린 샘을 언급하면서 거기에 노르차의 무당의 자매들과 파타 모르가나의 숙모가 산다고 말했다. 같은 시기에 트리시노는 그의 대서사시[67]에서 시가와 우의 등 갖가지 방법을 동원해 이 지방이 진정한 예언의 본산지라고 치켜세웠다.

인노켄티우스 8세의 악명 높은 교서[68]가 발표되면서(1484년) 마녀신앙과 마녀 박해는 주지하다시피 대규모의 잔인한 제도로 발전했다. 그러나 자세히 살펴보면, 이때 마녀신앙이 생겨난 본래의 객관적인 정황이나 그것이 이교신앙의 잔재라는 사실은 잊혀졌다는 것을 말해두고 싶다. 탁발수도사들의 상상력이 어떻게 마녀 박해의 유일한 근원이 되는가를 확인하고 싶은 사람은 자크 뒤 클레르의 회고록에 나오는, 1459년 아라스에서 열린 이른바 발도파 교도* 재판을 찾아보면 될 것이다. 100년 동안 무차별의 심문이 있고 나서야 비로소 민중은 이 끔찍한 제도가 당연한 것이며 앞으로도 다시 발생할 거라는 생각을 하게 되었다.

마녀 박해의 주동자는 독일의 도미니쿠스회 수도사들이었기 때문에

---

67) *L'Italia liberata da'Goti*, canto XIV. 여기서 우리는 트리시노 본인도 그가 묘사한 내용의 가능성을 믿었는지, 아니면 그의 애기가 자유로운 공상의 산물인지 물을 수 있겠다. 이런 의혹은 그의 전범으로 추정되는 루카누스(Ges. VI.)에게서도 생길 수 있다. 이 책에서는 테살리아의 마녀가 섹스투스 폼페이우스의 마음에 들려고 주문을 외어 시체를 불러내고 있다.

68) *Septimo Decretal*., Lib. V, Tit. XII. 이 교서는 다음처럼 시작된다. "최대의 정열로 바라는 바는……"[Pastor, III, 250 이하에서는 인노켄티우스가 이 교서로써 마녀 재판을 도입했다는 것을 강하게 부정한다.]

* 1175년 리옹에서 프랑스 사람 발도(P. Waldes)가 일으킨 종교운동의 신봉자들을 말하며, 복음 전파와 예수를 본받은 청빈한 삶을 목표로 삼았다. 그러나 이들은 속인으로서 설교를 했다 하여 리옹의 주교와 교황에게서 박해와 파문을 당하고 망명길에 오른 뒤 프랑스의 발도파와 롬바르디아의 발도파로 분열되었다. 프랑스의 발도파는 일부가 로마 교회로 복귀하면서 14세기에 완전히 사라졌고, 롬바르디아의 발도파는 자기들이 진정한 교회라고 주장하면서 서구 각지로 세력을 넓혀갔다. 이들은 13세기부터 16세기까지 끊임없이 박해를 받으면서도 스위스의 종교개혁운동에 동참했으나, 북이탈리아와 풀리아와 칼라브리아 등지에서는 17세기의 가톨릭 종교개혁으로 인해 심한 타격을 입었다.

이 채찍에 가장 많이 시달린 곳은 역시 독일이었고, 이탈리아에서는 독일에 가장 가까운 지방이 박해를 받았다. 교황 알렉산데르 6세, 레오 10세, 하드리아누스 6세의 교서와 명령들은 도미니쿠스 수도회의 관할지역인 롬바르디아, 브레시아와 베르가모 등의 주교구 그리고 크레모나 시를 겨냥한 것들이었다. 슈프렝거의 유명한 이론서 겸 실천서인 『마녀의 망치』*에 보면, 코모에서는 인노켄티우스 8세의 교서가 발표되고 나서 1년 동안에 벌써 41명의 마녀가 화형당했다고 적혀 있다.

이탈리아 마녀들은 안전하다고 생각된 시지스몬도 대공의 영토로 무리지어 도망친 후 나중에는 운수 사나운 알프스 계곡의 몇몇 지방에, 특히 카모니카 계곡[69]에 정착하여 뿌리를 뽑을 수가 없게 되었다. 마녀 탄압은 어떤 식으로든 여기에 흥미를 느끼고 있는 주민들에게 지속적으로 망상의 불을 지피는 데 성공했다. 근본적으로 독일적 특성이 강한 마녀신앙에는 우리가 밀라노나 볼로냐에서 나온 이야기와 소설들을 읽을 때 느끼는 색조가 담겨 있다.[70]

이탈리아에서 마녀신앙이 확산되지 않은 것은, 이곳에서는 독일과 본질적으로 다른 조건을 발판으로 성장한 마법이 존재하여 널리 알려진 것과 관련이 있을 듯하다. 이탈리아 마녀들은 생업에 종사하고 있었고 돈이 필요했으며 특히 사려 분별을 갖추지 않으면 안 되었다. 북유럽 마녀들의 신경과민적인 몽상이나, 원거리를 날아간다는 능력이나,

---

* 1487년 도미니쿠스회 수도사인 인스티토리스와 슈프렝거가 저술한 『마녀의 망치』(*Malleus Maleficarum*)는 인노켄티우스 8세의 칙서에 대한 주석서라고 할 수 있다. 마녀 박해를 본격적으로 추진시킨 이 글은 그후 수백 년 동안 마녀에 대한 일반인의 편견을 각인시킨 계기가 되었다.

69) 주지하듯이 이곳은 마녀의 땅으로 불렸다. Cf. *Orlandino*, cap.I, Str. 12.

70) Bandello, III, *Nov.* 29, 52. Prato, *Arch. stor.* III, p.409. —Bursellis, *Ann. Bonon.*, in: Muratori, XXIII, Col. 897에는 1468년에 유령 사창가를 운영한 성모 하복회(下僕會) 수도원장의 처형 얘기가 나온다. 그는 볼로냐 시민들이 소녀의 모습을 한 악령들과 교제하도록 만들었고 악령에게 정식 제물을 바쳤다. — 비슷한 얘기가 Procop., *Hist. arcana*, c. 12에도 나오는데, 여기에서는 실제로 악령이 사창가를 출입하면서 다른 손님들을 거리로 내쫓는다.

마녀와 통정하는 악마나, 수면 중의 남자를 범한다는 악녀 따위는 이탈리아에 없었다.

이탈리아 마녀는 다른 이들을 즐겁게 해주어야 했다. 마녀는 갖가지 모습으로 변신하고 순식간에 먼 곳으로 갈 수 있다고 사람들이 믿어도, 그것이 자신들의 명성을 높이는 한 마녀들은 그런 믿음에 개의치 않았다. 반면에 마녀의 악의나 복수심에 대한 공포, 특히 마법에 걸린 어린애와 가축과 농작물로 인한 공포가 확산되면 그것이야말로 이들에게는 몹시 위험한 일이었다. 종교재판관과 지방 관청들로서는 이런 마녀를 화형시키는 것이 상당한 인기를 끌 수 있었다.

이미 암시했듯이, 마녀의 주요 활동분야는 남녀의 사랑이었다. 애증을 유발시키고, 복수욕에서 임신하지 못하도록 주문을 외고, 태아를 유산시키고, 경우에 따라서는 마법 의식을 거행하여 배신한 상대방을 가상으로 죽이는 것, 심지어는 독약 제조[71]도 여기에 속했다. 그러나 이런 마녀들에게 속마음을 털어놓기란 내키지 않는 일이었기에, 이들에게서 이런저런 마법을 몰래 익혀 직접 써먹는 아마추어들이 나타났다. 한 예로 로마의 매춘부들은 자기들의 매력에 더하여 호라티우스의 작중 마녀 카니디아와 같은 매력을 갖추려고 노력했다.

이 여성들에 대해 알고 있던 아레티노[72]는 위와 관련한 진상을 우리에게 전해준다. 그는 이들의 장롱 속에 수집되어 있던 소름끼치는 물건들을 열거한다. 거기에는 머리카락, 해골, 갈비뼈, 치아, 죽은 자의 눈, 사람의 살가죽, 어린애 배꼽, 무덤에서 파낸 구두창과 옷조각 따위가 들어 있었다. 심지어 매춘부들은 교회 묘지에서 썩은 고기까지 가져와 그것을 또다른 흉칙한 것들과 함께 애인에게 몰래 먹였으며, 애인의 머리카락·허리띠·손톱을 교회의 성체등(聖體燈)에서 훔쳐온 기름에

---

71) 마녀의 부엌에 마련된 혐오스러운 물건에 대해서는 *Macaroneide*, Phant. XVI, XXI 참조. 이 글은 마녀의 온갖 행동거지를 얘기하고 있다.

72) *Ragionamento del Zoppino*. 아레티노는 이 매춘부들의 지식이 주술을 알고 있던 특정 유대 여성들을 통해 얻어진 것이라고 생각했다.

넣고 요리했다. 이들이 왼 주문 가운데 가장 순진한 것은 뜨거운 재로 하트 모양을 만들고 그것을 꿰찌르며 부르는 노래이다.

> 불을 끄기 전에
> 내 집으로 오십시오.
> 이 심장을 찌르는 것처럼
> 내 사랑이 당신을 찌를 수 있게

그밖에 달빛을 보면서, 또는 땅바닥에 그림을 그리거나 밀랍이나 청동으로 인형을 만들어 외는 주문도 만들었다. 그림과 인형은 당연히 애인을 묘사하는 것이었고 상황에 따라 다르게 표현되었다.

사람들은 이런 일에 너무도 익숙해 있었기 때문에, 아름답지도 젊지도 않은 여성이 남성들에게 큰 매력을 발산하면 당장에 마법의 혐의를 받았다. 클레멘스 7세의 비서였던 상가[73]의 어머니는 아들의 애인을 독살했는데, 이 여성이 그런 경우였다. 그러나 불행하게도 독이 든 샐러드를 함께 먹은 아들과 아들의 친구들마저 죽고 말았다.

이후 나타난 마법사 또는 강령술사(incantatore)들은 마녀의 조력자가 아니라 경쟁자였으며 위험한 일에는 마녀보다 더 정통해 있었다. 그들은 강령술사와 점성가의 역할을 겸하거나 아니면 점성가로서 더 많은 활약을 한 경우도 있었다. 어쩌면 강령술사로 탄압받지 않으려고 점성가로 자처했을 수도 있지만, 꼭 그렇지 않더라도 유리한 시간대를 알아내려면 강령술사들도 어느 정도는 점성술을 알지 않으면 안 되었다 (600쪽).

그러나 혼령들은 대부분 선량하거나[74] 선하지도 악하지도 않기 때문

---

73) Varchi, *Stor. fior.* II, p.153.
74) 이런 신중한 태도는 그뒤 더욱 강조되었다. Corn. Agrippa, *De occulta philosophia*, cap.39.

에, 그 혼령을 불러내는 강령술사도 때로는 괜찮은 평판을 유지할 수 있었다. 때문에 교황 식스투스 4세는, 악령에게 조언을 구하는 것이 결코 나쁘지 않다고 설교한 볼로냐의 카르멜 교단 수도사들에 대해 1474년의 교서[75]에서 단호하게 대응하지 않으면 안 되었다.

혼령에게서 도움을 받을 수 있다고 믿은 사람은 아주 많았다. 신앙심 깊은 사람들까지 간절히 기원하면 선량한 혼령의 모습을 볼 수 있다고 믿은 것이 그 간접적인 증거였다. 사보나롤라도 이런 생각에 사로잡혀 있었고, 피렌체의 플라톤 학자들은 신과의 신비적인 합일을 얘기했다.

마르켈루스 팔링게니우스는 자신이 신성한 혼령들과 교류한다고 분명히 말하고 있다(339쪽).[76] 그는 달에서 내려와 이 세상에서 살면서 자연과 인간의 삶을 엿보는 악령조직의 존재를 확신했으며,[77] 자신이 직접 그들과 나눈 교분을 얘기해주었다. 이 책의 목적상 당시의 혼령 신앙에 대한 체계적인 기술은 어렵기 때문에 팔링게니우스의 보고만을 하나의 사례로 들어보겠다.[78]

팔링게니우스는 소락테 산에 있는 성 실베스트로 수도원의 한 경건한 은둔자에게서 현세의 무상함과 인생의 무가치함을 배운 뒤 어느 날 해질 무렵 로마를 향해 길을 떠났다. 그때 밝은 보름달이 비추는 길에서 세 명의 남자가 그와 동행하게 되었다. 그 중 한 명이 팔링게니우스의 이름을 부르며 어디에서 오느냐고 물었다. 저 산 위의 현자에게서 오는 길이라고 그가 대답했다.

그러자 동행인이 말했다.

오, 어리석은 자여, 당신은 정말 이 세상에 현자가 있다고 믿습니까? 지혜는 지고한 존재들(Divi)에게만 있는 것입니다. 비록 인간의

---

75) *Septimo Decretal*, Ibid.
76) *Zodiacus vitae* XII, 363~539, cf. X, 393 이하.
77) Ibid., IX, 291 이하.
78) Ibid., IX, 770 이하.

형상을 하고 있어도 우리 세 명이 바로 그런 존재입니다. 내 이름은 사라칠이고 여기 있는 이들은 사티엘과 아나입니다. 우리가 사는 곳은 달입니다. 그곳에서는 수많은 무리의 중간자들이 살면서 땅과 바다를 지배하고 있습니다.

팔링게니우스는 속으로 전율을 느끼면서 그들에게 로마에서 무엇을 하려느냐고 물었다. 그 대답은 이랬다.

우리 동료의 일원인 암몬이 오르시니 추기경의 시종인 나르니 출신의 한 젊은이의 마법에 걸려 노예가 되어 있습니다. 이 참에 말하지만, 기억해두시오, 당신네 인간들이 이렇게 우리의 일원을 얽매어놓을 수 있다는 것은 당신들의 불멸을 증거하는 것입니다. 나 자신도 한때 수정 속에 갇혀 어느 독일인의 시중을 들어야 했던 적이 있습니다. 결국 수염 달린 한 젊은 수도사가 구해주었지요. 이 일을 이제는 우리가 로마에 가서 우리 동료에게 해주려고 합니다. 그리고 그 김에 지체 높은 사람들 몇 명을 오늘 밤 저승으로 보낼 작정입니다.

악령의 이 말에 가벼운 바람이 일었다. 사티엘이 말했다. "들어보시오, 우리의 레미세스가 벌써 로마에서 돌아왔소. 이 바람이 그가 왔다는 신호요." 그러자 정말로 또 한 명이 나타났고, 먼저 있던 혼령들은 그와 반갑게 인사를 나누며 로마의 상황을 물어보았다. 그가 전하는 소식은 지극히 반(反)교황적이었다. 클레멘스 7세가 다시 에스파냐와 동맹을 맺었고, 루터의 교리를 논리가 아닌 에스파냐의 무력을 빌려 뿌리 뽑으려 한다고 했다. 곧 닥칠 큰 유혈사태에서 수많은 사람들의 영혼을 지옥으로 보낼 악령들로서는 호기가 아닐 수 없었다. 이렇게 부도덕으로 악에 빠진 로마를 이야기하고 난 뒤 악령들은 자취를 감추었고 팔링게니우스는 슬픔에 잠겨 길을 걸어갔다.[79]

『마녀의 망치』 같은 것이 나왔음에도 불구하고 사람들이 어느 정도로 악령과의 관계를 공개적으로 인정했는지 알고 싶은 사람은 네테스하임의 아그리파가 써서 널리 읽힌 『비밀 철학』을 참조하기 바란다. 그는 원래 이 책을 이탈리아에 오기 전에 쓴 것으로 보이지만,[80] 트리테미우스에게 바친 헌사에서는 이탈리아의 주요 문헌들까지 언급해놓았다. 물론 그 문헌들을 다른 것과 비교해 헐뜯는 것이 목적이었어도 말이다.

아그리파처럼 미심쩍은 인물이나 그밖에 사기꾼 또는 미치광이로 불린 사람들이 내보인 악령술 체계는, 그 안에 언급된 주문, 향 피우기, 연고, 5각의 별, 망자의 뼈 등과 더불어 우리의 관심을 끌지 못한다.[81] 그러나 고대의 미신에서 따온 인용들로 가득한 이 악령술은 이탈리아인의 삶과 정열에 끼어들어 계속해서 지대한 영향을 끼쳤다. 우리는 그저 타락한 귀족들만 이런 일에 관여했으리라고 생각할 수 있지만, 열렬한 소망과 욕구는 종종 역동적이고 창조적인 각 계층의 사람들로 하여금 마법사를 찾도록 만들었다.

또 악령술이 가능하다는 의식은 이와는 거리를 두고 있던 사람들에게서도 도덕적 세계질서에 대한 믿음을 상당 부분 앗아갔다. 사람들은 약간의 비용과 위험만 감수하면 아무 벌도 받지 않고 보편적인 이성과 도덕성에 저항할 수 있다고 생각했으며, 인간과 그 인간이 추구하는 정당한 또는 부당한 목표 사이에 놓여 있는 중간단계를 생략할 수 있다고

---

79) 주지하듯이, 이 시기의 시인들이 생각한 마법사의 신화적인 전형은 말라지지였다. 이 인물을 얘기하면서 풀치(*Morgante*, canto XXIV, Str. 106 이하)는 악령의 힘과 주문의 한계에 대해서 자신의 의견을 이론적으로 피력했다. 하지만 그 중 어느 정도까지가 그의 진심인지는 모를 일이다. Cf. canto XXI.

80) 폴리도루스 비르길리우스는 원래 이탈리아 태생이지만, 그의 저술 『전조에 대하여』(*De prodigiis*)는 그가 일생을 보낸 영국의 미신만 주로 다루고 있다. 그는 악령의 예지력을 거론하는 가운데 기묘하게도 1527년의 로마의 약탈을 들어 얘기하고 있다.

81) 최소한 살인이 목적인 경우는 아주 드물었고 살인을 수단으로 삼은 경우는 한 번도 없었던 것 같다. 악령에게 100명이 넘는 어린애를 제물로 바친 Gilles de Retz(1440년경)와 같은 괴물은 이탈리아에서는 전혀 찾아볼 수 없다.

믿었다.

먼저, 소멸해가고 있던 오래된 마법부터 살펴보자. 이탈리아의 여러 도시는 중세 암흑기 또는 고대 때부터 자기들의 운명이 특정 건축물이나 조각상 따위와 연관되어 있던 기억을 간직하고 있었다. 고대인들은 각 도시의 엄숙한 건설식에 참여하여 특정 기념비를 세우거나 텔레스마라는 특정 물건을 비밀리에 묻음으로써 그 도시의 번영을 마법으로 보증한 축성 사제의 이야기를 남겨놓았다. 고대 로마 시대부터 민중의 입을 통해 전해온 것들은 이런 종류의 전통들이었다.

그러나 세월이 흐르면서 축성 사제들은 단순한 마법사로 변질되었다. 고대 축성 사제들의 행동에 담겨 있던 종교적인 측면을 사람들이 더 이상 이해하지 못하게 된 까닭이었다. 나폴리에서 전해 내려오는 베르길리우스의 몇몇 기적 중에도[82] 한 오래된 축성 사제에 대한 기억이 생생히 살아 있었지만, 세월이 흐르면서 그의 이름은 베르길리우스의 이름에 의해 밀려났다.

나폴리를 그린 신비스러운 그림이 그릇 속에 봉해져 있던 것도 다름 아닌 고대의 텔레스마였다. 또 '나폴리의 건설자 베르길리우스'라는 것도 사실은 건설식에 참여한 축성 사제의 변형된 형태였다. 민중은 계속해서 이 같은 일에 풍부한 상상력을 발휘하여, 결국 베르길리우스는 청동의 말, 놀라(Nola) 성문에 있는 머리, 또다른 성문 위에 걸려 있는 청동제 파리, 포실리포 동굴의 창립자가 되었다. 이것들은 모두 운명을 마법으로 묶어놓는 것이었고, 특히 앞의 두 경우는 나폴리의 운명을 통째로 결정짓는 것처럼 보였다.

중세의 로마제국도 이런 혼란스러운 기억을 갖고 있었다. 밀라노의

---

82) Roth의 주요 논문인 "Über den Zauberer Virgilius," in: Pfeiffer, *Germania* IV 참조. [Cf. Comparetti, *Virgil im Mittelalter*(deutsch von H. Dütschke), Leipzig, 1876, 2. verm. Aufl. 1896.] 옛날의 축성 사제 대신 베르길리우스의 이름이 등장한 것은, 로마 제정기에 빈번히 이어진 베르길리우스의 묘지 참배행렬이 민중에게 그런 상상을 하게 했다는 것으로 설명할 수 있을 것이다.

성 암브로조 교회에는 대리석으로 된 고대의 헤라클레스 상이 있었는데, 이것이 그 자리에 있는 동안에는 제국도 영속할 것이라고, 다시 말해 성 암브로조 교회에서 대관식을 올린[83] 신성로마제국 황제들의 제국도 영속할 것이라고 했다.

피렌체 사람들은 (훗날 세례소로 개조된) 마르스 신전이 아우구스투스 황제 치하에서 세워졌을 당시의 별자리에 따라 세상 끝날 때까지 존속하리라고 확신했다.[84] 물론 그들은 기독교도가 된 뒤 신전에 있던 대리석의 마르스 기마상을 떼어버렸다. 그러나 이 상을 파괴하면——역시 별자리 때문에——피렌체에 대재앙이 불어닥칠 것이므로 그것을 아르노 강변의 어느 탑 위에 세워놓았다. 이 기마상은 토틸라가 피렌체를 파괴했을 때 강물에 빠졌다가 카를 대제가 시를 재건하고 나서야 다시 물에서 건져올려진 뒤 이번에는 베키오 다리 입구의 어느 기둥 위로 자리를 잡았다. 그런데 이 자리에서 1215년 본델몬테가 살해당했다. 교황당과 황제당의 싸움이 일어난 것을 사람들은 이런 식으로 이 두려운 우상과 결부시켰다. 기마상은 1333년의 홍수 때 영원히 사라졌다.[85]

이와 똑같은 텔레스마는 다른 곳에서도 볼 수 있다. 앞에서 언급한 구이도 보나토(603쪽)는 포를리의 성벽을 재건할 때 교황당과 황제당 사람의 상징적인 화해의 장면을 요구하는 것으로 만족하지 않았다. 그는 점성술과 마법의 도움을 빌려 청동 또는 석조 기마상을 만들어서 묻어두고는[86] 이것으로써 포를리 시를 파괴와 약탈과 점령에서 보호할

---

83) Uberti, *Dittamondo*, L. III, cap.4.

84) 본문에 나오는 내용은 Giov. Villani, I, 42, 60; II, 1; III, 1; V, 38; XI, 1 참조. 빌라니 자신은 이런 불경스러운 것을 믿지 않았다. 단테의 『신곡』「지옥편」 제13곡, 146 참조.

85) 〔가이거의 주석: 여기에서 얘기하는 피렌체 전설에 대해서는 Davidsohn, *Geschichte von Florenz* I, Anhang, p.122 및 Villari, *I primi due secoli* I, 63 이하 참조.〕

86) 이와 관련된 지역신앙은 *Annal. Foroliviens.*, in: Muratori, XXII, Col. 207, 238에 나와 있으며, Fil. Villani, *Vite*, p.43에는 자세한 설명이 곁들여 전해진다.

수 있다고 믿었다.

그때부터 약 60년 뒤 알보르노스 추기경(172쪽)이 로마냐 지방을 통치했을 때 사람들은 우연히 그 기마상을 발굴하게 되었다. 그리고 추기경의 명령에 따라 그것을 민중에게 보여주면서, 잔혹한 몬테펠트로가 어떤 식으로 로마 교회에 대항했는지를 알게 했다. 그러나 다시 50년 뒤인 1410년, 적에 의한 포를리 습격이 실패로 돌아가자 사람들은 이것을 전에 발굴했다가 다시 묻어둔 그 기마상의 효험으로 생각했다. 하지만 기마상에 기뻐하는 것도 이것이 마지막이었다. 바로 다음해에 정말로 포를리 시가 점령된 것이다.[87a]

15세기가 되어서도 건물의 착공식에서는 여전히 점성술과 마법의 자취가 남아 있었다(603쪽). 한 예로 교황 파울루스 2세가 자기 건축물의 머릿돌 속에 엄청난 양의 금은 메달을 집어넣은 것이 눈길을 끄는데,[88] 플라티나는 이것을 주저없이 이교적인 텔레스마로 이해했다. 교황도 그의 전기 작가도 모두 이러한 봉헌물에 담긴 중세의 종교적 의미를 알지 못했던 것이다.[89]

그러나 대부분이 풍문에 불과했던 이런 공식적인 마법은 개인적인 목적에 이용된 은밀한 마법에 비하면 별로 중요한 것이 아니었다.

그 중 일상에서 자주 이용된 마법은 아리오스토가 무술사를 소재로 해서 쓴 희극 속에 모아져 있다.[90] 작품의 주인공은 에스파냐에서 추방당한 수많은 유대인 중의 한 명이지만, 자신을 그리스인 · 이집트인 · 아프리카인 등으로 내세우며 끊임없이 이름과 얼굴을 바꾸고 다녔다. 그는 귀신을 불러 낮은 어둡게, 밤은 밝게 만들고, 대지를 움직이게 하

87a) Wolfgang Brückner, *Bildnis und Brauch. Studien zur Bildfunktion der Effigies*, Berlin, 1966.

88) Platina, *Vitae Pontiff.*, p.320: "이런 일에서는 페트루스 · 아나클레투스 · 리누스보다도 오히려 옛 사람들에게서 배웠다."

89) 그러나 Sugerius, *De consecratione ecclesiae*(Duchesne, *Scriptores* IV, p.355) 및 *Chron. Petershusanum* I, 13, 16에서는 중세의 의미가 감지된다.

90) 비비에나의 『칼란드라』 참조.

고, 자기 모습을 보이지 않게 하고, 사람을 동물로 둔갑시킬 수 있다고 말했지만, 이 허풍은 선전용 간판에 지나지 않았다.

그의 진짜 목적은 정욕에 빠진 불행한 부부들의 재물을 우려내는 것이었다. 그가 남긴 자취는 달팽이가 내뱉는 거품이나 심각한 우박 피해와 비슷했다. 목적 달성을 위해 그는 연인이 숨어 있는 상자에는 귀신이 가득 붙어 있다거나, 자기가 시체에게 말을 하게 할 수 있다고 사람들이 믿게 만들었다. 시인과 소설가들이 이런 종류의 인간을 웃음거리로 삼아 세간의 동의를 구해보려 했다는 것은 최소한 바람직한 징조였다.

반델로는 한 롬바르디아 수도사의 마법을 초라한 사기술로, 종국에는 끔찍한 결과를 부르는 사기술로 그려냈을 뿐 아니라,[91] 남의 말에 잘 속는 바보들을 끊임없이 따라다니는 재앙도 진정으로 분격해하며 묘사했다.[92]

이런 인간들은 『솔로몬의 열쇠』나 그밖의 여러 마법서를 이용해 땅속 깊이 숨어 있는 보물을 찾고, 연인을 자기 마음대로 움직이고, 군주의 비밀을 탐지하고, 밀라노에서 로마로 순식간에 날아갈 수 있기를 바랐다. 속으면 속을수록 그들은 더 집요하게 매달렸다. …… 카를로 씨, 당신은 우리 친구 중의 한 명이 애인의 사랑을 얻으려고 방을 교회 묘지처럼 해골과 뼈로 채워놓았던 때를 기억하십니까?

그밖에 시체에서 치아 세 개를 뽑아내고 손가락에서 손톱을 잡아빼는 혐오스러운 행위도 주술 의식의 하나였다. 그리고 주문을 외며 마법이 진행되는 동안 불행하게도 참석자가 공포에 질려 죽는 일이 벌어

---

91) Bandello, III, *Nov.* 52.
92) Bandello, III, *Nov.* 29. 이 글에서 마법사는 비밀을 지키겠다고 볼로냐의 성 페트로니오 교회의 본제단에 서서 굳게 맹세하지만, 이때는 하필 교회 안에 아무도 없을 때였다. —*Macaroneide*, Phant. XVIII에도 꽤 많은 종류의 마법이 등장한다.

졌다.

벤베누토 첼리니는 1532년 로마의 콜로세움에서 벌어진 유명한 마법[93]을 보고 죽지는 않았으나 동행한 사람들과 함께 끔찍한 공포를 이겨내야 했다. 그에게서 장차 쓸 만한 조수감을 감지한 시칠리아의 사제는 귀향하면서 그에게, 당신 같은 대담한 사람은 여태껏 본 적이 없다며 찬사를 보냈다. 마법이 진행된 과정에 대해서는 독자들 나름대로 생각해보면 될 것이다.

그러나 가장 중요한 것은 마취성이 있는 증기와 어떤 끔찍한 일에도 처음부터 대비하고 있는 상상력이었을 것이다. 때문에 상상력이 가장 활발하게 작용하는, 그곳에 같이 온 소년이 다른 사람들보다 훨씬 많은 것을 목격했다. 하지만 이 마법은 주로 첼리니를 겨냥한 것이었다고 추측된다. 이토록 위험한 마법을 시작하면서 호기심 이외의 다른 목적을 찾아볼 수 없기 때문이다.

첼리니는 먼저 아름다운 안젤리카를 생각해야 했다. 나중에 마법사는 그에게, 연애는 보물을 찾는 것에 비하면 허망한 바보짓이라고 말했다. 마지막으로, 첼리니가 "악령들은 내게 한 약속을 지켰다. 예고한 대로 안젤리카가 정확히 한 달 뒤에 내 수중에 들어왔다"(제68장)고 말하면서 마법사의 허영심을 부추겼다는 것도 잊으면 안 된다. 만약 그가 여기에 거짓을 섞어넣어서 말했다고 해도 이 이야기는 당시에 만연한 견해들을 보여주는 사례로서 중요한 가치를 지닌다.

그밖에도 이탈리아 예술가들은 아무리 "괴팍하고 변덕스럽고 기이한" 사람이라도 마법에는 쉽게 관여하지 않았다. 어떤 사람은 해부학을 공부하다가 시체의 피부를 벗겨 그것으로 상의를 만들었으나 고해 신부의 권유로 다시 무덤에 넣었다.[94] 바로 이 시체에 대한 빈번한 연구

---

93) Benv. Cellini, I, cap.64.
94) Vasari, B. IV, p.483, *Vita di Andrea da Fiesole*. 이 사람은 실비오 코시니인데, 이밖에도 "주문이나 그밖의 몽매한 행동"에 열심이었다.

가 그 각 부위에 주술적 효력이 있다는 생각을 가장 철저히 부숴버렸는지 모른다. 그와 동시에 끊임없는 인체 관찰과 형상의 제작은 예술가들에게 전혀 다른 마법의 가능성을 열어놓았다.

앞에서 인용한 사례에도 불구하고 마법은 대체로 16세기 초가 되면서 눈에 띄게 줄어들었다. 이탈리아 밖에서는 바로 이때가 본격적으로 마법이 꽃핀 시기였다. 따라서 고국에서 더 이상 큰 신뢰를 얻지 못하게 된 이탈리아 마법사와 점성가들이 이 즈음에 북유럽을 순회하기 시작한 것으로 보인다.

14세기에는 마법사들의 마법서 봉납을 막기 위해 스카리오토 부근의 필라투스 산정에서 그 아래의 호수를 철저히 감시할 필요가 있다고 느꼈다. 파치오 델리 우베르티[95]는 앙코나 변경에서 유다의 출생지라고 알려진 스카리오토를 방문하면서 이렇게 말했다. "여기에서 필라투스 산과 호수를 보지 않고 지나칠 수 없다. 이곳에서는 여름 내내 정규 보초병들이 교대로 망을 보고 있다. 이 고장 사람들의 말에 따르면, 마법을 아는 자들이 마법서를 봉납하려고 이곳에 올라오면 큰 폭풍우가 일어난다고 한다."

앞에서도 언급했듯이(620쪽) 마법서 봉납은 주문을 외는 본래의 마법과 구별되는 색다른 의식이었다. 15세기에는 포위군을 쫓아버리기 위해 큰비를 내려달라고 공물을 바치는 의식도 있었다. 그러나 당시에 포위당하고 있던 치타 디 카스텔로 시의 사령관인 니콜로 비텔리는 기우제를 지내려는 마법사를 사악한 인간이라며 쫓아버리는 분별을 보였다.[96] 16세기에는 사생활에서는 여전히 마법사들에게 의존했어도, 위와 같은 공식적인 마법은 더 이상 활개치지 못했다. 독일 마법의 고전적 인물인 요한 파우스트 박사도 이 시기의 사람이었다. 반면 이탈리아

---

95) *Dittamondo* III, c. 1.
96) *De obsidione Tiphernatium 1474*, in: *Rerum ital. scriptt. ex florent. codicibus*, Tom. II.

마법의 대표자인 구이도 보나토는 이미 13세기에 속하는 인물이다.

여기에서도 덧붙여 얘기할 것이 있다. 마법신앙이 쇠퇴했다고 해서 그것이 반드시 인간생활의 도덕적 질서에 대한 믿음의 증가로 바뀌지는 않았으며, 오히려 쇠퇴하던 점성신앙의 경우처럼 많은 사람들에게 막연한 숙명론만 남겼다는 점이다.

미신의 일종인 불점[火占]과 수상술(手相術)[97]은 마법신앙과 점성술이 쇠퇴하면서 어느 정도 세력을 얻기 시작했지만, 이에 관한 얘기는 여기에서 생략하겠다. 또 당시에 부상하고 있던 관상술도 우리가 이 이름을 거명하며 예상하는 것만큼의 흥미는 끌지 못한다. 관상술은 조형미술과 실용심리학의 자매나 동지로 나타난 것이 아니라, 아라비아 사람들의 경우처럼 오히려 새로운 종류의 숙명론적 미신으로, 즉 점성술의 엄연한 경쟁자로 등장했다.

자칭 관상술사[98]로서 관상학 교본을 저술했고, 조비오의 표현에 따르면 가장 빼어난 학예의 하나처럼 보이는 학문을 완성한 바르톨로메오 코클레는 매일같이 그에게 조언을 구하는 총명한 사람들에게 예언을 해주는 것으로 만족하지 않고, '이런저런 커다란 생명의 위험이 닥친 사람들의 명단'이라는 아주 우려할 만한 글까지 지었다. 조비오는 개화된 로마의 광명 속에서 나이가 들었으면서도 이 책 속에 담긴 예언들이 지극히 사실에 가깝다고 생각했다.[99]

물론 우리는 이런 예언 또는 그와 비슷한 예언에서 거명된 사람들이 그 예언자에게 어떤 복수를 했는지도 전해듣고 있다. 조반니 벤티볼리오는 자신의 실각을 예언한 루카스 가우리쿠스[100]를 높은 나선형 계단

---

97) 1520년경 병사들 사이에서 널리 확산된 이 미신을 리메르노 피토코는 『오를란디노』의 5장 60행에서 비웃고 있다.

98) Paul. Jov., *Elog. lit.*, *sub voce Cocles*. 〔가이거의 주석: Barthol. Coclitis, *Chiromantiae et physiognomiae anaphrasis*, Bologna, 1523. 가장 중요한 문헌으로는 H. Cardanus, *Metoposcopia*, lib. 13이 있다.〕

99) 이런 조비오를 보면 그가 열광적인 초상화 수집가였음이 분명히 느껴진다.

에서 늘어뜨린 밧줄에 매달고 다섯 번씩 앞뒤로 흔들며 벽에 부딪히게
했다. 에르메스 벤티볼리오는 자객을 보내 코클레를 죽였다. 이 불행한
관상술사가—마지못해서 한 것이지만—에르메스에게 추방자가 되어
전사할 것이라고 예언했기 때문이었다. 자객은 죽어가는 코클레를 앞
에 두고 말하기를, 내가 머지않아 오욕적인 살인을 저지를 것이라고 당
신이 내게 직접 예언하지 않았느냐며 조롱했다.

마찬가지로, 수상술을 부흥시킨 체세나의 안티오코 티베르토[101]도
리미니의 군주 판돌포 말라테스타에게 전제군주로서는 가장 불쾌한 추
방과 극도의 빈곤 속에서 죽는다고 예언하여 그의 손에 의해 비참한 종
말을 맞았다. 티베르토는 수상술보다는 인간에 대한 예리한 통찰로 점
을 본다고 믿어진 재기 넘친 인물이었으며, 수준 높은 교양 덕분에 그
의 예언을 업신여긴 학자들에게서도 존경을 받았다.[102]

마지막으로, 고대 말기인 디오클레티아누스 황제 때 처음 언급된 연
금술은 르네상스 전성기에는 종속적인 역할밖에 하지 못했다.[103] 이탈
리아는 이 질병도 일찌감치 겪어냈다. 연금술은 널리 퍼져 있는 풍습이
라고 페트라르카가 자신의 논박서에서 인정했던 14세기가 그 성기였
다.[104] 그뒤로 이탈리아에서는 연금술을 실행할 때 요구되는 특별한 종

---

100) 가우리쿠스는 관상술을 몰랐기 때문에 이 예언은 별점에서 나왔다. 하지만 그
    는 자신의 운명만큼은 코클레의 예언에 의지했다. 가우리쿠스의 아버지가 아들
    의 출생시 별자리를 기록해놓지 않은 까닭이었다. 〔가이거의 주석: 가우리쿠스
    가 실제로 당한 형벌은 본문에 나온 것처럼 그리 가혹하지 않았다. Cf. Ronchini,
    Atti e memorie, Napoli, VII. 그밖에 1892년에 나온 가보토의 전문서와 1895
    년에 씌어진 페르코포의 저술 참조.〕
101) Paul. Jov., Ibid., p.100 이하 s. v. Tibertus.
102) 미신의 일종인 이런 점복술에 관해서는 Corn. Agrippa, *De occulta
    philosophia*, cap.52, 57이 가장 핵심적인 정보를 준다.
103) Libri, *Hist. des sciences math.*, II, p.122. 〈Cf. *La corte il mare i
    mercanti. La rinascita' della Scienza. Editoria e Societa'. Astrologia,
    magia e alchimia*, in: *Firenze e la Toscana dei Medici nell' Europa del
    Cinquecento'*, pp.313~429, Firenze, 1980.〉

류의 믿음이나 헌신이나 은둔생활 같은 것이 점점 줄어들었다. 반면 북유럽에 살고 있던 이탈리아 및 다른 나라 출신의 연금술사들은 본격적으로 대귀족들을 착취하기 시작했다.[105]

교황 레오 10세 때는 여전히 연금술에 관여하고 있던 소수의 사람들[106]이 이탈리아인들 사이에서 '호기심 많은 사람들'이라고 불렸다. 아우렐리오 아우구렐리는 금을 경멸해 마지않던 레오 10세에게 연금술을 노래한 교훈시를 바쳤으나, 그가 답례로 받은 것은 겉만 화려할 뿐 속은 빈 돈지갑이었다고 한다. 금 외에도 만인을 행복하게 한다는 현자의 돌을 찾아다닌 연금술사들의 비교(秘敎)는 훗날 파라켈수스 등의 이론에서 꽃핀 북유럽의 산물이다.

---

104) "나는 새로운 것을 얘기하는 것이 아니다. 이 풍습은 일반적인 현상이다"(*Remed. utriusque fortunae*, p.93). 이 대목은 이 책 중에서도 아주 생동감이 넘치는 부분이며 분노로 쐬어졌다.

105) Trithem., *Ann. Hirsaug.* II, p.286 이하에 있는 중요 대목 참조.

106) Paul. Jov., *Elog. lit.*, p.150의 폼포니우스 가우리쿠스 항목에는, "실제로 이런 사람들이 없지 않다"고 적혀 있다. 같은 책, 130쪽의 Aurel. Augurellus 항목 참조. —*Macaroneide*, Phant., XII.

5 신앙 전반의 동요

영혼 불멸에 대한 믿음이 흔들린 것은 이런 미신을 비롯한 고대의 전반적인 사고방식과 깊은 관련이 있다. 그러나 이 문제는 전체적으로 근대 정신의 발달과 더 넓고 깊게 연관되어 있다.

영혼의 불멸성에 회의를 품게 된 커다란 원인은, 당시 증오의 대상이던 교회에 대해서는 더 이상 내면의 빚을 지지 않겠다는 바람에 있었다. 교회가 이런 사고의 소유자들을 에피쿠로스주의자라고 불렀던 것(587쪽)을 우리는 알고 있다. 어떤 이들은 죽음의 순간에 다시 성사를 청했을 수도 있지만, 대다수 사람들은 평생 동안, 특히 그들이 가장 왕성하게 활동했던 시기에는 이런 전제 아래 생활하고 행동했다. 그런 가운데 많은 이들이 보편적인 무신앙에 물들 수밖에 없었던 것은 너무나 분명하며 역사적으로도 입증된 사실이다. 이들은 "지붕 너머의 것은 믿지 않는다" [1]는 말로 아리오스토의 글에 묘사된 사람들이다.

이탈리아, 특히 피렌체에서는 교회에 대해 직접적인 적대행위만 하지 않으면 무신앙자로 이름이 알려져도 살아갈 수가 있었다.[2] 일례로

---

1) Ariosto, Sonetto 34: ……non creder sopra il tetto. 아리오스토는 소유권을 다투는 문제에서 자신에게 불리한 판결을 내린 어떤 관리를 두고 이런 악의적인 말을 했다.
2) [가이거의 주석: 여기에서 다시 게미스투스 플레톤을 언급하지 않을 수 없다. 기

한 정치범에게 죽음을 준비시켜야 했던 고해 신부는 먼저 그가 신앙인인지 아닌지를 묻고 있는데, "그가 신앙을 갖고 있지 않다는 헛소문이 돌았기 때문이었다."[3]

여기서 우리가 얘기하고 있는 불쌍한 죄인은 앞에서도 언급한(124쪽) 피에트로 파올로 보스콜리이다. 1513년, 이제 막 재건된 메디치 가에 대한 암살음모에 가담한 그는 이 사건과 관련해 당시의 종교적 혼란을 비춰주는 거울이 되었다. 보스콜리는 원래 사보나롤라당에 속해 있었으나, 곧 자유를 추구하는 고대의 이상과 여러 이교에 심취했다. 그러나 감옥에 있는 동안 사보나롤라 일파가 다시 그의 마음을 돌려놓았고 그들이 의미하는 복된 죽음을 맞게 했다. 이 과정을 경건한 마음으로 지켜보고 기록으로 남긴 사람은 델라 로비아라는 예술가 가문의 일원이자 박식한 고전학자였던 루카였다.

보스콜리가 탄식했다. "아, 내가 기독교도의 길을 갈 수 있도록 내 머릿속에서 브루투스를 몰아내주시오!" 루카가 대답했다. "당신만 원한다면 어려운 일도 아니지요. 당신도 알 것이오. 저 로마인의 행적이 있는 그대로 우리에게 전해지지 않고 이상화되어 전해졌다는 것을." 보스콜리는 이성에 명하여 억지로 믿음을 가지려 하였으나 마음대로 되지 않는다고 한탄했다. 만일 그가 한 달만이라도 경건한 수도사와 함께 생활했더라면 종교적인 심성을 가졌을 것이다.

그밖에 사보나롤라의 추종자들이 성서에 대해 별로 아는 것이 없다는 사실이 드러났다. 주기도문과 성모에게 드리는 기도밖에 몰랐던 보스콜리는, 자기 친구들에게 성서를 공부하라는 말을 전해달라고 루카에게 신신당부했다. 인간은 죽을 때 생전에 배운 것만 지닐 수 있기 때

독교를 무시한 그의 태도는 당시 이탈리아 사람들, 특히 피렌체 사람들에게 큰 영향을 미쳤다.〕

3) "Narrazione del caso del Boscoli"(「보스콜리 사건」), in: *Arch. stor.* I, p.273 이하. ―이때의 상투적인 질문은 "신앙을 갖고 있지 않는가"였다. Cf. Vasari, B. IV, p.133, *Vita di Piero di Cosimo*.

문이라는 것이다. 이에 루카는 그에게 요한 복음에 나오는 그리스도의 수난사를 읽으며 설명해주었다. 그런데 신기한 것은, 가련한 보스콜리에게 그리스도의 신성은 이해하기가 쉬웠지만 그리스도의 인간성을 이해하기는 힘들었다는 점이다. 보스콜리는 "마치 그리스도가 숲에서 나와 자신에게 다가오듯이" 그의 인간성을 뚜렷이 알고 싶었다. 그러자 루카는, 이는 악마가 가져다 주는 의심에 지나지 않으니 겸손하라고 타일렀다.

얼마 후 보스콜리는 임프루네타로 순례를 떠나겠다던 젊은 시절의 맹세를 지키지 않은 일이 떠올랐다. 루카는 자기가 그 일을 대신하겠다고 약속했다. 그러는 사이 보스콜리가 청한 대로 사보나롤라의 수도원 소속 수도사인 고해 신부가 왔다. 그는 먼저 앞에서 언급했던, 참주 살해에 관한 토마스 아퀴나스의 견해를 설명한 뒤 굳세게 죽음을 맞으라고 권했다. 보스콜리가 대답했다. "신부님, 이 일로 시간을 낭비하지 마십시오. 이미 많은 철학자들이 가르쳐줘서 알고 있습니다. 그저 내가 그리스도에 대한 사랑으로 죽음을 견딜 수 있게 도와주십시오."

그후 이어진 성사와 이별 의식과 처형 장면은 매우 감동적으로 묘사되어 있지만, 그 가운데 특히 주목해야 할 것은 보스콜리가 머리를 처형대 위에 놓으며 형리에게 잠시 기다려달라고 청한 대목이다. "그는 사형선고가 내려진 후 줄곧 하느님과의 합일을 위해 노력해왔으나 바라던 대로 이루지는 못했다. 이제 그는 이 순간 전력을 다해 자신을 온전히 하느님께 맡기려 하고 있었다." 보스콜리를 불안하게 만든 것은 그가 반절만 이해했던 사보나롤라의 말이었던 것이 틀림없다.

이런 참회의 기록들이 더 많이 남아 있다면 우리는 그 시기의 정신상에 대해 그 어떤 논문이나 시에서도 얻을 수 없는 중요한 특징들을 풍부하게 전해들을 수 있었을 것이다. 그랬다면 당시 사람들이 얼마나 강한 종교적 성향을 타고났는지, 종교에 대한 각 개인의 관계가 얼마나 주관적이고 동요하기 쉬웠는지, 그리고 얼마나 강력한 적들이 종교에 맞서고 있었는지를 더 뚜렷이 알게 되었을 것이다. 이 같은 심성의 소유자들이 새로운 교회를 만들 수 없다는 것은 분명하다. 하지만 서구의 정신사는, 사상적인 면에 관여하지 않은 다른 민족은 살펴보지 않아도 괜찮겠지만, 이 이탈리아인의 동요기를 고찰하지 않으면 불완전한 모습으로 남게 될 것이다. 다시 영혼의 불멸성 문제로 돌아가자.

영혼 불멸에 대한 불신이 교양인들 사이에서 그토록 대단한 힘을 얻은 이유는 세계를 발견하고 그것을 말과 형상으로 재생하려는 현세의 큰 과제가 그들의 혼신의 힘을 빼앗았기 때문이다. 이 르네상스의 필연적인 세속성에 대해서는 앞에서(583쪽) 언급한 바 있다. 더 나아가 이런 연구와 예술에서는 동일한 필연성으로 일반적인 회의의 정신과 의문의 정신이 일어났다. 이 회의의 정신이 문헌에 별로 나타나 있지 않다고 해서, 가령 성서와 관련해서도(594쪽) 초창기의 산발적인 비판만 있다고 해서 그것이 존재하지 않았다고 생각해서는 안 된다.

회의의 정신은 방금 말했듯이 모든 분야에서 분출된 표현과 형상화의 욕구, 다시 말해 적극적인 예술 충동에 가려 보이지 않았을 뿐이다. 게다가 그것을 이론화하려고 할 때면 현존하는 교회의 강제력이 가로막고 나섰다. 이 회의의 정신은 불가피하게 주로 사후 문제에 몰두하였고, 그렇게 된 이유는 너무도 자명하여 굳이 설명할 필요가 없을 것이다.

여기에 더하여 고대가 가세하면서 두 가지 방식으로 이 문제 전반에 영향을 미쳤다. 첫째로, 사람들은 고대의 심리학을 배우고자 했으며, 아리스토텔레스의 자구에 매달려 거기에서 최종적인 해답을 얻으려고 했다. 당시에 씌어진 루키아노스풍의 한 대화[4]에서 카론*은 메르쿠리우스에게, 자신이 아리스토텔레스를 나룻배에 태워 건네주면서 영혼의 불멸성에 관해 질문했던 이야기를 들려준다. 이 신중한 철학자는 그러

---

4) Jovian. Pontan., *Charon*, Opp.II, pp.1128~1195.

* Charon. 그리스 신화에서 죽은 자를 태우고 저승의 강을 건네주는 뱃사공. 배에 탄 자에게 뱃삯을 요구한다고 하여, 그리스에서는 죽은 이의 입에 동전을 물려 매장하는 풍습이 있었다.

나 몸은 죽었어도 여전히 살아 있건만 이때도 명확한 답변은 주려고 하지 않았다. 그러니 수백년이 흐른 지금 어찌 그의 글을 이해할 수 있겠느냐고 그는 말한다.

하지만 그러면 그럴수록 사람들은 영혼의 참된 모습과 그 근원과 선존재(先存在)에 대해, 모든 인간에게 똑같은 영혼의 단일성과 영혼의 절대적인 영원성과 영혼의 윤회에 대해, 아리스토텔레스를 비롯한 고대 저술가들의 견해를 놓고 논쟁을 벌였으며 이것을 설교단 위에서 논한 사람도 있었다.[5] 이 논쟁은 대체로 15세기에 맹렬히 불붙었다. 어떤 이들은 아리스토텔레스가 영혼의 불멸을 가르쳤다는 것을 증명했고,[6] 어떤 이들은 영혼이 의자에 앉아 있는 것을 직접 봐야만 그 존재를 믿겠다는 사람들의 냉혹함을 탄식했다.[7]

필렐포는 프란체스코 스포르차를 위한 조사에서 고대뿐 아니라 아라비아 철학자들의 견해까지 이것저것 늘어놓으며 영혼 불멸을 옹호한 뒤, 인쇄본으로 치면 2절판으로 한 쪽 반이나 되는 그 잡문을 다음 두 줄의 말로 끝맺었다.[8] "뿐만 아니라 우리에게는 모든 진리를 능가하는 구약과 신약의 성서가 있습니다." 여기에 피렌체의 플라톤 학자들은 플라톤의 영혼설을 가지고 끼어들었으며, 피코와 같은 사람은 플라톤의 영혼설을 기독교의 교리로 보완했다.[9a]

그러나 지식층을 사로잡은 것은 반대론자들의 견해였다. 이로 인해 16세기 초 교회의 분노가 거세지자, 교황 레오 10세는 라테란 종교회의(1513년)에서 헌장을 공포하여 영혼의 불멸성과 개별성론을 보호하지

---

5) *Faustini Terdocei triumphus stultitiae*, L. II.
6) 일례로 1460년경 Borbone Morosini가 그러했다. Cf. Sansovino, *Venezia*, L. XIII, p.243.
7) Vespas. Fiorent., p.260.
8) *Orationes Philelphi*, p.18.
9a) Cf. Ernst Cassirer, *Individuum und Kosmos in der Philosophie der Renaissance*(Stud. d. Bibl. Warburg, 10), Leipzig/Berlin, 1927(Nachdruck Darmstadt, 1963).

않으면 안 되었다.[10] 특히 영혼의 개별성론은, 모든 이에게 있어 영혼은 단일하다고 주장하는 사람들에게 대항한 것이었다. 그러나 몇 년 뒤 폼포나초의 책이 나와 영혼 불멸을 철학적으로 증명하는 것은 불가능하다고 설파함으로써, 논쟁은 반박서와 변명서로 이어지며 계속되다가 가톨릭의 반동에 접하고서야 침묵하게 되었다.

영혼은 신 안에 이미 존재한다는, 어느 정도 플라톤의 이데아론에 의거한 선존재론은 오래 전부터 널리 유포되어 있던 개념이었으며 특히 시인들에게는 요긴한 개념이었다.[11] 그러나 사후 영혼의 존속방식과 관련해 여기에서 어떤 결론이 나오게 될지에 대해서 사람들은 자세히 생각해보지 않았다.

고대가 준 두번째 영향은 키케로의 『국가론』 제6권에서 「스키피오의 꿈」이라는 제목으로 알려진 주목할 만한 단편(斷片)으로부터 왔다. 마크로비우스의 주석이 없었다면 이 글은 『국가론』의 후반부와 함께 사라졌을지도 모른다. 그러나 수많은 필사본을 통해 전해내려온 이 글[12]은 활자가 발명된 후에는 인쇄본으로 유포되면서 여러 차례 새로운 주석이 첨가되었다.

이 글은 위인들이 살고 있는 내세, 천체의 조화로운 음이 울려퍼지고 밝은 빛이 비추는 내세를 묘사한 글이다. 다른 고대인들의 글에도 등장하는 이 이교적인 천국은, 역사의 위대함과 명예라는 이상이 기독교적 삶의 이상을 빛 바래게 한 것과 발맞추어 차츰 기독교의 천국을 대신하게 되었다. 그렇다고 사람들은 이것 때문에 사후에 개체가 완전히 사라진다는 주장을 접했을 때처럼 종교심에 상처를 입지는 않았다.

---

10) *Septimo Decretal*, Lib. V, Tit. III, cap.8.

11) Ariosto, *Orlando*, canto VII, Str. 61. —『오를란디노』 4장, 67, 68행(이 책 제4부 405쪽 참조)에서는 조롱의 대상이 되었다. —나폴리의 폰타노 학술원 회원인 카리테오는 영혼의 선존재설을 이용하여 아라곤 가의 사명을 미화하였다. Roscoe, *Leo X.*, ed. Bossi, II, p.288.

12) Orelli, *Ad Cic. de republ.*, L. VI. —Cf. Lucan, *Pharsal.* IX, 서두.

페트라르카는 주로 「스키피오의 꿈」과 키케로의 다른 저술에 나온 견해와 플라톤의 『파이돈』에 자신의 사후 희망을 걸었으며 성서는 언급하지 않았다.[13] 다른 글에서 그는, "내가 가톨릭 교도라고 해서 왜 이교도들에게서 볼 수 있는 희망을 품으면 안 되는가?" 하고 묻는다. 얼마 후 콜루초 살루타티는 (아직도 필사본으로 남아 있는) 『헤라클레스의 과제』 종반부에서, 이승에서 커다란 노고를 견뎌낸 역동적인 인간은 마땅히 별에 있는 거처를 차지해야 한다고 역설했다.[14]

단테는 위대한 이교도들의 천국행을 기꺼이 빌면서도 그들이 지옥 입구의 림보에서 벗어나지 못하는 모습을 그려냈지만,[15] 이후의 시문학은 새로운 자유주의적 내세관에 적극적으로 손을 뻗었다. 베르나르도 풀치가 노 코시모의 죽음에 부쳐 지은 시를 보면, 코시모는 천국에서 '조국의 아버지'로도 불리는 키케로, 파비우스 일가, 쿠리우스, 파브리키우스 등 많은 이들에게 영접받고 있으며 그들과 함께 흠 없는 영혼들만 노래하는 합창대에 들어가 있다.[16]

그러나 고대 작가들 중에는 별로 유쾌하지 못한 내세의 모습을 그려낸 이들도 있었다. 호메로스가 그린 명부세계, 사후의 상황을 즐겁고 인간적으로 묘사하지 않은 시인들의 명부세계가 그러했다. 그리고 이것도 역시 몇몇 사람에게 영향을 주었다. 조비아노 폰타노는 어느 글[17]에서인가 자신이 새벽에 반쯤 잠이 깬 상태에서 보았던 환영을 산나차

---

13) Petrarca, *Epp. fam.* IV, 3. IV, 6. Fracass(ital.) I, 498 이하, 510 이하.
14) Fil. Villani, *Vite*, p.15. 선행 찬미와 이교가 만나는 이 독특한 대목은 다음과 같다. "이 강인한 인간들은 지상에서 엄청난 고난을 이겨냈기 때문에 당연히 별 속의 거처가 그들에게 주어져야 한다."
15) 『신곡』 「지옥편」 제4곡, 24 이하. ―그밖에 「연옥편」 제7곡, 28; 제22곡, 100 참조.
16) 이 이교적인 천국은 니콜로 델라르카라는 도예가의 묘비명에서도 발견된다.

지금은 프락시텔레스, 피디아스, 폴리클레투스도 그대를 존경합니다.
오, 니콜로, 당신의 손을 숭배합니다.
(Bursellis, *Ann. Bonon.*, in: Muratori, XXIII, Col. 912.)
17) 그의 만년의 저술인 『악티우스』.

로의 입을 빌려 이야기한다.

산나차로에게 죽은 친구가 나타났다. 그 옛날 영혼 불멸에 대해 가끔 대화를 나눈 적이 있는 페란두스 야누아리우스라는 친구였다. 산나차로는 그에게, 지옥의 형벌이 끔찍하고 영원히 계속된다는 것이 사실이냐고 물었다. 친구의 혼령은 잠시 침묵한 뒤, 아킬레우스가 오디세우스의 질문에 답할 때와 같은 의미의 대답을 주었다. "내가 자신있게 해줄 수 있는 말은 이것뿐일세. 육신의 삶에서 벗어나 있는 우리가 가장 간절히 바라는 것은 다시 그곳으로 돌아가는 일이라고." 혼령은 인사를 한 뒤 사라졌다.

사후에 대한 이 같은 견해들이 일부는 기독교의 핵심교리가 와해된 후 일어났고, 일부는 그 와해를 유발시켰다는 것은 분명한 사실이다. 따라서 죄악과 구원이라는 개념도 모조리 사라질 수밖에 없었을 것이다. 우리는 앞에서 얘기한(554쪽 이하, 576쪽 이하) 참회설교사들의 영향력과 참회 열풍에 현혹되어서는 안 된다. 일반인은 물론이고 개성이 발달한 계층까지 참회의 물결에 참여했다고 하더라도, 그 핵심은 오로지 감동받고 싶은 욕구와 격정의 발산과 국가의 불행에 대한 공포와 하늘을 향해 구원을 요청하는 절규가 나타난 것이었다.

양심이 깨어났다고 해서 반드시 죄악감이나 구원을 향한 욕구가 뒤따르는 것은 아니며, 참회가 아주 절절해 보인다고 해서 그것이 반드시 기독교에서 말하는 속죄를 증명하는 것도 아니다. 힘차게 발전한 르네상스 시기의 인물들이 '아무것도 후회하지 않는 것'[18]을 자기들의 원칙으로 얘기하고 있지만, 그것은 도덕과 무관한 사안, 즉 현명하지 못하고 합리적이지 못한 행동과 관련된 말이었다.

그러나 후회를 경멸하는 태도는 자연히 도덕적인 면에까지 확대될 것이다. 왜냐하면 그런 태도의 근원에는 개인 능력에 대한 자신감이라

---

18) Cardanus, *De propria vita*, cap.13: "내가 기꺼이 행한 일이라면 잘 되지 않아도 후회하지 않는 것, 이것이 없었다면 나는 불행한 인간이었을 것이다."

는 일반적인 감정이 자리잡고 있기 때문이다. 따라서 끊임없이 내세의 고원한 세계를 바라보는 소극적이고 정관적인 기독교는 더 이상 이런 사람들을 지배할 수 없었다. 마키아벨리는 여기에서 더 나아가, 기독교가 국가는 물론이고 국가의 자유를 수호하는 데도 도움이 되지 않는다고 결론내렸다.[19]

그렇다면, 이 모든 것에도 불구하고 사려 깊은 사람들의 굳건한 종교심은 어떤 모습이었을까? 그것은 사람에 따라 유신론일 수도 있고 이신론(理神論)일 수도 있었다. 이신론은, 기독교 교리는 내던졌으나 그것을 대신해서 종교심을 투사할 다른 대리물을 찾지 않는, 또는 찾지 못한 사고방식에 합당한 이름일 것이다. 반면 유신론은, 신적인 존재에게 고귀하고 절대적인 믿음을 바치는, 중세에는 볼 수 없었던 신앙에서 발견된다. 이 신앙은 기독교를 배제하지 않는다. 오히려 언제라도 죄악과 구원과 영혼의 불멸성 같은 기독교 교리와 화합할 수 있다. 하지만 유신론은 기독교가 없더라도 사람들 마음속에 존재할 수 있다.

유신론은 때로 어린애와 같은 소박함으로, 나아가서는 이교에 가까운 색채를 띠고 나타난다. 이 신앙에서 신은 인간의 소원을 들어주는 전능한 존재이다. 레온 바티스타 알베르티[20]는 자신의 결혼식이 끝난 뒤 아내와 함께 집안에 들어앉아 성모상이 있는 가내 제단 앞에 무릎꿇고 기도를 올린 얘기를 들려준다. 그들은 이때 마리아가 아니라 신께 기도를 드렸다. 그들은 재물을 올바로 사용하게 하고, 오랫동안 기쁨과 화합 속에서 함께 살게 하고, 아들을 많이 낳게 해달라고 빌었다. "나 자신을 위해서는 부와 우정과 명예를 달라고 기도했고, 아내를 위해서는 방정한 품행과 순결을 빌었으며 훌륭한 주부가 되게 해달라고 간구했다." 게다가 여기에 고대풍의 표현까지 들어가게 되면 종종 이교적인

---

19) *Discorsi*, L. II, cap.2.
20) *Del governo della famiglia*, p.114.

신앙과 유신론적인 신념을 구분하기가 어려워진다.[21]

이러한 정서는 불행에 처했을 때도 아주 진솔하게 표현되었다. 피렌추올라가 만년에 수년간 열병으로 누워 있을 때 하느님을 향해 올린 호소문 몇 개가 전해오는데, 여기에서 그는 자기가 독실한 기독교도라고 힘주어 주장하면서도 철저한 유신론적인 의식을 드러내고 있다.[22] 그는 자신의 고통이 죄의 대가나 시험이나 또다른 세상에 대한 준비라고 생각하지 않았다. 그것은 자신과 하느님 사이의 일일 뿐이며, 하느님은 인간과 인간의 절망 사이에 강한 삶의 애착을 심어놓았다고 보았다. "저는 저주합니다. 그러나 제가 저주하는 것은 자연입니다. 당신의 위대함 때문에 당신의 이름을 부를 수가 없기 때문입니다. …… 제게 죽음을 내려주소서, 주여, 간청하오니 지금 죽음을 내려주소서."

이런 발언이나 그 비슷한 발언에서 의식적이고 성숙한 유신론의 증거를 찾는 것은 헛된 일이다. 발언의 몇몇 당사자들은 여전히 자기들이 기독교도라고 믿었고 이런저런 이유 때문에 기성 교회의 교리를 존중했다. 그러나 종교개혁기에 이르러 종교적 신념을 명확히 하지 않을 수

---

21) 그 한 예로 *Coryciana*(이 책 344쪽의 주 24 참조)에 나온 안토니오 플라미니오의 짧막한 송시를 인용한다.

코리키우스가 이렇게 아름다운 조각상과
이렇게 화려한 예배당을 바친 신들이여,
만일 경건한 이들의 감사하는 마음이
조금이라도 당신들의 영혼을 움직인다면,
당신들은 우아한 노년의 웃음과 즐거움을
지켜주시고 오랫동안 보살펴주십시오.
노년을 주시고 팔레르노의 포도주로
언제나 젊고 생기 있게 해주십시오.
그러나 오랜 세월이 다 차서
이 땅을 떠날 때는, 신들의 향연에
즐겁게 참석하게 해주십시오,
포도주를 더 나은 넥타로 바꾸시어.

22) Firenzuola, *Opere*, vol. IV, p.147 이하.

없게 되자, 사람들은 이 사고방식을 좀더 뚜렷하게 의식하게 되었다. 꽤 많은 이탈리아의 신교도들이 반삼위일체론자로 드러났고, 소키누스 종파* 사람들은 먼 이국 땅에서 망명자로 살면서도 자기들 나름의 교회를 세우려는 괄목할 만한 시도도 보였다. 지금까지의 얘기를 종합한다면, 신앙이라는 배에는 인문주의의 합리주의 외에 또다른 정신의 바람이 불어닥쳤음을 알 수 있다.

유신론적인 사고방식의 중심은 피렌체의 플라톤 학술원, 그 중에서도 특히 로렌초 마니피코에게서 찾아야 할 것이다. 그러나 이 플라톤 학자들의 이론서와 서간문들은 그들 본질의 절반밖에는 보여주지 못한다. 사실 로렌초는 청년기부터 삶의 마지막 순간까지 기독교 교리를 신봉했고,[23] 피코는 사보나롤라의 영향을 받아 수도사들의 금욕적인 성향에 빠졌다.[24] 그러나 이 학파 정신의 최고 결정체라고 부르고 싶은 로렌초의 찬가[25]에서는 유신론이 가차없이 드러나 있으며, 그것도 이

---

* 이탈리아의 신학자이자 종교개혁가인 라엘리우스 소키누스(Laelius Socinus, 1525~62)와 파우스투스 소키누스(Faustus Socinus, 1537~1604)가 일으킨 반삼위일체운동의 신봉자들을 가리킨다. 이들은 기독교의 삼위일체설과 하느님이 그리스도를 통해 육화했다는 것과 성사의 교리를 부정하는 한편, 하느님은 단일한 실체라고 강조했다. 그리스도의 인성만 주장하고 성령도 단지 신의 속성이라고 강조한 이들은 16세기 중엽 폴란드에서 반삼위일체운동을 일으켜 독자적인 교회를 세웠으나 가톨릭 종교개혁기에 심한 박해를 받고 추방당했다. 그뒤 유럽 각지로 이주한 소키누스파는 다른 유일교도들과 연합하여 영국에서 유니테리언주의가 일어나는 데 많은 기여를 했다. 소키누스파의 합리주의적이고 비판적인 이론은 계몽주의 사상을 한 시대 앞서 구현하였고 이후 뉴턴과 로크·스피노자·라이프니츠 등의 저작에도 영향을 미쳤다.

23) Nic. Valori, *Vita di Lorenzo*의 여러 대목. ─ 로렌초가 아들 조반니 추기경에게 준 아름다운 교훈은 Fabroni, *Laurentius*, Adnot. 178과 Roscoe, *Leben des Lorenzo*의 부록에 있다.

24) *Jo. Pici Vita*, auct. Jo. Franc. Pico. ─ 피코의 '신께 드리는 간구'는 *Deliciae poetar. italor*.에 실려 있다.

25) 다음의 찬가가 그것이다. 『기도』("위대한 신이여, 당신의 한결같은 법에 따라서……", in: Roscoe, *Leo X*., ed. Bossi, VIII, p.120) ─ 『찬가』("들어라, 모든 자연이 이 성스러운 찬가를……", in: Fabroni, *Laurentius*, Adnot. 9) ─ 『논쟁』(*Poesie di Lorenzo Magn*. I, p.265; 마지막 문집에는 여기에서 거명된 다른

세계를 도덕과 물리적인 면에서 질서 있는 대우주로 보려는 관점에서 출발하고 있다.

중세 사람들은 이 세계를 적그리스도가 출현할 때까지 교황과 황제가 지켜주어야 하는 비탄의 골짜기로 보았고, 르네상스기의 숙명론자들은 힘찬 역동의 시대와 우울한 체념 또는 미신의 시대를 오가며 방황했으나, 여기 이 선택된 정신들의 모임[26]에서는, 우리 눈에 보이는 세계가 하느님에 의해 사랑으로 창조되었고 하느님 안에 이미 존재하는 원형의 모방이며, 하느님은 이 세계를 영원히 움직이고 지속적으로 창조해가는 분이라는 사고가 일어났다. 개인의 영혼은 먼저 하느님을 인식함으로써 하느님을 자신의 좁은 한계 속으로 끌어들일 수 있지만, 또한 하느님에 대한 사랑을 통해 자신을 무한대로 확대할 수 있는바, 이것이 곧 지상에서의 축복인 것이다.

이것은 중세 신비주의의 여운이 플라톤의 학설과 근대 고유의 정신과 맞닿은 부분이며, 어쩌면 바로 이 지점에서 세계와 인간의 인식이라는 가장 값진 열매가 꽃핀 것인지도 모른다. 또한 이것 하나 때문에라도 이탈리아의 르네상스는 우리 시대의 지도자로 불려 마땅할 것이다.

시들도 함께 들어 있다.〕〔Bonardi, *Giorn. stor.* 33, pp.77~82는 이 찬가 중 최소한 세 편이 고대 전범의 번역임을 증명했다.〕

26) 풀치가 『모르간테』에서 종교를 진지하게 다룬 부분이 있다면 그것은 제16곡의 6행일 것이다. 이교의 미녀 안테아의 입에서 나온 이신론적인 이 발언은 어쩌면 로렌초의 동료들이 품고 있던 사고방식을 가장 명료하게 드러내는 표현일 것이다. 그리고 이 책 585쪽의 주 5와 590쪽의 주 14에 인용된 악령 아스타로테의 말은 이를 보완하는 발언이다.

야코프 부르크하르트 연보

1818년   5월 25일 스위스 바젤의 명문가에서 개신교 목사의 아들로 태어남.
         김나지움을 다니며 빌헬름 바커나겔의 지도로 인문학적인 소양을
         쌓고 프랑스어 · 이탈리아어 · 고전어 지식을 습득함.

1837년   아버지의 권유로 바젤 대학에서 신학 공부를 시작한 뒤 주로 빌헬
         름 마르틴 레베레히트 드 베테의 강의를 들음. 이와 더불어 역사
         학과 고전학에도 관심을 기울임.

1839년   신학 공부를 시작한 지 4학기 만에 전공을 미술사와 고전학으로 바
         꾸고 1843년 봄까지 베를린 대학에서 드로이젠, 랑케, 뵈크, 쿠글
         러, 야코프 그림의 강의를 들음.

1841년   여름학기를 본 대학에서 보내면서 고트프리트 킹켈을 중심으로 하
         는 후기 낭만주의의 시인 집단에 들어감.

1843년   랑케의 지도로 작성한 카를 마르텔과 콘라트 폰 호흐슈타덴에 관
         한 논문으로 바젤 대학에서 박사학위를 받음.
         여름 4개월 동안 파리에 머무르면서 화랑을 순례하고 도서관과 고
         문서 자료실 등에서 작업함.

1844년   바젤 대학에서 역사학 교수 자격을 취득함. 1845년까지 보수 성향
         의 신문인『바슬러 차이퉁』지의 편집자로 일하는 동시에 브로크하
         우스 출판사에서 간행하는『회화 사전』의 편찬에도 참여함.

1846년   프란츠 쿠글러와 함께 미술사 교과서를 편찬하고 이를 위해 1848
         년까지 두 차례에 걸쳐 이탈리아를 여행함. 이탈리아 여행을 통해
         빙켈만과 괴테 시대의 고전주의 이상에 매료되고 알렉산더 훔볼트
         의 보편적인 지평에 눈을 뜸.

이를 계기로 부르크하르트는 왕성한 저작활동의 시기로 접어들고, 기존의 정치사적인 시각에서 탈피하여 인문주의적인 관점을 통해 역사를 바라봄.

1853년   1854년까지 다시 이탈리아에 체류함.

첫번째 대표작인 『콘스탄티누스 대제 시대』가 출간됨. 부르크하르트는 콘스탄티누스 대제 시대를 고전 시대에서 기독교 중세로 넘어가는 과도기로 보았고 중세 문화의 근간으로 이해함.

1855년   취리히 연방 공과대학 미술사 교수로 초빙되어 1858년까지 가르침.

고대부터 당시까지의 이탈리아 예술품들을 소개한 『여행 안내서: 이탈리아 예술작품의 감상을 위한 안내서』가 출간됨.

1858년   바젤 대학의 역사학 정교수로 취임함.

이때부터 부르크하르트는 교수직에만 전념하면서 유럽 문화사 전체를 아우르는 강의에 몰두하고, 1886년부터 1893년 퇴임할 때까지는 미술사만 강의함.

이와 함께 공개 강연에서도 탁월한 연사로서 명성을 얻어 프리드리히 니체에게서 "우리의 위대한 스승"이라는 찬사를 받음.

1860년   『이탈리아 르네상스의 문화』가 출간됨. 중세 말부터 르네상스 시대에 걸쳐 이탈리아의 여러 국가와 교회가 겪었던 구조적 변화를 기술하고 '근대' 인간의 탄생과정을 기술한 이 책은 문화사 기술의 전범이 되었으며, 유럽에서 르네상스상(像)에 지속적으로 영향을 미친 결정적인 저술이 됨.

1872년   랑케의 후임으로 베를린 대학의 교수직을 제의받지만 거절함.

1897년   8월 8일 바젤에서 사망.

1898~1902년 4권으로 된 『그리스 문화사』가 부르크하르트 사후에 제자들에 의해 출간됨.

1905년   『세계사적 고찰』이 출간됨.

문화사로 풀어낸 한 시대의 장엄한 드라마

역사를 통해서 다른 민족의 생활방식과 문화를 들여다보는 것은 매우 흥미로운 일이다. 특히 그 민족의 심성과 가치관이 우리 민족과 비슷하다고 알려져 있는 경우에는 흥미를 넘어 긴장감과 기대감까지 갖게 만든다.

야코프 부르크하르트의 『이탈리아 르네상스의 문화』를 번역하면서 내가 가장 인상 깊게 느낀 것은 르네상스 시기 이탈리아인들의 치열한 삶과 그 역동성이었다. 그들은 중세에서 벗어나 근대로 이행하는 과도기에 처해 있었고, 삶의 모든 분야에서 거세게 몰아치는 역사의 바람을 마주하며 새로운 문화를 창조해갔다. 노도처럼 밀려오는 새로운 문물과 사상에 접하여 이탈리아인들이 삶의 구심점을 자신들의 찬란했던 과거에서 찾으려는 노력은 언뜻 퇴행적으로 보이기도 한다.

하지만 이탈리아인들의 고대 지향과 고전 시대의 찬미는 결코 화려하고 영광스러웠던 한 시절에 대한 추억과 그곳으로의 회귀를 의미하지 않았다. 그것은 과거에 대한 무비판적이고 무조건적인 추종이나 몰입이 아니라, 자신들의 존재 기반이자 그때까지 그들의 문화를 떠받치고 있던 로마 시대의 전통을 재발견하고 그것의 정당성을 새로운 역사 속에서 인정하는 행동이었다. 한 시대에서 다른 시대를 향해 발걸음을 내디디면서 지나온 역사를 송두리째 부정하거나 배척하지 않고 현재의 자신을 가능하게 만든 과거를 승인하고, 나아가 그 가치를 확대·발전시키려 했던 르네상스 시기의 이탈리아인들의 노력을 이 책 곳곳에서 확인할 수 있었다.

두번째로 기분 좋게 언급하고 싶은 것은 이 시기의 이탈리아인들이 문화에 대단한 열의를 가지고 있었다는 사실이다. 물론 인문주의자들을 필두로 하는 일군의 학자와 예술가들에게서는 직업적인 특성상 학문 숭배와 문예 예찬이 당연한 듯이 보인다. 그러나 당시에는 이른바 '문화권력'이었던 이 인문주의자들뿐만 아니라 중소 국가의 군주와 교황 등 세속의 권력자들도 문화와 학문을 장려하고 학자와 예술가를 물심 양면으로 후원하였다.

르네상스 시기의 이탈리아인들이 학문과 예술 분야에서 보여준 전방위적인 활동을 대하고 있노라면 이 같은 일이 역사에서 언제 또 일어날 수 있을까 하는 아쉬움마저 든다. 저자도 강조하고 있듯이, 15세기와 16세기의 이탈리아인들처럼 열정적으로 문화에 헌신하고 문화야말로 가장 먼저 추구해야 할 대상임을 인식하고 있는 이들은 어디에도 없다고 느껴지기 때문이다.

마지막으로 이 책을 번역하면서 감동적으로 느낀 것은 이 학문적 저작이 마치 한 편의 문학작품처럼 읽히도록 만든 야코프 부르크하르트의 필력이다. 『이탈리아 르네상스의 문화』는 문화사 기술과 방법론에서 전범으로 자리잡은 고전이다. 그러나 이런 학술적인 면에서의 평가나 상찬이 어떠하든 간에, 나는 이 글을 읽어나가면서 때로는 한 줄의 시를 읽는 듯한, 또 때로는 한 편의 장엄한 드라마를 대하는 듯한 느낌에 감동을 금할 수 없었다.

이 책은 중세 말부터 근대에 이르기까지 이탈리아인들이 영위해온 삶을 정치·종교·문화·일상생활에 걸쳐 기술해놓았지만, 제목이 말해주듯이 그 무게 중심은 이탈리아인들의 문화생활에 쏠려 있다. 그럼에도 불구하고 이탈리아 여러 나라의 정치적인 운명을 다룬 제1부를 읽다 보면, 활화산처럼 용솟음치던 피렌체의 정치적 격동의 세월이 바로 지금 눈앞에서 전개되고 있다는 착각이 들 정도이다. 마찬가지로 바다의 도시 베네치아가 보여주는 정적이고 화려한 모습들은 비단에 수를 놓은 시처럼 읽힌다.

오랜 시간을 보낸 뒤 이제 이 번역본을 활자로 내어놓는다. 그 동안 여러 차례에 걸쳐 미심쩍은 부분과 잘못 이해한 대목을 고치고 또 고쳤지만, 그래도 완벽함을 자신할 수는 없을 것이다. 독자 여러분의 많은 충고와 질책을 기다리고 있겠다.

이 책을 번역할 수 있도록 기회를 준 한길사에 고마운 말씀을 전한다. 특히 정성스럽고 세심하게 교정을 보아주신 한길사 편집부에 깊은 감사를 드린다.

2003년 11월
이기숙

찾아보기

641

지은이 야코프 부르크하르트

야코프 부르크하르트(Jacob Burckhardt, 1818~97)는 스위스 바젤의 유복한 집안에서 태어났다. 바젤에서 가장 훌륭한 인문계 고등학교를 졸업하고, 바젤 대학에서 신학을 공부했으나 이 길이 자신의 길이 아님을 깨닫는다. 그는 문헌학과 역사에 대한 관심이 깊어 1839년 가을, 당시 역사학 분야에서 명성을 떨치던 랑케를 찾아가 베를린 대학으로 적을 옮긴다. 그는 그곳에서 1843년까지 랑케 · 드로이젠 · 쿠글러 · 그림 · 뵈크 등에게서 역사학 · 예술사 · 문헌학 · 고전학 수업을 듣는다. 1843년 다시 바젤로 돌아온 부르크하르트는 베를린 대학 시절에 작성한 몇 편의 논문을 바젤 대학에 제출하고 박사학위를 받는다. 1844년에는 바젤 대학에서 「1444년 아르마냐크 원정 시기의 프랑스 상황에 대하여」라는 제목으로 취임 강연을 하고 교수 자격을 취득한다. 바젤 대학의 역사학 정교수에 임명되기 전까지 그는 『바젤 신문』의 편집일과 여러 지면에 글을 기고했다. 1852년 최초의 역사 대작 『콘스탄티누스 대제 시대』를 쓰고, 1855년 『여행 안내서: 이탈리아 예술작품의 감상을 위한 안내서』를 발표하는데, 이 책을 근거로 취리히 연방 공과대학의 예술사 교수로 초빙된다. 1858년 바젤 대학 역사학 정교수가 되어 돌아온 후로는 1893년 퇴임할 때까지 이곳에서 강의 생활을 충실히 했다. 1860년 오랜 기간 준비한 대작 『이탈리아 르네상스의 문화 – 시론』을 발표하고, 이를 계기로 그의 명성이 높아진다. 그는 이 책에서 주제를 부각시키는 소제목을 사용해 르네상스 시대 이탈리아의 일상생활과 정치적 풍토, 그리고 뛰어난 인물들의 사상을 분석한다. 부르크하르트는 빌헬름 뤼프케와 공동 저술한 『근대 건축 예술사』를 마지막으로 출판에 회의를 느끼고 더 이상 어떠한 책도 발표하지 않는다. 그 밖의 책, 즉 『세계사적 고찰』이나 『그리스 문화사』 등은 그의 사후에 출간된 것이다.

옮긴이 이기숙

이기숙(李起淑)은 연세대학교 독어독문학과를 졸업하고 독일 뒤셀도르프 대학에서 독어학으로 문학박사 학위를 받았다. 현재 전문 번역가로 활동하면서 주로 독일 소설과 인문서를 우리말로 옮기고 있다. 옮긴 책으로 『데미안』 『소녀』 『이탈리아 르네상스의 문화』 『인간과 공간』 『가톨릭에 관한 상식사전』 『푸르트벵글러』 『호감의 법칙』 『유럽의 살롱들』 등이 있다.

HANGIL GREAT BOOKS 5**8**

이탈리아 르네상스의 문화

지은이 야코프 부르크하르트
옮긴이 이기숙
펴낸이 김언호

펴낸곳 (주)도서출판 한길사
등록 1976년 12월 24일
주소 10881 경기도 파주시 광인사길 37
홈페이지 www.hangilsa.co.kr
전자우편 hangilsa@hangilsa.co.kr
전화 031-955-2000~3 **팩스** 031-955-2005

인쇄 오색프린팅 **제본** 경일제책사

제1판 제 1 쇄 2003년 12월 10일
제1판 제11쇄 2023년 11월 15일

값 33,000원

ISBN 978-89-356-5480-2 94920

한길그레이트북스 인류의 위대한 지적 유산을 집대성한다

●한길그레이트북스는 계속 간행됩니다.